胡乔木文集

第 二 卷

人 民 出 版 社

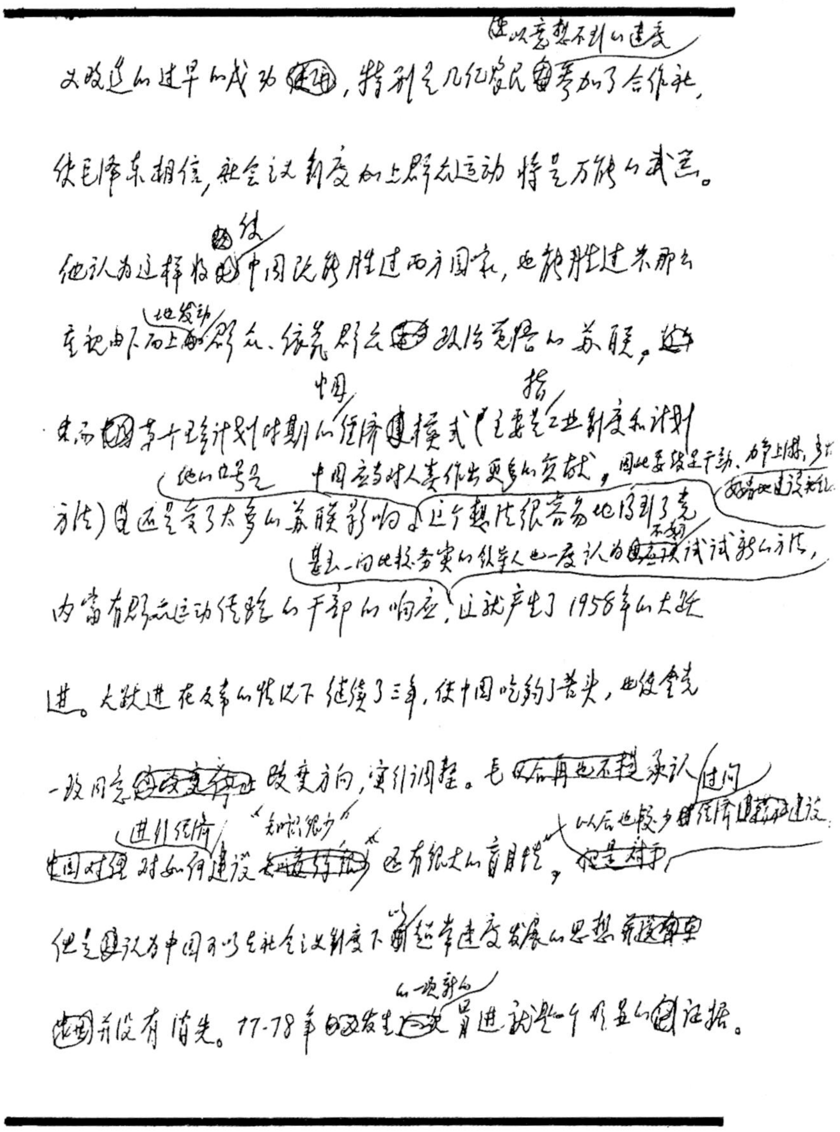

胡乔木《中国为什么犯二十年的“左”倾错误》讲演稿手迹

目　　录

第　二　辑

第 三 辑

第 二 辑

整 党 问 题

（一九五〇年六月在中共七届三中全会上的发言）

一、情 况 估 计

关于党与群众的关系，应当说，党的威信仍然是很高，但是一部分群众由于经济困难，负担重，和我们党员干部工作作风中的缺点，有相当的不满。政策上和作风上的这种缺点，基本上是党在一九四九年以来的伟大前进中所不可避免地带来的。胜利来得太快太大，新党员新干部太多太杂，新任务太多太紧，某些政策方面的前进太快太远，来不及准备，来不及学习。为了继续前进，或者在某些方面作必要的适当的后退，以便巩固与群众的联系，整党已经成为一个重要环节。

作风中最普遍的缺点是命令主义。这就是不依靠群众的同意和积极的共同行动，不用说服方法而用粗暴的强制方法来完成任务。在征粮收税公债工作中所发生的问题，主要是属于这种性质。工厂管理工作的缺点主要也属于这种性质。若干农村中在组织起来的问题上也发生命令主义的错误。文化教育改革问题上的急性病也是这种性质。对党外人士合作不好，各界代表会没有开得很好的原因，主要地也是由于命令主义。

命令主义的特别恶劣的形式就是乱打人、乱扣人、乱杀人。但是乱打乱扣乱杀行为有很多时候已经不是为了完成工作任务,不属于命令主义范围,而是横行霸道,犯法乱纪。这在乡村中特别严重,不但新区,老区也是如此。这是封建主义恶霸作风在党内的反映,必须对它进行长期的反复斗争,犯严重错误者应开除出党,属于党外的错误应交政府法办。

官僚主义也是严重现象。很多干部不了解情况而乱下命令,犯了错误而压制批评。工矿和其他经济部门中的事故和浪费是严重的,个人的浪费和贪污腐化现象也值得警惕。

这些现象从一个方面来说也都可以说是无纪律现象。为了有效地反对上述倾向,必须同时反无纪律现象,严整纪律。

二、历　史　经　验

中国共产党已经经历了两次大规模的整党。一次是一九四二年到一九四三年,一次是一九四七年到一九四八年。这两次的情况、方法和经验都有不同。第一次整风是在抗日战争的困难时期,其重点是在高级中级领导机关及其工作人员,其主要锋芒是对着教条主义和新参加革命的知识分子,其主要方法是阅读文件检讨思想。毛主席总结这次整风的成绩说:"抗日战争时期我党内部的整风运动,是一般地收到了成效的。这种成效,主要地是在于使我们的领导机关及许多干部,进一步地掌握了马克思列宁主义的普遍真理与中国革命的具体实践之统一这样一个基本的方向。在这点上,我们党是比抗日以前的几个历史时期大进一步了。但是,在党的地方组织方面,特别是党的农村基层组织方面所存在的成分不纯与作风不纯的问题,则没有获得解决。"这种情况,是与当时党所处的整个形势相关联的。此外,这次整风不久即转入审查干部历史的工作,这个工作是有成绩的,但曾经犯了许多错误,这些错误是纠正了,但应当看作是一个教训。

第二次整党是在解放战争和土地改革工作的紧张时期,其重点是在下级干部,其主要锋芒是对着混入党内的地主富农分子和农村干部的严重脱离群众的现象,其主要方法是经过党的支部,邀集党外群众参加党的会议,共同审查党员干部的成分和作风。这次整党,"批判了存在于党内的右倾思想,揭发了党内在某种程度上存在着的成分不纯或者作风不纯的现象",改善了农村中党与群众的关系,帮助了土地改革工作和部队政治工作的进展。这次整党决定了一切巩固区域党的支部公开,这对改善党群关系也是一个重要的关键。这次整党曾经发生党内过火斗争的错误,不适当地打击了或过重地打击了一批党员和干部,在党与群众的关系问题上也发生了尾巴主义的错误,但这些错误迅速地纠正了。这两次整党的经验教训,应当为这次整党所记取。

三、整 党 方 法

这次整党和前两次的环境都不同,所以步骤也有所不同。这次整党是在全国胜利和工作繁忙的条件下进行的,全国胜利,所以整党的规模范围远过于前两次,工作繁忙,所以必须

"在和各项工作任务密切地相结合而不是相分离的条件下"进行,必须着重总结工作,展开批评与自我批评的方法。

新区和老区整党的步骤又有不同,因为新区要土改、要减租、要剿匪,老区没有这些;老区比较有正规的党校系统和在职干部学习系统,新区没有这些,或还不完全。因此新区整风时间更短促,主要地依靠整风会和轮训班,老区一般可以利用冬季的经常性的训练、鉴定和学习。

各区共同的步骤是由上而下,先由省委整县委书记以上,地委整区委书记以上,然后由县委整区村党员干部,由区村党员干部召集群众会。各机关部门也同样地由上而下。东北局和华北局都准备召集更高级的干部开检讨工作的会议。中南财委准备召集县以上财经干部举行专门的整训。由上而下的步骤是适当的,可以避免前两次整党的缺点。

各区都认为整党方法要以开干部会传达三中全会决议为主,在会上应根据中央决议,地方情况任务和党内倾向,作整风报告,而辅以整风文件的学习。采取这种方法,是由于时间迫促和情况复杂,不易由阅读文件解决的原故。

在整风会和整风班上,必须放手发扬民主,各级领导者应以身作则,作恳切的自我批评,保证下级有完全的批评自由,禁止压制报复;另一方面,又须加强领导,防止批评走入歧路,陷于无政府。这种经验,是前两次整党所证明了的。至于惩办清洗犯错误分子、投机分子和追究嫌疑分子的工作,不应由整风会整风班来直接处理,而应作为整风学习的结果,按经常手续由经常负责机关来处理,但是一定要处理。

整党工作应由各级党委主要负责人负责领导。但为便于处理经常工作,应在主要负责人下面指定几个人组织一个小委员会,其中应包括宣传部长、组织部长和其他必要参加的人员。

四、整 党 重 点

这次整党的中心问题是解决党群关系问题,所以在新区应以准备土改减租为重点,在部队应以准备复员为重点。此外,无论在新老区,财经系统和公安系统由于与群众接触频繁和旧人员特多,都应当配合整个整党的工作,作出分别的整训计划。在一般政权机关,应着重改善对党外人士的合作关系。

五、整 党 宣 传

整党文件各区已定(西北已减),中央不准备更改或作统一规定。中央将另选若干文件作为一般学习的参考,并将尝试编两种最通俗的材料,作为一般党员的守则。这些文件虽不能要求在十天二十天的整风会轮训班上详细讨论,但各地报纸和党刊党校应当加以通俗的联系实际的宣传。应当"搜集工矿、企业、城市与农村中脱离群众违反政策的实际材料,加以总结",编成教育材料。整党期间,各地党报党刊应当进行有力的工作,主要的是展开批评与自我批评。各级和各部门的负责人都要做报告,写文章,在报纸上发表。

中国共产党的三十年

（一九五一年六月）

中国共产党成立于一九二一年七月一日，到现在是三十年了。中国共产党的三十年历史，是马克思列宁主义在一个约占世界人口四分之一的大国中，在一个半殖民地半封建的国家中得到伟大胜利的历史；是中国工人阶级领导着广大的农民和其他的民主力量，向帝国主义者及其走狗作英勇斗争，经历长时期的艰难曲折，终于推翻了他们的反动统治，建立了以工人阶级为领导、以工农联盟为基础的人民民主共和国，从而为走向社会主义前途开辟了顺利道路的历史。

中国共产党三十年的奋斗历史可以分作四个段落来叙述，即：（一）党的成立和第一次国内革命战争（一九二一年——一九二七年）；（二）第二次国内革命战争（一九二七年——一九三七年）；（三）抗日战争（一九三七年——一九四五年）；（四）第三次国内革命战争和中华人民共和国的成立（一九四五年——　　）。以下是这个三十年历史的一个简单的轮廓。

一、党的成立和第一次国内革命战争

中国共产党是中国工人运动和马克思列宁主义相结合的产物。中国共产党在一九二一年成立不是偶然的。那是在世界第一次大战和俄国十月社会主义革命之后，在一九一九年五月四日开始的、中国人民反对帝国主义的凡尔赛和约、并且一般地反对帝国主义封建主义的"五四"爱国运动之后。中国的薄弱的工业在世界第一次大战时期有了比较迅速的发展，中国工人阶级的人数和工人斗争的规模也随之发展。随着俄国十月革命的成功，马克思列宁主义的影响在中国革命知识界中间传播了起来。"五四"运动促成了中国工人运动和马克思列宁主义的结合，为党的成立作了准备。"五四"运动后一年，共产主义的小组就在上海、北京、汉口、长沙、广州、济南、杭州等中心城市中成立起来了。

中国工人阶级生长的过程，同时是中国在帝国主义侵略下沦为半殖民地，中国人民与外国侵略者及其走狗中国封建统治者作斗争的过程。

一八四〇年，英国以武力侵略中国，进行了鸦片战争，并且在一八四二年强迫中国签订第一个不平等条约"南京条约"。从这以后，接着发生了一八五七年的英法联军对中国的战争，一八八四年的中法战争，一八九四年的中日战争，一九〇〇年的八国联军对中国的战争，和一九一四年日本对于中国山东半岛的掠夺。外国侵略者经过这些战争和其他方法掠夺中国的领土，勒索中国的"赔款"，取得在中国的土地上驻兵和开设银行、商行、工厂的特权,控制中国的通商口岸、交通线和海关,并且划分"势力范围",进而操纵中国的内政,使中国在经济上和政治上处于半殖民地的地位。帝国主义的侵略,威胁着中国人民的生存,使中国的经济不能发展,中国的政治不能进步。因此,反对帝国主义,推翻帝国主义在中国的统治,就成为中国革命的最根本的问题。

外国资本主义的侵入,曾对中国的封建经济起了解体的作用,对中国资本主义的发展起了刺激的作用。在十九世纪的六十年代,中国近代工业开始出现。但是在帝国主义和封建主义的双重压迫下,中国民族工业在几十年间的发展是极其微弱的。中国的封建末期的反动统治者,对于各阶层劳动人民实行着野蛮的统治。地主阶级占有农业土地的大部分和农民收入的大部分,对于农民享有种种超经济的特权。高利贷者、商人、买办和封建官僚,与地主在一起掠夺着农民和手工业者。工业的一部分属于帝国主义者,一部分属于中国的官僚,属于中国资本家的一部分受着前两部分的压迫和排挤。封建官僚政府早就依靠帝国主义的支持和帮助来压迫中国人民的革命运动,而在一九○○年的战争失败以后就完全投降了帝国主义。这种情况,在一九一二年成立的所谓"中华民国"的历届军阀政府之下,也没有发生任何基本变化。一九一二年以后所发生的变化,事实上就是中国由表面的统一变为公开的分裂;以不同的帝国主义为后台的军阀之间,进行着继续不断的战争。无论在一九一二年以前和以后,各派的封建统治者都拒绝作任何实质的社会改革。因此,反对封建主义,推翻封建主义在中国的统治,就成为中国革命的另一个最根本的问题。

在上述情形下，中国人民的根本要求，就是推翻帝国主义和封建主义的压迫，就是实现国家的独立和民主自由。

为着实现这个严重的要求，需要有一个正确的领导。从鸦片战争到"五四"运动的前夜，中国人民曾进行过多次反帝国主义反封建主义的斗争，其中最重要的是鸦片战争十年后爆发的创立了"太平天国"的农民革命战争（一八五一年——一八六四年），和中国共产党成立前十年爆发的资产阶级的辛亥（一九一一年）革命。但是所有这些斗争和革命，都失败了。中国的资产阶级是软弱的。他们既害怕帝国主义和封建主义，又害怕工人和农民，他们不但不能解决反帝反封建的问题，甚至不敢提出这样的问题。农民虽然人数众多，并且有反对帝国主义封建主义的决心，但是因为受了旧的落后的生产方法的限制，看不到斗争的前途，所以也不能担负领导这个革命到胜利的任务。需要有新的阶级来担负领导责任，这个阶级要能够提出正确的和完全的斗争纲领，并且能够在国内和国外团结一切可以团结的力量，去和强大的敌人进行坚持不屈的斗争。这个阶级，就是工人阶级。中国工人阶级的人数虽然不多（约三百万左右），但是它和农民不同，它是新的生产力的代表；它又和资产阶级不同，它身受帝国主义封建主义资本主义三重压迫，具有坚决的斗争意志。

在一九一九年的"五四"运动中，中国工人阶级开始表现出自己的力量，并且开始接受马克思列宁主义的影响。上海、唐山、长辛店等地的工人，以中国历史上第一次的政治罢工参加了全国人民的反帝国主义斗争，帮助斗争迅速地得到了胜利。中国工人力量的兴起，推动了"五四"运动中的中国知识分子的左翼，使他们决心在工人中间进行革命工作。"五四"运动在文化方面的口号，是要求民主和科学，但是"五四"运动中的左翼，因受俄国十月革命的影响而具有初步的共产主义思想的革命知识分子，却同时传布了中国必须实现社会主义的观点，传布了必须用马克思列宁主义来指导中国革命的观点。他们抱着这样的观点在工人中间进行宣传工作和组织工作，使得中国工人运动和中国革命运动进入了一个新的时期。

在《新民主主义论》一书中，毛泽东同志把一九一九年当作中国民主革命由旧民主主义革命转变为新民主主义革命的转折点，因为从此以后，中国的民主革命就成为中国工人阶级所领导的革命，并且成为世界无产阶级社会主义革命的一部分。毛泽东同志在这部有历史意义的著作中，着重地发挥了列宁、斯大林关于民族问题在世界第一次大战和俄国十月革命以后已经成为全世界无产阶级社会主义革命的一部分的学说，并且着重地指出了中国的一九一九年的革命运动"是在当时世界革命号召之下，是在俄国革命号召之下，是在列宁号召之下发生的"事实。在这里，应当特别回忆的，就是列宁本人，早在一九〇〇年，特别是在一九一二年和一九一三年，就已经注意中国问题，并写了关于中国问题的重要论文；而在一九一八年到一九二〇年间，在十月革命以后的最紧张的年代里，列宁和斯大林又都对东方的民族问题作了多次最深刻的指示，正是这些指示，构成了毛泽东同志的《新民主主义论》的主要出发点。在一九二〇年七月召集的共产国际第二次代表大会上，列宁作了关于民族和殖民地问题的专门报告，提出了民族和殖民地问题提纲。列宁的这些经典的文件,规定了各被压迫民族和殖民地半殖民地人民革命的基本轨道,规定了共产主义者在民族革命运动中所应采取的基本方针,因而极大地援助了中国革命。

一九二一年七月一日,在"五四"运动以后发展起来的各地共产主义小组选举了十二个代表,在中国工业中心和工人运动中心上海举行了第一次代表大会。代表中包括毛泽东、董必武、陈潭秋、何叔衡等,代表着五十多个党员。第一次代表大会通过了中国共产党的第一个党章,选举了党的中央机关,组成了中国共产党。从此,在中国出现了完全新式的、以共产主义为目的、以马克思列宁主义为行动指南的、统一的工人阶级的政党。共产国际曾派代表参加这次大会。

毛泽东同志是湖南的党的组织的代表。毛泽东同志在"五四"运动以前就在湖南组织了革命团体,在一九二〇年又组织了研究马克思主义的团体,并于同年组织了社会主义青年团。在党的第一次代表大会以后,毛泽东同志回到湖南,任党的湖南区委员会书记。毛泽东同志在湖南的工作,使湖南在第一次国内革命战争时期成为工人运动和农民运动最发展的省份之一。

党的第一次代表大会选举陈独秀担任中央的领导工作。陈独秀并不是好的马克思主义者。陈独秀在"五四"运动以前和"五四"运动中间以中国急进的民主派著名;当马克思主义传入中国以后,他成了有很大影响的社会主义宣传者和党的发起者。

一九二二年七月,党在上海召集了第二次代表大会。这次大会制订了党的宣言，在宣言中规定了党的最高纲领和最低纲领，批评了当时资产阶级的各种改良主义思想，指出了中国人民的当前的基本任务是"消除内乱，打倒军阀，建设国内和平；推翻国际帝国主义的压迫，达到中华民族完全独立；统一中国为真正民主共和国"，然后进一步创造条件，以实现社会主义和共产主义。这样，党就在中国人民面前破天荒地提出了真正革命的民主主义的口号。宣言的缺点，是没有指出民主革命必须由无产阶级领导，没有提出工人农民的政权要求和农民的土地要求，只是号召工人农民参加民主革命和争取自己的权利。而这个缺点，后来就在党对一九二四年到一九二七年革命的领导工作中，被陈独秀机会主义集团发展成为严重的路线错误。党的第二次代表大会通过了参加共产国际的决议。

党在成立以后的两年中间，集中力量领导了工人运动，成立了公开的领导全国工人运动的中国劳动组合书记部，并且在一九二二年五月在广州召集了第一次全国劳动大会。从一九二二年一月到一九二三年二月，由于党的有效的活动，全国工人斗争有很大的高涨。在全国各大城市和工业中心，有三十多万工人进行了一百多次的罢工。这些罢工都是在共产党员的领导之下进行的，并且绝大多数都得到了完全的胜利；在罢工胜利之后，工人们都组织了在共产党员领导之下的工会。工人运动和工人组织迅速地发展着，工人阶级在中国政治和经济生活中的重要作用迅速而明显地表现了出来。但到一九二三年二月，中国工人运动的第一个高潮受到了反动统治阶级的严重的打击。当时统治着河北、河南、湖北等省的军阀首领吴佩孚,用武力禁止京汉铁路总工会的成立大会。在京汉铁路以及其他许多铁路工人实行罢工反抗后,吴佩孚就在二月七日在汉口、长辛店等地对工人实行屠杀。工人死难者约四十人,伤数百人,这次屠杀被称为"二七惨案"。

中国铁路工人的英勇斗争,一方面,表示了工人阶级组织力量和革命积极性的迅速增长,因而大大提高了工人阶级和中国共产党在全国人民中的政治威信;另一方面,也证明了工人阶级如果没有强有力的同盟军,如果没有自己的武装力量,就无法在毫无民主权利的条件下战胜全副武装的反动派。在反动政府的高压之下,年轻的工人斗争暂时转入了低潮。事实教训了党和工人阶级,必须与占全国人口百分之八十的农民,与包括几千万人口的城市小资产阶级,与要求反对帝国主义封建主义的资产阶级民主派建立反帝反封建的同盟,并且必须用武装的革命来反对武装的反革命,才能取得中国革命的胜利。

在此以后,党采取了积极的步骤去联合孙中山所领导的国民党,希望经过国民党来实现工人阶级与其他民主力量的同盟。国民党的前身同盟会,是一九一一年推翻清朝政府的革命中的主要组织者,它在政治上是一个从资产阶级小资产阶级急进派、资产阶级自由派到地主阶级反满派的松懈的联盟。在一九一一年革命被出卖以后,这个联盟中的许多力量投降了帝国主义和反动派,以孙中山为首的一派则继续坚持资产阶级民主主义的斗争,并且继续遭受失败。孙中山曾经依靠广东的军阀做反对北京反动政府的活动,但是又被广东军阀陈炯明赶了出来,致使国民党的内部更加涣散。俄国十月社会主义革命的成功,苏联对中国和其他东方被压迫民族的正义政策,"五四"运动,以及"五四"运动后中国共产党和中国工人运动的兴起,这一切,逐渐地引起了孙中山及其他国民党人的注意,使他们倾向于联合苏联、联合共产党的革命政策。

在一九二三年六月召集的中国共产党第三次代表大会,正确地估计了孙中山反对帝国主义和封建军阀的民主主义的立场,以及使国民党改造为工人、农民、小资产阶级、民族资产阶级革命联盟的可能性。第三次代表大会批评了党内的两种主要错误倾向。一种倾向是以陈独秀为代表的投降主义倾向。他们认为资产阶级民主革命应该由资产阶级来领导,"一切工作归国民党","民主主义革命成功了,无产阶级不过得着一些自由与权利"。他们根本就没有企图由无产阶级和共产党来领导这个革命,使这个革命在胜利以后,首先就有利于无产阶级,并以无产阶级为中坚力量来掌握政权,用这个政权来保障国家在以后的发展中走上社会主义的前途。他们认为第一次革命应该让资产阶级建立资产阶级的共和国,无产阶级只能得着一些资产阶级共和国中的"自由与权利",不能得着别的什么。所以他们认为在资产阶级的民主革命中,无产阶级只能站在消极的帮助地位,而不能站在领导地位。他们认为无产阶级只有等资产阶级共和国成立,资本主义经济有了进一步的发展以后,再来推翻资产阶级共和国,建立无产阶级专政,才能实现社会主义。这是第二次革命。所以他们的主张被称为"二次革命论"。另一种倾向是以张国焘为代表的关门主义倾向。他们认为共产党不应当与国民党合作,只有工人阶级才能革命，国民党是不能进行民主革命的，所以反对共产党员和工人农民加入国民党。大会批评了右倾的和"左"倾的错误意见，决定与国民党合作，共产党员加入国民党，改组国民党成为民主革命联盟，同时保持共产党在组织上和政治上的独立。但是第三次大会对于农民问题和革命军队问题，却没有加以应有的注意。

毛泽东同志出席了党的第三次代表大会，在大会上坚持了正确意见，反对了错误意见。在这次大会上，毛泽东同志当选为党的中央委员。

党的统一战线政策很快就加速了中国革命的步伐。由于中国共产党的努力，由于共产国际领导机关和苏联共产党的重要援助，国民党在一九二四年一月在广州召集了第一次全国代表大会，发表了宣言，规定了民主革命的纲领和改组国民党使之革命化的各项办法。由共产党人出席并参加领导的国民党的这次大会事实上成了革命高涨的起点。国共两党的合作，推动了孙中山、国民党左派和全国人民与帝国主义者封建主义者及其在国民党内的代理人右派分子之间的斗争。在中国共产党的倡议、领导和支持下，成立了广东的革命政府和革命军事学校，举行了讨伐广东反动派的作战，在全国发起了召集国民会议和废除不平等条约的人民运动，恢复了工人运动，并且开始了农民运动。一九二五年一月召集的中国共产党第四次全国代表大会，曾经为群众斗争的新高涨作了组织上的准备。同年三月，孙中山病故。全国人民对于这个伟大革命家的哀悼，形成了广泛的政治宣传。

全国范围的大革命风暴，因为一九二五年五月上海工人的反英反日大罢工而爆发了。五月十五日，上海日本纱厂资本家枪杀了共产党员工人顾正红。五月三十日，上海工人和学生在上海租界举行了援助纱厂工人的示威游行，在经过南京路时受到了英国巡捕的开枪射击，死伤多人。"五卅"惨案引起了全上海以至全国人民的极大愤激。在以后数日，上海工人、学生和市民，继续举行了反对帝国主义枪杀中国人的示威游行，并继续遭受了英、美和日本巡捕的枪杀。全上海的工人举行了总罢工，学生举行了总罢课，商人举行了总罢市。运动迅速扩展到全国各城市，在各城市的工人、学生和市民都举行了多次的反帝示威游行，并实行罢工、罢课、罢市，抵制英货日货。香港工人在总罢工之后，回到广州，并封锁香港使之变成死港。香港罢工工人、广州的工人、学生和军官学校的学生，在六月二十三日举行示威游行，又被英国水兵在广州沙面开枪射击，死伤很多，更加激起了全国人民的反抗。全国人民在反帝国主义的运动中一致地提出了惩凶、赔偿、谢罪和收回租界、撤退外国军队等要求，但北京的军阀政府和各地军阀政府却仍然投降帝国主义，压迫人民运动。只有当时在广东的革命政府支持了罢工工人和人民的反帝斗争，所以香港和广州的罢工，一直延长了十六个月之久。

　　因五月三十日流血的游行示威得名的"五卅"运动，大大推动了广东的革命化，并准备了全国的大革命。广东的"国民革命军"迅速地统一了广东全省，并且在一九二六年七月举行北伐战争，以推翻以北京为中心的全国的封建统治。由于共产党人和革命的国民党人的英勇奋斗，北伐军迅速击溃了反动军阀的军队，得到了伟大的胜利。一九二六年九月，北伐军占领汉口。一九二七年三月，上海工人起义配合北伐军占领上海。全国的工人运动和农民运动大大发展，加入工会的工人达到二百八十万，加入农民协会的农民达到九百五十万。中国共产党的党员，由"五卅"运动前的九百多人增加到五万七千九百多人。

革命是猛烈发展了，但是它的基础却不巩固。当时共产党的领导者陈独秀，对于无产阶级领导民主革命，共产党人领导国共合作、领导北伐战争的根本任务，一直抱着消极的软弱的态度。群众斗争特别是许多地方的农民的土地斗争已经起来了，但是陈独秀却没有采取坚决的积极的政策去支持和继续发展群众运动，满足群众的要求，也没有组织群众的力量去改造当时仍在反动分子手中的政权机关，建立群众的武装力量和扩大可靠的革命军队。革命在广大的北伐军中已经有了威信，但是党对北伐军的工作却没有正确的方针。共产党人虽然在北伐军的政治工作方面进行了积极的活动，但是因为党的领导机关忽视掌握军队，真正由共产党员掌握的军队只占极小的部分。北伐军的实权，大部仍在旧式的军官手中，特别是在国民党右派当时的"国民革命军"总司令蒋介石的手中。蒋介石在权力还不够大的时候，就已经在一九二六年三月二十日组织了反共反苏的阴谋事变，利用他自己所制造的借口打击共产党在军队中和国民党领导机关中的地位；但陈独秀却向蒋介石的这种进攻作了机会主义的让步，满足了蒋介石的在军队中和国民党领导机关中限制共产党活动的反动要求。到一九二六年底，蒋介石就以南昌的总司令部为中心与汉口的国民党左派的中心相对抗。

在一九二七年初,陈独秀的错误倾向已经发展成为右倾机会主义路线。当时由于工农群众运动的广大发展及其所表现的革命坚决性,国民党中的地主分子和资产阶级分子极感恐惧。地主在乡村中受到农民运动的威胁,大批跑到城市,散布各种指责农民的谣言,使城市中到处充满了"工农运动过火"的议论,并借此而反对共产党。小资产阶级的革命分子表现了极大的动摇。在这种紧急关头,陈独秀被反动派的气焰吓倒了,他不但不敢依靠正在兴起的工农运动来团结革命派,争取中间派,击退反动派,而且跟在反动派后面指责工农运动"过火",抑制群众运动,特别是抑制当时的农民运动。陈独秀幻想用让步和妥协的方法来稳定国民党中的地主分子和资产阶级分子,使他们不离开革命的阵线,以便"挽救革命"。其结果是共产党愈让步,反动力量愈上升,而群众力量则因为共产党领导机关的错误政策,受到了极大的阻碍和损失。在这种情况下,帝国主义者就迅速地与蒋介石勾结起来,封建地主和买办大资产阶级也以蒋介石为它们的新的政治代表,要他从内部来击破轰轰烈烈但是缺乏经验的中国革命。

中国共产党当时曾经有可能避免至少是减轻后来的失败,因为斯大林同志早在一九二六年十一月就已经在《论中国革命的前途》的著名演说中提出切合时宜和切中要害的警告了。斯大林在这篇演说中完全正确地指出了中国民族资产阶级的软弱的特点,指出了帝国主义列强假手于中国反革命力量而干涉中国革命的严重危险,指出了在中国革命中真正革命军队的极端重要和共产党人研究军事掌握军队的极端重要,展开农村革命满足农民要求的极端重要,无产阶级起来掌握领导权的极端重要。以后斯大林同志和共产国际执行委员会又曾对中国共产党在中国革命中所应取的策略连续地给了许多详尽的指导。如果斯大林同志和共产国际的这些宝贵的意见唤起了中国共产党领导者的及时的警醒，那么，敌人就无论如何也不能一下子把革命打败。

在中国革命的第一个紧要关头，毛泽东同志表现了自己的伟大的革命天才。毛泽东同志首先用马克思列宁主义的方法分析了中国的阶级关系，认识了工人阶级能否实现对于农民的领导，乃是中国革命成败的关键，而这个问题，却是党的历次大会包括第三次大会所没有解决的。毛泽东同志在一九二四年底就着手研究湖南的农村状况和领导农民的革命斗争，并且在一九二五年和一九二六年主持广东的全国农民运动讲习所，努力于训练领导农民斗争的干部。在一九二六年的三月，毛泽东同志在他的马克思列宁主义著作《中国社会各阶级的分析》一文中，把他对于中国农民和中国其他各阶级的观察公式化了。毛泽东同志在这篇著作里指出：分辨真正的敌友，是革命的首要问题，只有如此，才能“团结我们的真正的朋友，以攻击我们的真正的敌人”。毛泽东同志深刻地分析了中国的地主阶级和买办阶级，资产阶级，中农和其他小资产阶级，贫农和其他半无产阶级，无产阶级等五类主要社会力量的经济地位和政治地位，并且得到结论说：“一切勾结帝国主义的军阀、官僚、买办阶级、大地主阶级以及附属于他们的一部分反动知识界，是我们的敌人。工业无产阶级是我们革命的领导力量。一切半无产阶级、小资产阶级，是我们最接近的朋友。那动摇不定的中产阶级（按毛泽东同志在这里是指民族资产阶级），其右翼可能是我们的敌人，其左翼可能是我们的朋友——但我们要时常提防他们，不要让他们扰乱了我们的阵线。"这样，毛泽东同志就既反对了陈独秀的只看见资产阶级和国民党而看不见农民的右倾机会主义，也反对了张国焘的只看见工人而看不见农民的"左"倾机会主义。

为了支持在北伐战争中已经起来和正在起来的农民斗争，一九二七年一月，毛泽东同志考察了湖南农民推翻地主统治的热烈斗争，写了党在整个第一次国内革命战争时期的最重要著作——《湖南农民运动考察报告》。毛泽东同志痛斥了党内外一切怀疑农民指责农民的论点，强调地指出：只要党采取放手发动群众的革命政策，那么，"很短的时间内，将有几万万农民从中国中部、南部和北部各省起来，其势如暴风骤雨，迅猛异常，无论什么大的力量都将压抑不住。他们将冲决一切束缚他们的罗网，朝着解放的路上迅跑。一切帝国主义、军阀、贪官污吏、土豪劣绅，都将被他们葬入坟墓。"毛泽东同志的这一著作的重要价值是：（一）充分地估计了农民在中国革命中的作用；（二）指出了在农村中建立农民政权和农民武装的必要；（三）分析了农民的各个阶层，指出了贫农是农民中最革命的力量，并占中国人口的大多数；（四）着重地宣传了放手发动群众、组织群众、依靠群众的革命思想。因为这样，这个著作就成了中国共产党人领导农民斗争的经典文件。但是在当时，毛泽东同志的正确意见虽然受到党内一部分同志的支持，却被党的主要领导者陈独秀的机会主义集团所拒绝和压制，因而没有能够挽救当时的革命。

正如斯大林同志所预料，帝国主义加紧了对于中国革命的干涉。一九二七年三月二十四日，在北伐军占领南京以后，英、美、日、法、意等国舰队就向南京开炮轰击。四月十二日，蒋介石在帝国主义的指示之下，在上海举行了反革命政变，屠杀了大批的工人和共产党员，宣布了反共。汉口的国民党虽然宣布了讨伐蒋介石，其内部的反动倾向也迅速增长。四月下旬，中国共产党在这个紧急关头在汉口召集了第五次代表大会。这次大会毛泽东同志虽然参加了，但完全被陈独秀排斥于大会的领导之外，并被剥夺了在大会上的表决权。瞿秋白、任弼时等同志批评了陈独秀的机会主义领导，但是缺乏积极的办法。第五次大会虽然接受了共产国际关于中国革命的正确指示，虽然通过了斥责机会主义的决议和实行土地改革的决议，但是仍然选举陈独秀为党中央的总书记，而陈独秀却在实际上坚持他一贯的机会主义观点。这样，第五次大会在事实上就没有解决任何问题。接着，五月二十一日反动军官许克祥在长沙举行了反革命政变，屠杀了大批的革命分子。七月十五日，汉口的国民党正式决定与共产党决裂而叛变革命。就是这样，第一次国内革命战争就遭到了失败。

第一次国内革命战争虽然失败了，但是对于幼年的中国共产党和中国人民给了极大的和极重要的教育。第一次国内革命战争证明了以下的关于中国民主革命的基本原理：（一）现代中国的民主革命必须由工人阶级所领导的统一战线来担任；没有统一战线是不能取得革命胜利的，统一战线不由工人阶级来领导而由资产阶级来领导是要失败的。（二）在中国的民主革命中，工人阶级领导的中心问题是农民问题，只有取得了农民作为革命的同盟军，才能够取得革命的胜利。（三）中国革命的主要形式,只能是武装的革命反对武装的反革命,没有革命的军队就没有一切。这些教训,不但在第一次国内革命战争时期被证明是正确的,而且到后来也被证明是正确的。

第一次国内革命战争的失败表明:在中国的反革命力量,首先是帝国主义的力量,大大地超过革命的力量;为了战胜已经侵略中国数十年之久的强大的国际帝国主义及其走狗——中国的封建主义,必须经过严重的斗争;而为要胜利地领导这一严重的斗争,就不能仅仅依靠革命的积极性,而必须同时依靠马克思列宁主义的理论指导。中国共产党成立不久,就投入了巨大的全国革命斗争,很多共产党人在这个斗争中表现了对于工人阶级事业和人民事业的无限忠心和高度的组织能力,但是除了毛泽东同志等少数人以外,却没有能够认真地学习马克思列宁主义,没有能够领会马克思列宁主义的精神和实质。党的这个弱点,就使党的领导机关不能掌握列宁、斯大林和共产国际的革命指示,不能在复杂的紧急的变化迅速的革命斗争中克服机会主义的错误和资产阶级的叛变。党的马克思列宁主义理论知识的不足,表示当时的党整个说来还处在幼稚的阶段。

在第一次国内革命战争失败以后,中国共产党进入了一个困难的时期。但是,正是在这个困难时期中,党达到了政治上和军事上的成熟。

二、第二次国内革命战争

在一九二七年,年轻的中国共产党在革命的迅速发展中遭到了强大的敌人从革命内部和外部的袭击,又因为自己的领导机关的错误而不能正确地抵抗这些袭击,因而受了极严重的打击。党曾经企图挽救革命的失败。八月一日,由周恩来、朱德、叶挺、贺龙等同志在江西的南昌率领在党的影响下的北伐军部队三万余人举行武装起义。但他们没有与江西的农民运动结合,而南下向广东进发;后来虽然保留了一小部分力量,大部分却因在广东东部与敌人作战不利而散失了。自此以后,革命失败的形势已经确定。从四月十二日蒋介石的屠杀开始,到革命失败后,在全国范围内,党的很多的优秀领袖,很多的革命的工人农民和知识分子,遭到了极野蛮的屠杀。全国突然转入黑暗。不但民族资产阶级,而且很多小资产阶级的上层分子也脱离了革命。加入了党但是不坚定的小资产阶级出身的知识分子,也大批声明退党。但是英勇的中国共产党和中国革命人民,如毛泽东同志在《论联合政府》一书中所说,"并没有被吓倒,被征服,被杀绝。他们从地下爬起来,揩干净身上的血迹,掩埋好同伴的尸首,他们又继续战斗了"。

叛变了的蒋介石和国民党,没有也不可能解决引起中国革命的任何问题。相反,由于比以前的反动统治者更加彻底地依靠帝国主义和更加残酷地压迫革命人民,蒋介石和国民党是使中国的民族危机更加深重了。帝国主义者对蒋介石作了一些形式上的让步(例如放弃领事裁判权和协定关税),因为他们知道把这些放在蒋介石手中和留在自己手中并无分别,但是在实质上,他们对于中国的侵略更加深入。美帝国主义在中国的经济势力和政治势力的上升,尤其显著。在帝国主义和封建主义的支配下,国民党新军阀的内战和以前一样地循环不息。工人农民所受的剥削和压迫比以前更为严重,尤其在城市中,国民党的统治比旧军阀的统治凶恶得多。蒋介石在叛变革命以后,已经不再代表民族资产阶级的利益,而代表帝国主义、封建主义和买办资产阶级的利益了。蒋介石发展了买办的封建的军事的垄断资本主义,即后来人们所说的官僚资本主义。所以在蒋介石的统治之下,民族资产阶级也比以前受了更多的压迫。毛泽东同志在一九二八年总结当时的情势说:"全国工农平民以至资产阶级,依然在反革命统治底下,没有得到丝毫政治上经济上的解放。"(《中国的红色政权为什么能够存在?》)这种情况,正是一九三一年和一九三七年日本帝国主义敢于以武力大规模进攻中国的根本原因。

　　蒋介石的统治虽然比以前的军阀统治更加凶恶,但也有它的弱点。蒋介石统治的根本弱点,就在它的脱离人民和它的内部冲突。为了压迫人民,蒋介石的反动国家机器是比以前加强了,但是它的主要力量只能放在城市中,因而使城市的人民斗争不容易有迅速的恢复和发展。但是蒋介石不可能在全国极为广大的农村中普遍建立强有力的反动统治。国民党各派军阀的不断混战,加重了蒋介石在这一方面的困难。尤其是在受过革命影响的农村中,农民有强烈的土地要求和组织起来反对地主阶级的斗争经验,这是有利于革命而不利于反革命的。如果第一次国内革命战争因为没有正确地领导农民解决土地问题而失败,那么,在新的条件下正确地领导农民的土地斗争,就是复兴革命运动的希望所在。

　　在革命已经失败,蒋介石已经建立了他的彻底反动的统治的情况下，党的任务，就是要向人民指出继续革命斗争的必要，并且领导人民走上恢复革命斗争的正确道路。而为了这样，党就需要总结第一次国内革命战争的经验，纠正党的领导的错误，并且迅速收集革命的力量，在敌人的进攻面前组织有秩序的退却和防御。这就是说，需要将党的组织一部分转入反革命比较薄弱而革命比较有基础的农村，领导农民进行土地改革和游击战争；一部分继续留在城市，转入地下，进行隐蔽的活动，以便保存干部和党的组织，保存和积蓄群众的革命力量；然后，配合这两支队伍的斗争，利用敌人内部的矛盾和弱点，争取革命运动的复兴。

党在一九二七年七月武汉国民党反共以后，紧接着就在八月七日召集紧急会议，在这个会议上彻底地纠正了陈独秀的投降主义，并撤换了陈独秀的领导职务。一九二八年七月召集的党的第六次代表大会，更详细地检讨了陈独秀的错误。陈独秀并没有承认自己的错误。陈独秀分子在此时宣称：中国的资产阶级民主革命已因资产阶级的胜利而终结，资产阶级已经建立了并将巩固它的统治，中国无产阶级应当放弃革命斗争，转入合法运动，以待将来举行社会主义革命。陈独秀分子由此走上了与托洛茨基分子结合进行反党活动的反革命道路，因此党就在一九二九年驱逐他们出党。

党在一九二七年八月七日的会议上，为了挽救革命，曾号召农民进行秋收起义。毛泽东同志在会议之后就到江西西部和湖南东部一带地区领导湖南江西的农民、工人和北伐军各一部举行了起义，在湖南江西边界成立了一支工农革命军，与敌人作战。此外，在一九二七年秋冬到一九二八年春，党还在湖北东部、湖南东部、湖南南部、广州市、广东东部、海南岛以及其他地方组织了起义。其中湖南南部的起义,是朱德、陈毅等同志领导的;他们率领南昌起义的部队在广东失败后保留的一部分转入湖南南部,在领导当地农民起义后不久,又率领部队和起义中组织的农军与毛泽东同志的部队会合。其他地方起义中组织起来的武装部队,也多少留下了一部分。凡是对于这一部分武装部队实行了正确领导的地方,那里的革命武装斗争就逐步发展了起来。从此,就开始了第二次国内革命战争。这些部队,就是后来的中国工农红军即现时的中国人民解放军的最初的来源。

但是在革命失败的形势下,整个党的组织需要的是正确的退却,而不是继续进攻;局部的武装斗争,暂时也只能成为一种特殊形式的防御。因为错误地估计当时的形势为革命仍在继续高涨,拒绝承认革命的失败,党在瞿秋白同志的领导下,在一九二七年冬到一九二八年春曾陷入"左"倾盲动主义,反对退却,要求继续进攻,因而使保留下来的革命力量继续受到了不少的损失。

一九二八年七月党的第六次全国代表大会,与清算了陈独秀的投降主义同时,也批判了"左"倾盲动主义的错误。第六次大会确定了中国革命的性质仍然是民主革命,总的任务是建立反帝反封建的工农民主专政,并且规定了工农民主专政的各项纲领。大会提出了建立红军、建立农村革命根据地、实行分配土地的任务。大会指出:革命高潮是不可避免地要来到的,但当时的政治形势还是在两个革命高潮之间,因此党在当时的总任务不是进攻,不是普遍地组织起义,而是争取群众。这些都是第六次大会的功绩。第六次大会的缺点是对于民主革命的长期性，中间阶级的作用和反动势力的内部矛盾，缺少正确的估计；而对于党的策略上所需要的退却，特别是需要将党的工作的重点由敌人力量比较强大的城市转移到敌人力量比较薄弱的农村这个关键问题，也没有正确的认识。党的领导，仍然掌握在"左"倾分子手中。第六次大会的这些缺点，曾经妨碍了党内"左"倾错误的彻底纠正。

毛泽东同志没有出席党的第六次大会。在第六次大会上，毛泽东同志被选为党的中央委员。

第六次大会所没有正确解决的问题，随后就由毛泽东同志在实际上和理论上解决了。毛泽东同志在一九二七年十月率领新成立的一支工农革命军退到湖南江西两省交界的井冈山区域，在那里成立了湘赣边区工农政府，击退了敌人的多次进攻，并且着手领导农民分配土地。以井冈山为中心的革命根据地，在朱德同志所领导的部队和彭德怀同志所领导的部队先后与毛泽东同志所领导的部队会合以后，逐步扩大了起来。在这个期间，党所领导的江西、福建、湖南、湖北、广西等地农民游击战争和土地斗争，也有了发展，陆续成立了几支红军和几处革命根据地。一九二九年，毛泽东同志和朱德同志所领导的红军向江西南部和福建西部进发，并以江西瑞金为中心建立了中央革命根据地。

毛泽东同志在一九二七年冬天开始创建的革命根据地和他所领导进行的革命战争，以及其他同志在其他地区创建的革命根据地和他们所领导进行的革命战争，成了新时期中国革命斗争的主要内容，成了全国政治生活中的重要势力，成了蒋介石反革命统治的最大威胁和全国劳动人民的最大希望。

　　红军战争的发展和农村革命根据地的建立为什么是可能的呢？为什么是当时中国革命斗争的主要内容呢？毛泽东同志在一九二八年十月所写的《中国的红色政权为什么能够存在？》和一九三〇年一月所写的《星星之火，可以燎原》两篇论文中，给了理论上的答复。在第一篇论文中，毛泽东同志指出：当时红色政权能够存在的主要条件是五个：第一，中国的地方性的农业经济，和帝国主义者对于中国所实行的划分势力范围的分裂剥削政策，造成了反动统治的缝隙，给革命力量以可乘之机；第二，第一次国内革命战争的影响，还遗留在中国的广大区域的人民中；第三，全国革命形势继续向前发展；第四，有支持红色政权的红军；第五，有领导红色政权的组织坚强、政策正确的共产党。在第二篇论文里，毛泽东同志详细地估计了中国红军战争的意义。毛泽东同志指出：红军和革命根据地的建立和发展，是"半殖民地中国在无产阶级领导之下的农民斗争的最高形式"，是"促进全国革命高潮的最重要因素"。毛泽东同志认定：必须放手发展红军战争、发展土地革命和建立革命政权，"必须这样，才能树立全国革命群众的信仰，如苏联之于全世界然。必须这样，才能给反动统治阶级以甚大的困难，动摇其基础而促进其内部的分解。也必须这样，才能真正地创造红军，成为将来大革命的主要工具。总而言之，必须这样，才能促进革命的高潮。"这样，毛泽东同志就找出了中国革命在城市中被强大的敌人击败，暂时无法在城市中取得胜利的条件下唯一正确的发展规律，即以武装革命的农村包围并且最后夺取反革命占据的城市。中国革命在后来二十年间的发展，完全证实了毛泽东同志的这个预见。

在这个期间，毛泽东同志不但制定了党在第二次国内革命战争时期革命发展的总路线，而且在各项具体政策方面，例如在土地革命的政策方面，在对待中间阶级的政策方面，在战胜优势敌人的军事战略战术和部队工作方面，在农村环境和军事环境下的党的建设工作方面，都作了重要的创造。鉴于贫农和雇农是农村中最革命的力量，中农是坚决拥护革命的重要力量，富农的经济在资产阶级民主革命阶段中仍然需要保存，中小工商业在资产阶级民主革命阶段中需要保护和发展，毛泽东同志正确地规定了和坚决地实行了依靠贫农雇农，联合中农，限制富农，保护中小工商业者，而仅仅消灭地主阶级的土地革命路线。鉴于战争和军队是中国革命的主要斗争形式和组织形式，又鉴于当时的革命战争的特点是敌强我弱，敌大我小，和敌之脱离群众我之联系群众，毛泽东同志正确地规定了红军必须是党、人民政权、土地改革和其他一切地方工作的宣传者和组织者，规定了红军必须在部队中建立强大的政治工作和严格的群众纪律，规定了红军必须实行依靠群众的人民战争，以游击战和带游击性的运动战作为当时的主要战争形式，规定了红军必须实行战略的持久战和战役的速决战，平时分兵以发动群众，战时集中优势兵力，以包围和歼灭敌人；而这些基本原则，和其他军事原则，就构成了中国革命战争的军事路线。由于这一切，可以说，毛泽东同志在这个中国革命困难时期的工作，已经奠定了领导中国革命走向胜利的主要基础。

到一九三〇年，全国红军已发展到约六万人，江西中央区的红军已有三万几千人。在一九三〇年和稍后的时期,革命根据地的范围已发展到福建、安徽、河南、陕西、甘肃等省和广东的海南岛。红军的迅速发展引起蒋介石的极大的震动。一九三〇年底,蒋介石派了七个师共约十万人围攻中央区红军,结果被红军消灭一个整师又半个师,蒋军前敌总指挥被俘。一九三一年二月,蒋介石又派兵二十万人由何应钦为总司令向中央红军举行第二次围攻,结果又被粉碎,毙俘三万多人,缴枪二万多支。同年七月,蒋介石又发起第三次围攻,自任总司令,随带英日德军事顾问,率兵三十万人,分三路深入中央红军根据地,但是结果仍然被粉碎。与此同时,在徐向前同志领导之下的先在鄂豫皖根据地后来转移到川北根据地的红军,和在贺龙同志领导之下的湘鄂西根据地的红军,也取得了许多重要的胜利。在红军胜利的影响下,一九三一年十二月,进攻红军的国民党第二十六路军一万余人,在赵博生、董振堂等同志领导下,在江西宁都起义加入了红军。经过这些胜利,红军的力量就继续发展,而新的革命形势,也就逐渐地接近于成熟了。

正在这时,发生了一九三一年九月十八日开始的日本帝国主义对于中国东北的大举进攻。从一八九四年中日战争起就决心侵略中国的日本帝国主义者,看到一九二九年底资本主义世界经济恐慌以来英美等国忙于内部事务,无暇与日本争夺中国,又看到蒋介石政府完全投降帝国主义,并依赖英美帝国主义的援助去进行反革命内部的内战和反对工农红军的内战,不敢抵抗日本对于中国的侵略,就决定首先侵略东北,然后逐步向中国本部扩张其侵略。由于蒋介石政府坚持对日本不抵抗、对内加紧"剿共"、加紧法西斯恐怖的政策,日本在一九三一年内迅速占领东北全境,并在一九三二年一月进攻上海,一九三三年占领热河和察哈尔的北部,一九三五年占领河北的东部。

日本帝国主义的进攻根本改变了中国的政治状况。抵抗日本的进攻成为全国人民紧急的任务和普遍的要求。工人、农民、学生的抗日运动在全国各地高涨起来。在一九二七年退出革命的上层小资产阶级和民族资产阶级,这时也改变了他们的政治态度,开始在政治上活跃起来,要求蒋介石政府改变政策。甚至在国民党和国民党军队中间,也开始发生了政治上的分化。一九三二年一月,国民党的第十九路军在上海人民反日运动的影响下,向进攻上海的日本军进行了英勇的抵抗;一九三三年十一月,这个军队的领导者及其他一些国民党人又在福建成立反蒋联共的人民政府。冯玉祥在一九三三年五月也与共产党人合作在察哈尔的张家口组织民众抗日同盟军。

在日本侵略者进攻中国以后,中国共产党首先主张武装抵抗,并且领导了或积极参加了全国人民的抗日运动和东北人民的抗日游击战争。一九三三年一月,中国工农红军宣言愿在停止进攻红军、保证人民民主权利和武装民众的三个条件下与全国各军队停战议和,以便共同抗日。虽然如此,党的领导在一九三一年至一九三四年间却因为陷入了新的严重的"左"倾错误,以致不但没有能够在红军胜利、人民抗日反蒋的有利形势下将革命推向前进,反而使革命受到了新的挫折。

虽有第一次国内革命战争失败及其以后种种事变的教

训,在党的第六次大会以后,党的领导机关仍然设在反革命中心的上海,党的领导仍然没有以红军战争为中心,仍然没有以毛泽东同志为中心。抱着小资产阶级急躁情绪、不了解红军战争的意义和规律、幻想着在反革命白色恐怖下举行城市起义的"左"倾机会主义分子,继续占据着党中央的领导地位。在一九三〇年六月至九月间,党中央以李立三同志为首,曾经要求组织全国中心城市的总起义和全国红军向中心城市的总进攻。这个错误计划曾经造成国民党统治区党的秘密组织的严重损失,但是在红军中,却由于毛泽东同志坚持着正确的方针,没有发生大的影响。一九三〇年九月,李立三同志的错误受到了党的六届三中全会的纠正。但在一九三一年一月,以王明(陈绍禹)、博古(秦邦宪)两同志为首的以教条主义为特征的一个新的"左"倾派别,又利用马克思列宁主义"理论"的外衣,从"左"面来攻击六届三中全会。他们认为李立三同志的主要错误和当时中国共产党内的主要危险,是右倾而不是"左"倾,并且责备党的六届三中全会"对立三路线的一贯右倾机会主义的理论与实际,未加以丝毫揭破和打击"。他们终于经过党的六届四中全会而取得了中央的领导地位。以王明、博古为首的新的"左"倾派别,完全否认由日本侵略所引起的国内政治的重大变化,而认为国民党各派和各中间派别都是一样的反革命,要求党向他们一律进行"决死斗争"。这个"左"倾派别在红军战争的问题上反对毛泽东同志关于游击战运动战的思想,继续要求红军夺取中心城市;又在国民党区秘密工作的问题上,反对刘少奇同志所坚持的关于利用合法形式和积蓄革命力量的思想,继续实行脱离多数群众的冒险政策。在这个错误的领导下,党在国民党统治区的组织虽然在严重环境下作过许多英勇的斗争,最后却差不多全部受到了破坏,而由"左"倾分子所组织的临时中央,在一九三三年也不得不迁入中央红军根据地。临时中央到达红军根据地后,虽然已与在红军和革命根据地工作的中央委员毛泽东同志等会合,组成了正式的中央机关,但是排挤了毛泽东同志的领导,特别是排挤了毛泽东同志对于红军的领导。这样,由红军胜利和国民党统治区群众运动高涨所表现出来的革命的复兴,就被破坏了。

在一九三二年六月到一九三三年二月,刚刚出卖了上海抗日战争的蒋介石,又以九十个师五十万兵力组织了对中国工农红军的第四次全面围攻。根据毛泽东同志的战略,红军在这次反围攻的战争中又得到了巨大的胜利。但在一九三三年十月,蒋介石又以一百万兵力,举行对红军的第五次围攻,并以五十万兵力进攻中央红军。在这次战役中,红军因为党的中央实行了完全错误的单纯防御的军事路线和其他错误政策,没有能击破敌人的围攻。一九三四年十月,中央红军退出江西根据地,进行了世界历史上前所未有的长征。在此期间,全国其他的革命根据地和红军,也遭受了"左"倾分子同样的损害。各地红军,除刘志丹等同志所领导的陕北红军外,都先后退出了原来的根据地,进行了长征。

在中央红军的长征中,党的中央在军事上继续发生错误,使在敌人前堵后追中的红军数次陷入危险境地并受到极大的损失。为了挽救在危险中的红军和中国革命事业,党在一九三五年一月,由于毛泽东同志及其他同志坚决的斗争,在贵州遵义举行了党的中央政治局扩大会议。在多数同志的觉悟和拥护之下,遵义会议撤换了"左"倾机会主义分子的领导职务,确立了毛泽东同志在全党的领导地位。从此以后,中国共产党和中国革命,就一直在这位杰出的伟大的完全可以信赖的领袖的马克思列宁主义的领导之下,而这就使革命的胜利得到最重要的保证。

一九三五年十月,即在长征开始的一年以后,中央红军终于以超乎寻常的毅力,战胜了军事上的、政治上的和自然界的无数艰险,经历了二万五千华里的征途,越过了人迹罕到的雪山草地,到达陕西北部,与陕北红军部队会合。任弼时、贺龙两同志所领导的红二方面军,和徐向前同志所领导的红四方面军,也在一九三六年十月与中央红军在陕甘地区会合。在红四方面军担任领导工作的张国焘,由于对革命前途丧失信心,曾经进行分裂和背叛党的活动,拒绝与中央红军一同由川西北北上,强迫部队向西康方面退缩,并非法地组织了另一个中央。由于毛泽东同志所采取的党内斗争的正确方针,由于朱德、任弼时、贺龙、关向应等同志的坚忍努力,叛徒张国焘的分裂阴谋很快地就完全失败了,但是红军却因此受到了另一次很大的损失。在国民党第五次围攻以前,红军曾发展到三十万人;由于党内的错误的领导,受到了许多的挫折,经过长征,到陕北会合之后,总共已不到三万人。但这是红军和党的极可宝贵的精华。

中国工农红军长征的胜利,是中国革命转危为安的关键。它使全国人民对于革命前途和抗日救国运动的前途有了希望。它使全中国全世界相信了中国共产党和中国红军是不可战胜的力量，相信了为着战胜当时在中国得寸进尺的日本帝国主义，非要依靠中国共产党不可，非停止反共的内战不可。

一九三五年十一月，中央红军、陕北红军和由鄂豫皖北上的一支红军，紧接在会合以后，就共同地粉碎了国民党军对陕北革命根据地的第三次围攻，大大地巩固了陕北革命根据地，扩大了红军的声势。随后，由于日本帝国主义进一步向华北的进攻，由北京学生在十二月九日举行的抗日救国大示威而开始的"一二·九"运动，在全国发展起来了，广大的人民在运动中一致地提出了党所拟定的"停止内战、一致抗日"的口号。革命从新走向高潮。在这个时候，迫切需要对日本进攻中国以来的国内形势作一次正确的分析，决定党的政策，纠正在党内浓厚存在着的"左"倾关门主义。这个工作，是一九三一年到一九三四年的党中央所不能完成，毛泽东同志在一九三五年的长征中也不可能完成的。直到这时，在共产国际关于反法西斯统一战线的正确政策的帮助之下，党在八月一日发表了号召统一战线的宣言，特别是党中央政治局在十二月二十五日通过了《关于目前政治形势与党的任务的决议》，毛泽东同志在十二月二十七日党的活动分子会议上作了《论反对日本帝国主义的策略》的报告，才满足了这个要求。

毛泽东同志的报告有系统地提出了建立抗日民族统一战线的问题。毛泽东同志在指出了民族资产阶级的左翼可能参加抗日斗争而其他部分可能由动摇而中立，指出了国民党营垒可能破裂和其中英美买办集团在一定条件下可能转而被迫参加抗日，指出了长征的伟大意义以后，总结党的任务说："党的任务就是把红军的活动和全国的工人、农民、学生、小资产阶级、民族资产阶级的一切活动汇合起来,成为一个统一的民族革命战线。"毛泽东同志痛驳了党内"左"倾分子提出来的反对统一战线的一切论据。毛泽东同志提出了人民共和国的口号以代替工农共和国的口号,并且规定了在政治上经济上对待民族资产阶级的正确政策。毛泽东同志指出:人民共和国在资产阶级民主革命时期,对于不赞助帝国主义及其走狗的民族资本家和他们所经营的工商业是保护的,它以工人农民为主体,但又代表着反帝反封建的各阶层人民的利益。毛泽东同志指出:这个统一战线与一九二四年到一九二七年的统一战线的区别,是在有无坚强的共产党和革命军队参加。毛泽东同志在比较两个时期的不同时说:"在今天,这件事起了变化了,坚强的共产党和坚强的红军都已经有了,而且有了红军的根据地。共产党和红军不但在现在充当着抗日民族统一战线的发起人,而且在将来的抗日政府和抗日军队中必然要成为坚强的台柱子,使日本帝国主义者和蒋介石对于抗日民族统一战线所使用的拆台政策,不能达到最后的目的。"毛泽东同志的这个报告,不但规定了当时党的政策,预见了中国政治的后来的发展,而且总结了两次国内革命战争时期的根本经验,规定了党在民主革命时期的根本路线。

中共中央的正确的政治路线,迅速地收到了巨大的效果,并迅速地促成了抗日战争的实现。红军在一九三六年二月东征进入山西,在取得许多胜利以后,在五月间,向国民党发出停战议和一致抗日的通电,并与陕西的张学良杨虎城等首先实现了停战。国民党统治区的党的工作和各界人民的抗日救亡运动,在刘少奇同志正确指导下,也得到了恢复和发展。但是蒋介石仍然坚持着反对中国共产党和中国人民的反动政策,继续向红军进攻。一九三六年十二月十二日要求联共抗日的张学良杨虎城,在西安扣留了蒋介石,迫使他停止亡国的反共内战。中国共产党认为在当时的条件下,为了抵抗日本帝国主义的侵略,应使西安事变和平解决,因此蒋介石被释放了,国内和平乃得实现。为了便于保持国内和平,并为了争取地主阶级共同抗日,党在西安事变和平解决后决定暂时停止执行没收分配地主土地的政策。由于国内和平实现,在一九三七年七月七日日本帝国主义借口卢沟桥事变对中国实行新的进攻时,中国军队包括蒋介石的军队在内对于日本的进攻就实行了抵抗,全国规模的抗日战争就爆发了。中国共产党在西安事变中及其以后的各项正确的主张和有效的努力,促成了国内和平和抗日战争的实现,这个事实,极大地提高了党在全国人民群众中的威信。

　　一九三七年五月,党中央召集了党的全国代表会议,这个会议讨论和批准了党在一九三五年以来的政治路线,并为抗日战争作了政治上和组织上的准备工作。

　　在革命脱离了危险而走向新的高涨的年份,为了总结经验,训练干部,毛泽东同志曾以极大的努力从事理论工作。在一九三六年冬,毛泽东同志写了关于《中国革命战争的战略问题》一书,总结了一九二七年至一九三六年的革命战争的经验,阐明了中国革命战争的特点,有系统地批判了"左"倾分子和右倾分子的军事路线的错误。这是世界共产主义运动中最优秀的马克思主义的军事著作之一。实际上这部书不但是一部重要的军事著作,而且因为它深刻地分析了整个中国革命的规律，深刻地分析了战争的胜利和失败的根源，战争规律和战争规律的认识过程，它又是一部重要的政治著作和哲学著作。在一九三七年夏，毛泽东同志又写了他的著名的哲学的著作《实践论》和《矛盾论》。毛泽东同志在这两篇著作中全面地、深刻地而又通俗地解说了马克思列宁主义的认识论和辩证法。毛泽东同志这两篇著作在中国思想史和党的思想工作上有极重要的价值。它们是教育人们如何正确地思想、正确地行动和正确地学习的最好的教科书。它们分析了第二次国内革命战争时期党内争论的哲学性质，根据无可辩驳的唯物论原理，揭露了"左"倾分子和右倾分子在认识方法上的教条主义错误和经验主义错误。

第二次国内革命战争时期，是党在极端困难的条件下达到政治上的成熟和推动革命的新高涨的时期。在这个时期，主要地依靠毛泽东同志的努力，党深刻地认识了军事工作和农村工作的重要性，创造了革命军队和农村革命根据地，学会了领导革命战争、土地改革和各种政权工作。在这个时期，党认识了自己的真正的马克思列宁主义的领导者毛泽东同志，同时也认识了各种"左"倾的小资产阶级思想的危害，并在与各种错误的小资产阶级思想的斗争中，建立了以毛泽东同志为首的党的领导。与第一次国内革命战争时期在国共合作中的右倾是主要的危害相反，在这个时期党的领导机关所犯的主要错误是"左"倾；"左"倾的错误曾使党和红军遭遇了严重的挫折，因而延迟了革命的新的高涨。但是无论如何，经过了各种艰难曲折锻炼出来并取得了丰富经验的党和军队，却构成了后来领导抗日战争和人民解放战争的主干。由于上述一切,可以说,第二次国内革命战争对于中国革命的今天的胜利,是完成了最重要的政治准备和干部准备。

从一九二七年到一九三七年,党度过了极端严重的反动时期。在这个时期内,一方面,敌人企图完全消灭我们党,我们党和敌人进行了极端艰苦、复杂和英勇的斗争;另一方面,党在克服了右倾的陈独秀机会主义之后,又受到"左"倾机会主义的几次侵袭,以致处于极端的危险之中。但是由于毛泽东同志的创造性的马克思列宁主义的正确领导,和他的异于寻常的忍耐性与遵守纪律的精神,党终于充分圆满地克服了机会主义的错误,脱离了危险的地位。这样,党在十年的反动时期,虽有内外敌人的侵袭和打击,却在全国范围内用革命精神教育了广大的人民群众,在人民群众中保存了党的革命旗帜,并保存了红军的基干和一部分革命根据地,保存了党的大批的优秀干部和数万党员,积蓄了大量的革命经验,特别是关于战争和革命根据地的经验,用以迎接新的革命高潮——全国规模的抗日爱国战争和新的国共合作。

三、抗日战争

一九三七年七月七日,日本侵略军向驻防北京西南的卢沟桥地方的中国守军发动攻击,中国守军奋起抵抗。八月十三日,日本侵略军又攻击上海,上海守军也进行抗击。全国进入了抗日战争。经过与国民党政府的协议,中国红军及其在南方各省所留下的游击队,先后改编为八路军和新四军,开向华北和华东前线参加抗日战争。

在当时,围绕着抗日战争的基本政治情况如下:

在国际方面,存在着日本、苏联、英美三种不同的力量。第一种力量:日本。日本帝国主义是凶恶的侵略者。日本所实行的灭亡全中国的方针,引起了中国全体爱国人民的反抗。日本不但侵略中国,并且向苏联一再挑战,企图在苏联没有准备的条件下袭击苏联,同时用这种姿态来引诱执行反苏政策的英美帝国主义分子对它让步。日本对中国的侵略夺取了英美在中国的帝国主义利益,威胁了英美在整个东南亚和太平洋的帝国主义利益,因此日本与英美之间有矛盾,这个矛盾在一九四一年十二月爆发为太平洋战争。至于日本人民的革命势力,在战争中是反对日本帝国主义而援助中国人民的,但是力量太小,还不能发生严重的影响。第二种力量:苏联。苏联坚决地执行着支援中国抗日战争的政策,所以在一九三七年八月与中国订立互不侵犯条约,并且给中国以财政上军事上的援助。苏联又坚决地执行着和平政策,警惕地避开了英美帝国主义坐山观虎斗的圈套。在一九四五年消灭了希特勒德国以后,苏联迅速向日本宣战。事实证明苏联的政策是完全正确的,既合于苏联的利益,也合于中国人民和世界人民的利益。第三种力量:英美。英美在此时既不同于日本,更不同于苏联。英美帝国主义不愿意日本夺取它们在东方的利益。但是它们一则希望把战争引向苏联以便自己坐山观虎斗;二则害怕中国人民力量的兴起,危害它们的利益;三则忙于应付西方由希特勒所引起的紧张局势,力求缓和日本在东方对于它们的矛盾,害怕日本在东方对于它们的攻击。所以在一九四一年太平洋战争爆发以前,它们总是竭力与日本寻求妥协,或则希望日本和中国两败俱伤。在太平洋战争爆发特别是美国在太平洋上转入优势以后，美国是要求中国积极反攻日本了，但是美帝国主义的计划，却是利用这种情势来独占中国，排挤中国人民的革命势力，以便变中国为美国的殖民地。英美帝国主义者的反革命的两面政策，需要中国人民对他们实行革命的两面政策，即一方面联合他们共同反对日本侵略，另一方面警惕和反对他们危害中国人民的阴谋。

在国内方面，存在着人民、国民党和汉奸三种不同的力量。人民是坚决反对日本的。工人阶级和农民阶级是抗日战争的领导者和主力。城市小资产阶级，民族资产阶级，以致地主阶级中的若干人，特别是由地主阶级分化出来的开明绅士，也站在抗日方面。因此，人民的抗日统一战线，极为广大。汉奸是坚决依附日本，帮助日本侵略中国，压迫中国人民的。日本曾经用很大的力量收买中国最反动的一部分大地主大资产阶级和其他败类充当汉奸，而国民党的长期反动政策也助长了汉奸的活动，国民党内的汪精卫一派就在抗日战争爆发后不久投到日本方面去了。但是汉奸究竟为数很少，全国人民对于汉奸也是一致反对，连国民党反动派也不能不在口头上加以反对。问题是在国民党方面。国民党的主体，代表大地主、大资产阶级的蒋介石集团，基本上是英美买办集团，曾经在多年的反动中坚决地反对人民，反对抗日，并且一心一意地要消灭共产党。蒋介石这时起来抗日，第一是由于人民对他的压迫，使他不能不起来抗日，否则全国人民和许多有组织的抗日力量都将自动起来抗日，他就不能维持自己的统治；第二是由于日本帝国主义对于全国的进攻直接地危害着他的政权和地主资产阶级的财产,他和日本帝国主义的矛盾此时已无法调和;第三是由于英美帝国主义与日本帝国主义的矛盾,英美当时虽不愿意直接得罪日本,却愿意中国和日本打着,拖住日本。由于这些原因,所以蒋介石集团在抗日战争中就表现他具有反革命的两面性:一方面,他要抗日,也要其他势力积极抗日,在战争初期也曾表现了他的某种程度的抗日积极性,并希望能够速胜;另一方面,他又反对人民,继续压迫人民,不愿人民起来抗日,特别不愿共产党和其他抗日势力动员人民起来抗日。他要包办抗日的领导,但他拒绝实行任何为抗日所需要的真正的民主改革。他极力限制人民力量的发展,特别限制共产党力量的发展。他曾阴谋地计算在抗日战争中假手日本军阀来消灭八路军、新四军及其他抗日势力,而保存他自己的力量;为了这种目的,他指挥八路军、新四军去担负最前线和敌人后方最严重的作战任务。他不相信依靠中国的力量能使抗日胜利,因而他不依靠而且不愿意依靠中国人民自己的力量,而把希望寄托在国外的援助上。他希望很快地引起英美对于日本的干涉,由英美特别是美国代他抗日。但是后来的事实是,英美迟迟不干涉日本,并和日本不断地妥协;八路军、新四军进入敌后不但没有被日军消灭,反而和敌后广大的人民结合,取得不断的胜利,有了极大的发展;全国人民抗日的力量大大地冲破了他所允许和限制的范围,有了很大的发展;而他自己的军队则在抗战中大部被击溃并受了很大的损失,他的威信迅速低落。这些都不能不引起他的失望和恐惧。从此以后,他就实行消极抗日,积极反共反人民,避战观战,保存和聚积自己的武力,以待旁人战胜日本后,他可以坐收渔人之利，以保存和聚积起来的武力消灭共产党和人民的力量。这就是蒋介石集团在抗日战争中的基本立场和政策。蒋介石这种立场和政策，在抗日战争末期虽曾引起美国舆论的不满，实际上是美帝国主义所完全赞成和努力支持的。这样，蒋介石就既不同于汉奸，又不同于抗日的人民。抗日的人民要求团结全国一切可以团结的力量首先是动员人民群众的力量来进行抗日战争，因此，既需要与蒋介石进行一定的联合，以便推动蒋介石部下的军队抗日，又需要与蒋介石的反动政策进行坚决的斗争，以便保卫人民力量，把人民群众的力量动员起来争取胜利，不为蒋介石及其主人美帝国主义的阴谋所削弱和压倒，而能压倒蒋介石及其主人美帝国主义的阴谋。因此，显而易见，代表抗日人民利益的中国共产党，在与国民党建立统一战线的时候，不能不坚持统一战线中的独立自主的原则。

毛泽东同志正确地估计了抗日战争中的复杂的政治情势。在抗日战争爆发以后，毛泽东同志就指出：共产党与国民党的争论，无产阶级与参加抗战的大地主大资产阶级（蒋介石集团）的争论，已经不是应否抗战的问题，而是如何争取胜利的问题了。毛泽东同志指出：抗日战争中存在着两条相反的路线，即以蒋介石为代表的大地主大资产阶级的路线，和以共产党为代表的无产阶级和全国人民的路线；实行蒋介石国民党的不要全国人民抗战只要国民党政府抗战的“片面抗战”的路线，战争必然失败；只有实行人民战争的路线或“全面抗战”的路线，战争才能胜利。一九三七年八月，中国共产党中央在延安附近的洛川召集的会议中，根据毛泽东同志的提议，通过了著名的《抗日救国十大纲领》，作为党领导全国人民争取抗日战争胜利、反对蒋介石反动的两面政策的指针。洛川会议决定在敌人后方放手发动独立自主的游击战争，使游击战争担负配合正面战场、开辟敌后战场、建立敌后抗日根据地的战略任务，并决定在一切国民党统治区放手发动抗日的群众运动。洛川会议决定在有利于动员全国人民参加抗日战争的前提之下，争取全国人民所应有的政治经济权利，并决定以减租减息作为抗日战争时期解决农民问题的基本政策。

抗日战争中的两条路线的争论，在党内也有了严重的反映。第二次国内革命战争时期曾经犯过严重的"左"倾错误的一些同志，以王明（陈绍禹）同志为代表，这时站在右倾机会主义的立场上来批评和反对党的路线，并且违反党的纪律，在他们所负责的工作中擅自执行了他们自己的右倾机会主义路线。他们看到了共产党及其军事力量的暂时的弱小和国民党的表面上的强大，就错误地断定抗日战争的胜利必须依靠国民党，而且必然是国民党的胜利而不能是人民的胜利，断定国民党可以成为抗日战争的领导者，而否认共产党可以成为抗日战争的领导者。他们轻视共产党领导的游击战争在抗日战争中的作用，而幻想依靠国民党军队求得速胜。他们否认统一战线中的独立自主的革命方针，否认"有团结有斗争，以斗争求团结"的革命方针，因而抹煞共产党和国民党在抗日战争中的原则分歧，要求共产党人对国民党的反人民政策实行让步，把自己的行动限于在国民党蒋介石所允许的范围以内，要求八路军新四军完全统一于国民党军队，实行"统一指挥，统一编制，统一武装，统一纪律，统一作战计划，统一作战行动"。

他们反对放手发动群众斗争,反对在日本占领地区放手扩大解放区和扩大人民武装,害怕这样就要从抗日阵线中"吓跑"了蒋介石国民党。他们不经中央同意擅自发表了很多表示错误意见的宣言、决议和文章,并且拒绝中央的正确的指示。他们的这种错误思想和行为,在一九三八年由王明同志在武汉负责的党的工作中,和一九四一年一月"皖南事变"以前项英同志在新四军的工作中,曾经发生影响,因而妨碍了当时长江流域人民抗日战争的发展,并造成了在"皖南事变"中新四军部队的失败。很明显,右倾分子的意见是适合于蒋介石的利益而危害无产阶级和抗日人民的利益的。这是第一次国内革命战争时期陈独秀右倾机会主义在新的情况下的复活。毛泽东同志和这种错误思想进行了坚决的斗争,因而使这种错误思想在没有发生更大危害的时候就在实际工作中得到了克服。

为了彻底澄清党内外关于抗日战争的错误思想,毛泽东同志在一九三八年五月写了《论持久战》一书。毛泽东同志在这部著作中详细地分析了中国和日本的政治军事情况,指出中国的抗日战争在最后必然胜利,但战争必然是持久战,而不能速胜,并且必须采取人民战争的方针才能取胜。

一九三八年十月,中国共产党中央在延安举行了扩大的第六届中央委员会第六次全体会议。这次会议批准了以毛泽东同志为首的中央政治局对于抗日战争和抗日民族统一战线的路线。全会批判了统一战线问题上的迁就主义的错误,决定了全党独立自主地放手组织人民抗日武装斗争的方针,把党的主要工作放在战区和敌后,而批判了那种把抗日战争的胜利寄托于国民党军队、把人民的命运寄托于国民党反动派统治下的合法运动的错误思想。

抗日战争的实际发展，证明了毛泽东同志和中国共产党中央的正确。蒋介石的军队在抗日战争初期虽然抵抗过日军，但是因为蒋介石在政治上和军事上的错误而迅速溃败，到了一九三八年十月，就不能不退出广州和武汉。蒋介石从此把军队的主力集中在以重庆和西安为中心的中国西南部和西北部，避免和日军作战。而与此相反，中国共产党领导的八路军新四军在华北华东华中华南等地却相继武装了广大的人民，发展了强大的抗日游击战争，建立了许多抗日民主根据地。到了一九四〇年抗日战争三周年时，中国共产党所领导的人民抗日军队已由三年前的四万多人发展到近五十万人，抗击了在华日军的半数，在三年作战中收复了县城一百五十座。解放区和游击区人口发展到近一万万。共产党员，也由三年前的四万人发展到八十万人。从辽宁、热河、察哈尔、绥远一线直到广东和海南岛，都有了共产党员所领导的人民抗日武装。抗日战争成为真正全国范围的大革命了。

敌后游击战争的巨大发展，使日本侵略者在占领武汉、广州以后，就陷入了战争的相持阶段，不能再向前进了，因为他们的后方暴露在强大游击队的攻击之下，他们不得不回头来攻击在他们后方的游击队。日本侵略者决定把主要的压力放在敌后战场，对正面停止战略性的进攻，而实行对蒋介石国民党的政治诱降。在这时，中国共产党提出了"坚持抗战，反对投降；坚持团结，反对分裂；坚持进步，反对倒退"的口号，领导全国人民与蒋介石国民党的反动趋势作斗争。蒋介石的投降危险,在一九三九年九月法西斯德国与英法间战争爆发时,达到了顶点。英美在这时更希望赶快牺牲中国来求得和日本妥协,使日本不和希特勒一起来反对英美,而为了使中国投降,就不能不加紧反对坚持抗日战争的共产党。在这种情况下,在一九三九年底到一九四○年初,蒋介石国民党就发动了第一次反共高潮。国民党反动军队进攻共产党所领导的陕甘宁边区,侵占五个县城,在山西西部进攻共产党员所领导的抗日决死队,在山西东南部进攻共产党所领导的八路军。受着日本和国民党夹击的八路军,坚决地击退了国民党的进攻。

严重的斗争放在中国共产党和中国人民的前面。很明显,在日本侵略下的中国,谁能够赢得抗日的胜利,谁就能够赢得全国的胜利。中国共产党既然证明了自己是抗日战争的真正的领导者,就必须同时向全国人民说明自己对于中国革命和新中国的建设的全部见解,以便彻底剥夺国民党反动派及其一切追随者的精神武装,而给与中国工人阶级和中国革命人民以充分的精神武装。这个任务,由毛泽东同志一九四○年一月发表的《新民主主义论》一书担负起来了。《新民主主义论》从中国的历史和世界的历史出发,说明了在俄国十月社会主义革命以后,中国革命的领导权必须属于中国工人阶级;说明了中国革命必须分为新民主主义和社会主义两个阶段,而在工人阶级领导下的新民主主义的前途必然是社会主义;说明了在新民主主义革命时期,党必须采取既区别于资本主义、又区别于社会主义的新民主主义的政治纲领、经济纲领和文化纲领。《新民主主义论》的发表,极大地帮助了全党和全国革命人民的思想的统一,极大地帮助了全国人民解放区的政策的统一,因而极大地加强了中国革命。

为了继续扩大和巩固抗日民族统一战线,党在克服了右倾的偏向以后,又采取了一系列的措施以纠正在反对国民党对共产党和人民的进攻中所开始发生的某些"左"倾。党认为:在抗日战争时期,由于民族敌人深入国土,民族矛盾仍然是主要的矛盾,在国民党不投降日军的条件下,保持与国民党不破裂是必要的和可能的,与国民党反动派的斗争必须以不破裂为限度。对于中等资产阶级和开明绅士,更需要注意团结。因此,党规定了"发展进步势力、争取中间势力、孤立顽固势力"的总方针,和在反对国民党反动派的斗争中"有理、有利、有节"的指导原则,并且在所有解放区政权中实行了"三三制",即共产党员(代表工人阶级和贫农)、进步分子(代表小资产阶级)、中间分子(代表中等资产阶级和开明绅士)各占三分之一的制度。

蒋介石为了削弱共产党的力量,在一九四一年一月又发动了第二次反共高潮。蒋介石强令原在安徽南部的新四军军部及其所属的一支万余人部队北渡长江,在一月七日以八万余人在中途加以包围袭击。新四军的部队损失惨重,军长叶挺被俘,副军长项英牺牲。蒋介石在阴谋实现后,随即宣布取消新四军番号,并下令向新四军其他部队进攻。这个事变被称为"皖南事变"。中国共产党严厉地驳斥了蒋介石取消新四军的"命令",有准备地粉碎了国民党的进攻,并且使新四军的主力比事变以前更为巩固,在华东地区获得了更大的发展。由于中国共产党在这次事变前后在统一战线工作方面的巨大努力,蒋介石的反共政策并没有达到孤立共产党的目的,反而惊醒了和教育了许多对蒋介石抱有幻想的人们，因而孤立了蒋介石自己。

但是皖南事变还是中国人民的困难的开始。从一九四一年初，日本就已经把在中国的侵略军的百分之六十以上集中到敌后解放区战场上来，对解放区加紧了大规模的"扫荡"并且在"扫荡"中实行烧光、杀光、抢光的"三光"政策。留在敌后的国民党军，大部分投降了敌人成为伪军，伪军的百分之九十以上在日寇指挥下向解放区进攻。蒋介石曾经密令他自己很多的军队投降日寇，然后在日寇指挥之下去进攻八路军和新四军。一九四一年六月，法西斯德国进攻苏联，同年冬日本在太平洋向英美进攻；法西斯阵线在战争初期的进展，更加扩大了国民党反动派投敌、通敌、包围解放区、反共、反人民的黑暗潮流。国民党反动派在此时用了一切的手段来削弱共产党和人民的力量。在此种情形下，解放区的面积、人口、军队，都缩小了，解放区的财政发生了很大的困难。党不得不用更艰苦的努力来战胜这些困难。党领导解放区的机关学校和部队一律实行生产自给，精兵简政，借以减轻人民负担，并且着重领导人民组织起来发展农业生产，救济灾害。与发展生产的运动同时，党又领导农民实行大规模的减租减息运动。为了在新条件下反对敌人，解放区大大地发展了民兵。解放区军民除了实行反"扫荡"的斗争以外，又派出武装工作队远出"敌后之敌后"，为恢复和扩大解放区而斗争。由于这些努力，一切困难都克服了，解放区得到了进一步的巩固，并且从一九四三年起又逐步地扩大了。

党抓紧了这个局势较少变化的时期进行了全党范围的马

克思列宁主义教育,这种教育在战争和革命猛烈发展或迅速
变化的时期是难于大规模进行的。党采取了整风运动的方
法,领导全党的干部和党员来认识和克服广泛存在于党内的
伪装马克思列宁主义的小资产阶级思想作风,特别是主观主
义的倾向,宗派主义的倾向,和这两种倾向表现的形式——党
八股。毛泽东同志的演说《改造我们的学习》、《整顿党的作
风》、《反对党八股》、《在延安文艺座谈会上的讲话》和刘少奇
同志的演说《论共产党员的修养》、《论党内斗争》,在这个学习
运动中起了巨大的作用。这个学习运动,扫除了一九三一年
以来教条主义在党内的恶劣影响,帮助了大量的由小资产阶
级知识分子出身的新党员脱离小资产阶级的立场而转入无产
阶级的立场,因而使党在思想上大大地提高了一步,并且使整
个党空前地团结起来了。

　　与共产党在艰苦奋斗中前进的同时,国民党的统治一天
一天地走到了腐败的极点。国民党的首脑人员利用政治地
位,并且特别利用抗日战争、通货膨胀等,集中了大量的财富,
控制着中国的金融、商业、工业和农业,进行肆无忌惮的掠夺,
迅速地发展了以蒋介石、宋子文、孔祥熙、陈立夫四大家族为
首脑的封建的、买办的、军事的垄断资本,即"官僚资本"。国
民党的这种"官僚资本",与国民党统治区的工人阶级、农民阶
级、城市小资产阶级和民族资产阶级的利益都发生了尖锐的
矛盾。人民的生活极端痛苦,没有抗日的政治自由,以致民怨
沸腾,民变蜂起。蒋介石不顾自己的腐败和孤立,仍然在一九
四三年大肆叫嚣共产党破坏"统一",号召"讨伐"共产党,并且
在一九四三年六月调动大批军队准备袭击陕甘宁边区。这是

国民党的第三次反共高潮。但是在中国共产党的事前揭露、声讨和全国人民的反对之下,被迫停止。显然,这时蒋介石还以为他的留在战争后方的数百万军队是他的靠山,他还不知道他的反动政策早已腐化了他的军队;这个真相,在一九四四年日本的新进攻中就表现无余了。

一九四四年是世界反法西斯战争胜利发展的一年,是希特勒匪帮在英勇的苏联军的进攻下迫近灭亡的一年,同时却是国民党军队在日本新进攻下再一次大溃败的一年。日本在太平洋的地位已经愈来愈困难了,它急需把从北京到广州和南宁的交通线打通,因此在一九四四年三月发动了对于正面战场的新进攻。因为国民党军队望风溃逃,日寇在八个月中,迅速占领了河南、湖南、广西、广东的大部和贵州的一部,人民损失惨重。在以苏联为中坚的世界反法西斯战争的伟大胜利和中国人民解放区战场的胜利发展的鼓舞之下,全国人民对于国民党的反动统治再不能忍受了,国民党统治区的人民民主斗争和民主党派的活动活跃起来了。要求改组国民党政府为民主联合政府,成为爱国人民的一致呼声。

但是中国人民的民主斗争遇到了新的外国干涉。为人民所痛恨的摇摇欲坠的国民党反动政府,却受到了已经在太平洋上得到优势的美帝国主义的支持。一九四四年九月,中国共产党代表林伯渠同志在重庆国民党召集的国民参政会上,要求立即召开紧急国事会议,废止国民党专政,成立民主联合政府。国民党反动派在美国代表的暗中支持下,顽固地拒绝了共产党和各民主党派的要求。美帝国主义在一九四一年太平洋战争以前是力图牺牲中国而与日本妥协的,现在却利用抗日战争把自己的势力进一步伸入中国，企图在战争结束以后代替日本独占中国的市场，并使中国变为美国殖民地，因此它就积极努力于维持国民党的反动统治。美帝国主义一方面派了大批军官来训练和武装蒋介石的军队，派了大批专家渗入蒋介石的政府，另一方面，却装出公正的面孔来"调处"国民党和共产党的关系。但是美国政府很快就暴露出它与蒋介石立场的一致。美国代表和蒋介石都企图用"邀请"某些共产党人参加国民党政府的方法，来"完成"国民党反动政府的"统一"和"民主化"，来打消改组国民党政府为民主联合政府的要求，并企图用这个诡计来消灭八路军、新四军和解放区。在美国和蒋介石的这个恶毒的提议被中国共产党拒绝以后，蒋介石竟要求组织一个由美国人参加的三人委员会来"整编"解放区的军队；而美国代表赫尔利，则威胁地宣称美国只同蒋介石合作，不同中国共产党合作。

美帝国主义和蒋介石的威胁和欺骗，当然不能动摇中国人民要求独立民主的坚定的意志，当然不能阻止中国人民解放事业的前进。

一九四五年四月二十三日，中国共产党在延安举行第七次全国代表大会。大会正式代表五百四十四人，候补代表二百零八人，代表着一百二十一万党员。大会听了并且一致地通过了毛泽东同志《论联合政府》的政治报告，和朱德同志《论解放区战场》的军事报告，听了刘少奇同志关于修改党章的报告，并通过了新的党章。大会选出了以毛泽东同志为首的新的中央委员会。

在第七次大会上，中国共产党表现了空前的团结一致。

这个团结一致,根本上是一九三五年一月党的遵义会议以来中国革命在党中央正确领导下的胜利发展所形成的。一九四二年全党的整风运动,在第七次大会之前在党的干部中展开的关于党的历史经验的讨论,党的六届七中全会所通过的《关于若干历史问题的决议》,对于加强党内的团结,都发生了重要的积极的作用。

第七次大会一致地通过了党的总纲,党在新民主主义革命时期的一般纲领和具体纲领。第七次大会分析了当前的世界形势和国内形势,号召全党和全国人民为争取抗日战争的最后胜利和建立民主的联合政府而斗争。为着迎接全国的胜利,大会特别要求全党及时地注意加强在城市中首先是在工人阶级中的工作。大会指出:中国人民在共产党的直接领导下已经在战争中建立了十九个解放区,共有九千五百五十万人口,有九十一万人民解放军(包括八路军新四军和其他人民抗日军)和二百二十万不脱离生产的民兵,并且从一九四四年以来已经转入局部的反攻。从一九三七年九月至一九四五年三月,人民解放军对敌大小战斗十一万五千余次,击毙和杀伤日伪军九十六万余名,俘虏日伪军二十八万余名,迫使日伪军投诚和反正十万余名。全国大多数中心城市、交通线和海岸线,都处在人民解放军的包围或控制之下。依靠强大的人民解放军,依靠全国人民的团结,抗日战争和民主事业的胜利是有保证的。但是由于国内外反动势力的存在,大会同时要求全国人民严重警惕新的全国性内战的危险和帝国主义干涉的危险。

在中国共产党第七次代表大会以后,人民解放军对于日本侵略者的反攻得到了迅速的发展。八月八日，苏联对日宣战，使中国抗日战争立即进入最后阶段。苏联的军队迅速歼灭了日寇的关东军，解放了东北。人民解放军配合苏联的进军，积极消灭日伪军，解放了日伪军所占领的大量的中小城市。八月十四日，日本宣布无条件投降。

在日本投降以后，美国和蒋介石却命令在中国的日军和伪军继续"维持地方秩序"，并且继续抵抗包围着日军的人民解放军，以待远在后方的国民党军队前往受降。美国的军队和空军、海军，这时用各种方法把国民党军运往日伪军所占领的大城市和主要交通线去"接收"。由于美军、日本侵略军、伪军的共同合作，蒋介石在抗日战争结束以后从新取得了在全国的"优势"。

中国人民抗日战争的经验，是一个落后的大国反对帝国主义强国侵略的经验，又是一个由共产党领导的无产阶级与农民、城市小资产阶级、民族资产阶级以致一部分地主和买办资产阶级相联合而共同反对侵略的经验。中国共产党正确地分析了这种复杂的形势，并且正确地利用了从一九二四年到一九三六年的两次国内革命战争的政治经验和军事经验，因而采取了正确的政治路线和军事路线，及时地纠正了党内的偏向，打退了国内的反动派，赢得了伟大的胜利，为后来人民民主革命在全国的胜利奠定了巩固的基础。中国的抗日战争证明：在无产阶级的正确领导下，依靠人民群众的团结奋斗，依靠人民统一战线和人民战争，帝国主义的侵略是可以打败的。这对于中国人民和全世界殖民地人民都是一个极端重要的真理。抗日战争又证明：英美帝国主义，对于殖民地半殖民地人民是始终抱着敌视态度的，只有苏联，才是世界被压迫人民的忠实援助者。苏联的援助，对于全世界人民的反帝国主义斗争的胜利，具有决定的意义。这对于中国人民和全世界殖民地人民，同样是一个极端重要的真理。

四、第三次国内革命战争和中华人民共和国的成立

抗日战争结束以后，中国的阶级关系发生了新的变化。

代表大地主大资产阶级的国民党反动派，在抗日时期就消极抗日，积极反共，企图削弱共产党的力量，保存和聚积自己的力量，以便在依靠苏联和英美和中国共产党所代表的中国人民的力量打败日本以后，坐收渔人之利，然后举行反共战争，消灭共产党，建立它在全国的黑暗的独裁统治。为了这个目的，国民党反动派把外国援助国民党抗日的武器都保存下来。作为反共之用。因此，在抗日战争结束后，内战危机就立即威胁着全国人民。美帝国主义在日本投降后，企图代替日本在中国的地位，控制中国广大的市场，使中国变为美国的殖民地。为了这个目的，美国就要援助国民党去消灭共产党，因为共产党是美国实现这个目的的最大障碍。国民党也要依赖美国的援助才能进行反共内战。美帝国主义者和国民党就在这样的基础上进一步地勾结起来，积极地准备对于人民解放区的全面进攻。他们认为：依靠国民党军队在数量上和装备上对于人民解放军所占的优势，依靠国民党统治区在人口和资源上对于解放区所占的优势，依靠美国政府在政治上经济

上军事上对于国民党政府的支援，他们是可以达到这个凶恶的和可耻的目的的。

反人民的战争，对于大资产阶级即国民党官僚资产阶级是有利可图的事业。蒋介石、宋子文、孔祥熙、陈立夫四大家族，在日本投降以后，已经利用"接收"的名义实行了空前的吞并掠夺，而在新的战争中，他们又从通货膨胀、征税征粮和各项经济统制，大规模地搜刮人民的血汗，以致他们的财富迅速积累到二百万万美元之多。

国民党在抗日战争中的政策，已使自己与全国工人阶级、农民阶级、城市小资产阶级和民族资产阶级的矛盾变得极端尖锐了。经历了多年战争的全国各阶级人民，普遍地要求和平，借以恢复受了严重破坏的生产。人民要求在抗日战争胜利以后实现民族的独立和政治的民主。农民要求得到土地。但是国民党不但不给他们这一切，反而决定把他们再投入内战和破产的深渊。国民党为了得到美国援助而给予美国种种特权，使国民党统治区的民族工商业受到了美国资本和国民党官僚资本双重压迫，纷纷倒闭，工人大批失业。美国驻中国的军队和其他各种人员，给中国人民以各种侮辱损害。国民党的特务机关继续用恐怖的方法迫害人民和民主人士。国民党政府在国民党统治区给农民的是强暴的征兵、征粮，在解放区是组织地主夺取农民所已经得到的土地。

国民党反动派所决定发动的内战虽然不可避免，国民党反动派在人民中间虽然孤立，但是要求和平的人民在内战没有全面爆发以前，仍然希望用一切方法来取得和平，而不希望与国民党破裂。在民族资产阶级及其党派中间，还存在着对于国民党和美国的幻想，还存在着追求在国民党共产党以外的"第三条道路"的幻想。中国共产党对于国民党和美帝国主义的内战阴谋，是早已洞悉的，并在思想上组织上都作了充分的准备。但是为了最后挽救和平，并且为了充分地教育人民，中国共产党在抗日战争结束以后，仍然用了极大的努力和忍耐心来领导全国人民寻求避免战争、实现和平团结的道路。

在抗日战争结束以后，中共中央就在一九四五年八月二十五日发表《对于目前时局的宣言》，表示了中国共产党对于和平民主团结的愿望。为了实现这个愿望，毛泽东同志在八月二十八日亲到重庆与国民党蒋介石举行了一个多月的谈判，最后在十月十日公布了谈判的结果，其中包括许多关于保障国内和平办法的协议。中国共产党是准备忠实地实行自己所同意的协议的，并且已经着手付之实施了，但是在蒋介石方面，却只把这些协议看作是掩护发动战争的手腕。蒋介石以为在协议成立后，共产党的警戒必然松懈，乘机袭击，必然获得很大的胜利。所以在协议公布后，蒋介石立即发动了对解放区的进攻。但是由于中国共产党已经有了警惕，蒋介石的军事进攻被粉碎了。

蒋介石及其美国主人发现他们还没有准备好。蒋介石的躲避抗日的军队还在西南和西北的远后方，而一直在抗日最前线的人民解放军却在华北华东和东北，这种情况，对于蒋介石及其美国主人进行全面的内战是不利的。在当时，蒋介石还需要迅速地去接收敌占城市和交通线，还需要把数百万军队运到发动内战的前线上来，而这些事蒋介石单靠自己是办不到的。为了帮助蒋介石办好这些事，美军在中国沿海登陆，接受日本投降，阻止解放军去接受投降，并将日军的全部武器交给蒋介石，又用空军和海军运输了蒋介石上百万的军队到解放区的周围。为了争取办好这一切的时间，蒋介石就在表面上接受了中国共产党、中国各民主党派和全国人民的要求，在一九四六年一月十日宣布了停战令，召集了包括各党派的政治协商会议。美国政府，这时也在表面上主张停战。派了马歇尔代替赫尔利来继续"调处"中国的内战，以便利用"调处"的名义帮助蒋介石加速战争的准备。

蒋介石在宣布"停战"以后，随即大举进攻在日本投降前后进入东北的人民解放军，占领了东北解放区的长春吉林一线以南至安东、以西至承德的广大地区。然后，从一九四六年七月起，蒋介石就彻底撕毁了停战令和政治协商会议决议，指挥他的全部军队，发动了对于人民解放区的全面的进攻，并在进攻中连续占领了解放区的许多城市和广大乡村。

中国共产党在这个期间对于全国人民进行了极广大而有效的教育，使全国人民逐步从和平幻想中清醒过来，从对蒋介石和美国政府的幻想中清醒过来，而觉悟到为要实现和平、民主、独立，为要得到生存，就不能不打倒蒋介石，就不能不驱逐美帝国主义。中国共产党一方面在政治上充分地孤立了美帝国主义和蒋介石，在另一方面领导了人民解放军以严重的努力来粉碎蒋介石的进攻。中国共产党认为：蒋介石的进攻不但是必须打败，而且是能够打败的。这是因为，敌人军事力量的优势，以及美国的援助，都只能起暂时的作用；而战争的正义性或反正义性，人民群众的向背，这才能起经常的作用；而在这方面，由于中国共产党对国内和平的坚定的努力，优势是确定地属于人民解放军的。

为着打败蒋介石的进攻，毛泽东同志在军事方面规定了正确的方针，即以歼灭敌人有生力量为主要目标，不以保守城市或地方为主要目标；而为了歼灭敌人，就必须每一战役都有准备，都有把握，都集中超过敌人数倍的绝对优势兵力去包围敌人，全部歼灭敌人，避免无准备无把握的作战。在这个方针之下，人民解放军虽然在战争初期退出了许多城市和地方，却歼灭了大量的国民党军，平均约每月歼灭国民党军八个旅（师）。人民解放军用缴获的国民党军的装备武装了自己，又把俘虏来的士兵加以改造，补充了自己。这样，人民解放军愈战愈强，国民党军却愈战愈弱了。蒋介石的全面进攻，在遭受了八个月的巨大兵力损失以后，即在一九四七年三月以后，就不得不把对解放区的全面进攻改变为所谓"重点进攻"，以山东和陕北两翼为其进攻的"重点"。但是人民解放军又以严重的作战，粉碎了蒋介石对山东和陕北的"重点进攻"，同时在东北、晋察冀、晋冀鲁豫各区陆续转入了反攻。因此，到了一九四七年七月，人民解放军便能够在晋冀鲁豫战场首先转入了进攻，进兵黄河以南直至长江北岸。接着，人民解放军在东北和其他战场上也发起了巨大的攻势作战，根本改变了各战场的形势。因此，蒋介石的进攻，只经过了一年多一点时间，就被完全打破了。

美帝国主义和蒋介石曾经被战争初期所得的表面的胜利冲昏头脑，拒绝中国共产党和全国人民的一切和平建议，结果使自己在军事上和政治上都走上了死路。在一九四六年十月十一日，国民党军占领了当时华北解放区主要城市张家口。

第二天,蒋介石就违背政治协商会议的决议,下令召开分裂的独裁的伪"国民大会"。十一月十五日,这个伪"国民大会"在美国特使马歇尔、美国大使司徒雷登的支持之下开幕了,通过了伪"宪法"。但是事实证明了毛泽东同志在《论联合政府》中的预言,蒋介石的这个步骤只是"把一条绳索套在自己的脖子上",在人民中间没有得到任何支持。一九四七年三月,国民党反动派迫令中国共产党驻南京、上海、重庆三地人员撤返延安,随即派军队进攻,占领延安。从此,消灭了任何和平解决的希望。人民包括民族资产阶级在内,把同情和希望都集中到中国共产党方面来了。代表民族资产阶级右翼的"第三条道路"的宣传,也随之而破产。国民党的革命派、中国民主同盟、民主建国会等民主党派和广大的社会人士,都拒绝与国民党反动派合作,拒绝参加伪国民大会和反动政府。全国学生,在一九四六年底一九四七年初,举行了反对美军强奸中国女学生暴行的示威运动,在一九四七年五月,又举行了反饥饿、反内战、反压迫的示威运动。各地工人农民,也进行了许多斗争反对国民党。这些都说明了美帝国主义者和国民党反动派已经完全孤立,而以中国共产党为领导的新民主主义革命的统一战线,却比过去任何时候都更为扩大和巩固了。中国人民在全国的胜利,无论在军事上和政治上的条件,都已经成熟了。

一九四七年十月十日,中国人民解放军发表宣言号召全国人民打倒蒋介石,建设新中国。为了满足农民长久以来的土地要求,中国共产党在同一天公布了中国土地法大纲,宣布废除封建性剥削的土地制度,实行耕者有其田的土地制度。

土地改革使解放区农民充分地发动起来了,解放区的地主阶级被消灭了,从而极大地巩固了解放区,援助了人民解放战争。同时,为着贯彻土地改革,加强人民解放军的战斗力,加强农村的民主化,中国共产党领导了全党的整党运动,以提高人民解放军的阶级觉悟,克服农村党内的成分不纯和作风不纯的现象。为了准备新的胜利,中共中央在一九四七年十二月在陕北举行了会议,毛泽东同志在这次会议上作了《目前形势和我们的任务》的报告。毛泽东同志指出中国人民革命战争已经达到转折点,而这个转折点也就是"一百多年以来帝国主义在中国的统治由发展到消灭的转折点"。对于党在战争转入进攻的时候所需要解决的军事问题,土地问题,经济问题,统一战线问题,毛泽东同志都作了深刻的说明。鉴于在土地改革运动中曾经发生破坏工商业的偏向,毛泽东同志在报告中着重地从新解释了党在经济方面的纲领,即没收封建阶级的土地归农民所有,没收官僚资本归新民主主义的国家所有,保护民族工商业,并且严格地批判了党内一部分工作人员对中小资产阶级经济成分采取过左政策的错误。毛泽东同志指出:由没收官僚资本而形成的巨大的控制全国经济命脉的社会主义性质的国家经济,将在人民国家的经济生活中具有严重的决定意义和伟大的领导作用,因此,中小资产阶级经济成分的存在,不但是必要的,而且是并不可怕的。由于这次会议以及在这个期间党所进行的各项工作,党为了领导人民夺取全国的胜利,在主观上的准备也成熟了。

战争在一九四八年和一九四九年的进展极为迅速。在一九四八年,人民解放军已经充分学会了攻城战术,连续攻克了大批国民党"重点设防"的城市。一九四八年九月十二日至十一月二日的辽沈战役胜利后,整个东北获得了解放。这一战役消灭了国民党军四十七万二千人,从而使人民解放军在数量上也超过了国民党军。接着,在南线,由十一月七日至一九四九年一月十日在徐州附近进行的淮海战役,又消灭了国民党军五十五万五千余人,使国民党反动派丧失了主要的军事力量,并使南京暴露在人民解放军的进攻的面前。差不多在同一期间,在一九四八年十二月五日至一九四九年一月三十一日,人民解放军又在北线举行了解放天津、北京的战役,攻克了张家口和天津,使北京得到了和平解放,并使国民党军损失了五十二万一千人。这样,长江中下游以北地区就在基本上完成了解放。

一九四九年三月,党召集了第七届中央委员会第二次全体会议,决定了党对取得全国胜利以及在全国胜利以后的基本政策。

七届二中全会指出:在全国胜利的前夜,党的工作重心必须由乡村移到城市。从一九二七年以来,党的基本工作是在乡村聚集力量,用乡村包围城市,以便最后取得城市;现在这个任务已经完成了,党的工作重心应当移到城市,由城市来领导乡村。这次会议又指出:党在城市中的工作,必须全心全意地依靠工人阶级,并将恢复和发展工业生产作为中心任务。这次会议曾经详细地讨论了中国经济各种成分的状况和党所应当采取的正确政策,这个讨论,后来构成了"共同纲领"中的经济政策的基础。

这时,在国民党反动派方面,由于美帝国主义的授意,蒋介石假装下野，由李宗仁代替蒋介石出来要求"和平"。中国共产党并没有拒绝这个和平的要求，而且经过与国民党代表谈判以后，起草好了一个和平协定的草案。但是国民党反动派政府却拒绝签订和平协定，因而揭穿了自己的假面具。

毛泽东同志和朱德同志在一九四九年四月二十一日命令中国人民解放军向南方和西北进军，解放全中国一切尚未解放的地方。人民解放军在四月二十三日解放南京，接着在一九四九年内先后解放了太原、杭州、汉口、西安、上海、兰州、广州、贵阳、桂林、重庆、成都等各大城市和广大地区，并用和平办法解放了湖南、绥远、新疆、西康、云南等地。一九五〇年四月和五月，人民解放军渡海解放了海南岛和舟山群岛。在南方和西南各省，在一九五〇年剿灭了国民党所留下的一百六十万土匪。一九五〇年十一月，人民解放军开始向西藏进军。一九五一年五月，中央人民政府和西藏地方政府经过谈判，成立了关于和平解放西藏办法的协议。这样，除台湾还被国民党反动派残余和美国侵略者盘踞外，全国都解放了。

从一九四六年七月到一九五〇年六月，中国人民解放军先后消灭了国民党反动军队共八百零七万多人，缴获了各种炮五万四千四百多门，各种机枪三十一万九千九百多挺，坦克和装甲车一千多辆，汽车二万多辆，以及其他大量的武器和装备。

一九四九年十月一日，中华人民共和国中央人民政府宣告成立。中央人民政府是由中国各民族代表、各民主党派代表、各人民团体代表、各区域代表、各部队代表和特别邀请的民主人士共六百六十二人所组成的中国人民政治协商会议的

选举产生出来的。中国人民政治协商会议在一九四九年九月
二十一日至九月三十日举行第一届全体会议。在这个会议上
通过了《中国人民政治协商会议共同纲领》、《中华人民共和国
中央人民政府组织法》、《中国人民政治协商会议组织法》,选
举了毛泽东为中央人民政府主席,决定了以北京为中华人民
共和国的首都。中华人民共和国的成立,光荣地总结了中国
人民一百多年来反帝国主义封建主义的奋斗,特别是中国人
民二十八年来在中国共产党领导下的奋斗。

中华人民共和国成立了。中国革命从此进入了一个新时
期。全国的情况,与《新民主主义论》《论联合政府》发表的时
期已经完全不同。需要在人民民主革命已经胜利的条件下说
明这些问题:中华人民共和国究竟是一种什么性质的国家呢?
在这个国家中的各个阶级以及各种经济成分的地位和相互关
系如何呢? 这个国家的前途如何呢? 对于这些问题,毛泽东
同志一九四九年七月一日的论文《论人民民主专政》,和中国
人民政治协商会议第一届全体会议所通过的"共同纲领",作
了完满的答复。

毛泽东同志在《论人民民主专政》一文中,规定中华人民
共和国的性质是"工人阶级(经过共产党)领导的以工农联盟
为基础的人民民主专政"。毛泽东同志解释这个公式的意义
说:"人民是什么? 在中国,在现阶段,是工人阶级,农民阶级,
城市小资产阶级和民族资产阶级。这些阶级在工人阶级和共
产党的领导之下,团结起来,组成自己的国家,选举自己的政
府,向着帝国主义的走狗即地主阶级和官僚资产阶级以及代
表这些阶级的国民党反动派及其帮凶们实行专政,实行独裁,

压迫这些人，只许他们规规矩矩，不许他们乱说乱动。如要乱说乱动，立即取缔，予以制裁。对于人民内部，则实行民主制度，人民有言论集会结社等项的自由权。选举权，只给人民，不给反动派。这两方面，对人民内部的民主方面和对反动派的专政方面，互相结合起来，就是人民民主专政。"

毛泽东同志反复指明中华人民共和国必然要学习苏联的榜样，走向社会主义和共产主义，并且现在就必须坚决地站在苏联一边，站在社会主义一边。但是中华人民共和国在现在的历史时期中仍然允许民族资产阶级存在。这是中国的人民民主和东南欧国家的人民民主的区别，这个区别是由不同的历史条件产生的。毛泽东同志写道："民族资产阶级在现阶段上，有其很大的重要性。我们还有帝国主义站在旁边，这个敌人是很凶恶的。中国的现代工业在整个国民经济上的比重还很小。……为了对付帝国主义的压迫，为了使落后的经济地位提高一步，中国必须利用一切于国计民生有利而不是有害的城乡资本主义因素，团结民族资产阶级，共同奋斗。我们现在的方针是节制资本主义，而不是消灭资本主义。"节制资本主义的过程，是一个与民族资产阶级有联合有斗争的过程，也就是一个改造民族资产阶级的过程。毛泽东同志说：其他的剥削阶级已经打倒了，"剩下一个民族资产阶级，在现阶段就可以向他们中间的许多人进行许多适当的教育工作。等到将来实行社会主义即实行私营企业国有化的时候，再进一步对他们进行教育和改造的工作。人民手里有强大的国家机器，不怕民族资产阶级造反。"

毛泽东同志关于中华人民共和国的基本观点，在《共同纲领》里面都以法律的形式确定下来了。《共同纲领》的总纲说："中华人民共和国为新民主主义即人民民主主义的国家，实行工人阶级领导的、以工农联盟为基础的、团结各民主阶级和国内各民族的人民民主专政，反对帝国主义、封建主义和官僚资本主义，为中国的独立、民主、和平、统一和富强而奋斗。""共同纲领"有系统地规定了中国人民民主统一战线和中华人民共和国在目前时期对于政治、军事、经济、文化、民族、外交各方面的基本政策。这些政策，就是中国共产党在目前时期的基本政策。《共同纲领》关于经济政策特别作了详细的解说。《共同纲领》规定："中华人民共和国经济建设的根本方针，是以公私兼顾、劳资两利、城乡互助、内外交流的政策，达到发展生产、繁荣经济之目的。国家应在经营范围、原料供给、销售市场、劳动条件、技术设备、财政政策、金融政策等方面，调剂国营经济、合作社经济、农民和手工业者的个体经济、私人资本主义经济和国家资本主义经济，使各种社会经济成分在国营经济领导之下，分工合作，各得其所，以促进整个社会经济的发展。"这样，在《共同纲领》里，工人阶级在政治上的领导地位，工人阶级所掌握的社会主义性质的国家经济在经济上的领导地位，都得到了法律上的承认，而这种领导，正是中华人民共和国向社会主义发展的主要保证。

中华人民共和国的成立，引起了全世界人民的欢呼。中国人民最忠实的国际友人苏维埃社会主义共和国联盟，在一九四九年十月二日就宣布与中华人民共和国建立外交关系。保加利亚人民共和国、罗马尼亚人民共和国、匈牙利人民共和国、朝鲜民主主义人民共和国、捷克斯洛伐克共和国、波兰人民共和国、蒙古人民共和国、德意志民主共和国、阿尔巴尼亚人民共和国、越南民主共和国、印度共和国、瑞典王国、丹麦王国、缅甸联邦、印度尼西亚共和国、瑞士联邦、芬兰共和国、巴基斯坦等国都与中华人民共和国相继建立了外交关系。英国、锡兰、挪威、以色列、阿富汗、荷兰等国都承认了中华人民共和国。中华人民共和国坚决地站在以苏联为首的世界和平阵营方面，并且努力加强中苏两国的友好关系。一九五〇年二月十四日，在毛泽东主席和斯大林大元帅的直接参加之下，中苏两国由周恩来总理兼外长和维辛斯基外长在莫斯科签订了有历史意义的中苏友好同盟互助条约，中苏两国关于中国长春铁路、旅顺口及大连的协定和中苏两国关于贷款给中华人民共和国的协定。这些条约和协定，大大地加强了世界和平民主阵营的力量和中国的国际地位，大大地帮助了新中国的建设事业。

中央人民政府成立以后，立即进行巨大的工作来恢复和改造被帝国主义、封建主义、官僚资本主义以及战争和灾荒所重重损害的经济。中央人民政府在没收了国民党的官僚资本以后所建立的社会主义性质的国营经济，在全国的经济生活中迅速发挥了伟大的力量。依靠国营经济的支持，中央人民政府迅速有效地统一了和平衡了国家的财政，终止了十二年来的恶性通货膨胀，并且有系统地进行了恢复工业生产、农业生产、交通事业和贸易事业的巨大工作。由于国营经济控制了全国的经济命脉，并具有高度的集中性，私人资本主义的工业和商业正在逐步地被引向服从国家经济领导的轨道，为国营经济服务的国家资本主义经济正在逐步发展。而工商业的这种适合国家需要的改组或调整，乃是准备有计划的工业建设所必要的。

中央人民政府认定在全国施行土地改革，是改善全部经济状况、准备工业建设的主要条件之一。中央人民政府在一九五〇年六月通过了中华人民共和国土地改革法，并且在一九五〇年冬天到一九五一年春天，领导了新解放区的农民，完成了一亿三千万农业人口地区的土地改革工作。由于战争已经基本上结束，中华人民共和国土地改革法在对待富农土地的问题上改变了一九四七年的中国土地法大纲中的规定，由征收富农多余土地的政策，改变为保存富农经济的政策，即仅在特定条件下征收富农出租的土地，对富农其余土地一律不动。这个新的政策，对于中农的生产积极性是一项重要的保障。目前全国土地改革工作，连老解放区在内，已在二亿九千万农业人口的地区完成，其余的地区也将在一两年内完成。土地改革工作，和同时在全国进行的人民代表会议政权的建设工作，以及由广大人民群众参加的大规模的镇压反革命破坏活动的工作，极大地巩固了人民民主专政的基础；没有这个基础，有计划的经济建设是不可能进行的。

中国共产党注意到党的巩固在目前和将来的一切革命事业中的决定意义。党在人民解放战争胜利的年份有了迅速的扩大。中国共产党现在有党员五百八十万人。党决定在老区农村中一般地停止接收党员，而着重吸收产业工人入党。党决定在党员中认真地进行有系统的马克思列宁主义的教育，使每个党员彻底了解依靠工人阶级的必要和实现共产主义的必要，并且按照严格的标准对党的组织作一次认真的整理。

　　中国人民在着手重建自己的国家的时候，并没有忘记帝国主义新侵略的威胁。不甘心于在中国这块土地上失败的美帝国主义者，果然在一九五〇年六月，在武装干涉朝鲜的同时，公然霸占了中国的领土台湾省。美国对于台湾的掠夺，事实上只是美国政府对于中国人民解放战争的长期武装干涉的继续，和对于中华人民共和国的武装干涉的开端。美国的掠夺台湾，证明了美国对我国友好邻邦朝鲜民主主义人民共和国的狂暴的武装干涉，乃是对我国的总的侵略计划的一部分。美国干涉者所以要支持"朝鲜的蒋介石"——李承晚傀儡集团向朝鲜民主主义人民共和国进攻，原来就是模仿日本侵略者的老办法，先占领朝鲜，同时夺取台湾，而后占领东北。一九五〇年十月，美国侵略军占领平壤，随即以大量陆军向北汹涌前进，直至中朝边境的鸭绿江边和图们江附近，严重威胁我国东北国境的安全。美国空军连续轰炸扫射我国东北边境的城市农村，使我国同胞生命财产不断遭受损失。全国人民忍无可忍，纷纷要求以志愿行动抗美援朝，保家卫国。中国共产党和中国各民主党派发表宣言，支持人民群众的这种爱国要求。这样，中国人民就以无比的热情，进行了轰轰烈烈的抗美援朝的正义斗争。

　　中国人民志愿军一九五〇年十月下旬在朝鲜前线开始与朝鲜人民军并肩作战的结果，迅速转变了朝鲜人民反侵略战争所曾一度遭遇的危险局势，从朝鲜北部打退了美国侵略军的疯狂进攻，并使美国侵略军和李承晚伪军受到严重损失。从那时到今年六月下旬，中国人民志愿军与朝鲜人民军在一起，已经进行过五次战役，在作战中造成敌人二十四万余人的损失(不包括非战斗的伤亡)。遭受痛击的侵略军已被驱逐到朝鲜中部北纬三十八度线附近,侵略军总司令著名美国战争贩子麦克阿瑟也因屡次战败在一九五一年四月被撤职。中国人民志愿军在朝鲜不顾侵略军的疯狂轰炸破坏所造成的种种困难,英勇地帮助朝鲜人民反对美国侵略,引起了全中国、全朝鲜和全世界人民的欢呼,引起了全中国人民空前未有的爱国主义的高涨。中国的爱国人民,深信援助朝鲜、收复台湾、巩固国防的事业,不但是我国经济恢复和经济建设事业的重要保障,而且是世界和平事业的重要组成部分。如同反对蒋介石的人民解放战争已经得到胜利一样,中国人民反对美帝国主义侵略的神圣斗争,也一定要得到胜利。

五、三十年的基本总结

如上所述,中国共产党所经历的三十年,乃是光荣的、伟大的三十年。这是中国共产党、中国工人阶级和中国人民在毛泽东同志领导下,向帝国主义侵略者及其走狗英勇奋斗,通过许多艰难曲折,克服自己队伍中的各种机会主义倾向和各种错误缺点,终于战胜敌人而取得胜利的三十年。

中国共产党的历史证明:中国工人阶级和中国人民要战胜强大的帝国主义及其走狗的统治,建立独立的人民民主国家,如毛泽东同志所说,没有中国共产党这样一个"有纪律的,有马克思列宁主义的理论武装的,采取自我批评方法的,联系人民群众的"布尔什维克式的党来担任领导,是不可能的。在中国共产党以前,中国曾经有过资产阶级的和小资产阶级的政党企图领导中国革命，并曾在历史上起过进步作用，但是他们都在敌人的不同方法的进攻下面失败了。中国共产党所遇到的帝国主义及其走狗的进攻，比中国人民在历史上所遇到的任何敌人的进攻更要凶恶严重得多，但是中国共产党能够领导人民达到胜利，这就是因为中国共产党是以苏联共产党为模范而建立起来的新式的无产阶级的革命政党。

在党的第七次全国代表大会上，毛泽东同志曾经指出中国共产党的主要作风，就是理论与实践相结合的作风，与人民群众紧密地联系在一起的作风和自我批评的作风。由于理论与实践相结合，党才能有效地和创造性地应用马克思列宁主义的普遍真理，克服教条主义和经验主义两种偏向，找到并且确立战胜强大敌人和建设新国家的正确道路。由于与人民群众有紧密的联系，党才能领导人民的革命斗争和革命战争，创造人民的军队和人民的政权，依靠人民群众的无限力量来战胜曾经显然占优势的敌人。由于自我批评，党才能在历次的失败和错误中吸取教训，求得进步，并经常保持和改善与群众的联系。具有这种作风的党，乃是领导中国革命直至最后胜利的最重要的保证。

中国共产党的历史证明：党的正确的领导，首先决定于对于中国革命的正确的理论。要领导中国工人阶级和中国人民达到胜利，没有马克思列宁主义的指导，是不可能的。

在一九三九年十月，在回顾和总结第一次国内革命战争时期、第二次国内革命战争时期和抗日战争时期党的历史的时候，毛泽东同志写道：

"第一阶段是党的幼年时期。在这个阶段的初期和中期，党的路线是正确的,党员群众和党的干部的革命积极性是非常之高的,因此获得了第一次大革命的胜利。然而这时的党终究还是幼年的党,是在统一战线、武装斗争和党的建设三个基本问题上都没有经验的党,是对于中国的历史状况和社会状况、中国革命的特点、中国革命的规律都懂得不多的党,是对于马克思列宁主义的理论和中国革命的实践还没有完整的、统一的了解的党。因此,党的领导机关中占统治地位的成分,在这一阶段的末期,在这一阶段的紧要关头中,没有能够领导全党巩固革命的胜利,受了资产阶级的欺骗,而使革命遭到失败。在这一阶段中,党的组织是发展了,但是没有巩固,没有能够使党员、党的干部在思想上、政治上坚定起来。新党员非常之多,但是没有给予必要的马克思列宁主义的教育。工作经验也不少,但是不能够很好地总结起来。党内混入了大批的投机分子,但是没有清洗出去。党处于敌人和同盟者的阴谋诡计的包围中,但是没有警觉性。党内涌出了很多的活动分子,但是没有来得及造成党的中坚骨干。党的手里有了一批革命武装,但是不能掌握住。所有这些情形,都是由于没有经验,缺乏深刻的革命认识,还不善于将马克思列宁主义的理论和中国革命的实践相结合。这就是党的建设的第一阶段。第二阶段,即土地革命战争的阶段。由于有了第一阶段的经验,由于对于中国的历史状况和社会状况、中国革命的特点、中国革命的规律的进一步的了解,由于我们的干部更多地领会了马克思列宁主义的理论,更多地学会了将马克思列宁主义的理论和中国革命的实践相结合,我们党就能够进行了胜利的十年土地革命斗争。资产阶级虽然叛变了,但是党能够紧紧地依靠着农民。党的组织不但重新发展了,而且得到了巩固。敌人虽然天天在暗害我们的党,但是党驱逐了暗害分子。大批干部重新在党内涌出,而且变成了党的中心骨干。党开辟了人民政权的道路,因此也就学会了治国安民的艺术。党创造了坚强的武装部队,因此也就学会了战争的艺术。所有这些,都是党的重大进步和重大成功。然而,一部分同志曾在这个伟大斗争中跌下了或跌下过机会主义的泥坑,这仍然是因为他们不去虚心领会过去的经验,对于中国的历史状况和社会状况、中国革命的特点、中国革命的规律不了解,对于马克思列宁主义的理论和中国革命的实践没有统一的理解而来的。因此,党的领导机关的一部分人,没有能够在这一整个阶段中掌握住正确的政治路线和组织路线。党和革命在一个时期遭受过李立三同志'左'倾机会主义的危害,而在另一个时期,又遭受过革命战争中的'左'倾机会主义和白区工作中的'左'倾机会主义的危害。只在到了遵义会议(一九三五年一月在贵州遵义召开的中央政治局会议)以后,党才彻底地走上了布尔什维克化的道路,奠定了后来战胜张国焘右倾机会主义和建立抗日民族统一战线的基础。这就是党的发展过程的第二个阶段。党的发展过程的第三个阶段,就是抗日民族统一战线的阶段。这个阶段,已经过去了三年,这三年的斗争,是有非常伟大的意义的。党凭借着过去两个革命阶段中的经验,凭借着党的组织力量和武装力量,凭借着党在全国人民中间的很高的政治信仰,凭借着党对于马克思列宁主义的理论和中国革命的实践之更加深入的更加统一的理解,就不但建立了抗日民族统一战线,而且进行了伟大的抗日战争。

党的组织已经从狭小的圈子中走了出来,变成了全国性的大党。党的武装力量,也在同日寇的斗争中重新壮大起来和进一步坚强起来了。党在全国人民中的影响,更加扩大了。"(《"共产党人"发刊词》)

毛泽东同志关于党的历史的生动的叙述,充分地说明了革命理论的严重意义。错误的理论,可以使轰轰烈烈的大革命迅速归于失败,而正确的理论,却在最困难的关头挽救党,使革命逐步地走向高潮。

中国共产党一开始就是在马克思列宁主义一般原则的指导下成立的,这是中国共产党的优点。但是为要领导中国革命达到胜利,仅仅依靠现成的一般原则的指示是不够的。毛泽东同志的贡献,就在于把马克思列宁主义的普遍真理,以及列宁斯大林关于中国革命的原则指示,与中国革命的具体实践相结合,而既然如此,就不能不给马克思列宁主义以新的发展。列宁在一九一九年十一月在东方各族人民共产主义组织第二次全俄代表大会上的报告中,向东方各族人民的共产主义者发出号召说:"在这里,在你们面前摆着一个任务,这个任务从前在全世界共产党员面前是没有提出过的,这个任务就是:依靠一般共产主义的理论与实践,你们在适应于欧洲各国所没有的独特条件时,须要善于把这个理论和实践应用于这样的条件,即农民是主要群众,所要解决的斗争任务不是反对资本,而是反对中世纪的残余。"应当说,毛泽东同志和其他中国共产党人是正确地解决了列宁所提出的这个历史任务,并因而把马克思列宁主义推向前进了的。

毛泽东同志在总结中国共产党的经验时,曾不止一次地指出:党所领导的人民民主统一战线和作为革命主要形式的武装斗争,是中国共产党在中国人民民主革命过程中的两项基本经验。这两项经验的创造,就是马克思列宁主义的普遍真理与中国革命的具体实践之结合的重要例证。

中国共产党的三十年历史证明:党的发展,中国革命的发展,是和中国人民民主统一战线的发展分不开的。当党在正确地解决工人阶级在人民民主革命中的领导权问题,工农联盟问题,特别是对不同的资产阶级集团实行联合或斗争的问题时,党和革命就得到了迅速的发展,而在错误地对待这些问题时,党和革命就遭受挫折。

很明显,对于这样严重复杂的问题,中国共产党必须根据马克思列宁主义的普遍真理和中国革命的具体实践作独立的思考,而不能依靠于简单地抄袭某一外国的公式。例如党内的"左"倾机会主义者在第二次国内革命战争时期曾经用抄袭的方法要求党把"中间营垒"看作是"最危险的敌人",因为他们没有看见过一种"中间营垒"可以接受工人阶级的领导。又例如党内的右倾机会主义者在抗日战争时期曾经用抄袭的方法要求中国共产党人的活动应当"一切经过"与蒋介石的统一战线,因为他们没有看见过一个反动的中央政权之下可以有一个革命政权,这个革命政权既不与反动政权破裂,又可以保持自己的独立自主。毛泽东同志拒绝了这些错误的观点,而在不同时期对不同的同盟者规定了不同的政策。毛泽东同志指出中国资产阶级在一九二七年以后仍然是分为两个不同的集团,当权的大资产阶级或官僚资产阶级集团,和被排挤被损害的中等资产阶级或民族资产阶级集团。前一个集团是中国革命的对象,其中的一部分人在抗日战争期间虽曾站在抗日方面,但是与中国共产党并未正式缔结统一战线的组织和纲领,而且仍然极端仇视共产党和人民,所以共产党人决不能"一切经过"他们,而必须实行统一战线中的高度的独立自主。后一个集团是一个软弱的动摇的力量,与工人阶级有矛盾,但与帝国主义封建主义和大资产阶级也都有矛盾,因此是可以在一定条件下争取的,只要工人阶级有坚决的革命政策和适当的组织步骤,对他们有联合有斗争,他们就可以或多或少地依附工人阶级而尽其尚未完结的历史作用,并不成为"最危险的敌人"。事实证明,毛泽东同志的政策已经推翻了大资产阶级即官僚买办资产阶级的统治,而团结了民族资产阶级成为人民民主统一战线的一分子;在这里,正确的显然是毛泽东同志,而不是"左"右倾机会主义者。

中国共产党的三十年历史证明:党的发展,中国革命的发展,又是和中国人民革命战争的发展分不开的。斯大林同志说:"从前,在十八世纪和十九世纪,革命是这样开始的,通常是大部分没有武装或武装很差的人民举行起义,他们和旧政权的军队发生冲突,他们竭力瓦解这种军队,或者至少把一部分军队拉到自己方面来。这是过去革命爆发的典型形式。一九〇五年我们俄国的情形也是这样。中国的情形却不同。在中国,和旧政府的军队对抗的,不是没有武装的人民,而是以革命军队为代表的武装的人民。在中国,是武装的革命反对武装的反革命。这是中国革命的特点之一和优点之一。中国革命军队的特殊意义正在这里。"(《论中国革命的前途》)斯大林同志的这个观点,被毛泽东同志在理论上和实践上极端丰富地发展了。事实上，从一九二七年八月中国共产党人独立地领导革命战争和革命军队以来，中国共产党就一直没有离开过革命战争。革命战争成了中国革命的主要斗争形式，革命的武装组织也成了中国革命的主要组织形式，革命战争和革命军队的进退，代表着中国革命的进退。在多年的革命战争中，党的全部主要骨干都过着军事共产主义的生活，其革命纪律性和自我牺牲精神之高，是许多过着和平生活的人们所不易想象的。

在中国革命战争的战略问题上，毛泽东同志曾经对于马克思列宁主义的军事理论作了卓越的贡献，而这些贡献，和在其他方面的贡献一样，也是真正马克思列宁主义向教条主义作坚决斗争的结果。例如教条主义者曾经不顾斯大林同志的启示，在一九二七年以后四五年间坚持以准备城市起义为党的工作的重心。后来，在城市起义的思想造成了党的组织的严重破坏而为事实所粉碎以后，教条主义者又以阵地战的思想强加于一九三四年的中国工农红军，其结果是使红军被迫退出原有的根据地。与教条主义者相反，毛泽东同志在一九二七年以后的中国革命的实践中，首先创造了农村包围城市的方式来代替在通常条件下的城市领导农村的方式。毛泽东同志创造了游击战和带游击性的运动战的方式，来指导在数量上和装备上比较敌人居于绝对劣势的红军战争。事实证明，毛泽东同志的农村包围城市的方针已经完全胜利，而由游击战发展起来的红军，终于在胜利中生长为胜任阵地战的强大的人民解放军。在这里，正确的显然又是毛泽东同志，而不是教条主义者。

在总结党的历史经验时,毛泽东同志又曾不止一次地指出了在中国革命中的国际援助首先是苏联援助的伟大意义。毛泽东同志关于中国新民主主义革命理论的基本出发点,就是在一九一九年以后,中国革命成了俄国十月社会主义革命所开始的世界无产阶级社会主义革命的不可分的一部分,就是中国革命从俄国十月社会主义革命受到了决定的影响。中国革命从来不是孤立无援地进行的,而是在苏联和国际无产阶级的不断启发、鼓励和援助之下进行的。中国共产党的三十年历史证明,没有苏联和国际无产阶级的始终一贯的伟大援助,特别是没有列宁斯大林及其所领导的共产国际在第一次国内革命战争时期对于中国共产党和中国人民的援助,没有苏联红军在西方消灭希特勒,在东北歼灭日寇关东军的援助,没有中华人民共和国成立以后苏联政府给予中华人民共和国在外交上、经济上和其他多方面的援助,中国革命的今天的胜利,是不可能的。

中国革命的胜利,给全世界工人阶级一种确信,给全世界殖民地半殖民地人民一种确信,就是伟大的十月社会主义革命所展开的世界工人阶级解放事业和世界殖民地半殖民地人民解放事业,必然要达到胜利。斯大林同志在一九一八年所写的"十月革命与民族问题"一文中曾描写十月革命的世界意义说:"十月革命的伟大世界意义,主要是在于:(一)它扩大了民族问题的范围,把民族问题从为反对民族压迫而斗争的欧洲方面的局部问题,变为各被压迫民族、各殖民地和半殖民地从帝国主义之下解放出来的总问题;(二)它给这一解放开辟了广大的可能性和现实的道路,这就大大地促进了西方和东方被压迫民族的解放事业，把它们吸引到反对帝国主义的胜利斗争的巨流中；（三）它从而在社会主义的西方和被奴役的东方之间架起了一道桥梁，建筑了一条从西方无产者经过俄国革命到东方被压迫民族的新的反对世界帝国主义的革命战线。"三十三年前斯大林的伟大的预言，已经变为伟大的现实。而且由于中国革命的胜利，世界的东方已经建立了一个强大的革命的堡垒，这个堡垒已经与苏联和东南欧各人民民主国家连成一片。毫无疑问，这将极大地鼓舞全世界劳动人民斗争的勇气和胜利的信心。

党的"八大"的基本精神

（一九五六年十一月二十三日在社会主义学院的报告）

一、党的第八次全国代表大会的任务

中国共产党的第八次全国代表大会的任务是把过去的经验作一个总结，对当前的形势作一个基本的分析，根据这些来规定今后一个时期的主要的政策。

为什么需要总结过去的经验呢？因为从党的第七次代表大会到第八次代表大会，中间的时间很长，历史的变化很复杂，需要把过去的经验作一系统的概括。有的经验已经在过去作了理论上的说明，作出了相当的结论。但系统地全面地总结，特别是对一九四九年以后的经验作系统的概括、总结，过去还没有这样做过。经验的主要方面是不是正确，过去在党内党外还有些不完全一致的看法。从"七大"到"八大"期间经历的变化，党所采取的方针有很多是根据中国的具体情况和过去的经验来制定的，与外国的经验有相同的，也有些不相同的。有些同志对不同的地方曾经有过一些不同的看法，需要在第八次代表大会上作个确定的解决。但这并不是说在第八次代表大会上还有些什么争论，过去有些争论已被历史所证明了，所以在第八次代表大会时没有争论。但不同的看法曾经存在过，需要把过去的经验作个确实的解决。所以总结过去经验是有重要意义的。其次，总结过去经验对今后的工作也会发生指导的作用。在制定今后工作时，不能不考虑到这些经验。所以总结过去经验，不能不是"八大"的任务之一。

二、今天国内的主要矛盾

"八大"对当前的形势作了一个基本的分析。当前国内形势最根本的变化，即社会主义革命已经基本上完成。这就是说，中国的国内主要矛盾已经发生了变化，阶级与阶级之间的冲突、矛盾在这一时期已基本上解决了，推翻旧的生产关系和在这个基础上的上层建筑的任务已基本上完成了。今后主要的矛盾已经不是阶级斗争了。国内阶级斗争虽然还是存在的，但不是国家人民生活里面最主要的问题。今天全国的人民要解决新的主要矛盾，这就是把中国从落后的农业国变成先进的工业国。

落后的农业国与先进的社会制度的矛盾，并不是说过去不存在，现在才存在。但在过去很长的时间里，被当时的主要矛盾所压倒了。为着要解决这一矛盾，首先要推翻旧的政权，推翻旧的政治经济制度，推翻帝国主义、封建主义和官僚资本主义的统治，然后改变资本主义的剥削制度。现在这两个任务已基本上完成了，剩下来的任务就是要发展经济，因此要把落后的农业国变成先进的工业国的矛盾，现在变成主要的矛盾了。现在要使大家认识主要的奋斗目标，把主要力量、主要的精力都集中在这方面，以建立先进的工业国。我们的社会主义制度是先进的、生产力是落后的说法，是同外国比较来说的：我们的社会制度在世界范围内是先进的，但我们的生产力在世界范围内是落后的。这中间是有矛盾的，但不等于说生产关系不适合生产力的性质。我们的生产关系是适合于我们的生产力发展需要的。不是说我们的生产力比较落后，就要把我们的生产关系拉到后头一点，来适应生产力的性质。

中国是落后的国家，但革命首先取得了胜利。这同社会主义十月革命时，俄国比西欧资本主义国家发展水平落后一样，但俄国却比许多资本主义国家先取得了革命胜利。十月革命胜利后，苏联的政治经济制度、生产关系跑到西方国家的前面了。但今天的苏联，在生产力方面要超过主要的资本主义国家则还需要一个时间，一直到今天，苏联还提出为超过美国而斗争。从中国来说，当然需要一个更长的时间。今天，党的任务是要集中全党、全国人民的力量，赶快使生产力得到发展，使经济文化的发展赶上去。

三、阶级矛盾已推到次要地位

指出主要矛盾是为的使全党、全国人民的注意力集中到这一目标上来，同时也说明国内的阶级矛盾已推到次要地位，资产阶级与工人阶级的关系已经愈来愈变得和缓，资产阶级与工人阶级之间的冲突已大大地减弱了。当全国资产阶级已经把他们的生产资料、全部企业转变为公私合营的时候，资产阶级对生产资料的所有权仅仅表现在若干年内每年得到一定的利息。在这情况下,还能说二者的矛盾还是非常重要的问题么? 如果这样说,那是不符合事实的,是闭着眼睛不看事实了。今天这两个阶级的斗争还是存在的,而且还要存在一个相当长的时间,但是这种矛盾的性质已有很大的变化,能说矛盾还是对抗的么? 报纸上登过很多文章讨论这一问题。认为还是对抗性的见解,大概是认为仍然存在着定息,而定息是剩余价值的一部分,所以认为资产阶级与工人阶级的矛盾仍是对抗性的。

我想这种说法是很难说服人的,定息是工人阶级与资产阶级完全商量好,商量妥当,在一定时间内给他一定数目的利息。这还是一种剥削,但与历史上资产阶级对无产阶级的剥削性质完全不一样。定息几乎可以说是无产阶级主动地、自愿地付给资产阶级的,而资产阶级却不知道自己究竟可以得到多少,当他们知道定息可以得到五厘时,就喜出望外,这能说是对抗性的矛盾吗? 如果说这是对抗性的,便好像无产阶级自愿来给资产阶级一种条件,让他来跟无产阶级发生一种对抗。这好像两个人的打架是商量好的一样,被打的人应该怎样被打也是商量好了的。我们不知道这算怎样一种打法,如果说是两个人商量好了,那么,在实际上架也打不起来了。

付给资产阶级一定的定息,这中间当然不是没有争论,但不是工人阶级认为不能给、而资产阶级说非给不行的那种剧烈斗争的产物。定息基本上不是资产阶级与无产阶级剧烈斗争的结果,资产阶级与工人阶级是有矛盾,但不是对抗性的矛盾。

实际上从"三反"、"五反"大的阶级冲突以后,资产阶级与无产阶级关系的对抗性质已经逐渐地在消灭了。因为无产阶级不仅仅在政治上而且在经济上的统治地位，已愈来愈巩固、强化，资产阶级也愈来愈表示愿意接受无产阶级的领导。所以工人阶级与资产阶级已经不是简单的联盟的关系，而是已经变成领导者与被领导者的关系。领导同被领导者当然也是有矛盾的，但它并不会变成对抗的矛盾。所以要指出主要矛盾的转变，这也是说明阶级之间的冲突、对抗已经变化了，阶级矛盾已经基本上解决了，阶级斗争的最主要的任务已经完成，阶级斗争已经得到胜利。

四、经济政策的两个基本特点

"八大"所规定的政策有些什么特点呢？根本的要求是什么呢？"八大"所规定的今后的政策是多方面的，现在只能从经济与政治两方面简单地作个说明。

关于经济方面。"八大"所通过的关于第二个五年计划的建议列举了各方面的经济政策。"八大"关于政治报告的决议对今后经济政策也说了十条。前面已经说过，我们当前的主要任务是把落后的农业国变为先进的工业国，这是我们总的要求。我们提出的这个总的要求和为实现这个总的要求而提出的政策有什么特点呢？如果说它的特点是要求实现工业化，要求把我们的国家从落后的农业国变为先进的工业国，但这是产业革命后每个落后的国家都有的要求，只不过有的国家已完成了，有的国家正在创造这个条件。因此，要使我们的国家变为工业国还不能表明我们经济政策的特点。谁想使自己国家在今天世界上能独立地生存,生存得好,生存得幸福,能得到经济文化社会各方面的进步,就不能离开工业化。

我国需要在最短的时间内解决工业化的任务。在这问题上我们的特点是什么呢? 我们在经济上的政策,是要努力去争取实现工业化的同时,保持人民生活能够逐步地、逐年地有所改善。这是一个很重要的问题。因为本来落后的、工业很少的国家要发展工业,而且要在比较短的时间内发展工业,资金来源是一个很大的问题。要发展工业就得拿钱投资,但是我们又不能像资本主义国家那样采用掠夺的方法来解决资金问题。所以工业化的要求和人民生活的改善必然有相当的矛盾。根据我们过去的经验,"八大"认为这个矛盾是可以得到解决的。可以使国家在发展工业中人民生活不下降,而且能够经常地有相当改善。这是一个困难、复杂的任务,但是必须完成。

当然,整个说来,人民生活的改善要依靠工业化的发展,像苏联一样,苏联工业已有高度的发展,苏联人民生活也比过去有了相当大的提高。但是社会主义国家的经验告诉我们,如果不注意搞好这两方面的关系,也可能犯错误,也可能得到另外一种结果。

苏联人民生活现在比过去已有很大的改善,但在它的经济建设过程中也犯了好些严重的错误,特别是在农业方面在相当长的时期内,没有能够恢复到第一次世界大战以前的水平,使人民的生活不能得到迅速的改善。现在这种情况已经过去了。我们在发展工业时,就要避免政策上的错误。我们要充分地利用其他社会主义国家成功的经验和失败的经验,对成功的经验我们要学习,对失败的经验我们要吸取教训。

"八大"在经济政策的规定上着重于生产方面,注意到重工业必须优先发展,同时也注意适当地发展轻工业。既要提高工业在整个国民经济中的比重,也要积极地发展农业。对重工业与轻工业之间,工业与农业之间要作正确的安排,使人民生活得到逐步的改善。轻工业不但为人民生活所需要,而且是为发展农业所必需。没有轻工业,农民交给国家的农产物就得不到适当的东西去交换,农业就不会得到好好发展。所以重工业与轻工业、工业与农业的比例要合适。

其次,对积累与消费、对国家集体利益与个人利益之间的关系要摆得适当。重工业与轻工业、工业与农业的比例主要是生产方面的问题。但仅仅注意生产方面还不够,还要注意怎样正确地分配人民的收入。一方面要正确利用这种分配迅速发展工业,另一方面要利用这种分配适当地、逐步地改善人民生活。即一方面要注意满足国家需要和集体的需要,一方面又要照顾人民的个人利益。当然,今天国家的集体利益,归根结底是为了人民的利益。但如果片面地看待这个问题,认为国家集体利益就是人民的个人利益,看不到二者的差别,就会在工作上发生错误,就会产生不利于生产的结果,生产就不能顺利地得到发展。

因此,对整个国民收入的分配要有正确的比例。如农业合作社的收入中就应考虑到有多少交给国家,有多少交给合作社,有多少交给农民个人。如果不正确安排这些比例,农民就可能认为合作社虽然增产了,但社员并未增加收入,合作社好是好,就是农民个人得不到这种好处,合作社的好处给国家机关和合作社的领导机关分去了。这样的合作社是不会巩固的，要巩固就要使农民个人生活也得到改善，要使合作社和个人利益都得到照顾。当然也不能把这几方面的利益对立起来，如果对立起来，会使合作社社员只为个人而生产，合作社也是不会巩固的。但是不能适当满足社员的个人利益，不能使他们的收入年年有所增加（在正常情况下），合作社也会解体的。不但合作社是这样，农民是这样，工人也是这样，全国人民总的说来也是如此。

所以要兼顾国家集体利益与个人利益，也是兼顾长远的利益与目前的利益。积累过多了，人民生活就得不到改善，拿不出多少东西供给人民消费。积累太少了，国家经济就得不到发展，首先是工业得不到发展，农业也得不到发展。我们不仅要求扩大再生产，而且要求比较迅速地扩大再生产。为了使国家工业化能够实现，同时使人民生活得到适当改善，积累与消费就要规定正确的比例。这样，人民的生活在正常的情况下就可得到适当的改善。

工业要迅速发展，人民生活又要有很大改善，是不可能的；但工业不发展，生活要年年改善，也是不可能的。把改善人民的生活放宽了，人民暂时虽然高兴了，但终归也会失望的。所以正确的做法，只能年年稍微有所改善，使人民感到生活虽不是很满意，虽不是非常好，但是总可以一年比一年好些。在这个问题上我们要进行两条战线的斗争，不能片面地强调国家利益，但也不能片面地强调个人利益。这两方面要照顾得正确，是一件很困难的事；我们要求经常注意到两者的正确比例，不能只注意到一个方面，而忽略了另一个方面。

其次，在我们的经济政策里面，同时还注意到另一个问题。我们建设的经济是社会主义经济，是有计划的、集中的、统一的经济，这是一方面。另一方面，我们还注意到，不能仅仅是有计划的、统一的和集中的经济，还要有相当一部分经济不由国家计划，而由地方计划，或者地方也不列入计划。主要的经济部分是由国家计划，同时有一部分不由国家计划。许多企业需要大规模，也有许多企业不需要大规模。许多项目需要中央直接管理，也有许多企业不需要中央直接管理，可由地方、一直到由区和农村来管理。两方面都照顾到，这样才会使我们的经济有和谐的发展，而不致发展成畸形的东西。在商业方面，除了要有国家直接支配的统一市场以外，还要有在国家领导下的自由市场。如果只注意到由国家计划、统一、集中的一方面，那么就会使得产品种类减少，规格花色单调，产品质量也可能下降，就不能充分地满足人民生活需要。

因此，党的"八大"在经济政策方面，注意到优先发展重工业，也注意到相应地发展轻工业，注意到发展工业，同时注意改善人民生活；注意到有计划的、大规模的集中经营跟分散的、不列入计划的、小规模的经营这两方面的结合。这是党的经济政策的两个基本特点。这两个特点，是总结了我国过去的经验，同其他社会主义国家的经验的结果。

五、政治方面的几个问题

"八大"对国家的政治生活，也作了许多重要的决定。"八大"对政治问题所采取的一些政策，可以分作以下几点来说明：关于政府工作，法制问题，统一战线工作，民族关系。为了便利起见，党的工作也放在这里来说明。

（一）关于政府工作。着重提出来要扩大民主生活，这是跟刚才说过的国内主要矛盾的变化直接相联系的。我们的国家，是一个人民民主的国家，长期地建立了人民民主专政。有的同志问：从一九二七年到一九四九年的政权是不是人民民主专政？是人民民主专政。到一九四九年后还是人民民主专政，不过它的性质有了改变，就是由工农专政转变为无产阶级专政。因为国家的任务发生了变化，政权的性质也变化了。政权既是为社会主义而奋斗，就是为反对和消灭资本主义而奋斗。为了实现无产阶级的社会主义的要求，尽管在实现这个要求的时候，在实现社会主义的过程中，是同其他阶级联合在一起，但是无产阶级专政的性质并不改变。

人民民主专政的政权，是在广大人民群众拥护的基础上对少数人实行专政，对大多数人实行民主。但这不能解释为过去的民主已经是很充分了，今后不需要再扩大了。今后民主生活需要扩大，一方面是因为阶级关系发生了变化，另一方面，是因为在过去的民主生活里面，还有一些不充分的地方。在国家工作里面，长期以来党一直坚持实行群众路线即依靠群众的工作方法。依靠这个方法，取得了革命斗争的伟大胜利。从根本上说，我们是实行了群众路线的，但不是说在任何地方、任何时候，都严格地遵守了群众路线的原则，都密切地依靠了群众。相反的，由于革命的胜利，社会主义的胜利，这方面的缺点，更加显得严重。革命的胜利，使得政府领导机关的作用、权威和威力大大扩大了。历史上没有过任何政府有这样大的作用。

我们的政权有这样大的威力，这是基本的方面，这是我们政权伟大优越的地方。没有这样大的威力，就不能取得这样大的胜利。由于社会主义的胜利，它在人民生活各方面，在经济生活中，也享有非常大的力量。过去的政府在经济活动中也有些作用，但没有我们的政府这样大。比方在政府的组织中，就没有这样多的管理经济的部门。我们的政府除了反对内外的敌人以外，它越来越重的职能，是组织国家的经济生活，成为各种经济领域的司令部、领导机关。因此，就更加要求我们的政府民主化，更加要减少错误，要求密切联系群众。如果它发生错误，对人民生活影响就非常大。

过去政府机关在群众路线上是有缺点的，即使在过去的群众路线上没有缺点，那时的民主生活到现在也不够了，也需要更加民主化了。因此，党的"八大"着重要求各方面的领导机关，必须在自己的工作中密切依靠群众，在各方面更加接近群众。决议里面讲到，为了执行群众路线，要求贯彻集体领导，健全各种民主制度，在企业内实行民主管理，在军队里面扩大民主。要求扩大对于政府工作的监督，比如扩大各级人民代表大会、各级政协机关对政府工作的监督，扩大人民群众直接对政府的监督，扩大机关干部对领导的监督，加强党对政府的监督。着重反对官僚主义，不让专权的现象，个人独裁的现象为害。不让任何人设想自己可以有一种国家所没有给他的权力，也就是要消除专制主义现象。这种现象是有的。有些政府工作人员，继承了旧社会机关人员的习气，他以为"一朝权在手，便把令来行"，他以为什么都可以做，他不同群众商量,他可以把个人利益放在群众利益集体利益之上,他可以把个人意志强加在群众头上,用俗话说,就是他可以横行霸道,作威作福。这种现象,要坚决地反对。要求各级领导机构要依靠群众,健全民主制度,贯彻集体领导,实行民主管理,从各方面展开反对官僚主义、反对专制主义的斗争。

另外,在政府工作人员的日常活动里面,要接近群众。可是有许多机关,有许多工作人员,多年以来,日积月累,形成了许多脱离群众的习气和制度。这表现在跟群众不接近,下级很难见到上级,上级对下级总是摆出一副上级的面孔。上级工作人员在各方面表现特殊化,跟大多数群众的生活距离悬殊。有些高级干部,自己造成或者被人家造成一种特权的地位,享有特殊的权利。总之,使得上级人员不能同下级和老百姓接近。这表现在许多方面,大家都可数得出来。这些现象,使上级人员觉得他跟老百姓是完全不一样的。这是国家民主化的一个严重障碍。要求领导者,首先要使高级干部得到教育,有一种觉悟,认识到他的地位、权限、身份,他存在的条件,都没有什么跟老百姓不一样的地方。如果跟群众脱离甚至对立的话,那么国家就形成了新的统治阶层。这个阶层诚然没有占有什么生产资料,但是因为在政治上、收入上各方面特殊的关系,他们仍然可以跟群众相隔绝。如果这样,那就是我们社会主义国家的一种危险,是社会主义国家的一种羞耻。我们的任务,就是要向全党指出这种情况,使所有的领导人员懂得,他们没有权利跟群众脱离,没有权利享有特权和享受特殊待遇。大家知道,在革命战争时期,这种现象是不明显的。指出这种状况,并不是说不要给这些领导人员以工作上应有的便利,一切要同最困难的群众一模一样。但是不应该在工作需要的掩护下面,发展起许多并非真正必要的脱离群众的生活悬殊状况,不跟群众见面,使群众见不到面。这种现象无论如何不能容许。在社会主义社会,要消除这种现象,把党跟群众的联系,领导人员跟群众的联系,比过去任何时候更加强,更密切起来,把已经形成的那些不好的现象消灭。

当然,扫除官僚主义不能采取急躁的态度,要求在一个早上或一个星期里面把它消灭掉,是不可能的。跟这些坏东西作斗争,是长期的,也可以说是永久的。旧的错误缺点改掉了,又会有新的错误缺点产生,不要认为错误缺点在有一天会完全改正了。这样指出来,不是泄气、悲观。我们会不断改善,但不要以为已经改善得差不多了。什么时候这样想,什么时候坏人坏事就容易产生。要不断地改善我们的工作,不断地跟坏现象作斗争,没有任何时候可以说是斗争完结了,工作完善了。"八大"把中央和地方的工作作了适当的调整,因为如果什么事都集中到中央,就更不容易把工作做好,官僚主义就更会发展。

(二)法制问题:"八大"对于加强法制,作了明确的决定。在社会主义革命完成以后,旧的生产关系残余对发展生产的障碍已经不大,不需要把它当作严重的阶级斗争了。重要的工作应该是保护生产力,推动生产力的发展。因此,要使一切守法的人得到充分的人身保障,使他们感觉到,只要不违犯法律,法律就会保护他们,不使人们有不安全的思想。对于违犯法律的人,也应该进一步给以宽大的处理,对一般违法的人,以至一般的反革命分子,都是这样。为了保护生产力,就应该做到最高限度地不采取死刑,使国家所有犯罪的人,也可得到最大的教育,转变为善良的人,继续参加生产。

(三)统一战线工作:"八大"对统一战线工作也作了详细的指示,说明在社会主义胜利以后,统一战线仍然要加强,并且特别提出了"共产党与各民主党派长期共存、互相监督"这样的方针。长期共存的基础是什么,政治报告作了说明。根据我们国家长期的经验和外国的经验,证明统一战线的存在,对党的工作只有好处,没有坏处。那么有什么理由提出不应该长期共存呢?只要各党派自己能够存在下去,任何人没有理由也没有权利说它们不要存在下去。这是各民主党派自己的事情。与其讨论为什么要长期共存,不如问为什么不应该长期共存,为什么要短期,谁来规定,根据什么理由、权利来规定?关于各民主党派存在的理由这个问题,可以说是不成问题的问题。存在本身就是理由,人存在,就是存在的理由。党派也是这样,各党派存在,这就是最充分的理由,完全不必耗费精力,去讨论各民主党派为什么在社会主义制度下还能存在。是先有事物的存在,然后才有许多理论家去说明存在的理由。过多的繁琐的讨论,没有多大的益处和意义。对于共产党来说,只应该考虑如何使党和各民主党派的关系处得更好,使各民主党派的工作做得更好。

(四)关于民族关系。"八大"强调提出反对大汉族主义的必要。党指出,汉族对少数民族应该看作是欠了他们的债,今天对少数民族的一些帮助,性质上是偿还我们的祖先在历史上所欠下的债。汉民族应该看到自己有许多欠缺和理亏的地方,做好少数民族的工作是我们的责任。历史上许多民族都受了汉族的气,从中原被赶到边疆,从平原被赶到山区。这些错误虽然不是我们犯的,但汉民族今天有责任偿还这些债务。

　　以上这些问题,都是为了使我们的国家进一步民主化。有人说,官僚主义是社会主义制度本身带来的,这个说法是否正确? 当然不正确。官僚主义,从国家产生的时候就产生了。从有国家开始,一部分人脱离了生产,来管理政治,造成了掌握权力的人脱离群众的可能性,因此就产生了官僚主义的错误和罪恶。我们的国家是最民主的国家,历史上没有过这样的民主:把劳动人民、妇女解放出来,把被压迫的人民群众放在主人翁的地位,解除他们所受的压迫。这说明我们的社会主义政权是最民主的政权。过去的统治阶级,对人民不仅采取官僚主义的漠不关心的态度,而且用一切办法压迫剥削人民群众,想永远维持它们的统治。任何人没有理由、没有资格说过去的国家比我们的国家更民主。这种说法忘记了最重要的东西,就是大多数人民是否得到了权利,生活是否得到了改善,还是受剥削,受压迫。人民的生活,在社会主义国家也可能在某一时期没有得到改善,但这是畸形的现象。从整个历史看,劳动人民的生活在社会主义国家是得到很大的改善的。社会主义的历史,从苏联算起还只有几十年,劳动人民的生活整个说来已经有了非常大的改善。当我们说,在社会主义制度下面,仍然发生某种错误,这丝毫不应该怀疑到官僚主义是从社会主义制度带来的,丝毫不应该怀疑到社会主义社会比其他社会更加不民主。

　　(五)关于党的生活。为了国家的民主化,党的生活也必须进一步民主化。新党章和修改党章的报告对这些都作了充分的说明,如基层组织权力的扩大,党代表大会制度的改革,地方党组织作用的确定等等。还特别强调提出,党内的不同意见,应得到必要的照顾;允许不同的意见在一定范围内自由讨论;在纪律许可的范围内,在党内有发表的机会。少数人有不同的意见,除了服从和执行同级党组织的决定以外,仍可保留自己的意见。对在党的工作中犯了错误的同志,也不采取绝对的办法,而采取适合于党的团结、能够使所有的积极力量都能发挥的办法。这些规定,都是为了保证进一步扩大党内民主。党内民主的扩大,就会在考虑国家问题的时候,使国家的民主生活进一步地扩大。国家民主生活扩大,就可以少犯错误,犯了错误,也容易发现和改正。当然,不能保证不犯错误,比如二中全会公报谈到在今年的财经工作中还是犯了一些错误。这些错误,在"八大"和"人大"开会的时候,也已经注意到了。要求完全不犯错误,是主观的,是会失望的,因为这种想法本身是不现实的。我们要求尽可能少犯错误,犯了能够及早发现改正。

六、两条战线的斗争

总结上面所说的,在经济政策中,既不能片面强调工业的发展,忽视人民的生活,也不能片面强调国家有计划的集中统一的经营,忽视必要的自由分散的经营。另一方面,也不能过分强调人民生活,忽视国家利益,过分强调自由分散的经营,忽视集中统一。要进行两条战线的斗争,才能建设一个健全的经济。在政治生活中,也要进行两条战线的斗争,既要看到国家生活中的缺点和扩大民主的必要，又不能忽视专政的必要。不能以为反革命分子、帝国主义不存在了，他们不想毁灭我们了，因此忽视巩固专政的必要。一方面要看到党的领导和政府的领导不是没有缺点的，另一方面，也不要认为党和政府的领导充满了错误，根本脱离群众，跟群众相背离。这样想，就会得到很危险的结论，不利于我们的社会主义事业。我们可以从东欧国家取得教训。这种想法如果发展下去，会使人民群众对于我们所得到的很大胜利看不清楚，对于应该依靠什么都忘记了。这也是必须坚决反对的。在每一方面，都要进行两条路线的斗争，既反对"左"的，又反对右的，沿着正确的马克思主义的道路，使我们犯错误最少，忍受的困难最少，走向工业化，使我们的国家走向富强幸福的目标。

党的十一届三中全会的重大意义

（一九七九年一月六日在中国
社会科学院全院大会上的报告）

　　党的十一届三中全会和在这以前召开的中央工作会议，在党的历史上意义非常重大。这两个会议的文件，按照中央的规定，将陆续传达、布置学习。今天，我要讲的，是就这两个会议的文件的主要精神，按照我的体会提出几个最重要的问题，给大家在学习时参考。

　　许多同志都说，很多年没有召开这样的会议了。这两次会议恢复了我党历史上的优良传统，在马克思列宁主义、毛泽东思想的基础上，大家解放思想，畅所欲言，展开了批评与自我批评。这两次会议反映了我们党在政治上的一个伟大进步，说明我们党经过林彪、"四人帮"十多年的打击破坏以后，恢复了自己的光荣传统，重新按照马克思列宁主义、毛泽东思想所规定的工作方法，党内的民主制度，来进行工作。这种工作精神和工作方法，三中全会要求把它扩大到全党、全军、全国人民中间去，永远坚持下去。而且，这两次会议还解决了党的历史上、党的生活里、国家的生活里很多年来没有解决的问题。所以，这两次会议确实是非常重要的，开得非常好，受到全党的热烈拥护，受到全国人民的热烈拥护。

现在我想从三个方面讲讲这两次会议的意义。一、这两次会议，决定了党的工作中心的转变；二、这两次会议回顾、总结了我们党在三十年中间领导中国社会主义经济建设的基本经验；三、会议回顾、总结了党在建国以来，特别是二十年来，主要是一九六六年以来的许多根本的问题，重大的历史问题，总结了党的生活的历史经验。这两次会议既然在这三个方面进行了这样深入的得到重要结果的讨论，在党的历史上就具有重大的意义。

一、工作着重点的转移。中央工作会议和三中全会都着重地首先提出这样一个问题，就是全党从一九七九年开始，要把工作中心转移到社会主义现代化建设上来。这就是说，一九七七年、一九七八年在全国范围内进行的揭批林彪、"四人帮"这样一个政治大革命已经基本上胜利完成了它的任务。尽管还有一些地区、部门在这个方面遗留的问题还不少，还需要有一段时间继续解决没有解决的问题，但是就全国范围说来，这个任务在绝大部分地区、部门已经基本上胜利完成了。因此，党就能够把工作中心转移到建设社会主义经济、实现四个现代化这样一个主要任务方面来。

我们党提出在一九七九年实现工作中心的转变，这并不是说在历史上我们没有提出过这个转变，没有开始这个转变。在历史上已经提出过，而且已经开始。我们党根据马克思列宁主义、毛泽东思想的基本原理，从来认为，我们革命的根本目的，就是要建设社会主义社会，一直到将来条件成熟时，转入共产主义社会。这是我们党的根本纲领、根本任务。在几十年中间，我们奋斗牺牲、前赴后继，根本目的就是这个。我们不是为革命而革命，不是为阶级斗争而阶级斗争。革命、革命战争，这不是我们的目的，这是我们为了达到目的所必须采取的方法。我们建立无产阶级专政，这也不是我们的根本目的，它也是一个方法，一个手段，目的还是为了建设社会主义、共产主义，来提高全体人民的物质文化生活水平，最后达到各尽所能、按需分配这个理想。还在革命战争中间，在有了根据地以后，我们就开始经济建设。那个时候的经济建设，一方面是为了战争的需要，是为了革命的需要，一方面又是要解决人民生活里的迫切问题。可是，在革命战争中进行建设，要受到许多限制，当时我们同敌人进行着生死斗争，不可能把经济建设作为我们全部工作的中心。当我们夺取了全国政权以后，这个任务马上就提到我们面前。毛主席在一九四九年七届二中全会的决议里就已经规定，占领了城市就马上要把生产建设作为一切工作的中心，党的其他工作都要围绕这个中心，而不要乱碰乱撞，妨碍、贻误这个中心。以后，在一九五三年提出过渡时期的总路线，首先是要实现社会主义的工业化，同时实现对农业、手工业和资本主义工商业的社会主义改造。过渡时期的总路线已经包括要实现社会主义工业化这个内容，而这个内容是放在三大改造的前面。正因为是这样，毛主席才能够在一九五六年对我们党领导社会主义建设的经验做出总结，提出《论十大关系》的报告。在作《论十大关系》报告的时候，三大社会主义改造实际上已经基本完成。一九五七年夏天，发生了右派进攻和我们对右派的反击，毛主席后来把它表述成为思想战线、政治战线的社会主义革命。到一九五八年,毛主席提出把技术革命作为党的中心任务,并且在同年提出鼓足干劲、力争上游、多快好省地建设社会主义的总路线。所有这一切都是说,党中央早已把着重点的转移、工作中心的转变提到议事日程上,并且做出了规定,进行了大量的工作。公报里面说,在毛主席、周总理的领导下,为建设社会主义经济进行了大量的工作,正是这些工作,奠定了我们现在在新的条件下实行工作着重点的转移的物质基础,同时也给我们积累了丰富的经验。在一九五八年到一九六六年期间,党在社会主义经济建设过程中,发生了一些曲折。这是大家所知道的。这些曲折并没有使得我们离开这一工作中心,只是我们在工作方法上有一些失误,有一些差错。从那以后,党中央提出了调整、巩固、充实、提高的方针,我们整个国民经济很快得到了恢复,到一九六六年已经超过了历史上已经达到的水平。

一九六六年以后,发生了"文化大革命"。在"文化大革命"开始时,毛主席提出了"抓革命、促生产"的方针,可是一开始就受到林彪、"四人帮"的疯狂破坏。虽然周恩来同志、陶铸同志及其他许多同志跟林彪、"四人帮"作了坚决的斗争,但是这个方针终究没有能够得到认真的执行,因为林彪、"四人帮"的破坏太厉害了。在一九七〇年到一九七三年这段时间,国民经济在党中央、各级党委、全国工人、农民、知识分子的共同努力下,有过一段上升。可是到了一九七四年,"四人帮"在所谓批林批孔的口号下又进行了新的破坏,国民经济受到了很大损失。一九七五年,毛主席提出把国民经济搞上去的方针,邓小平同志和党中央的多数同志坚决执行,使得国民经济重新上升。到了一九七六年又受到"四人帮"在所谓反击右倾翻能把阶级斗争看作是比生产力的发展更为根本的动力。如果是这样,在阶级出现以前以及阶级消灭以后人类社会又是怎样发展呢?那个时候人类社会的发展不是没有动力了吗?当然不能这样讲。生产力发展到一定阶段产生阶级,在阶级社会,生产力和生产关系的矛盾,到一定阶段发展成为冲突,形成革命,产生新的生产关系,在新的生产关系下面生产力又得到新的更高的发展。这就是历史唯物主义的基本观点。根据这种观点,社会主义要取代资本主义,当然是为着要比资本主义生产发展得更快、更好、更合理。毛主席曾把它概括为革命就是解放生产力。怎么能把这种马克思主义的根本观点污蔑为"唯生产力论"而进行批判呢?如果一定要说这是"唯生产力论",那么,这种"唯生产力论"就是正确的。那些批判"唯生产力论"的人,根本不曾也不能解释历史唯物主义是怎样说明生产力的发展,怎样形成了生产力与生产关系之间的矛盾,在怎样的条件下才会形成革命。

在社会主义条件下,由于资本主义社会的残留,由于社会主义发展的初期各种制度的不严密、不成熟,还是有阶级、阶级斗争,这是资本主义历史时期在社会主义历史时期的一种遗留。毛主席说,社会主义社会还有阶级、阶级斗争。但是林彪、"四人帮"一伙,在这个地方进行了极大的伪造,在存在着阶级、阶级矛盾、阶级斗争的前面加上了"始终"两个字。这样,就把原来的在一定历史时期的一个正确的命题篡改成为一个错误的命题,篡改成为荒谬的、自相矛盾的命题。大家都知道,社会主义就是消灭阶级,可是又说社会主义始终存在阶级,把这两个命题合在一起,它的结论就是说社会主义始终不是社会主义。如果说社会主义始终都存在着阶级、阶级矛盾、阶级斗争，那么它又怎样向共产主义过渡？林彪、"四人帮"及其合作者、同谋者在思想理论方面造成的极大混乱，是他们破坏社会主义经济建设而制造的所谓理论根据。当然，还不止这些，还有其他各种各样的反革命谬论。

通过对林彪"四人帮"的政治上以及思想、理论上的罪恶的揭发、批判，我们党现在终于认识清楚了，革命是手段，社会主义建设是我们的目的。更进一步来说，根本的目的是人民的物质文化生活的提高，从这个根本目的来说，建设也是手段。革命斗争是手段，各种各样形式的阶级斗争，对共产主义者、马克思主义者来说都是手段，目的是建设和实现社会主义一直到过渡到共产主义。我们通过对于林彪、"四人帮"一伙所散布的反革命谬论的批判，我们全党对于社会主义建设的意义以及它同整个革命斗争的关系的认识就更加清楚，全党的思想更加统一了。我们讲三大革命一起抓，在这次会议公报上加上了一句话，以生产斗争为中心。

阶级斗争在一定历史条件下还是存在的。否认、忽略这一点是错误的。我们和林彪、"四人帮"就是一场阶级斗争。在粉碎了林彪、"四人帮"以后，像过去十来年给我们党造成这么大损失，发生这么大规模的反革命事件是否还会出现呢？是不会了。因为林彪、"四人帮"作为一种阶级斗争的现象，发展成这样的规模，这是一种在特殊历史条件下出现的特殊现象，产生这种特殊现象的条件已经一去不返，因此像林彪、"四人帮"这种大规模的反革命事件不会再重新产生。但是，公报中说，敌视、破坏社会主义建设的反革命分子还是有，还要跟他们进行阶级斗争，要对他们实行专政。这就是说阶级斗争是存在的，但是不允许任意扩大阶级斗争的范围。

现在，我们社会上除了敌视、破坏社会主义建设的反革命分子、坏分子以外，还有一些什么专政对象？我们过去常常讲地、富、反、坏、右。右派分子是一个历史现象，这个现象已过去了，中央决定全部摘掉右派分子的帽子。三中全会上基本通过的《农村人民公社工作条例（试行草案）》中说，地主、富农绝大部分经过多年的劳动改造，已经改造成为守法的自食其力的劳动者，因此对于这些人要一律摘掉他们的帽子；他们今后都是人民公社的社员，享有中国公民的全部政治权利。至于地富子女，他们有些从来没作过地、富，有些即使作过也是很短一段时间，这些人当然就是社员，一般地说，他们本来不发生劳动改造的问题，对他们更加不允许有任何的政治歧视。至于地、富的孙子一辈，他们生下来就是农民，就是社员，但由于过去历史习惯的影响，我们让他们还拖着尾巴，说他们的家庭出身是地、富，这是错误的，他们的家庭出身也是社员。当然，个别没有改造好的地、富也还是有，但是作为一个阶级来说已经不存在了。对阶级斗争，今后我们还是要密切注意，新的反革命分子、敌视和破坏社会主义的分子、新生资产阶级分子还会出现，我们一定要保持警惕，一定要和他们作斗争。在党内也还会有这样那样的资产阶级思想影响，对这种影响我们也还要按事物本来面目进行批评、斗争，不夸大，也不缩小。人民内部矛盾，应当坚决按照处理内部矛盾的方法去处理。《关于正确处理人民内部矛盾的问题》是毛主席所作的讲演，经过历史考验，证明它是客观真理。在这一伟大著作发表以后的二十多年中间,可惜我们党内常常没有按照毛主席提出的这一原理来做,以后要坚决按照这一原理来处理人民内部的各种问题。这次会上决定关于"双打"问题,由各地按实际情况进行,不进行全国性的运动。整党整风也要按照各地具体的情况和风细雨地进行,也不进行全国的运动。过去的经验证明,这种全国性的政治运动经常成为妨碍社会主义经济建设的一个重要的原因。

　　既然要以生产斗争为中心,那么阶级斗争也要以生产斗争为中心。阶级斗争是为着生产斗争利益的需要而进行的,不是为阶级斗争本身来进行的,因为阶级斗争本身不能成为目的。共产主义者从来不以阶级斗争本身作为他们的目的。既然全国人民当前的中心任务是进行社会主义建设,那么,除非发生外部敌人大规模侵犯我们国家的事实,我们就一直要把社会主义经济建设发展下去,把四个现代化的建设发展下去。我们说要在二十世纪末实现四个现代化的目标,那么到二十一世纪我们的四个现代化建设就完成了、就终结了吗?没有这样的事。这是一个长期的任务。我们提出在二十世纪末实现四个现代化,我们也清醒地知道,这还不是很高水平的现代化。要按人口平均计算,按劳动生产率计算,到二十世纪末我们还是一个比较落后的国家。这不是二十年、三十年所能解决的问题,还需要继续进行长期的斗争。这个斗争要继续到什么时候?只要不发生战争,那么我们就一直要进行到实现共产主义。发展社会主义经济建设不是暂时的任务,是共产主义者也是全国人民根本的长远的任务。实现这个工作着重点的转移,这在我们中国的历史上是一个重要的转折。

尽管我们说在建国一开始，党曾多次提出并实行工作中心转移到经济建设上来的方针，但是在过去二十年中，这个转移没有完成，中间受到各种各样的挫折、干扰、破坏。现在我们要下定决心，贯彻始终，来进行这个转变。这个转变，不是普通性质的转变，而是历史性的转变。

二、中央工作会议和三中全会，总结了我们国家建设社会主义的历史经验。在这两个会议上，大家一致认为：社会主义经济要持久地、高速度地、有计划按比例地发展，必须有这样两个必不可少的条件：（一）必要的社会政治安定；（二）按客观经济规律办事。

所谓必要的社会政治安定，并不是说，是一潭死水，没有任何矛盾、任何变化、任何斗争。如果那样设想，那是幻想、虚构，因为这不合乎客观规律，不是客观物质世界的反映。社会要发展，要进步，一定会有各种各样的矛盾、斗争。但无论这样那样的矛盾、斗争，都不应该妨碍必要的社会政治安定。这是不是自相矛盾呢？不是的。我们的历史证明这是不矛盾的。如建国初期到农业、手工业、资本主义工商业三大社会主义改造完成，也就是一九四九年到一九五六年，中间进行了很多的斗争和政治运动。那时，开展全国性的政治运动是完全必要的，并没有妨碍社会政治安定，生产不但没有下降，而且发展很快。我们进行了土地改革、镇压反革命、抗美援朝，进行了农业、手工业、资本主义工商业的社会主义改造，还进行了作为改造资本主义工商业前奏的三反、五反运动。这些是完全适合历史需要的，生产力并没有受到破坏，而且保持了基本的社会政治安定。这同一九六六年到一九七六年中间的情况完全不同。林彪、"四人帮"在"文化大革命"中所进行的各种各样的反革命的倒行逆施，从这一点也可以证明是违反历史发展方向的。过去进行那么大的阶级斗争，真正打倒了一个又一个阶级，社会是基本安定的，生产是前进的。林彪、"四人帮"及其一伙所实行的那种所谓反对"唯生产力论"、反对"基础论"等等假马克思主义的反革命谬论指导下进行的所谓革命，完全是反革命。它破坏了生产，破坏了整个社会政治安定。毛主席为什么几次讲"还是安定团结为好"？可见毛主席已看到不安定团结就不好，再不能那样继续下去了。没有安定团结，经济搞不上去，我们国家就要一天天陷于危险状态。所以，这两次会议认为：工业也好，农业也好，要发展，一定要有必要的社会政治安定。

要保持必要的社会政治安定，就要防止把阶级斗争扩大化、绝对化，以免造成阶级斗争本身的混乱，造成阶级和阶级关系的混乱，阶级内部的混乱。不能随心所欲地，不是按社会生产力发展的需要而进行这样那样的政治运动、阶级斗争。这并不是说，阶级斗争本身有什么好或不好，这是客观历史现象。有各种各样的阶级斗争：有无产阶级反对资产阶级的阶级斗争，有资产阶级反对无产阶级的阶级斗争。阶级斗争本身无所谓好，无所谓不好。要看是什么阶级，按什么目的发动的，目标对着谁的，这个斗争的基础是什么，经济基础是什么，历史基础是什么？没有一定的经济基础，不是为着社会生产力发展的需要，不是为了排除生产力发展的障碍而进行的阶级斗争，必然适得其反，因为这违反了历史的需要。这样的阶级斗争当然要造成社会政治的极大的不安定。这十多年的历史，同一九五六年前七年的历史比较，可以很清楚地看出：什么样的阶级斗争是正确的，是推动历史前进的，是历史发展的动力，是解放和发展了生产力；什么样的阶级斗争或所谓的阶级斗争是违反历史前进方向的，是违反生产力发展的需要的，不是排除生产力发展的障碍，而是制造生产力发展的障碍，它本身就是障碍。这样的阶级斗争必然要造成社会政治的不安定。这同一九四九年到一九五六年进行的各次政治运动的历史效果、社会政治的效果完全相反。这个历史对比非常明显。这里容不得任何的诡辩，也不需要长篇大论的说明，就可以看出事实的真相。大家认为，为了要发展社会主义建设，要实现工作中心的转移，使社会生产力有个大的发展，实现四个现代化，就一定要有必要的社会政治安定。这是我们党花了很大代价所得来的经验教训。

正确处理好党内是非关系，也非常重要。不能把党内是非斗争轻易提成为路线斗争。在一定时期，我们用了"路线斗争"这个概念，正确表达了那个事物的实质。可是当这个名词被滥用的时候，这个名词的含义就变得不清楚了。不做分析，不加区别，对什么问题一律搞所谓路线斗争，就使党内生活长期处于不稳定、不正常状态。我们说要实行"三不主义"：不抓辫子，不戴帽子，不打棍子。最大的辫子、帽子、棍子，不就是林彪、"四人帮"所谓的"路线斗争"吗？按照他们的旨意去进行"路线斗争"，是非界限混淆了，以至于是变成非，非变成是了。按照他们的说法：错误路线，一切都错；反过来说，正确路线，一切都对。这种说法和做法，这种用语造成的习惯，使党内各方面，同志之间的相互关系，不但造成很大的不安定、不团结,而且造成很大的紧张和不正常。

我们不是要混淆是非界限,是非界限不应该混淆。但当我们要分清是非界限的时候,被他们的"路线斗争"一干扰,就常常不是有助于弄清是非问题,而是造成一种气氛,不能实事求是地讨论是非问题,以致把人民内部矛盾和敌我矛盾的界限也混淆了,搞不清楚了。

这次中央工作会议和三中全会,为彭德怀同志恢复了名誉。他是在林彪、"四人帮"迫害下逝世的。他逝世时,情况很悲惨。为什么会造成这种现象?是由于林彪、"四人帮"的罪行,同时,不也是同滥用路线斗争概念相关的吗?这还不足以说明,任意用路线斗争概念,对党内生活没有什么好处,反而有很大的坏处吗?今后,党内还会有思想斗争,但是不能把任何思想斗争都说成是路线斗争。正如刚才说的,不要把阶级斗争滥用、扩大一样,党内路线斗争也不要任意滥用、扩大。否则,党内就会不安定、不团结。党内不能安定、不能团结,社会也就不能安定、不能团结。所以,当我们说哪个单位的"路线斗争盖子未揭开"的时候,最好事先多想想用语是否准确,是否合乎实际,如果不准确,就不要用危言耸听的语言。这极不利于党内党外的安定团结,也不利于把是非弄清楚。任何事物都有一定的分寸,超过一定的分寸,同其他事物之间的界限就模糊了。不正确的用语使有关事物得不到正确的认识。我们无论对现状,或是对历史,最好通过学习三中全会文件,由此得到帮助,养成在政治生活中严格使用概念、术语,使之能够如实反映事物本来面貌的习惯。

其次,就是要遵守客观的经济规律。既然叫做经济规律,就是客观的，本来没有什么主观的规律，主观的东西不能成为规律。我们曾经有过相当高速度的、稳定持久的、有计划的发展，也曾经有过一些失误。我们在全国范围内建设社会主义，确实没有经验。一九五六年前有了一些经验，为什么后来反而没有经验了？这要作历史的分析。一九五六年前，在进行社会主义经济建设的同时，还进行社会主义改造。社会主义经济在整个国民经济中的比重，还不是占绝对优势，农业还主要是小农经济，工商业中资本主义工商业还占相当大的比重。因此，要分出很大一部分精力去搞改造。另一方面，还没有学会领导全国范围内的经济建设。党中央在新的历史条件下，领导全国范围的社会主义经济建设，确实还缺少经验。所以，在工作中犯了这样那样的错误，同志们应看到这是可以理解、可以谅解的。问题是在工作中已发现了错误，进行了纠正，但是未能把所得的结论作为以后指导工作的基础。所以，公报说，工作指导上有错误。领导社会主义经济建设确实是很复杂的事。一九五六年前，发展较快，当时规模较小。现在条件好了，可是面临的困难并不比当时少。除了林彪、"四人帮"长期破坏遗留的后果这个因素以外，还有另一方面，究竟如何有效地领导全国社会主义经济建设，仍然包含很多复杂的需要探讨的问题。公报讲：毛主席在一九五六年所做的《论十大关系》的报告，到现在还保持着它的重要的指导作用。这是因为，《论十大关系》中提出来的绝大部分问题现在还是存在的，还需要按当时提出的基本方针，在新的条件下加以解决。这里面，最根本的还是两方面，就是要保持必要的社会政治安定，要按客观经济规律办事。像革命与反革命的关系，是非关系,党与非党关系,以至于汉族和少数民族的关系,中国和外国的关系,正确地处理这些关系,就能有必要的社会政治安定。在这个报告中提出的农业、轻工业和重工业的关系,沿海和内地的关系,经济建设和国防建设的关系,国家、企业和个人的关系,中央和地方的关系,仍然是我们现在所必须正确处理的重要关系。这些关系是否处理好,就决定于我们是否掌握了客观经济规律。

三中全会和中央工作会议,就经济体制、管理经济的方法、农业政策等方面作了详细的讨论,现在因为限于时间,不能多谈了。会议着重讨论了农业政策,一些长时间争论不清的问题,在会上得到了解决。我们曾有一个口号叫"堵不住资本主义的路,就迈不开社会主义的步"。这两句话是很好的话,内容很好,语言也很好,是"格言诗"。但有了这两句很好的话,不等于把实际问题讲清楚了。就像"阶级斗争"、"路线斗争",名词也可以很好,但如使用时没弄清它的界限,就不能成为有助于我们前进的武器。这两句话也有这个问题。什么叫堵住资本主义的路?什么叫资本主义?应该把它弄清楚。社会主义改造以后,农村有没有自发资本主义势力?当然有,决不能说没有。但是,从一九五六年到现在,二十多年的历史,经过各种各样长期、艰苦、曲折、复杂的斗争,也可以看出绝大多数农民拥护社会主义,要走资本主义道路的是极少数。绝大部分原来的地主富农经过劳动改造已经走了社会主义道路,并不像电影里表现的那样,都在搞资本主义。什么叫搞资本主义?把副业,甚至是正业,除了种粮食以外,搞了其他经济作物,没有按当地的规定去种植,都叫做"资本主义",行吗?

有这样的资本主义吗？副业经营是社会主义本身的组成部分，还不是补充部分。小量自留地、家庭副业，是国家宪法上规定的，党的正式文件所肯定的，也叫资本主义？所以，农业中的资本主义倾向是有的，但不能描写成为到处都是，以致为了堵所谓资本主义的路，把所有的门路都堵起来，只留一个门。像我们这个会场，有几千人在开会，能只留一个门吗？一旦发生意外出得去吗？什么是资本主义，什么是社会主义，首先要分清。社会主义经济的分配原则，也曾被许多地方在很长时间内认为是资本主义原则。如不把什么是资本主义、什么是社会主义的界限分清楚，那么，农业经济就很难发展。

　　当前问题很多。要高速度地发展工业经济、农业经济，会受到许多限制。中央已经进行了很大努力，采取许多重大的步骤，可以保证我们的经济以过去所没有的规模和速度向前发展。但在前进道路上有很多困难。由于林彪、"四人帮"长期破坏造成的后果，国民经济比例失调严重，不是短时间所能解决的。这两次会议考虑到多年存在的工业品价格过高、农产品价格过低，解放以来虽有过多次调整，但幅度都还不大，广大农民生产积极性受到挫伤，所以作了决定，坚决调整农产品和农用工业品价格。公报已经说清楚了。但是工农业产品比价问题还不可能在很短时间内完全解决。工业部门也存在许多不平衡的现象。应当承认，近几年内，在前进的道路上，还存在着许多困难和问题，不是全党工作着重点一转移就都能马上解决。我们要大力发展进出口贸易，可以利用外国贷款，采取其他一些国际流行的方式。要发展进出口贸易就需要把港口大大扩大,但不是很短时间能够实现的。交通运输有很多薄弱的地方。电力还有很大缺口。这些都造成一系列矛盾。多年积累下来的人民生活问题,是大家所关心的。农业方面提高粮价的问题,限制征购数量的问题,落后地区援助的问题,广大上山下乡知识青年安置的问题,城市里待业人口安排就业的问题,都需要一个个解决。基本建设中只有"骨头"没有"肉"的问题,就是办了工厂没有一些必要的配套设施——生活设施、交通设施、商业设施。城市居民住房严重困难。我们社会科学院除极少数同志外,都有住房困难的问题。城市很大一部分低工资的职工,工资需要调整。其他如环境污染、卫生、教育、科学,问题非常多,无论小学教育、中学教育、高等教育都存在着大量亟待解决的困难。所有这些问题都要解决,都很迫切,有些问题简直一天都不能等待。为着解决这些问题,国家不得不对经济建设和人民生活的相互关系问题作适当安排。这就是说:我们决不能不管人民生活问题,而专门去搞经济建设。如果不管这些问题,经济建设就发展不起来。但能否短期都解决?同志们知道,这确是很困难的。中央下决心一定要把这些问题都解决,一步一步地解决。不是用"逐步解决"的空话来搪塞,而是切实动手一个一个地解决。我们应当对国家的形势有全面了解。人民和政府之间需要互相谅解,才能使国家一步步前进,经济发展,人民生活改善,都会是比较快的。总之,解决了两个根本前提:一定要有必要的社会政治安定(长期的安定),一定要真正按客观经济规律办事(也是长期的,无论何时,只要存在经济活动,就要按经济规律办事)。这些政策都是长期的,只要这样,经济建设一定是会顺利发展的。

生产关系、上层建筑需要围绕生产力的发展进行适当改革。会议讨论了这方面的问题,决定了三条:

(一)对物质利益,大家认定:生产关系就是物质利益的关系,不能离开物质利益谈生产关系。分配上,物质鼓励应当与精神鼓励相结合,不允许强调一方面、忽视另一方面。过去不承认物质利益,取消物质鼓励,这样,精神鼓励也必然落空了。林彪、"四人帮"搞的那一套,有什么精神鼓励呢?有的只是精神打击,不该鼓励的受到鼓励,应该鼓励的反而受到打击。现在承认物质利益是经济关系的基础,在这个基础上,才能有精神鼓励。大家积极性上来了,就有创造性了。发明创造,各种优秀的劳动成果,体力劳动和脑力劳动成果,既得到物质鼓励又会得到精神鼓励。

(二)强调民主和法制的作用。报纸刊物上讲了很多,这里不多说了。

(三)会上还强调了分工负责的重要性。在公报里,邓小平同志的讲话,还有其他同志的讲话,都讲到权力过于集中对我们不利。权力过于集中,不但会产生各种官僚主义现象,而且使工作效率降低,甚至不可能有什么效率。权力过于集中,人们无权解决问题,就不会产生专家,产生熟练劳动者。而且,缺少分工负责,劳动秩序也不会好。分工的发展是多方面的现象,工业中要发展专业公司,劳动组织中要求建立各种制度,国家机关也要求建立各种制度。要分级、分权、分工、分人负责,这样才能克服权力过于集中的现象。权力过于集中,也就是刚才讲的比喻,只有一个门,假如发生紧急状态，就没法排队出去，就会造成悲惨的后果。要实行个人负责制，如果什么事都要请示、盖章，劳动生产率、工作效率就不能提高，四个现代化就不能实现。当然，如果权力过于分散，同样也不利。

　　三、这两次会议，对党内生活进行了讨论，解决了一大批长期没有解决的问题，总结了历史经验。对彭德怀同志、黄克诚同志、陶铸同志、薄一波同志、杨尚昆同志，还有其他许多同志的冤案实行了平反。薄一波同志是六十一人案件的一个代表。这些问题早就应该解决，在这次会上得到了彻底解决。会上宣布一九七五年底到一九七六年进行的所谓反右倾翻案风是完全错误的，把有关的从一九七五年冬到一九七六年一系列文件一概宣布撤销、无效、作废。宣布天安门事件是革命事件，是革命行动。把在"文化大革命"中曾经有重要影响的所谓"二月逆流"、所谓"一月风暴"、武汉"七二〇"事件、四川产业军，还有许多地方的类似事件，全部平反或恢复它的原来面目。所谓的"一月风暴"，既有对被打倒同志平反的一面，也有对它本身否定的一面，取消这个提法。解决了这些问题，使整个党恢复了正常的生活，使整个党得到了长期安定团结的基础。对于在林彪、"四人帮"时期，特别是在粉碎林彪、"四人帮"后的一段时间还犯了这样那样错误的同志进行了批评，这些同志也进行了自我批评。如果这些自我批评不那么使人满意，还要在不同范围内，由各有关部门、有关地区对有关同志继续进行批评帮助。

　　在思想路线方面，会议用了很多时间来讨论，充分肯定了"实践是检验真理的唯一标准"的讨论的重大意义。坚持实践是检验真理的唯一标准的同志在会上被认定是正确的，反对这一观点的同志被认定是错误的。问题还不在于认定哪些同志正确、哪些同志错误，问题在于认定这是一个关系到党和国家命运的根本原则。如果不承认实践是检验真理的唯一标准，我们党就不能前进，就要脱离实际、脱离群众，党就要失掉生机，我们就要亡党亡国。前一时期，在这个问题上为什么会有反对意见？会议对这个问题作了分析，指出：一部分同志（并不是说一定不是好同志，他们可以是好同志，或仍然可以变成好同志）的思想受了一些因素的影响，发生了僵化、半僵化的现象。这是在一定历史条件下形成的。这个历史条件，首先是林彪、"四人帮"设置了许多禁区、禁令，不许人有不同说法，不许人按事实本来面目去说话。其次是权力过于集中的官僚主义，也就是通常说的专制主义。所有问题都由一两个人说了算（不同的地方有不同的一两个人），使得其他人不动脑筋，动脑筋也没有用。党内是非功过不清，黑白赏罚不明，造成很多人不愿用思想，不愿动脑筋，动脑筋反而会受打击。在这种情况下，造成很多人认为不动脑筋最保险。小生产习惯势力，安于现状，不愿改变，也是不愿动脑筋的一个原因。这些情况如何改变？胡耀邦同志提出：林彪、"四人帮"设的禁区、禁令还有哪些未破除的，要求社会科学院和其他单位提出清单，统统要打破。权力过于集中的现象要改变，要反对拥护权力高度集中、特别集中、异常集中的思想。是非不明、功过不明、赏罚不明的现象要改变。是就是是，非就是非；功就是功，过就是过；该赏就赏，该罚就罚。只有这样，每个人作为中华人民共和国的公民，作为积极实现四个现代化的一个公民，每一个共产党员，他的生活、劳动才有意义。安于现状不求上进是不行的。四个现代化是跟小生产不相容的。要改变小生产习惯势力，冲破旧的思想方式、生活方式。现代化的大生产要日新月异，每天都要前进，每天都要发展，每个人都积极参加创造性的劳动，创造性的生活。不允许过一天算一天，饱食终日，无所用心。这样的人在过去时代曾经"有福"，现在不行了，他们要"得祸"。饱食终日、无所用心的现象，在中华人民共和国不能繁荣滋长，因为那样，中华人民共和国就不能繁荣滋长。每个人都要积极努力，在自己的岗位上奋发图强，进行创造性的劳动。如果你有一些客观原因不能前进，那么你至少也不能妨碍别人前进。邓小平同志在会上号召大家要解放思想，开动机器，人人都要解放思想，开动脑筋。这样，我们的党，我们的国家才有希望。

中央工作会议和三中全会还讨论了党的集体领导，提出少宣传个人的问题。这是我们党内生活中一个非常重大的原则性问题，关系到我党今后能不能健康地发展下去。这个决定是具有重大历史意义的决定。不适当地、过多地宣传个人，结果就把大多数人看成被动的力量，看成在历史上不能起积极作用的力量。马克思主义的认识论，唯物主义的反映论，认为群众的社会实践才是人类认识最重要的来源。当然这不是说个人没有作用，但任何个人作用的发挥，都是在前人、同时代人进行大量工作的基础上发展起来的。任何个人都不是孤立地出现的。马克思、恩格斯、列宁、斯大林、毛泽东，都不是孤立于社会之外的。任何个人都是他的时代的产物，是他的社会条件的产物。这样，才能正确解释历史，否则，历史就成了少数人的一种魔术了，就可以任意地编造了，这样就离开了马克思主义。这个问题有重要的现实意义，也有重要的理论意义。

　　会议对党的生活、党的历史上许多消极现象作了纠正、批评。同时，也讨论了毛泽东同志作为我党创造者之一，作为我党长时期的领袖，作为全党思想上的导师的作用的估计。在这方面，三中全会公报、华国锋同志的讲话、邓小平同志的讲话，都详细地说明了。毛泽东同志作为中华人民共和国的创造者，功绩是非常伟大的，是绝对不允许抹杀，也不能够抹杀的。如果那样，就不忠实于历史了。特别是在一九二七年中国革命失败后，毛泽东同志用他百折不挠的顽强的努力，用他的远见，领导了红军，领导了土地革命，创造了革命根据地。以后，在红军长征中挽救了红军，因而也挽救了党。在这以后，一直使中国革命由非常困难的情况一步一步走到最后胜利。从遵义会议到抗日战争、解放战争、新中国成立、三大社会主义改造基本胜利完成，毛泽东同志的伟大功勋是永垂不朽的，世世代代的中国人民要永远感谢他的努力。当然，他的努力是在党和人民共同努力的条件下进行的。毛泽东同志的大量光辉著作，解释了中国革命的一些根本问题，也解释了在中国革命中如何运用、发展马克思主义的根本问题。毛泽东同志在建国以后写的《论十大关系》、《关于正确处理人民内部矛盾的问题》以及一九六二年在七千人大会上的报告，这些同以前很多光辉著作一样，永远是我党前进的指路明灯。正如公报所说，任何革命领袖都会有缺点、错误，要求一个人没有一点缺点、错误是不可能的。这也是毛泽东同志历来对自己的态度。毛泽东同志在六十年代、七十年代有许多重大决策，到现在还使我们受益。如根据当时国际形势的变化作出的外交工作的新决策，打开了国际斗争的新天地，现在可以看到它的根本方向是完全正确的。如果不是毛泽东同志勇敢地作出决定，打开同美国和日本的关系的僵局，我国就不会同它们实现关系正常化，就不会缔结中日和平友好条约。毛泽东同志在其他方面还有很多伟大贡献。正如邓小平同志讲的，在提到毛泽东同志还有一些缺点、错误时，应该看到他的功绩要伟大得多。所以说"没有毛主席，就没有新中国"；"没有毛泽东思想，就没有今天的中国共产党"。在这个问题上，我们社会科学院的全体同志特别应该有明确的、全面的、完整的认识，因为我们要按这种正确的观点进行理论工作。

三中全会强调安定团结的方针，不是临时性的措施。这个方针，具有战略意义。我们国家的基本经验之一，就是要保持长期的、持久的安定团结。如果我们党不能保持应有的安定团结，我们就不能保持社会上的安定团结。全世界都在注意中国能否保持安定团结，做各种各样的猜测。只要我们能保持安定团结，全世界都会相信中国一定能发展起来。否则，会发生很大困难，一些愿意跟我们建立友好关系以及愿意和我们进行经济合作的国家就会动摇。安定团结对国内外都有重要战略意义。邓小平同志说，在解决一些犯错误的同志的问题时，要从大处着眼，可以粗一点，因为这样，才能向前看，才不至于不必要地纠缠在过去历史遗留的问题上。这些问题要解决，但是要顾全大局，有的不可能也不应该要求解决得那么十分"彻底"，基本上把问题弄清楚就好。这也是我们今天党的建设、党的生活中一个重要问题。中央同时指出:对过去的事情可以宽些,今后应该比较严;对普通党员要求可以宽些,对高级干部应该比较严。

关于叶剑英国庆三十周年
讲话稿起草情况的说明

（一九七九年九月十七日于在京中委和
候补中委讨论会上的发言）

　　中央在六月间就决定，今年建国三十周年国庆，由叶剑英同志作一个重要的讲话。因为是庆祝建国三十周年，不能作一个简单的一般的讲话，要有重要的内容。中央并且决定，要把这个讲话提交九月底召集的四中全会上通过。

　　关于这个讲话，小平同志曾经说过这样的意见：要求这个讲话要有一些新的内容，要能讲出一个新的水平。七月上旬，我们开始约了好几个同志来研究怎么起草这个讲话。以后组成了一个十五人的起草小组来作这个工作。八月十二号起草了第一次草稿。当时中央决定，先召集中央各部门负责同志来讨论，同时发给各省、市、自治区，各大军区、省军区征求意见。八月中旬，中央和全国各地都进行了讨论。八月下旬，讨论意见陆续反映到中央来。然后，起草小组研究讨论了中央和各省市提的意见，作了一次大的修改，等于重写一遍，在九月一号写出了第一次修改稿。这次修改稿曾送邓小平同志看了，他提了意见。后来他又对九月十号的第二次修改稿提了意见。第一次提的修改意见，主要是讲话稿里对毛主席在建国二十多年各个阶段的作用怎么提法，他提了原则性的意见。第二次提的修改意见，是要在讲话中强调讲一下关于民主与集中的关系问题，关于在党和国家的工作中要有必要的集中、必要的纪律的问题。当然不是说现在民主已经很够了，民主也有不够的地方，但要看到也有许多情况是集中不够，在宣传民主的同时要宣传集中，把民主和集中统一起来讲。此外，小平同志还提了一些比较具体的意见。九月十四号中央政治局举行会议，原则上通过了这个讲话，并且决定根据政治局讨论的意见再作一次修改，然后发给北京和全国各地的中央委员、候补中央委员再作一次讨论。同时，因为这个讲话不是一个党内的讲话，所以要在事前征求党外的负责的民主人士的意见。后一方面，现在正在由中央统战部召集的党外人士座谈会上组织讨论。起草工作从开始到现在差不多有两个半月。三十年的问题很多，要讲得妥善很不容易。现在的稿子有二万二千多字。中间曾经压缩到一万八千多字。后来经过再三讨论又加了许多。在庆祝大会上差不多要讲三个小时。这就有个客观上的限制。稿子再加长不大可能了。如果有重要的意见要加，势必要减掉一些内容。

在起草过程中，在讨论过程中，提了一些重要的意见。很多意见在这个稿子中都吸收进去了。但在讨论中也有不相同的意见。现在把几个重要问题为什么采取这样的说法写法作一些说明。

第一个问题，这个稿子究竟是以庆祝鼓动为主的还是要对过去三十年有相当的总结，要提一些有指导意义的内容。

现在的稿子有庆祝鼓动的内容，不过主要的是有对过去三十年作相当重要的总结的内容，根据中央的指示对当前工作提了一些相当重要的指导性的意见。

要对过去三十年作一个总结，就牵涉到对"文化大革命"十年以及"文化大革命"前十七年中有些重要问题的看法。在上次全国讨论的过程中，总的有两种意见：一种意见希望把过去三十年的一些重要的问题总结一下，认为不总结一下不能统一思想。另一种意见相反，主张不要涉及过去三十年的问题，只作一般庆祝性鼓动性的讲话。他们认为，从三中全会以来，已经有一些同志对三中全会和五届人大二次会议的方针没有完全消化，有争论。虽然人数比较少，但究竟是重要的问题，在这些问题上还要作工作。如果现在涉及"文化大革命"和"文化大革命"以前的问题，怕会引起困难。这两种意见都有它的理由。我们考虑，认为还是要作一些最基本的总结。如果不作，党内的思想是否就统一了呢？对过去的历史作一些总结性的说明，总的说是有助于党内思想的统一而不是有害于党内思想的统一。有些重要的问题，你不去讲，这方面的分歧还是存在。现在中央提出的一些基本的方针、看法，除了有绝大多数同志拥护之外，还有一些同志有怀疑动摇。把一些问题讲好了，这后一部分同志就比较容易接受，分歧的程度就只会缩小不会扩大。当然要看怎么讲法。如果有的问题说得不适当，把大多数同志思想上完全没有准备的问题提出来，也不会有这个结果。如果是党内大多数同志思想上早已有准备有认识的问题，实际上报纸已经直接间接作了大量宣传的问题，现在提出一些基本的看法，那样不致增加和扩大党内的意见分歧,相反,会缩小这些分歧,帮助党内思想统一。如果这个讲话对三十年的问题一概回避,对一些重要的问题在建国三十周年庆祝大会上不敢涉及,那么,在全党全国人民面前以至全世界,都会有损于党中央的威信。所以,最后我们考虑还是要涉及一些问题。

这是一个庆祝讲话,不是对过去三十年作全面的总结。那样的总结只能在另外的时间经过另外的会议,经过详细讨论,作出正式的专门的文件。

因为这样,这个讲话势必超出过去——不但十一大,而且三中全会——已经讲过的问题的范围。因为过去的任何一次都不是回顾三十年。现在庆祝大会的讲话要回顾三十年,就不能不对三十年的问题作出一定的说明。

第二个问题,原来的稿子曾经对建党以来建国以来党内外一些重要的牺牲的先烈、已去世的领袖人物和先进人物提出一个名单,表示对他们的怀念,并且曾经拟了一个很粗糙的稿子。当然,如果能来得及,各方面考虑得比较周到,提一个名单是会有很大的好处。可是,也有很大的困难,其中包括短期内不能克服的困难。如名单不能不涉及到刘少奇同志。如果提一大串名单没有刘少奇同志,这是不合理的。可是,要提势必要在党的一定的会议上经过一定的讨论,形成一个文件才行,而现在来不及了。当然还有其他困难。所以后来决定采取这个办法,只提四个人的名字:毛泽东、周恩来、朱德,加上孙中山。

第三个问题,稿子讲了毛泽东思想。关于毛泽东思想,在党的历史上曾经有过几次解释的变化。在七大时,七大前,有过解释,应用了相当长一段时间。到六十年代开始,重提这个问题,对七大所作的解释作了相当的改变。到了"文化大革命"前和"文化大革命"期间,对毛泽东思想的提法就进一步改了,改成一个世界性的新的历史阶段的马克思主义,马克思主义在什么世界历史条件下的新的创造。后来毛主席本人对这个提法提出了异议,不赞成提第三个里程碑的说法。在这个讲话里,还是恢复了七大的提法。这并不是说,毛泽东思想没有超过中国以外的影响。但是,超过中国以外的影响是怎么样的这个问题,由中国人自己来讲不是很适当。我们这样讲,其他国家的党并不同意。那么怎么办?实际上现在世界上除少数几个党以外,已经掌握政权的国家的党没有一个接受我们关于毛泽东思想的过分的提法。在这种情况下,如果我们的话说得不适当,对毛泽东思想的宣传不仅没有好处,反而会引起不好的结果。所以,现在还是用马列主义普遍真理同中国革命具体实践相结合的产物这个提法。这个提法并不表示毛泽东思想没有超过中国以外的影响、意义。但是,关于这样的影响究竟在什么时候、什么情况下提,如何提,要由中央考虑,在庆祝建国三十周年的这个讲话中无须去讲。

关于中国革命的影响,这个讲话稿中讲了。这是非讲不可的。在讲这个问题的时候,要考虑各种条件,讲到一定的程度,不作任何的夸大,没有讲中国革命对什么国家有什么影响,讲了一个国家要独立自主地创造适合本国特点的革命道路。这个问题有普遍性,所以在这个稿子中对中国革命的世界意义着重从这个方面去讲。是否这样讲合适,请大家多提意见。

　　第四个问题,过去三十年的成就要不要讲,怎么讲法。在讨论过程中,也有的同志说,没有什么可讲的。我们考虑还是要讲,但无论如何不能说任何夸大的话,要说切实。现在讲的是比较简单,并没有详细列举。上一次讨论中很多同志提了意见,认为不必讲的过于具体,因为这是庆祝讲话,不是政府工作报告,用不着罗列许多数字,成就可以从各方面来讲,不限于经济,而更多的从政治上来讲。现在的稿子就是这样来写的。

　　第五个问题,对"文化大革命"前十七年怎么说法。在八月份的讨论中,有好几位同志提出很值得重视的意见,他们建议把三十年多分几个阶段,比如分成四个阶段或五个阶段。这个问题不仅仅是分几个阶段的问题。这涉及到对过去十七年如何估计的问题,对十七年要不要分成一九五七年以前和以后两个阶段,或不只两个阶段。这个问题影响比较大。我们考虑,在庆祝大会上不宜涉及这样复杂的问题。因为"文化大革命"前十七年这个现实是大家普遍都接受的。粉碎"四人帮"以后党中央曾经多次作过决定,有些是正式的有些是非正式的决定,肯定十七年。在这方面已经作了相当大量的宣传。现在如果我们对十七年再来分一分,那就确实需要在党内进行一次认真的讨论,看大家是不是同意,然后再来提。现在没有作这样的讨论,如果分成两个阶段或几个阶段,固然会受到相当一部分同志的拥护、支持,可是,也会引起更多的同志不赞成、反对,甚至对中央采取这种方式对这么重大的历史问题作这么一个划分要提出批评,要表示很强烈的不满。这个问题要考虑到。并且,如果把十七年再分一分阶段,它的逻辑结论就是说过去的三十年大部分时期我们是犯了错误。这样一来,这就不仅是庆祝大会上讲话的问题,而是对全党和全国人民都提了一个不很容易接受的问题。这个问题要慎重地考虑。

现在的稿子对十七年的讲法,十七年的问题也提了,但没有再分成两个或几个阶段,而是当作一个整个的阶段,并且肯定了在过去三十年大部分时间我们党的路线是正确的。这里没有涉及到十七年中间每一小段的路线应当怎么估价。但是,既然说是大部分时间,那么,这当然不只是从一九四九年到一九五六年,然后从一九七六年十月到一九七九年十月。那样就说不上大部分时间了。

在这里,我们回顾一下毛主席评价从建党到一九二七年这段历史所采用的方法,对我们有很重要的参考意义。毛主席认为陈独秀的右倾机会主义路线错误只有半年,即一九二七年上半年。在这之前不发生右倾机会主义路线错误的问题,这并不是说陈独秀不存在右倾机会主义思想,也不是说一九二七年以前在实际行动上没有非常严重的重大的政治错误。比如在中山舰事件后,对于国民党的整理党务案这个关键问题,陈独秀就犯了非常严重的错误。但是,毛主席认为,它还没有造成一个不可挽救的局势,没有对全党工作造成那样一种后果。当时的工人运动、农民运动、军队工作都还在继续进行,全党的工作是前进的,中央的路线是正确的。如果一九二七年上半年不出现陈独秀的路线错误,也不致发生那样的惨败。

毛主席对陈独秀错误的分析,提供了一个很好的榜样。

如果用毛主席观察陈独秀错误的方法来观察十七年，至少可以说十七年绝大部分时间党的路线是正确的。所以现在用了这样一种提法。请大家看看这个问题是不是这样说，这是个很重要的问题。

十七年中关于八大的问题，上次稿子中提了一句，这次稿子把这个问题说得明确了，说毛主席的两篇重要著作和八大的主要文献"是我国社会主义革命和社会主义建设的指针，它们的基本内容至今还有重要的指导意义"。这是一个重要的问题，请大家注意斟酌一下。

在十七年里，关于毛主席怎么提法。不但对过去十七年，在整个讲话稿中，对毛主席的提法是采取了一个始终一贯的原则，从字面上来看，从头到尾没有一句话对毛主席有什么批评。这是问题的一个方面。问题的另一个方面，无论党内党外，看了都会知道，虽然没有直接的批评，但是暗含着一种批评。这是不可避免的。对这样两方面如何处理得适当，这是讲话稿的一个主要的关键的问题。现在在党内党外，都存在两种很不相同的意见，一种认为对毛主席有哪些错误应当讲清楚，有的省在讨论中曾经提出很强烈的要求，但也有相反的意见，认为这个问题最好是不讲。刚才说小平同志对第一次修改稿提了原则性的意见，就是指这个。他看了稿子后马上就提出，最重要的就是这个问题。无论如何不能发表这样一个讲话叫人看了以后认为中国共产党已经否定了毛主席。无论如何不能这样。这个问题是个关系非常重大的问题。这一点我不需要作解释。大家都清楚，这对全党、全国人民的团结，对我们党和国家在全世界的形象、在全世界的地位，都有非常密切的关系，一定要采取非常慎重的态度。

现在我们采取的态度是什么？就是在整个讲话中不对毛主席提任何直接的批评。在上次讨论讲话稿的时候，有好几位同志提出，现在稿子的写法是"功劳是毛主席的，错误是大家的"，不赞成这样的写法。现在这个稿子的写法是对毛主席没有直接的批评，不过暗含着一种批评。采取了这个写法，并没有混淆历史上的是非，并没有在这里说混淆是非、颠倒是非的话。但是，对不少是非问题没有提出一个很明朗的说法。并不等于就把这个问题搞糊涂了。实际上大家看了这个稿子还是会看到什么事情是作得对的，什么事情是作得不对的。在原则上把是非分清了，仅仅在责任上没有作具体说明。这在今天的条件下，为了党的团结，为了大家聚精会神、专心致志搞四个现代化，不要在历史问题上发生严重的争论，这样的写法，我们起草小组的同志认为比较妥当。中央几位领导同志也认为比较合适。当然，是不是每个地方都合适，还要推敲、斟酌。因为稿子里不去讨论那些问题的责任何在，所以在有些事情的叙述上没有完全按时间的次序写，没有完全按编年史的写法。

在"文化大革命"这一段，把毛主席同林彪、"四人帮"严格地分开。关于"文化大革命"，后面再来说。

在讲到现在的时候，稿子着重地讲，我们现在所执行的政治路线、思想路线、组织路线都是毛主席确定的。党内有少数人有这么一种评论，说中央现在对毛主席是抽象肯定，具体否定。我认为这个说法不对。实际上我们不仅在思想路线上继承、捍卫了毛主席的思想，而且在政治路线、组织路线上也是如此。关于这一点,没有去详细展开讨论,因为篇幅不允许。但这一点的确应当在党内多作宣传。四个现代化是毛主席提出的,双百方针是毛主席提出的,又有集中又有民主的生动活泼政治局面也是毛主席提出的。在经济方面我们现在所执行的政策基本上没有超出《论十大关系》的范围。政治上也都是按照毛主席在八大提出的去做的。因此,认为中央对毛主席是抽象肯定、具体否定完全是一种糊涂思想。对有糊涂思想的,要进行教育。当然,有些毛主席提的口号、论断,现在没有去提了。要按照实践是检验真理的唯一标准去决定哪些要继承、捍卫,哪些要修改,这才是坚持真理、修正错误的科学态度。

第六个问题,关于"文化大革命"。三中全会曾经作过这样的决定,关于"文化大革命"的问题到适当的时候去总结。但因为要回顾三十年,"文化大革命"占了十年,所以没有法子完全回避。现在的稿子对"文化大革命"没有作正式的分析,但也作了相当的估价。作为一种分析来说,是远远不够的。这只是在必要的范围内作一个简单的描述。这里有一句:"问题是在当时国内外错综复杂的情况下,对国内和党内的政治形势作了不符合实际的估计,并且采取了不正确的斗争方针和方法。"这就作了一个政治上组织上的判断。这个判断不是说的林彪、"四人帮"。后面还讲到"林彪、'四人帮'得以横行是同党内民主生活出现了不正常现象分不开的"。这也是对"文化大革命"中林彪、"四人帮"为什么得以横行说了一个重要的条件,也不是一个全面的分析。关于"文化大革命"本身就说到这里,其他都是说的林彪、"四人帮"的极左路线。也讲了林彪、"四人帮"是个反革命阴谋集团,使用的是反革命两面派手法,但主要讲的是极左路线。

这里没有讲极右的问题。林彪、"四人帮"用来祸国殃民的主要靠极左。他们的反革命阴谋,是反革命的问题,不再去分析它是左的右的。当它作为一条路线来说,就是极左。打倒一切,这不能再左了! 王明就是打倒一切。毛主席把王明同陈独秀对照,认为陈独秀的右是联合一切,王明的"左"是打倒一切。如果林彪、"四人帮"的路线是右,那应当是联合所谓"走资派"(这里我们姑且用这个提法)。当作林彪、"四人帮"的政治路线,没有一个极右的问题。他们是反革命阴谋集团,他们执行的路线是极左路线。关于他们的极左路线,讲话稿作了一个比较全面的分析。把"文化大革命"期间党的错误同林彪、"四人帮"反革命阴谋集团所推行的极左路线加以区别,这是很需要的。但两者之间不是没有联系的。因为林彪、"四人帮"利用了党的错误,把它推向极端。是不是这样说法,关系重大,请大家多多推敲。

第七个问题,关于社会主义制度的优越性问题。上次稿子中讲了许多社会主义制度的优越性,现在的稿子中把这一部分完全放弃了,只是答复了为什么会出现林彪、"四人帮"的问题。这个问题也没有作深入的讨论,因为这个问题比较复杂,这里只是说中国的社会主义还处在幼年时期,还没有抵御林彪、"四人帮"十年破坏这种风险的准备。幼年时期的提法毛主席在说明中国党的历史时曾经讲过。中国民主革命的第一阶段,毛主席把它作了一个基本的概括,说是处在幼年时期。中国的社会主义时期也是如此。这里虽然没有对出现林彪、"四人帮"的原因作正面的答复，但作了一个比较通俗的为大多数人能够接受的答复。社会主义有它发生、发展的过程，在它的幼年时期出现这样的问题是可以理解的。这只是一个简单的答复，需要作详细的答复。在这个讲话里，就只能说到这样一个程度。

第八个问题，"四人帮"会不会卷土重来。这个问题是党内党外国内国外都很关心的。前不久一个日本团体讨论对中国的投资问题，有一派说中国的政局已经巩固了、稳定了，另一派说没有那回事，过去日本对段祺瑞政府贷过许多款，不久段祺瑞政府就垮了。中国现在的政局能不能稳定，尚在未定之天。上次的稿子作了一个很坚定的答复，引起很大的意见。现在的稿子字面上没有那么讲，但是，实质上还是把那个意思保留了。只是讲要采取什么什么步骤，才能防止"四人帮"的再次出现。说能防止，不仅对国外，而且对国内都是重要的。我们全党全国人民都要树立这样一个信心，当然不是睡大觉，但一定要有这种信心。不能造成一个印象，认为党的事业还存在两种前途、两种可能性，现在也还没有定。这是上次大家提意见比较多的，现在的说法是否适当，请大家考虑。

第九个问题，对打倒"四人帮"以后三年形势的估计，上次很多同志提出要作充分的估计。现在这个估计是否适当，请大家考虑一下。

第十个问题，当前的任务。政治路线已经决定了，三中全会、五届人大二次会议已经讲了，这里不讲了，讲了思想路线、组织路线。思想路线、组织路线的问题，小平同志前不久在一些地方讲了话，在党内影响很大很好。现在的稿子就是基本上按照小平同志讲话的精神写的。当然,国庆会上的讲话同党内讲话口吻要有相当的不同。

加强集中、加强纪律的问题专门写了一大段,在第四十五页到第四十六页。请大家看看是否写充分了,话说得是否适当。

第十一个问题,国际问题、台湾问题、统一战线问题。国际问题没有什么新的提法,只是把有些在人大二次会议报告中说过的再集中说一下。原来的稿子说得简单一些,后来小平同志说,世界上特别是第三世界国家对于我们对一些重要国际问题如何讲法很注意。如果不讲,以为我们不关心了。如最近不结盟国家会议上斗争很激烈,如果我们话说得少了,一些朋友会不满意,也会被一些人利用。

台湾一段话原想把第三次国共合作的内容写上。后来小平同志说,现在公开讲条件还不成熟,去掉了。

统一战线加了一个"拥护祖国统一的爱国者"。因为如果只用原来的提法,不加上这个,对许多港澳、台湾同胞和旅居国外的华侨就不适用。他们中间当然也有拥护社会主义的,但那是少数,多数是拥护祖国统一的,对这部分人要特别加以强调。所以统一战线的内容就变成了三种人的统一战线。

《历史决议》要注意写的
两个问题

（一九八〇年三月十五日在起草《关于建国以来
党的若干历史问题的决议》中的一次谈话纪要）

有两个难题要解决一下。现在的稿子没有涉及。

一个是为什么发生"文化大革命"。说"文化大革命"是错误的不难，但是必须答复为什么发生这个错误的问题。不答复这个问题，决议就失掉价值。一个郑重的马列主义政党，就得对这个问题有个科学的分析。

另一个是，毛泽东思想的实质是什么。我们讲坚持毛泽东思想，是讲坚持什么。许多同志希望中央列出几条来。毛泽东思想同马列主义基本原则是一致的，但它与马列主义的已有的论点相比较又有所不同，有所发展。不能只说坚持武装斗争为主，农村包围城市，这些只适用于过去。还要讲适用于现在的，特别要讲适用于现在的。这个问题在这个文件中一定要答复。不答复这个问题，坚持毛泽东思想这个口号就没有力量。

第一个问题，讲错误发生的原因。

为什么会发生"文化大革命"以及"文化大革命"以前的一

些错误？最根本的原因，还是对阶级斗争的认识和估计犯了错误。长期的阶级斗争在党内形成一种思想倾向，认为抓阶级斗争是党的最重要的工作。这种情况虽然有个人的因素，但不仅仅是个人的因素。八大虽然通过了关于分析阶级斗争形势的决议，但在《关于正确处理人民内部矛盾的问题》中，就出现了前后两种不同的估计，一方面说大规模的急风暴雨式的群众阶级斗争基本结束，另一方面在后面又讲阶级斗争还是长期的、曲折的、有时甚至是很激烈的。为什么会这样呢？一九五七年二月间对社会形势是一种估计，到了五六月间又提出另一种估计。反右斗争以后，虽然说了要把党的工作重点放到技术革命上面去，但只是说了一下，很快就不说了。五八年还不大讲阶级斗争，讲两个剥削阶级和插红旗、拔白旗，主要还是指的知识分子。到一九五九年庐山会议就大讲党内的阶级斗争。到八届十中全会就讲得更厉害了。长期阶级斗争中建立起来的党，在转到建设的轨道上来的时候，没有转成功。

　　同时，与此相联系的，是把政治的作用估计到不适当的程度，说政治统帅一切。既然政治统帅一切，而阶级斗争又继续存在，继续发展，结果就变成阶级斗争统帅一切。实际上建设是不能光靠政治就能搞成功的。又红又专在一九五八年讲了讲，后来就不讲了。这种情况，多少可以说是一种习惯势力在起作用。同时，也反映我们党在社会主义革命完成以后，同人民的联系减弱了。实现建设的重大任务，是人民的愿望，人民的需要，但是没有在党中央的领导思想上得到充分的反映。否则阶级斗争代替一切的那种口号很难提出来。社会主义革命胜利以后，人民要求生产不断发展，生活不断改善。拿现在的话来说，人民要求不要折腾。拿老话来说，要求安居乐业。但是，这个要求没有在党的工作中得到充分的反映。相反的，把国内阶级斗争仍然存在的一些现象夸大了，比方说有些地主还保存着变天账，当蒋介石叫嚣反攻大陆的时候，某些地主富农有些活动，等等，把这些个别现象作为估计国内形势的最基本的根据。对有些干部有些贪污，另一些干部对农村生产中遇到的困难采取了一些对策，比方搞点副业，都认为是资本主义复辟。这不能算是阶级斗争，而是对阶级斗争残余矛盾的夸大。贪污也许还可以算，但是把商业、运输业等一些正当的活动都变成走资本主义道路，这就只能算是无中生有了。

在国际方面也有这种因素。反霸权主义斗争是正确的，但是，范围也扩大化了，表现在"九评"中。这转而又影响了国内的斗争，并且起了非常重大的作用。

国内的因素还有一个，即国家民主化进程的中断。从制定第一个宪法以后，全国人民代表大会，人大常委会的作用，开始还明显一些。以后，人大、司法机关等等，慢慢就不起作用了，司法部经过多次批判甚至被取消了。

在党内生活方面，毛泽东同志个人的威信过分突出，这有好些标志。粗一点讲，庐山会议是一个重要标志。林彪上台以后掌握军队，首先在军队范围内搞个人崇拜，提出来一系列口号，搞了一套办法。这对"文化大革命"起了准备的作用。林彪这样搞，加上提出全国学人民解放军的口号，又把影响扩大到军队以外了。

国家本身政治、经济、文化上的落后，也是一个重要因素。

尽管革命成功了，民主革命、社会主义革命成功了，但是还来不及把落后的东西统统铲除掉。

在文化、教育、知识分子（主要的是文化）等方面长期以来的偏向，对"文化大革命"的准备，也起了非常重要的作用。如果没有这些，《海瑞罢官》的批判不会搞得起来。在全国范围内，由党中央亲自发动批一个剧本，搞得规模那样大，这在国际上是没有先例的。这也受到斯大林的影响。第二次世界大战以后，苏联由日丹诺夫出面，批了好些作品，但是都没有像中国那样搞成大运动。解放以来，批《武训传》，批《红楼梦》研究，批胡风。到六十年代，文艺上批《李慧娘》、《谢瑶环》，哲学上批对思维与存在的同一性的异议，批"合二而一"，等等，应该说是不正常的。如果当作一种学术文化上的争论，这不成问题。就是当作普通的党内的思想争论也可以。问题是这种批判带有特殊的政治色彩，简直使人民不知道党的工作中心究竟在哪里。"文化大革命"是同这样一些特殊的趋势分不开的。非这样办不可，而且全党都非这样办不可。《清宫秘史》的批判没有能开展，所以到"文化大革命"来补课。在这个背景下，为什么对《海瑞罢官》的批判会成为这么大的斗争的导火线，就容易了解了。

这些解释可能还不周全，但是可以提供一种思路。

第二个问题讲毛泽东思想。

毛泽东思想需要先从理论上讲。比方说，可以从《实践论》的贡献讲起。一篇《实践论》，实际上不仅仅是毛泽东同志个人的一篇文章，而是自觉地有系统地开创了党的思想传统。我们现在还在讲的实践是检验真理的唯一标准，实事求是等等,就表明了这个事实。我们需要从马克思主义哲学的认识论方面,来说明它的地位,它的价值怎样。

群众路线,也可以当作一个理论问题来考察。

三大改造,当然也是对马克思主义理论的重要贡献。

更重要的是社会主义建设问题。这里首先就有革命与建设的关系问题。现在国外还有些同情"文化大革命"、对它表示惋惜的人,其中有一个因素,就是认为"文化大革命"使中国继续保持了革命的势头,革命的劲头。这个问题需要比较深入的分析。

自力更生为主。恐怕除了很小的国家以外,哪一个国家都不可离开自力更生为主,否则这个国家就要处于附属地位。在社会主义国家中,毛泽东首先强调了这一点。我们现在还需要作为一个问题提出来,因为对今后还有很大的作用。四个现代化的建设一定要争取外援,但不能盲目地依赖外援。

两条腿走路。不一定用这个名词,可以把长期以来的经验整理一下。这是先进的、落后或比较落后的技术同时并存,哪一个国家都不可能不这样办。美国今天还有比较落后的工厂,日本、西德都有。我们可以看看是否有别的国家提出来过。

还有两类社会矛盾。

还有反对大民族主义。

还有一个反对大国主义,社会主义国家的对外政策问题。我们的对外政策方面,尽管有些曲折,但全世界都承认我们确实作出了一些非常难得的榜样,是过去历史上没有过的。我们对非洲国家援助的精神、方法,不但当地人民,而且政府都是称赞的。

中国工业化的道路问题，毛泽东提出了一些思想，没有完全解决，现在要继续解决。这不是中国一国的问题，有国际性，第三世界也没有解决。我们不要讲毛泽东提的哪些适用于国外，这个没有意思，我们不讲，我们只讲我们自己的。

究竟有哪些发展？提出这一些作为参考，要筛选一下。要做到少而精，讲出来要是颠扑不破的。要多研究一下。先把框框想起来。至于题目之下如何表述，以后再考虑。可以把思想放开一些。

以上两个问题，思想上要弄得很清楚，不只是写《决议》，而且向群众作思想工作，也要讲清楚。

《历史决议》中对
"文化大革命"的几个论断[*]

（一九八〇年九月二十一日在省、市、自治区
第一书记座谈会上的讲话）

历史决议草案，经过很多同志的努力，小平同志、耀邦同志提了很多次意见，现在已经有了一个稿子。这个稿子，我也说不上是第几次的稿子了，一些主要的骨架，大概就像现在这个样子了，要作很大的变化，实在说我也变不出来了。经过大家交换意见，现在的写法跟原来的想法确实有了很多的变化。有许多问题，在党内也好，党外也好，争论是很尖锐的，我现在不想从头讲起了。我挑几个问题讲一下。

关于"文化大革命"的性质，这个决议草案中把它定下来了，这不是革命，而是内乱。老早就有人建议说，对"文化大革命"，以后就叫十年动乱好啦。这不行，动乱没有政治含义。这是我们国家的一场内乱。有同志说，这是反革命，我不同意。说内乱，比较能够站得住。不过，我也不赞成以后在报纸上就讲什么十年内乱。加引号的"文化大革命"，还可以提一个时候。将来写中华人民共和国的历史的时候，恐怕要说这是十年内乱时期，恐怕没有什么更好的说法。内乱不一定是

反革命。内乱里面有反革命的因素，就是有叛乱的因素，但是，这个叛乱没有成功。虽然叛乱没有成功，它还是内乱，把我们整个的国家、整个的党的原来的秩序完全推翻了，而且推翻到没有法子稳定下来。推翻了以后，用个什么法子稳定下来也可以呀，稳定不下来。所以，这个内乱就一直延长十年。这个十年，整个就是内乱。这是一个很特殊的局面。

关于"文化大革命"的发动。八届十一中全会的召开，是"文化大革命"全面发动的标志。在这次会上突如其来地来个"炮打司令部"，所谓司令部，就是中央政治局。毛主席到杭州，委托刘少奇同志主持中央的工作，忽然刘少奇同志成了反革命了，成了打倒的对象了。这种状况，在党的生活上不但是极端不正常的，而且是绝对不允许的。在以后我们党的历史上，要永远不允许有任何这一类的现象重演。凭空地出来个司令部，什么刘邓司令部，后来又变成刘邓陶司令部。你看，党中央忽然就变成一个叫无产阶级司令部，一个叫资产阶级司令部，这是什么地方规定的？什么地方讨论过的？什么地方通过的？没有任何一个地方授权任何人提出这么两个司令部。如果要提出，那就应该开党的全国代表大会，并且应该像两案起诉书一样，提出理由。有什么物证，有什么人证。什么都没有，就是一句话，就出来了两个司令部。这个司令部很大，这不是小事，恐怕在座的很多人，除了极少数以外，全都在那个司令部里面，而我们自己谁也不知道有这么个司令部。这一次全会通过了违反党章的决定，没有根据地提出有个资产阶级司令部。其实，反过来，无产阶级司令部有什么根据？也没有根据。为什么江青、张春桥、陈伯达、康生这些人就叫无产阶级司令部？这些有什么根据？完全没有根据。这根本不是一种党的生活，党内根本不能允许这种生活。从那以后，党的生活完全陷于变态，国家的生活完全陷于变态。国家的主席失掉了行动的自由。总书记也失掉了行动的自由。国家的宪法、法律所规定的各种最基本的原则都没有用了。这是一个很重要的问题。这个稿子上说，从这次会起，"毛泽东同志的'左'倾错误的个人领导实际上取代了党中央的集体领导"。将来这样写出来，当然对我们党的历史是很不好看，对毛主席也很不好看。可是，我觉得这没有办法，既然要写这个决议，这一笔就不写不行。当然，也要说，不但是十一中全会，而且十一中全会以后，一直到"文化大革命"结束、"四人帮"被推翻为止，所有的错误，党都要负责任，不能说党不负责任。因为什么呢？十一中全会那么多中央委员，没有人起来反对呀，我也是个中央委员，我也没有反对呀。

在另一方面，在说毛主席跟林彪、江青完全不同的时候，我认为，应该讲毛主席在"文化大革命"里面的一些功劳：第一，毛主席基本上维持了解放军。解放军尽管有林彪、"四人帮"的捣乱，也难免犯一些错误，但是，毛主席维持了中国人民解放军，这是非常大的功劳，这是非常显著的事实。如果不看到这个事实，那是太不公正了。第二，他基本上维持了国务院。林彪也好，"四人帮"也好，他们的手基本上没有插到国务院里。国务院是个小岛，不管它工作怎么困难，也犯了多少错误，可是，维持这么个小岛是很不容易的。维持了一个国务院，这对全国人民，对中国这整个十年，关系是很大的。有了国务院，经济工作究竟还能够进行，还有领导，不管这个领导犯这个错误那个错误，这都是小事。第三，毛主席基本上还勉强维持了党的统一。这一点，也非常重要。虽然毛主席搞出两个司令部，但是，他也并没有把"资产阶级司令部"的人统统开除出去，或者搞死，实在说，他也没有这个想法。"文化大革命"开始没有多久，他就把"走资派"改成为犯走资派错误的干部（反正这些名词都是他创造出来的）。什么死不悔改的，不死不悔改的，还有什么三反分子，还有什么反革命修正主义分子，一般的修正主义分子，老实说，那些作用都不大，真正起作用的是犯走资派错误的干部这句话，这句话挽救了他，这就是毛主席自己下台阶，不然，毛主席也没法下台。毛主席也并不想把这个党分裂，他讲了很多，说我们的党分裂不了。在这方面，他跟林彪、江青这些人确实是非常不一样的。他在外交上还作了两大贡献。所以，我不同意说我们党变质，我不同意说我们党先变质了，以后又变回来了。总归是把这个党搞得非常混乱了。如果说党变质了，国变色了，中国人民解放军也变修了，也变色了，那在国务院工作的，在座还有好几位同志，还有军委叶帅，这些人统统都变质了，这个话不能讲，这样讲，我们党的历史就说不下去了。让林彪、江青横行十年之久，这个错误实在太严重了，所以，引起这样一种义愤。但是，在这个十年中间，究竟中央还有许多人在为党工作，地方也有许多人在为党工作。在地方负责任的第一把手，我没有统计，我不敢说，我冒估一下，林彪、"四人帮"的死党是少数，过半数的，不管犯了什么错误，还是好人。我也没有列表统计，统计也很复杂，因为每年都不同，但是，为什么可以说这样的话呢？因为，"四人帮"那一批人差不多年年都要反右，年年都要在全党或者是反三右，或者是反两右，或者是反一右，反正他们是不住地要反右。这说明个什么事实呢？就是"四人帮"没有把我们党统治住，他们统治不住。这是个事实。不然，为什么他们老要反呢？他们已经统治了，为什么还老要反？对于地方上负责的许多同志（不能说所有的同志），他们也不相信，也很反对，不过，他们的力量还没有到把这些人统统都干掉那种程度。把这些现象合起来，如果不是毛主席在那里起作用，刚才说的这些事实是不可能的。我们的军队，我们的国务院，我们从中央到地方的一批同志，也可以说是一大批同志，尽管也要跟着犯好多错误，这是不可避免的，可是，他们还是要把党的事业维持住，把国家的命脉保护住。不然，我们怎么能解释周恩来同志在这个期间的工作？你能说他的工作是反革命？不能这样说吧？也不能解释一九七五年邓小平同志的工作。所以，我认为，说内乱是恰如其分的。它确实就是个内乱，这个内乱是非常复杂的，跟历史上的一些内乱不相同。这是一个问题。

　　这个稿子讲到进行"文化大革命"既没有经济基础、也没有政治基础的问题，现在解释一下。说经济上无革命，政治上无革命，文化上无革命，是说没有找出革命对象，没有提出一个纲领，没有找到一个可以依靠的社会力量，理论上不能自圆其说，实践上没有指出一点前途。所谓经济上、政治上、文化上无革命，这是按照科学意义上的革命来说的。按照科学意义上的革命，"文化大革命"不能在任何意义上称为一个革命。它不是用一种什么先进的生产关系去代替一种落后的生产关系，也不是用一种先进的政治力量来取代一种反动的政治力量。至于文化上，严格地说起来，不能叫革命。没有什么文化上的革命，这个名称本身就是错误的。列宁讲过文化革命，是指扫除文盲。毛主席自己也讲过这个话，也是指提高全国人民的文化水平，由文化很低提到比较高的程度。总之，这个所谓文化革命与后来的所谓"文化大革命"毫无一点关系。而且毛主席自己讲了，思想上、精神上的东西不能够用革命的方法，不能够用暴力的方法，只能够用和风细雨地教育的方法，才能奏效。如果用粗暴的方法，暴力的方法，不但无益，而且有害。这种观点，毛主席讲过多次，就在他的选集里面就有多次。所以，提出这么一个"无产阶级文化大革命"，在理论上就不能成立，这个名词就不能成立。开始，毛主席没有讲经济上的革命，后来也没有讲，只说"文化大革命"实际上是一个政治大革命。既然要搞一个革命，那就要把革命对象弄清楚，不能一个个搞清楚，至少要搞清楚几个，可是"文化大革命"直到最后，一个都没有搞清楚，一个都没有找出来。没有一个叛徒，没有一个特务，没有一个所谓走资派。走资派稍微复杂一点，也许有人写过承认犯了什么错误，这是有的，但是那个东西不能算数，反正是没有找出来。敌人究竟是谁？究竟有多少？在哪里？都没有弄清楚。后来，在九大讲话时，毛主席说，这个革命与过去革命战争不同，过去南征北战，敌人很明显，所以仗好打，现在谁是敌人，谁不是敌人，是敌我矛盾，还是人民内部矛盾，弄不清楚。毛主席自己都没有弄清楚，就来发动一个革命，这一点就说明荒唐到什么程度。这种没有法子自圆其说的地方很多。没有提出一个纲领，并不是说搞"文化革命"的人，中央文革小组，或者加上毛主席，他们头脑里没有一定的纲领，但是，始终没有拿出过一个纲领，这是事实。从发动"文化大革命"一直到末了，没有说清楚，这个革命究竟要达到什么目的，究竟要解决什么问题，用什么方法。写得最长的文章，宣传得最厉害的口号，就是"无产阶级专政下的继续革命"（两报一刊纪念十月革命节五十周年的一篇社论），那里面曾经列了六条，也不能算纲领。因为无产阶级专政下继续革命，只不过说要革命，究竟是革什么命，究竟要达到什么目的，并没有说。革命不能成为革命的纲领。我要革命，我的纲领是什么？就是革命。这不行。在这篇算是纲领性的文章中，有一条说，"文化大革命"是无产阶级专政下继续革命的最好的形式。还有一条说，革命的中心问题是政权问题，因此，无产阶级文化大革命的中心问题是从走资派手里夺权。发动一场革命，结果就变成一个夺权。确实，这个夺权的口号，在"文化大革命"至少前半期是盛极一时，后来还是讲。不叫忆苦思甜，叫忆苦思权，什么有了权就有了一切。把革命搞得庸俗化到极点。这就给一些投机分子、社会渣滓一种可乘之机。要革命，究竟依靠什么力量来革命，毛主席也不知道。毛主席有个谈话，他说，我开始曾经把希望寄托在青年学生（红卫兵）身上，后来，感觉到这些人也不行。那么，依靠谁呢？他就没有答复，他就没有找到一个社会力量，能够来进行这么一个革命。这不是很奇怪吗？其实道理很简单，因为这个革命根本就不通，完全是一种无中生有的东西，所以，就不可能找出一个社会力量。工人也不拥护，农民也不拥护，真正的学生后来也不拥护，结果，就造成了一批职业的造反派，这些人就成了帮派体系，在社会上专门对无产阶级专政进行破坏活动。所以,发动"文化大革命"实在是毛主席的冲动。他受了很多的刺激,其中"海瑞罢官"引起来的问题的刺激大概比较大,还有一些别的刺激。林彪讲,毛主席最近就是考虑政变问题,那个话毛主席看过的,可见得是真的。所以,毛主席那个时候的思想可以说是不正常的,完全是一种冲动,根本没有、说不上是一种理性的思维,逻辑的思维。把毛主席"文化大革命"时期说的话同毛主席在解放战争时期或者抗日战争时期或者社会主义改造时期写的文章一比就比出来了。本来,像这样的事情,虽然后来毛主席自己要写长篇的东西不容易了,也可以指定几个人好好地把这个问题研究一下,也没有。所以,"文化大革命"本身,拥护"文化大革命"、发动"文化大革命"的人,并没有对"文化大革命"作任何理论上的解释。当然,表面上有一些解释,那些都是强词夺理的。把列宁在十月革命以后不久讲过的一些话,例如说小生产每日每时都在产生资产阶级这一类话当作法宝,那完全是两码事。那时,俄国的土地私有制根本没有动,这种农民、这种小生产者,同我们经过了这么多年的集体化的农民怎么能拿来比呢? 其他一些例子不必详细去说了,始终没有讲出一个理由来。可是又把这句话吹到这样一种程度,说整个社会主义时期始终存在着阶级,阶级矛盾,阶级斗争,而且"文化大革命"一次是不行的,一定要搞多少次。按照这么一种说法,或者是按照这么一种理论(假如叫做理论的话),这个社会主义简直是不如资本主义,这个社会主义根本不能安定,生产也不能发展,因为它不断地产生阶级、阶级斗争,而且这种阶级斗争只能够用打倒一切、全面内战来解决。这么一种社会主义是一种不可想象的社会主义。

人类社会要发展到这样一个阶段，必然要经过这么一个阶段，这把马克思主义不知丢到什么地方去了，这怎么能说是科学的理论呢？人类社会怎么能发展到这么一个历史阶段呢？所以，"文化大革命"实际上不是一个革命，在理论上根本不能成立。

历史决议主要是在说明为什么产生"文化大革命"。关于"文化大革命"造成了什么破坏，并没有讲很多。"文化大革命"究竟为什么产生？这里讲了四条原因。"文化大革命"既然已经形成了一个巨大的历史现象，在八九亿人口中间延长了十年之久，总有各种各样的原因。社会主义改造基本完成以后，还存在着某些阶级斗争，主要是毛主席对这一点没有精神准备，当然，当时党中央、大家也同意他的观点。我记得，毛主席曾经宣传说，从此以后，阶级斗争就过去了，再没有人跟人的斗争了，人跟人的斗争被人跟自然界的斗争所代替，要向地球开战，这就是我们现在的任务。当时的党中央，对于经过社会主义改造以后的社会是个什么样子，的确想得非常简单，认为就是生产，就是发展生产力，就是人跟自然界作斗争。当然，人跟自然界作斗争，也不是很简单的问题。确实脑子里没有考虑再有什么阶级斗争。在苏共二十大的时候，毛主席当然有很多的想法，其中有一个很重要的想法，他想到中国的社会主义社会要搞得比较民主，不要搞成斯大林时代那样，所以，就召集最高国务会议讲话了。以后，事情的发展就慢慢地不以哪一个人的意志为转移了。毛主席说，本来我讲的百家争鸣，百花齐放，是说的学术文艺的问题，我根本就没有说政治问题，我也没有讲大鸣大放，他们又加了个"大"字。结果，就来了思想上的一场大搏斗，搞得过分紧张，就是非要鸣放不可，不鸣放，就是思想不解放，就是不觉悟。等到后来，来了一个大转弯，这个大转弯也非转不可，从此，毛主席头脑里（不但头脑里，在他的文字里），就多出一个概念，叫做政治战线、思想战线上的社会主义革命。就是说，单有生产资料所有制方面的社会主义革命是不行的，是不够的，一定还要有政治战线、思想战线上面的社会主义革命。我刚才说了，这个提法是不对的。这个错误影响到后来，就越来越发展了。共产党已经掌握了全国的领导权，就谈不到政治战线还有什么社会主义革命。谁革谁的命？民主党派里面有几个右派，那是小事，不能说是政治战线的社会主义革命。思想战线的社会主义革命，刚才说了，毛主席多次讲过，思想战线就不能革命，从来历史上也没有什么思想战线上的革命。社会主义的思想教育是个长时期的过程，我们现在对我们的下一代、下两代还要进行艰苦的工作，没有那么便宜的事情。毛主席一九五七年《关于正确处理人民内部矛盾的问题》的讲话是在二月间讲的，到后来发表时，就修改了很多。开始是一种看法，后来是另外一种看法，这儿插一段，那儿插一段，这里改一改，那里改一改，所以，这篇文章中有一些自相矛盾的地方。一方面说，急风暴雨式的阶级斗争已经结束了，另外一方面又说无产阶级跟资产阶级之间的阶级斗争有时甚至是很激烈的，社会主义和资本主义之间谁胜谁负的问题还没有真正解决。一个地方讲，社会主义制度可以调节它的内部矛盾，没有对抗性的矛盾，这是社会主义制度的优点。可是，反右派不是对抗吗？所以，有些地方又用别的话来改掉。不管怎样，毛主席在二月间讲话时的思想,到了反右派以后就发生了非常大的变化,以前的有些想法差不多再也不提了。到了一九五八年,毛主席就提出两个剥削阶级,两个劳动阶级。两个剥削阶级,一个是被打倒了的地主买办阶级和其他反动派、加上右派分子,一个是正在接受改造的民族资产阶级和它的知识分子。经过反右派斗争以后,在毛主席头脑里面,知识分子就是资产阶级知识分子,没有什么不是资产阶级的知识分子,一直到最后都没有改变过。到"文化大革命",后来学生不是也不听话吗? 就作这么个解释,说这些学生由于受了十七年修正主义的教育,所以,也变成了资产阶级的。毛主席对知识分子有很大的敌对的心理。他本来跟资产阶级的一些代表人物,民主党派的一些代表人物,知识分子的一些代表人物,经常有个人的接触,经过一九五七年,他感觉到这些人不大靠得住了。这主要的还在党外,到了一九五九年,就引到了党内,然后到一九六二年就公式化了,社会主义时期是很长的历史时期,这个时期内始终存在着阶级、阶级矛盾、阶级斗争。再往后,就说这是我们党的十几年来的一条基本理论和基本实践。所以,毛主席对社会主义改造以后阶级斗争的看法,不是愈来愈缩小,而是愈来愈扩大。在二十三条开头估计我们国内的形势的时候,有这样一段话:在我们现在全国的城市和农村,普遍地存在着被打倒的资产阶级用各种方法想要夺回他们的阵地,或者把无产阶级软化、收买,国家面临资本主义复辟的危险。当然,底下也说,只要我们采取正确的方法也可以怎么样怎么样。再有,就是我们这次运动主要任务是整走资本主义道路的当权派,等等。经过这样的几个发展,到了《五·一六通知》,也就不能算是很奇怪的事情了。因为前面已经有了那么多的估计了，照那么些估计，吴晗写《海瑞罢官》，把他认为是资产阶级攻击无产阶级司令部，这种话也就很能有人相信了。所以，一个思想的方向、思想的潮流如果搞错了，在社会主义社会里面，确实可以发生严重的影响、损失、灾难。

产生"文化大革命"，还有其他几方面的原因，一层一层地说到最后，毛主席个人的权威达到了极点。另外，就是本国的和国际的社会历史背景。我觉得，我们确实需要指出封建专制主义的影响，这是非常重要的，而且的确我们大家也容易了解。国际共产主义运动里面，也有它不健康的成分，这一点，我们要有清醒的头脑。南斯拉夫人首先提出来，还有罗马尼亚人，他们认为，共产国际一成立就是错误的。欧洲的共产主义思潮，对于共产国际的评价，基本上是消极的。确实，共产国际在世界共产主义运动中也帮了正忙，但是，恐怕帮的倒忙比帮的正忙要大得多。这也是毫不奇怪的。在马克思的时代，产生一个国际组织，那多少还有一点理想主义的性质，不过是大家都要搞社会主义，它没有严格的纪律。第二国际遇到战争，它就经受不了考验。第三国际一成立，就强调民主集中制，就是国际范围里面的民主集中制。实际上是国际范围的集权制加上党内的集权制。列宁是在沙皇专制制度下要建立秘密党跟沙皇专制主义作斗争，所以，列宁的建党思想确实是一个传大的创举。这在《怎么办》这本书里面讲得非常清楚。可是，在共产党夺取政权以后，列宁还没有能够把在恐怖统治下面党作秘密斗争的时候的活动原则改变成为公开地跟群众在一起建设社会主义的原则，这应该是有非常大的原则的不同。虽然列宁讲了许多话,但这些话不足以成为支持苏联党后来所实行的那些制度的一种根据。而苏联党的那种模式,确实对于中国党影响是非常大的。毛主席在很长的时间认为,他就是中国的斯大林(不说中国的列宁了)。二十大批判了斯大林,这对于毛主席的刺激是非常深的。所以,国际共产主义运动中一些消极的东西,对于中国党历史上的发展的影响绝不能小看。我们并不要把我们的错误推给人家,把我们的责任推给人家,但是,客观的历史的影响是不能否认的,我想,这一点是应该指出的。

关于"文化大革命",本来还可以说一些其他的原因,也许不只这四条,但是,我们在起草的时候,一开始就下决心不提个人的问题,个人的品质,个人的性格等等。并不是说这些不是问题,而是说讲这些东西不能教育人民,不能教育群众。每个人都有他的品格,他的品格里面都有好的方面,不好的方面。假如强调了这个方面,就如同赫鲁晓夫批评斯大林一样,苏联人也认为没有讲出个道理来。几十年的历史,光用性格就解释了吗?所以,在这个方面不是说没有影响,有影响,但是,我们认为,不写在里面比较好,所以没有写。当然,毛主席的思想里面也还有一些其他的不完全正确的方面。毛主席特别在后半期,有把马克思主义愈来愈简单化的一种倾向,把一些复杂的问题搞得极端简单,他觉得很得意。这种影响,一直到现在,在我们党里面还是相当严重的,喜欢把复杂的问题简单化。不过,说得过多,大家扯不清楚,所以,有许多问题我们没有讲。

接下来,最大的争论问题,就是毛泽东思想。我们认为,一定要讲毛泽东思想，而且毛泽东思想不包括毛主席的错误。毛泽东思想，我们认为，不能说得太远了，眼睛看得见的将来，还是对我们有作用。当然，毛主席在"文化大革命"中间给大家造成了很大的恶感，可是，我们还是不要把洗小孩的水和小孩一块倒掉。毛泽东思想是多年在中国革命斗争中形成的。我们不把毛泽东思想鼓吹到它应有的程度以外，毛泽东思想不是马克思主义的全面发展，毛泽东思想当然也不是马克思主义的新阶段，但是，在中国革命的历史上，至少从一九二七年到一九五七年这三十年胜利的历史，跟毛泽东思想是不可分的。我们现在没有理由丢掉把我们带到胜利的道路上的这样一个精神武器。有的同志说，就讲马克思主义就行了。应当说，如果就讲马克思主义，中国革命就胜利不了。我们可以看这一段时期毛主席的著作（当然不只他的著作，还有一些与他同时代的革命前辈的著作），我们可以看到，这些东西能不能用马克思的著作来代替，用列宁的著作来代替，用斯大林的著作来代替，用什么共产国际的文件来代替？不可能的。毛主席这三十年的著作，确实是灌溉了我们的党，确实是培育了我们的党，确实把我们党广大的干部带上了马克思列宁主义的道路上去。所以，这些著作是决不能丢掉的，这种财富是决不能丢的。马克思这个人无论怎么好，他没有到过中国，列宁也是一样，尽管他们关于中国说过许多好话。我们党在很困难的条件下达到社会主义的胜利，虽然也有其他许多同志的贡献，但是，我们把他们的著作摆在一起一比，比方说，把少奇同志的著作，恩来同志的著作，跟毛主席的著作摆在一起一比，就可以看出来，在少奇同志的著作中，在恩来同志的著作中，就缺少很多东西，这是很难相提并论的。将来周恩来同志的选集出版以后，大家一看就可以看清楚。我们所要的毛泽东思想，就是这个毛泽东思想。当然，一九五七年以后，毛主席还发表了一些著作，不多，在"文化大革命"期间，那就恐怕没有什么可以收集在毛主席著作里面。有的同志说，现在要赶快出毛泽东全集，应该把毛泽东同志的所有作品都照原样编出来，以便于大家来批判（当然，话没有我说得这样难听，说研究吧）。我想，这个工作是要做的，这不是什么着急的事情。我们现在写若干历史问题决议，对毛主席的批判是够严厉的了。以为今天把毛泽东搞得愈臭愈好，这究竟会达到一种什么样的结果？究竟能够适合于什么人的利益？的确要认真思考一下。我们当然要实事求是，同时也不能不顾全大局。所以，我们还是认为，要坚持毛泽东思想，也用毛泽东思想的科学体系这个提法（关于这个名词将来怎么样解释得更妥当些，我们还有时间来研究）。毛泽东思想里面不包括他的错误，我觉得，这不算什么奇怪的事情。这个"思想"不是个动词。毛泽东思想，并不是说毛泽东同志在那里思想，他想什么东西，就把他记录下来。不是这样，这是个名词。所谓毛泽东思想，就是毛泽东的学说。他既然成为一种学说，那么，当然它是有逻辑性的，不然怎么能成为学说呢？不合逻辑的东西，当然不能放到这个学说里面。历史上无论哪一个大学者，都不会把不能成为学说，也不能把不成为学说因素的东西，放在他的选集里面，也不会把那些成分当作是他的学说的一部分。所以，我想，这个问题，在我看，可以不必进行那么样严重的、长期的争论，这会涣散我们党的团结。当然，毛主席犯了错误，后来犯了严重的错误，这是很大的不幸，但事实已经是这样了，有什么办法呢？如果他不犯错误，那当然最好了。事实既然是这样，我们只好照现在这样来研究。

历史问题决议里讲到党要成为一个什么样的党，有一部分讲到党和国家的关系。我认为，我们应该确定，中国共产党在中华人民共和国的国家生活中究竟占什么地位，应该给它明确的规定，不能给它笼统的规定。所谓笼统的规定，就是说工人阶级经过中国共产党领导什么什么，或者说中国共产党是中国什么什么的领导核心。这个话是不错的，但是是不够的。因为要领导，就发生几个方面的问题：究竟是怎么领导法？究竟领导到多大的范围？有一些范围党确实是有必要去领导的。纯粹学术性的问题，党怎么去领导呢？何必去找这个麻烦呢？这类的问题，还可以举出别的来。另外一方面，党的一切活动，都是在国家的宪法和法律所规定的范围之内，不能够超出这个范围之外。苏联也有这样一个规定，苏联共产党在苏联宪法的范围内活动，但是，它只有这一句。我想，我们过去已经在这个问题上犯了严重的错误，所以需要说得更加具体。就是说，宪法是由我们自己领导制定的，法律也是我们自己领导制定的，如果我们自己可以不遵守，那人民怎么遵守呢？遵守了又有什么用呢？那不是人民都变成傻瓜了？当然，法律很多，有的无意中犯了哪一条，那是另外的问题，法律的一些基本的条文，最重要的规定，党没有权利违反它。如果党认为哪个条文不合适，党可以通过立法的程序修改。这样，全国人民心里才放心，觉得可以同共产党相处，好处，日子好过，不然，晓得哪一天把宪法跟法律统统都踢到哪里去了，那人民依靠什么东西来保护呢？所以，关于党与国家的关系，应该有一个明确的说明。

打倒"四人帮"以后，我们的历史发展，我们所取得的胜利，我从来都是这样说，我现在还是这样讲，是不可逆转的。没有力量能够推翻我们现在所取得的胜利。不可能再有"四人帮"，再有林彪，或任何其他的人，能够把我们现在所定的这些制度法律统统推翻。这并不是为着安慰大家，这是一种历史的必然。整个的民族经历了十年的教育，这不是件小事，男女老少哪一个人都知道。在"文化大革命"期间入党的党员中，可能有很少数人还有一些思想不通，甚至于还有野心，我们要同他们斗争。但是，他们要想复辟，是办不到的，因为我们并没有睡觉，我们不是死人，除非我们是死人。全国整个的党，有三千八百万党员，加上整个的中国人民解放军。要想跟这个力量来作对？当然，他可以用许多秘密的形式，把自己装扮成什么样子。可是，一方面全国人民、全党、全军有了深刻的觉悟，另外一方面，我们定出了各种各样的制度，各种各样的法律，这些东西都在生效，它一步一步地、慢慢地在社会上就成了一种不可推翻的力量，再加上我们还要不断地做工作，在这么一种情况下，我觉得，我们应该宣传，我们的胜利是不可逆转的，我们的历史不会再开倒车。我们党一定要有这个信心，而且要到处宣传这个信心。如果我们自己都不鼓起这种信心，怎么能希望全体党员鼓起这种信心呢？党员没有信心，群众怎么能有信心？关于历史问题的决议，要说这么一点。

关于《历史决议》的几点说明 *

（一九八一年五月十九日在
党的十一届六中全会上的讲话）

　　这个决议稿是二十几位同志一年多的集体作品，中经多次修改，我只是参加了一部分修改工作。稿中的重要观点很难分清是哪一位提出的，许多是中央领导同志提出的，许多是四千人讨论时和三月三十一日向五十二位同志征求意见时提出的。五月十六日决议稿虽经中央政治局常委同志讨论过，但如有不正确不适当不明了之处，以及其他缺点，都应由我负责。现将几个需要解释的问题作一简要说明。

　　一、全稿未用或极少用错误路线、机会主义路线、路线斗争和路线等术语。路线一词，马恩列都少用，在他们的主要著作中未用，在其他著作中用时也未给予何种严重意义。斯大林在一九二九年《论联共党内的右倾》一文中开始把路线问题提到非常严重的地步。但在一九三八年在他主持下编辑出版的《联共党史简明教程》一书中前后只用了七八次路线字样，而且用法互有不同，在该书细目和结束语中都未用路线字样。全书未用过路线错误，用过一次"有两条路线斗争着"，但未把路线斗争当作名词用，更没有计算过路线错误的时间和路线斗争的次数。所以不好说不提路线斗争就不能写党史。中国党直至共产国际提出反立三路线以前亦很少用路线一词，如二大至六大的文件都未用过。自王明以后才大用，并且用法愈来愈神圣化，神秘化。实际说到底（除滥用外，而滥用是大量的），就按路线的严重意义说，至多也不过是指总的、根本性的、全局性的方针罢了。过去已用了若干年是事实，但那样用法的害处也是事实。党的历史决不能简单化为路线斗争史。路线错误、路线斗争两个词，不知害了多少同志。中央在批评华国锋同志错误时开始决定不用路线错误，很得人心。原来考虑在这个决议中最后用一次，后来大家认为最好还是从这次决议就不用。用起来要引起许多困难和纠纷。1.哪次算路线错误，哪次不算？2.在这些路线斗争中究竟谁们是正确的，谁们是错误的？3.每次错误路线如何起止？4.这次决议用了，以后如何停止使用？在停止使用时要不要承认这次决议用得不对，因而又得对决议加以修改？想来想去，只有就此不用，恢复马列传统和我党原有传统是上策。机会主义一词，原来也是法国议会斗争中的术语，意思也只是投机，现在有些非洲国家和阿拉伯国家的政界还常用以互相攻击，并非无产阶级或马克思主义所首创，以后用出左倾机会主义一类字眼，事实上是不容易解释清楚的。所以这次决议中也尽量不用。

二、（略）

三、关于批评无产阶级专政下继续革命和不再用以阶级斗争为纲的口号，决议稿已把理由讲清楚。革命本有两个完全不同的意义：1.政治革命，即一个阶级推翻一个阶级的革命。这是革命的原义。马克思在《哲学的贫困》一书最后说：

"只有在没有阶级和阶级对抗的情况下,社会进化将不再是政治革命。而在这以前,在每一次社会全盘改造的前夜,社会科学的结论总是:'不是战斗,就是死亡;不是血战,就是毁灭。问题的提法必然如此。'(乔治·桑)"现在的社会主义社会虽还有阶级甚至某种范围的阶级对抗(反对反革命分子和其他反社会主义分子的斗争),但已不存在整个社会的阶级对抗,否则势必把社会主义和资本主义混为一谈("文化大革命"正是如此)。无产阶级既已掌握政权,再谈一个阶级推翻一个阶级的革命,即沿用乔治·桑的说法,在理论上和实践上都已证明是完全错误和十分危险的,是自己推翻自己的荒谬行为,结果必然不能找到任何出路。至于林江反革命集团是另一问题,用阶级斗争的说法亦不易讲通。他们并不代表资产阶级和资本主义,而重用他们的毛泽东同志更不是如此。2. 继续用革命精神为社会主义和共产主义的目的而进行革命斗争。这是革命由质变阶段转入量变阶段,也可以说是革命的转义。这当然是绝对不能动摇的。(此外还可讲技术革命等等,但那更是革命的转义,是一种比喻,可以暂不置论。生产斗争、阶级斗争、科学实验是三大革命的提法,就是把革命的不同意义混在一起,把不同性质的事物混在一起。)但继续革命或不断革命(马恩原也是借用法国大革命时的口号,意指由民主革命转变为社会主义革命,但并未加以明确论证,而且当时对社会主义和共产主义还没有明确区分,故后来招致种种误解或曲解。毛泽东同志1958年讲不断革命时即指革命的各种转义,到"文化大革命"时才改为第一义)既可有两种或两种以上截然不同的解释,用作口号就有危险,何况"文化大革命"时已对无产阶级专政下继续革命这个口号作过特定解释,把革命的意义限于一个阶级推翻另一个阶级,并在十一届三中全会后已经停止使用,现如改变解释重新应用只能引起新的混乱,而林江残余、托派、其他主张"第二次革命"的反革命分子也必然会加以利用。故不但不宜再用,而且必须加以批判,以便统一党内外思想,使想再利用这一口号造反的人们陷入孤立。至于以阶级斗争为纲的口号,只有在剥削制度社会或由剥削制度转变到社会主义制度的过渡时期才是正确的,在社会主义制度下提出这个口号就是错误的,这已为八大至"文化大革命"的二十年历史所证明,决不能再蹈覆辙。因国内主要矛盾已改变,阶级斗争虽在一定范围内(注意:只限于一定范围内)存在而不能成为工作重点,大量社会矛盾并非阶级斗争,故以阶级斗争为纲理论上已讲不通,实践上也不免与三中全会的决策相违背,并必然导致阶级斗争的新的扩大化,社会上的不逞之徒还将用来作为发动所谓第二次革命的借口。

四、关于高度民主和社会主义民主。高度民主有两方面意义:1.社会主义民主比之资产阶级民主或新民主主义的民主都是更高的民主,这在《法兰西内战》、《无产阶级革命与叛徒考茨基》和《新民主主义论》中都已讲过。我们举起高度民主的旗帜,才能在思想上、理论上、政治上压倒那些宣传资产阶级民主的思潮,同时也才能表明我们坚决维护马克思、列宁和毛泽东同志所反复宣传的伟大政治原则。高度民主不能限于政治民主。例如基本生产资料归于全民或集体所有,工人对企业有一定的管理权,就不属于政治民主的范围。男女平等,婚姻自主,反对买卖婚姻和家长制度,父母子女必须互相

赡养,这也不是政治民主所能包括的。2. 各项民主制度民主
生活的高度发展。这当然需要一个长期发展过程,需要各种
政治经济文化社会条件的逐步成熟,不能急于求成,犹如现代
化一样。但作为社会主义的重要目标不能不提,在"文化大革
命"以后尤其必要。高度民主决不能混同于资产阶级民主,而
只是社会主义民主的完善化。社会主义民主与资产阶级民主
究竟有何不同?我想至少可以举出下列几点:1. 社会主义民
主是最大多数劳动人民当家作主的民主,资产阶级民主不可
能做到。2. 社会主义民主兼含政治民主、经济民主和社会民
主,资产阶级民主也不可能做到。3. 社会主义民主是保证社
会主义制度的民主,它不能容许反社会主义势力的活动自由
(包括言论出版结社自由等),因此与人民民主专政是一个意
思,不能没有对反革命分子的专政,资产阶级民主当然不可能
这样做。4. 社会主义的立法、司法、行政需要有所分工,但根
本上是统一的,资产阶级民主不可能,至少在很大的程度上不
可能做到(不完全是形式问题)。5. 社会主义的高度民主和高
度集中是互相结合的,资产阶级民主不可能做到。6. 由于上
述,社会主义民主必然需要共产党的领导,资产阶级民主当然
更不可能做到这一点。有同志怀疑人民民主专政即无产阶级
专政,其实这是我党社会主义改造以来多年一贯的解释,只在
"文化大革命"时期才中断了,而刑法第一条又已加以恢复。
这个问题小平同志在中央工作会议已讲过了并已传达到全国
人民,光明日报特约评论员文章也作了详细说明,希望全党在
这个重要问题上要舆论一致,不要各唱各的调。认为无产阶
级专政就是无产阶级执掌政权的解释不但违背了马恩列长期

宣传的国家理论,而且无法解决无产阶级即工人阶级这个阶级在中国实际上是否、曾否和能否单独执掌政权的现实问题。(党执政＝阶级执政是很难讲通的,而且党执政也只能解释为党领导政权,不能解释为党直接成为政权即国家机器。)在这个问题上,有些同志正式发表这样的言论是不够慎重的。

　　五、中国已进入社会主义社会,这是全党多年来的一贯主张。近年有同志提出异议,而党外有些人(好人坏人都有)也大肆宣扬中国不是社会主义,或不是科学社会主义而是农业社会主义或封建社会主义,中国应补上资本主义这一课或恢复新民主主义制度等谬论,有些文章已公开发表在对外出口的刊物上,其影响不容忽视。因为他们都援引马克思或列宁,所以颇能迷惑一些人。最近北京日报和光明日报已载文详加辩驳,故不必多说。总之,中国已进入社会主义社会(虽还是初步)是一个根本的客观事实,并且是马克思主义的一个重要发展,党内在这样重大的原则问题上不能"百家争鸣",以免动摇党心军心民心。决议稿中只提了一句,不可能多说。又,决议稿说建国前七年"完成了由新民主主义到社会主义的转变",这也是符合客观历史的。中央并未在中央正式文件中讲过一九四九年建国就标志着社会主义革命的开始。只是毛泽东同志一九五三年底在修改中宣部关于过渡时期总路线宣传提纲时加过这样一句话。但在1949—1952年中,中央从来都是讲新民主主义,否则新民主主义共和国就从来不存在也不可能存在了,新民主主义秩序能否巩固的问题也不会发生了。如果不是这样认识问题,就会损害1940年《新民主主义论》发表以来直至1949年《共同纲领》通过并加以实行的党的信誉,使党陷于在根本理论上自相矛盾的地位。这不能用没收官僚资本主义资产来解释,因为这个口号不但在1948年《目前形势和我们的任务》中已经明确宣布,实际上《新民主主义论》中关于新民主主义经济部分即已援引国民党第一次全国代表大会宣言而宣布了("凡本国人及外国人之企业,或有独占的性质,或规模过大为私人之力所不能办者,如银行、铁道、航空之属,由国家经营管理之"),如何能说国民党一大宣言就是宣布社会主义革命? 社会主义与新民主主义还如何区别? 同样,1949—1952年所进行的民主革命,特别是占全国人口大多数地区的土地改革这样规模空前的民主革命,也不能解释为顺带完成民主革命的"遗留任务"。至于列宁宣布十月革命为社会主义革命,我们不必照猫画虎。但这个问题只在决议稿中提了一句,今后也没有多加讨论的必要。

六、关于"文化大革命"的原因,毛泽东同志固然应负主要责任,但马克思主义者对待这样重大的问题不能不着重分析历史背景,而不应着重个人责任,尤其不应着重个人品格。我认为决议稿的分析是马克思主义的,这一分析超过了1945年历史问题决议的水平(即把主观主义盲动主义等都简单地归因于小资产阶级)。"文化大革命"的发生有其国内历史原因,也有国际原因,包括马列的一些不明确的被误解的论点和国际共产主义运动传统的影响,指出这些原因,才是客观的,信实的,公允的,全面的。否则即无法解释,何以一个伟大的马克思主义者忽然会犯如此严重的错误。《哥达纲领批判》、《国家与革命》、《左派幼稚病》以及斯大林的许多著作我们仍要认真学习,但是决不能当作教条句句照搬。决议稿中提到的资

产阶级权利,小生产每日每时大批产生资本主义和资产阶级
(这与马克思关于小生产者绝大多数都要变为无产阶级的论
点不相容,实是各执一端),其本身是非姑不置论,毛泽东同志
和很多其他同志确是把这两句话误解了。所谓资产阶级权利
并非真的是资产阶级的权利,只是劳动者平等互换劳动的权
利的形式(马克思说是原则)与资产阶级等价交换商品的权利
有某种类似罢了,更说不上政治上的等级制等等,这种等级制
恩格斯早就说在资本主义制度下就已不存在了,何况在社会
主义制度下,而且资产阶级权利即平等交换权利正是与等级
制完全相反的。列宁所说的小生产,是指世界上(也包括当时
的俄国)的小生产,这种小生产在合作化多年后的中国农村基
本上已不存在。现在开始有一些小生产,在严格管理的条件
下也不会大量地产生资本主义和资产阶级,但当时并无这种
问题。至于说党内斗争一定都是(不是说都不是)阶级斗争的
反映,这本身就显然不符合我们党内以及各国党内历史的大
量事实。但是这些说法无论是否受到误解,却对“文化大革
命”的发动和发展发生了难解难分的因缘。这是客观的事实,
并非故意要拉上马恩列斯来为毛泽东同志开脱。当然不能说
毛泽东同志没有受封建主义历史的影响,但是“文化大革命”
究竟不是只用封建主义影响所能解释的。毛泽东同志犯了错
误,但他确是(至少主要是)作为一个马克思主义者犯错误的。
他在“文化大革命”问题上基本上离开了马克思主义,但不能
因此就说他不是一个伟大的马克思主义者。

　　七、关于毛泽东同志在哲学方面的贡献。这现在大致可
以说有贬低和提高的两种情况。贬低的错误很明显,可以不

论。但也不能任意提高,因为这是一个科学问题。毛泽东同志在《实践论》、《矛盾论》中的多数论点,是马恩列或三十年代苏联哲学界所已经提出过的,不能轻易说是他的创见。但毛泽东同志在哲学上确有非常重要的独到之处。决议稿的这一段曾邀请许多同志反复修改,并查对了很多资料(包括毛泽东同志所阅读批注过的哲学书),现在的说法我觉得是比较恰当和谨慎的。至于详细论述,则须一系列专文,决议稿只能说得简单点。

八、决议稿全文对党在历史上的成绩讲得较充分,对错误讲得较简要,这首先是符合客观实际,其次也是考虑到当前党内外国内外的形势。我们对错误所作的自我批评早已超过世界上任何一个党,再作得过多就必然走向反面。决议稿并未隐瞒或掩饰任何重大错误,只是有些问题没有说得完备,有些次要的问题没有提罢了。这也就是“宜粗不宜细”。

九、还有两个个别问题说一下:(1)决议稿中把个人迷信改为个人崇拜,后者是马克思的原话,八大也是这样用的,不宜用个人迷信代替,因含义不同。(2)决议稿说知识分子是劳动人民的一部分,同工人农民一样是社会主义事业的依靠力量。过去小平同志说知识分子是工人阶级的一部分,在社会主义社会中这样说很正确,并起了很大的积极作用。但这样就不好把工人、农民、知识分子并列。所以在决议稿中换了一个说法,实质上并没有变化。

以上说得不对的地方,请批评指正。

对《历史决议》学习中
所提问题的回答*

（一九八一年九月十四日在中共
江苏省委举办的学习班上的讲话）

省委学习班的同志给我提了五个问题。这五个问题都很大，我恐怕不容易讲好，提出一点意见，供大家参考吧。

第一个问题：我党六十年来为什么"左"的错误经常发生，而且占主导地位？毛泽东同志在民主革命时期主要是反"左"的，而在社会主义时期却一直犯"左"的错误（这个话稍微说重了，我照题目念），这种现象到底应该怎样理解？《决议》在分析毛泽东同志错误时，为什么不提阶级根源？

这确实是一个经常遇到的问题。不但在《决议》通过以后，以前也常常提出这么一个问题。在领导夺取政权的革命斗争中，不仅中国共产党，差不多各国的党在历史上都容易出现这种情况。成立共产党就是要革命，要夺取政权，下这个决心不容易，要抛头颅，洒热血，不怕牺牲一切，但是下了这个决心以后，政权怎样才能夺到手，这条路怎么走法，这是很难避免走错路的。这条路怎么走，并不像从南京到上海，有一条现成的路，只要坐上火车或轮船，就可以到了。孙中山领导推翻清王朝的革命时，他也是经常犯错误的。共产党比孙中山高明，但也不是高明得不犯错误。对于革命道路上的艰难险阻，各种可能遇到的失败，要经过长期的斗争，这个方面也是准备不够的，经常准备不够。这个准备不够对于一个革命党来说是必然的。马克思、恩格斯也经常犯这种错误，对于革命的形势估计得比较乐观，希望各地革命能够取得成功，哪个地方起来一个革命，就认为这个革命有成功的希望。列宁的时候，也没有多少两样。俄国十月革命成功了，那时列宁和当时俄国的共产党都认为需要西欧各国的革命来支持俄国的革命，因此就经常希望西欧的革命能够胜利，在这方面发表过很多文章，认为西欧的革命一定会起来，一定会成功。西欧在第一次世界大战以后也确实发生了一些革命，但是结果跟列宁预想的不一样，这些革命都失败了。革命虽然失败了，但是列宁在相当长的时间里还是认为这些革命要起来。斯大林那时的共产国际也是这样，老是希望这个地方的革命成功，那个地方的革命成功。既然领导革命，当然希望成功，希望是一回事，能不能达到，怎么样使这个希望变成现实，又是一回事。所以在夺取政权时容易犯这种急于求成的错误，夸大主观的力量，夸大群众的觉悟，贬低敌人的力量，夸大敌人的困难，而低估革命取得胜利需要经历的困难。这一点在一九四五年通过的《关于若干历史问题的决议》上面也曾经说到。为什么党内发生这些左倾错误，都是希望革命要早些成功。但是，如何使得革命真正成功而避免不应有的损失，在这方面注意得太少，不注意调查研究，不注意总结经验教训。可以说，主观与客观不一致，客观世界跟自己的主观世界发生矛盾，主观上的各种想法成为一种臆想。这是因为对革命缺少经验，对社会政治力量实际上的对比没有科学的估计，这种情况是在夺取政权斗争中最容易犯的一种"左"倾错误。

除了这种"左"倾错误以外，还有两种"左"倾错误。一种就是夸大党内的敌情。这是另外一种性质的"左"倾错误，就是把党内的意见分歧夸大，用我们现在的习惯说法就是无限上纲。对党内斗争，党内的意见分歧作了一种不适当的、不符合实际的估计，因此就进行了"左"倾的党内斗争。这个不是对敌人，是对自己。在对敌斗争的困难条件下，敌人当然是想方设法要打到我们党内来进行破坏，我们不得不在这方面提高警惕，但是这种警惕性常常变成一种无中生有的猜疑，后来就不仅是猜疑，而且是判断，是断定了。这也是一种"左"倾，这种"左"倾在中国党内，在外国党内，都曾经产生过严重的损失。刚才说的这种错误，都还是属于主观跟客观的不一致，就是主观的认识不符合于客观的实际。毛泽东同志曾经说过，事物在时间、空间里运动，如果我们走到正确位置的前面去了，这就叫做"左"倾，就脱离群众了，如果落在群众的后面，就是右倾，这是"左"右倾的一种情况，这只能解释一种情况。"左"倾并不都是革命者的认识超前，孤军深入，群众跟不上。有一种"左"倾错误，并不是这种情况，而是事情本身就是不对的，群众越觉悟，就越反对这种做法。比如说，秋收暴动期间，提倡杀人放火。毛主席说他亲自点过火。一放，周围的农民都跑了，群众根本就不赞成。这就无所谓跑到时间的前面去，跑到群众的前面去。因为好好的房子为什么把它烧掉呢？你不能利用它？烧掉它谁可以得到好处？谁也得不到好处。像这么一种错误,看起来是非常荒谬的,幼稚的,可是在我们党内维持了很长的一段时间。比方说在解放战争期间,老区土改的时候,就犯过这样盲目破坏财物之类的错误,后来,"文化大革命"的打砸抢,这是更大规模地发展了这种错误。这些根本跟群众的觉悟没有关系。所以"左"倾错误不单是一个我们过高地估计了群众的觉悟,有些事我们本身就做错了,群众无论怎么觉悟都不会赞成,越觉悟越不赞成,只有群众完全不觉悟才会盲从,才会跟着我们干这种蠢事。所以"左"倾错误有几种情况,几种不同的情况,最后的这种情况就不属于主观的认识同客观的形势是否符合的问题了,这里面包括一种逻辑思维上的错误,或者称作一种假言判断上的错误,你提出来的这种行为的标准本身就错了,所以做出了错误的行为,这同群众的觉悟毫无关系,这是我们自己的认识上的错误。毛主席曾经讲过,在民主革命时期他不是没有犯过"左"倾错误,比方在江西的时候反对 AB 团,他也参加过,他也杀错了一些同志,由此他得到了教训,不能随便杀人,党内不能杀人。但是,党内的这些过火斗争,在延安时期也犯过,谁都知道所谓抢救运动。这个抢救运动,不是一个很短的时间,有一两年,恐怕有两三年时间。当然,还是毛主席认识了这个错误,许多材料送到他面前,开始他还相信,到后来,材料里涉及到的许多人是他周围的人。他说,别的人我不知道,连我自己身边的人都不相信了? 这些人跟我一起工作、生活、斗争这么久,这些人我还不了解吗? 他们的历史我也了解,所以他就发觉这个抢救运动是搞错了,因此就要求停止、纠正,并且向所有斗错了的人道歉。他亲自在大会上,在延安的干部大会上,向大家承认错误、道歉。在华北的土改运动中,毛主席纠正了"左"的错误,但是在纠正"左"的错误的过程中间,也不是一下子就搞得很彻底。现在应当承认,当时制定的《中国土地法大纲》也有不恰当的地方,要求平分一切土地,连中农的土地都要平分。毛主席作过解释,说中农受了一部分损失,但又得到了一部分利益,利益跟损失相抵,还是得到的利益比较多,因为推翻了地主阶级。但是,这个办法还是错误的,所以后来毛主席就纠正了这个办法,取消了平分的办法,以后新区的土改就不采用,因为这样要扩大打击面。所以,就是在民主革命时期,也不能说毛主席没有犯过"左"的错误。不过,这些确实是很短暂的,比方像抢救运动,确实是康生这些人搞起来的,并不是出于毛主席的发动,但是,毛主席在一段时间里相信了康生,支持了他,以后才纠正了这些错误。历史需要分析,在社会主义革命时期,毛主席也不是一直犯"左"的错误,这种说法把问题搞得太简单化了,这不符合历史的实际。但是确实是犯了不少,因为这时已经夺取了全国的政权,这时的错误影响比在江西、延安、华北都大得多,因为影响到全国了。

　　革命时期的"左"倾,也不能都用小资产阶级狂热性来解释。一九四五年的决议里讲了很多小资产阶级的狂热性,同时也讲了小资产阶级从狂热转为消沉,因此就左右摇摆。共产党在革命斗争的过程中间犯这种"左"倾的错误,一九四五年的决议也分两方面说了,一方面是认识上的原因,一方面找社会历史根源,社会历史根源就找到了小资产阶级。这是讲抱着小资产阶级思想参加到党内来的人,还是保持了小资产阶级思想,因此产生了这些错误。我想这是一个比较复杂的问题,需要进一步研究,有小资产阶级思想的原因,也有的不能用小资产阶级思想的原因来解释。如果没有详细的历史分析,就轻易地运用这么一种分析方法的话,就很可能犯一种实用主义的错误,把它当作一种工具使用,哪个错误要分析,有一个现成的解释的方法,就是小资产阶级的思想根源。我们要研究,小资产阶级在特定的历史条件下面,究竟有没有这一种愿望,如果说有的,那么这种解释是合理的。当然,小资产阶级也要分很多集团、不同的阶层,小资产阶级本来是一个阶层,它内里又分了许多小的阶层,互相之间有很大的差别。如果说哪一个集团也没有这么一种要求的话,我们就不好随便地贴这个标签。随便贴标签不是历史唯物主义,这是把历史唯物主义简单化、庸俗化。历史唯物主义本来要求非常仔细地、具体地分析具体情况,不是像贴标签那样。我们在革命斗争中容易犯"左"倾,但也不是说没有右倾,确实犯过右倾的错误,这也是历史的事实。有的时候,右倾的错误也非常严重,这一方面用不着多说了。

我们先从社会主义革命看,在社会主义革命过程中间,也有一种同民主革命时期一样的急于求成的错误,这种错误也跟民主革命时期犯错误的情形一样,都是希望早一点成功,同样是夸大了一个方面,贬低了另外一个方面,对客观世界作了片面的、歪曲的理解,这样子就会作出一种有偏向的决定来。在社会主义改造基本完成以后,主要是两方面的"左"倾错误:一个是政治上,也包括文化上,就是对新建立起来的社会主义社会没有客观的、充分的、全面的认识,一遇到风吹草动,就容易误认为又来了什么阶级斗争,因为阶级斗争的影子笼罩着很多同志的思想。社会主义究竟是什么样的,这是许多国家的共产党必须仔细地重新认识,要用一种学习的态度来认识的一个问题。这个学习也是一个艰苦的过程。自己建立起来一种社会制度,建立起来一种新的社会,但是,不等于自己对它有充分的了解,这很不容易。一男一女结成夫妻,也不容易互相充分认识,也经过一些曲折,最后才能充分了解,相互了解,相互信任。同样,这个新的社会尽管是我们亲手建立起来的,但是,不等于我们就能完全地认识它。建立起一个社会主义社会,可以说从空想社会主义以来就没有解决过这个问题,都认为社会主义社会是个最理想的社会,应该一切都是和谐的,都是合乎理想的,所以才有社会主义运动,所以才成立共产党,都以为建立了社会主义社会,就什么问题都没有了,一帆风顺地前进。假如有困难,那是天灾或其他物质方面的困难所造成的,而不会在人与人之间发生像社会主义以前那样的冲突,这是很自然的。说实在的,认为社会主义社会里还有矛盾,而且有两大类的矛盾,即敌我矛盾跟人民内部的矛盾,尤其是人民内部的矛盾,这还是毛主席的贡献。这是一个已经认识了的事物。可是,已经认识了的事物,不一定就能够永远正确地认识它。在另外一个情况下,本来已经认识了的东西,又不认识了,又发生了错误的认识。所以,认识是一个曲线,不是那样很容易达到目的。一九五七年毛主席讲了关于正确处理人民内部矛盾这样一个原则,可是不久,就发生了阶级斗争扩大化,反右派斗争扩大化,我们现在用不着详细回顾这段历史了。从这个反右派斗争的扩大化以后,阶级斗争扩大化的这个怪物(或是叫魔影),就很长时间笼罩着我们的党了。一九五八年好像没有进行什么阶级斗争，实际也进行了，就是拔白旗，插红旗，反对观潮派、秋后算账派，这些都是一九五八年进行的。一九五八年还发生了反对反冒进，党内发动了有非常长远影响的错误斗争。一九五七年的斗争对党内也发生了影响，有好些同志也错划成了右派，但是这个影响比较起来还是小的，对党内来说，一九五八年反对反冒进，这个影响就比较大了，这个不仅仅影响到党的经济政策、经济工作，而且影响到党内的生活，影响到党中央的集体领导。因为从南宁会议、成都会议以后，党内的集体领导就受到了非常大的损害，这个时候就形成了一种局面，就是毛主席的话谁也不能反对，而且党内在一九五八年出现一些人宣传"相信毛主席要相信到迷信的程度，服从毛主席要服从到盲从的程度"，这是在正式的会议上公开提出来的，不是几个人在私下谈话，更不是任何人编造出来的。在成都会议上有个同志提出了这样的口号，当时就没有人敢反对。这个同志后来还提升为政治局委员了。当然，一九五八年的错误，毛主席确实在一九五九年上半年作了很大的努力来纠正，这是很认真的。毛主席深深感觉到，他领导经济工作还是外行。在召集庐山会议以前，毛主席已经在一次政治局会议上讲，经济工作看起来还是要陈云同志他们来领导。这个话也不是假的，毛主席说过多次。从一九四九年就说，我们熟习的东西有些快要闲起来了，我们生疏的东西，正在强迫我们去学习。毛主席也进行了一些学习，比如说《论十大关系》就是这样一个产物，可惜这种学习没有坚持到底，还往往过于匆忙地下结论。凡是有利于自己观点的一些方面，就尽量夸大，而不利于自己观点的东西，就尽量否认，或者贬低。一九五九年纠正经济工作方面的错误以后，在庐山会议的后期又发生了批判彭德怀同志的问题，这个大家都知道了。这样以后，就把社会上的阶级斗争越来越引到党内来，不但引到党内来，而且认为党内的阶级斗争比党外的、比社会上的还重要。这当然有一个发展的历史，我们现在没有可能详细写出这样的编年史来，讲出逐年逐年的发展。社会上的阶级斗争本来就没有那么多，没有想象的那么多，说来说去就是那么一些，一些地主保留了一些变天账啦，或者蒋介石要反攻大陆时有些地主说了一些什么话啦，其他的事情，实在也很少。因此，阶级斗争到哪儿去找呢？后来就越来越到党内来找了。很出名的一件事不是就发生在江苏吗？"夺印"就发生在扬州，于是就成了全国的一个相当标准的公式了。但是，在相当一段时间里，"夺印"的问题还是限于基层，而且，毛主席在一段时间里也倾向于不赞成把它夸张得很厉害，当时毛主席说，基层组织有百分之二十烂掉了。刘少奇同志说不止，恐怕百分之三十也下不来。少奇同志对当时农村的形势估计得比较黑暗。这也是发生在江苏，他给江渭清同志写了一封信，说江渭清同志在江苏工作这么久，也不了解江苏的情况。所以阶级斗争的扩大化，扩大到党内来，这不是一个、两个人的问题，并不是说只有毛主席是犯错误的，其他的人是正确的，不能这样说，这样说是不公正的，不符合历史事实。少奇同志确实在估计基层组织变质这个方面，是有过之而无不及的。所以，对这个问题的看法过于极端了，并不是不存在一些社会矛盾、经济矛盾，不是的，而是把这些矛盾都说成是阶级斗争，甚至都说成是敌我斗争，就完全弄错了。可是,这种错误由于我们党过去斗争的历史而形成的习惯势力,很容易产生,几乎就成了一种条件反射。这不是少数人,中央作出这些估计也是根据许多地方的反映,这是客观事实。这些地方的报告到现在还存在中央档案馆,是不能修改,不能否认的。这是互为因果,互相助长的。当然不能要地方同志负主要责任,还是中央应该负主要责任,因为中央先提出一个对阶级斗争长期性的很不恰当的、很过分的一种估计。阶级斗争,要年年讲、月月讲、天天讲嘛;阶级斗争,一抓就灵嘛。那么地方上当然也就抓了,抓了也就"灵"了。这样就出来很多的典型,很多的报告。所以,这段历史可以说是社会主义改造以前那段历史对于社会主义改造以后的这段历史的投影。这个投影也不是完全无中生有,阶级斗争是存在,是有,问题是扩大化了。所谓扩大化,就是一部分是有的,一部分是无中生有,数量上扩大了,性质程度上也扩大了。到《二十三条》的时候(这《二十三条》也是中央跟地方很多同志一起研究制定的),对全国形势的估计为,全国所有的城市和乡村,都面临着资本主义复辟的严重危险,全国普遍地都存在这个危险。底下就说这也不要紧,只要我们认识这个危险,我们就可以跟它作斗争,就可以改变过来。现在大家头脑完全清醒了,这完全不是事实,怎么会社会主义的中国在一九六五年初存在全国资本主义复辟危险呢? 社会主义改造后,对新成立的社会主义社会里面的矛盾,没有正确的认识,有些矛盾不但不是资本主义的复辟,而且是社会主义的正常的发展,健全的发展,也被认为是资本主义复辟了,这些事例是用不着详细说了。从《二十三条》就提出"党内走资本主义道路的当权派"这么一个概念。这个概念可以不断升级，一个支部书记或公社主任不能算了不得的当权派，再往前走就走到党内、军队内、政府内、文化界内各个方面都存在资产阶级代理人，赫鲁晓夫式的人物，由小当权派一下子就变成了大当权派了。上升这么快，当然有种种原因。批评《海瑞罢官》的过程，是促进大升级的非常重要的关键。因为毛主席早已对中央政治局不满意，提出两个独立王国，现在证明了。上海《文汇报》上姚文元的文章，北京都不登了，这还得了，这成什么样子了？可见这不是支部书记烂掉了，不是一个支部烂掉了的问题了，政治局都烂掉了。因为这样，就要发展成为"文化大革命"，把社会上的阶级斗争扩大化引到党内，即党内的阶级斗争。现在回顾起来，从一九五七年到一九六六年，究竟有没有哪一个案件能成立，是一个问题。当时举出来的一个例子是甘肃白银厂，现在已经完全平反了，报纸上发表消息了，说是完全反错了。原来被当作资本主义复辟典型的白银厂这件事，引起毛主席做出这个判断，说白银厂资本主义复辟的后台在什么地方？就在冶金部，就是王鹤寿，因此就把王鹤寿同志的冶金部长职务撤掉了，下放到鞍钢。把过去的阶级斗争，盲目地引用到新的时期，不但是引用到新的时期的社会上，而且引用到新的时期党内来。

这种情况所以发生，除掉是由于一种习惯势力以外，也由于革命胜利远远超过了原来的预计。一九四五年估计革命还要经过很长一段时间才能胜利，但是到一九四九年，革命就胜利了，超过原来的估计。并不是说一九四九年不应该胜利，而是确实胜利了，一些人觉得过去对困难估计太多了，对自己主观力量估计不足，这样就对党中央的领导、毛主席的领导威力估计过高，以为什么事情都可以做得到，所谓"什么人间奇迹都可以创造出来"。当然，这话不能当作一个讽刺，共产党是要创造人间奇迹，但是另外一种人间奇迹是创造不出来的，不符合客观规律的那种人间奇迹永远也创造不出来。革命的胜利来得这样迅速，这样就发展了一种骄傲情绪，关于个人的宣传也就越来越高，发展到像一九五八年在中央就不太容易平等地跟毛主席讨论问题。所以每个领导同志都要接受这个教训，这个危险哪！并不是说一定要做了中央的主席才会有这个危险，哪一个在相当范围里面掌握一定权力的同志都有这个危险。过高估计自己的作用，滥用自己的权力和威信，这样就会走向反面。

在经济上的"左"倾，也同革命时期急于求成的心理一样，希望革命能够很快地实现。也希望建设能够很快成功。谁不希望中国成为一个富强的大国，这个希望完全是正确的，可是要达到这个希望，要实现这个希望，这是一个复杂的问题。中国这样落后的、人口众多的、情况复杂的国家，要很快地赶上资本主义发达的国家，当时不是提出十五年苏联超过美国，中国超过英国（在钢铁等重要工业品产量方面）吗？当然，英国现在是一种走下坡路的情况，但是中国同英国仍然很难进行简单的比较，有一些方面中国的条件比英国有利，有很多方面英国仍然在中国前面，科学、技术、文化这些方面，中国还是远远不如英国，所以要超过英国这个资本主义发达国家，也很不容易。希望尽快超过资本主义国家的情况也不是中国所特有的，哪个社会主义国家都希望自己尽快地超过资本主义国家，苏联是世界上第二个大国，它不是也不断提出口号、指标，老也实现不了吗？苏联早已提出超过美国，到现在也没有超过。所以也不能说这方面的错误就是中国犯，别的国家也同样会犯，也犯过，或者还在犯。经济上的这种左倾，当然一方面是由于我们缺少经验，但是同骄傲自满的情绪，过分夸大主观的作用，并且不能够容忍更谈不上接受正确的意见有关。毛主席并不是不了解陈云同志对经济工作比他熟悉，比他谨慎，可是毛主席不但不听他的话，而且简直把他当作所谓党内的右派，这好多同志都是这样讲的了，也并不是毛主席一个人这样讲。

　　关于这个问题，为什么没有用阶级根源来说明？因为这不单单是一个阶级根源问题。人们（包括各阶级）曾经长期认为地球是世界的中心，并由此产生一系列荒谬行为，现在知道这是错误的了，但这个错误有什么阶级根源呢？没有，这就是认识的错误。它的确不是哪一个阶级本性所决定的。第一个历史问题的决议讲了好多小资产阶级的根源，我预先就讲了，这个问题要进一步分析，不能认为一九四五年作了决议，这个问题就完全解释完满了。对于社会主义改造以后所发生的错误，用阶级根源来解释，路就走错了，不能得到正确的答案，问题本身就提错了。因为人犯错误，并不都是因为有个什么阶级根源，不但在没有阶级的社会里，人会犯错误，就是在阶级社会里，人犯错误也不能都说是由于阶级根源，如科学家搞试验经常要犯错误，你说这是什么阶级根源？这是胡扯。学生做习题做错了，也不能说是阶级根源，就是老师犯错误，也不能说是都有阶级根源。如"文化大革命"这样的问题，能不能用哪个阶级的根源来解释？"文化大革命"究竟符合哪个阶级的利益，谁能够答复这个问题？而且，"文化大革命"期间中国究竟存在哪些阶级？"文化大革命"时当然还存在一些阶级，现在也存在一些阶级，像工人阶级、农民阶级等等，那么"文化大革命"的时候，这种行为，这个十年的历史，符合于哪一个阶级的利益？你说符合无产阶级利益？大家不承认，这不成问题了。你说符合资产阶级利益，哪一点符合资产阶级的利益？这个讲不通。好多资本家被扫地出门，搞得家破人亡，这怎么说符合资产阶级利益呢？说符合小资产阶级利益，在"文化大革命"时期，究竟什么阶级是小资产阶级？我们不能从天上掉下来一个小资产阶级，天上掉不下来，地上原来存在着，还有它的残余势力，我们还可以讲。我们不是讲封建地主阶级的影响到现在还存在吗？是不错。可是，历史上的小资产阶级，就是说农民吧，"文化大革命"符合农民的利益吗？是农民要求取消自由市场、自留地？这些办法，符合哪一省农民的利益？这是讲不通的。那么知识分子，"文化大革命"符合知识分子利益吗？"文化大革命"恰巧是把所有的知识分子都打倒了，不但打倒，有许多人都打死了。所以我们不能凭空捏造出来一个阶级根源，这并不是说我们要避免给毛主席安上哪一个阶级的帽子，我们要对历史负责任。假如我们作这样的分析，不但不能解决任何问题，而且把问题搞得越来越糊涂，并且使得我们的子孙后代还要受我们这个决议的灾难。结果认为我们的党里还有什么阶级斗争，还有什么阶级，因此造成了"文化大革命"。这十年的历史，恰恰证明了，社会上一个人犯错误，以致一个党犯错误，不能专门从阶级去找根源，如果这样找,我们也无法纠正"文化大革命"的错误,反而要把"文化大革命"的错误继续下去,还是阶级斗争扩大化。不能用阶级斗争去解释的问题,硬要用阶级斗争去解释,那么,在我们党内就要没完没了地进行阶级斗争。

为什么犯这么大的错误? 研究来研究去,还是现在《决议》的说法比较妥当。我们全党对社会主义社会都认识不足,我们以为社会主义社会是个比较短的时期,可以比较快,虽然不像一九五八年想象的那么快,但也不是很远,就可以过渡到共产主义,就可以战胜世界上的资本主义。中国经济、政治、文化方面的落后,也是一个原因,还有党内民主生活的不健全,我们对历史上的教训忽视了。人是很难牢记历史的教训的,比方一九四五年的《决议》里面批评"左"倾错误时讲:"他们'估计形势'的方法,是把对他们的观点有利的某些个别的、萌芽的、间接的、片面的和表面的现象,夸大为大量的、严重的、直接的、全面的和本质的东西,而对于不合他们的观点的一切实际(如敌人的强大和暂时胜利,我们的弱小和暂时失败,群众的觉悟不足,敌人的内部矛盾,中间派的进步方面等),则害怕承认,或熟视无睹。他们从不设想到可能的最困难的和最复杂的情况,而只是梦想着不可能的最顺利和最简单的情况。""总之,各次尤其是第三次'左'倾路线的同志们只知道关门主义和冒险主义,盲目地认为'斗争高于一切,一切为了斗争','不断地扩大和提高斗争',因而不断地陷于不应有的和本可避免的失败。"这不是说得很清楚,说得非常明白吗? 自己亲身经历的历史教训,自己写下来的,在七大党的中央全会前夕通过的,而且是授权七大以后的中央再作文字上的修改，然后才公布的，我们大家都参加讨论的。说得这样清楚的话："盲目地认为'斗争高于一切'"，不就是后来所说的斗争哲学吗？毛主席提出这么一个口号，对英国的蒙哥马利说："中国有八亿人口，不斗行吗？"这是什么逻辑？中国有八亿人口，怎么就接下来不斗行吗？假如中国只有八百万人口，是否不斗还可以？因为有了八亿人口，一定要斗掉它一批才行，是不是这样？这种话完全是一种武断，根本没有逻辑，用三段论式也不完全，大前提在什么地方？小前提在什么地方？一九四五年的《决议》说："在组织方面，……在党内曾经把一切因为错误路线行不通而对它采取怀疑、不同意、不满意、不积极拥护、不坚决执行的同志，不问其情况如何，一律错误地戴上'右倾机会主义'、'富农路线'、'罗明路线'、'调和路线'、'两面派'等大帽子，而加以'残酷斗争'和'无情打击'，甚至以对罪犯和对敌人作斗争的方式来进行这种'党内斗争'。""它破坏了党内民主集中制的基本原则，取消了党内批评和自我批评的民主精神，使党内的纪律成为机械的纪律，发展了党内盲目服从随声附和的倾向，因而使党内新鲜活泼的、创造的马克思主义之发展，受到打击和阻挠。""宗派主义者不把老干部看作党的宝贵的资本，大批地打击、处罚和撤换中央和地方一切同他们气味不相投的、不愿盲目服从随声附和的、有工作经验并联系群众的老干部。他们也不给新干部以正确的教育，不严肃地对待提拔新干部（特别是工人干部）的工作，而是轻率地提拔一切同他们气味相投的，只知盲目服从随声附和的、缺乏工作经验、不联系群众的新干部和外来干部，来代替中央和地方的老干部。这样，他们既打击了老干部，又损害了新干部。很多地区,更由于错误的肃反政策和干部政策中的宗派主义纠缠在一起,使大批优秀的同志受到了错误的处理而被诬害,造成了党内极为痛心的损失。这种宗派主义的错误,使党内发生了上下脱节和其他许多不正常的现象,极大地削弱了党。"这些历史经验大家都忘记了,我们现在确实应该把这个历史教训好好记住,永远记住,使我们的下一代也要记住,使新提拔的中青年干部永远记住。

第二个问题:希望能从理论上进一步说明在社会主义改造基本完成以后,我国所要解决的主要矛盾,为什么是人民日益增长的物质文化需要同落后的社会生产之间的矛盾而不是阶级矛盾?需要同生产的矛盾与生产力同生产关系的矛盾应当怎样统一理解?

关于这个问题,我们应该首先认识我们革命是为什么?人民革命是为什么?共产党领导人民革命几十年,牺牲那么多同志和群众是为的什么?为的就是要改善生活,旧社会活不下去,人民才会革命,如果革命成功了,还是活不下去,革命不是变成了盲目的吗?革命不是变成完全没有目的了吗?所以革命成功了,首先就要发展生产力,就要解决和提高人民的物质文化生活水平,这是非常明显的,不可避免的,没有任何其他东西能够和它比较的。现在我们是否面对着这个问题呢?当然面对着这个问题。本来早已应该解决的,早已应该把全国工作中心放在这一点上,我们已经耽误了一、二十年的时间,怎么能够再继续耽误下去呢?不能再继续耽误了。有的同志说,人们生活的需要和生产之间的矛盾永远存在,这不能成为当前主要的矛盾。这个说法是不正确的。人类并不是永远都要处在这么一个状况,处在一个人民生活的直接需要不能满足的状况,不是这样的。当然人民的需要是不断提高的,这是不错。但是有一个时候,人民的需要不是那样的迫切了,这种社会是不是存在呢? 这种社会完全可以存在,并且在相当的范围内,甚至在一些资本主义国家都存在。人民生活没有那样迫切的困难,像什么几代人住一间房子里面,像什么没有道路,没有桥梁,不能够走汽车,等等。工人上班坐自己的汽车,这在经济比较发达的国家已经成了事实。那个时候,人民也还有物质需要,但不会成为像中国今天面临的这种矛盾,这是完全不相同的。所以,认为无论在什么时候,都存在这样一个矛盾,这个说法是不正确的。美国自己也承认,实际上也是这样,它是世界上消耗能源最厉害的国家,浪费能源,浪费各种消费品最厉害的国家。皮鞋穿一星期就不要了,就要换新的。所以,不能够把我们今天人民生活迫切需要解决的矛盾的情况,看成是任何时候都同样迫切地存在,不是这样的。那么这同生产力和生产关系的矛盾,这两个矛盾是什么样的关系呢? 应该承认,我们现在的社会生产关系基本上适合于我们现在的生产力,并没有发生严重的冲突。有矛盾,但并不是一种对抗的冲突。现在的问题是我们的生产关系还不完善,有许多环节不合理,但这并不是我们的社会制度不能够发展生产力。有人说社会主义不行,应当进入到共产主义,这就是胡扯。我们现在的物质生产力怎么能进入共产主义? 这完全是一种幻想,信口开河。我们现在社会生产力的发展,并没有感受到我们现存的基本的生产关系、也即我们的社会基本制度是一种妨碍。这个矛盾不能成为主要矛盾。认为这个矛盾是主要矛盾就是过去我们在二十多年中间犯错误的一个理论上非常重要的原因。不是集中力量发展生产力，而是总觉得生产关系不对，也不是按照生产力的需要去改善生产关系，而是把生产关系搞得乱七八糟，愈搞愈不能发展生产力，还认为革命前进了，还认为离共产主义更近了，这种思想已经证明是完全错误的。

　　关于"左"倾的指导思想，耀邦同志说，从中央的指导思想上来说，拨乱反正任务已经完成了，不等于说具体工作，其中包括思想工作、理论工作都已经完成，还有很多问题没有解决，还有很多"左"的思想没有解决。中央领导没有犯"左"的错误，已经清算了"左"的错误，不等于我们的各条战线、各个部门、各个地区的工作问题都已经解决了。在思想工作方面，在理论上也还有许多问题要继续澄清。生产力与生产关系基本上协调，还有一些不适应的地方，不协调的地方，这是有的，我们无论在工业、农业、商业领域都能够感觉到，也正在解决这些问题。但是，这是在解决了总的生产关系以后，对于生产关系的许多环节，还没有来得及加以改善，加以完善化的问题，而不是我们的生产关系根本上对发展生产力有什么矛盾。那么刚才说的这两种矛盾是什么关系，应该怎样统一理解？我们现在要调整生产关系，是为着发展生产力，是为着满足人民生活上的需要，因此，满足人民生活的需要这是第一位。发展经济，满足人民物质文化生活需要是第一位的任务。改善生产关系也是服从这个第一位任务，而不能颠倒过来，颠倒过来就要重犯过去的错误。这两种性质的矛盾，就是一个主从的关系。我们现在不存在根本的生产关系和生产力之间的严重矛盾，不需要用一种新的生产关系来取代现有的生产关系，不存在这个问题。当然，生产关系不是完善的，需要我们加以改善，这方面还要做很多的工作。

第三个问题：《决议》提出毛泽东思想的活的灵魂及其三个基本方面，指出"毛泽东同志把辩证唯物主义和历史唯物主义运用于无产阶级政党的全部工作"。可否认为毛泽东同志晚年在理论和实践上都背离了辩证唯物主义和历史唯物主义？怎样从理论上说清楚这一观点？

这个问题，在头一个问题的答复里已经讲到了。是的，不错，是背离了辩证唯物主义和历史唯物主义。《决议》里也这样说。怎样从理论上说清楚这个问题呢？任何人过去的正确，并不能保证他将来的正确。假如你过去三十年正确，并不能保证你今后三十年一定正确。当然，过去三十年正确，可以为你创造今后三十年继续正确的条件，但是，也可以反过来成为一个包袱，骄傲自满，走向反面，结果呢，不是保证你继续正确，而是保证你犯错误。所以，一个人一定时期正确，并没有什么东西可以保证一个人思想永远正确，只有不断地学习才能保证。人的主观要不断地正确地反映客观，就得要对不断变化的新的客观世界不断地探索，不断地学习。毛主席在后期或晚年没有这么做，因此他走上错误的道路，尽管他过去正确。当然他过去的正确对他后来的错误也不是说没有一点积极的作用，还是有的。所以毛主席在"文化大革命"里面还是做了一些好事，像《决议》里所说的，这与他过去正确有关系。毛主席长期反对在党内斗争中杀人，毛主席不是讲吗，人的脑袋割下来就不能再长起来，不能再安上，不能像割韭菜那样。

这一点，毛主席在"文化大革命"期间还是做到了，他并没有作过哪一种决定要杀掉哪个人，相反，他听说很多关在监狱里的人，受审查的干部，吃不饱饭，等等，他就说这种法西斯的手段是什么人制造出来的，一定要追查。当然，少奇同志死了，彭德怀同志死了，贺龙同志也死了，这种情况确实是林彪、江青背着毛主席干的，刘少奇同志是江青下的毒手，贺龙同志是林彪下的毒手，彭德怀同志的情况也是这样。毛主席要开贺龙同志的追悼会，尽管这个追悼会开得不像样子，但是，在当时的条件下能开追悼会，如果不是毛主席下决心，根本不可能。陈毅同志去世后，毛主席亲自去参加追悼仪式。这些说明什么呢？就是说毛主席的正确思想在他的晚年还是起一部分作用的，但是，没有起全部的作用，如果起全部的作用，"文化大革命"根本不会发生。骄傲自满，个人专断，这种情况根本就是违反辩证唯物主义，违反历史唯物主义的。我们应该承认，对于国内国外实际情况研究很少，对马列主义关于社会主义的理论研究很少，这不能说是毛主席一个人的责任，这是整个党中央，以及我们整个党都应该承担的责任。当我们在实际斗争中发展了各种各样错误的时候，在理论上也就发展了许多错误，无论是哲学方面，或者是经济学方面，或者是科学社会主义方面，都脱离了马克思列宁主义，这个问题不详细说了。

第四个问题：怎样理解我国的剥削阶级作为阶级消灭以后，阶级斗争还将在一定范围内长期存在？在我国现存条件下，还有没有产生新的剥削阶级的可能？敌视社会主义的分子在思想文化上的破坏活动叫不叫意识形态领域的阶级斗争？

在经济方面来说，社会主义制度一直发展到目前的水平（不单是中国，就是像苏联也还是这样，尽管它的生产力发展水平比我们高），还不能完全消灭产生贪污、盗窃、诈骗、走私、投机倒把、行贿、受贿等等破坏社会主义制度、破坏社会主义原则这类现象的可能性。这种可能性还是存在。我们的社会主义生产力的发展程度还不够，还没有达到任何人想要什么就有什么，要多少就有多少的程度，因此，在社会主义生产力发展水平以及由此而决定的社会主义的分配方式的条件下，一些受资本主义腐朽思想严重影响的人（这种影响在相当长的时间还会存在），就会去犯前面所说的那些罪。所以在社会主义社会里，这种犯罪的现象，这种反社会主义社会的行为，其中性质严重的，也就是经济领域里的阶级斗争，这是在相当长的时期内免不了的，我们必须坚决地同这种犯罪活动作斗争，不然，我们就不是社会主义。资产阶级腐朽思想的影响不仅从历史上遗留下来，而且在现实的中国，渗入到我们的社会里来。从外面，比方说从香港、从澳门、从台湾，这都是我们中国的领土。再加上资本主义国家现在在世界上还占绝大多数，它们必然要从各方面影响我们，而我们实行开放政策，这个政策是正确的，但是我们也看到由此不可避免地要增加对社会主义社会公民的腐蚀作用。所以经济战线上的阶级斗争在相当的时期里面是不能消灭的，这是客观的事实，并不是永远不能消灭。在刚才说的那些条件改变了，就会消灭。那些条件总归会改变的，只是一个时间的问题。

在政治文化方面也是一样，台湾、港澳以及那些资本主义国家,不仅从外部,而且从我们社会内部、我们国家的内部来进行破坏社会主义、危害社会主义的各种阴谋活动。对于这种阴谋活动,我们决不能够麻木不仁,决不能够低估,特别是在我们这个社会主义生产力水平还没有达到那些发达的资本主义国家的水平的情况下,总归会有一些人企图走资本主义道路。因此在政治上文化上的阶级斗争在相当长的时间内也是不可避免的,我们必须承认这一点。我们不能因为反对阶级斗争扩大化而否认这种阶级斗争,这种阶级斗争是客观存在的。在这个范围内,它确确实实是每时每刻都存在的,既不是我们所能捏造的,也不是用我们的幻想就可以把它消灭的,说它不存在,它就不存在了,这没有办法,它是客观的事实。照这样一看,是不是阶级斗争就很危险了? 今后怎么样才能不扩大化? 似乎这个界限就很难区分了。这个界限还是可以区分的,阶级斗争扩大化是可以避免的。我们已经有了这样的经验,只要我们时时刻刻保持着清醒的头脑,就可以既不重犯阶级斗争扩大化的错误,又不去幻想阶级斗争熄灭。

　　这种资本主义势力还在同我们进行较量,还在破坏着我们的社会主义社会,甚至于在我们党内也不能说没有人被拉下水。我们不要去抓党内资产阶级,但是我们要承认确实党内也有一些干部被腐蚀了,有极少数人被腐蚀得相当厉害,这些人我们要坚决地跟他们斗争,也就是说要坚决地挽救他们,不能视而不见,这种人很危险。对于青年一代也是同样。但是我们也不要把这种反社会主义的力量估量过高,它也不可能在我们社会主义国家里占优势,没有这种前途。我们是社会主义国家,我们已建立社会主义社会二十几年了,我们社会主义社会已经是巩固了，尽管有些环节上还有漏洞，但是整个地说起来我们有优越性，资本主义再在中国复活是没有这种可能了。首先，我们有伟大的中国共产党在领导着，这个共产党不是豆腐做的，她是钢铁做的，她是跟资本主义作斗争的。尽管跟一些资本主义国家进行友好往来、友好合作，那是另外一回事。想要在中国搞资本主义，那么除掉特殊的范围，除掉党中央、国务院决定的很小的范围，那是不影响我们整个社会主义大局的，各种敌视社会主义的活动在我们社会主义社会是非法的，至少基本上是非法的，也有一部分活动是介乎合法与非法之间，我们也要看到这一点，不过主要是非法的。另外，只有极少数人可能从资本主义那里发财致富。资本主义不可能给中国十亿人民以出路。任何现实的出路，资本主义都是不能给的。它只能给极少数受腐蚀被收买的人，或者是它的特务，这些人总归是少数。所以，我们千万不要把阶级斗争扩大化。但是，我们也不能够麻木不仁，熟视无睹，这也不行。因为有党的领导，社会主义在实实在在地给人民以利益，每天在给人民以物质利益，而这种利益资本主义是不可能给的。所以我们要有信心，我们既要提高警惕，也没有任何理由悲观失望。

第五个问题：《决议》指出社会主义生产关系的发展并不存在一套固定的模式。根据现阶段我国国情的基本特征，党中央对我国生产关系的具体模式有些什么设想？

这个问题我没有权利说更多的话。因为决议是中央通过的，决议说那么多，我也只能说那么多。中国现在是走的社会主义道路，它已经有自己的特点。简单的说起来，就是在社会主义计划经济的前提之下,加强企业的自主权,管理的民主化,发挥各种责任制,增加市场的作用。发挥责任制我们要看到这一点,中央七十五号文件讲到东北现代化的农场不存在这一点,要修改,因为报刊上已经登了,东北的最现代化的农场也可以实行,实行拖拉机手的责任制,同样表现了优越性。工厂也可以实行责任制。所以我们的思想需要不断地解放,需要不断地学习。在工业、农业、商业领域里都可以实行责任制。承认集体经济在非农业经济里的作用,农业部门以外的集体经济在中国会成为一个稳定的经济形式,同时还有一定范围的个体经济。这个一定范围的个体经济,我们也要看得远一点,不要杯弓蛇影,不要那么担心。苏联、东欧那些国家,他们经济管理体制也有许多毛病。这个我们不去说它,但是就像苏联这种比较大的农场的条件下面,个体经济的作用苏联也不能不承认,这是实际生活。确实,集体农民的个体劳动对保障城市的供应起了很大作用。其他的国家,比方东欧保加利亚,根据种种材料看起来,他们在东欧生活水平是比较高的,他们也很注意发挥个体副业的作用,至于像南斯拉夫、匈牙利这些国家就更不用说了。所以一定范围的个体经济不可避免,这不是资本主义,而是社会主义社会里的个体经济,它是附属于社会主义经济,附属于社会主义的生产关系,它不是独立于社会主义社会之外的,当然这也需要有正确的管理,如果没有正确的管理,也会走到邪门歪道上去的,那是另外的问题了。以上种种都是我们国家社会主义经济向前进,逐步趋向于成熟的标志,而不是什么退回到新民主主义或者国家资本主义的表现。这个问题也只能说到这样。

在今年起草决议的工作中，我们没有能够专门地研究经济问题，所以我不能够作很充分的说明。等到我学习好了，再有机会同大家见面时，再还这一笔账。同志们提的许多问题很重要、很复杂，有许多问题我没有作充分的研究。关于社会主义经济，中国的社会主义模式今天还在发展，要说到很远的将来，不但我答复不了，专门管经济工作的同志恐怕也答复不了。历史只能提出条件已经成熟的问题，同样历史也只能答复条件已经成熟了的问题，其他问题现在我们还不了解，现在我们还不知道。我们要一步步地走着看，还要不断地学习。这个所谓一步一步走着看不是说盲目地爬行，而是说我们要不断地总结经验，在新的现实的基础上提出新的问题。好吧，我就说这么一点。说错了的地方，请大家加以纠正。

关于《党章》修改问题
答新华社记者问

（一九八二年九月十三日）

在中国共产党第十二次全国代表大会通过《中国共产党章程》以后，新华社记者就这个新党章的产生经过和新党章的重要意义，访问了主持新党章起草工作的中共中央政治局委员胡乔木同志。他回答了记者所提出的一些问题。问答全文如下：

问：首先，请您谈谈这次党章的修改过程。

答：这次党章修改的过程很长了，从1979年冬天就已经开始。整个修改工作，是在中央政治局常委领导下进行的。起初，曾经由中央指定中央组织部、中央党校、中央办公厅研究室等单位调集一批干部做准备工作，他们举行过很多次座谈，后来还曾经派出相当多的同志到全国许多地方去进行调查，征求意见，并拟出一个草稿。一九八〇年一月，中央决定正式开始进行修改党章工作。邓小平同志对党章的修改提出了许多重要的指导性的意见，并要求尽快提出一个修改草案。这样，就在中央的领导下组成了党章修改小组，这个小组在原有草稿的基础上进行了紧张的讨论和大量的修改，形成了修改草案第一稿。中央认为,这个草案已经可以作为讨论和进一步修改的基础。一九八〇年二月,它被提交十一届五中全会讨论。修改小组根据全会的讨论意见作了第一次修改,并在四月由新产生的中共中央书记处发给全党讨论,同时也发给了部分党外人士征求意见。根据党内外讨论中提出的意见,一九八二年五月修改小组作了第二次修改,这次修改的地方比较多。同年六月,又由中央书记处发给了各省、市、自治区和各大军区党委、中央党政军各部门的党组织和全体十二大代表征求意见。七月,修改小组根据收集到的意见作了第三次修改,经中央政治局讨论,决定提交八月举行的党的十一届七中全会讨论。七中全会通过了这个修改草案,决定将它提交党的十二大审议。八月三十一日起,十二大各代表团在预备会议期间和大会正式举行期间对草案进行认真的讨论,提出了很多修改意见。大会秘书处综合这些意见,作了最后的修改。九月五日,大会主席团第三次会议听取了关于修改的说明,决定提交大会表决通过。九月六日,大会全体会议一致通过了这个最后的修改草案,还专门为党的这个新章程通过了一个决议。因此,可以说,新党章是经过广泛而充分的研究讨论的,集中地表达了全党的意见和智慧。

问:新党章与过去的党章有哪些主要不同? 这次修改的主要内容是什么?

答:这次修改党章的指导思想是:适应社会主义现代化建设新时期的特点和需要,针对党的现状,提出对党员和党的干部的更严格的要求,提高党组织的战斗力,坚持和改善党的领导,把党建设成为领导社会主义建设的坚强核心。新党章总结过去多年来党的建设方面的经验，对上届党代表大会通过的党章作了许多修改。它清除了十一大党章中"左"的错误，继承和发展了七大、八大党章的优点，系统地总结了历史上党的建设的经验和反映了党的现实生活的要求。首先是有了一个内容比较充实的"总纲"（像七大以来的历次党章的"总纲"一样，它实际上是党的最简要的基本纲领），比较完整地、简明扼要地概括了党的性质，党的长远目标，当前目标，党对党员和党组织的基本要求，以及党的领导作用的基本原则。

党章的内容，十一大党章只有五章十九条，已经不能满足党的现实生活的需要，所以现在扩大成为十章五十条。修改的主要内容，集中起来说有三个重要的方面：

一是对全体党员、党的干部和基层组织分别提出了比过去历次党章更严格的要求，规定的党员标准比过去党章的规定都要严格，并且新增加了干部一章，对干部比一般党员提出了更高的要求。

二是对党的组织制度作了一些新的规定。

三是关于党的民主集中制和党的纪律这两个方面都作了比较充分、比较具体的规定。

此外，关于坚持和改善党的领导，也作了一些新的规定。

问：请您谈谈新党章的"总纲"有些什么特点？

答：一个无产阶级政党必须有一个建立在马克思主义科学基础上的纲领。因为如列宁所说，"纲领对于政党的团结一致、始终一贯的活动有重大的意义"。如前所说，我们的党章的总纲，实际上就是党的简要纲领。新党章的总纲，按照科学社会主义的理论，对世界历史的发展进程和我国当前所处的历史阶段,对社会主义制度的优越性和必将在全世界逐步取得胜利的前景,作了扼要的论述。它规定了党为实现共产主义而奋斗的最终目标,规定了党在现阶段的总任务和国内国际方面的基本政策,规定了我们党的无产阶级先锋队的性质、党的指导思想和全党必须实现的三项基本要求,即政治上思想上的高度一致、全心全意为人民服务和坚持民主集中制。总纲在最后一节还规定了党的领导作用的基本原则,说明了党的领导在国家生活和人民生活中的地位(这些说明同宪法修改草案的有关内容基本上一致,即党是国家和人民的领导力量,但它并不凌驾于国家和人民之上,党是在宪法和法律的范围内进行工作的)。这些就是党章总纲的要点。

问:新党章对党员、党的干部和基层组织提出了哪些更严格的要求?

答:新党章对党员的要求,是分三个方面讲的:

第一,什么样的人才能申请入党(党章第一条)?

第二,共产党员应该是什么样的人?(党章第二条)这里特别强调共产党员要真正做到不惜牺牲个人的一切,为实现共产主义奋斗终身。并且针对党在成为执政党之后的地位变化,强调共产党员永远是劳动人民的普通一员。党员只能比非党员尽更多的义务,除了制度和政策规定范围内的个人利益和工作职权,决不允许谋求任何私利和特权。

第三,规定了党员的八条义务。这八条规定都是比较严格的,也是每个党员应该做到的。

举例来说,新党章规定党员"坚持党和人民的利益高于一切,个人利益服从党和人民的利益,吃苦在前,享受在后,克己奉公,绝对不得假公济私,损公利私"。为什么作这样的规定呢? 因为我们的党领导全国政权之后,有的党员就有可能利用各种机会、各种条件来占便宜,或者是占群众的便宜,别人的便宜,或者是占公家的便宜(包括国家的、集体的在内)。要使党风根本好转,就必须严格禁止这类情况的继续发生。新党章还要求党员服从组织分配,自觉遵守党的纪律和国家的法律,严格保守党和国家的秘密,坚决反对派性,切实开展批评和自我批评,勇于揭露和纠正工作中的缺点、错误,支持好人好事,反对坏人坏事,在生产、工作、学习和社会生活中起先锋模范作用,在一切困难和危险的时刻挺身而出,英勇斗争,等等。新党章提出的这些要求,都是应该和能够做到的;但是,也应该承认,要做到也并不容易,这就表明,做一个合格的党员是不容易的。俗话说,常在河边走,哪能不湿鞋? 执政党的党员如果要假公济私,行不顾言,的确有许多机会;但是如果允许党员那样做,党在群众里的威信和领导作用就必然会降低,党跟群众的联系就会减弱,甚至于疏远。因此我们必须要求:常在河边走,就是不湿鞋。这次修改党章,邓小平同志一开始就提出来,首先要解决党员要合格的问题。要划清一个界限,合格的才能做党员,不合格的就不能做党员。新党章关于党员义务的规定,就是要划清这个界限。

当然,新党章也充分规定了党员的民主权利,并且着重指出:"党的任何一级组织直至中央都无权剥夺党员的上述权利。"党章还规定:"党内严格禁止用违反党章和国家法律的手段对待党员,严格禁止打击报复和诬告陷害。违反这些规定的组织或个人必须受到党的纪律和国家法律的追究。"这样,十年内乱时期迫害党员的现象和其他给正直的党员"穿小鞋"的现象就不允许再发生，如果在某些组织里仍然发生，就必须受到追究。

新党章还正式规定入党要在党旗面前宣誓，并且规定了誓词的统一的内容。

对干部专门写了一章。对党的干部的要求，比对一般党员的要求，当然要更高。干部要能够正确地执行党的路线、方针、政策；能够同敌对势力作坚决的斗争，反对党内外的错误倾向；能够具有民主作风，自觉地接受党和群众的批评和监督；能够在他工作的范围里正确地、充分地履行职责，而不滥用职权来谋求私利。对干部还提出，在建设社会主义时期要具备一些什么样的本领，什么样的条件。在这一章里，还明确规定了必须重视非党干部和保证充分发挥他们的作用，以及废除过去实际上存在的党的领导干部职务的终身制。

对党的基层组织的任务，也作了比较详细的规定。其中很多的内容都是为了教育、组织和监督党员和党的干部履行义务、发挥应有的作用。这里要特别提一下，在关于基层组织的任务的第七条中，着重规定了要教育和监督党员干部和其他任何工作人员严格遵守国法政纪，严格遵守国家的财政经济纪律和人事制度，监督本单位财务会计人员和各种执法的专业人员不得执法犯法，同时保证他们依法独立行使他们的职权，不受侵犯和打击报复。这样专门的规定不仅对当前实际生活具有鲜明的针对性，而且对打击经济犯罪活动，实现党风和社会风气的根本好转，在整个新的历史时期保证党政机关和企业事业单位坚持社会主义方向，都是具有重要意义的。

严格按照这个党章的规定实行起来,党员、党的干部在群众里面就能够很好地发挥先锋模范作用,党的组织就可以大大提高战斗力。

问:新党章在党的组织制度方面作了哪些新的规定?

答:这个方面的新规定,主要是:

党的全国代表大会在选举中央委员会的同时,还要选出中央顾问委员会和中央纪律检查委员会。中央顾问委员会和中央纪律检查委员会,都在中央委员会的领导下进行工作。省一级党的代表大会在选举省一级委员会的同时,选出省一级顾问委员会和纪律检查委员会,它们都在省一级党的委员会领导下进行工作。

中央和省一级的顾问委员会,分别是中央委员会和省一级党的委员会在政治上的助手和参谋。这是适应当前时期的情况和需要,发挥老同志的参谋作用,实现新老干部合作交替的重要措施。顾问委员会只设到省一级,省以下各级组织一律不设。

地方各级党组织都设立纪律检查委员会,比较大的基层组织设纪律检查委员会,比较小的基层组织设纪律检查委员。上级纪律检查委员会有权改变下级纪律检查委员会的决定;下级纪律检查委员会除了受本级党的委员会领导以外,同时也受上级的纪律检查委员会领导。这样,纪律检查委员会这个组织从上到下就有了它的完整的系统,同时各级纪律检查委员会的权限也有了重要的加强。

在中央的组织制度里面有一个重要的改变,就是党中央只设总书记,不再设主席、副主席。总书记是中央政治局常务委员会的成员之一,负责召集政治局会议,召集政治局常务委员会会议,主持中央书记处的工作。很明显,召集和主持的作用是不一样的。这样,个人过分集权和个人专断的现象就很难再发生。主席制度和总书记制度如果同时存在,在国内外实践的结果表明,往往或者是总书记有名无实,或者是主席有名无实。因此,同时实行这两种制度是没有必要的;当主席和总书记由一个人兼任时,这样做就更没有理由了。按照新党章(十一届五中全会以来的实际情况也是如此),我们党全部经常工作的领导核心是中央政治局常务委员会。除了总书记是政治局常委外,中央顾问委员会主任、中央纪律检查委员会第一书记和中央军事委员会主席,也都是政治局常委。所有这些规定,都有利于保证党的集体领导和团结统一。

在这里要顺便答复一个问题:党的中央军事委员会和宪法草案中规定的国家的中央军事委员会是什么关系呢？我们党设想,党的中央军事委员会的组成人员,经过党和各民主党派的协商,可以由全国人民代表大会通过,同时成为国家的中央军事委员会的组成人员。人民解放军从一开始就是党所领导的,党继续领导国家的中央军事委员会和人民解放军,是符合全国人民的根本利益的,这一点全国人民很容易理解。这和国家的中央军事委员会向全国人民代表大会和它的常务委员会负责毫不矛盾。按照这种设想,将不会出现两个中央军事委员会。当然,从法律上说,这种设想只有经过全国人民代表大会的决定,才能成为事实。

新党章还规定,每届中央委员会产生的中央领导机构(政治局、政治局常委、书记处)和中央领导人,在下届全国代表大会开会期间,继续主持党的经常工作,直到下届中央委员会产生新的中央领导机构和中央领导人为止。对地方各级党委的常务委员会也作了相应的规定。这是为了从党的章程上保证党对经常工作的领导在任何时候都不致中断。这对于领导一个大国的政权的党是完全必要的,因为党的各级代表大会和它们的主席团都无法处理只有各级代表大会所选出的党的各级领导机构才能处理的大量经常工作。

在党与共青团的关系方面,规定了团的县级和县级以下的委员会书记,企业事业单位的团委书记,是党员的,都可以列席同级党的委员会和常务委员会的会议。这将有利于密切党同共青团的关系,帮助共青团组织领导人的成熟。对于县级以上,没有作同样的规定,因为中央一级和省一级,党委会讨论的问题比较广泛复杂,同级团委书记一般不适宜于参加这种讨论。当然,如果同级团委书记已经是党委的书记或常委,或者党委开会讨论青年工作,那就另当别论。

问:关于党的民主集中制和党的纪律方面有哪些新的规定?

答:新党章对党的民主集中制的基本原则规定得比过去更加系统和全面。在总纲中,明确规定党在今后必须做到的三条基本要求,其中第一条是保持"思想上政治上的高度一致",第三条是"坚持民主集中制"。在党的组织制度一章中,一开头就明确规定我们党是根据自己的纲领和章程,按照民主集中制组织起来的统一整体,它在高度民主的基础上实行高度的集中。在这一章中,新党章以更准确的语言重申了党员个人服从党的组织,少数服从多数,下级组织服从上级组织,全党各个组织和全体党员服从党的全国代表大会和中央委员会的原则和其他过去党章中所规定的类似原则。此外,新党章还吸取了过去的经验教训,规定了党的各级委员会实行集体领导和个人分工负责相结合的制度,禁止任何形式的个人崇拜,要保证党的领导人的活动处于党和人民的监督之下,同时维护一切代表党和人民利益的领导人的威信。新党章明确规定了任何重大问题都不能由任何个人来作决定,必须经过党委民主讨论做出决定。对于中央和地方、上级和下级组织的职责权限和相互关系,对于党员个人和组织的关系,也都作了许多既体现民主又体现集中的规定。比如,党的上级组织在对下级组织有关的重要问题做出决定时,通常要征求下级组织的意见,并且要保证下级组织能够正常行使他们的职权。又如,下级组织如果认为上级组织的决定不符合本地区、本部门的实际情况,可以请求改变;如果上级组织坚持原决定,下级组织必须执行,但有权向再上一级报告。新党章对党组织在讨论决定问题时,既规定了少数服从多数的原则,又规定了对于少数人的意见要认真考虑,并对双方发生争论而人数接近的情况,作了特别审慎的规定。至于涉及党员个人的民主权利,这方面的规定就更为详细。所有这些规定,都将使党内的民主集中制得到比过去更为严格的保证。

在党的纪律方面,也作了比较具体严格的规定。例如,一、实行在党的纪律面前人人平等的原则,不允许有任何不参加党的组织生活、不接受党内外群众监督的特殊党员。二、要求每一个党员除了遵守党纪外,还必须严格遵守政纪国法。党员如果在违犯党纪的同时违犯政纪国法,那就要同时受到政纪国法的制裁。凡是严重触犯刑律的党员,一律开除党籍。

三、如果一个党的组织严重违犯了党的纪律,而自己又不能纠正,那么这样的党的组织,可以由它的上一级的组织提出,并且得到再上一级组织批准,加以改组直至解散。此外,新党章还对党的纪律检查委员会的职权作了比过去大为加强的规定,这在前面已经提到了。

问:在坚持和改善党的领导方面,新党章有些什么重要规定?

答:新党章无论是对党员、党的干部和党的基层组织所提出的更严格的要求,无论是在组织制度方面所作的各项规定,无论是在民主集中制和党的纪律方面所作的各项规定,都是为了坚持和改善党的领导。新党章在"总纲"的一开头就指出,中国共产党是中国社会主义事业的领导核心,明确了党在我们国家中的领导地位。党章"总纲"和各章的许多规定,都体现了坚持党的领导的必要性和重要性,同时对坚持和改善党的领导所应遵循的原则和方法也作了一系列重要的规定。

党的领导主要是政治、思想和组织的领导。党一定要通过制定和执行正确的路线、方针和政策,通过细致而有力的思想政治工作和宣传教育工作,通过严密而审慎的组织工作,通过充分发挥党员的先锋模范作用,来实现这种领导。党的组织工作主要是对干部的培养、选拔、使用和监督,其中最重要的一环,是把比较恰当的人选派遣到各种领导岗位上去,并依靠党的组织和人民群众对各级党员领导干部实行认真的监督。

实行党政分工的原则,加强党自身的建设。党必须保证国家的立法司法行政机关、经济文化组织和人民团体积极主动地、独立负责地、协调一致地工作。在企业事业单位中，基层党委应对重大原则问题进行讨论和做出决定，保证行政负责人充分行使职权，不要包办代替他们的工作。这些单位党委领导下的总支、支部，除特殊情况外，只对本单位生产任务和业务工作的完成起保证监督作用。党的中央、地方和基层组织，都必须重视党的建设，经常讨论和检查党的宣传工作、教育工作、组织工作、纪律检查工作、群众工作、统一战线工作等，注意研究党内外的思想政治状况。

党内必须经常地、认真地开展批评和自我批评，在原则问题上坚持开展反对"左"的和右的错误倾向的思想斗争。必须坚持进行机构改革，努力培训干部，逐步实现党的干部队伍的革命化、年轻化、知识化、专业化。必须经常整顿党的作风和党的组织，保持党在思想上和组织上的共产主义纯洁性，加强同广大人民群众的密切联系。所有这些，都是为了使党更好地、更有效地领导人民进行伟大的社会主义现代化建设事业。

党必须在宪法和法律的范围内活动。就是说，从中央到基层，一切党员和党组织的活动都不能同宪法和法律相抵触，不能违犯法律。

以上这些规定，对于加强和改善党的领导都是十分重要的。党代表大会关于把党章作为整顿党的作风和党的组织的武器的决议，尤其将使党的领导的坚持和改善，得到最重要的保证。

问：新党章为什么不规定代表实行常任制？

答：在修改党章的多次讨论过程中，曾经考虑过代表要实行常任制的意见，一九八〇年二月发出的修改草案中就曾经作过这样的规定。但是经过多方面的考虑，最后还是没有作这样的规定。我们党过去一直没有实行过代表的常任制。八大党章曾作了党的全国代表大会实行常任制的规定，结果只是在一九五八年开了八大的第二次会议，以后再也没有召集过第三次会议。这就从实践上证明了这个规定是很难行得通的。党的全国代表大会同全国人民代表大会有很大的不同，后者每年需要讨论通过许多年度性的重大议题，而前者的任务主要是确定党在一个阶段内的路线、方针和基本政策，产生比较稳定的领导机构，因而不需要也不可能每年都开会。这样，实行代表常任制就没有什么需要。相反，如果实行代表常任制，对代表应该有什么样的任务和职权，他们同各级党委是什么关系，都很难做出明确妥善的规定，甚至会使得各级党委的工作不必要地复杂化。因此，不宜于做出这样的规定。当然，党的各级代表大会代表，不同于普通的党员，他们对党负有更高的责任，应该受到党的更多的尊重，这是不言而喻的。

　　问：新党章为什么不对党的领导人的任期作严格的限制？

　　答：新党章明确规定了我们党的各级领导干部，无论是选举产生的还是由领导机关任命的，他们的职务都不是终身的，都可以变动或解除。还规定了年龄和健康状况不适宜于继续担任工作的干部，应当按照党和国家的规定离休退休。作这样的规定，有利于党的干部队伍的不断更新，不断补充新的血液，以适应党的事业不断发展的需要。十二大选举的结果，以及在十二大以前和大会期间，一些老同志自动地恳切地请求不当代表和中央领导机构的候选人，并得到党中央和大会的同意，就从事实上说明了这个规定正在开始实现。在这同时，我们也应该考虑到，我们的党是拥有近四千万党员的大党，我们的国家是拥有近十亿人口的大国，党的领导任务十分复杂繁重。因此，在我们党的中央领导核心中，必须有一批经验丰富、见识深广、善于应付各种复杂局势、并由于他们的卓越贡献而在党和人民中享有崇高威信的老同志，这样才能保证党的领导的成熟和稳定，保证老同志对于中青年同志的"传帮带"和新老干部的顺利交接，也才能保证国家的长治久安。这种现实情况，是同我们党建党初期根本不同的。这样的众望所归的熟练的领导人的产生，在我们这样的大党大国中，不经过长期斗争的考验是不可能的。因此，在这次党章修改过程中，经过反复认真的考虑，最后还是决定不对领导人的任期作严格的限制，对各人的工作任期因人因事而异，同时在党的各级组织中实行领导人员的老中青的结合和新老的交替，这样做是更加符合我们党、国家和全国人民的根本利益的。

十二大的重要成就

（一九八二年十月八日在中宣部、总政治部、
中央党校联合举办的报告会上的讲话）

十二大报告，耀邦同志曾经作过比较，文字比七大、八大的都要短。七大的有三万九千字，八大的有四万六千字，十二大的只有三万三千字。可是内容还是很丰富。今天，很难各方面都讲到，我准备讲这样五个问题：第一，为什么说十二大是七大以来最重要的大会；第二，为什么说现在是建国以来最好的时期之一；第三，到二十世纪末我国工农业年总产值翻两番有没有现实的可能性；第四，关于建设社会主义精神文明的战略意义以及关于阶级斗争的问题；第五，关于党章以及同党章有关的党的建设的问题。

第一个问题，为什么说十二大是七大以来最重要的大会。为什么十二大报告的题目叫《全面开创社会主义现代化建设的新局面》？说它是七大以来最重要的大会，这绝对不是贬低了七大到八大期间的工作，而是充分地加以肯定。说十二大是七大以来最重要的大会，这是因为七大以后我们党就得到了民主革命的伟大胜利，跟它相比较，十二大以后我们也要迎接社会主义建设的伟大胜利。这是不成问题的。也不是贬低

了八大。八大在我们党的历史上也有很重要的意义。但是八大以后走了很多弯路，十二大以后不会再像八大以后那样走那么多的弯路。八大提出了正确的纲领、许多正确的意见，但是，那个时候全党对建设社会主义的思想准备不够，经验也不够，组织的准备也不够，就是思想准备、工作准备、组织准备都有不够的地方，因此八大通过的报告、决议、党章，都没有能够完全实现，有些甚至不久就被推翻了、否定了。十二大同七大一样都是经过挫折，总结了教训，提出了正确的纲领。这些纲领都是逐渐积累成功的经验形成的。虽然没有像七大以前那样集中全党的干部整风，但是从三中全会到六中全会一直到开十二大，这几年同延安整风起了同样的作用，所以十二大同七大一样是经过充分准备的。我们现在没有条件像七大以前那样把很多的高级干部集中在一起，花两三年的时间，大家来检查过去的工作，开展批评和自我批评，现在我们所处的历史条件不能够同过去那个时候相比。但是，十二大提出来的奋斗目标，都是从三中全会以来逐渐积累起来的，组织上从三中全会以来也作了充分的准备，就这些方面说，十二大同七大有类似的地方。全面开创社会主义现代化建设的新局面，就是全面地把三中全会以来各方面的成就、各方面的主张、各方面的经验加以总结并且加以发展，在总结的过程中加以发展，所以说这是全面开创新局面。在三中全会到十二大期间，开过几次中央全会，但是还没有机会把三中全会以来各方面的经验全面地加以总结。六中全会着重是回顾过去，对当前应该做的事情，重要的方针，也作了一些扼要的提示，但那是远远不够的。

十二大同七大比较起来，也有一些不同的地方。十二大是在经过十年内乱，是在掌握了全国政权的条件下举行的，同七大根本不同。在掌握了全国政权的条件下又发生了十年内乱，遗留的后果比王明"左倾"路线的四年更加严重，但是另外一方面，党的力量更加强大了，并没有像遵义会议那个时候那样大的困难。现在遇到的困难当然也很大，但是，党有了全国工作的基础，已经有了十七年的历史成果，所以虽然经过十年内乱，党还是能够很快地恢复过来，党的经验和领导更加成熟了。十二大同七大还有一点很大的不同，七大面临着的是强大的敌人，有日本，有美国，有蒋介石。十二大面前也有困难，国际上也不完全是一帆风顺，还有敌人，可是没有像七大那个时候所面临的那样的局面。七大的报告《论联合政府》提出来的目标，因为蒋介石发动新的内战，结果没有能够按照预期的那样来实现。现在就没有那样的情况了。现在我们的工作，主要的是决定于我们主观的努力，所以我们可以对于我们所面临的困难，我们所要作出的努力，作出比较准确的、稳定的长期的决策。关于第一个问题就说到这里。

第二个问题，为什么说现在是建国以来最好的时期之一。

有少数同志提出这样的问题，现在我们国家社会上有这么多问题，党内的问题也不少，这能同建国初期相比较吗？我们要答复这个问题。答复这个问题，就是要肯定三中全会以来的路线的正确性、它的成就，也就是要肯定十二大路线的正确性。三中全会以来的时间并不长，只有不到四年的时间，我们说它是建国以来最好的时期之一有哪些根据，我想有那么几个方面：

第一，党的领导权是掌握在真正的马克思主义者手中。我们恢复了实事求是的思想路线，恢复了党的组织工作中的群众路线，在党内生活中恢复了民主集中制；我们对建设社会主义进行了大量的、多方面的、有成效的新的探索。我们开始了机构的改革和干部的四化。我们执行了在对外开放条件下的独立自主的方针，这些都是在党的历史上非常重大的发展，在我国历史上非常重大的发展。这些发展的意义，时间过得越久，就看得越清楚。我们承认，在党内、在社会上、在我们国家生活中，现在还有这样那样的隐患，还有这样那样没有解决的问题，我们不能够低估它。但是我们也看到，党和人民已经取得的胜利，不会被这些问题所掩盖。大局是已经稳定下来，不是短时间的稳定，是一年比一年更加稳定，在今后也还会继续保持稳定。尽管我们不排除有发生某种意外情况的可能性，但是这种可能性是很小的。总之，领导权改变了，领导人领导的方法，所进行的领导工作发生了根本的改变。这些改变，有许多是恢复到建国初期，有许多超过了建国初期。

第二，我们把全党的工作中心转到了社会主义现代化建设这个轨道上来。中国党已经成立六十多年了。我们成立中国共产党，进行六十多年的革命是为了什么？就是为了建设社会主义。可是这个目的，在建国以来三十多年中间，没有能够平稳地实现，有相当长的时间没有把这样的工作作为中心。这个转变可以说是付出了多年沉痛的代价换来的成果。对于这样的成果决不能看轻了。这就是说，通过革命，从此走上了正确的、健康的社会主义建设的发展道路。

第三，为着发展社会主义建设，我们党在对待教育、科学、文化、知识分子这些问题上面，纠正了长期的"左"倾，为把工作重点转到经济建设这方面来创造了必要的条件。

第四，我们的军队转到了革命化、正规化、现代化的轨道。把在十年内乱期间所受到的流毒摆脱了，或者逐步地摆脱了。我们在这个期间举行了对越自卫反击战，举行了华北地区的大演习，我们在现代化武器的试验方面做了大量的工作。到目前为止，发射了战略导弹一百四十九次，卫星十五个，进行了核试验二十八次。我们部队所作的工作很多，这不过是举几个例子。

第五，我们在政治方面的建设所取得的成就也是非常巨大的。我们不仅恢复了公检法的机构和工作，恢复了人大和政协的正常的活动，统一战线工作、民族工作，都有了非常显著的发展。特别是我们的国家开始走上真正的社会主义法制的道路，这对于我们国家的长治久安有非常重大的意义。从一九七九年以来，全国人民代表大会通过的法律有十三种，人大常委会通过的法律或具有法律性质的条例有十五种，同时还通过了有关法律的决议十二项，又重新公布了在"文化大革命"以前早已颁布过的法律、法令八条，重新公布有关法律的决议、决定七条。中华人民共和国从一九四九年成立一直到党的十一届三中全会以后才第一次公布了刑法和刑事诉讼法。不久以后将要召开的人民代表大会，还要通过新的宪法。这些对我们国家现代化、对我们国家的稳定将起重大的作用。

从三中全会到现在，整个的社会是安定的。犯罪的现象是不少，但是，与犯罪的斗争得到的成绩也很大。今年一月到八月刑事犯罪的发案率比去年同期减少了百分之十五。在这里要说到,我们现在的刑事犯罪统计的数字比较大,要考虑一个因素,因为过去没有刑法,或者说有了相当的法律,没有能够完全按照这个法律去执行。所以,现在法律愈健全,统计的发案率的数字,就会显得增加一些。这并不是说当前社会治安不是一个主要的问题。我们还要说明,对现在中国的社会治安的状况,要有一个清楚的了解。从以下几个数字来比较,可以得到比较完整、比较准确的观念。中华人民共和国成立以来,按照过去的统计,刑事发案率最低的有两年,一个是一九五六年,一个是一九六五年。一九五六年是万分之二点八七,一九六五年是万分之二点九八,其他的年份都比这个高。今年,拿一月到八月发案率来推算全年的话,达到万分之七点二,这个数字与建国以来犯罪最高年份比较起来,是比较低的,比最低的年份大约高一倍多,不算太多。同去年相比,是在大幅度下降。因此,从建国以来的历史情况看,现在社会秩序是在逐渐地、逐年地进步。我们再拿其他国家来比较(这里统计的数字口径不完全一致,因为统计的资料不完整)。美国在一九八〇年,一万人中犯罪的有五百九十九人,西德在一九八〇年有六百二十二人,法国在一九七九年有四百三十五人,加拿大在一九七九年有七百七十一人,英国在一九七七年有四百一十九人,日本在一九七九年有一百二十一人。在这里面,日本算是最低的。跟中国一九八〇年的万分之七点七比较,是相差十几倍、几十倍。再拿几个首都来看,华盛顿在一九八〇年只有六十几万人口,可是十万人中犯罪的就有一万人,比一九七九年增加了百分之十三。伦敦在一九七九年十万人中犯罪的有一万二千人。而北京一九七九年十万人中只有十五点四个人。美国二十个大城市一九八〇年每十万人中杀人案件平均有二百七十三人，而中国一九八〇年二十个最大城市平均每十万人中只有三人。一九八〇年中国的犯罪率比今年要高，今年还不到这样的百分比。美国最大的城市纽约在一九八〇年每十万人里有二百五十个杀人犯，在上海只有十三个人。所以，我们对于当前我国政治上、社会上的稳定，应该有一个全面的正确的认识。

第六，平反了大量的冤、假、错案。从三中全会以来，党内平反了九十万件。到去年年底改正了错划的右派五十四万人。原来在一九五七年总共划了五十五万人。摘掉了地主、富农帽子的有二百七十八万人，没有摘帽子的还有五万人。把原为小商小贩、手工业者错划为资本家的改正过来有七十万人。宽大释放了国民党县团以下党、政、军、特有四千二百三十七人。当然，这里面有一些原来是属于敌我矛盾，有一些原来是属于人民内部矛盾。另外有一些也不能说是人民内部矛盾，本来就是一些冤、假、错案。这些问题的妥善解决，就使得全国人民政治生活、政治空气大为稳定，人民内部矛盾大为缓和。

第七，我们再说党，党现在有三千九百万人。根据中央组织部一九八一年统计，从建党直到解放前入党的占百分之六点八，"文化大革命"以前入党的占百分之三十八点六，合起来占百分之四十五点四，在"文化大革命"中入党的占百分之四十点六，"文化大革命"以后到一九八一年年底入党的占百分之十四。"文化大革命"中入党的人，我们不能笼统地说这些人就是造反派，完全不能这样说，这里面有很多很好的党员，他们里面也有犯了这样那样错误的，但这些错误是历史形成的，不能由个人来负责的。把"文化大革命"以前同"文化大革命"以后入党的合起来就差不多占百分之六十。现在的党员成分，工人占百分之十八点六三，农民占百分之四十五点五八，解放军占百分之四点八八，在各种服务行业里面的人员占百分之二点四，专业人员占百分之七点八二，还有其他的人。干部的情况（这里说的干部包括非党干部），全国有两千万干部，按年龄来说，其中二十五岁到五十五岁占百分之八十六。按文化程度来说，高中以上文化程度的占百分之五十八。做专业工作的，有各种专业知识、专业能力的并担任各种专业工作的有百分之四十一点七。由于从三中全会以后，党的领导、党的作风、党的纪律各方面都有了非常大的进步，所以党的干部在这六年中间的进步是不能低估的。新党员的质量是比较高的。因为这几年中间发展的党员是很少的，有很多要求入党的人没有能够入党，就是这样，在"文化大革命"结束以后，入党的人已经达到百分之十四。六年中间达到这样的数字。我们可以想象，在十二大以后，新入党的人会更加增加，而且他们的质量会更高。

第八，经济发展方面。三中全会以来，从一九七九年到一九八一年每年工农业总产值增长的数字是百分之六点七，在这中间，解决了两千六百万人就业，国民收入增加了八百七十七亿元。根据计委粗略的计算，大概是这样：农民增加收入五百八十二亿元，职工增加了二百亿元，企业使用的纯收入增加了二百亿元，总共九百八十二亿元。农民、职工和企业所增加的收入大于新增加的国民收入。这就使得国家财政收入在同一期间减少一百一十多亿元。中央为了缩小财政赤字，缩短了基本建设战线，一九八一年比一九七八年国家预算内投资减掉了一百八十七亿元。可是基本建设战线没有能够完全缩短。因为预算外的建设资金大大增加了。一九八一年，预算外的基本建设投资有二百二十亿元，大于国家预算内的二百零八亿元。科教、卫生事业费在财政这样困难的条件下面，三年还增加了六十亿元。在基本建设中，生产性的投资一九七八年是百分之八十三，到一九八一年就下降为百分之五十九；非生产性投资，在一九七八年是百分之十七，而到一九八一年增加为百分之四十一。这些说明什么问题呢？说明这三年里确实在经济上发生了非常大的变化。这个变化是什么呢？是城乡居民的收入大大地增加了，文化、教育、卫生、城市公用事业的投资增加了，使地方和企业得到了比较多的机动性，农村的经营多样化。因为基本建设的规模缩小，生产资料供应的紧张状况，虽然现在还存在，但比前几年有所缓和。消费品生产大大增加，有些商品增加到超过了购买力的程度，或者说有过剩的现象。这种过剩现象当然要改变。但是出现这种现象，是建国以来很少有的。这说明人民生活是大大改善了。过去长时期忽略了这些方面资金的分配。长时间欠的账，在短时间要还，但是国家财力不够，因此就借了债来还这个欠账。这就是我们国家今天为什么人民生活好转，生产发展，可是国家财政上有赤字的原故。整个说来，这几年经济的发展，这种变化是必不可免的。当然不能说每一项都是健康的，这里面有盲目性，有用于非生产性投资过多的地方，但是这个问题是可以解决，也是必须解决的。整个说来，人民的生活是大大好转了，无论是工人，或者农民，是大大地得到了休养生息。城乡居民储蓄到八月末已经达到六百二十四亿元。这是我们的社会，我们的政治，整个的国家得到稳定的非常重要的因素。

第九，三中全会以来的经济政策。经济政策最大的变化莫过于农业方面的生产责任制。对这个政策，党内现在大多数同志都拥护了，因为实际的效果很明显，群众的绝大多数都拥护。

应该怎么样认识这个问题呢？首先要看到关于农业的社会主义化，应该怎样个化法。在这方面，无论马克思、恩格斯、列宁，都没有提出很明确的很具体的设想。马克思、恩格斯、列宁的有关著作，特别是列宁晚年所写的《论合作制》，他们所讲的，同后来苏联所实行的集体农庄制度，以及中国后来的从高级农业生产合作社一直到人民公社制度，都是不相同的。马克思、恩格斯和列宁，都没有设想过用那么样集中的方法来使得农业社会主义化。所以我们不能抱这样的成见，以为以前那样的作法才是社会主义化，现在这样是走回头路。不是这样。我们现在因为时间还不长，可以说是在探索、寻找，由群众自发的创造，找到这样一条路，就是以家庭联产承包为主的农业生产责任制。这种农业生产责任制，仍然是社会主义农业的一种形式。这种形式不但是多种多样的，而且还要发展。在十二大报告中有一句提到：一方面要稳定，另一方面还不可避免地要向形式更加完善的合作经济发展。这就是要使得农业一步一步地，在完全自愿的基础上实行联合，实行各种各样形式的联合。在农村里开始出现各种各样的非农业人口。农村中的工人增加了，做运输工作或其他工作的人也增加了。我们要看到这是一种好现象。中国农村有那么多人口，既不能让他们进城，又不让农村经济向着多种经营发展，使农村的人口多样化，如果全都要做纯粹的农民，中国农民就很难富裕起来，整个农村经济也很难发展。所以这是一种很大的进步。

在工业方面，在一部分商业方面，也开始实行了责任制，打破了过去把所有的城市人口包下来，吃大锅饭的办法，铁饭碗的办法。这种改变也是表示我们在社会主义道路上的进步，而不是退步。我们发展了多种经济形式。我们在城镇里除了国营经济，肯定了集体经济以及一部分个体经济的存在，就使得城市的经济生活活跃了，而且也使得就业的人口增加了。在商业方面也开始向多种形式转变。产和销直接见面。有集体的商业，有个体的商业（商业包括服务业），有在农村里由农民直接来办的供销合作。地方的权力和企业的权力比以前增加了，这样使他们的积极性也增加了，无论是地方或企业，或者是个人（企业里的劳动者）的积极性都增加了。如果把这些方面的积极性加以合理的组织，就能使社会主义经济真正得到迅速的进步。这才是社会主义经济的优越性的表现。

总之，经济政策的这些变化，我们要看到，它的主流是进步。在进步中间不能不遇到这样那样的问题，这是必然的。而这些问题都要在继续前进中来解决。

第十，关于对外开放政策。从三中全会以来，我们说几个数字：到一九八二年六月底为止的统计，国家借用外资累计使用额九十四亿六千万美元;吸收国外的直接投资十亿美元。
这样弥补了我们国家建设资金的不足,促进了能源、交通的建
设,使得有些被迫停建缓建的项目得以继续建设,引进了比较
先进的技术设备和管理方法。我们的出口贸易在这几年中间
得到了很快的发展,很大的增加。全国出口商品总额,一九七
八年是一百六十八亿元,一九八一年增到三百七十一亿元,剔
除物价因素,平均每年增加百分之五点九。出口的货物的成
分有了变化:农产品由一九七八年的百分之二十七点六,到一
九八一年下降为百分之十七点五;轻工业产品由百分之四十
六点九降到百分之三十八点九。而各种重工业产品,包括石
油原油和初步加工的产品,煤炭,机电产品以及过去没有出口
过的、比如船舶这一类的产品上升了,由一九七八年的百分之
二十五点五增加到一九八一年的百分之四十三点六。出口采
取了多种形式,像进口加工,来料加工,来料装配,合作生产,
以及技术出口,劳务出口等等。进料加工成品出口额占出口
商品总额的比重,一九七八年和一九八一年比较,由百分之二
十一点五增加到百分之三十点七。对外签订的承包工程和劳
务合作合同,到今年六月底累计,已经有六百多项,总金额达
到九点四亿美元,目前派出的工程技术人员和职工有二万五
千名,到达三十多个国家和地区。

　　出口贸易的扩大对于中国经济的发展起了很大促进作
用。举几个简单的例子:

　　天津市一九七九年和一九八〇年两年新增加的工业产
值,有三分之一是靠发展出口生产实现的;

　　上海市手工业系统有一半工厂,有三分之一的职工从事

出口商品的生产；

山东烟台地区一九八一年通过出口农副土特产品，使得农村每人平均收入比上一年增加了四十元。

除此以外，国家民航事业也有发展，国际航线从一九七八年的十二条增加到一九八一年的十九条，国际地区航线从一九八〇年的三条增加到一九八一年的七条。旅游事业由一九七八年接待一百八十八万三千人，到一九八一年增加到七百七十六万七千人。

其他的如出国留学、进修、考察，这些方面的数字就不多说了。

我们对外开放的过程中也出了些问题，也吃了一些亏，这是大家知道的。但是这是很难避免的。我们从这当中也得到了经验，也变得比较聪明了。总之，对外开放，对中国的经济的发展的好处比它带来的问题、带来的坏处要大。我们要肯定这一点，肯定对外开放的政策是完全正确的。无论是经济发展或者经济政策的变化，我们要看到主流，看到发展的趋势。看发展的趋势是逐渐的变好还是逐渐的变坏。

我们刚才讲了十个方面的成绩。那么就要承认，在三年多不到四年的时间里，得到这样大的成绩，这不单与"文化大革命"的十年不能相比，就是与"文化大革命"以前十年也不能相比，只有建国以后的七年可以比较。这当然不是抹杀"文化大革命"以前十七年中间的成绩。就是"文化大革命"十年中间我们也做了很多的工作。"文化大革命"以后的两年中间也做了很多工作。问题是我们要着重看到这三四年中所取得的成就。这个三四年同建国初期比较，我们要考虑到：第一，两个时期的历史背景是完全不同的。建国初期是我们得到了势如破竹的胜利,在三年多中间就解放了全中国。是在那个时候,在那种情况下所得到的成就。另外一方面,当时是在开始建设,工作的规模很小,许多地方不能同现在比较,工作的方法也有许多不能比较的地方。这是因为历史的条件不同。而且,这个三四年的成绩,是在"文化大革命"以后造成的非常混乱、非常复杂、非常困难的条件下取得的。所以把这些因素考虑进去,我们就更加可以看到,从三中全会到现在的不到四年中间所得到的成绩是多么伟大! 说伟大不是夸张的。把这个时期说成是建国以来最好的时期之一,这完全是当之无愧的。

我上面说的取得的这些成绩还很不完全,很多的数字都没有举进去。但是从已经列举的数字也可以看到,这几年的成绩确实是得来不易的。

第三个问题,工农业年总产值翻两番有没有现实的可能性,是不是又是一次冒进? 或者说提得过早? 现在在干部里,在群众里都有些人感到这是个不落实的问题。报告里没有能够详细讨论这个问题,所以需要做一些解释。

首先同一九五八年或者是一九七八年来比较,历史的条件是完全不相同的。在过去,一九五八年或者一九七八年都是国家处在一个比较动乱的状态,一九五八年以后就有更多的动乱了。现在是完全安定的。其次,那个时候实际上并没有把经济工作作为全党工作的重点。一九五八年提出大跃进,很多指标带有很大的主观任意性。在北戴河会议时毛主席就讲,他的主要注意力是放在金门打炮方面。因此,无论是大跃进也好,或者是人民公社化也好,都没有经过深思熟虑。

再其次,就是当时对政治和经济的关系摆得不适当。当时的提法是政治挂帅,现在的提法是四项保证。既然要把经济建设作为工作中心,那就不能提出政治挂帅。政治挂帅不能够正确地表达政治跟经济的关系。在"文化大革命"时期,反复地引用列宁的话说:"政治和经济相比不能不占首位。"这完全是断章取义。列宁这句话是说,首先要取得政权,并且要保持住这个政权,在这个意义上政治是首位。如果没有政权,根本没有什么经济建设。列宁是这样解释的。所以不能把"政治和经济相比不能不占首位"这个意思绝对化、普遍化。无论在什么时候,无论在什么地方,无论在什么情况下面,都讲政治要占首位,那就要犯错误。恩格斯在《反杜林论》里以及在其他著作里都讲过,政治既可以促进经济发展,也可以阻碍经济发展。政治挂帅并不一定能保证经济进步。所以,用政治挂帅来描写政治跟经济的关系,这不是准确的说法。最后,现在的经济建设是在集体领导下,是真正由全党,由各个地方,中央各个部门,大家详细研究,出谋划策,经过论证来进行的。而在过去的时期,往往是由个人决定的。所以我们把现在提的奋斗目标跟一九五八年、一九七八年相提并论是不对的。不能相提并论,因为整个历史条件不一样。其次,要求的性质、要求的速度是不能够比较的。我们不说一九五八年了,拿一九七八年来说,要求钢产量由一九七八年的三千一百多万吨发展到一九八五年的六千万吨,石油由一亿吨发展到一九八五年的二点五亿吨。在一九七八年还提出在一九八〇年基本实现全国农业的机械化。提出这些口号,提出这些要求,完全是主观主义的,是根本没有根据的。现在没有提出这样没有根据的要求。再其次，无论是在一九五八年或者一九七八年，都没有按照经济发展的规律来提出要求，而是孤立地提出一个或者几个指标，所以不可能实现。再有，过去所提的指标，着重于账面上的数字，而今天提出来的要求，它的前提首先是要不断提高经济效益。离开了经济效益来讲速度，这种速度就不可能不带有虚假的成分。不但带有虚假的成分，而且会造成很大的损失。我们现在不但提出来要提高经济效益，并且同时还提出要兼顾国家、集体、个人三者的利益，继续改善人民生活。因此，这样的要求同过去某些不顾人民的生活的作法，是不能够比较的。我们不能够因为在过去犯了错误，就以为提出任何的发展计划都是错误的，都是不应当提的。如果我们这个社会主义国家根本不要发展计划，经济不要发展，发展不要计划，计划不要远景计划，那还有什么意义呢？那还有什么社会主义优越性呢？

我们有什么根据提出现在的这个设想呢？当然这还是一个设想。现在并没有一个完整的计划。说从一九八一年到二〇〇〇年有一个明确的、确定的计划，还没有。但这个设想是有根据的。第一，拿我们自己国家的历史来说，从一九五三年到一九八一年我们国家的发展速度，尽管里面有一些虚假的成分，但是我们还得承认基本上是接近事实的。从一九五三年到一九八一年平均发展速度是百分之八点一。一九六一年到一九八〇年的发展速度是百分之六点一。大家知道，这个期间我们经过了许多波折，经过了许多曲折，但是我们的发展速度不是很慢的。拿最近三年来说，我们的经济处于调整时期，但从一九七九年到一九八一年的发展速度仍然达到了百分之六点七。因此我们现在提出今后二十年实现百分之七多一点的速度，不能算是冒进。这跟我们国家长时期平均的发展速度相比，不能说是不能实现的，不能算是空想。过去已经做过的事，已经能做到的事，在今后政治和经济的条件都比过去好的情况下，为什么反而不能做到呢？第二，拿外国的经验来比较，苏联在一九五六年到一九七五年的二十年，实现了社会产品总产值翻两番。它的年平均速度是百分之七点五。日本在一九五七年到一九七〇年的十四年间，国民生产总值翻了两番，年平均速度达到百分之十点四。我们现在并没有要求日本那样的速度。第三，我们所要求的发展速度不但是四个五年计划各有不同，各个地区，各个行业也都不同，并不要求全都翻两番，只是要求总起来平均翻两番。按照这样的计划，就是在"六五"计划期间计划要求农业年平均增长百分之四，工业年平均也增长百分之四。事实上这两年我们都超过了。这个计划的数字是留有余地的。第七个五年计划期间要求农业增长百分之五，工业增长百分之六点五。总的来说，第一个十年发展速度工农业总产值只要求百分之五点五。第八个五年计划要求农业还是百分之五点五，工业要达到百分之九。到第九个五年计划农业仍然是百分之五点五，工业要求达到百分之十。后十年平均起来工农业总产值大概是百分之八点五。十二大报告里讲到，在第一个十年中间要为第二个十年做好各方面的准备。在做了这些准备的条件下，达到百分之八点五的速度，不能说是空想。对于主要的工业或农业的产品，要求也是不一样的。比方说粮食，在整个的二十年中，设想每年增长百分之二左右，棉花每年增长百分之二到三,能源每年增长百分之三点五,钢每年增长百分之三点二,有色金属每年增长百分之五点六,纱每年增长百分之三点四,电每年增长百分之六点八,乙烯、化纤则要求比较高,乙烯每年增加百分之九点五,化纤每年增加百分之九。一些机械产品的增长速度也可能更高些。刚才说的这些数字,不是计划数字,而是设想。现在还不能作准确的测算,将来还会有变化。这是一个大意。但从这个大意来看,我们的要求不是任意的,不是主观的,不是要求不分具体条件什么东西都齐头并进。第四,工农业产值翻两番,要靠增加产品产量,还要靠科学技术进步,经济效益的提高。今后二十年,能源、钢、有色金属、水泥、纱等初级产品的产量可能翻一番。通过采用先进技术,改进产品质量和性能,增加新品种,用同样数量的初级产品,多创造出一倍或者更多的产值,达到产值翻两番。今后一些技术密集的、附加价值高的新兴工业部门,如电子、信息、核能、石油化工等将得到迅速发展,会推动工业产值的增加。我国现在的工业生产技术大体上相当于经济发达国家五十年代末期或者六十年代初期的水平。经过二十年的努力,我们完全可以在工业的主要领域赶上、在某些方面超过经济发达国家现在的技术水平。这样,就能有效地促进经济效益的大幅度提高,实现工农业产值翻两番的目标。从我们过去的历史,从国际的经验来看,我们的要求不是不能够实现的空想。当然,要实现这个计划还是有很多的困难,还是有许多的问题需要解决。所以,在报告里面提出,要求解决农业问题、教育科学问题、能源交通问题,要求解决集中资金问题,要求解决大规模的技术改造问题,要求继续彻底地、认真地执行调整、整顿、改革、提高的方针问题,要求有准备地解决一系列经济制度的问题。这样可以达到一个目标,什么样的目标呢?就是我们的工农业总产品可以居于世界前列。所谓居于世界前列是什么意思?根据初步测算和对国外经济发展趋势的估算,我们的粮食产量现在就居于世界第二位,到二〇〇〇年,按我们的设想实现了,就可能居于世界第一位。棉花现在已经居于世界第三位,按我们的设想,那时它可能变成世界第一位。原煤,现在就居于世界第三位,实现了这个设想,它就可能变成世界第二位。电力,也是同样的,可能由世界第六位变成第四位;钢可能由世界第五位变成世界第四位;水泥可能由世界第三位变成第二位;化纤可能由世界第六位变成第三位。所以,说我们工农业总产品要居于世界前列,不是一种夸张的话,经过努力是能够实现的。当然,要达到这样的目标,需要经过多方面的、非常紧张的努力。

第四个问题,怎样理解十二大报告把建设社会主义精神文明提到建设社会主义的战略意义的高度。关于建设社会主义精神文明,一九七九年叶剑英同志在庆祝建国三十周年的讲话里就提出来了。那个讲话说,我们要在建设高度物质文明的同时,提高全民族的教育、科学、文化水平和健康水平,树立崇高的革命理想和革命道德风尚,发展高尚的、丰富多彩的文化生活,建设高度的社会主义精神文明,这些都是社会主义现代化建设的重要目标,也是实现四个现代化的必要条件。以后,一九八〇年十二月,小平同志在中央工作会议上的讲话也论述了这个问题。特别是一九八一年紫阳同志在第五届全国人民代表大会四次会议的报告里,着重讲了这个问题。但十二大报告把这个问题提得最高，说明得最完整。

共产主义思想和现行政策之间是什么关系，这在报告里已经讲了，但是还是有同志提出这个问题。有的同志说，我们共产党员革命不是为了按劳分配，可是按劳分配不是我们社会主义的基本特征吗？我们说，共产党员革命不是为了个人的按劳分配，但是在全社会实现按劳分配，这是我们在社会主义阶段里面的奋斗目标。这个目标现在已经基本实现，但是还没有完全实现，还很不完善，还需要做很多工作，使它真正能够完善地实现。这是两件事。我们把全社会实现按劳分配制度当作现阶段的奋斗目标，这是一件事情；至于共产党员个人是为实现共产主义加入共产党的，不是为个人的按劳分配加入共产党的，这是另一件事情。现阶段社会实行按劳分配制度，这是社会主义社会所必须的，不能用来代替我们共产党员根本的奋斗目标。

有同志问，马克思主义认为社会存在决定社会意识，既然现在是社会主义社会，为什么能够提倡共产主义思想？提出这样一个问题的同志，忽略了用辩证法的眼光来提问题、看待问题。在资本主义社会，就产生了共产主义思想，这能说社会存在不应该产生这种社会意识吗？在资本主义时代产生共产主义思想，是有它的社会存在的根据的，既然在资本主义时代提倡共产主义思想，并且使它成为一种具有世界性的群众运动，发展到这样一种规模，那么，在社会主义社会的今天，为什么反而这种社会存在不能够产生、不应该发展共产主义思想的运动呢？这些同志把社会存在和社会意识的关系看得极端的简单了。他们认为社会存在就是极端简单的，因此社会意识也是极端简单的。一就等于一,社会存在是一,社会意识也是一。事实上不是这样。每个时代都有不同的社会存在,每个时代都有不同的社会意识,因为有不同的社会存在,所以就产生不同的社会意识,这是丝毫不奇怪的。任何有人群的地方,都有先进、中间、落后这样的分类,为什么在社会主义社会就没有先进分子呢?为什么社会主义社会的先进分子反而不如资本主义社会的先进分子呢?按劳分配在资本主义时代是不能实现的,只是一种理想,但在现阶段,在社会主义的中国,基本上已经是现实。尽管有不完善的地方需要完善,这仍然是我们的任务。但是,这已经不能构成我们的基本的理想。因此,它也就不能成为推动整个社会前进的唯一的精神动力。社会主义思想就是现行制度的完善化、理论化,这当然是需要的,但是不能以此为最高理想。社会需要不断地进步,社会主义社会也需要不断地进步。我们共产党员是一切社会进步的急先锋。所以,我们决不能够满足于按劳分配,如果停止在按劳分配阶段,那么我们就不是共产主义者了。

物质文明和精神文明为什么是互为条件、互为目的?我们建设社会主义,这是一种物质建设,但是建设社会主义是为了什么?不仅是为了造成许多工厂、铁路、矿山、机器,而且是要造就社会主义的人与人之间的关系,要求有社会主义的人的精神面貌。所以,我们建设社会主义物质文明,在这个意义上说,就是为社会主义精神文明创造条件。而社会主义的精神文明又是要求人们不断地发展人民的物质幸福,因此,社会主义精神文明又是建设社会主义物质文明的动力。所以它们是互为条件、互为目的的。

　　社会主义精神文明里面的文化建设、思想建设为什么是互相促进的？我们要不断提高自己的思想觉悟，这种思想觉悟不能靠一种朴素的情感、简单的常识来求得，是需要掌握人类历史发展的知识。不但历史上的知识，而且现在的知识，我们都需要掌握。只有这样，才能使我们所坚持的先进的思想，不是一种简单的信仰，而是一种科学的结论。只有这样，我们才能够在对待任何复杂问题的时候，都不至于慌乱，都不至于迷糊。当然，文化是不能离开思想的，报告里面讲文化建设也必须是在共产主义思想指导下发展。我们的科学、教育、文化各种事业都是在共产主义思想指导下发展的。所以，文化的建设和思想的建设是不能分开的，是互相促进。正因为这样，报告里强调指出知识分子在社会主义建设中的作用。不仅仅建设社会主义物质文明，而且建设社会主义精神文明，都必须依靠知识分子。所以，在现在有同志还提出"团结、教育、改造"知识分子这一种口号，这是一种时代的错误。这一口号是正确的，但是它仅仅在一定的历史时期才是正确的。现在已经不是这个时期。现在的知识分子基本上是在社会主义条件下培养出来的知识分子。他们同工人、农民一样，是我们的依靠力量。如果说团结，那么团结知识分子与团结工人、农民是一样的；如果说教育，那么教育知识分子与教育工人、农民也是一样的；如果说改造，那么改造知识分子与改造工人、农民也是一样的。单独提出"团结、教育、改造"知识分子这样的口号，只有在解放初期对待旧社会的知识分子才是正确的。现在再这样提口号就是错误的。我们说知识分子的世界观没有改造好，这个话一般地这样提出来是错误的。按照这样的标准,那么,工人、农民的世界观是不是都改造好了？既然工人、农民的世界观也没有都改造好,那么,在知识分子中间有一部分人的世界观没有改造好,就应该同对待工人、农民一样的去对待,不应该对知识分子单独提出来。在现在的条件下,把知识分子当作小资产阶级来看待,甚至当作资产阶级来看待,那是完全错误的。这是完全违反客观事实的,也违反我们建设社会主义现代化的利益和需要。报告里提出,我们要在全国普及理想教育、道德教育、纪律教育,这是改造社会风气的重要的条件,也可以说是基本的方法。为了进行理想、道德、纪律的教育,我们还应该进行历史的教育,法制的教育。这是很多地方的事实,很多地方的工作的经验所证明了的。而进行这些教育,知识分子担负着很重要的责任。所以,我们的任务,是要同现在仍然存在着的歧视知识分子的偏见作斗争。这才符合于全国人民的利益,符合于工人阶级的利益,符合于党的、社会主义的利益。

有些同志耽心社会风气究竟能不能好转？我想这个问题,可以换一个提法来问,就是社会风气是不是在好转？我认为社会风气确实是在好转。据青年团的统计,全国的新长征突击手,一九七九年是一万人,在一九八一年就发展到一百万人。这不是证明社会风气在好转是什么？为什么会有这样大的、这样迅速的进步？(这是按县一级以上表彰的数字统计的。)当然说好转,并不是说社会风气就没有相反的消极的方面,或者说消极的方面就不发展。社会的风气在好转,但好转的还不够,所以党提出要争取社会风气的根本好转。

有这样一种说法:社会风气所以不好,是由于党风不好。

我认为这样的说法是不全面的。有一部分社会风气不好是由于党风不好；但另外有许多不好的社会风气，并不是由于党风不好。比方说，现在有些地方出现了妇女卖淫，或者贩卖人口这一类的现象。这都不能说是由于党风指导他们，引导他们向这样的方向发展。可是无论如何，如果我们不管这些事情，不用一切的努力来争取社会风气根本好转，那么党都是有责任的。如果党风不好，当然就没有力量来推动社会风气的根本好转。党的工作中心转移到经济建设方面，这并不是说，经济建设是孤立的事情，孤立的工作，经济建设可以在真空里面进行，不是这样的。经济建设是在整个社会生活里面进行的。所以，我们把工作的重点转移到社会主义经济建设上来，并不是说我们可以放松对于党的工作的领导，对于政法工作的领导，对于群众工作的领导，对于整个社会风气的领导。如果不加强这些方面的领导，就会破坏社会主义建设。举个例子说，山东的胜利油田，那里附近农民盗窃油田物资的情况非常严重。万里同志责成当地的党、政府，坚决扭转这种现象。现在这种现象已经得到了根本的扭转。有位支部书记偷了油田的一根大钢管去做屋梁，现在他把屋子拆掉，把屋梁拆下来，还给油田。当地的农民就说："支书带了头，群众不能留。"大家纷纷把盗窃的物资归还给油田。这么一件事说明，如果我们认为经济建设可以孤立进行，而不去注意整个党的工作，政法工作，群众工作，那么这个社会主义建设本身就会受到破坏。所以我们决不能放松为了保证社会主义现代化建设顺利进行所必需的社会政治条件。

在今年的过去的九个月中间（也许还不到九个月），全国进行了打击经济犯罪的活动。根据黄克诚同志在中央纪律检查委员会全体会议闭幕时的讲话说，经济犯罪案件（那时在八月，统计数字在八月以前），全国上报经济犯罪案件超过了十万件。报案、自首的案件接近四万件。缴交赃物、赃款上亿元。沿海走私的情况也有好转，大规模的公开的走私活动，已经基本上制止。在我们党和政府大力打击之下走私活动改变了形式，最近又有重新抬头的迹象。刚才说的这些数字和事实表明：一方面问题很严重，另外一方面斗争是有成绩的。但是斗争是没有结束的，必须继续长期的进行下去，不能够放松。在我们工作的各个环节都要加强管理。

　　这种经济犯罪是不是阶级斗争？我们不能说，不管是什么性质的问题，什么性质的案件都是阶级斗争。但是整个的来说，这种破坏社会主义经济的严重的犯罪活动，是一种阶级斗争，是一种带有阶级斗争性质的犯罪行为，而不是普通的刑事犯罪。为什么呢？因为这种犯罪行为，它的目的就是要破坏我们的社会主义经济制度，这种犯罪活动的矛头就针对着社会主义经济制度。如果对于这种犯罪活动放松，那么社会主义经济制度，就会要受到非常严重的破坏，甚至于可以破坏到这样的程度，在掌管建设社会主义经济的机关内部，都隐藏着摧毁我们国家的财产、摧毁社会主义经济制度的奸细。如果对这样的情况熟视无睹，那么社会主义经济发展下去就会要变质。

　　这里需要答复两个问题：第一个问题是既然剥削阶级作为阶级已经不存在，为什么还有阶级斗争？这个问题，近几年中间年年有同志提出来，认为是一个很难答复的问题。在剥削阶级作为阶级消灭以后,为什么还有阶级斗争? 剥削阶级作为阶级在中华人民共和国是不是已经消灭? 在中华人民共和国,是不是还有地主阶级、资产阶级等等这些剥削阶级,我们不能说现在在中华人民共和国还存在着地主阶级、资产阶级,至于从国外来的资本家和我们搞些合资经营的,这些资本家不是中华人民共和国的公民,这是例外,我们可以不计算。剥削阶级作为阶级消灭了是事实,但是,第一,剥削阶级只是在中华人民共和国统治的范围里面消灭了。而中华人民共和国的领土,还有一部分我们没有收回。主要是香港、台湾。在香港和台湾,怎么能说没有资产阶级呢? 怎么能说那个地方的资产阶级消灭了呢? 那些地方的资产阶级每天、几乎可以说是每时每刻在影响着我们的国家、我们的社会。我们要收回这些地方。这些地方收回后,根据党的方针,也是不改变那里的社会制度。那就是说,那里的资产阶级也还要存在的。只是和现在的情况更加不同。对那些地方的资产阶级当然不可一概而论。但是其中有不少的人,不仅仅用经济的办法,而且用非经济的办法,政治的办法,以及其他乌七八糟的办法,来腐蚀我们国家里的一些不坚定的分子,不爱国的分子。有些人就成为他们的爪牙。台湾的特务机关,每天都在向我们散发各种各样的所谓"心战宣传品",这种"心战宣传品"已经发展到乌鲁木齐等边远地方。至于向广东、福建、浙江、江苏这些地方就更不用说了。这些人成心来破坏我们的国家,破坏我们的制度,推翻我们的制度,推翻我们的统治。他们是我们中国人民的敌人。所以,这一方面的阶级斗争是非常明显的存在着。

　　其次,在我们国内剥削阶级作为阶级是被消灭了,等于一个敌人的军队,是被我们消灭了;但是不等于说不能有、不会有散兵游勇,来对我们打冷枪。我们不能说只有两军对阵、互相开火打仗才叫阶级斗争,有人打冷枪却不叫阶级斗争。剥削阶级残余分子是少数,但不能因为人少就否认他们的存在。他们还在活动,还在反对我们,还在坚持反动立场同我们作斗争,这些零星的成员仍然是我们的敌人。怎么能说这不是阶级斗争呢? 所以好像认为剥削阶级作为阶级消灭后还有阶级斗争的说法是不合乎逻辑。其实相反,剥削阶级消灭了,而那些少数零星的没有投降的剥削阶级残余分子还存在,还跟我们进行斗争,认为这种斗争不是阶级斗争,这才是不合乎逻辑的。这是一种特殊形式的阶级斗争,跟过去那种阶级对阶级的斗争是不相同,但是它仍然是阶级斗争。不能因为形式上有了变化,就说这个不是阶级斗争。

　　再其次,就是"四人帮"和其他的犯罪分子。"四人帮"的帮派残余以及有一些死不悔改的而且要铤而走险的犯罪分子,他们要采取各种各样的反革命手段,完全是敌对的手段来对付我们。那么,对于这样的斗争也不能不承认是阶级斗争。

　　再有,资本主义国家的人在中国也发生各种不同的影响。除了普通的正常的影响,也免不了有不正常的影响,这就有阶级斗争的成分。资本主义国家有些人在中国进行间谍活动,而且在国外对我们派出去的人员也进行间谍活动。这也不能不承认是阶级斗争。

　　最后,就是我们的社会主义社会在目前的发展阶段,还不能够防止在生产过程中间有人用各种方法捣鬼。因为我们现在还没有实现共产主义,有许多人贪心不足,公开地宣传"人为财死,鸟为食亡"。他们不只是口里说,而是写成文章就登在我们的报纸上。《工人日报》前不久,就杜芸芸把十万元遗产捐献给国家进行讨论,就有一些人写文章主张"人为财死,鸟为食亡"。今天我们在制度上工作上都有一些漏洞,有一些环节不严密。那些财迷心窍的人就可以利用这些漏洞进行贪污盗窃,走私贩私等等。这些就是对人民的剥削。这些人就是不通过自己的劳动占有别人的劳动成果。所以,在社会主义制度下面,在目前的发展阶段,要完全消灭剥削分子重新产生的条件,还不能够作到。有一些人可以利用我们制度和工作中的漏洞盗窃国家的、人民的或者个人的财产。这不是小数目,而是上万、上十万,甚至上百万。我们现在说要集中力量抓大案要案。所谓大案要案,常常就出现在这些人身上。

对于上面所说的四种人的斗争不能不说是阶级斗争。这种阶级斗争不限于经济斗争,而且一直发展到政治斗争。把这些说成不是阶级斗争,是一般的犯罪,按照刑法去处分就行了,这是自欺欺人的说法。我们当然要按照刑法来处罚他们,但是,我们一定要告诉人民这是一种阶级斗争。阶级斗争没有停止。我们要保持警惕。

第二个问题是,既然还存在阶级斗争,是不是可以回到"文化大革命"中以及"文化大革命"前所说的那一套呢?什么资本主义在复辟,上上下下都存在着走资本主义道路的当权派,阶级斗争是一切工作的纲,等等。或者说,现在的事实证明那些说法还是正确的?不能这样说,过去的那些说法是完全错误的。

　　第一，现在还存在这些阶级斗争，我们一定要重视这种斗争，可是不能把这种斗争当作我们全部工作的中心，这些阶级斗争不能成为我们一切工作的纲。如果那样做，也可以说，就刚好中了敌人的计了。如果我们现在还承认以阶级斗争为纲，那么，得到利益的恰巧就是我们的敌人。他们希望我们中国就是不要建设社会主义，就是要时时处处都来进行阶级斗争。

　　第二，这种斗争根本不是一个阶级推翻一个阶级的革命。这些人所进行的活动全部都是非法的，这些人根本不能够成为一个阶级，根本就没有统治着我们，要我们去推翻他们的统治。我们是需要去逮捕他们，镇压他们，处罚他们。所以，根本不能够讲什么一个阶级推翻另外一个阶级的继续革命。

　　第三，这个绝不能够同人民内部矛盾相混淆。这些人是极少数。人民内部的矛盾有各种各样。而在过去以阶级斗争为纲的时候，甚至于根本不是什么人民内部矛盾，根本就没有什么矛盾。有些是全心全意为人民服务的人，也变成被打倒的对象。所以，现在进行阶级斗争，决不能够重复过去那种作法，这跟过去讲的所谓的阶级斗争是完全不同的。也不能够再讲什么以思想来划阶级。这些阶级敌人如果仅仅限于思想活动，那是不可怕的，问题是这些人有行动，他们搞各种各样的破坏活动。当然，思想也要反对，但是我们不能够用思想来划分阶级，像在"文化大革命"时期康生这些人所宣传的。那样一来，哪一个人说错一句话就可以变成敌人。我们不能够向全中国十亿人每个人发一本词典，什么事情要翻开那一页照那个话说，如果不照那个话说，他就成了阶级敌人。类似的这种荒谬的事情，决不能够重复。

第四，一定要依法办理。不管那些人是怎么样穷凶极恶的阶级敌人，我们都要依法办理，犯什么罪就判什么罪，不能用法律以外的手段来惩治他们。

有的人说，现在所以出现这些问题，就是因为不搞运动。这个话是错误的。在很长的时期里运动没有断过。可是，除了假的敌人没有断过以外，真的敌人也没有断过，也没有停止，也没有消灭。就是在"文化大革命"期间，也不得不搞什么"一打三反"。所以，以为搞运动就可以把这些敌人消灭，是错误的。当然，这不是说一切的运动，一切不同性质的运动都可以混在一起来说，一股脑儿都把它否定，不是这样的意思。就是对待这样的阶级斗争，对待这样的阶级敌人，仍然需要依法办理。要发动群众，要依靠群众。但是，不是靠过去那种群众运动的方法。不管三七二十一，先打倒了再说。不能采取那种手段。

我们说阶级斗争在一定的范围还存在。有同志问，什么叫一定的范围？这个范围把它划出来好不好，这样不就清楚了吗。所谓一定的范围，就是刚才所说的几种情况这样的范围。如果说要在地图上画一个圈圈作为范围，那是画不出来的。所谓一定的范围，就是说这个范围不是所有的人，而且也不是大部分人，也不是小部分人，只是很少的人。但是，这个范围虽然不大，是不能够忽视的。如果忽视了，我们的社会主义制度就可能被他们破坏。十二大报告里把这些人比作白蚁。他们不很显眼，却可以把一座房子整个地蛀空，从墙里面，从柱子里面，从柜子里面，从建筑物的各个部分，可以把它蛀空，所以绝不能放松。这种斗争是长期的，不能希望在一年两年里把它消灭，我们要经常进行这样的斗争。但是，决不能够用过去的那种群众运动的方法来解决。那样不但解决不了，反而会把我们的社会主义事业就像敌人所希望的那样破坏了。

最后第五个问题，关于党的建设。关于新党章，报纸上已经登过很多介绍的文章。《解放军报》发表的关于新党章的问题解答，已经出了第四期，这个很好，对大家学习新党章很有帮助。党章的条文大家都看过，这个不需要作详细的解释。我们刚才说十二大报告比七大、八大、十一大的都短。党章呢，党章的条文比七大、八大的也要少一些。七大有七十条，八大有六十条，现在只有五十条。但是字数要比七大、八大的党章多，总纲的字数比它们多，条文的字数也要稍微多一些。

党章的特点是适应了新时期执政党的需要。过去我们没有执政，所以说不上这个问题。八大的党章涉及到一部分，但是没有充分的涉及。在这一次十二大通过的新党章里，是充分地考虑到执政党的地位，在这方面作了很多针对性的规定。按照这样的党章去执行，那么我们的党风就能够根本好转，我们党的战斗力就能够增强，我们党在群众里的威信就会大大的提高，我们的党就永远不会腐化变质。

其次它是适应了拨乱反正的需要，贯彻了民主集中制，这个在党章里面是表现得非常明显的。关于民主集中制的各方面，都作了有针对性的详细的规定，防止任何个人专断。

第三它是适应了社会主义现代化建设的需要，适应了干部队伍四化的需要。

　　第四它是适应了建设社会主义的精神文明,发展社会主义民主,健全社会主义法制的需要。把党的地位跟国家的关系,在党章里第一次作了明确的规定。

　　最后,它适应了三个根本好转的需要。

　　所以这个党章是有时代特点的,是适合于我们党的地位、党的历史状况、党的历史责任的。

　　党章特别规定了党的领导主要是政治、思想和组织的领导。这是过去的党章所没有解决的问题。党在执政以后,在社会主义国家,它的地位是什么,它的任务是什么,它的作用是什么? 新党章把党跟国家机关、非党组织的关系划清了,避免了党政不分、政企不分、党不管党的状况。党章规定了党必须在宪法和法律的范围内活动,保证国家的立法机关、司法机关、经济文化组织和各种群众组织,积极主动地、独立负责地、协调一致地工作。这就把党跟这些机关和组织的关系明确地规定了。

　　党章还对干部提出了更严格的要求,特别规定了干部要接受轮训,把它规定为干部的义务。这是使我们的干部能够胜任现代化建设任务的一项重要规定。党中央、国务院最近通过了一项决定,即十月三日通过的中发〔1982〕年第41号文件,《中共中央、国务院关于中央党政机关干部教育工作的决定》。这个文件规定,干部每三年都要接受一次轮训。干部只有接受训练才能使经验和知识得到更新,得到总结。世界各国,无论是资本主义国家,还是社会主义国家,差不多没有一个国家不实行这种制度的。美国有一所权威的学校专门有一个部训练州长,全国的州长都要到那里接受训练。苏联的国民经济学院对所有的部长、经理、厂长进行训练,这种训练不是短期的,而是长时间的。在苏联、在美国,有些高层次的干部学习结束,要撰写博士论文。这种论文也不是空的。在苏联,你写的论文就是你改进本职工作的具体方案或办法。论文通过,才能毕业。毕业之后,还要按你写的毕业论文去检查你的工作。我们在三十多年的工作中有许多失误,其中重要的一条失误,就是没有把干部教育抓紧,要抓也是用短训班的方法解决。这样一来,我们的干部就不能掌握现代的科学知识和现代的管理方法。依靠我们干部现有的水平,要使我国实现现代化,要使我们的工作效率提高,是不可能的。所以,党章把这一条规定为干部的义务,是完全必要的。

新党章还有许多重要的规定,如对于党的纪律的规定,加强党的纪律检查委员会工作职权的规定,以及把主席制改成总书记制的规定,后一条规定,严格地说不是改变而是恢复,因为在七大以前,我们党一直实行的是总书记制。所有这些规定,都会在我们党的建设上发生重大的作用。

十二大的一个重要的成就,就是开始了有系统的新老交替。在这一方面,叶剑英同志同陈云同志都作了很重要的讲话。新老交替是我们党所面临的一个大问题。这个问题在"文化大革命"以前没有现在这样严重。经过"文化大革命",不但把时间耽误了,而且造成了很多的困难。可是我们并不灰心。时间耽误了,我们就要更加抓紧这项工作。我们有力量、有决心来把党的现在的状况加以改进,使我们党能够把实现社会主义现代化的宏伟任务担负起来,把反对党内还存在的"左"倾和右倾的错误思想的斗争任务担负起来,把我们全党,包括地方,军队,各个方面,统一起来,完全地统一起来,在思想上,在工作上,在行动的准则上都统一起来,使得我们党一定能完成我们所面临的伟大历史任务。

略谈八年抗战的伟大意义

（一九八七年八月七日《人民日报》）

一九三七年七月七日日本侵略军对我卢沟桥驻军发起的攻击，引发了延续八年之久的中国军民的抗日战争。八年抗战，不但大大加速了中国革命史的发展进程，而且根本改变了近百年来中日关系的不正常状态。中国人民在战胜日本侵略者以后，通过三年人民解放战争的迅速胜利，建立了伟大的中华人民共和国。由于中华人民共和国政府、中日两国各方面友好人士、友好团体和日本政界有识之士的长期艰巨努力，也由于国际形势的发展变化，一九七二年九月二十九日，日本田中角荣首相顺应历史潮流访华，在北京同我国周恩来总理签署中日两国政府联合声明，实现了具有历史意义的中日邦交正常化。一九七八年，两国又缔结了中日和平友好条约。这样就形成了有利于和平和中日友好的远东国际关系新格局。这样的结果，是当时发动侵华战争的日本帝国主义者所万万想不到的。

日本帝国主义首先征服中国继而征服世界的狂妄野心由来已久。一八九四至一八九五年的日本侵华战争（即甲午战争），招致清政府在惨败以后派李鸿章去日本签订丧权辱国的马关条约，其中规定割让台湾全岛及其所有附属岛屿，允许日本人在中国通商口岸任便设立领事馆和工厂及输入各种机器，中国不得逮捕为日军服务的汉奸分子，等等。日本并不是第一个侵略中国的帝国主义国家。这里值得特别注意的是，日本从此占领了我国的神圣领土台湾达半世纪之久。第二次世界大战结束以后，台湾已经归还祖国，中日建交时日本也承认台湾是中华人民共和国领土不可分割的一部分。但是日本方面至今一直有些人散布"台湾归属未定论"，以各种形式进行制造"一中一台"或"两个中国"的活动。

中日甲午战争以后，中国统治阶级中开始形成了亲日派。直到中华人民共和国成立以后才永远绝迹。

在革命民主派领袖孙中山所领导的辛亥革命中，窃取了革命果实的北洋军阀袁世凯，就是一个亲日派。继而掌握北京政府的皖系军阀段祺瑞，在亲日方面尤有过之。作为新民主主义革命第一页的一九一九年轰轰烈烈的五四学生爱国运动，就是由于反对美、英、法、意、日等帝国主义列强在巴黎和会上决定把德帝国主义在山东的特权移交日本、段祺瑞政府（名义上的大总统是徐世昌）准备在巴黎和约上签字而爆发的。北京的学生反日爱国运动[①]，迅速扩大到全国，并且由学生罢课扩大成为工人罢工、商人罢市，迫使北京政府不得不首先在六月十日罢免声名最为狼藉的亲日派卖国贼头目曹汝霖、陆宗舆、章宗祥三人的职务。斗争并没有结束，因为和约问题还没有解决。山东、北京、上海和其他各地学生、工人和其他民众，继续展开了坚决拒绝在巴黎和约上签字的斗争。旅法华工（他们主要是作为中国参加欧战的步骤而被派到法国的）和留学生、华侨等，在和约签字前的六月二十七日，包围了中国代表团陆征祥等人的住所，并提出种种威胁性的警告，致使总代表陆征祥终于不敢出席签字，并给北京政府密电："详审商榷，不得已当时不往签字。"这样，由中国学生、工人和其他广大市民兴起的反对日本帝国主义和其他帝国主义、反对军阀卖国贼的有全国性组织的群众性革命斗争（这在近代中国史上是第一次），就获得了当时所能获得的伟大胜利，论成就远远超出了辛亥革命。日本帝国主义和当时的一批亲日派卖国贼的气焰受到了沉重的打击。我们所以在这里比较详细地介绍五四运动，是为了说明，中国人民的新民主主义革命史的开端（下文将论证抗日战争是这部革命史的关键性转

---

　　① 巴黎和约关于山东问题的决定是由日本政府提议并坚持而通过的，五四运动既然旨在反对巴黎和约，而斗争的主要锋芒也始终指向日本，当然可以称为反日爱国运动。但是巴黎和会的主持者究竟是美英法等列强（日本实际上并未参战，跟美国差不多），而美国总统威尔逊的两次修正案，初则主张由和会暂行代管，继则主张由美英法意日五国共管，性质仍然是帝国主义侵略，只是以五强代一强、以共管代独占而已。美国的立场打破了当时很多中国人认为欧战结束将表示"公理战胜强权"的梦想。五四运动既然反对西方列强制定的巴黎和约，所以同样有理由称为反帝爱国运动，尽管当时还没有提出反帝的口号。

折），正是反对日本侵略的民族斗争；而五四运动继续深入发展的主要收获，就是成立了人民抗日战争的领导者中国共产党，随后不久又实现了第一次国共合作。

中国共产党在成立以后的长期历史中，进行过大量反抗日本侵略的斗争。例如轰动全国的一九二五年五卅运动，就是由上海日本资本家枪杀内外棉七厂工人代表、共产党员顾正红引起的，这次运动成为一九二五至一九二七年中国大革命的起点。由于一九二七年国民党反动派中途叛变，对于毫无准备的共产党人、国民党左派、广大的革命的工人农民实行血腥的白色恐怖，共产党人不得不转到农村进行土地革命，建立革命的人民军队，对反动派进行了坚苦卓绝的十年内战。

但是国民党实行反革命统治和反革命内战的十年，也就是日本侵略势力采取各种野蛮狠毒的手段，吞并我国大片领土，视我国国家民族为无物的十年。一九三一年日本以武力侵占了我国的东北三省，继而不断向内蒙古和冀东扩张，其间还一度侵入上海。日本帝国主义的对华侵略计划，早在蒋介石叛变的当年就已经确定了。日本内阁总理田中义一在一九二七年七月给天皇的奏折中说："惟欲征服支那，必先征服满蒙。如欲征服世界，必先征服支那。"事实就是这样一步步按照日本预定的计划实行的。由于英美两国一股劲儿袖手旁观，直到一九四一年十二月日本偷袭珍珠港（当时美国正在跟日本美美地谈判着出卖废钢铁的生意）以前，日本确是自认为可以在东亚畅行无阻，并且还梦想着在亚洲某处跟希特勒会师呐。而蒋介石大声宣布"不抵抗"、大力执行"攘外必先安内"的政策，也恰好符合了日本侵略者的需要。

中国共产党从一九三一年"九·一八"事变以后,曾先后尽力支持马占山将军、蔡廷锴将军、冯玉祥将军、傅作义将军所领导的局部抗日战争,长期领导东北抗日游击战争,还派出江西红军北上抗日先遣队,指挥中央红军为进入抗日前线的东征。在上述的英勇斗争中,吉鸿昌、杨靖宇、方志敏、刘志丹等杰出的民族英雄献出了自己的生命。但是直到一九三六年,即全国性抗日战争爆发的前一年,情况才发生了根本的变化。第一,中国共产党中央在一九三五年十月率领红军经过二万五千里长征到达陕北以后,向陕西驻军张学良、杨虎城两将军及其所部成功地进行了大量的抗日民族统一战线和停止内战、一致抗日的教育,从而也推动了陕西社会各界抗日救亡运动的持续高涨。陕西的这种特殊局势,已经成为全国局势发展的主要关键。第二,一九三五年年底爆发的由共产党地下组织领导的"一二·九"北平学生要求抗日救亡、停止内战的爱国运动,迅速扩及全国各地各界,形成了比一九一九年的五四运动更强大的声势,很多社会名流、大学教授、海外侨胞和以宋庆龄为代表的国民党内的爱国人士,都积极参加了进来。这同样对陕西和全国的局势产生了强烈的影响。第三,蒋介石在一九三六年十二月来到西安,强迫张、杨继续"剿共",坚决拒绝他们提出的停止内战、共同抗日的爱国要求,使局势极端尖锐化。这种情况迫使张、杨扣留蒋介石("西安事变")。由于中国共产党及时派出代表团帮助张、杨,劝导蒋介石,导致这一事变的和平解决,为国共两党重行合作,积极准备全国抗战奠定了基础。令人无限遗憾的是,为促进团结抗战建立了如此功勋的两位爱国将领,张学良被国民党当局长期剥夺自由至今，杨虎城抗战爆发后回国被捕，在重庆解放前夕惨遭凶杀。

五十年前的抗日战争就是这样开始的。中国共产党无论在抗战前夕和抗战的全过程中，始终掌握着政治的主动权，我们充分肯定国民党政府军所有爱国将士尤其是阵亡将士的战功，但是蒋介石政府在抗战初期就实行片面抗战（只要军队，不要人民）的错误政策，从一九三九年起又实行消极抗日、积极反共反人民的反动政策，致使它的军队大部分几乎丧失战斗力。一九四四年即日本投降的前一年，日本侵略军还能够从河南大举进攻，长驱南下，一直打到广西以及贵州的一部，使战时首都的重庆惊心丧胆。而以蒋宋孔陈四大家族为首的官僚资本，却还乘抗战之机大发国难财。国民党反动派如此腐败不堪，不但引起了民主党派和爱国人民的极大愤慨，就连美国中印缅战区司令兼蒋介石参谋长的史迪威将军和美国驻华大使馆的许多外交官员，也都主张美国应该尽量减少对蒋介石的援助（这些援助都被蒋介石用于准备新的内战，而不用于抗日），转而实行对共产党的援助。还在一九四三年冬，深受蒋介石信任的著名爱国将领张治中就曾向蒋介石面陈："窃谓今日可忧之事，莫过于人心思变，士气荡然。""推而至于友邦人士之批评，以与吾国邦交最亲切之美国而论，其朝野对我之讥弹，已达于令人不堪忍受之地步"（《张治中回忆录》394—395页，文史资料出版社1985年版。这本书很值一读）。可见国民党的危机深重，名誉扫地，确是国内外一致公认的事实。

相反，以毛泽东主席为首的中国共产党，坚持抗战，反对投降,坚持团结,反对分裂,坚持进步,反对倒退,加上党政军民亲如一家,艰苦奋斗,生死与共,使抗日军民有勇有谋,愈战愈壮。今天回忆起当年的那种如火如荼、惊天地而泣鬼神的战斗生涯,谁能不感到无比的自豪呢?! 谁能不努力恢复和发扬抗战时期的优良作风呢? 而对于前仆后继、英勇殉国的无数先烈,又谁能不肃然起敬,贪夫廉而懦夫立,以他们为终身的楷模呢? 总之,中国共产党所领导的人民抗日力量,在八年抗战中威望大大提高,力量也大大增强。在一九四三年,共产党所领导的八路军新四军和其他人民抗日武装力量,已经抗击侵华日军的百分之六十四,伪军的百分之九十五。到一九四五年四月,中国共产党的党员已经由抗战前夕的几万人发展到一百二十多万人,党所领导的革命军队(不包含数量巨大的民兵)已经由几万人发展到九十一万人,党所领导的解放区的人口已经达到九千五百五十万人。共产党领导下的人民革命力量在数量上虽然还比国民党的力量差得多,但是它们所代表的质量却完全不可同日而语。一方是蒸蒸日上,另一方是飘飘欲坠。因此,经过八年抗战,共产党实际上已经对国民党占有潜在的优势。

蒋介石在抗战结束以后,一意孤行地积极准备内战,并在一九四六年六月发动了全面的内战。他以为仗恃国民党政府军长期在大后方养精蓄锐,装备精良,加上美国政府继续给予他军事和财政经济方面的援助,一定可以在短期内彻底消灭"共匪"。但是历史和他开了个大玩笑。蒋介石不但没有达到他多次延期的目标,反而在三年以后,眼睁睁地看着人民解放军大军横渡长江,迅速解放中国大陆,他自己只落得逃往台湾的下场。"天若有情天亦老，人间正道是沧桑。"蒋介石王国在中国大地的溃灭，表现了历史的公正判决。物极必反。事实上，抗日战争结束时的政治军事力量对比，已经为人民解放战争的伟大胜利准备了充分的条件。但是对唯物辩证法一窍不通的蒋介石说来，这一切是永远不可理解的。

中国人民抗日战争和解放战争的胜利说明了一个真理：在中国，哪一个政党能够以工农联盟为基础，团结全国百分之九十五以上的爱国人民解决民族独立问题（由于日本邻近中国，对中国侵略时间最长，侵占的国土最广，使中华各民族的生存危在旦夕，中国的民族独立问题首先必然是反抗日本侵略的问题），同时为占人口百分之八十以上的农民解决土地问题，这个政党就一定能够领导中国，使祖国走上富强文明民主之路。在这两个问题上，中国国民党都失败了，中国共产党都成功了。中国人民再不能有别的选择。

有人说，国民党统治集团在台湾的经济发展上不是搞得不坏吗？是的，但这是由于完全不可比的历史条件。国民党统治中国达二十二年之久，人民生活在官僚资本重重压榨之下，已经凋敝不堪，哪还能谈得上什么像样的经济建设。毛泽东同志曾经举例说："过去人家看我们不起是有理由的，因为你没有什么贡献。钢一年只有几万吨，还拿在日本人手里。国民党蒋介石专政二十二年，一年只搞到几万吨。"在台湾统治的国民党，为什么在中国大陆统治了二十二年，却这样不行呢？难道这二十二年都是由于共产党的"捣乱"吗？否。国民党长时期以血和剑统治着绝大部分国土。台湾只是到一九四六年才成为中国的一个省。我们承认它的经济发展，而且认识到,这种发展从根本上说,是同美国和日本的大力扶持分不开的。试问,美国和日本能够同样地对待社会主义的新中国吗？且不说几十年中它们对中国的重重封锁,就在七十年代它们同我国建交之后,相互的经济文化交往大大增加了,我国政府决心为继续扩大相互间在平等互利基础上的经济文化交往而努力,但是阳光底下仍然没有也不会出现什么奇迹。这一切还不是明摆在那儿吗？

话说回来。无论如何,如我们所已经说明的,八年抗战对于中国革命历史的发展的确具有扭转乾坤的伟大意义。八年抗战的另一个伟大的意义,就是根本改变了远东的国际政治形势。在八年侵华战争结束以前,日本帝国主义已经陷到山穷水尽、四面楚歌的地步。一九四五年八月,苏军歼灭了日本关东军并进入朝鲜。美军在太平洋战争中节节胜利,在八月六日和九日先后向日本广岛和长崎投了原子弹(众所周知这种战争手段是我们历来反对的)。中国人民抗日军队也大举全面反攻,直扑据守各大中城市的日军。八月十五日日本宣布无条件投降;九月二日,日本正式举行了投降的签字仪式。日本议会通过“和平宪法”,其中第九条明确规定:“作为解决国际纷争之手段,永远放弃国家主权发动之战争与武力威吓或行使武力”,“不承认国家之宣战权”。一九四六年一月至一九四八年十一月,由中、苏、美、英等十一国代表组成远东国际军事法庭,审判日本首要罪犯,其中东条英机、土肥原贤二、广田弘毅、板垣征四郎、木村兵太郎、松井石根、武藤章七人被判处绞刑。不到一年以后,中华人民共和国就宣告成立。一向被称为东亚病夫的旧中国一去不复返了。同时,远东的旧形势和世界的旧形势，也都一去不复返了。这也证明了渺视物极必反原理的人，必然会受到它的惩罚。

日本投降前后在日本发生的种种事件，都早已过去，我们很不愿意重提。只是事与愿违，现在日本确有一些人正在故意装作忘却和妄图改变这些不可忘却、不可改变的历史事实。有些人歌颂这次侵略战争和发动侵略战争的罪犯，有些人正在制造否定东京审判的舆论。这些动向，理所当然地引起日本爱好和平的广大人民的不安，也理所当然引起曾经遭受日本侵略的中国和亚洲其他国家和地区的不安。

中国受日本侵略之害最深。在八年抗战中，中国军民伤亡总数即达二千一百余万人，其中牺牲者近一千万人，（只是震惊世界的南京大屠杀就牺牲了三十多万人），财产损失达六百多亿美元。但是社会主义的新中国一向认为，中日两国是一衣带水的邻邦，有一千年的友好历史，两国不愉快的关系还不到一百年；而且侵华战争只是日本帝国主义的罪恶，日本人民同样是受害者。所以建国以来，一直致力于克服日本政府所设置的重重障碍，发展中日两国人民的友好交往和经济界（主要是中小企业）、文化界、科学界、宗教界、工运界、农业界等各方面的交流。我国早在一九五二年就接待过帆足计、高良富（女）、宫腰喜助三位日本议员，并签订了民间贸易协定；从一九五三年起，中国先后协助日本侨民近四万人回国，日本民间团体先后送还中国在日死难烈士遗骨共三千余具。在抚顺战犯管理所被提前释放的一千多日本战犯，也被顺利地接运回国。许多当年参加过侵华战争的日军官兵，回国后成了宣传"日中不再战"和日中人民友好的积极活动家。但是中日人民友好关系的发展,还是一再受到敌视中国的日本统治集团的阻挠。一九五八年,周恩来总理提出了著名的"政治三原则",要求日本政府必须(一)不执行敌视中国的政策;(二)不制造"两个中国";(三)不妨碍两国关系正常化。一九六〇年秋成立的日本池田内阁态度有所改变,因而日本自民党的老政治家松村谦三和其他政界、贸易界人士所进行的友好活动,在一九六四年达到了一个新的阶段,签署了廖承志办事处和高碕达之助办事处互在对方首都设立常驻联络办事处的协议,和中日双方互派常驻记者的协议。一九七二年九月二十九日,中日两国政府签署的中日联合声明宣布:"日本方面痛感日本国过去由于战争给中国人民造成的重大损害的责任,表示深刻的反省。"日本方面重申站在充分理解中华人民共和国政府提出的"复交三原则"(即中华人民共和国是中国的唯一合法政府;台湾是中国领土不可分割的一部分;日台条约是非法的,无效的,应予废除)的立场上,谋求日中邦交正常化这一见解。声明的条文中规定:"日本国政府承认中华人民共和国政府是中国的唯一合法政府。""中华人民共和国政府重申:台湾是中华人民共和国领土不可分割的一部分。日本国政府充分理解和尊重中国政府的这一立场,并坚持遵循波茨坦公告第八条的立场①。"在这以前,毛泽东主席在九月二十七日会见了田中角荣首相,双方进行了认真友好的谈话。中日两国从此建立了平等的邦交。这就结束了中国长期遭受日本侵

---

①　波茨坦公告第八条规定:"日本之主权必将限于本州、北海道、九州、四国及吾人所决定其他小岛之内。"

略的痛苦历史，两国关系也就转入了前所未有的新轨道。这是毛主席、周总理和日本有远见的政治家代表两国人民所作出的宝贵贡献。中国人民对日本为日中友好、两国邦交正常化而奔走呼号、呕心沥血的所有组织和个人的功绩，将永志不忘。

中日建交以后，中日友好关系有了新的发展。一九七八年八月，两国缔结了和平友好条约。条约确认中日联合声明"是两国间和平友好关系的基础，联合声明所表明的各项原则应予严格遵守"，并就两国今后关系发展的原则作出了重要规定，包括"缔约双方将本着睦邻友好的精神，按照平等互利和互不侵犯内政的原则，为进一步发展两国人民的往来而努力。""两国任何一方都不应在亚洲和太平洋地区或其他任何地区谋求霸权，并反对任何其他国家或国家集团建立这种霸权的努力"。同年十月，邓小平副总理代表中国政府前往日本交换条约的批准书并进行友好访问。一九八二年至一九八三年，中日两国确认了中日关系四原则，即和平友好、平等互利、相互信赖、长期稳定。

常言道好事多磨，中日两国友好关系的发展也不是一帆风顺的。近几年来，纠纷迭起，一九八二年有否认日本对华侵略的历史教科书事件，一九八五年有日本首相和内阁成员正式参拜供奉战争罪犯的靖国神社事件，最近突出的是日本法院把中国国有财产光华寮判归台湾的事件。这些事件，显然都不利于中日两国人民世世代代的友好。

上述事件究竟说明了什么呢？不外是说明，日本当局迄今为止，在一系列重大问题上，还只是在辞藻上而没有在实际行动上认真执行中日联合声明和中日和平友好条约的原则。与此同时,日本防卫费突破国民生产总值百分之一限额等动向,也引起亚洲邻国的关注和忧虑。人们不能不注意到,日本社会上有一股势力总是企图把来之不易的中日友好关系拉向后退,总想千方百计地否定日本过去对中国发动侵略战争的历史,甚至企图翻"南山可移,此案不可移"的历史定案。这种逆历史潮流而动的倾向,已经促使中日两国人民提高警惕。对于中日两国关系的现状,日本政界和社会各界的有识之士也是不满的。他们呼吁:"要回到日中联合声明、日中友好条约等原则和精神上加以对待。"大阪高等法院承认台湾当局对光华寮的所有权和管理权,"就等于承认另一个中国或者说一个独立的台湾"。"歪曲历史有百害而无一利,因为它会从根本上伤害日中友好关系,日本人的自豪感也会受到伤害。"我们深信,在两国关系的长远前途上,理智终会占上风。

在纪念日本全面侵华战争五十周年的今天,我们殷切地希望中国军民特别是青少年,重温这半个世纪的血泪史和革命斗争史,密切注视中日关系的动向,并且同日本广大人民一道,共同努力,推动中日友好关系能够在中日联合声明和中日和平友好条约的基础上,切实地长期稳定地向前发展。邓小平同志最近说:"中国不会改变世世代代同日本友好下去的政策,但是不愉快的事情要妥善处理。""对中日关系在历史上的纠葛,坦率地讲中国没有责任。中国强调向前看,不要找麻烦,不要引起不必要的新的纠葛,这些纠葛没有一件是中国引起的。"这些话说得多好,真是表达了十亿人民的心声! 中国政府和全国军民十分珍惜中日两国的友谊,热望这种友谊不断地向前发展。这就需要不再制造麻烦。对当前已经制造的难题,有必要按照中日联合声明和中日和平友好条约的原则尽快予以妥善处理。只有不断排除前进道路上的障碍,中日睦邻友好关系才能健康顺利地发展下去,为两国人民带来幸福。孔子曰:"今吾于人也,听其言而观其行。"日本政府究将何去何从,吾人请拭目以待。

答美国记者索尔兹伯里的提问

（一九八七年十一月五日）

三年多不见了。对你第七次访华拟写新长征的努力表示钦佩。相信会与第六次访华写成长征取得同样的成功。

你的提问很有意思。邓小平的双重贡献是十三大的重大主题之一，你写的长征也结束于一九七四至一九七五年的邓小平的一章。在十一届三中全会路线形成和发展的道路上，一九七四至一九七五年邓小平和毛泽东和"四人帮"三者之间进行错综复杂的斗争过程，无疑是一个重要的时刻。

当然，邓小平以及周恩来、刘少奇、陈云、李先念等早就不同意毛泽东的许多看法。邓小平指出，毛泽东在一九五七年下半年把反右斗争扩大化，这就意味着党在一九五六年八大规定的中心任务（发展生产力，而不是发展阶级斗争，那已不再是中国政治生活中的主要矛盾）被否定了。由于以后毛泽东一直坚持主要任务仍然是阶级斗争而不是发展生产力，这样，他就走上了空想的道路。继续坚持用主要力量发展经济、坚持反对"阶级斗争"扩大化的党的其他领导者和广大干部，就不得不采取各种迂回曲折的形式来与毛泽东争论，时而公开地、更多的是默默地自行其是。现在不可能作详细的回顾，那占时间将太多，只需指出，这种斗争虽在一九六六至一九七六年的"文化大革命"的困难条件下也没有中止。只是到一九七四至一九七五年邓小平重新居于领导地位以后，这场斗争才出现在舞台的正前方，为党内外的公众所周知。这也就是你所提问的当时政治战线斗争的主要内容。至于其他内容，即邓小平和毛泽东在约一年时间内共同反对"四人帮"的斗争。

邓小平重新进入领导岗位的过程是：一九七三年三月重任副总理；一九七三年十二月任军委总参谋长、政治局委员；一九七四年四月率代表团参加联大；一九七四年十月至一九七五年一月任中央副主席、政治局常务委员、国务院第一副总理，主持党政军日常工作。是否重用邓小平，在毛泽东与"四人帮"之间发生了尖锐的斗争，这是很自然的。"四人帮"这一名词也就是在这场斗争中（一九七四年七月毛泽东在政治局会上警告江、张、姚、王不要搞四人小宗派）提出来的。随后不久，一九七四年十月，因周恩来病重，毛泽东决定任命邓小平为第一副总理，这就使邓小平代替周恩来成为"四人帮"夺取权力的主要障碍。"四人帮"竭尽全力来阻挠邓小平的任职，但失败了，结果是毛泽东对他们更为憎恶。

毛泽东在"文化大革命"中始终没有在根本上动摇国务院的组织和工作，这表明他认识到对经济工作的组织和领导是必不可少的。此时，毛泽东进一步认识到，"无产阶级文化大革命，已经八年，现在以安定为好。全党全军要团结"，这个观点被写入召开四届人大的通知中。他同时还提出"把国民经济搞上去"的要求。这是毛泽东与"四人帮"的一个根本分歧，也是邓小平得以在政治战线（同时也在经济战线）上进行重要工作并系统地展开自己的思想的先决条件。尽管抓革命、促生产的说法和一九六六年十二月《抓革命促生产的十条规定》即在工交企业中全面地进行"文化大革命"的决定，以及由此造成的组织混乱、干部损失，使工交企业陷入严重困难，但一般说来，经济工作在邓小平任职以前，也还在挣扎着前进。周恩来一九七二至一九七四年主持工作期间，已经针对"四人帮"造成的混乱，要求整顿企业管理状况。邓小平主持工作，继续和发展了周恩来所开始的对工交企业的整顿。一九七五年二至九月，先后召开了解决全国铁路运输问题的工业书记会议、钢铁工业座谈会、南方十二个省委书记会议和部分地委书记会议、国防工业重点企业会议。提出如下重要原则性的口号：

"治乱安邦、发展生产力，把国民经济搞上去""全党全国都要为（二十五年内实现四个现代化）这个伟大目标而奋斗，这就是大局"——这个口号就是现在要实现的第三个奋斗目标。"三项指示为纲，1. 学习无产阶级专政理论，反修防修；2. 安定团结；3. 把国民经济搞上去。"这样，邓小平的主张就获得了毛泽东的支持。邓小平接受了毛泽东的提法，只是把侧重点放在安定团结和把国民经济搞上去上面。这也当然遭到"四人帮"的强烈反对。你会注意到，这两个口号的实质一直到十一届三中全会，一直到十三大和十三大以后，都还起着指路标的作用。这里已经提到一个中心，一个基本点，另一个基本点改革开放当时还不可能提出来，只能叫整顿，实际上内容不但包含了改革，也包含了开放。当时主要是指对外贸易，首先是引进国外先进项目。这由周恩来在一九七二年初开道，毛泽东也表示赞同。

邓小平进一步突出整顿的问题，使政治战线的斗争逐步深入和扩大。到九月，斗争已扩大到全国各方面。除军队在一月已提出整顿外，工业、农业、商业、财贸、文教（文艺要调整，也就是整顿）、科技都要整顿。还提出整顿的核心是党的整顿，关键是领导班子。"必须建立强有力的敢字当头的领导班子"。

在这些口号指导下，采取了一系列重大组织措施：

1.在军队中强调军队要统一，要整顿，清除林彪影响，不准闹派性，整风、缩编。这使军队重新掌握在老革命派的手中，成为以后粉碎"四人帮"的首要保证和首要力量。

2.坚决同派性作斗争，对闹派性的人寸步不让。强调加强党的领导，发扬和坚持党的优良传统。这样，使被摧残的党的战斗力得以恢复。

3.解放大批被关押、虐待的老干部三百多人，决定被关押者绝大多数要"释放、分配、补资、平反"，最后撤销专案组。强调要发挥老干部、中年干部的作用，对青年干部强调"台阶"论（这在当时的意义所指是很明显的），要落实对老劳模、老工人和知识分子的政策。

4.强调规章制度，工业要抓利润。

5.强调教育以教学为中心，提高教师地位。否则危机可能出在教育方面。

6.强调科学技术，指出是生产力，否则要拖整个国民经济的后腿。

　　这些措施收到了实效。军队大权夺回，党的阵地大为加强，国民经济自一九七五年三月后逐月好转，五、六月创月产最高水平，财政上半年收支平衡，略有节余，军工生产在七、八月召集会议以后也全面好转。

　　这个成就是邓小平及其他同志们在毛泽东与"四人帮"矛盾上升的情况下取得的，虽然十分难得而且说来令人惊讶，但也是基础不稳定的。关键是在：毛泽东虽然要求安定和团结，把国民经济搞上去，但仍然要坚持在无产阶级专政下继续革命，反修防修。因而邓小平的政策发展到一定时期，两者的矛盾又必然上升。邓小平对教育科学的整顿方针首先引起了毛泽东的警觉。十月，由于争论涉及某个毛泽东所信赖的人，这一矛盾表面化了，成为批邓反右的导火线。

　　因此，围绕究竟是要发展生产力还是要以阶级斗争为纲，这两者之间的斗争，仍然是当时政治战线的中心问题。不难看出，毛泽东与"四人帮"的矛盾为什么同样不能解决。毛泽东最后还是把权力交给了华国锋这个"凡是"派，而不是"四人帮"。毛泽东这时是空想的革命家，他所想的抓革命促生产本身是自相矛盾的。而"四人帮"和林彪一样，是假革命即反革命的阴谋家，他们只想把一切搞乱，乱得越彻底越利于他们夺权。这样，三者的矛盾都难以调和，但邓小平与毛泽东、邓小平与"四人帮"、毛泽东与"四人帮"之间的矛盾的性质是完全不同的。毛泽东是革命加空想；邓小平是革命加科学或实际；"四人帮"则是假革命加破坏和阴谋。毛泽东认识到"四人帮"有阴谋诡计，但没有认识出他们的反革命本质。毛泽东认识林彪的反革命本质也为时过晚。同样，毛泽东最后虽承认"文化大革命"遭到多数的反对,但未能认识到它本身就是绝大的错误。

　　上面所说的政治战线的中心问题,本身就涉及意识形态问题。因为不承认既已进入了社会主义阶段或它的初级阶段的事实,不承认既进入社会主义阶段阶级斗争就不能继续成为主要矛盾,而发展生产力就不能不成为新的中心任务的事实,这些都显然是脱离实际的空想,都显然违反了马克思主义基本原理,从认识方法(社会存在决定社会意识)和历史观点上都是如此。这也违反了毛泽东曾经作了最重大贡献的中国共产党的指导思想——毛泽东思想。

　　这是从实质上看。就当时的现象来说,毛泽东在授予邓小平权力的同时,多次强调要加强无产阶级专政,加强学习无产阶级专政理论,防止资本主义复辟,直到认为中国当时的社会除所有制不同以外,一切和资本主义一样:还是商品制度,工资制度也不平等,不但小生产者,连工人、党员、干部都会变成"资产阶级",因而"搞资本主义制度很容易"。"四人帮"在这方面大肆渲染,甚至把毛泽东的一些话莫名其妙地歪曲引用,引起毛泽东的强烈反感。在另一方面,邓小平在号召学习无产阶级专政理论,反修防修的同时提出安定团结,把国民经济搞上去,而且提出学习毛主席著作要学精神实质,要全面学习,反对把毛泽东思想庸俗化,加以割裂。这是针对林彪、"四人帮"而言的。邓小平对毛泽东的大量空想主义的提法保持沉默。

　　说到文化方面,这跟经济工作中的情况大致相同。毛泽东在一九七五年确曾在知识分子问题和文艺文化问题方面多次表示要放宽。这些表示当然为邓小平所拥护，同时也当然是对"四人帮"的重大打击。但到"批邓反右"以后，一切又倒转了。如你所知，这个倒转在一九七六年第四季度至一九七八年第四季度，就又被颠倒过来。

　　决不能简单地认为，毛泽东在一九五七年下半年以后就始终只是一个空想家。对此现在不作详细讨论。你已看到，毛泽东的宝贵遗产一直受到继承和发扬，这一点今后也不会改变。

中国在五十年代
怎样选择了社会主义

（一九八九年三月至四月在
美国访问时所作的学术讲演）

　　中国经济在五十年代的最重要事件就是选择了社会主义。三十多年的时间已经过去，人们对于这个问题仍然抱有兴趣。这个过程是怎样和为什么发生的？我想就这个问题的实际方面作一些客观的解说。

　　中国共产党从来把实现社会主义作为自己的政纲。它认为，中国要确保国家的独立和统一，发展国民经济，实现繁荣富强，使劳动人民免遭剥削和贫困，只有社会主义才是唯一的出路。但它并没有在取得政权的时候打算马上这样做，而是到一九五二至一九五三年间才根据毛泽东的建议决定作出这个选择的，随后在一九五四年被确定在由第一次全国人民代表大会所通过的宪法里。这时中国经济已经从长期的战争破坏中恢复过来，正在着手制定和实行后来被超额完成的第一个五年计划。按照这个计划，工业总产值年增长率将达百分之十四点七，农业总产值年增长率将达百分之四点三，职工平均工资将增长约三分之一。将建设约一万个项目，包括六百九十四个大中型工业项目，而以苏联援助建设的一百五十六项为中心。

一九四九年，解放战争结束和人民共和国成立的一年，中国经济破敝不堪。与过去中国经济发展的最高年份相比，工业总产值减少了百分之五十左右，粮食减少百分之二十五，棉花减少百分之四十八。从一九三七年六月到一九四九年五月，国民党政府所发行的通货，膨胀了成千亿倍，物价上涨了成千亿倍。人民政府必须首先稳定物价，稳定金融，稳定财政。当时在中国的资本家中间流传着一种说法，共产党军事内行，经济外行。或者说，军事上一百分，政治上八分，经济上零分。人们的这种不信任感是可以理解的，他们没有经验。所有的人都没有经验。人们怀疑，共产党在解放区的经验和本领够不够解决这样的全国性的大灾难？

但是中国创造了奇迹。人民共和国成立八个月，即一九五〇年五月以后，中国物价开始稳定。一九五〇年财政收支基本平衡，一九五一年和一九五二年财政还略有节余。一九五二年与一九四九年相比，工业总产值增长百分之一百四十五，比战前最高年份增长百分之二十二点三；农业总产值增长百分之五十三点四，比战前最高年份增长百分之十八点五。粮食、棉花、电力、煤、钢、机床、纱、布、纸等主要产品产量都有明显增加或大幅度增加。

这个奇迹是怎样出现的？我们了解了这个过程，也就能大致了解中国怎样选择社会主义的过程。

中国经济的恢复过程中有四个起作用的基本因素。

第一个基本因素是中国政府实行了全国财政经济的统一。这里包括统一财政收支，统一货币和现金管理，统一国营贸易和重要物资的调度。所以要实行这种统一，首先当然是为了把凡能集中使用的力量都集中起来，以便战胜当时所面临的严重困难。同时，也是为了使中国这样一个地大人多、贫穷落后的国家，能够把仅有的一点物质力量管好用好，足以维持全国的统一安定，有能力调剂各地区的余缺和应付各种意外，并且有计划有步骤地恢复和发展经济，保障和逐步改善人民生活。这种统一在中国历史上没有过。这种办法既不是出于事前预定，也不是出于国外的成规或建议，而只是在特定情况下的唯一选择。这当然是说的共产党所能作出的选择，共产党以外的任何力量即使想这样做也做不到。

人民政府在一九四九年五月采取坚决的行政法律措施宣布禁止黄金、白银和美元的流通，支持人民币作为唯一合法的货币。这是打击投机商的第一个重大步骤。但是为了稳定物价，还必须依靠经济方法。当时人民政府手里所能够掌握的主要经济武器只有粮食、棉花、纱布，运输它们的火车、轮船，以及支持工厂开工的煤炭。中国最大城市上海刚解放时（一九四九年五月底），政府只有二千万斤粮食；到一九五〇年七月，由于全国火车轮船有组织的调运，已经多达十七亿斤，够上海市一年半的周转。政府在上海、附近省份和远距离省份布置了三道防线，从而在七至十月战胜了囤粮抬价的投机商。一九五〇年二至三月即春节前后，同样的斗争又在棉纱和棉布上更复杂地展开，使投机商遭到毁灭性打击。为了适应十月援助朝鲜战争以后的形势，政府除了掌握更多的纱布外，还实行了对纱布统一收购和一系列紧缩财政稳定金融开支的政策。这样，到1950年底各大城市的批发物价指数就比同年3

月的水平还下降了 14.6％。这被称为经济上的"淮海战役"。

财政经济工作上的这种高度统一，加上后面说到的国营经济的迅速发展，以后被很自然地逐步引向计划经济的轨道。这里应该指出，建立在这种高度统一的基础上的计划经济体制（实行高度统一是物资短缺而需求紧迫的反映），后来作过几次重要的改变，主要是扩大了地方的财政经济权力。八十年代改革的一个主题是大大减少中央的指令性计划，扩大国营企业的权力，取消或减少对大宗物资流通的控制。但是1950 年所以能够那样迅速地稳定物价金融和财政，以后直至一九五七年全国经济所以能够保持稳定的增长，不能不归功于当时对财政经济工作的高度统一。后来的经验也表明，一定程度的统一或计划性，以及拥有相应的物质手段或宏观调控能力，对于国民经济的稳定发展始终是必要的（在遇到经济严重困难的六十年代前期，曾经再一次实行高度统一的体制）。这是中国选择社会主义的重要关键。

决定中国选择社会主义的第二个基本因素是中国国营经济的日益强大。

国营经济是没收国民党官僚资本的结果。解放前夕，国民党官僚资本约占全国工矿业、交通运输业固定资产的百分之八十。人民政府接管了属于官僚资本的工业企业，使国营工业的产值在一九四九年占全国工业产值的百分之三十四点七，到一九五二年，这一比重增加到百分之五十六。国营批发商业占全国批发商业营业总额的份额，一九四九年到一九五二年由百分之二十三增加到百分之六十。银行基本上由国家经营。

新中国的国营经济一开始就被认为是社会主义经济。它决不能与三四十年代的国民党时期或历史上更早的官营经济同日而语。在一九五〇年稳定经济所依靠的手段中,除粮食和棉花来自拥护共产党的农民,纱布、火车、轮船和煤炭都来自国营企业。派到各大企业的负责工作人员一般都是富有群众运动和革命战争经验的、有献身精神的青年,善于和职工打成一片,能够动员群众的力量在战争的废墟上克服种种困难,重建、扩建或新建企业。国营企业忠实于政府规定的各项制度、纪律和计划,不但使各种重要工业产品产量迅速超过战前的最高水平,而且开发了一大批新产品、新工艺、新技术、新产业和新的工业地区。国营企业职工生活稳定而充满热情,有各种权利、保障和福利,被社会尊称为老大哥,在他们中间出现了一大批技术能手和劳动模范。

中国的财政经济工作的统一得力于国营经济的支持,同时又为国营经济不断增添新的血液。第一个五年计划的主要任务要由国营经济承担,这当然需要大大扩大国营经济。这是中国选择社会主义的第二个基本因素。

第三个基本因素是资本主义经济的弱小和发展困难。

中国资本主义经济,在官僚资本被人民政府没收以后,已经很弱小。为了在长期战争结束以后求得生存,不能不依靠政府和国营经济的支持。政府也采取有力的措施来帮助工厂商店开业,既为了恢复经济,也为了防止失业。但是两者之间又存在着许多难以解决的矛盾。

人民政府为控制物价而进行的严重斗争反映了这种尖锐矛盾。物价稳定以后,资本主义工商业面临新的严重困难。

消费者不再像通货膨胀时期那样抢购消费品，一大批工厂商店不能适应人民消费结构的变化和国家订货的需要。它们特别缺乏原材料和流动资金。在这种情况下，它们不得不接受政府所实行的一系列调整或改组的政策。大部分工业企业承办加工业务、接受国家的订货和收购包销产品，而商业企业开始为国营商业代销。改组的结果产生了一九五一年的中国资本主义经济史上前所未有的"黄金时代"，工厂和商店的户数都增加了十分之一以上。

资本主义工商业的迅速发展，加剧了它们与政府、国营经济乃至社会的矛盾。大部分工商业主偷税漏税，在生产和经营中偷工减料或采取其他诈骗行为，并为此而大量行贿，从而导致一九五二年上半年的"五反"运动：反行贿、反偷税漏税、反盗窃国家资财、反偷工减料、反盗窃国家经济情报。人们开始认识到，资本主义工商业不仅需要进一步改组，而且需要通过国家资本主义的过渡形式逐步改造为社会主义。

尽管有了"五反"运动，随着国民经济的恢复和大规模经济建设的展开，社会主义经济和资本主义经济的冲突仍然日趋紧张。一九五三年粮食市场上出现了极其严重的形势。大规模的经济建设大大增加了需要供应粮食的人口，粮食的销量急剧上升，私商的抬价抢购却使国家的购粮计划难以实现，一些地方收购量甚至不到计划数的三分之一。这个情况不但威胁着所有工业企业的职工，而且威胁着全体城市居民。一九五三年冬中国被迫实行粮食、食油统购统销。随后，由于同样的原因，实行棉花的统购统销和棉布的统购统销，并使批发商业国有化。同时，加工订货和公私合营逐步由大企业扩大到中小企业。资本主义工商业的这种进退两难的情况，是中国选择社会主义的第三个基本因素。

第四个基本因素是新中国的国际环境。

新中国是在推翻为西方国家所支持的国民党统治的激烈斗争中产生出来的。1950 年的朝鲜战争，使中国与西方已经很紧张的关系更加紧张。中国受到了长期的外交上、经济上和军事上的严密封锁。中国不但不可能从资本主义大国得到什么援助，而且连普通的贸易和交往都很困难。中国人因此只能从自己受侵略受歧视的记忆中和受敌视受威胁的感受中认识资本主义。当时只有社会主义国家和战后为独立而斗争的国家同情中国，只有苏联能够援助中国，这种援助在中国的第一个五年计划中占有十分重要的地位。尽管中国在制定具体的经济政策和工作方法时坚持从中国的具体情况出发，苏联的社会主义制度仍然对中国具有重大的榜样作用。当然，如果国际环境是另一个样子，中国选择的条件、时机和形式将会有某些不同，但是叙述历史不是写小说，不能由我们自由想象。

中国对资本主义工商业实行全行业公私合营，对私方付年息五厘作为"赎买"的代价，使资本主义经济和平地转变为社会主义经济。这种方法确实是一个有历史意义的巨大的成功，虽然现在看来不免有些简单粗糙。八十年代的经验表明，在社会主义经济获得全面的统治地位以后，可以允许少量资本主义经济成分在国家的有效控制下继续存在（这与实行社会主义改造以前的状况当然完全不同），这对社会主义经济可以成为一个有益的补充。一九五六年中国资本主义工商业实行全行业公私合营，出现了一些戏剧性的场景。这显然受到了农业合作化高潮的影响。在压力下匆忙完成的过渡使一系列复杂问题没有得到仔细的处理。

中国领导人在一九五六年晚些时候已经指出，在资本主义工商业、农业、手工业社会主义改造过程中所采取的许多办法，主要是过分地统一生产、统一经营、统一收购、统一销售、统一计划的办法，并不适合于国民经济长期发展的需要，应该及时纠正，并且应该在一定范围内，使个体经营成为国家经营、集体经营的补充，使自由生产成为计划生产的补充，使自由市场成为国家市场的补充①。在一九五六年底，中国领导人曾经宣告，允许某些处在非法状态的"地下工厂"、"地下商场"合法化，只要不违法，十年二十年不没收②。中国有百分之九十几的社会主义，不怕有百分之几的资本主义作为补充和比较者③。但是，这个大有希望的进程，被一九五七年以后的"左"倾错误政策打断了。

至于农业，那是一个需要专门讨论的问题。中国农业合作化有很多不同于苏联农业集体化的特点。这个过程本身没有使农业受到破坏，并且带来了许多现在仍在起作用的成功，特别是在农田水利的基本建设方面和农业机械的应用方面。合作化的农业对于国家的工业化贡献了大量的低廉的粮食、农产品和劳务。但是过快的变化和以后的长时期滥用行政手

①　陈云：《在党的八大的发言》，1956 年 9 月 20 日。
②　毛泽东：《与民主建国会、工商联负责人的谈话》，1956 年 12 月 7 日。
③　刘少奇：《在人大常委第 52 次会议上的讲话》，1956 年 12 月 29 日。

段,以及工农产品比价的不合理,挫伤了农民对于农业劳动和农业经营的积极性。此外,合作化对农村多余的劳动力也没有提供出路。因此,八十年代的改革不能不首先从农业开始。众所周知,人民公社目前已被家庭联产承包责任制所取代。需要指出,中国农民的生产和经营至今仍不同程度地受到乡、村两级各种经济组织的协助、服务和调节,形成所谓"双层经营"以至"双向承包"。在经济发达地区,集体经济仍是主体。据统计,在一九八八年的农村经济总收入中,乡、村两级企业和集体统一经营收入占百分之四十点八;新经济联合体所占比重百分之二点五;家庭经营收入占百分之五十六点七。

就五十年代中国经济和中国历史的全局而论,重要的是,无论早几年或迟几年,保留多少私有成分,经营管理上和计划方法上具有多大程度应有的灵活多样性,总之,对社会主义的选择是不可避免的。

中国为什么犯
二十年的"左"倾错误

（一九八九年三月至四月在
美国访问时所作的学术讲演）

中国选择了社会主义道路以后的经济发展是曲折的。有三段时间经济发展比较好，它们是：一九五三——一九五七年，即第一个五年计划时期；一九六一——一九六五年，即国民经济调整时期；一九七九年到现在，即改革开放时期。① 这三段时间的经济发展速度在过去的中国历史上固然没有，在世界上也不多见。如果过去的四十年都能按这三段时间的状态平稳地发展，中国经济现在的情况无疑将好得多。

但是一九五八——一九七八年的二十年间，总起来说是中国经济的动荡和停滞时期，也就是像中国领导人所说，犯了二十年的"左"倾错误。一九六一年开始的调整政策是为了挽

---

① 这三段时间的经济年增长速度是：
1953—1957年（基期1952年）：工业18.0%　农业4.5%。
1963—1965年（基期1962年）：工业17.9%　农业11.1%。
1979—1988年（基期1978年）：工业12.3%　农业6.5%。

救一九五八——一九六〇年大跃进的失败。调整政策本身获得很大成功，但是刚开始不久，中国就进行了先在农村后来扩大到城市的"社会主义教育"运动。这个运动一直延续到"文化大革命"，客观上也为"文化大革命"作了思想上政治上的准备，因为它在后期提出了"反对党内走资本主义道路的当权派"的口号。现在不准备去叙述这二十年的历史，也不准备对这二十年中的种种错误和荒谬去进行谴责（中国共产党已经并将继续毫不动摇地进行这种谴责），而只试图客观地解答一下这个问题：究竟是什么原因造成这种"左"倾错误，并使它延续这样久呢？

下面我从五个方面来探讨这个事实的原因。

形成"左"倾错误的第一个原因，是企图以比第一个五年计划时期增长速度更高的超高速度来推进中国经济，并认为这个速度是可能的。理由是：中国有共产党的领导，有几亿渴望摆脱贫困落后状态的人民，而现在又已经有了强有力的社会主义制度。中国社会主义改造的过早的成功，特别是几亿农民以意想不到的速度参加了合作社，使连续成功地领导中国革命二十年以上的毛泽东相信，社会主义制度加上群众运动将是万能的武器。他认为，这样将使中国既能在不太长的时间内胜过西方国家，也能胜过不那么重视由下而上地发动群众、依靠群众政治觉悟来发展经济的苏联，据他看来，第一个五年计划时期的中国工业制度和计划方法还是受了太多的苏联影响。中国应当对于人类作出更多的贡献，因此要鼓足干劲，力争上游，多快好省地建设社会主义。这个想法很容易地得到了党内富有群众运动经验的大量干部的响应。甚至一向比较务实的领导人也同意,至少无法反对,试试新的方法。这就产生了一九五八年的大跃进。公平地说,大跃进在若干个别领域确实促进了一些开创性事业,但是对于整个国民经济却造成了严重的混乱和挫折。大跃进继续了三年,使中国吃够了苦头,也使全党一致同意改变方向,实行调整。毛泽东承认对如何进行经济建设知识很少,还有很大的盲目性,以后也较少过问经济建设。但是认为中国可以在社会主义制度下以超常速度发展的思想,至少在一部分领导人中并不那么容易消失。毛逝世后一九七七——一九七八年发生的一次新的冒进,和八十年代中期以后的经济过热现象,就是明显的证据。

形成"左"倾错误的第二个原因,是相信经济建设不能离开阶级斗争。中国五十年代前半期确实充满了阶级斗争。贫下中农先是打倒了地主,后来又充当了合作化运动的先锋。资本主义工商业的改造虽然是和平的,但也是紧张的阶级斗争的结果。一九五六年共产党的"八大"曾经宣布阶级斗争基本结束。但是接着不久在东欧出现了匈牙利的事件,一九五七年中国也发生了大大扩大了的反右派斗争,这些都被认为是阶级斗争还没有过去的证明。一九五九年中苏关系的恶化使中国对反对修正主义的口号加给了新的含义。一九六二年这个口号开始应用到国内和党内。同时开展了社会主义教育运动,这一运动波及每一个农村、企业和经济机构,终于升级为全国范围的"文化大革命"。对于经济领域的口号,先是"政治统帅经济",后是"抓革命,促生产"。在这个方针之下,经济工作的目标,方法,管理,领导人员和工作人员的选择,以至具体项目和指标的决定，都可以变成含有阶级斗争的意义。这种观念在今天看来是不可思议的，在当时居然可以被说得"顺理成章"。它能够形成并且在一定程度上为多数人所接受，至少在表面上接受，这不能不说是由于阶级斗争的思维惯性和行为惯性的影响。诚然，这种惯性是被一些错误论点人为地延长了，但是这种惯性作用的存在是难以否认的。

形成"左"倾错误的第三个原因，是追求某种空想的社会主义目标。随着一九五八年的大跃进，中国发生了对于共产主义理想的狂热。一九五八年出现的把工农商学兵、政治经济社会结合在一种组织内的农村人民公社，企图把乡村乌托邦化。农村人民公社曾被认为是向共产主义过渡的最好形式，而城市竟被置之度外，这个事实表明当时的共产主义理想是多么天真。人民公社实行的"供给制"和其他统一分配的方法虽然被纠正了，但是公社这种政社合一的农村机构却直到八十年代才被解散。

人民公社的空想的分配方法很容易碰壁，但是它的自给自足经济模式却难以冲破。人民公社也讲"商"，实际上强调自给自足，从而制约了农村商品经济的发展。工业企业的生产结构和服务结构，也有程度不同的自给自足的倾向。在全国改变中央统得过多过死、实行下放权力以后，对省一级地区也强调形成比较独立和成套的经济体系。同时，中国虽在一九五六年实行了等级工资制度，但受长期革命战争传统的影响，对物质利益原则在思想上一直采取抵制态度。人民公社的供给制的试验虽然失败，分配上的接近平均仍然被当作基本信条。这些都带有自然经济的色彩，不利于商品经济的发展。

　　人民公社和大跃进都是依靠群众运动的方式来推进的。姑不论这种运动有多大程度的真正的群众性，它之不适宜于经济工作是显而易见的。直到"文化大革命"结束，群众运动的工作方式才逐渐被中国承认为并不是建设社会主义的必需品。

　　一九五八年以后中国经济工作所追求的另一个和最重要的主题是革命化或不断革命。在一九六三年以后，经济工作和其他工作一样，以反修、防修，批判资产阶级、防止资产阶级复辟为中心，这种观念在"文化大革命"中发展为所谓无产阶级专政下继续革命的理论。按照这种思想，在国内，人们只要追求革命觉悟，而不应该追求物质享受和社会富裕，因为"富则修"；在国际方面，人们要反对帝国主义、修正主义和霸权主义，而世界形势的格局被规定为不是革命制止战争，就是战争引起革命。很明显，社会主义的主要目标已经由发展生产力，一变而为纯洁生产关系，再变而为纯洁国家权力和意识形态。不幸的是，这里所说"纯洁"的实际含义，是用空想的原则取代比较切合实际的原则。纯洁的程度愈高，就意味着经济愈停滞。这样，虽然毛泽东始终没有放弃把国民经济搞上去和实现四个现代化的宏愿，但是在事实上，经济建设在社会主义的事业中的地位愈来愈低，遇到的人为障碍愈来愈多，"抓革命促生产"，只能成为一句空话。

　　以上所说的中国空想社会主义的目标，即平均主义、自给自足、不断发动群众运动和不断革命，究竟是来源于何处呢？我想，比较切合实际的解释是，中国以农村为基础的长期革命战争中行之有效的原则和经验，被认为是推动新社会发展的神圣而万能的准则了。既然共产党领导的农村革命战争能团结人民战胜强大敌人和其他种种困难，为什么不用同样的方法和精神来建设社会主义呢？既然革命军队和革命根据地所实行的供给制、官兵平等、自给自足、群众运动和革命信念原则在革命战争中无往而不胜，为什么革命胜利以后不永远坚持和普遍推广这些原则呢？党的干部虽然在经济建设中已经开始学习新的历史条件所要求的新的原则，但是传统的原则究竟对他们还有强大的吸引力，或者更准确地说，还有难以摆脱的禁锢力。

形成"左"倾错误的第四个原因是一九五〇——一九七〇年代的国际环境恶化和对于国际环境的过火反应。"左"倾错误通常都是某种封闭状态的产物。美国对中国的封锁、包围和军事威胁在长期内使中国处在备战状态。台湾反攻大陆的企图加剧了中国的危机感。五十年代后期，中苏关系恶化，六十年代后期，苏联也对中国采取军事包围和威胁的战略。中国感觉全世界似乎都在打算围困和扼杀剩下的仅有的革命圣地。战争威胁迫使中国把经济建设放在服从于战备的地位，这就产生了全国范围的"三线建设"，包括"大三线"和"小三线"，而且选址要按照所谓"山、散、洞"的原则。这种状况，不但大大扰乱了中国建设的步伐，而且在很大程度上使中国的建设投资的分配和新的工业布局变得很不合理。但是无论如何，作为世界最后的革命堡垒，中国国内必须高度革命化，并且承担各种国际主义的革命义务。这种献身精神可以在一定范围内说明中国共产党和中国人民为什么能够忍受长期"左"

倾政策带来的困难。

七十年代,美国和其他西方国家对中国的政策发生了大幅度的改变,中国恢复了在联合国的席位,中国和外部世界的交流逐步增加,这就为中国七十年代末期开始的改革创造了外部条件。

形成"左"倾错误的第五个原因,是中国的文化的落后和民主的缺乏。

中国经济政策中有许多明显的幼稚性和极端性,这既是经济落后的表现,又是文化落后的表现。贫困产生某种贫困的文化,其典型的表现是把"一穷二白"当作中国的优点,这种贫困的文化显然加重了消除贫困的困难。一九五八年的大跃进和人民公社,一九六六——一九七六年的"文化大革命",对于马克思、列宁学说和社会主义原则的误解,都表明了这一点。在革命战争的长期发展过程中,中国农民的直接贡献确实比知识分子大得多,大多数知识分子当时被认为是站在资产阶级和地主方面。加入共产党并在党内具有影响的知识分子,在一九二七年革命失败时有许多人对革命丧失信心,而在革命复兴的过程中,又有一批人成为极端"左"倾的教条主义分子,使毛泽东和其他革命家的有成效的努力遭到严重损失。这种情况,使毛泽东和党的相当数量的干部形成对于知识分子以及教育、科学、文化和知识本身的长期的轻视和偏见。这就使文化和经济处在容易被摧残的境地。

但是,无论存在着发生"左"倾错误的多少原因,中国"左"倾错误尤其是极端形式的长时间的错误是可以避免的,不是不可避免的。社会主义中国远不是没有迅速发展经济和文化,远不是在发展经济和文化方面缺乏必要的指导人才和广泛的群众支持。在一九五六年以前,中国经济政策的"左"倾错误可以说不存在,至少不明显。这个时期中国的改革和发展从总体上说是从实际出发的,是得到人民支持的。中国共产党团结一致,党内也有正常的民主。在这个时期,毛泽东在人民中和党内的政治威望继续上升到新的高度。在一九五七年以后,中国的革命任务已经完成,社会主义的主题需要由革命斗争转向和平建设。这时,党内的一种趋势是适应历史的变化,继续从实际出发,力求中国经济在新的制度下稳定发展,同时继续完善新的制度。这是党内和国内大多数人的愿望。另一种趋势却不能适应历史的变化,坚持要求沿着过去长期的革命轨道前进。毛泽东虽曾在一九五九年上半年和一九六一年至一九六二年上半年领导或支持对"左"倾错误的纠正,但是他作为第二种趋势的代表的作用却更为突出。这样,他就不可避免地脱离实际,脱离群众,不可避免地要求助于个人作用和个人威信,最后导致个人专断和个人崇拜。那么,第一种趋势为什么没有能在一九五七年以后牢牢地保持优势呢?第二种趋势为什么会由个人的悲剧演变成民族的悲剧呢?很明显,这是由于制度的缺陷,是由于缺乏国家民主和党内民主的强有力制度,而建立这种制度却是一个复杂的历史过程。这种制度一旦建立,个人专断和其他明显的严重的错误就不会发生。大跃进的错误在一九五九年是可以制止的,它在一九五九——一九六〇年的继续显然没有群众基础。一九六六年开始的"文化大革命",尽管煽起了一阵阵狂热,在党内和社会的任何一个阶级中都没有得到真正的支持,经过十年,只是愈来愈遭到群众的反感。一九七六年的天安门事件表明了群众的正确判断。①

　　尽管中国人民和中国共产党在表现自己的意志的时候,受到过种种条件的限制,有过种种迷惘、困惑和失误,但是客观地审视人民共和国四十年的历史可以发现,他们所选择的社会主义并不是跟"左"倾错误相联系,而是跟经济进步、文化进步、社会进步、政治进步相联系的。代表这种根本趋势的是一九四九年——一九五六年的中国,特别是一九七九——一九八九年的中国。一九七九——一九八九年的中国发展之所以特别重要,是因为中国从二十年的动荡和停滞中醒悟过来了,中国纠正了过去的错误,更上一层楼,决定采取改革开放的新政策,对社会主义注进了新的血液。中国内部和外部的新形势会合到了一起。尽管"左"的倾向仍然需要警惕,但是总的说来,改革和开放不可逆转,就如同一个成熟的人不可能返回到少年时期的荒唐一样。

---

　　①　在总结中国"左"倾错误的教训的时候,不能不同时指出中国在80年代的某些关键时刻也曾犯过右倾的错误,这种错误也会葬送社会主义事业,如果不是被及时制止的话。这个事实表明,正确地纠正"左"倾错误不是轻而易举的,中国必须既反对"左"倾,又反对右倾。本文不打算讨论这个问题,因为它不属于本题范围之内。

中国领导层怎样决策

（一九八九年三月至四月在
美国访问时所作的学术讲演）

关于中国领导层怎样决策的问题，现在分以下三个层次
作一些说明。

第一，他们从一些什么途径取得信息和接受建议？

中国领导层获得信息的途径很广泛，信息渠道是多种多
样的。主要有：

中央党政各部门和地方党政机关经常的情况报告和工作
建议，以及党政机关建立的全国范围的信息网络，是日常性的
主要的信息来源。党和政府的领导人每天都要用相当时间阅
读这些信息。

中国重要专门机构和咨询、研究系统的信息，也是重要的
信息来源。统计、信息、咨询、研究等部门定期或随时提供的
数据材料和分析报告，既有充分的事实又有分析和建议，受到
领导人的重视。

专家、著名的活动家的个人研究成果和群众来信来访所
提供的信息，也是领导机关和领导人了解情况的重要渠道。
我国信访部门每年约收到人民来信五、六十万件，其中相当多

数是反映改革、建设情况和提出意见、建议。领导人经常阅读其中的重要信件，并交由有关部门研办。

中国的报纸、通讯社、广播、电视等新闻单位每天都要传播大量的信息，包括来自世界各地的信息，这当然是领导人及时了解信息的最重要的来源之一。

以上渠道获得的信息一部分要求迅速作出反应。领导人通常在有关书面材料上作出简要的批示。这无论过去、现在都是中国领导人重要的工作方法。但是除了比较简单或比较特殊的问题以外，批示并不表示已经作出决策。这通常是提示某些人员或部门注意解决哪些问题，或者要求提出处理建议和进一步的情况，或者对提出的建议表示意见。

领导层当然主要地不是在书面资料上进行工作。他们经常召开各种会议，邀请各方面人士谈话，会见外宾，从中获得各种信息和建议。中国领导人每年要用相当时间考察、访问全国许多地方，了解许多第一手的实际情况，倾听基层干部、群众的意见和建议，有的成为决策的重要依据。

第二，他们怎样讨论问题和建议？

这里大致有两类情况。一类是大量的在小范围内形成的日常决策；一类是通过正式会议作出的决策。

被认为必须作出决定的重要问题，都要通过会议和法定程序集体决策。党中央、国务院、人大常委现在都有固定的会议制度。属于党的路线、方针、政策和党务工作方面的决策，视其重要程度，分别由中央政治局常委会议、中央政治局会议、中央工作会议、中央委员会全体会议、党的全国代表会议和全国代表大会作出。国家的立法和重大的管理事务由人大常委会和全国人民代表大会依法承担。国务院作为人大的执行机构，负责政府职权范围内的日常工作和行政事务的决策。这类决策分别由总理办公会议、国务院常务会议、国务院全体会议讨论制定。在需要的时候，中央政治局和国务院可以分别召集省委书记会议和省长会议，讨论决定重要问题。

我国已经和正在逐步形成比较完整的会议决策制度和法定的决策程序。这不仅表现在党、人大、政府的各种会议制度的建立和健全，而且表现在会议讨论过程中能够实行科学和民主的决策。会议议题所涉及的部门通常都有负责人列席。会议所讨论的问题通常有经过认真准备的书面资料。在准备过程中常常需要在不同的有关部门（有时还涉及有关地方）中间磋商，力求对提出的建议作出有力的论证，对不同方案的利弊作出比较。在会议上不同的意见和建议可以得到自由的陈述。

党政工作中特别重大问题的决策，要在扩大的范围内反复研究讨论决定。首先是有关部门经过大量的准备工作，拟出初稿和提出预案，在党内外反复酝酿、广泛征求意见后，分别提交党政有关会议直至全国性会议审议通过，成为党、政府和国家的决策。我国经济、政治体制改革的决定，"七五"计划、国家年度计划和预算草案等重大决策，都是经过多次广泛的讨论而确定的。

在决策过程中，一时难以决断的问题，可以在讨论中推迟作出决定。已经作出的决定也可以在实践中修改。例如，去年九月决定把价格改革步子放慢，实行治理整顿和深化改革的方针，就是如此。

第三,他们使用一些什么方法作出决策?

由会议作出集体决定是一种法定的程序。为了作出正确的决策,法定的程序是必要的,但不是足够的。

正确的决策决定于对情况有正确的判断,采取的措施有切实的可行性,能够获得广泛的接受。为此,中国共产党和政府近年在决策过程中注意了以下几种办法。

(一)加强国家机关调查、统计、信息和预测工作。中国领导人的决策通常都要以一定的调查研究为依据。我国统计工作日益起到重要作用。国家统计局向政府及时提供各方面的统计材料,作出分析,并提出有关意见。其他部门也就各自领域进行同样的工作。

近年来,我国领导十分重视对人口、资源、生态、土地等基本国情的预测以及社会经济发展的综合科学预测。从一九八二年开始,我国有关部门组织专家写出的《二〇〇〇年的中国》系列科学预测报告,对到二〇〇〇年的中国经济和社会发展目标,以及经济、科技、教育、文化、劳动就业等各个专门领域的发展问题,进行了科学预测分析,为政府的决策提供科学依据。中国科学院有关专家撰写的题为《生存与发展》的国情分析研究报告也受到政府的重视。

(二)加强咨询机构的作用。这些机构有:国务院经济技术和社会发展研究中心,国务院农村发展研究中心,国家计委的经济研究中心和国际工程咨询公司,国家体改委的中国经济体制改革研究所,中国社会科学院有关研究所,中国科学技术情报研究所,北京的主要大学等。

中国政府最近制定的产业政策,可以作为中国在决策过程中重视咨询的一个例证。这一政策的制定经历了长时期、慎重周密的决策过程。产业政策问题是在一九八四年年底经济出现过热，供需结构矛盾突出的情况下提出来的。当时中央、国务院决定压缩空气，调整产业结构，同时理论界一批研究产业政策的著作相继问世，为中央正式考虑这个问题作了理论准备。

国务院的主要咨询机构经济社会技术发展研究中心在这一决策过程中始终起了重要作用。经过两年多的努力，包括组织人员到日本、西德等国考察，一九八七年年初，发展研究中心提出了《我国产业政策的初步研究》的报告，受到领导人的重视，责成国家计委全力抓这项工作。计委在机构改革以后专门成立了产业政策司，就产业政策涉及的每个具体问题开展大量调查研究和拟定初步方案。去年三中全会提出治理整顿的方针后，中央、国务院通知各地编制产业政策大纲，尔后组织有关部门和邀请北大、人大、林大的教授讲师参加正式起草文件，根据各方面的意见，文件题目定为《当前产业政策要点的决定》。同时采取分类排序的方法，确定了压缩长线产品生产、优先发展农业、能源、原材料和交通运输业等二十五条政策。

文件起草后先后四次征求三十几个部门主要负责同志的意见，并提交全国计划会议、中央财经领导小组和三次国务院常务会议讨论、审议。经过多次研究和反复修改，今年三月十五日国务院才正式公布施行。

（三）吸收专家参加论证。重要建设项目和重大工程，都必须充分论证后才能上马。"三峡工程"的论证过程就是这样。从一九八六年开始，我国有关部门成立了联合工程论证领导小组，先后开过九次论证工作会议，审议了十四个专题论证报告。论证过程中同时请持反对意见的专家提出否定性的系统论证。这两方面的论证都已上报国务院。与此同时，应中国政府的邀请，来自美国、加拿大和其他国家的一批专家也进行了独立的论证工作。这一工作预定将于今年完成。

（四）试验和试行。一般地说，在做不做的问题上，除了考虑实际的需要以外，必须十分尊重广大群众本身的感受和意愿；在如何做的问题上，应当重视专家的建议。但在实际工作中也会遇到这样的情况：群众要求做的事未必都能给他们带来真正的利益；专家认为可行的办法也未必都真正行得通。因此，对一些关系重大而又缺乏经验的问题，中国往往采取先试点，后决策的办法。这样，就可以在小范围的试验中继续考察群众对这项工作的接受程度和专家建议的可行程度。中国经济改革的试点情况，足以看出中国领导层是怎么重视决策的实验的。这样的试点分为五大类：

一是中央、国务院批准的大城市综合改革的试点。一九八三年以来共批准了十个。这些城市计划单列，赋予省级经济管理权。具体内容涉及经济管理、计划、财政、税收、金融、外贸等各方面的综合改革。

二是中央、国务院批准的沿海、开放城市的试点。一九八二年四个（厦门、汕头、珠海、深圳）；一九八四年以后增加到十五个。开放城市与综合改革试点城市的区别在于，吸引外资和外贸出口方面享有更大的自主权，而经济管理权限不如计划单列城市大。

三是中央、国务院批准的综合改革试验区和经济特区。广东、福建两省是一九八八年批准的综合改革试验区;海南省是经济特区。省级经济特区是城市经济特区的扩大,主要在吸引外资和外贸出口方面享有更大的自主权。省级综合改革试验区又是综合经济改革城市的扩大,在经济工作的各个领域享有不同于其他省的特殊政策和采取灵活措施的权力。

四是各省、市、自治区批准的综合改革市、县和城区的试点。目前综合改革的省辖市试点,全国有七十二个;综合改革的试点县二百二十六个;综合改革的城区试点有十九个大中城市的二十九个区。

五是单项改革试点。目前已在二十七个城市进行金融改革城市试点;十六个城市进行机构改革的试点;五个城市进行科技体制改革的试点;七个城市进行法制改革的试点;十七个城市进行住房改革的试点;在全国各大中城市六千多家企业进行股份制的试点;沿海综合改革试点城市在规定区域内进行土地有偿转让的试点。企业内部的改革试点,包括产权转让、租赁承包、管理体制、物资流通、劳动工资、社会保障等各方面,都在很多城乡企业里试点。

我国颁布的重要法规,往往经过一段期限的试行。全民所有制工业企业的三个条例(《厂长工作条例》、《基层党组织工作条例》、《职工代表大会工作条例》)。一九八四年通知各地调查试点,一九八六年颁发试行草案,尔后又发布执行草案的补充通知。去年人大通过的《企业法》,就是根据试行和全民讨论的结果由人大常委确定提请人大表决的。

(五)协商。协商作为一种重要决策的政治程序正在制度

化。今年年初，全国政协七届常委通过的《政协全国委员会关
于政治协商、民主监督的暂行规定》，对人民政协的职权和民
主协商监督的目的、内容、形式、政协委员的权利义务等都作
了明确规定，使政治协商经常化、制度化、法律化。《香港特别
行政区基本法》的起草和修改的过程始终体现了协商的精神。
这个法律一九八五年就开始起草，直到现在还是作为草案在
国内和香港征求意见。其间，起草委员会负责人两次到香港
召开近一百次座谈会，同约二千多各界知名人士和法律专家
协商咨询。因为听取了各方面的意见，将原来的十章一百七
十二条修改成现在的九章一百五十九条，今年三月的人大会
议还要审议并交付内地和香港再次协商修改，到明年三月的
人大会议如正式通过，前后共经历五年时间。

　　中国领导层对怎样使决策过程完善化、科学化、民主化和
程序化的重视，无论如何，还是最近十年才正式开始的。在此
以前，也作过不少努力，但是没有被当作政治制度看待和确
定。现在比过去有了决定性的重要进步，这些进步已被公认
为不可更改的程序。但是还远不能说已经完善或已经完全法
律化了。这仍然是中国领导层目前所着重注意探索和要求进
一步解决的问题之一。

纪念中国共产主义运动的
伟大先驱李大钊

（一九八九年十月二十九日在
李大钊研究学术讨论会上的讲话）

今天是李大钊同志一百周年诞辰。中共中央党史研究室、中国社会科学院、中共北京市委、中共河北省委、北京大学等单位在这里联合举办李大钊学术讨论会，以纪念这位党的主要创建者之一，伟大的马克思主义者和无产阶级革命家，探讨历史对他和他对历史的影响，学习他作为爱国家、革命家、教育家、学者、作家和知识分子的坚定立场、热烈心肠、谨严态度和高风亮节，是很有意义的。我代表中共中央党史领导小组热烈祝贺这次学术讨论会的召开，并向到会的中外专家、学者表示亲切的问候。

李大钊是中国共产主义运动的先驱。他最早在中国举起马克思主义的旗帜，积极参加和指导五四新文化运动和五四爱国运动，教育团结了包括毛泽东、周恩来等一大批革命青年，引导他们走上了共产主义的道路，随后与陈独秀、毛泽东等一起发起和创建了中国共产党。他是党的早期的主要领导人之一。当时，中国共产主义运动的队伍还很弱小，斗争环境非常艰苦。为了共产主义的崇高事业，李大钊在工人、农民、知识分子、军队官兵、少数民族等各条战线上奋力开拓，卓著成效；并积极协助孙中山改组国民党，实行国共合作，在北方十五个省市发展了国民党和共产党的组织和工作。他也继续在教育和学术的岗位上耕耘不辍，而以所得的收入来支持革命运动，资助穷苦学生。一九二七年四月六日，李大钊被军阀张作霖逮捕。北方的反动派对李恨入骨髓，主张处以极刑，背叛后的蒋介石也密电张"将所捕党人即行处决，以免后患"。这样，我们的伟大先驱李大钊终于在四月二十八日被处绞刑，牺牲时年距三十八周岁还少六个月。

从那时以来，六十多年过去了，我们的国家已经发生了巨大而深刻的变化。李大钊等先驱播下的共产主义真理的种子，已经在中国的大地上生长、开花和结果了。当然我们还是处于社会主义初级阶段；毕竟毫无疑问，这是共产主义的起点，这对于我们和我们的敌人都是明白的。今天，我们虽然远离了他生活的时代，但依然感到他短促的生命的伟大，依然感到他的历史眼光的深远、思想价值的珍贵和革命道德的崇高。

自古以来，中国的优秀知识分子就有关心国家命运的传统。他们以天下为己任，提倡"先天下之忧而忧，后天下之乐而乐"，"天下兴亡，匹夫有责"。李大钊是继承和发展了这个传统的。他在十六七岁时，痛感日俄战争以中国领土为争夺对象和战场，国势危急，生民涂炭，发愤献身救国事业。他决定改名耆年为大钊，改字寿昌为守常，就是自己对自己永恒鞭策，不求长寿，而求终身为奋斗不懈、坚持原则的志士仁人的表现。他在《狱中自述》中说："钊自束发受书，即矢志努力于民族解放之事业，实践其所信，励行其所知，为功为罪，所不暇计。"①他的爱国思想的一个显著特点在于，他对祖国的炽烈的爱是同他对中国广大人民群众命运的真切关怀结合在一起的。前期新文化运动的参加者中，不少人以个性解放的思想来否定三纲五常这类伦理原则，他们在反对旧道德、旧文化的斗争中起过积极作用，但他们并没有对广大人民的深广而久远的痛苦表示深切的同情，没有对群众的革命发动表示应有的期待。他们攻击旧制度的立足点和出发点是相当狭隘的。李大钊则不同。他对"农失其田，工失其业，商失其源"②的黑暗现实感到哀痛和忧虑。他是以人民大众代言人的身份来揭发旧制度的祸害并投身于争取变革的斗争。他认定："光明缉熙之运，惟待吾民之意志造之，惟赖吾民之实力辟之。"③他对于人民群众的直接行动抱有强烈的希望和坚定的信念。

　　在中国共产党出世以前，中国的先进分子曾经努力向西方资本主义国家寻求救国救民的真理。李大钊也曾经是一个真诚的民主主义者，希望通过资产阶级共和国，使中国走向独立和富强。从爱国的立场出发，经过民主主义而走向共产主义，这是当时许多先进分子所走过的共同的道路。问题在于，为什么不是别人，正是李大钊最早抛弃资本主义的建国方案并为中国选择社会主义新方向的呢？我想，这与他早期思想中的如下两个特点有直接的联系。其一，他在为中国选择道

---

①　《李大钊文集》（下），人民出版社 1984 年版，第 893 页。
②　《李大钊文集》（上），第 6 页。
③　《李大钊文集》（上），第 140 页。

路时，是以它能否导致人民的幸福和解放为弃取标准的。他感到，辛亥以后所建立的民国，名实极不相符，"共和自共和，幸福何有于吾民也！"①第一次世界大战爆发后，他更从世界历史的角度来考察西方资本主义制度，指出"此次战争，使欧洲文明之权威大生疑念。欧人自己亦对于其文明之真价不得不加以反省"②。这样，即使在作为民主主义者的时候，他已经对资产阶级共和国的方案采取某种怀疑和保留的态度了。他在一九一六年六月曾说过："代议政治虽今犹在试验之中，其良其否，难以确知，其存其易，亦未可测。"③这种怀疑论，正如列宁在评论赫尔岑时所指出的，乃是"从'超阶级的'资产阶级民主主义幻想到无产阶级严峻的、不屈不挠的、不可战胜的阶级斗争的转化形式"④。其二，他的思想中较早地具有了唯物论和辩证法的因素。他强调，人们的认识必须"据乎事实"，论事析理，"求其真实之境"⑤；他认为，宇宙间充满着矛盾，正是这种矛盾的斗争推动着事物的变化。从这种观点出发，他从不固执成见。他相信社会是前进的，新事物肯定会比旧事物优胜。他在对西方代议政治表示怀疑的同时，就确信起而代之者必定是更为优胜的制度。正因为如此，他才能在十月革命胜利后独具慧眼，比同时代人更早地看到这个革命的胜利乃是庶民的胜利，布尔什维主义的胜利，看到社会主义的兴

① 《李大钊文集》(上)，第 4 页。
② 《李大钊文集》(上)，第 565 页。
③ 《李大钊文集》(上)，第 168 页。
④ 《列宁选集》第 2 卷，人民出版社 1972 年版，第 418 页。
⑤ 《李大钊文集》(上)，第 446 页。

起乃是时代的潮流,认定它将带来中国民族解放的新希望。尽管他接触马克思主义在中国并不是最早的,但他最早同资产阶级民主主义划清界限,成了中国的第一个马克思主义者。

作为马克思主义在中国的最早传播者,李大钊一开始就以科学的态度来对待马克思主义。

首先,他重视马克思主义基础理论的研究,力求全面地把握马克思主义的理论体系,把握它的革命的实质和核心。《我的马克思主义观》一文就介绍了马克思的唯物史观、阶段斗争说和经济论,可以说是中国第一篇比较系统地介绍和宣传马克思主义的作品。文章指出,"阶级竞争说恰如一条金线",把马克思的上述三大原理"从根本上联络起来"。① 由于当时的中国,首要的任务是进行革命,他特别重视马克思主义的唯物史观和阶级斗争学说,是很自然的。

其次,他初步提示了马克思主义必须同中国实际相结合的思想。当他还是个民主主义者的时候,他就讲过正确认识中国国情的重要,认为考虑中国的问题,是不能"置吾国情于不顾"②的。这里的国情,既是指"近今之国情",也是指"往昔之国情",即历史③。他认为,这个国情问题,不可求于外人,"不可与客卿谋"④。在前期新文化运动中,他在揭露孔子之道与现代生活相矛盾的同时,并没有对中国的传统文化取全

① 《李大钊文集》(下),第50页。
② 《李大钊文集》(上),第55页。
③ 《李大钊文集》(上),第113页。
④ 《李大钊文集》(上),第110页。

盘否定的态度。相反地，他正是中国传统的优秀文化的继承者。他认为东方文明与西方文明各有短长，建设世界的新文明，并不是要全盘西化，并不是要全盘否定中国传统，而应是东西文明各"以异派之所长补本身之所短"①。他曾著文反对民族虚无主义和民族悲观主义，表示"深信吾民族可以复活，可以于世界文明为第二次之大贡献"②。他从世界文化发展史的角度考察俄罗斯文明，认为它"实兼欧亚之特质而并有之"，"世界中将来能创造一兼东西文明特质，欧亚民族天才之世界的新文明者，盖舍俄罗斯人莫属。"这也正是他主张对于俄国十月革命应"翘首以迎其世界的新文明之曙光"③，主张中国革命要走俄国人的路的一个重要原因。在他成为马克思主义者以后，重视马克思主义在中国具体情况下的实际运用，这不仅说明他对马克思主义这个科学世界观的正确理解，而且是他上述思想的合乎逻辑的发展。他指出，马克思主义"是一个时代的产物"④。我们接受某一学者的学说时，"不要忘了他的时代环境和我们的时代环境"⑤。作为一个马克思主义者，应当研究马克思主义理论"怎样应用于中国今日的政治经济情形"⑥。他指导的北京大学马克思学说研究会，当时就组织过"社会主义是否适合于中国"的辩论，并由他担任评判

① 《李大钊文集》(上)，第 571 页。

② 《李大钊文集》(上)，第 562 页。

③ 《李大钊文集》(上)，第 574—575 页。

④ 《李大钊文集》(下)，第 68 页。

⑤ 《李大钊文集》(下)，第 69 页。

⑥ 《李大钊文集》(下)，第 711 页。

员;还开展过"世界资本主义国家在世界各弱小民族掠夺之实况——特别注意于中国"这类实际性的专题研究。他认为,社会主义"原有适应实际的可能性",当人们"用以为实际的运动"时,它会"因时、因所、因事的性质情形生一种适应环境的变化"①,即在运用中得到发展。应当说,这些思想,是相当精彩的。在中国早期马克思主义思想运动中,他就提出这些思想,更属难能可贵。把这种宝贵的思想说成实用主义,是完全没有道理的。

再次,他认为马克思主义的绝大功绩,就是指明"社会主义的实现,离开人民本身,是万万做不到的"②。他不仅重视工人阶级在革命中的先锋作用,直接从事工人运动;而且重视农民在革命中的主力军作用,积极发动和组织农民斗争。在他开始向马克思主义方向发展时,他就写过《青年与农村》一文,认为只有把黑暗的农村变成光明的农村,中国的民主主义才算有了根柢和泉源,因而号召革命的青年到民间去、到农村去。后来,他在《土地与农民》等文中,更对农民在革命中的地位与革命者深入农村的必要性等作过相当深入的论述。他说过,革命者要关心水深火热中"倒卧着几千百万倒悬待解的农民",要"去导引他们走出这个陷溺,转入光明的道路"③。国外很有些学者据此认为李大钊和后来的毛泽东的思想具有民粹主义色彩,国内也有人响应这种观点。事实上,李大钊尽管

①　《李大钊文集》(下),第34页。
②　《李大钊文集》(下),第64页。
③　《李大钊文集》(下),第877页。

曾经赞赏俄国民粹派"到民间去"的口号,但与俄国的民粹派不同,他并没有认为农民是天然的社会主义者。如果考虑到中国革命首先是反帝反封建的民主革命,而民主革命的根本问题正是农民问题,那么,我们就应当承认,李大钊重视农民,号召革命者到农村去,这正是他为把马克思主义正确地运用于中国的实际所作的努力的一部分。毛泽东的情况也是如此。

李大钊原本是一个学者。他是通过探索救国救民的真理走上革命道路的。当他成为一个革命者以后,他把自己的主要精力投入了革命斗争。他不仅运用马克思主义对中国革命的重大问题进行了富有成效的探索,而且,在党的组织工作和宣传工作、工人运动、农民运动、统一战线工作、军事工作、少数民族工作等几乎所有的战线上,都活跃着他的不知疲倦的身影,都留下了他的辉耀史册的业绩。从开始进行建党活动到最后牺牲,仅只七八年的时间。在这样短暂的时间里,他竟然为中国人民、为党的事业作出了那么巨大的、多方面的贡献,这不能不令人惊叹和感佩。

但是,作为革命家的李大钊,仍然不失学者的本色。建党以后,他还一直担任北京大学的教授,在哲学、社会科学的许多领域里进行着辛勤的劳作。他是中国第一个运用辩证唯物主义和历史唯物主义观察社会、认识社会和改造社会的马克思主义哲学家,又是中国马克思主义史学的奠基人,写过《史学要论》等一系列历史理论著作。在其他学科领域,他也作了不少开创性的工作。他还是一个文学家,写了很多脍炙人口的诗文。他的文章风格挺拔,笔力雄健,议论纵横,充满激情。

王森然在三十年代写的《近代二十家评传》一书便说，他编辑《新青年》杂志时，"以矫激之笔致，犀利之文词，中国新文坛气势为之大昂"①。他去世后，一部分遗文被李乐光等冒着生命危险收集并保存下来，周建人等也在极端困难的情况下进行着他的遗文的收集工作。作为一个拓荒者，他在思想文化领域中所进行的一些草创性工作自然不免粗糙，然而他在中国第一个用马克思主义指导革命和占领哲学、社会科学阵地的历史功绩，是不可磨灭的。一九三三年，鲁迅在《〈守常全集〉题记》中就说过，一切死的和活的骗子的一迭迭集子，已在倒塌下来，连商人也"不顾血本"的只收二三折了，然而"他的遗文却将永住，因为这是先驱者的遗产，革命史上的丰碑"②。

　　李大钊的气节和操守是非常崇高的。在他的身上，凝结着中华民族的许多美德，体现着中国知识分子的优秀传统。在他成为马克思主义者以后，这一切更得到了升华，达到了新的高度，他为人忠厚、谦和、质朴，为士林所公认。同时，他又有很强的原则性。在危急关头，从不退避，总是挺身而出。在遭敌人通缉时，亲友们曾劝他离开北京，他为了工作，坚持留下。被捕以后，面对敌人的酷刑，他不仅严守党的秘密，而且独力承担全部责任，竭力掩护和解救同时被捕的青年。在狱二十余日，绝口不提家事。他的牺牲是很壮烈的，真正是从容就义，视死如归。他一生自奉俭约，生活刻苦。他把大部分收入用于党的事业，用于接济他人，以至北京大学发薪水时不得

---

① 《李大钊研究论文集》上册，河北人民出版社1984年版，第45页。
② 《鲁迅全集》第4卷，人民文学出版社1981年版，第525页。

不预先扣下一部分直接交于他的夫人,以免他的家庭断炊。他"生时仅可供家食,殁后则一贫若洗,棺椁衣衾,皆为友助"①。他确实处处可以为人之楷模。正因为如此,不管是同志、朋友还是敌人,对他的人品,没有不佩服的。凡是与他接触过的人,都给予他极高的评价。在五四时期,即有人写诗赞扬他与陈独秀是"双悬照古今"的"日月"②,毛泽东也说他们两人都是"当时中国知识界最出色的领导人"③。他与孙中山接触后,孙中山说他"是他的真正的革命同志",是他"特别钦佩和尊敬"④的人。一些同时代人也说他是"宅心长厚之良友"⑤,是"现代中国的一个完人","不论他的思想,他的行动,他的为人,他的待友处家,都是无可訾议的"⑥。

李大钊曾亲笔书写过一幅对联送给友人,就是"铁肩担道义,妙手著文章"。这幅对联的原作者是明朝的杨继盛,原文是"铁肩担道义,辣手著文章"⑦。杨继盛也是河北人,嘉靖进士,曾任兵部员外郎,因弹劾奸相严嵩下狱,受尽酷刑后被杀,是明朝的著名志士。李大钊特地选择这幅对联,说明了他对杨继盛等古代仁人志士的景仰。他将原联中的"辣"字改为"妙"字,也使这幅对联别具韵味。这幅对联,可以说是李大钊

---

① 《李大钊研究论文集》上册,河北人民出版社 1984 年版,第 46 页。
② 《回忆李大钊》,人民出版社 1980 年版,第 35、146 页。
③ 《毛泽东一九三六年同斯诺的谈话》,人民出版社 1979 年版,第 40 页。
④ 《宋庆龄选集》,人民出版社 1966 年版,第 465 页。
⑤ 《回忆李大钊》,人民出版社 1980 年版,第 61 页。
⑥ 《回忆李大钊》,人民出版社 1980 年版,第 61 页。
⑦ 贾芝:《铁肩担道义》,1957 年 4 月 28 日《人民日报》。

一生的生动概括和真实写照。有人借这幅对联把李大钊称为"道德文章之楷模"，他确是当之无愧。一九三三年，即在李大钊就义六年后，他的生前好友，北京大学教授王烈、何基鸿、沈尹默、沈兼士、周作人、胡适、马裕藻、马衡、傅斯年、蒋梦麟、樊际昌、刘复、钱玄同等，为公葬这位英烈募资立碑。刘复撰写的碑文称李大钊"理致谨严，思度宏远，见者称道"；"温良长厚，处己以约，接物以诚，为学不疲，诲人不倦，是以从游日众，名满域中"。这说明在学者当中，无论对马克思主义的态度如何，都不能不承认李大钊的思想和人格的伟大。

我们今天纪念李大钊，要学习他的革命气概和高尚品质，学习他的一身正气，两袖清风，大公无私，自强不息，继承和发展他的思想遗产，从中汲取强大的精神力量。在建设社会主义的新时期，在改革开放的历史条件下，为了同时发展物质文明和精神文明，为了与资本主义列强对我颠覆演变的野心坚决周旋到底，这是尤其重要的。

这里我想指出，共产主义先驱李大钊的名字是与北京大学分不开的。他的革命活动是从北大的"红楼"、北大图书馆开始的。他在北大指导的马克思学说研究会一开始就得到了校长蔡元培的支持。被李大钊和他的学生们定名的"亢慕义斋"（即共产主义斋），就是蔡元培为研究会专门提供作为活动场所的两间房子。当时国内后来成为共产主义者的革命青年，很多都是这个研究会的会员或通讯会员。北京共产主义小组的最初成员，大多数也是北大学生和教师。可见，北京大学不仅有伟大的爱国民主主义者和教育家蔡元培的传统，而且有伟大的马克思主义者和革命家李大钊的传统，有研究和宣传马克思主义、形成共产主义主要发祥地之一的传统。这个传统在抗日救亡运动中，在抗美反蒋斗争中，都曾发出过夺目的光辉。新中国成立以后，北京大学得到空前的发展，在自然科学、社会科学、人文学科的教学和科研方面都达到新的规模和水平。这之间也经历了一些令人痛心的曲折，无论如何，北京大学的光荣革命传统是不可动摇的。今天，北京大学成为举办这次学术讨论会的发起单位之一，讨论会本身就在北京大学举行，是理所当然的。无论就历史地位和现实责任说，我相信，北京大学的师生今后一定会在党和政府的领导和关怀下，把蔡元培、李大钊等创立的革命传统坚守不渝，发扬光大。

像李大钊这样重要的历史人物，他们的历史本身，就是党的历史的一部分。我们应当联系当时的历史环境对他们进行实事求是的分析，作出客观的评价。我们越是实事求是地评价党史上的人物，越是如实地写出他们的思想、活动及其特点，我们的党史就越是真实、生动，越是具有说服力和感染力。近年来，史学界对李大钊的研究呈现出一派蓬勃兴旺的景象。我希望，这次学术讨论会将会把对李大钊的研究进一步引向深入。

党史著述中的空前力作

（一九九一年六月十日在薄一波《若干
重大决策与事件的回顾》（上卷）座谈会上的讲话）

我热烈欢迎薄一波同志重要著作《若干重大决策与事件的回顾》一书的出版。这是值得全党、全国党史学界和全国史学界庆贺的一件大事。一波同志已经八十三岁高龄，工作繁忙，能够以两年多的时间，写出这样一部将近三十六万字的巨著，而且还将再接再厉，写出本书的下卷。我很愿借此机会向他表示个人的敬意，并且为全党和全国读书界向他表示由衷的感谢。我在本书出版前曾两次阅读原稿，深感有责任向全党和全国读书界推荐这一部有长远历史价值的力作。

这部著作回顾了作者亲身经历的一九四九年至一九五六年间党中央的一系列重大决策和事件的过程，这在我国党内是一个重大的创举。近十多年来，党内好些位老同志写了有重要历史价值的回忆录，受到了广大读者和历史学界的广泛欢迎和高度评价。但是直接写党中央的决策过程的，一波同志这部书还是历史上的第一部。这部书以本人的回忆为主线，查阅和利用了大量的档案资料，绝大部分内容都是第一次公开发表的，所以特别值得珍贵，也格外翔实可信。它向全中国和全世界披露了我国建国初期八年中所经历的重大历史事实的真相。我们多少知道一些当年历史的老同志看了固然会追怀往事,如见故人,就是对一般中青年读者说来,由于本书以具体情节为主,内容生动活泼,满纸真人真事真话,像历史纪实小说一样,读起来我想也会如入宝山,只见琳琅满目,不忍掩卷。当然,这部书的最重要贡献,还是对研究和讲授我们党的历史和我国当代史的同志给了极大的帮助和极重要的启示。他们不但了解了以往难以了解的大量史实,而且由此可以学会今后改进治学和教学的门径。这部书是在党中央的支持下写出来的。我除了希望本书下卷能在两三年内按期出版以外,还希望以此为先例,今后其他有条件的同志也能在中央的支持下写出同类的著作陆续问世,使我们的党史和现代史出版物大大丰富充实起来。

这里简单说一说我所看到的这部书的优点。

首先是忠实于历史真相。一九四九年至一九五六年这八年,是我国各方面进步迅速发展顺利成就巨大的时期,党内风气和社会风气也至今令人称羡不置。但是就在这一期间,党中央的工作也有过失误,党中央内部在一些问题上也有过争论。这部书既如实地写了党的巨大成就,也如实地写了党在工作中的失误和争论,是非得失,秉笔直书,和盘托出。实事求是是我们党一贯提倡的思想方法,也是我国史学传统所历来推崇的史德,应该说,这部书是做到了这一点。固然,写党的历史会遇到一些敏感的问题和有争议的问题。但是这部书是在九十年代写五十年代的事,当时如果对某些问题因为受到某种影响不容易作出客观的叙述和评价,那么,现在这些影响都已经不存在了。我相信，读者只要读了这部书，就会认为我说的是实话。

其次是资料丰富，叙述周详。如前所说，作者在写作本书时既凭借了本人的记忆（作者的记忆力诚然是难得的），又利用了大量的档案资料。读这部书的同志，大概谁都会因本书所提供的第一手资料的丰富而惊叹，而承认本书对我党党史和我国当代史所作的不可磨灭的贡献。本书的二十一个题目下面，无一不是汇集了种种鲜为人知的事实，这些事实即使对同样亲身经历过的人来说，由于事隔多年，也很难记得清了。这部书不但叙述了大量有关事实的始末，而且叙述了党中央处理工作解决问题的方法和程序，使我们知道，中央作出决策一般都是在当时具体情况下必须作出和不得不作出的，而且往往是经过再三斟酌，反复讨论，有时还要一再征求全国各地方组织的意见。这些方法和程序，对我们今天的各级领导来说，的确具有重大的教育意义。同样，那些不正确的决策是怎样形成的，对后人也是严重的教训。

第三是对历史问题采取历史的态度，也就是说，采取把这些问题放在一定的历史条件下去观察和衡量的态度。九十年代写五十年代的历史有许多方便，首先是不必以当时的是非为是非，但是也有一个危险，这就是以今日的是非标准去作为评判当时是非的标准。一波同志的书的特殊的优点是在，对五十年代的是非不离开一定的历史条件去观察。哪些在当时的条件下是正确的，现在看起来不那么正确了，因为条件有了变化；虽然如此，这些在当时仍然是正确的，必要的，促进了历史的进步。哪些在当时也是不正确的、不必要的或者本来可以避免的，但是它们在当时为什么发生又为当时的哪些条件所限制，所促成，明了了这些，它们就仍然是可以理解的，或者简直仍然是合乎规律的，因而是难以避免的。这并不是说，这样一来，是非得失都变成可变的，没有界限可言了。只是说，没有简单地用现在的标准去评判过去，而对过去的评判也没有孤立地进行，而是符合于历史唯物主义和辩证唯物主义的要求，联系过去的种种情况地进行而已。例如对于三大社会主义改造的每一方面，即令是求成过急，也无不详细说明这种现象是怎样一步步形成而又互相影响的，即令急于求成必然会带来损失，又说明这些损失是暂时的、局部的，总起来看还是既有所失又有所得的。本书对于农业合作化和统购统销的得失，尤其用大跨度的历史的眼光作了充分的合乎科学的评论。作者的这种历史的态度不但应用于事事，而且应用于人人。我想，我们全党的同志都应该学习这种历史的态度，研究党史国史的同志尤其应该学习这种历史的态度。

一波同志的书内容十分丰富，不是三言两语所能介绍得了的。我说的只是一些读后感，限于时间，不能多说。当然，我说全书的优点是突出的，这并不是说，全书叙事就不会有一点疏失，论断就一字不可更易。这是不可能的，作者也没有这样想。无论如何，我相信，这本书的价值将随着时间的推移而日益显著。

中国共产党
怎样发展了马克思主义

——为纪念建党七十周年作

（一九九一年六月二十五日《人民日报》）

中国共产党的七十年是马克思主义在中国有组织地传播和实践的七十年。人们今天谈论马克思主义的命运，就不能不注意它在中国的发展。确实，这个发展不但远远超出过去一般人的预料，也是马克思主义创始人所预料不到的。在纪念中国共产党诞生七十周年的今天，回顾一下这段历史是很有意义的。

中国共产党初创时期的中国，已经有了一定程度发展的资本主义，因而有了一定程度发展的资产阶级和无产阶级，同时又有相互勾结的强大的帝国主义势力和封建势力，是世界上阶级矛盾和民族矛盾最激烈的国家之一。这是马克思主义被广泛接受的重要条件。在俄国十月革命胜利以后，有些国家也曾经历过很激烈的阶级斗争或民族斗争，马克思主义也曾经得到了比较广泛的传播，但是没有取得中国这样的成功。中国共产党夺取政权的斗争不是没有遇到过严重的困难和危险，它所以取得成功，除了由于党和在它领导下的革命人民善于根据马克思主义的观点分析斗争形势,总结斗争经验,把经验提高到理论高度,并在斗争中立场坚定,组织严密,团结一致,勇敢顽强之外,在客观条件方面,我想还应该指出:第一,竞相争夺中国的帝国主义列强长时期陷于自身相互间的尖锐的利益冲突,不可能对于中国革命的潜力和发展速度及时地作出恰当判断并采取统一政策和一贯步骤;第二,中国统治阶级的内部斗争表现为长期的军阀混战,加上中国疆域广阔,政治经济发展很不平衡,使革命力量有可能取得局部胜利并逐步壮大;第三,民族资本主义缺乏充分发展的条件,资产阶级思想的发展也受到限制,资产阶级革命不可避免地归于失败,因而深受压迫和贫穷折磨的中国人民比较容易接受社会主义的选择。

中国共产党的七十年,是党领导全国各族人民在革命和建设事业中曲折前进和取得伟大胜利的七十年。

党从创立后登上中国政治舞台到国民党大规模反共,不到六年时间。一九二七年反革命势力的血腥恐怖似乎把共产党人斩尽杀绝了,但是百折不挠的共产党人经过几年艰苦卓绝的斗争,又作为一支重要力量出现了。蒋介石对于这支力量的打击从未放松,但他所发动的"围剿"却连连失败。可是党内的"左"倾错误在客观上帮助了蒋介石,并且在一九三四年的长征初期几乎使党陷于绝境。遵义会议挽救了党和红军,到达陕北的几万人重新成为中国革命的希望。党由于努力和平解决西安事变,再次实现与国民党的合作,为全民族的抗日战争奠定了政治基础。

日本侵略者和蒋介石虽然没有放过一切可以重新扼杀共

产党的机会，但是他们却没有力量改变历史前进的方向。在苏德战争、太平洋战争先后爆发的世界反法西斯战争的新形势下，英美不得不与苏联同样反对蒋介石消极抗日、积极反共的方针，日本侵略者和蒋介石也终于不可能携手合作。一部分美国有远见的人士曾经企图改变美国政府的片面援蒋政策，他们的努力失败了。抗日战争结束以后，美国政府竭力援助蒋介石重新发动内战，但是中国共产党在政治上和军事上已经成为巨人。它领导全国人民打败了和从大陆上赶走了美国政府装备和资助的蒋介石军队，建立了独立的、统一的、人民民主的新中国。

中华人民共和国的四十多年的历史远不是轻松的。西方列强长期封锁并以武力威胁中国，妄图把中国困死，直至七十年代这个政策才彻底崩溃。即使在与中国建交以后，它们对中国的关系也充满了复杂性。西方始终有一股势力想通过种种方式干涉中国内政，企图使中国向资本主义和平演变。但是，一个强大的社会主义中国已经屹立在世界的东方，任何力量也推翻不了。

中国共产党在领导人民建设自己国家的工作中，尽管发生过严重的失误，但总的说来是取得了巨大的胜利。中国在五十年代确立了社会主义制度，在八十年代实行了改革开放政策。中国的一切成就都应归功于这两座里程碑。现在的中国和以前已有很大不同，它已经实现了空前的国家统一和民族团结，已有相当强大的经济基础和国防实力，在国际事务中已成为一支不可忽视的力量。由于实行改革开放政策，中国经济的发展和人民生活改善的速度都大大加快了。尽管中国与西方发达国家相比还有很大差距，人均国民生产总值在世界上名次还很低，但是它的综合国力已达到世界前十名之列。无疑，在中国实现了它的发展的第二步战略目标以后，情况将有更明显的变化。中国人民建设有中国特色的社会主义的道路越走越宽广，对前途充满信心。

中国共产党的七十年历史说明，马克思主义是有强大生命力的。中国革命的胜利和中国社会主义事业的胜利，都是马克思主义和它在二十世纪的发展——列宁主义基本原理的胜利。很明显，没有马克思主义的历史唯物主义和阶级斗争理论，没有马克思主义关于无产阶级通过阶级斗争夺取政权以实现社会主义的理论，没有马克思主义关于无产阶级的先进分子必须组成新式政党以领导劳动人民实现本阶级的历史使命的理论以及无产阶级政党的建设理论（这方面列宁的贡献特别丰富），没有俄国十月革命成功的巨大鼓舞和直接声援，就不可能有中国共产党的成立，不可能有党所领导的中国革命和党所领导的工人、农民、知识分子群众的长期斗争。没有马克思主义关于无产阶级要在斗争中同其他有革命要求的阶级和其他可能联合的政治力量组成统一战线并且要在统一战线中保持自己独立性的理论，就不可能有中国共产党与国民党的充满风险的两次合作，不可能有共产党与其他爱国民主力量的长期合作。没有马克思主义关于无产阶级必须发展自己的暴力来反对统治阶级的暴力，建立自己的专政（按照本国的情况，中国人把无产阶级专政先后改变成为工农民主专政和人民民主专政）以摧毁统治阶级的专政的理论，中国共产党就不可能建立自己的军队和政权并最终建立人民共和国。

没有马克思主义关于革命是为了发展生产力、社会主义要实现生产资料公有制、按劳分配、有计划发展经济的理论，人民共和国就不可能实现社会主义改造和改革开放政策，并在国家计划的指导下使中国经济得到巨大的发展，使中国人民的生活得到普遍的改善。

中国共产党的七十年历史是成功地运用马克思主义的历史，同时也是成功地发展马克思主义的历史。马克思主义的创始人明确地宣布，他们的学说不是教条，而是行动的指南。马克思主义认为世界是发展的，它本身也必然随着世界的发展而发展。世界千差万别，马克思主义在各国的成功的运用，也必然由于各国具体情况的不同而形成各自的特色，也必然形成对于马克思主义原理的各自的发展。中国是个大国，是个东方大国，而中国革命的成功又是主要依靠中国共产党独立自主、自力更生地领导中国人民长期艰苦奋斗的结果，因此，中国共产党成功地运用马克思主义的过程，不可能不是中国共产党使马克思主义获得重大发展的过程。事实上，中国共产党的历史在长时期内充满了关于是否把和怎样把马克思主义的普遍原理与中国革命的具体实践相结合的斗争和探索，而为了把两者成功地相结合，就必然要在许多重要方面把马克思主义加以创造性的发展。毛泽东思想正是两者相结合的最高成果。毛泽东最早提出并一贯坚持"中国革命斗争的胜利要靠中国同志了解中国情况"，一贯要求中国同志认真研究中国的历史和现状，要从客观实践中探索中国革命的规律，"以马克思主义之矢，射中国革命之的"，因而对马克思主义普遍原理与中国革命的具体实践相结合的努力作出了最大的贡献，并且长期教育全党，使全党接受了他的这一思想。这是中国共产党一贯坚持并一贯发展马克思主义的思想基础。

现在，我们就中国共产党在哪些重要方面对马克思主义作了哪些发展简要地观察一下。

（一）提出了无产阶级领导的农民土地革命战争思想和以农村包围城市的革命发展道路。在领导中国革命的长期过程中，党逐渐认识到，占中国人口百分之八十以上的农民是无产阶级领导的半殖民地半封建国家资产阶级民主革命（即新民主主义革命）中的主力军。要领导革命取得胜利，就必须首先领导农民在农村中发动土地革命，建立人民武装，发展游击战争，进而联合其他革命力量，建立革命根据地和革命政权，以此为基础，逐步扩大，实行以农村包围城市的战略，最终取得全国的胜利。无产阶级领导的这种农民土地革命战争，在马克思、恩格斯的时代还是不可设想的。虽然马克思、恩格斯都注意到要争取农民作为无产阶级的同盟军，但西欧的农民（他们的情况跟中国的农民很不同）却缺乏革命的要求，而当时革命无产阶级的力量又还没有发展到东方。列宁提出了东方国家的无产阶级要注重领导农民革命斗争，但是列宁的党并没有领导农民斗争的足够的经验，十月革命的土地归农民的口号是由夺取了政权的无产阶级宣布和实现的，而不是由农民通过自己的革命斗争实现的。真正解决领导农民革命斗争的任务，不能不历史地落在中国这个东方大国的共产党人身上。在一九二七年的革命失败以后，中国的城市无产阶级在严重的白色恐怖之下，既不能通过民主制度合法地争取自己的生存权利和实现自己的政治要求，又不能通过组织城市武装起义夺取政权。这种形势要求党非把主要的力量转向反革命势力相对薄弱的农村不可。中国的广大农民,特别是贫农,生活极端贫苦,有革命的迫切要求。因而无产阶级领导的农民革命斗争,不但是中国农民的唯一出路,也是中国革命的唯一出路。首先指出这一点的是毛泽东。他在领导秋收起义未能达到党所预定的夺取城市的目的之后,毅然决然地把失败了的队伍领上了湖南江西边界中段的井冈山,创立了农村革命根据地。他在理论上论证了在全国的反革命形势下为什么小块红色政权能够存在。以后,他又在江西南部、福建西部领导建立了大片的革命根据地(中央苏区),并且在理论上进一步指出这种革命根据地的发展将可能促进全国革命高潮的实现。在红军长征到达陕北,经过八年抗日战争和三年解放战争以后,众多的农村革命根据地终于胜利地发展成为伟大的人民共和国。党究竟是依靠什么力量造成了这样的翻天覆地的变化呢? 当然我们决不能忽视城市各阶层人民(以工人和青年学生为先锋)在开辟革命战争的"第二战场"中的作用,但是革命的主力,无疑是接受了无产阶级(通过共产党)领导的农民,亦即贫农和它的同盟军中农。中国共产党在一个农民占人口绝大多数的东方大国里成功地解决了革命基本动力问题,成功地解决了坚定地依靠农民并给农民以革命政治教育和严格组织训练的问题。党把如此众多的出身小生产者的农民在斗争中教育改造成为共产主义战士,成为人民军队的优秀指战员和坚定的党的干部,这在共产主义运动的历史上是没有先例的。中国的迫切要求土地和其他生活权利、贫苦而缺少文化的农民,在中国共产党的领导和教育下,竟可以激发出如此伟大的革命潜力,可以组织成如此有高度觉悟和严格纪律的队伍,可以经受穷凶极恶的阶级敌人和民族敌人所施加的如此长时期、大规模的围攻和迫害,可以创造出一个又一个如此令人难以置信的人间奇迹:这不仅是马克思主义历史上的一个伟大的新发现,也是中国历史和人类历史上的一个伟大的新发现。

（二）**提出了关于人民军队和人民战争的一系列创造性思想**。农民的土地革命之所以能够发展,农村革命根据地之所以能够建立,是同有一支由党所独立领导的人民武装力量分不开的。当毛泽东在一九二七年"八七会议"上提出枪杆子里面出政权的口号时,他并不是第一个发现这个真理的人,因为历史上很多统治者或统治地位的追逐者都懂得它,历代农民起义的领导者和组织者都懂得它,欧洲有工人武装起义传统的党也曾经懂得它,而且中国共产党自己也曾领导过上海工人的三次武装起义。他只是在当时不与国民党争军权的中国共产党领导机关内第一个说出了这个真理。蒋介石的反面教员的作用教育越来越多的共产党员拿起了枪杆子,同反革命作斗争。中国成立了工农红军。红军的名字是从俄国学来的,但是中国红军是在农民革命斗争中由下而上发展起来的,这与俄国红军是在革命胜利以后由上而下成立起来的情况很不相同,由此也就产生了中国人民军队独立形成的一系列至今在世界上少有的特点。毛泽东把红军的性质规定为"执行革命的政治任务的武装集团"。他说:"红军决不是单纯地打仗的,它除了打仗消灭敌人军事力量之外,还要负担宣传群众、组织群众、武装群众、帮助群众建立革命政权以至于建立共产党的组织等项重大任务”,否则“就是失去了打仗的意义,也就是失去了红军存在的意义”。红军既是这样的组织,就必须接受党的绝对领导,就必须进行革命的政治思想工作,就必须实行官兵一致、军民一致和争取敌军的原则,就必须实行“政治民主”、“经济民主”、“军事民主”,就必须遵守最严格的群众纪律,不但不拿群众一针一线,时时处处为群众服务,而且要在党的领导下组织群众进行各种革命斗争。党在创建武装力量和领导武装斗争中,实行并坚持了诸如党委统一领导下的首长分工负责制、党支部建在连上、设立政治委员和政治工作机关等一系列重要制度,以确保党对军队的绝对领导,使红军完全地、无条件地置于党的领导之下,成为实现党的纲领、路线的忠实工具,从而科学地规定和处理了无产阶级政党和无产阶级军队的关系。这样,红军就成为名副其实的人民武装力量。红军后来改名八路军、新四军,后来又改名人民解放军,军队的环境尤其在建国以后发生了很大的变化,但是,这些建军的根本原则却没有也不容许有任何变化。建国以来,人民解放军始终是人民共和国的坚强柱石,是人民利益的忠诚保卫者。人民解放军的许多部队长期驻守在自然条件极其恶劣的边防地带,帮助驻地(多数是少数民族地区或者海岛)的建设,发展和维护广大高寒地区的交通运输,他们默默地克服着常人所难以想象和忍受的危险、痛苦和困难,包括必要时击退侵略者的挑衅和入侵,不屈不挠地为祖国和人民的安宁奉献着一切。人民解放军经常担负着繁重的训练、建设和生产的任务,经常出现在一切发生巨大的自然灾害或人民迫切要求紧急援救的地方,而且经常地在地方党委和地方政府的统一组织领导下,同各族人民一起积极开展拥军优属、拥政爱民和军民共建精神文明的活动。解放军中大量涌现雷锋式直至苏宁式的既尽忠职守又忘我地为群众为战友服务的英雄模范人物不是偶然的。由于具有同人民群众的这种密不可分的血肉联系,我军在军事上就形成了一整套人民战争的战略战术,这套战略战术使我军在十年内战时期和八年抗战时期得以战胜比自己强大许多倍的敌人,而在三年人民解放战争时期得以迅速地最终地消灭国民党反动派的八百多万军队,比预计的时间更早地完成了解放中国大陆的任务。这种人民战争的战略战术的内容,随着战争形式的不同而有所不同。十年内战时期的战略,毛泽东曾在《中国革命战争的战略问题》中加以总结;抗日战争时期的战略,毛泽东曾在《抗日游击战争的战略问题》、《论持久战》中作出规定;而人民解放战争时期的战略问题,毛泽东曾提出著名的"十大军事原则"。当然,将来可能发生的强加于我国的战争,由于战争条件和军事技术的不同,一定会使人民战争的战略战术产生更多的新的变化。我军在现阶段所紧张进行的革命化、现代化、正规化建设,正是瞄准着风云变幻的未来世界的。但是如同我军是人民军队这个根本特征不会变一样,我军所进行的战争是人民战争这个根本特征也不会变。人民军队这个关于武装力量的新概念,它在国家生活、社会生活中的新作用以及随之而来的人民战争所形成的战略战术的新特点,不但在革命史、军事史和军事学上有其伟大的意义,而且在国家发展史上和马克思主义国家理论上写下了崭新的篇章。

(三)在与其他政治力量建立革命统一战线的问题上创造

了独特的经验，提出了一系列新的理论和策略原则。革命需要建立广泛的统一战线，在革命发展的特定的阶段还需要同资产阶级政党建立统一战线，这都不是中国共产党的创见。早在《共产党宣言》里就写着：在德国，只要资产阶级采取革命的行动，共产党就同它一起去反对专制君主制、封建土地所有制等等。但是历史地回顾一下，国际共产主义运动在建立统一战线方面的成功经验确实是不多。在中国共产党怎样与国民党建立或保持统一战线的问题上，共产国际的指导就往往（不是全部）是不中肯的甚至是错误的。这种指导使第一次国共合作归于失败（当然，中国共产党内陈独秀主义的领导仍然要负主要责任），在第二次国共合作（抗日战争）中也曾造成一个时期的混乱，只是由于以毛泽东为首的中国共产党进行抵制，才避免了这种混乱的发展。抗日战争的八年是国共两党既合作而又尖锐冲突的八年。这次国共合作不同于西欧国家共产党与社会党所曾形成过的合作（当然国民党也不同于社会党），一则这种合作没有正式的书面的协定，没有一定的规章可循；二则这种合作是两个拥有各自的武装力量和政权的政党之间的合作，而且一方居于中央政府的地位，还采取限共、溶共、反共的方针，另一方既不被承认为合法的地方政府，又不能把自己的活动局限于地方政府的范围。后者的力量远弱于前者，而在政治上远强于前者，它必须在斗争中求生存，而又确能在斗争中求发展。中国共产党能够在这种又联合又斗争的形势中求发展，这首先是因为国共两者的团结是为了共同抗日，在它们两者之外有一个共同的敌人日本侵略者，在日本占领区（敌后）共产党大有发展的余地；其次还因为在国民党统治区,国共两者之外还有一个中间派,而中间派正是共产党所必须争取和可以争取的同盟军。毛泽东领导下的中国共产党正确地认识了和巧妙地利用了这种十分错综复杂的形势,提出了"发展进步势力,争取中间势力,孤立顽固势力","以斗争求团结",在斗争中"有理、有利、有节"等一系列方针政策,使得党所领导的人民军队和其他人民力量渡过了一次又一次的惊涛骇浪,最终由对国民党的劣势变为对国民党实质上的优势。诚然,这样的变化之所以发生,根本上是由于党站在坚持抗战坚持进步的立场,站在坚持人民利益的立场,但是如果不是坚持实行以斗争求团结的统一战线方针,得到这样的结果是不可能的。统一战线原则的具体运用,要根据不同的对象,不同的情况,这里没有简单的公式可以套用。要在统一战线中实行以斗争求团结,不要说做起来很困难,就是想起来也会使不深通马克思主义辩证法的人感到大惑不解。中国共产党不但由此证明自己在统一战线问题上远胜于共产国际的策略家,而且由此对马克思主义统一战线理论和世界政治斗争理论作出了重大的贡献。中国共产党的统一战线理论自然不限于对待国民党,也包括对待一切其他同盟者。毛泽东曾多次着重指出,共产党员在社会上总是少数,党外的人总是多数,所以党员总是要和党外的人合作。中国共产党所取得的一切成就,是与党外人士的共同努力分不开的。关于共产党和民主党派、民主人士的合作,可以总结的宝贵经验很多,可惜这里限于篇幅,不能加以论述了。中华人民共和国建立以后,统一战线成为国家政治生活的重要方面,而在党的十一届三中全会以后到现在的十多年中,中国共产党和各民主党派的联合已经日益制度化,中国共产党领导的多党合作已经成为我国的一项基本政治制度。党在这种多党合作制度中的领导地位一定不能动摇,这已经是实践所证明的了。

（四）**创造了党的群众路线的工作方法**。中国共产党从最初成立时的五十多个党员发展到现在的五千零三十二万党员,成为中国的领导党和世界最大的共产党,在党的建设理论和实际工作中当然有丰富的成就。我们在本文前面所说的领导农民土地革命斗争、创建人民军队和领导人民战争、领导革命统一战线,这些都是党的建设的重要内容。而党的群众路线的工作方法,无疑是中国共产党在党的建设方面的突出贡献之一。这是中国党的长期革命斗争必须坚决依靠群众支持和集中群众智慧的表现。毛泽东关于共产党要全心全意为人民服务的观点,关于人民群众必须自己解放自己的观点,可能来源于马克思和恩格斯的"无产阶级的运动,是绝大多数人的运动,为绝大多数人谋利益的独立的运动"和"工人阶级的解放应当是工人阶级自己的事情"的思想。而毛泽东提出的"从群众中来,到群众中去"的观点,则出自他的首创。关于党的群众路线的工作方法,毛泽东有过许多的精辟的论述。邓小平同志在党的第八次全国代表大会上曾经这样解释毛泽东所倡导的党的工作中的群众路线:"简单地说来,它包含两方面的意义:在一方面,它认为人民群众必须自己解放自己;党的全部任务就是全心全意地为人民群众服务;党对于人民群众的领导作用,就是正确地给人民群众指出斗争的方向,帮助人民群众自己动手,争取和创造自己的幸福生活。因此,党必须密切联系群众和依靠群众,而不能脱离群众,不能站在群众之上；每一个党员必须养成为人民服务、向群众负责、遇事同群众商量和同群众共甘苦的工作作风。在另一方面，它认为党的领导工作能否保持正确，决定于它能否采取'从群众中来，到群众中去'的方法。按照毛泽东同志所起草的党中央《关于领导方法的决定》的话来说，就是'将群众的意见（分散的无系统的意见）集中起来（经过研究，化为集中的系统的意见），又到群众中去作宣传解释，化为群众的意见，使群众坚持下去，见之于行动，并在群众行动中去考验这些意见是否正确。然后再从群众中集中起来，再到群众中坚持下去。如此无限循环，一次比一次地更正确、更生动、更丰富。'"这样，党的群众路线的工作方法，就由党是工人阶级的一部分、党除了阶级和人民的利益以外没有特殊的利益的观点，上升到只有革命的阶级、革命的群众作为先进的生产力和先进的生产关系的代表，才是历史的真正创造者这个历史唯物主义理论的水平，上升到人的认识的正确与否，只有客观的社会实践的检验才是唯一标准的辩证唯物主义理论的水平了。

党的群众路线的工作方法，一直是党对待劳动群众、革命群众的指针，是使党与广大群众保持密切联系的思想基础和组织基础。党在居于执政地位以后，特别是党在执行改革开放政策以后，党与群众的密切联系出现了某些松弛的现象。一部分群众对党内的某些腐败现象的不满，为少数反党反社会主义分子所利用，成了一九八九年春夏之交政治动乱和北京反革命暴乱的诱因之一。以江泽民同志为核心的党中央对于这个事实极为重视。为了坚决改变这种状况，在一九九〇年三月，党的十三届六中全会专门作出了《中共中央关于加强党同人民群众联系的决定》,决定指出:"力争今明两年在密切党群关系方面取得明显进步,实实在在地解决群众最关心而又有条件解决的问题。从今年起,每年年终总结工作,都要结合检查党群关系、干群关系中存在的问题,研究解决办法,开展批评与自我批评,考评干部,以利于不断改进领导作风和工作作风。"

（五）**提出了正确处理党内矛盾和正确区别、正确处理人民内部矛盾和敌我矛盾的原理**。正确处理党内矛盾,是党的建设的另一个重大课题。国际共产主义运动史上关于党内斗争的讨论很多,却很少提出过正确处理党内矛盾的原则问题。中国共产党是工人阶级的先锋队,党要求用马克思列宁主义、毛泽东思想统一全党的思想,并且要求用党的最高领导机关所作的决定统一全党的行动。但是在实际生活中,党内的思想不一致、行动不一致是难以避免地常常发生的,像中国共产党这样的大党尤其难以避免。为了保持党的纪律、团结和战斗力,正确处理党内矛盾就成为党的生活中的一个重大问题。中国党的历史上曾经发生过几次重大的党内斗争,其中有不少是错误的,所用的方法和所得的效果都是很不好的。一九四二年,毛泽东总结历史上的经验教训,为了教育团结在第三次"左"倾路线中犯了错误的绝大部分同志,提出了"惩前毖后,治病救人"的方针,也叫做"团结——批评——团结"的方针,思想教育从严,组织处理从宽,从而达到了团结全党的目的。一九四五年四月,党的六届七中全会通过了《关于若干历史问题的决议》,空前地统一了全党的认识,为党的第七次全国代表大会的胜利举行准备了充分的条件,而七大的圆满成功又为后来的人民解放战争的巨大胜利奠定了思想、政治、组织的基础。随后,党又扩大了应用这个方针的范围,在处理领导与群众的关系,处理军民关系、官兵关系,几部分军队、几部分干部之间的关系方面,都得到了很大的成功。全国解放以后,毛泽东又把这个方针应用到对民主党派和工商界方面来,并在一九五七年二月根据这个方针作了《关于正确处理人民内部矛盾的问题》的报告,对正确区分和处理两类不同性质的矛盾(人民内部矛盾和敌我矛盾)的原则和方法加以系统的说明。尽管从一九五七年夏季反右派扩大化直到"文化大革命"结束这段期间,这个方针并没有得到很好的执行,但是它毕竟已经在全党形成了长时期的历史传统,留下了不可磨灭的深远的影响。正是根据这个方针,党在邓小平同志领导下成功地处理了"文化大革命"十年所遗留的异常繁重复杂的问题。接着,在一九八一年六月十一届六中全会上通过了《关于建国以来党的若干历史问题的决议》,又一次空前地统一了全党的认识,从思想上、政治上、组织上保证了十年来的建设和改革开放事业的顺利发展。对于一九八九年春夏之交的政治风波的处理,党同样是按照正确处理党内矛盾、正确区别和处理人民内部矛盾和敌我矛盾的方针进行的,因而迅速恢复了国内局势的稳定。实践证明,这是中国共产党对马克思主义的党的建设理论和政治理论的重要贡献之一。

关于正确区别和处理两类不同性质的矛盾的原理,还有另一方面的重大意义。在《关于正确处理人民内部矛盾的问题》的讲话中,毛泽东指出,在基本完成了经济战线的社会主义革命以后,"无产阶级和资产阶级之间的阶级斗争,各派政治力量之间的阶级斗争，无产阶级和资产阶级之间在意识形态方面的阶级斗争，还是长时期的，曲折的，有时甚至是很激烈的。无产阶级要按照自己的世界观改造世界，资产阶级也要按照自己的世界观改造世界。在这一方面，社会主义和资本主义之间谁胜谁负的问题还没有真正解决。"随后不久，毛泽东又针对美帝国主义对社会主义国家实行"和平演变"的方针，指出中国国内这种阶级斗争将要长期存在的国际背景，要求全党和全国人民严重注意防止帝国主义"和平演变"的危险。这是社会主义条件下敌我矛盾的新形态。毛泽东的这个英明的预见，已经为多年来特别是近年来的国内国际政治生活所证实。这是中国共产党对马克思主义理论的又一重要贡献。

（六）**创立了完整的新民主主义理论。**列宁在一九二〇年提出过"落后国家可以不经过资本主义发展阶段而过渡到苏维埃制度，然后经过一定发展阶段过渡到共产主义阶段"的设想，但是由于缺乏实际经验，不可能形成成熟的见解。在这个问题上，中国革命创造了新经验，毛泽东据以对马克思主义作了新的贡献。毛泽东在一九四〇年一月写成的《新民主主义论》一书，对于受十月革命影响、无产阶级及其同盟者的政治力量比较强大而资产阶级的反帝国主义反封建主义的民主革命积极性比较薄弱的国家，革命人民应该建立一个怎样的国家，在这个国家里的政治制度、经济制度、文化制度应该是怎样的，这个国家的前途是什么等问题，作了系统的回答。中国共产党人能够创立完整的新民主主义理论，因为他们这时已经拥有大面积的抗日民主根据地和大量的人民抗日武装力量,已经在抗日战争的发展中证明他们的军事主张和政治主张是正确的和有效的,而且已经拥有多方面的丰富的政治经验,在人民中间享有崇高的政治威信,足以对未来中国的前途拥有有决定影响的发言权。诚然,《新民主主义论》书中所引据的斯大林所说的在世界无产阶级革命时代中,任何民族问题,任何反帝国主义斗争都是世界无产阶级革命的一部分的论断(这个论断是从对世界革命形势的过高估计作出的),后来并没有为世界历史所证明;毛泽东后来也对这个观点作了公开的修正(见《毛泽东选集》第二版第二卷第 710 页注[17])。中国后来的历史发展完全证明了《新民主主义论》的预见。

(七)为和平实现社会主义改造创造了人类历史上的新经验。这实际上是新民主主义理论和政策的必然的进一步发展。毛泽东在一九五三年指出:"从中华人民共和国成立,到社会主义改造基本完成,这是一个过渡时期。党在这个过渡时期的总路线和总任务,是要在一个相当长的时期内,基本上实现国家工业化和对农业、手工业、资本主义工商业的社会主义改造。"后来的实践证明,实现国家工业化需要更长得多的时间。在实现国家工业化的过程中,实现社会主义改造却是必然的、不可避免的,而后一个任务是比预期的时间更早地完成了。这里不讨论在完成这个任务中有些什么简单化或其他可以避免的失误,而只讨论对资本主义经济实现和平改造的这一历史的创举。马克思、恩格斯和列宁都曾设想过取得国家政权的无产阶级可以对资产阶级采取赎买的方法。马克思、恩格斯没有机会实现他们的设想;列宁在一九一八年和一九二一年两次提出赎买的主张，但都因得不到俄国资本家的合作而失败。中国共产党则处在很不相同的历史条件之下：中国民族资产阶级曾经参加抗日民族统一战线，在解放战争中政治上大部分中立，一部分有影响的人士表现进步，拥护新民主主义，故而中国民族资产阶级（工商业者）作为一个集体参加了中国人民政治协商会议，并有代表人物参加政府机构；在建国初期经营发生困难的一部分民族工商业者大都要依靠政府的支持，后来他们对于人民政府和国营经济的依赖程度愈来愈深愈广（尽管中间又经常发生冲突甚至严重冲突）；他们表示拥护政府的国家资本主义政策和它的分配政策，即他们只从企业盈余中领取四分之一左右作为股息红利，而其余则分别归为国家所得税、企业公积金和职工福利奖金；最后，他们拥护实行全行业公私合营，在全行业公私合营以后，他们同意只接受一定时期内按核定的私股股额每年领取 5％ 的股息。这样，中国就得以在一个世界人口最多的大国中，完全以和平方式有秩序地实现了社会主义思想有史以来先进的思想家们所提出的以赎买方法解决资产阶级问题的伟大设想。今后人类在遇到类似情况时也许还会比中国共产党人做得更完善，但是中国的这个经验无疑表现了中国共产党人的巨大的智慧和创造性。

中国共产党在农业社会主义改造方面也积累了大量的宝贵经验，这些宝贵经验决不因为后来变得极端刻板化的、挫伤了农民生产积极性的人民公社体制按广大农民的要求改变为家庭联产承包责任制为主而失去意义。家庭联产承包责任制是适合我国目前农业生产力水平的经营形式，它在土地公有、大型农田基本设施和大型农机具公有、乡镇企业基本公有、乡、村两级经济组织对个体农户的生产和经营进行协助、服务和调节（所谓"双层经营"）等方面，都继承和巩固了农业社会主义改造的积极成果。

　　（八）成功地开创了社会主义的改革开放事业。 改革开放事业是五十年代社会主义改造事业的真正的续篇。邓小平同志在八十年代多次提出，要"建设有中国特色的社会主义"。我们已经看到，在中国革命的发展过程中，能否正确地把马克思主义的普遍原理同中国革命的具体实践相结合，是革命能否胜利发展的关键；在中国的社会主义建设的发展过程中，情况也是如此。中国建设社会主义到八十年代已经有约三十年的历史，这段历史中既有出色的成功（主要在第一个五年计划时期），也有在后来的探索过程中的严重的挫折。为了实现党提出多年的"实现四个现代化"，为了在新时期走出新路子，面临的关键问题就是要摆脱长期流行的一些传统影响的束缚（这在建设初期是难以避免的），按照中国当时的具体情况进行改革开放。恩格斯在一八九○年八月写给奥托·伯尼克的信中说："所谓'社会主义社会'不是一种一成不变的东西，而应当和任何其他社会制度一样，把它看成是经常变化和改革的社会。"话虽如此，要对社会主义社会的传统体制进行改革实际上却是很不容易的，哪怕它只有几十年的历史。马克思主义的创始者们多次重复说，他们不能预言社会主义社会将是或应该是一个什么样子，这只能由将来的人们按照将来的情况在自己的实践中去决定。但是马克思、恩格斯、列宁提出过的一些论点和设想仍然在长时期内被教条式地对待了。例如认为社会主义是共产主义的比较短暂的初级阶段（这曾使得中国和苏联都曾积极准备过渡到共产主义）；又例如认为社会主义社会必须实行全部生产资料公有制，认为社会主义社会的生产必须是由计划直接调控，它的经济不再具有商品经济的性质；企业的兴建、组构，它们的一切生产经营计划、重要收入支出连同它们的产品的流通和价格都得由国家直接管理。此外，社会主义国家在早期的发展过程中还陆续实行了一系列看来很合乎社会主义理想、因而也难以改变的制度，例如国家负责公民的就业、养老、公费医疗和极其低廉的基本生活费用。长期实行以上这些原则和办法的总的结果，就造成中央的经济权力过度集中，经济体制缺乏活力，国家财政负担过重，严重妨碍生产力的继续发展。这些原则和办法的难以改变，除了思想上的原因以外，还由于第一，这些办法在一个相当长的时期内是大体上适合于当时的条件和需要的，所以曾经行之有效，确实取得了在旧制度下不能取得的巨大成就；第二，社会主义国家长期遭受西方列强的包围封锁，不但难于发展国际间的经济交往，也难于了解资本主义发达国家所积累的发展经济的丰富经验，这些经验中很多对于社会主义国家也是很值得借鉴的（这是列宁早就指出了的），而由于缺乏这种借鉴，社会主义国家不容易看到对原有体制实行改革的有效途径。以邓小平同志为代表的中国共产党人在七十年代末期决定实行改革，首先是搞活经济，因为当时正值"文化大革命"结束，旧的体制已不能再继续下去了，而这时中国又已与资本主义发达国家发展了关系，有条件在国际范围内进行经济上的交往和合作，有条件认真吸取他们的先进的科学技术、先进的经营管理方法和其他有益的经验，吸收他们的资金和人才。中国的改革首先从农村开始（这里却没有任何外来的因素，表明中国改革的主要动力来自内部）。按照广大农民的愿望，把人民公社的生产管理制改为家庭联产承包为主的责任制。这一改革的巨大成功推动了整个改革的进程。城市经济体制的改革，以搞活企业为中心，相应地进行了计划、财政、税收、金融、物资、商业、外贸、价格、劳动工资等方面的改革。同时，所有制结构的改革（由单一的生产资料公有制变为以公有制为主的多种经济成分并存）、分配关系的改革（实行了以按劳分配为主的多种分配形式），以及中央和地方经济权力的重新划分也陆续展开。随着经济体制改革的发展，政治、教育、科技以及社会生活的其他领域也都进行了改革。中国的改革事业以后还将继续深入发展。在实行改革政策的同时实行了开放政策。中国已经同世界经济技术的发展隔绝了二十年，而这二十年正是世界科学技术革命突飞猛进的二十年。中国仍然坚持独立自主、自力更生的方针，却再不能关起门来建设了。中国努力扩大了对外经济技术文化交流和合作的范围。为了吸引外资，中国鼓励合资企业、独资企业和中外合作企业的经营，并且设立了一系列的经济特区、开放城市和开发区、沿海经济开放区。中国的改革开放政策在八十年代的经济发展中很快显示了举世瞩目的成功。国民生产总值在一九八〇年至一九九〇年年平均增长率达到百分之九（在珠江三角洲、苏南等地区的增长速度更高得多），人民生活得到了明显的改善，国家经济实力大为增强。中国共产党在中国成功地发展了改革开放事业，不但使社会主义中国的地位获得了强大的基础,而且成功地使社会主义事业获得了新的生命力,走上了一个新的发展阶段。

(九)提出了社会主义商品经济的原则和社会主义初级阶段的理论。 指导中国经济体制改革的原则是发展社会主义商品经济。这是一九八四年中共十二届三中全会《关于经济体制改革的决定》中提出来的。决定说:"改革计划体制,首先要突破把计划经济同商品经济对立起来的传统观念,明确认识社会主义计划经济必须自觉依据和运用价值规律,是在公有制基础上的有计划的商品经济。"这是对社会主义经济传统思想的一个突破,也是对西方资产阶级和社会民主党经济学家的市场社会主义学说的一个反击。社会主义商品经济的原则,亦即计划经济与市场调节相结合的原则,尽管现在还没有形成完整的成熟的理论,却为中国经济体制改革指明了前进的方向,并在若干年的实践中证明是可行的(并不是像西方资产阶级经济学家所说的是不可思议的),而且积累了一定的经验。这些经验表明,随着经济体制改革的深化,计划经济中的指令性计划的适用范围将逐步缩小,而指导性计划的适用范围将逐步扩大;国家直接调控的范围是国民经济发展目标、基本政策、总量控制、重大经济结构和布局调整、关系全局的重大经济活动、关系国计民生的少数重要产品的必要调拨分配、少数重要产品和劳务的价格,而一般工农业产品生产和流通,企业的大量生产经营活动,一般性技术改造和小型建设项目,大量的商品价格和劳务价格,则实行指导性计划或由市场调节。不论是计划调节,还是市场调节,在交换过程中都必须按照价值规律的要求,实行等价交换。社会主义有计划的商品经济是中国经济发展的总趋势，它的形态将随着时间的推移而日趋完备。

在目前，中国的市场机制还不成熟，因而中国的计划机制和市场机制结合的形态还不成熟，这在事物的发展过程中是很自然的。进一步说，从许多方面看，中国的社会主义关系还没有发展成熟，是同中国还处在社会主义初级阶段分不开的。我们已经有了社会主义制度，这使得我们取得了在资本主义制度下不能取得的迅速发展，是我们一切光明的前途的基础，这是第一；第二，社会主义社会是一个漫长的历史发展阶段，它的发展程度是由种种历史条件决定的，企图人为地强行提前它是不可能的，有害无益的。早在一九八一年六月中国共产党第十一届六中全会通过的《关于建国以来若干历史问题的决议》中，就已经指出我国还处在社会主义的初级阶段。一九八七年中国共产党第十三次全国代表大会政治报告提出了比较完备的社会主义初级阶段的理论，指出，社会主义初级阶段作为中国在生产力落后、商品经济不发达条件下建设社会主义必然要经历的特定阶段，从五十年代社会主义改造基本完成开始，到社会主义现代化基本实现为止，至少需要上百年时间。这就总结了新中国建国以来关于社会主义发展阶段问题的基本经验，彻底否定了一切很快将要进入共产主义的空想，实事求是地规定了当前经济社会发展的现实任务。很明显，这个总结对于科学社会主义理论的意义，并不限于中国一国。

（十）提出和实行了保卫改革开放中的中国社会主义制度不受腐蚀和颠覆的方针。在这个方针下，中国共产党在政治和组织上采取了一系列的措施,包括反对腐败现象、反对资产阶级自由化、坚持四项基本原则、防止"和平演变"、建设社会主义精神文明必须与建设社会主义物质文明并重,等等。中国共产党在改革开放一开始,就明确地继承毛泽东防止"和平演变"的遗教,认定改革是社会主义的自我完善,认定对外开放的同时要防止西方资产阶级腐朽的、不健康的、反社会主义思想的渗透,要防止党内、国内种种腐败丑恶现象的死灰复燃。邓小平同志曾经多次强调在新的形势下坚持四项基本原则的必要性。他早在一九七九年三月就旗帜鲜明地宣布:

中央认为,我们要在中国实现四个现代化,必须在思想政治上坚持四项基本原则。这是实现四个现代化的前提。这四项是:

第一,必须坚持社会主义道路;

第二,必须坚持无产阶级专政(人民民主专政);

第三,必须坚持共产党的领导;

第四,必须坚持马列主义、毛泽东思想。

在这以后,邓小平同志长期一贯地反复强调坚持四项基本原则和反对它的对立面即资产阶级自由化。在一九八三年四月,邓小平同志在谈到建设社会主义的物质文明的同时必须建设社会主义精神文明的方针时说:"在社会主义国家,一个真正的马克思主义政党在执政以后,一定要致力于发展生产力,并在这个基础上提高人民的生活水平。这就是建设物质文明。过去很长一段时间,我们忽视了发展生产力,所以我们现在要特别注意建设物质文明。与此同时,还要建设社会主义精神文明,最根本是要使广大人民有共产主义的思想,有道德,有文化,守纪律。国际主义、爱国主义都属于精神文明的范畴。"在一九八五年三月,他又说:"有一点要提醒大家,就是我们在建设具有中国特色的社会主义社会时,一定要坚持发展物质文明和精神文明,坚持五讲四美三热爱,教育全国人民做到有理想、有道德、有文化、有纪律。这四条里面,理想和纪律特别重要。……现在我们搞四个现代化,是搞社会主义四个现代化,不是搞别的现代化。我们采取的所有开放、搞活、改革等方面的政策,目的都是为了发展社会主义经济。我们允许个体经济发展,还允许中外合资经营和外资独营的企业发展,但是始终以社会主义公有制为主体。社会主义的目的就是要全国人民共同富裕,不是两极分化。"由此可见,中国共产党在改革开放的条件下反对腐败现象,反对资产阶级自由化,坚持四项基本原则,防止和平演变,坚持对建设社会主义精神文明与建设社会主义物质文明并重,目的都是一个,就是防止改革开放的消极作用,不让中国的社会主义事业变质。应当承认,在过去的十多年中,党中央的一些领导人对于执行这个方针并不是始终一贯的。一手硬,一手软,就给西方一部分敌对势力的"和平演变"图谋和国内一部分资产阶级自由化分子以可乘之机,终于爆发成为一九八九年春夏之交的政治动乱和北京发生的反革命暴乱。邓小平同志说,"过去十年的最大失误是教育",就是指这一点说的。党的十三届四中全会以来,情况已经发生了很大的变化。全党和全国革命人民都牢记了这个沉痛的教训。在后来的国际上更为严重的风云变幻中,社会主义的中国却显得更为稳定。但是国际和国内的阶级斗争都是长期的,我们在任何时候都不能麻痹。我们要建设有中国特色的社会主义,就永远不能忘记这一点。有中国特色的社会主义建设道路,就是既要坚持改革开放政策,又要坚持四项基本原则、防止"和平演变"。也只有这样,中国共产党才能以自己的理论和实践贡献于在困难条件下仍然坚持社会主义理想的各国革命人民之前。

　　(十一)在国际关系上提出了并一贯执行了和平共处五项原则。对不同社会制度国家实行和平共处的外交政策,这是列宁在十月革命后提出的。中国政府在一九五四年四月在与印度政府订立的关于中国西藏地方和印度之间的通商和交通协定中首次提出了和平共处五项原则,即互相尊重主权和领土完整,互不侵犯,互不干涉内政,平等互利,和平共处。同年六月,中印总理、中缅总理先后在联合声明中重申并确认这五项原则作为国际关系的指导原则。和平共处五项原则比列宁提出的和平共处的外交政策有了更为具体和丰富的内容。在以后的三十多年中,中国政府一贯在对外关系中奉行和平共处五项原则,这五项原则也为愈来愈多的国家所赞同。中国政府后来还把和平共处五项原则扩大应用到对社会主义国家的外交关系中,因为长期的实际生活证明,在社会主义国家的相互关系中,遵守和平共处五项原则不但是非常必要的,而且往往也是很不容易的。和平共处五项原则完全符合联合国宪章的宗旨和规定。与和平共处五项原则相违背的国际政策,是以强凌弱、以大压小、以种种名义干涉别国内政的强权政治即霸权主义,而这种国际政策在当代世界政治、经济生活中却屡见不鲜,成为威胁世界的和平、稳定和发展的主要因素。因此,中国和其他许多爱好和平的国家一样认为,迫切需要以和平共处五项原则为基础来建立国际政治、经济新秩序。

与和平共处五项原则相适应,中国共产党在处理与外国党(包括资产阶级政党)的关系中执行独立自主、完全平等、互相尊重、互不干涉内部事务的原则。

(十二)把辩证唯物主义和历史唯物主义的观点贯彻到党的全部工作中。中国共产党一贯重视一切工作从实际出发(调查研究、实事求是),社会实践是认识的基础、事物发展的根本原因在于事物内部的矛盾、阶级斗争是阶级社会历史的动力、对社会现象要进行阶级分析等观点,用以指导党的全部工作。我们在前面所列举的中国共产党对马克思主义的发展,无一不是党在实际工作中切实应用辩证唯物主义和历史唯物主义观点观察和解决问题的结果。中国共产党对马克思主义哲学不但在理论上坚持,而且坚持把它运用到党的一切实际工作中,这在国际共产主义运动中是非常突出的。毛泽东的《反对本本主义》、《实践论》、《矛盾论》、《改造我们的学习》、《人的正确思想是从哪里来的?》以及并非专门讨论哲学问题的著作如《中国革命战争的战略问题》、《论持久战》、《关于正确处理人民内部矛盾的问题》等著作,都是对马克思主义哲学的重要贡献。党的历史上在毛泽东领导下进行的著名的延安"整风运动",就是以马克思主义哲学观点克服非马克思主义哲学观点的一次深入而广泛的思想斗争和思想教育。七十年代后期,在邓小平同志支持下进行的"实践是检验真理的唯一标准"的思想讨论,是为改革开放在思想上开辟道路的又一次重要的马克思主义思想教育。党的十一届三中全会以来,邓小平同志、陈云同志和以江泽民同志为核心的十三届四中全会以来的党中央,再三强调全党特别是党的高级干部学习马克思主义哲学和整个马克思主义理论的重要性。党中央在全党和全国城乡人民中有系统地普及和深入进行社会主义思想教育。党在多年实践和多年教育中所形成的以马克思主义哲学为基础的思想方法和工作方法的传统,是党的巨大的精神财富。马克思说:"哲学把无产阶级当做自己的物质武器,同样地,无产阶级也把哲学当做自己的精神武器。""理论一经掌握群众,也会变成物质力量。"在中国,正进行着一场用马克思主义哲学以及整个马克思主义理论掌握群众(这里首先是指党的干部和党员)的空前伟大的实践。

为了简单起见,我们在这里姑且不计算在各国革命人民中对马克思主义的信念。试问,世界上有什么力量能够战胜掌握了十一亿人口的马克思主义呢?

中国共产党怎样发展了马克思主义,对马克思主义作了哪些方面的贡献,这是一个很大的题目,是一个人的能力所难于完满解答的,在一篇提纲式的论文中更难于讲好。作者在这里只是作了一个初步的尝试。文中一定有不少应说而未说或说了而未说好的地方,希望读者多予指正,同时希望全国的理论工作者能够就这个题目进行深入的、系统的研究和讨论,以及通俗的宣传。

《中国共产党的七十年》题记

（一九九一年八月）

在一九九〇年三月全国党史工作部门负责人座谈会上，尚昆、一波同志都提出要尽快写出一部完整的中共党史的希望（现行党史著作往往只写到一九四九年，少数写到一九五六年，个别写到改革开放）。在这之前，在一九八八年八月中央党史工作领导小组第二次会议上，领导小组的同志也曾提出这个任务；当时还考虑最好能写出一部篇幅不太大的党史简本，以便于广大干部、党员阅读。

恰好，建党七十周年的日子临近了，为了纪念这个伟大的节日，中央党史研究室在一九九〇年五月就集中力量进行《中国共产党的七十年》的编写工作，到去年年底，已写出全部初稿。今年一月，在胡绳同志主持下，约请中央宣传部、中央文献研究室两位同志，六月又约请国务院研究室的一位同志，同中央党史研究室的有关同志一起，进行全书的修改定稿工作。初稿提供资料，设计轮廓，功不可没；但是改定稿的整个水平是大大提高了。经过先后参加编写的十多位同志的共同努力，终于在今年八月完稿；完稿原定的时间推迟了，是为了遵守质量第一的原则的缘故。

　　我接到这个书稿，很是高兴，觉得它虽然没有能赶在今年七月以前出版，仍然没有失去纪念的意义，而且它的作用本不限于节日的纪念。它正好是大家盼望已久的一部中等篇幅的内容比较完善而完整的党史。当然，中等篇幅的党史并不能代替更详细的党史（如中央党史研究室所著的《中国共产党历史》，已成上卷），但是我相信，它的内容也会给尚在编写中的更详细的党史许多帮助。

　　胡绳同志告诉我，如果因为时间太紧，不能看全部书稿，希望我务必把本书的第七、八、九三章和结束语看一下。我照办了。这三章确是比较难写好的部分。八大以后的十年曲折很多；"文革"十年是悲惨的十年，但这时期也并非只是漆黑一团；而在改革开放取得伟大成就的十年中，却又出现了两任总书记的严重错误。客观的历史是怎么样，写出来的历史也必须是怎么样。我读了这三章，认为大致可以判断这本书写得比较可读、可信、可取，因为它既实事求是地讲出历史的本然，又实事求是地讲出历史的所以然，夹叙夹议，有质有文，陈言大去，新意迭见，很少沉闷之感。读者读了会觉得是在读一部明白晓畅而又严谨切实的历史，从中可以汲取营养，引发思考，而不是读的某种"宣传品"。

　　当然，这部书并不是十全十美。党的七十年历史如此丰富，在一部四五十万字的书中不可能说得面面俱到，这是显而易见的。有所取，必有所舍，有所详，必有所略。但取舍详略之际，考虑间有未周，在所不免。而知人论世之处，作者颇具匠心，究难悉当。至于编辑性的差错，恐怕更少不了。无论如何，写这样的书而能写成这样，是不容易的。虽然文出多人，稿经数易，终得集合众长，统一条理，成为一家之言。积年余之功，竟初创之业，尤属可贵。

说是初创，也许不完全对。写这部书，前人已做了大量的工作，并非白手起家。中央作了两次若干历史问题的决议，使大的是非有了准绳；老一辈无产阶级革命家们的文集先后出版，为党史研究提供了许多指导性意见；多年来许多老同志写了各种形式的回忆录，记载了历史上的许多细节；历史工作者编写了多种党史、军史、政治史、经济史、外交史等等；又有国家保存的大量档案，可资查阅。但是在另一意义上，仍然不妨说本书是初创。真正的史书不是抄抄剪剪就可以"撰"成的。在这以前，如果不是完全没有同样的书，的确没有写得同样好的书。

中央党史工作领导小组在批准本书出版时，希望它在广泛征求意见的基础上再版时修订得更加完善。我和本书的作者们一样，热切地希望读者、教学者、研究者和熟悉各个时期党史情况的老同志们对本书多加指正，提出种种要求和建议，使本书再版时能得到改进（随着时间的推移，自然还得作必要的增补），以便更好地完成它在九十年代作为一部好的党史读本的使命。进入下个世纪，如果本书作为素材还多少有用，至少书名将改变为《中国共产党的八十年》之类了。但是，话何必说得这么远呢？

第 三 辑

关于目前新闻工作中的
两个问题

（一九五〇年三月二十九日在
全国新闻工作会议上的报告摘要）

今天讲的是目前新闻工作中的两个问题，即第一，改进报纸工作问题；第二，新华社机构和工作的统一问题。

一、改进报纸工作问题

我们的报纸工作做得怎么样呢？应该说有了很大的发展和成绩。用一九四九年作界线，一九四九年以前解放区在全国还只是占有比较小的一部分，报纸也一样。真正的人民报纸在数量上占劣势，现在却占绝对优势了。全国的经过登记的报纸大体上都可以承认是人民的报纸。仅仅有极少数的报纸，大概是未经政府机关登记的，算是例外。我们今天的人民的报纸，和国民党时期大资产阶级反动派的报纸以及帝国主义国家的报纸，在性质上是完全不同的。

数量上有很大的发展，质量上起了根本变化。这种成绩不应该小看，这是我们很多新闻工作者艰苦奋斗、惨淡经营的结果。

但是我们今天还是提出要改进我们的报纸工作。这就是表明，报纸工作和我们的要求还有相当距离，所以我们要改进它。

从哪些方面去改进呢？主要的是从以下三个方面：一、联系实际；二、联系群众；三、批评与自我批评。

我们的报纸比起那些旧式报纸来是联系实际的，并不是不联系实际的。是联系群众的，并不是不联系群众的。是有批评与自我批评的，并不是没有批评与自我批评的。不过做得都很不够。

我们国家是几万万人的大民族，在一两年中起了天翻地覆的大变化，但是在我们的报纸上就没有充分地有系统地生动地反映出来。从这个观点来说，我们的工作做得还很差。这就说明了我们的报纸在联系实际方面是比较薄弱的。当然，我们的报纸发表的新闻都是一种实际。但是我们所说的实际是和人民生活，和国家工作有直接重要联系的实际。而我们的报纸在这方面登得比较少。

首先，有许多地方报纸对于地方工作状况的登载没有用更重要的地位、更重要的力量，而把比较重要的地位和力量拿来发表那些全国性质的或是全世界性质的东西。这样一来，地方报纸对于地方工作的反映和指导的力量就降低了。

其次，无论是全国性的还是地方性的报纸，有一个显著的现象，就是登载了很多关于会议的消息。开幕闭幕都发表了消息，然后又发表许多会议所通过的文件。此外还报道许多机关的活动。所有这些东西加起来能不能满足人民对报纸的要求呢？不能够。这些东西大多数不是群众所能够了解的和感觉兴趣的。如果我们没有用群众所能了解和感觉兴趣的方法去宣传这些会议的内容，那么这些宣传越多，它的价值就越少。

有一部分人批评我们的报纸太沉闷、太枯燥。他们所想要的那种不枯燥，不沉闷的东西却也不是人民所真正关切的东西。但除了那种不正确的批评我们可以不接受以外，应该看到还有一种真正来自人民群众的批评，是需要我们重视的。我们的报纸尽管是立意为人民服务，希望人民看，并且希望他们看了就行动起来，但是实际上我们所做的工作往往并没有达到这个效果。因此我们的基本读者也对我们的报纸不满意。这就是一个严重问题，应该检讨一下。

列宁在《论我们的报纸》中，开头就说："对于旧题目的政治鼓动，对于政治的空谈，占据的篇幅太大了。对新生活的建设，对于这个建设底各种事实，则占据的篇幅太小了。"并且说："少谈政治。政治已经'明朗化'了，它归结成了两个营垒：实行起义的无产阶级与少数奴隶主、资本家的尖锐斗争，关于这种政治，可以而且应当讲得很短很短"。什么东西要多谈一些？列宁说："多谈些经济。所谓经济不是指一般推论，学者考察，知识分子计划，及其他垃圾而言——可惜此种经济十之八九正是垃圾。不是的，我们所要的经济是指搜集、缜密检查及研究新生活的真正的建设各种事业而言"。当时苏联报纸的状况是怎么样的呢？列宁说：它们对于新生活中的各种严重问题"默不作声，即使讲到的话也是官样文章，而不是革命的报纸，不是无产阶级专政的机关报。"列宁说的这些情况，同我们今天的情况在具体内容上是有某些不一样的,但是他对报纸的批评,对我们今天的报纸,在原则上却是适用的。

一九一九年三月联共(布)党第八次全国代表大会上的决议批评得比较简洁、概括,也说中了我们今天报纸的情况。这个决议说:"差不多一切我们的党的和苏维埃的期刊的总的缺点——就是脱离了一般的政治生活。各省党的、苏维埃的报刊,差不多完全不报道地方生活,而关于一般问题的稿件又选择得极不确当。不是用纯朴的语言写成简短的文章,去反映一般生活和当地生活底最重要的问题,而是发表一些冗长乏味的长篇大论。有时法令、布告充满几页篇幅,却不以简单明了的语言去阐明这些法令布告中的最重要之处。详细的发表着各官署和机关的各种指令和决议,却不从所有这些材料中找出地方生活的生动的社会记事。"

拿这些对缺点的描写,和我们大部分的报纸来比较,也可以说我们大部分报纸同样存在着这些缺点。如果我们的报纸只发表那些与地方生活无关的东西或发表一些政府机关(中央机关也是一样)的指令、决议、会议等等,那么它们怎么会有生命呢? 一切政府机关的会议的精华,并不在于某月某日开幕,某月某日闭幕,这是无生命的东西。但是我们的许多报纸却常把这些东西发表得津津有味,而对这些会议所讨论的问题、背景以及它们所要求的东西怎样变为群众生活的实际状况,却没有努力去发表。这样,我们的报纸就变成了许许多多的布告牌了。

这自然不是说这些布告本身是不好的。布告也是需要的。可是只把这些布告组织起来并不能成为一个好的报纸。

这就是我们所说的联系实际不够的地方。

　　报纸是给群众看的。尽管我们的报纸今天的程度——文化水平、政治内容还不能使每一个老百姓看懂、听懂,但是这并不妨碍我们的报纸是给群众看的,是面向群众的这一个基本原理。我们的报纸虽然不是每一个老百姓都能看懂、听懂的,可是老百姓里面的积极分子——有文化并有政治觉悟的,是能够看懂、听懂的。经过这些积极分子,我们报纸所宣传的东西,就可以到群众里面去。我们报纸如果有了缺点,它就不能到群众里面去。哪怕编得很通俗,如果群众生活里面产生出来的种种人物,种种智慧,种种经验,种种问题不能占据我们报纸主要篇幅的话,那么这样的报纸仍然是脱离群众的。

　　报纸是用来向群众讲话的。斯大林同志说:"报纸是一种最有力的武器,在它的帮助下,党每日每时地、用自己的、党所需要的语言,来同工人阶级讲话。在党与阶级之间扩展精神联系的别的工具,别的类似的灵活机关,天地之间还没有。"我们的报纸也是面对着阶级的(面对着阶级,也就是面对着群众),只是我们不仅面对着一个阶级,而是面对着好几个阶级,面对着好几个阶级的群众。

　　说报纸只是给干部看的,这在只有干部能识字能看报的某些落后农村中也许是一个事实,但是严格地说,就在那样的条件下,这样的话也是不完全妥当的。任何报纸它都要力求成为群众的报纸。只要报纸可以卖给老百姓,只要报纸可以贴在墙上给老百姓看,可以在读报组中念给老百姓听,而不是像发文件一样地编号发给少数干部,而不是只讨论干部中间的问题,这就证明报纸不能仅是把活动范围限制在干部里面,而应该面向群众。干部——这就是群众中的最积极分子。

我们报纸和群众的联系是薄弱的。群众里面有很多要求在我们报纸上不能充分发表出来，帮助他们实现。这就联系到批评与自我批评问题了。

有了批评和自我批评，报纸才有声音。群众里面总存在着斗争，而斗争总是有声音的。斯大林同志说："新东西它要出世，要争取它的地位，都是要大吵大闹的，如果它不这样大吵大闹，就不能争取它的地位，就不能争取它的生存的权利，新的东西就要被旧的东西踩倒。"这就是说，报纸应该是有声音的。今天我们报纸上听到的这种声音——新东西反对旧东西，正确的反对不正确的，是很不充分的。这就是说，我们的报纸对于群众要求的责任心是不够的。据说平原日报在三月的上半月，从许多县份跑到报社去问事的就有五百一十三人，他们要求报社来解决他们的问题。但是我们的报社没有足够的责任心，因此常常把群众要求解决的问题推到区里，县里，或者省里去，常常是推来推去没有结果，而报纸也没有加以追究。这样，我们的报纸就成为没有声音的东西了。

报纸用了这样大的篇幅每天要出版，而且一出就是几万张，为什么要出这么多张呢？为什么要天天出呢？无非是有很多话要告诉人民，人民有很多话要利用这个篇幅讲出来，要把种种情况告诉大家。为什么要告诉大家呢？无非是为了把我们的生活每天实行改组，不断的用报纸来促进这种改组。如果按照这样一个要求来检查我们报纸的话，就还存在着一些缺点。我们有责任把这些缺点，无论严重与否，都加以克服。

　　为什么会有上面说的这些缺点呢？这些缺点的产生有一些客观的原因。我们的报纸迅速地从小范围发展到全中国，这样一来，我们报纸里的人手就稀薄起来了，我们报纸的人力和经验水平就降低了。这是一种原因。我们绝大多数办报的同志都到了一个新的环境，因此他们同群众的联系，同实际的联系，开始时都比较薄弱。对于新环境的适应需要一个时间，这一方面的困难我们也应该承认。此外，就是在老环境的时候，也并不是所有的报纸都是好的。我们的报纸工作本来还缺少一个良好的完全革命化的传统。到了新环境，人数不多了，分配到了全中国，这些毛病当然是更加厉害一些。

　　可是除掉这些客观的原因之外，我们还应该从主观上去检查一下。我们报纸的领导者有一种疏忽，犯了错误。这一点是不能推到客观上去的。如果我们要是把正确的办报方针坚持下去，并继续发展的话，我们的人无论怎样少，环境无论怎样新，都可以在某一种形式上表现出这种正确的方针的。所以我们还要在领导上做检查。

　　我们报纸的领导机关——编辑部，首先需要一个检查。究竟我们的编辑部还是充满了群众生活的声音，各种各样的问题集中到报纸的编辑部来，每天有很多时间来整理和考虑这些问题呢？还是孤立地，被动地，关起门等稿子，然后加以编排呢？"省级报纸编辑部工作的组织"引用莫洛托夫在回忆录《真理报的过去》一文中的话说：

　　"……我曾经是真理报最初六个月的秘书……但是这最初的几个月，或许永远是我在党内工作中最好的时刻之一。当时人们和事件川流一样地流到我那编辑部秘书房间里来……

"瞧,流进来了一个从里戈夫卡建筑物来的工人,手里拿着大的几块撕的歪斜不齐的糊壁纸,上边用铅笔大草字写着建筑物上罢工工人的要求。'同志,请发表吧。好让我们大家明天在真理报上读它'——不能不发表,这是从罢工的前线,而且是从新的似乎很远的地区来的消息……

"瞧,又是三个冶金工人……"

因此,引用者说:"必须在我的报纸编辑部中也这样滚腾着生活,以便报纸和工人们,集体农民们,知识分子们紧密地联系在一起,以便劳动人民把报纸看成自己的忠告者和朋友,因而积极地参加报纸的工作。"

那时"真理报"还是在反革命统治下的报纸,我们现在的报纸比那个时期的条件要好得多。那么,我们今天报社编辑部的同志们检查一下,是不是也同样和城市中的工人,农村中的农民,知识分子,各行各业的积极分子,保持着这样的联系呢? 如果不能保持这种联系,那么我们的编辑部就有毛病,我们就必须把它找出来,把它医好。

要把我们的工作安排得适宜于群众在报纸上来表现他们生活中的重要问题,要把我们的报纸当作表现他们的工具。你关心这些重要问题,群众里的积极分子就来了,我们也就能和他们取得联系。我们要有耐心,不要用冷淡的态度和可有可无的态度来对待他们。

前面提到有些同志以为我们的报纸是供给机关干部看的,可是我们今天的报纸是不是能够满足机关干部的要求呢? 我们报社里的工作人员是不是与机关干部川流不息地联系呢？也不是这样的，报社的编辑部热闹是很热闹，但从政治上来说，是孤立的，同人民的政治、生活有距离，不是充分联系在一起的。这是我们首先要检讨的一点。

编辑部的工作方法的不适当，在编辑部的组织形式上也表现出来了。

我们看看苏联报纸的编辑部是怎样组成的罢。真理报分：国外部、党的生活部、地方报纸部、宣传部、经济部、农村经济部、军事部、科学技术部、文学艺术部、书报评介部、劳动者的来信、通报、与地方联络等部和秘书处（这个秘书处不是管发工钱等行政事务工作，而是像刚才说的莫洛托夫所担任的那样工作）。当然，我们的分工也无须完全和真理报一模一样，真理报也不是始终一模一样的。但是我们应当想一想：真理报为什么要分这一些部呢？因为报纸所反映的实际生活有这么许多方面。

而我们的报纸编辑部常常不是这样组织的。我们是按编辑部、采访部、评论部来分工。这就反映一种情况——对生活没有深入，所以分工也是笼统的。

我们的编辑部在对领导机关和群众的联系的问题上，存在着一些思想上的糊涂观念。

对领导机关，存在着一种依赖的心理。有许多报纸的工作人员，把他所负的独立的工作责任忘掉了，不把他看成是一个独立负责的工作机关，而把自己看成为一种完全消极的、被动的、依赖的附属品。把要受领导，要跟领导机关保持密切联系，要反对无政府无纪律的现象，误解为消极、被动、依赖。

关于和群众联系也有类似的糊涂观念，就是无论什么样的联系，都满足在表面上。通讯员也有很多，读者来信也答复得很多，报纸上也发表了解决了很多读者的问题。可是，在这方面缺少一种深刻的政治上的考虑，究竟这种联系是不是对我们的工作最有利，是不是最需要、最重要的。结果这种联系也有很大的被动性和形式主义的倾向。

我们现在应该把这样状况改进一下。怎样改进呢？应该从我们报纸的领导思想、工作方法上改变起，一直改变到全部的版面。

1. 改善与领导机关的关系

究竟应与领导机关建立什么样的关系呢？应该看到报纸本身就是一种重要的领导工作。斯大林说：天地间还没有另一种能像报纸一样灵活地联系党和阶级的工具。既然负了这样一种重要的责任，那么报社的编辑部，编辑人员，记者，应该看到自己这种重要的地位；报纸的工作人员要认清自己，重视自己的工作，对自己所接触到的问题加以思考，要建立自己的见解，建立自己的思想，应该"胸有成竹"地处理问题。只有这样，才能把许许多多每天涌到报社中来的人和问题和事件处理得好。要把自己的工作看成是一个极重要的社会的力量，把自己培养成为政治上、工作上、思想上的观察家和批评家。我们的报纸工作人员都要把自己的工作责任心提高，把自己的工作看做是神圣的责任，对自己所观察到的现象，对自己所处理的工作，对自己所接触的群众，都要完全经过思考，用一种"深思熟虑"的精神做工作，而不是采取政治上思想上不负责任，以为新闻工作只是简单的技术工作的态度。报纸工作人员在和领导部门发生关系的时候，也应当是以负责的态度去到领导机关请示、磋商、报告情况、提出意见，不应当是自己没有清楚确定的意见，没有有准备有根据的意见，而仅仅是跑到领导机关去听候命令。

当然，这绝对不是说报纸可以不服从领导，可以闹独立性，而这种现象也确是有的。有些报纸工作人员对于领导机关就采取这样一种态度：你不来找我，我也不去找你。这种态度当然更不对了。我们只是说，服从领导，不应当曲解成为自己不积极负责任。

我们的稿子应该由我们自己负独立的责任。这是什么意思呢？一篇稿子如果错了，被领导机关驳回来了，我们对于它要负责任。不要想：反正我是送审的，错了不要紧。而应当想：为什么自己不能看出错误来，把有错误的东西去送审呢？一篇稿子如果经过审查而仍然发生错误，自己还是要负责。不要说，我的稿子已经由某某人看过了，那么这个责任就是他的了。应当知道：这究竟是你的作品，不是他的作品呀。

报纸不但可以被领导机关所帮助，而且可以帮助领导机关。因为报社本身就是一个大规模的调查机关、研究机关和监察机关。它同领导者的关系不仅是取得指示，而且根据自己的调查研究所得，可以对他提出许多建议。如果报纸工作人员不用独立工作的精神负责任，那么那个领导机关就会感觉到，你这样一个调查研究机关有不如没有，你所给他的帮助只是麻烦罢了。这种情形是必须改善的。

2. 改善与群众的联系

我们跟领导机关联系也是为了我们要与群众联系。报纸应该负一种责任，就是把群众的兴趣，把群众的积极性，把群众的精神引导到一个比较更适合于群众自己利益的方向去。群众的积极性是无穷无尽的,但是这种积极性是需要加以引导、启发和鼓励的。比如说,报社接到群众很多很多的信件,信件中说到种种问题,我们对于这些信件采取什么方法呢?我们不能说来什么信就公开答复什么。我们应该是把群众的兴趣,把群众的觉悟性,积极性不断的提高起来,提高到适应我们国家社会前进的轨道,把群众的兴趣逐步引导到政治上,建设工作上去,使大家关心我们的建设工作。只有把群众的兴趣、群众的智慧引导到这个方面来,我们的工作才有出路,同时群众也才有出路。

要力求使得群众的觉悟性不断地因为我们报纸的工作而提高,而不是继续保持在那个水平上,或甚至更加降低。更加降低是可能的,资本主义国家的报纸就曾经而且正在继续把群众的觉悟性用种种方法降低下去。

我们不但要研究在什么问题上去联系群众,而且要研究着重联系群众的什么部分。共产党的报纸应当首先联系群众中的积极分子。当然我们也应该去提高那些政治上不积极的分子,使他们逐步地积极起来,可是就是为了这个目的,也首先需要跟积极分子建立联系。只有使得我们报纸的主要地盘首先为积极分子所占领,然后其他许多在政治上比较消极的人也才会因为这种联系而跟积极分子看齐。

联系积极分子的工作可以采取许多方法,其中的一个就是成立读报组。农村报纸在这方面是有过许多经验的,现在有些城市报纸也有这样的组织,希望各地把已有的经验加以研究。读报组应当是积极分子的组织,它的任务是讨论报纸的重要内容,向群众宣传报纸的内容,向报纸报告群众的情况和意见。读报组中能经常写稿的人就可以成为报纸的通讯员。

通讯员是一种很重要的政治力量,所有报纸都应当十分重视组织通讯员网的工作。我们在劳动人民中发展通讯员网,这个力量不仅属于报纸,而且属于整个国家。国家可以经过通讯网把先进的思想迅速传达到群众中去,同时又把群众中的情况和意见迅速反映到国家面前来。因此对于通讯员应该有认真的选择和政治的领导。通讯员应该是很有觉悟的,不应该是仅仅为了拿点稿费,学学写文章,出出名。如果仅仅追求这个,就不能成为一个很好的通讯员。我们应该积极地去教育通讯员,使他们在政治上不断进步,当然同时也在写作能力上进步。只有依靠和这种通讯员的联系,我们才能希望他既不故意挑剔,也不故意隐瞒在他工作周围所发生的情况,不偏不倚地严肃地把应该写的情况写出来。

要把联系群众提高到政治原则上来,不是随波逐流,不加选择,没有目标,没有方向地去联系群众。我们的报纸在这方面的工作基础还很弱,因此不能要求太高,可是我们现在需要提出这个方向,这样就可以使得我们的工作不断向前进。我们应该向群众学习,也应该教育群众。这样联系群众才不会使我们在无意之间团结了一批好出风头好说空话的分子,甚至团结了一批心怀不满的分子,把我们报纸造成一种好像社会上的反对派,它的任务就是不满。不是这样。应该是团结这一部分群众,他们充分地(经过我们的教育)懂得我们国家的前途,懂得我们事业的前途,而且积极地参加这个事业。

我们因为跟领导机关、跟群众建立这样一种正确的联系，工作就不会发生许多不应有的困难，就可以经过这种联系把我们报纸的新闻通讯工作大大改善，同时也可以把我们的评论工作大大加强。

3. 评论工作

人们感觉我们报纸上的评论太少。我们的评论为什么少呢？因为我们对于许多情况很不了解。我们的报社要努力使自己成为一个政治中心，这样群众的意见和领导机关的意见才会集中到我们这里来。评论不一定篇篇都写得很长，可以多写小的，由小而大，有多少话，就说多少话。同时评论也不限于一种形式。应该不仅在评论栏来发表评论，而且可以经过种种方法，经过读者来信，经过批评建议，经过报纸记者的通信，经过编辑对稿件的按语，经过问答，经过记者通讯中的观察等等，这样我们整个报纸不但评论栏有评论，——整个报纸篇幅中都有评论。所有这些评论当然都应该是郑重的和中肯的，而不要故意去评论。只要这样，我们的报纸就有了生气。它就是负责地每天告诉了人民群众：应该走向何处去，不应该走向何处去。

4. 副刊工作

我们报纸的副刊也应该有所改进。今天大多数报纸的副刊成为报纸跟一部分读者的妥协：是啦，我们的第一、二、三版都有些沉闷，请看我们的第四版消遣一下吧！这种妥协是错误的，应该推翻的。如果一二三版确是沉闷的，我们的任务就是改变这种沉闷，使它生动起来，而不是幻想经过副刊来调剂读者的兴趣。因为这样就是承认我们的报纸的主要篇幅可以沉闷，可以不生动，读者可以不看，或是承认报纸应当给读者"消遣"。

整个报纸应该是一致的，从第一版到第四版只有一个方针。可以有种种体裁，可以有种种格式，但是不能有两个方针。在从前国民党反动派统治下有些报纸曾经有两个方针，那个报纸第一、二、三版都是反动的，在第四版我们偷偷地开一个小窗户，让读者在地狱里边勉强呼吸一点新鲜空气。那种自相矛盾是应该的。现在我们的报纸不应该这样来办。我们的报纸从头到尾都应该是有兴趣的，而报纸的副刊（如果要有副刊）应该和主要的篇幅在编辑方针上一致。

现在很多副刊是发表着很多很多的茶余酒后街谈巷议式的东西，它们不要求人们执行它们所宣传的，也不要求人们答复它们所批评的，就是这样的说说，听不听由你。

此外，副刊用太多的篇幅供给文艺作品，或者供给读者练习写作，这个问题也是值得研究的。应该发表好的文艺作品和读者的写作，但是要有一定的选择和一定的限度，以免成为纸张的巨大的浪费。

无论是专门性的专刊或是综合性的副刊，都应该是和整个报纸编辑的精神一致，都应该是在报纸总编辑的统一领导之下，服务于人民群众所关切的问题。应该提出问题，讨论问题，并且加以确定的解决。不要争论不休，遇到争论编辑部应加以讨论，作出结论来。为了达到这个目的，编辑部的工作应该有一种改组，适当的必要的改组。

5. 批评与自我批评问题

关于改进报纸工作，还有一个重要问题，就是在报纸上发扬批评与自我批评的问题。

在报纸上进行批评，对于共产党的报纸来说，应该是一个根本原则。列宁、斯大林都经常说：对自己工作中的错误进行公开的批评，这是共产党区别于其他党派的根本标志之一。

在这一方面我们的报纸是有成绩的。各个地方的报纸或多或少的都做了这个工作。可是像前面所说，大多数的报纸做得不够好，不充分，缺少力量。主要的原因还是在我们报社工作的同志里面有一部分人对于这样的问题没有采取完全严肃负责的态度，或者是因为我们不够谨慎，或者是我们不够勇敢。不够谨慎，所以发表了许多错误的、不正确的或者是非常不重要的批评，使我们报纸的批评本身不能建立起它的信用和权威；不够勇敢，所以因为这样，因为那样，因为这个人不喜欢，那个人不赞成，就没有去发表许多必要的批评。

东北日报的同志说他们做了一件很好的工作：他们发表了一篇批评的稿件，引得被批评的人把记者找去骂了一顿，于是报纸就把这一件事又写成了稿子，送给被批评的人看过了，证实了，然后发表了。这样，报纸再批评什么人，被批评者就不能再用骂的方法解决问题了。这个例子说明只要我们能够坚持，有充分的负责精神，无论什么困难都是可以解决的。为什么呢？因为我们的报纸根本上是被群众所承认的人民的报纸，是严肃的，不是开玩笑的。只要有这样的信用，群众就会支持我们，领导机关就会支持我们。

报纸的批评稿件常常遇见这样的情况：这个稿件是批评谁的，就送给谁去看一看，他看了以后就把稿子扣留下了，不让发表。我们现在提出一个办法请大家研究一下，就是：只要是报社认为这种批评是正当的，正确的，确实有根据的，仅仅被批评的人不同意，那么报纸仍然应当加以发表。在必要的时候，甚至不送给被批评者看，不征求他的同意，也可以发表。全部责任由报社来负。如果批评得不对，是犯了错误，应该纠正。批评得对，就应该坚持。这样就可以给批评扫除一种不必要的障碍，对报纸联系群众，联系实际都有很大的利益。

在进行批评的时候，当然同我们整个的报纸工作一样，应该采取严肃负责的态度。批评如果加以不正确的使用，就会出种种毛病，就会在群众中制造一种失望的情绪，制造黑暗的感觉。批评如果产生这种影响，就是错误的。批评应该是建设性的，积极的，指明出路的，与人为善的。联共（布）党第八次代表大会决议中说：批评"必须以严正的、实事求是的、同志的语调出之"，所谓同志的态度，就不是决裂的态度，就不会造成黑暗的感觉和分裂的结果。

批评应该服务于整个的国家建设工作，而不是服务于私人的琐碎的事情。斯大林在说到自我批评问题的时候，一方面说到不应当要求每一个批评都是十全十美的，百分之百地正确的，以免"塞住成千成万愿意纠正我们的缺点但有时候还不善于正确地表达自己意思的工人、工人通讯员、农村通讯员的口"；另一方面又指责"一些报刊组织开始表现出这种趋向：把运动从对我国社会主义建设底缺点的实事求是的批评方面转移到反对个人生活的各种极端现象"。个人生活里面的毛病和一些琐碎的事情，拿来占据自我批评的篇幅，拿来当做国家批评的方向，这是错误的。斯大林又说，报纸不应当"走上为批评而批评的迷途，把批评变成一种游戏，引起激动。"应当指出来，斯大林所指责的这些缺点，在我们的报纸上也已经发现了。这是应当注意纠正的。至于破坏纪律、破坏领导的"自我批评"，当然是更加不能容许了。

关于改进报纸工作就说这些。

二、新华社机构和工作的统一问题

新华通讯社的工作经过了长期的艰苦奋斗，现在已经得到了很大的成绩。

新华社现在已在全国范围内担负起每天供给国内外重要新闻的巨大任务。要把这个工作做好，需要用很大的力量来克服工作里面现存的弱点和困难，使它的工作无论对国内国外都能做得更加完善。新华社的稿件需要在政治上，文字的水平上更加提高，使全国各地的报纸利用时更加便利，供给的消息更加丰富与及时。

为着要担负这样浩大的任务，新华社在机构上和工作上都需要统一，需要把过去一直到现在还继续存在着的分散状态加以改变。这种分散状态同新华社的历史、产生的背景、产生的条件是分不开的。

新华社在它更早的红色中华社的时候，并未发生统一的问题，因为它当时的工作范围很小。抗日战争期间，全国许多解放区都已有了新华社的组织，可是这些组织并不是由新华社派出的人员组织起来的，而是各个地方在分散的游击战争状态下面分头组织起来的。现在新华社在全国都有了它的组织，这些组织绝大部分是受着地方的管理，用相当大部分的时间做地方的工作,在一个很长时期中,各个地方的新华社组织实际上是各个地方报社的采访组织,近来这种情况开始有了改变,新华社同报社分开了,建立了自己的单独工作,但是在不少地区,新华社还要担负供给本地或者一个大行政区、或者一个城市好些报纸的消息的责任。这样一来,新华社的地方组织无论在供给地方需要和供给总社需要这两者之间使用力量的百分比如何,其工作总不能完全适应总社的需要,也就是说不能按照一个国家的通讯社的需要来安排自己的工作。此外,新华社的各地组织既然担负起地方的工作,那么它的重要的、比较有经验的记者就不能不担负当地分社或总分社的行政责任,结果新华社在各地的主要负责人就不能担任主要的记者了,这当然是一个很大的浪费。

这种状况现在有必要也有可能加以改变。因为战争除少数地方还继续以外,基本上已经过去了。战争所造成的分离状态已经不存在了。在组织上、财政上的困难条件,现在也完全不存在了。

新华社需要集中全副力量当做一个统一的国家的通讯社,代表我们中国的人民,代表我们整个的国家,向全中国全世界发表消息。这是一个非常重要的工作。新华社在各地的记者为着担负这样一个艰巨的责任,必须心无二用,全心全意做这个工作。

新华社所有地方组织,要把所在地的消息按照国家的需要,经常作全貌的、概括的报道,使全国的报纸从新华社得到的消息不仅仅是零零碎碎的东西。所谓概括的报道,并不一定就是长篇大论,也可以在不长的消息中供给这种全貌。这需要高度的文字技术。新华社的各地记者都要学会这个本领。

有些分社还有一些其他的工作是属于事务的，行政的，例如要把总社每天发出的稿件抄收、译发。新华社派出去的一些记者，应该对总社发出的广播稿负一种责任，不单是技术上的，而且是政治上的，就是说要注意总社的这些稿件对地方上的适应性。他可以经常向总社反映这种情况，提出自己的意见。不过，无论如何，这方面的工作不应妨碍他的主要的任务。

新华社的工作应该和本地报纸工作分开而又取得密切的联系与合作。新华社和各地的报纸应该建立一种互相援助互相利用互相建议的关系。报纸利用新华社的稿件，新华社也需要利用这些报纸的稿件。我们的国家中经常发生很多很多事情，新闻工作者的责任就是尽他的力量正确地记录下来。在这方面应当有适当的分工，更必需要建立一种亲密的互相援助的关系。各地报纸的消息，新华社的记者应该注意，有可用的便加以利用。新华社的记者所要努力的就是使这些消息怎样适应全国的需要，判断哪些消息更适合全国的需要，哪一些消息需要加以摘要，哪一些消息可以加以补充，哪一些消息需要重新写。

报纸的记者，应该给新华社记者以采访的援助。因为新华社不可能有那样多的记者普遍地分布到全国的每一个村子，每一个工厂。有时候也有一些消息，对本地来说没有很大的兴趣，在全国范围却是重要的。比如涉及外交的消息，地方报纸也许不便于发表，可是新华社的记者就需要非常迅速准确地来完成这个报道任务。在这样的问题上，新华社就会特别感觉到需要助手。我们现在要求全国的报纸，在新华社提出需要援助的时候，应该无条件地指示它们的记者和通讯员帮助新华社做工作，使我们的国家通讯机关能够迅速地得到这样的消息。

新华社在部队里也要进行同样的改革。新华社在部队里的工作，功劳是很大的。他们在战争中完成了任务，虽然不是没有缺点，但应该说是令人满意的。现在战争已在绝大部分的地区过去了，部队新华社组织的任务就随之减轻，它的组织形式也应该在新的条件下有一种新的改变。

在许多地方已经实行了改变，提出部队新华社和地方新华社合并，部队的报道由地方新华社担任，除了华东的情形略有不同以外，这种改变一般是合理的，是需要的。因为只有这样，新华社才能把它自己的力量作适合时宜的调整。但新华社依然需要在部队里保持他的记者，也可以继续在必要的时候组织分社，受地方总分社或总社的管理。无论是继续保持总分社，或者改变为分社，或者只派记者，新华社在部队里的工作也都应该统一起来，集中于新华总社的领导之下。

新华社统一起来，成为一个统一的新华社，这对我们的新闻工作是一个很大的进步。这个进步会有许多困难。有些困难现在我们可以看到，也许有些困难我们现在还没有看到。但不管怎么样，这些困难都不应当妨碍新华社迅速地完成统一的要求。统一以后所发生的问题，所得到的经验，我们希望将来有机会再来研究。

谈思想改造

（一九五一年十一月二十日在
民盟和农工民主党会议上的讲话）

中国民主同盟和中国农工民主党开会，要我谈一谈关于思想改造问题。我现在就说一些关于这个问题的看法和意见，供献民盟同农工民主党的同志及其他各位先生参考。希望大家共同商讨，得到一个正确的意见。

现在讲四个问题：

第一，统一战线中间为什么有思想改造问题

中国人民民主统一战线是由四个阶级联合组织成功的。这就是工人阶级、农民阶级、小资产阶级、民族资产阶级。这些阶级在中国人民民主统一战线里面都有合法的地位，这些阶级所产生的思想，也受到中国人民民主统一战线的政权所保障。在统一战线里边，说不上哪一个阶级的思想是合法的，另外的阶级的思想就是不合法的。那么，为什么要提出思想改造呢？为什么不改造就不行呢？所谓改造是什么意思？究竟从什么地方来改造，改造到什么地方去？这些问题在进行思想改造学习时，必须首先弄清楚。

在统一战线里面为什么有思想改造的问题？因为中国的

人民民主统一战线就是一个不断的改造的过程,并不是一成不变的东西。世界上的万事万物既然都在发展变化当中,那么我们的人民民主统一战线也不能例外,也是在不断的发展变化当中,我们的人民共和国也是一样,如果它不是在发展变化当中,而是一成不变,那么我们的国家就不需要建设了,就没有什么工作可做了。我们的国家是天天在那里变化,我们的生产也在那里变化。生产力不断地扩大,工业生产、农业生产都不断地在发展。生产本身在不断地发展,生产关系也在发展,也在发生变化,如果没有这种变化,那就没有人民民主了。人民民主主义就要把我们的生产按照一种方向去进行改造;我们的人民共和国就是给我们的国家一种不断的变化、改造、发展的最大力量的保障。我们的国家是这样地变化着,我们的经济,我们的政治都在那里变化,那么反映这个经济基础的思想——各阶级的思想就不可能停着不变。从无到有,从小到大,从没有计划的散漫的没有组织的工业,变成大规模的有组织的有计划有统一领导的工业。农业也是在这当中由比较散漫的变成比较有组织的,到最后成为完全有组织的。这是一种激烈的变化。

在这个变化当中,就要求在前进的道路上铲除许多障碍,要求创造许多条件。我们的思想,中国人民的思想,中国人民对反映着我们国家状况的在我们头脑里的思想,不但要随着我们的工业、农业发展,并且要跑在工业、农业发展的前面,这样,才能领导我们国家的经济前进。

为着要发展工业,发展农业,就需要实行土地改革,土地改革就是一个非常大的变化。不能设想我们的国家在实行土地改革以前同实行土地改革以后,仅仅是一个地主阶级的变化。好像桌上的花瓶一样,原来有一瓶花,后来把它搬去,这在我们礼堂里所起的影响是不大的。但是土地改革所起的影响决不止此。原来地主阶级与全国人民有着千丝万缕的联系,现在被打倒了,它就要作种种的挣扎,而同它有千丝万缕联系的人们,也就不能不在这个过程中发生变化,或者断绝联系,或者继续保持联系。这个变化不能不影响到全国各个阶级,不仅会影响到资产阶级、小资产阶级,而且也会影响到工人、农民,不仅从阶级上得到变化,就是在社会心理上、思想意识上也会发生很多变化。

我们的国家在发展工业、农业的过程当中,不是和和平平风平浪静没有任何斗争地发展起来,而是要经过斗争的。中华人民共和国成立头两年中就进行了非常激烈的三大运动——土地改革、镇压反革命、抗美援朝。我们国家要继续前进,在我们前面还有种种的在规模上、激烈的程度上和它所影响的关系上相类似的斗争。在各个阶级思想意识方面也会引起种种斗争。所以我们统一战线本身就是一个不断斗争、不断变化、不断发展的过程。

因此,在统一战线里面的每一个分子,每一个成员,它的头脑也不能不随着整个历史的变化而变化,或者跑在历史变化的前面去领导这个变化;或者跟着这个变化而变化;或者反对这个变化而变化。无论如何,一定要有变化。就是说:我们的思想要改造也得改造,不想改造客观上也还是要改造,还是要发生变化,只要我们把眼睛睁开,就可以看到。设想我们的头脑不与这些外界的变化相适应而变化,这是不可能的。在统一战线里面思想改造之所以成为必然的,就是因为统一战线本身是一个发展变化的过程,反映这个统一战线实际状况的发展变化的我们的头脑,我们的思想,我们的种种看法、种种观点就不会没有变化。

那么现在就发生一个问题:我们还是客观地、被动地让客观来强迫我们的思想去变化呢? 还是我们主动地看到客观世界在那里变化因而跑到变化的前面,预先看到这个变化的方向积极地来适应这个变化呢? 如果我们采取消极的方法,我们的思想老是落在客观变化的后面,那么就要老是受到客观世界的责备、客观世界的袭击。客观世界不断来向我们敲门说:"你已经不行了,你的想法已经错了,不合乎事实了。"你不愿意改,最后还是要改。对新的事物,尽管你不承认它的存在,但以后你不能不承认它的存在和合理。新的事物并不因为我们不承认它的存在而不存在,它还是继续存在下去,群众还是都说它合理,拥护它,而把我们抛在一个孤立的地位。在我们头脑里面所保持的许多旧的东西,过去的东西,在旧的时期,过去的时期,是有地位的,也会得到人家的尊重与相信,但是现在我们还继续保持在头脑里面,让它继续繁殖或不断增加,群众就会不但感觉我们落后,而且会感觉我们成为他们的障碍,成为他们的绊脚石,感觉我们拖住他们,不能使他们前进。群众就要想法把这绊脚石搬开。总之在我们国家前进发展的过程当中,旧的东西就不断的成为过去了的、衰亡了的、消灭了的东西。

在我们的国家我们的社会迅速前进当中,我们每一个人不能不前进。工人阶级要前进,它不前进就不能担负领导中国建设新民主主义、走向工业化的任务。农民阶级也不能不前进,如果不前进,就不能积极完成土地改革,积极发展农业生产;就不能使用新的方法,新的工具、肥料、种子、生产技术,大家组织起来干。同样的道理,小资产阶级也不能不改造它的思想;如果不改造它的思想,在我们国家的工业、农业迅速前进的时候,文化教育高潮迅速高涨的时候,它在我们国家里的文化生活中的地位,就要越来越变成不重要的,被排斥的地位。民族资产阶级也是一样,如果不改造它的思想,它就不能适应今天的新社会。新的社会要求今天的工商业还是保留着私人的经营,但这个私人经营的利益已不同于过去国民党时期或更在以前时期的私人利益了。这个利益,它在工厂里面要跟工人协商,在中国社会里面,要跟国营经济合作。只有在国营经济领导之下,在工人阶级、人民政府领导之下来发展工商业,否则私人经营的工商业就不会发展而要受到群众的反对。所以在我们国家千变万化、日新月异迅速前进的时候,哪一个阶级都需要改造;改造自己的思想,同时要改造自己的生活,改造自己的工作。

每一个阶级都要改造,是不是几个阶级的改造问题都完全一样呢?不是这样的,所有阶级改造的程度,改造的方向是有不同的。为什么呢?因为四个阶级一起向前进,并不是这四个阶级的关系在前进的过程当中一成不变。我们的国家在变化,这四个阶级的本身也发生变化,在变化当中它们的相互关系也发生变化。发生什么变化呢?工人阶级是领导阶级,它的经验和人数原来比较少,其它的力量比较小,变化成它的经验和人数比较多,因此,它的领导力量也就更大了;农民和小资产阶级也发生变化,农民和小资产阶级原来进行独立的小生产,后来它们就逐步地感觉到要使自己的努力更加有成效,更加适合社会的需要,适应自己的生存,他们就不能不逐步地组织起来,这样他们就不是原来的农民和小资产阶级了,他们就更加依靠工人阶级的帮助和指导。资产阶级在向有利于国计民生的方向的发展过程当中,它认识到:如果它不用劳资两利的方法去经营,那么它就不能够达到目的,也就不能够受到社会上的欢迎。这样,它的生存条件就发生了变化,它就不能不一步一步地依靠工人阶级的支持和帮助,与国家经济合作,这些阶级发展的最后结果,我们的国家就经过了新民主主义时期到达了社会主义。那时候,这四个阶级的关系是不是还是原来的情况呢? 不是了。所以在新民主主义的整个时期,不仅这四个阶级本身在变化,而且这四个阶级的相互关系也在变化,所有人们的生活和思想也跟着变化。

对于这种变化,我们应该采取什么态度,居于什么地位呢? 有种种不同的态度,有的人积极地适应这个变化,有的人跟着这个变化而变化,有的人抵抗着这个变化而变化。对于这种种态度,每个人都有他选择的自由。我们是站在变化的前面,变化的中间,还是留在变化的后面? 每一个人需要作自己的打算。

每个人的思想要改造到什么程度呢? 这个问题不能作决定的答复,也不需要作决定答复。所谓不需要就是不可能。因为我们不能说全国五万万人口,每个人的思想改造程度都完全一样,这不是任何人凭主观可以决定的。我们可以说全国人民的思想至少要改造到一种什么样的限度,如果那些人的思想不够这个条件，也就是落后，如果他要坚持这种落后的思想，那么他就要犯错误，他的某些行动甚至会受到法律的制裁。比如有的人坚决地反对土地改革或抗美援朝，他不仅心里反对，嘴里反对，而且他的实际活动也反对，那么他就要受到国家的干涉。

但是，我们每个人要改造思想的目的，是不是就是为了不犯法呢？显然不是的，不是为了这个最低的标准。那么究竟为了什么标准呢？从最低的标准向前去，有种种标准，我们不能够说所有人的思想只许改造到一种什么样的程度，同时，也不能说所有人的思想要改造成为中庸之道，即是说不是最高的标准，也不是最低的标准，而是最高标准和最低标准的平均。这些不是我们所要求的，我认为我们不需要作绝对的规定，如果谁愿意走到后面，谁就可以走到后面，可是走在前面的人有权利要求在他后面的人前进，而且他有义务帮助在他后面的人前进，同时他也应该努力向跑在最前面的人看齐。跑在最前面的是什么呢？是领导我们国家的工人阶级，由工人阶级中最先进的分子组成的共产党，共产党应该要求全国人民前进，但是它不能要求所有的人跟共产党的标准完全一样，同时它也不能说工人阶级的先进分子所达到的标准，其他的人就不能达到，其他的阶级只能够停止在它的基础上。共产党不能说一切党派都不能跑到共产党所达到的标准上来。如果整个的阶级达到工人阶级的标准，那么，那个阶级就不存在了。事实上，不是有很多农民成分的人变成了共产党的骨干了吗？如果有决心不断努力前进，谁都有可能达到共产党员的标准，这里面没有人为的障碍。共产党不能够这样宣布，说："对于资产阶级或小资产阶级的个别分子的思想改造,改来改去他只能够改成资产阶级或小资产阶级。"共产党没有理由说这样的话。所以,思想改造要达到什么标准,应该由每个人按照自己的觉悟条件来决定,这不是任何力量,一个政党或一个国家所颁布的法令能够决定的。因为每个人的决心、程度和前进的目的不同,因此,共产党只能够说:全中国所有的人都要向着共产党所指的方向前进。除此以外,共产党没有权力作其他的答复。

共产党怎样去帮助其他的人前进呢? 它只能够说:要向共产党所指出来的目标去努力。有些人不能够达到这个目标,那么,共产党就应该给他说:"你既然感觉到不能够达到这个目标,那也不能勉强。"我们有最低的纲领,这个最低的纲领也是共产党的一种目标。共产党最低的纲领就是共同纲领,这是各党派共同制定的。它还有最高的纲领,它应当希望社会上的人能够向着最高的纲领前进,否则,它就要变成口是心非的人。共产党既然认为它所走的道路是正确的,它就应该告诉所有的人说:愿意走这条路的人,这条路对他是开放着的。共同纲领是全国人民应该共同遵守的,从这个一直往前去,所有的人按照他自己的努力和决心前进到他所能够达到的地步,而这种地步也不会是固定的,今年他达到这个水平,明年就会超过这个水平,后年就更会超过这个水平。共产党以及它所代表的工人阶级,可以要求全国人民按照工人阶级的面貌来改造自己,它不能够要求资产阶级改造成旧的资产阶级,它可以要求资产阶级改造成新式的资产阶级,就是说把不合乎共同纲领所规定的改造成合乎共同纲领所规定的。共产党也不能够说这样的资产阶级就是中国人民思想的标准，如果这样，共产党就是违背了良心，变成口是心非的人。所以共产党希望全国人民的思想都要改造得适合着国家前进的利益，改造的最低限度是合乎共同纲领，最高标准是达到社会主义。我们国家的各个阶级，都应该向这条道路前进。

是否可以有其他的目标呢？可以指出其他次要的以及暂时的目标，但根本的、最后的目标只能提出一个，就是工人阶级自己的目标。所以在这次全国委员会第三次会议上作了两个决议，号召大家学习毛泽东思想。共产党为什么不可以在通过这个决议时表示自己特别的谦虚，那岂不更好吗？在共产党看来，是的就是是的，不是就是不是，正确的目标就是正确的目标，在这上面应该采取实事求是的态度，不应该采取虚伪的态度，全国委员会要全国人民学习马列主义与中国革命实践相结合的毛泽东思想，就是说全国委员会认为这个最高的纲领——共产党的纲领，也是全国人民所可以学习的，无论什么人都可以学习，都可以向着这个目标前进。我们进行这种学习，就可以在我们国家的各个阶级当中，涌现出很多的积极分子，这些积极分子在我们国家前进过程中，不是站在后面，也不是跟着这个变化中间，随波逐流，而是跑在前面。因为他们学习了并掌握了马列主义——毛泽东思想，他们就可以在我们国家前进当中，成为先进分子和领导力量。这样的积极分子会一天比一天多，成千成万，十万，百万，越多越好，那一个阶级也会产生出来，工人阶级应该产生的最多；农民阶级、小资产阶级也会大批产生；资产阶级也可以产生。他们就可以形成我们社会上面的种种纽带，使我们社会前进时得到更大的力量,减少许多的困难、抵抗与障碍,那么我们的国家也就会前进得更快。

既有这些阶级,就有这些思想。这些阶级既然还存在,那么它的思想也还要存在,有什么道理要来学习? 为什么它是资产阶级、小资产阶级、农民阶级,又要它来学习工人阶级的思想,学习工人阶级先锋队的思想呢? 任何一个阶级,都有它的思想,这种思想都会发展成为积极的力量而不是静止不动的东西。斯大林《论马克思主义在语言学中的问题》里讲到上层建筑,他说:"上层建筑一出现后,就要成为极大的积极力量,积极帮助自己基础的形成和巩固,采取一切办法帮助新制度来根除和消灭旧基础与旧阶级。……要使上层建筑积极为消灭已经过时的原基础及其旧上层建筑而斗争"。任何的阶级它产生出一种思想,对国家、对社会它不是没有目的的,它要竭力地巩固新的基础,消灭旧的基础,它要竭力地扩大自己的影响而消灭旧的上层建筑和旧的思想。斯大林继续说:"只要上层建筑从积极保护自己基础的立场走到对自己基础漠不关心的立场,走到对各个阶级同等看待的立场,它就会丧失自己的本质,并终止其为上层建筑"。这就是说:一种社会思想对这个社会基础表示冷淡,不是积极地为扩大自己的影响,而是为扫除那过时了的成为社会前进的障碍的阶级的时候,那么,这个社会的思想就不成为上层的建筑了,就会要用新的思想来代替那种没有用处的软弱无能的思想了。马列主义、毛泽东思想就是这样一种新的思想,它既然领导中国人民,告诉中国人民一条出路——要推翻帝国主义,封建主义,官僚资本主义的统治,建立中华人民共和国,那么它就不能停止在这种状况下,说中华人民共和国已经成立,这种思想可以停止,可以休息了。不能的,它是为着保卫中华人民共和国,保卫人民民主制度,保卫人民民主统一战线的利益而斗争,同时还要向着与统一战线利益相违背的思想制度、阶级去作斗争的。随着我们国家的继续前进,我们的思想也就一天比一天担任更多的新的任务。因此,一种新的思想产生出来,就像斯大林说的:任何新的东西产生到地球上来,不是不声不响的,它是大喊大叫的。马列主义就是这样,它要大喊大叫地产生,就是说要在中国人民当中为扫除那些旧的思想而斗争,为我们的社会继续前进而斗争。因此,在一开始我就说:不提出思想改造的问题来是不行的。因为社会本身在改造,你想要不改造是不可能的。而且,既然这个社会产生了这种思想系统,产生了这种学术理论,那么它就要积极地为国家、为社会、为劳动人民的利益扫清道路而斗争,你要它不奋斗是不可能的。

所以思想改造一方面是客观的必然,因为我们的社会、我们的国家是在前进的;另一方面,思想既然产生出来,它的特点就要有这种斗争,这种斗争是符合我们各个阶级里那些积极分子的愿望的。我们各阶级的那些积极分子,先进分子要把社会推向前进,要跑到社会潮流的前面,他们都要掌握这种思想,思想也要掌握他们,互相结合起来,就成了我们国家前进的动力。所以在统一战线中间一定要发生思想改造的问题,这个问题是不能而且不会取消的。

第二,知识分子的思想改造有什么特殊意义?毛主席在这次全国委员会第三次会议开会词里说:“思想改造,首先是各种知识分子的思想改造,是我国在各方面彻底实现民主改革和逐步实行工业化的重要条件之一"。

从有人类历史(有纪录的历史)以来,就有种种的知识分子,奴隶社会有代表奴隶主的和代表奴隶的知识分子;封建社会有代表封建主的和代表农民的知识分子;资本主义社会有代表资产阶级、资本家的和代表工人的知识分子。在今天的中国也是这样,有代表封建地主利益的知识分子,有代表帝国主义、代表买办阶级利益的知识分子,有代表民族资产阶级利益的知识分子,有代表小资产阶级利益的知识分子,有农民阶级的知识分子,有工人阶级的知识分子。知识分子不是一个单独的阶级。那么如何来评断知识分子究竟属于什么阶级呢? 在社会上从事社会活动,从事思想政治活动的知识分子,不能简单地看他的出身家庭,出身状况,而要看他是为哪个阶级服务来判定他是隶属于哪个阶级。军队里面的士兵是什么阶级呢? 里面大部分是农民,或者还有其他阶级出身的。国民党的士兵代表什么阶级利益呢? 他的出身是农民,可是当他拿起枪来时,他是代表地主阶级、封建主的利益,如果他们放下枪或者调转枪口站到人民方面反对国民党统治,或者去反对日本帝国主义时,他的阶级立场就转变了。知识分子也是这样。关于这一点马克思在《拿破仑第三政变记》里边说:"人们不应该这样狭隘地去想,以为小资产阶级是在原则上要实现一种自私自利的阶级利益。其实小资产阶级相信他们自己解放的特殊条件,就是近代社会所能借以获得挽救,阶级斗争所能借以避免的一般条件。同样的,不应该想象以为民主主义的代表都是小商人或者是小商人的热诚的战士。依照他们的个人地位来说,他们与小商人相比有如霄壤之别。使他们成为小资产阶级的代表的，就是下面的这个事实：即他们的思想没有越出小资产阶级生活所没有越出的那个界限。因此，他们在理论上所论到的任务和解决方法，就是小资产阶级在实际上被物质利益和社会地位所引到的那种任务和解决方法。"马克思说的这段话不大好懂。我们把它解释一下，就是说一个阶级的政治代表，一个阶级的思想代表，他们所提出的纲领、任务及解决这个任务的办法，是不超出于、不违背某一个阶级在经济地位上所提出的那个界限，即那些人所规定的、所希望不超过的那个界限。资产阶级的知识分子，他本人并不一定就是资产阶级，但是这些知识分子所提出的要求是符合于资产阶级利益的，是不超出资产阶级的阶级利益所要求的那个界限的。他们反对那个与资产阶级利益相冲突的东西，拥护那个跟资产阶级利益相符合的东西。这就是说我们要用这样的标准来评断资产阶级的思想家、政治家，而不能按照他的生活状况来评断。有人说：教职员、教授和工程师都是过薪水生活的。按照薪水生活这种地位来说，他们跟工人阶级是相同的，工人在银行里没有存款，教授和工程师在银行里也没有存款；工人在他劳动力一失的时候是两袖清风，也有一些知识分子政治家，在他死的时候也是两袖清风；可是是否因此这些社会活动家、知识分子的思想就是工人阶级的思想，他们就是工人阶级的知识分子呢？这里面是有区别的。知识分子的劳动是精神劳动，他是为他所鼓吹的思想、为他所拥戴的事业来服务的，而不是按照他所取得的薪水，他的生活来源而服务。用那种方法可以判断一般的社会阶级，但要来判断知识分子的阶级性，这个标准就不够了。需要用其他的标准，就是看他是为什么阶级服务，他的主张是符合于哪个阶级的利益。同样的是教授，可是有为帝国主义服务的。有为地主阶级服务的，有为资产阶级服务的，有为小资产阶级、农民阶级、工人阶级服务的，如他们的生活方法，领取薪水却是一样。所以在目前考虑我们中国的知识分子改造的问题的时候，必须考虑中国的知识分子过去政治的、思想的状况，这不是为着打击知识分子，抹杀知识分子的功绩，是为着使广大的知识分子能够对自己的地位有一种清晰的客观的符合于历史的估计，然后我们好考虑思想改造的问题，好考虑如何自我教育，决定自己的道路。

中国的知识分子，从它的生活条件或者从它的思想状况来说，小资产阶级是它的主体，但并不是说知识分子里面没有帝国主义，地主阶级同资产阶级的知识分子，如果没有，那就是违背历史了。帝国主义侵略中国这么久，它不会不培植它的知识分子，封建主义在中国几千年也不会不培植它的知识分子，资产阶级也不会在中国找不到它的代表。中国的知识分子在过去，不用很远，就是在人民解放战争、抗日战争，以及在革命胜利后的抗美援朝、土地改革、镇压反革命当中，是有种种分歧的。我们承认这种分歧对我们是有利的，可以使我们知道事实，实事求是。

因此我们在改造知识分子的时候，必须放下两个包袱：第一、不要以为我们已经加入工会，（当然加入工会是完全正确）我们的思想已经是工人阶级思想，我们已经是工人阶级知识分子。因为虽然我们的物质生活是属于工人阶级的，可是我们活动的实际结果不等于就是为工人阶级服务。第二个包袱就是我们不要因为中国知识分子的广大群众大致属于小资产阶级，而且在今后相当远以后，知识分子的广大群众将是属于工人阶级；不要因为在过去知识分子主要的群众是带着小资产阶级的色彩，就断定中国的知识分子里面，或者知识分子的党派里面，就没有资产阶级甚至地主阶级、买办阶级的影响。我们要承认这样的事实，才能实事求是地进行我们的思想改造，改造成为工人阶级的知识分子。

当然，谁都不能强迫，说：知识分子必须改造成工人阶级的知识分子，否则就是违法的。这样的提出问题是荒谬的、错误的。可是我们说：我们有这样一种希望，提出这样一种要求，要求知识分子改造成为工人阶级的知识分子。人家都说：知识分子绝对可以成为工人阶级知识分子，知识分子完全有这个条件，尤其知识分子的生活条件更加便利于这种改造，他的生活方法跟工人阶级是没有原则区别的，因此他就更容易进行这种改造。而且，工人阶级对知识分子有很大的需要，不久以前《人民日报》曾经登载过斯大林跟威尔斯的谈话，威尔斯讲到知识分子的重要时，斯大林说：我们不是不承认知识分子的重要，我们很强调地指出知识分子的重要，可是，知识分子只有同工人阶级结合才是强有力的，如果他们脱离了工人阶级、劳动人民，知识分子的力量就不可能发挥。工人阶级需要跟知识分子结合，知识分子也需要跟工人阶级结合。如果知识分子不愿意跟工人阶级结合怎样办呢？工人阶级就不能不训练出自己的知识分子来，而且工人阶级也完全有可能训练出自己的知识分子来，比如中国共产党的领导者，就是工人阶级的知识分子。工人阶级非常希望旧有的知识分子都能够跟工人阶级相结合成为工人阶级的知识分子。所以毛主席说：知识分子的思想改造是国家工业化和民主改革的一个重要条件。因为今天中国的工人阶级如果得不到知识分子的援助，那么他要把我们这个国家建设成一个强大的、工业化的国家是很困难的，就要经过相当长的时间。如果知识分子有决心在思想上进行改造，使自己完全成为工人阶级的知识分子，那么，我们国家的工业化和民主改革就会有迅速的进步。工人阶级能够跟知识分子结合起来，对于从新训练工人阶级的知识分子的工作也会有很大的帮助。所以知识分子的思想改造是有特别的意义。知识分子跟地主、资产阶级或农民是不一样的，因为多数的知识分子没有生产资料，它是为其他阶级而服务的，如果他在思想上彻底改造，它就可以成为工人阶级的知识分子。资产阶级要改造成为工人阶级，不仅在思想上有很大的困难，就是在它的物质生活上也要发生一个根本的改变，它必须把工厂放弃给工人阶级，知识分子就不必要经过这个步骤。小资产阶级、农民也必须把土地的所有权交给集体农庄。但知识分子要转变成为工人阶级服务的知识分子就不需要有经济上的转变，如果有，那也不是主要的，主要的是把在过去社会里面所形成的思想作一个彻底的转变。只有这样，才有可能使小资产阶级或资产阶级的知识分子转变成为工人阶级的知识分子。而这种转变对工人阶级来说是特别需要的，所以，知识分子的思想改造有特别的意义。

第三，知识分子怎样来改造自己的思想，知识分子改造自己思想的途径。我想有三种方法：

1. 学习，知识分子要改造成为工人阶级的知识分子，在经济上来说，有它方便的一面，可是，也有它困难的一面。困难的一面就是他有一个历史的负担。有时候，有些知识分子的改造比某些资产阶级、小资产阶级或农民还要困难。为什么呢？因为在旧社会里面，知识分子不能够跟工人阶级发生很多的联系，除了少数的革命知识分子以外，他们常常跟工人阶级没有政治上、思想上和生活上的联系。相反的他们所联系的是资产阶级，地主阶级，甚至帝国主义，那些思想常常把知识分子掌握起来，使得许多知识分子醉心于帝国主义、封建主义的制度。

资产阶级的知识分子常常要接受帝国主义、封建主义的影响，因为中国的资产阶级所处的地位是这样的，一方面它与帝国主义、封建主义有矛盾，它不满意帝国主义、封建主义统治的现状；可是另一方面它又害怕工人运动，没有决心跟帝国主义、封建主义作坚决的斗争，因此，就产生了它的两面性。在时局转变的关头，它不是坚决地跟工人、农民站在一起而是动摇于两者之间。它常常是宁肯站在帝国主义、封建主义那一面去。资产阶级的知识分子也常常采取同样的立场，变成了帝国主义、封建主义的代表者。

小资产阶级的知识分子可以倾向于革命，也可以倾向于反革命，因为小资产阶级常常要受资产阶级及其他反动阶级的影响。小资产阶级的知识分子也反映着小资产阶级在中国的地位，一方面广大的小资产阶级有革命的要求；另一方面，小资产阶级不是一个与进步生产相结合，有远大的前途的阶级，因此，它也不能成为革命的领导者，小资产阶级的知识分子在革命的过程中，常常把这种的弱点表现在自己的活动里面,因此,小资产阶级在革命的过程中,如果不是在工人阶级坚强正确的领导下,定可以使得革命受到危害的。

所以,小资产阶级和资产阶级的知识分子可以对革命发生危害,对工人阶级所领导的革命运动的发展表示恐惧、怀疑和动摇,它之所以有这些弱点,就是因为它所受到的教育和生活里面所产生的思想,使得它不能够跟工人阶级坚决地站在一起,因此,要来改造自己,头一条就是要学习,从思想上认识清楚:究竟中国革命发展的前途怎样;什么样的道路是正确的;什么样的道路是错误的;我们对中国的客观环境应该作哪样一种解释和判断;对于外界应该怎样的认识。

各个阶级要求来进行自我改造都需要学习,工人阶级的政党——共产党的党员要改造自己也要学习。因为知识分子有一个知识包袱,为着要正确地运用自己的知识,那么知识分子在这一方面有一种特别的必要。我们希望,也要求中国的知识分子,今天能够脚踏实地地学习马列主义、学习毛主席对马列主义理论的发展,因为这样,才可以得到一个武器来改造自己,并且也可以运用这个武器来改造社会、改造国家。

马列主义是在各种武器中最重要的一种,但并不是有了这个武器来改造我们的国家,其他的武器就不需要了。为着改造我们的国家,改造我们的思想,自然科学也是需要的,比如有的人迷信鬼神,要改造这种思想就需要学习科学。马列主义也是一种科学,它跟其他的科学不同,因为它是在所有的科学里面普遍需要的,大家共同必需的一种科学。马列主义是从物质世界一切领域的运动规律中抽出来的最根本的规律的总括。有了关于这种运动规律的知识,我们才能够对所遇到的万事万物有一种根本判断的标准，有一个根本对待的态度。既然马列主义是一种科学，它就不是说几句空话，喊几句口号，用一种简单的方法就可以得到这种科学的知识。在科学的前面没有这种便宜的道路。古时候，有一个皇帝，他想用最简单的方法，很短的时间把几何学学会。被他请的那位数学家说："游山游水可以铺出一条路来供皇帝舒服，学几何学就没有专为皇帝铺出一条路来。"学习马列主义也是这样，任何人不能够在马列主义的学习上采取一种取巧的方法，可以毫不费力地得到这种科学知识，不能够随随便便找几本书翻一翻目录，综合一些粗枝大叶的影子，然后他就是掌握了马列主义。

　　不是随随便便找几本书翻一翻，每一本书看不到底，就知道了它的全部知识，就掌握了马克思主义。学习马克思主义是需要下苦工夫的，没有什么方法可赚便宜。不能找到一本书，叫做"马克思主义无师自通"，也不会有什么"马克思难题三百个"，往口袋里一放，遇到什么问题一翻就解决了。马克思主义不是叫人不用功的，因此在学习马克思主义时需要反对自满，不能拿"自己看书看了很多"或者"我们三十年前就已经看到"或者"那一本书还是我翻译的"来作借口；也不能这里抓一个名词，那里抓一个名词把自己思想装潢起来，就算完成思想改造变成马克思主义者了。马克思主义既然是那么多的实际的基本的规律，我们就不能不实实在在地对这些规律来作一种具体的研究，认真的学习。可是马克思主义也不是那么困难的东西，只要是用功、认真地学习，马克思主义的科学，是完全可以理解、可以掌握的，尽管从马克思主义的全体来说,自然界的规律、社会科学、历史知识等等都包括在内,但并非我们学习时必须从宇宙、从自然界、地球、生物的起源来研究起,并不是那些问题没有解决就不可能研究,而是要把我们学习的东西放在目前实际的斗争问题上,就是说放在目前全世界人民反对帝国主义的斗争上,放在中国人民为建设新民主主义同准备实现社会主义的事业方面。要研究这些规律的知识,读书是非常需要的,不读书是错误的;仅仅看了书皮子、书目录就是代替了读书也是错误的。但是,还不能仅仅依靠读书来学习。固然书是反映实际生活的,而实际生活却无论如何都比书本来得通俗、来得更多,任何书本都不能代表实际生活的本身。虽然读了很多的书,如果对实际生活一步不想去走,那么无论你读了多少,也不能成为马克思主义者,因为马克思主义是对现实斗争的科学,不去实际参考,也就不能实际了解,也就不能改变旧社会所加给我们的种种负担,所以我们还要到实际生活里面去学习。譬如在土地改革当中去学习。我们各民主党派(包括共产党)很多党员去参加了,并且得到了很大的收获。如果我们只读了很多书籍,但对目前进行着的土地改革没有兴趣,不去了解,那么我们终究不会了解土地问题,因为你对土地问题没有任何感性知识。土地改革完成以后是否我们就没有地方去或者不需要再到其他地方去学习呢?还有农业生产,在城市有工业生产,如果我们不去学习,那么我们要了解工业生产,要了解工人阶级、农民阶级,终究是不可能的。因此我们需要在书本上学习,还需要在实际生活里去学习。

仅仅是去学习,而对自己原有的思想,不作一种批评,就不会成为马克思主义者。要来改造我们的思想，就必须把我们原有的思想，旧的思想，放到桌面上，来作比较，来作鉴定。不批评旧的就不能建立新的。不能设想马克思主义好像维他命丸一样，每天吃几个，然后就发生作用了。一定要把自己头脑里旧的东西排除掉，然后在我们头脑里才可以得到马克思主义的培养。如果原来的东西原封不动，马克思主义是深入不进去的。社会怎样才能进步？要经过革命。怎样革命？就是新的阶级代替旧的阶级；不是旧的阶级原封未动，把新的阶级加上来在一起。也不是说一个现代国家，它是在原始社会基础上，加上奴隶社会，封建社会，资本主义社会，和平共存在一起。我们的思想也是这样，否则就不是上层建筑了。所以要进行思想改造，仅仅学习，而不去批判旧的思想，就不能得到一种判断是非的标准，因为我们首先就不能把这种标准运用到我们自己，也不能希望拿这种标准到旧的人身上去运用。所以改造自己如同改造社会需要革命一样，需要发展我们新的思想，改造旧的思想，与旧的思想来作斗争，只有我们具体地批判了旧的思想，才能够得到新的思想。

进行批评与自我批评，不是说把我们生活里面许多的小节都搜集起来检讨。如果这样，那么我们就一天到晚忙忙碌碌，就会有很多的批评，很多的检讨，最后一事无成。因为我们的生活里面有种种节目，有一些是决定的环节，另外有一些是完全不重要的东西，这些不重要的东西对我们并没有什么毛病，无伤大体。如果我们对于那些小事，计较得很厉害，就会造成一种结果，使我们感觉这种批评与自我批评是非常苛刻的，是苛捐杂税，负担不起，就会使我们失掉许多重要的东西,抓住这许多次要的东西,使得我们不敢活动而谨小慎微了,就使我们在主要的问题上放弃了注意力,并且感到批评是可怕的东西。

批评有时是可怕的。因为要来排除旧的东西,而我们对旧的东西非常地留恋、固执、坚持。对于这种情形,批评是可以被人感觉可怕的,但对社会,对团体,对国家是有必要的,有益处的。可是也不能在任何事情上不加分析地使用这种方法,那是对批评与自我批评的一种误解。无论如何,正确的批评与自我批评是我们进行学习自我改造自我教育的一个必需的东西。

正确的批评会不会妨碍团结,会不会妨害我们的统一战线呢?不会的,因为这种批评是为着种种正确的目标,而这些目标本来就是我们的团体希望达到的目标。如果害怕这种批评不去达到这种目标,那么我们的团体就失去了目标,我们的团体就要涣散。坚持这种目标,为达到这个目标扫清障碍,那么我们的团体也就是先进的,目标明确的,认识一致的,那么我们的团体就巩固起来了。我们的统一战线也是如此,在一些重要的问题上,有了共同的认识,那么我们的团结就更加巩固,所以批评是巩固我们的团结,巩固我们的统一战线的。但是不要去发展那种技术性的、琐碎的、无原则的争论,这种争论对我们的团结、对我们的事业没有好处。所以我们就要反对害怕批评,同时也反对那种不正确的无原则的技术性质的批评,这是我们在批评与自我批评上应该采取的态度。

最后就是实践。譬如我们去参加土地改革,这就是一种很重要的实践。可是知识分子都有他的工作岗位,不是正式在农村长期工作,他参加土地改革是一种学习,并不是他本身的业务,并不是根本的改造。如果说我们也学习了,也进行了批评与自我批评,可是在我们行动上还没有改变,那么我们的批评白费了,我们的学习白费了,知识分子无论在什么岗位,他是科学家,他就是在工业、农业或者科学研究的战线上;他是医生,他就是在医药、卫生的战线上,他是……今后都需要向着我们整个国家前进的目标前进。知识分子进行了学习,作了批评与自我批评,就是为着把他所在的岗位的工作做好。原来使用旧式方法、个人主义方法、自由主义方法做工作,现在经过学习,知道了个人利益,小团体的利益应该服从整个人民大众的利益,应该服从整个人民国家的利益,因此他就在凡是需要他放弃个人利益,小团体利益的时候就把这一切利益都放弃了。那么他在各种岗位上,文化工作,科学工作,医药卫生工作,其他种种工作岗位上的实际工作中,就改变了旧的工作方法,抛弃了旧的工作制度,旧的轨道,而来建设新的制度,走入新的轨道,按照社会利益,国家利益,工人阶级的利益改造我们的工作。这样知识分子的改造就是达到了目的,就是说他现在做的工作完全符合工人阶级对他的要求,合乎整个工人阶级解放,整个劳动人民解放的利益。这样的知识分子就是跟工人、农民劳动人民完全打成一片了。他就不再是孤立的,脱离群众的,而是跟群众在一起,跟工人农民劳动人民一条心的。这样当他加入工会作会员时,他就是百分之百的工人,不愧于工人阶级的这个称号,不愧于工会会员这个称号,他的确跟工人阶级完全一致的。我们有了这样的知识分子,才是有了新的工人阶级的知识分子。

为了把这个问题说得简单一些，分了三方面。事实上我们的思想改造过程是错综复杂的。但是无论如何，知识分子的改造必须包括这三方面，这样就完成了我们的思想改造。

成为工人阶级的知识分子，也不是说因此就不需要学习，就不需要自我教育，就不需要批评与自我批评，工作就不需要做好了。不是的，世界不断地在前进，社会不断地在变化，我们需要以新的观念代替旧的观念，就不断地需要批评与自我批评，把我们头脑里的过时的东西，过时的想法改变为新的东西，新的想法。这样才符合我们整个国家建设的需要。这是一个长期的无限期的过程，就是将来的问题了。

现在为着把小资产阶级、资产阶级的知识分子改造成为工人阶级的知识分子，我们需要学习，经常的学习，它的内容、意义与刚才说的有些区别，我们现在所需要的是在一些根本问题上的学习，如决定我们的立场，究竟是采取工人阶级的立场，还是保留资产阶级小资产阶级的立场。在这样的问题上，我们的学习有特殊的目的，特别的界限，就不是一个无限期的学习了。

第四，民主党派在领导知识分子的思想改造当中的作用，以及他所负担的任务。社会上的各种人都愿意学习，也打算学习，那么各民主党派应该在这一方面担负起责任来。有人说："既然思想改造的标准是马列主义、毛泽东思想，那么这个工作就让共产党去进行算了，各民主党派来参加这种学习就是了！"这种想法是不是正确呢？我想是不正确的，因为这是不合乎事实的，领导社会上各种人学习的任务非常繁重，在这当中共产党应担负它的责任，可是这个任务由共产党一个团体来担负好，还是由许多团体共同来担负好？比如一块一千斤的石头，一个人把它举起来好，还是几个人把它抬起来好？这个任务比搬一千斤的石头要繁杂得多。毫无疑问，一个团体来担负这个繁重的任务是不合理的。社会上有种种人物，其中很多人跟共产党没有什么联系或是有不多的联系，我们中国有很多民主党派、群众团体，它们都有存在的社会基础，每一个党派要担负起它所联系的社会人物的学习、改造的任务。我们负有整个社会上几万万人口的学习、改造的任务，担负这个工作的团体自然越多越好。

有人说："既然是这样，那么在进行工作的时候有什么分别呢？怎样来显出分别呢？没有分别，这个工作不是做得没有什么意义了吗？"我想这个工作是长期的历史任务，我们应该有分别，而且也一定有分工。可是这种分工不等于性质上根本的区别。有人觉得既然是相同的运动，就显不出分工来了，这种思想是资本主义竞争的法则在我们头脑里面的反映。现在我们是一个有组织的社会，社会上虽然有不同的阶级，可是这些不同的阶级形成一个统一战线，大家承认这些不同的阶级在工人阶级的领导之下，来实现在相当长时间内的各种各样的分工，而不是发展一种竞争，我们共同担负这个历史任务，就是每个党派，按照它所联系的社会范围来显出它的领导作用，这样来建立分工。民盟的盟章上规定着说：以团结和教育小资产阶级的知识分子为它的主要任务，它选定的这个任务并不是为着形成一个小资产阶级的政党，按照小资产阶级的人生观和世界观来改造世界。它主要的是联系和团结小资产阶级的知识分子，那么，他对小资产阶级的知识分子就有专门的研究和了解，它用什么样的纲领去团结小资产阶级的知识分子来达到一个什么样的目标呢？这个目标仍然是工人阶级的目标。不过，为了要引导小资产阶级的知识分子，它就不得不采取一些使小资产阶级容易接受的方法，这个方法不是向着小资产阶级的过去，而是向着小资产阶级的未来，不是向着小资产阶级比较落后的方面，而是向着小资产阶级前进的方面。总之它是利用它的社会力量来做工作。

各党派目前的问题，是怎样来进一步地联系它的社会力量，现在我们的社会力量很缺乏，需要把这个范围扩大，这样，才能够解决我们的当前任务。扩大我们的社会力量，是一个伟大的任务。为什么呢？因为各个党派把社会上的各种人都吸引到向着未来的目标前进，带动整个社会的各个阶层的群众向前进，而且在这个前进的过程中协调起来，使得社会斗争尽可能地顺利解决。要用什么力量才能够使得我们更有力地达到目的，这就需要不同的政治团体来做工作。这是一方面。另外一方面，每一个党派目前的工作可以说是都不够的，共产党的工作也有很大的缺点，共产党的党员需要学习，需要进一步加强对群众的联系。其他党派也需要更加巩固它的社会力量，联系更多的群众，群众联系得越多越好。在这个知识分子的改造运动中，团结大批的群众，来向知识分子的自我教育与自我改造的目标前进，以便使我们的国家一步一步地工业化、社会主义化，然后才能够达到我们的目的。

是不是共产党在群众中有很高的威信，其他的党派就很难在群众中建立威信了呢？我想不是的，因为许多群众是需要联系，需要团结，需要在政治上加以教育，而这种工作不是共产党所能够担负得了的。因为中国的各个阶层受过那么长期、复杂的旧传统的影响，不能够设想所有的群众都是一模一样地跟共产党发生联系。这是不可能的。共产党需要跟各民主党派共同来进行这个伟大的有历史意义的工作，因此，就不能不盼望各民主党派在群众里面建立威信，依靠它认真的、实际的工作来团结广大群众，重视为群众服务的工作，这样，才会使群众集中到这个政治团体的周围。各民主党派在群众里面做的工作越多，我们中国革命的发展距离我们的最后目标就更进了一步。

在这个工作中有些方法共产党还没有想出来，有些工作方法共产党虽然想起来了，但是没有那样精力去进行，我们需要和朋友来合作。

领导群众来学习，进行思想改造，就不能不首先要进行自己的思想改造，因为我们是站在群众的前面，不是站在群众的后面。共产党所以能够在群众里面建立起今天的信仰，就是因为共产党本身经过了无数次的自我改造、自我教育的运动，经过了许多艰难曲折的过程。因为共产党坚持自我改造，这样就使得共产党成为一种正确的工人阶级的革命政党。所以要领导群众进行改造工作就必须首先改造自己，这样才能够在群众中建立起领导者的信仰，同时，还要不断地修改我们的工作。

要在知识分子当中进行思想改造的工作，就需要做很多繁重的工作，那么就希望大家集思广益地来想出种种办法，经过种种途径，把广大群众团结起来，加以教育。

在领导全国各方面的人进行学习、思想改造这个运动中，各民主党派需要做很多的工作。我们希望各民主党派，一方面进行自己的思想改造，同时，还要引导它所联系的社会力量一起都来进行学习，使得我们中华人民共和国变成一个伟大的学校，使得我们国家在向前进步的时候减少困难，增加很多有组织的，积极推动的力量，缩短我们国家工业化的过程，所以，我们对民盟和农工民主党这次的会议，抱着很大的希望。

敬祝这两个党派在思想改造的运动中得到成功。

大跃进中理论宣传的几个问题

（一九六一年五月二十五日在
中共中央工作会议小组会上的发言）

　　我想谈一下《人民日报》在几个理论宣传上的问题。几年来报纸上登了许多错误的东西，许多事情没有经过分析，也有些比较重要的新闻和文章，没有请示中央就上报了，人家一看，这是中央办的报纸，以为是中央提倡的，就推广了。（刘少奇同志插话：全国许多事情是中央领导一半，人民日报领导一半。）因为报纸的宣传不真实或者不正确，在群众中的威信就降低了。（刘少奇同志插话：报纸上登的一些东西是假的，先进经验是假的，亩产六千斤小麦是假的，人家就不看了嘛！）报纸上提过许多错误的口号，曾经将"人有多大胆，地有多高产"作为标题。（刘少奇同志插话：当时反对条件论，反了很久，但是对什么叫条件论并没有搞清楚。马克思主义的原则，就是一切决定于时间、地点、条件。办任何事情，总得看条件是否成熟，一个是客观条件，一个是主观条件。承认条件的意义是对的，不讲条件，反对条件论，就是唯心主义了。）检查起来，问题不少。

　　《人民日报》的水平很低，特别是在理论方面。报纸宣传

上很大的问题是简单化,片面性,主观主义。下面我讲几个例子:

高速度问题。高速度是对的,应该宣传高速度,应该搞高速度。我们过去搞了高速度,将来还要。目前不成,这是暂时现象。但是我们过去宣传的高速度,实际上是超高速度。(刘少奇同志插话:不是超高速度,而是脱离现实的非马克思主义的高速度。)这种高速度,是不符合总路线精神的,把多、快、好、省割裂开了。高速度和稳步前进可否统一起来呢? 我有一个想法,是可以统一和应该统一的。人赛跑的时候,要跑得快,还要跑得稳,如果不稳,跌了跤,就不可能快。

共产主义风格、共产主义觉悟、共产主义教育问题。民主革命时期,主席讲过,进行社会主义教育是需要的,但是把社会主义当做国民教育方针是不对的。我想这个提法大致上也可以考虑在目前阶段的共产主义宣传问题上适用。这几年我们在宣传中是有片面性的,没有把对党团员和少数先进分子的要求,和全体工人、农民的要求区别开来。劳动人民在某种特殊情况下也可以表现共产主义风格,但不能作为普遍的持久的标准。(少奇同志插话:把先进的口号当做当前的政策,把前途教育当做当前的政策教育,是错误的。)工人现在用"生产不计成本,劳动不计报酬"这个口号来讽刺我们。我们只能承认这是宣传上的错误。在党内应该讲共产主义风格,但是无限制地讲也行不通。主席讲过,大公有私。(刘少奇同志插话:这里联想到一个问题,请同志们考虑一下,我们现在是不是无产者? 大家是不是已经变成有产者了? 所谓有产,就是做了官,有名利地位了,是个几级的干部了。有了产就要保护它,就怕撤职、怕开除党籍、怕离婚、怕坐班房、怕杀头了,不敢坚持真理了。虽然有产了,还应当保持无产者的本色,有产等于无产。为了坚持真理,撤职、开除党籍都不在乎,现在许多人在乎这些东西,当了官,当了大官,就有失去革命无产者本色的危险性。)

吃饭不要钱问题。这个口号,在北戴河会议时期我是积极宣传者之一,现在我要再一次承认错误。到武昌会议改了提法,也可以说收回了,但是没有彻底解决,许多地方还在宣传。

不断革命论和革命发展阶段论问题。这个问题武昌会议解决了,但是也没有系统地、深入地解决,所以在宣传中没有很好地贯彻这个指导思想,仍然有很大的片面性。如果不用严肃的态度对待革命,首先是生产关系的革命,每天都革命是人民受不了的,结果只能破坏生产。任何事物的发展,在一定阶段都必须有它一定的稳定性。

资产阶级法权问题。在这个问题的讨论中,主要是前期,片面的、简单化的和不正确的意见居多,影响也较大。在中央书记处讨论过,决定写一篇文章总结一下,也向主席报告过。文章由胡绳、张春桥和《人民日报》的沙英三人执笔,写了好久,改了几遍,最后的稿子张春桥还是表示不同意,不愿意发表。接着开庐山会议,就把这个问题放下了。去年我还约了几位同志研究这个问题,大家认为时间隔得久了,现在再去作结论也不好,不如另外写文章从正面说。关于资产阶级法权问题的讨论总结,中央书记处虽然指定了几个同志负责,但是我应负主要责任。

外行领导内行问题。当时提出这个问题,是为了解决党对于各项事业的政治方向的领导问题,并不是说任何一个外行都可以无条件地无限制地领导内行。由于我们对中央的口号没有作系统的、科学的宣传,客观上替各种瞎指挥作了理论根据。与此有关的是红专道路与白专道路问题。红专道路是完全正确的,但白专问题曾经引起混乱,许多忠心耿耿为中华人民共和国和社会主义建设服务而政治上不够活跃的人,也被指为"白专",他们既未反人民反社会主义,怎么能说他们白呢? 这伤害了许多人,并且曾经使一些人不愿埋头学习,怕成为"白专",怕被拔"白旗"。

生产过程中所有制的地位问题。过去我们在报纸宣传中也有偏向。几年的事实证明,在生产关系中,最主要的和起决定作用的还是所有制。(刘少奇同志插话:生产关系中一个是所有制,一个是相互关系,一个是分配制度,后边两个都是根据所有制来的,什么样的所有制有什么样的分配制度,有什么样的相互关系。集体所有制,是大家所有的,可是人家没有分配权,你瞎指挥生产却要人家承担损失。搞平均主义,搞瞎指挥,就是从根本上动摇了集体所有制。什么事情是书记说了就算,成为"书记所有制"了。)

政治挂帅与物质利益问题。这个问题,主席早已解决了,政治挂帅第一,物质利益第二。但是事实上不少人完全否认物质利益的意义,好像共产党革命不是为了人民的物质利益似的。讲政治挂帅是为了指明奋斗方向,是要我们把当前利益和长远利益正确地结合起来。这在十大关系的报告和八大一次会议决议,本来是解决了的。我们讲当前利益要服从长远利益,并不是说就不要当前利益了。(刘少奇同志插话:没有今天,就没有明天。一般来说,当前利益要服从长远利益,但是在特殊的情况下,某些长远利益也要服从当前利益。比如发生灾荒,当前困难很大,要基本建设下马,你还将当前利益服从长远利益吗? 当前的困难,天灾人祸两个都有,而且在很多地方,天灾不是主要的,人祸是主要的,你讲天灾,群众不承认。我不是说要改变宣传口号,对外宣传还是那样讲,但是我们今天是党内总结经验教训,大家要讲讲心里话。)

此外,我还想提一个不属于报纸宣传的问题,即立刑法、民法的问题。现在刑法已经有了草案。既然以大队为基础的三级所有制二十年不变,为了稳定所有制,保护人民和国家的利益,使人人对于个人所有制、集体所有制和全民所有制的财产有正确的观念,既不对人民一平二调,也不在国营经济中随便拿来拿去,赔钱借债毫不在乎,我想民法、商法、债权法也都需要。民法的要点不是继承权,而是所有权。我并不主张法律万能论,也不认为过去在社会主义革命时期应该搞这些东西,并且也不认为这个问题今天就要解决,但是在一个历史时期中,我想这个问题老不解决,却不见得是有利的。农民说过去对打死一个人不管怎样都要验尸,现在连这些事都没有人管了,觉得我们现在对人民的生命财产太随便了。这个呼声值得我们注意。

科学态度和革命文风

（一九七八年六月在中共中央党校的报告）

革命的文风是马列主义科学态度的一种表现形式。马列主义科学态度从根本上说与一般的科学态度相同，可是也有一些不同。社会科学和自然科学在研究的对象、采取的方法方面是有不同的。马列主义的科学态度是无产阶级在阶级斗争中的科学态度，所以不同于一般的自然科学。自然科学的科学态度，一般说没有阶级立场的问题，在特殊情况下，比如说在同宗教、迷信、同历史上的偏见作斗争的时候，虽然也有战斗性，但是，一般说来，自然科学的著作不存在革命文风的问题。

马列主义的科学态度，根本上就是辩证唯物主义和历史唯物主义的态度。这种科学态度是阶级性和客观性的统一，是革命信念、革命意志和求实精神的统一，是理论和实际的统一。马列主义是讲阶级斗争的，是站在无产阶级的立场上来讲阶级斗争的，当然有阶级性，有党性。可是，它是科学的，它一定要有客观性。如果离开了客观性，就不成为科学。这里说的客观性，不是旁观中立的态度，而是说无产阶级的阶级利益、阶级立场必须立足于客观的科学的分析基础上。马克思列宁主义是科学。根据这种科学产生一种对于革命前途的信念，产生一种革命的意志。这种革命信念、革命意志不可缺少。但在历史发展的各个时期，还要从实际出发，要有一种实事求是的精神。离开了求实精神，这种革命信念、革命意志就有变成主观主义的信念、意志的危险。求实精神不是屈服于现实，同现实妥协。如果那样，就会变成机会主义。马克思列宁主义是无产阶级为了实现社会主义、共产主义，研究人类历史、研究当代的阶级斗争所形成的科学理论。但是，这种理论应用到实际里面去的时候，必须和当时、当地的实际情况结合起来，而不能停止在理论范围里，否则就要变成空谈。它必须是行动的指南，必须受到实践的检验，并且不断用新的原理来补充自己，来取代某些随着历史的发展变得不再适用了的旧的个别原理。这就是阶级性和客观性的统一，革命信念、革命意志和求实精神的统一，理论和实践的统一。这些统一的两个方面，缺一个方面都不行。缺少一个就不成为马列主义的科学态度。

科学态度既不是只承认暂时的局部的利益而不承认革命的基本原则那种实用主义、机会主义，又不是宗教、迷信，不提倡盲从，不要求人们作驯服工具。科学态度要求对客观真实的忠实。忠实于实际，而不是忠实于个人的愿望、忠实于个别原理、忠实于个人。所以毛主席讲：我们除了科学以外，什么都不要相信，就是说，不要迷信。中国人也好，外国人也好，死人也好，活人也好，对的就是对的，不对的就是不对的，不然就叫做迷信。要破除迷信。不论古代的也好，现代的也好，正确的就信，不正确的就不信。不仅不信而且还要批评。这才是科学的态度。

　　在现代自然科学发展的历史上，曾经有一些哲学家提出过，为着发现真理就要破除一些迷信。如弗兰西斯·培根曾经讲破除四种幻象：种族的幻象、洞穴的幻象、市场的幻象、剧场的幻象。幻象也可以说是一种迷信。所谓"种族的幻象"，就是把人当成一个种族。以为人是世界的中心，一切都为人而存在。人是最神圣的，是一切的标准。如果抱着这种态度，就不能发现科学真理。这是指自然科学。社会科学也不能对人抱一种不切实际的幻想，把人看得过于高超，以为人要做什么就可以做什么，一切都是围绕着人而存在的。这就不可能有一种客观的态度。所谓"洞穴的幻象"，是指某些学者、某些个人在他的洞穴里，发现真理受他所处的环境的局限，以致不能看到在广大世界范围的真理。所谓"市场的幻象"，是指人与人之间要交际，如商品在市场上一样。市场有许多虚假的东西。交际要通过语言，但语言常常不能准确地表达客观事物，受到这样那样的限制。所谓"剧场的幻象"，是指各种各样的学说，就像在剧场上演戏一样，一幕幕地变换。我们不要受舞台人物、场景、情节多变的影响。培根所讲的打破这四种幻象，在近代科学发展历史上起了相当大的作用。这些话当然没有毛主席说的那样清楚、彻底，但是可以看到，我们想要达到对于客观真理的认识，必须排除多种障碍。这种障碍会以各种形式存在在我们的认识道路上。如果不排除，我们就会受各种偏见的束缚、影响，使我们不能认识客观真理。那么，我们也就不能对客观事物抱一种真正科学的态度。

　　科学态度还要求对客观事物作一种全面的历史的探讨，

要求找出客观事物的规律性。这种探讨必须是准确的,有一定的分寸。在这方面,马克思、列宁、毛主席说过很多,这里不详细引用了。研究客观事物如果仅仅把事物观察了,并且作了记录,这还没有达到科学的要求。一定要发现客观存在的事物之间的必然联系,发现事物的规律性,发现事物的本质。这个规律如果是客观的,它就应当是这个人证明了的,另一个人也可以重复证明。自然科学的实验,如果仅仅某个人能作出某种结果,换了另一个人却不能作出同样的结果,那么,这种结果就不能成立,就不能证明是客观的。社会科学同自然科学相比,在这方面受的限制要多一些。因为社会现象的变化要比自然现象复杂,而且难以控制。自然现象的变化也很多,但是可以设计一种条件,让它在实验室里进行观察。社会科学不可能作这种实验。虽然如此,只要是社会科学,只要是社会科学所发现的客观规律,它在基本上就应当对所有的人都是可以认识的,可以观察出来的。这些规律因为时间空间条件的变化,可以发生一些次要的变形,但是它们在本质上还是能够保持正确的,还是可以使所有的人在观察的时候得到同样结果的。当然,所有的人都可以观察到的这种事实,并不等于所有的人都愿意承认。这也是社会科学同自然科学相比困难要多的地方。即使如此,只要是社会科学的真理,不论你愿意承认或不愿意承认,它都是客观存在。这里有一个对待科学是不是诚实的问题。如果有一种诚实的态度,就可以接受这种真理。自然科学的原理也会有一些人不愿意承认,不愿意接受。在有些人受宗教或其他偏见影响的情况下就是如此。但一般说来,在科学发展的历史上,在排除偏见影响的情况下，大多数的问题是一般人可以接受的；尤其是在科学经过多年斗争已经得到巨大的胜利，人们的偏见已经逐渐缩小的情况下。

认识社会科学的真理是不容易的。要作大量的研究工作，要进行复杂的艰苦的劳动。它要求从事这种研究的人有对科学所必需具有的勇气，要敢于同各种反科学的偏见作斗争。所以，马克思在早期的文章中说，对于科学，对于真理，没有什么谦逊不谦逊的问题。他说，如果要说谦逊，"精神的普遍谦逊就是理性，即思想的普遍独立性，这种独立性按照**事物本质**的要求去对待**各种事物**。"这个话同刚才所引毛主席的话是一个意思。毛主席把科学和迷信对立起来，也就是讲，科学不存在谦逊不谦逊的问题。所以，马克思的这种观点同毛主席的观点是完全一致的。

为了发现事物的客观规律，马克思认为，这就得从个别达到一般，研究许多个别，然后经过科学的抽象，达到一般。马克思在《〈政治经济学批判〉序言》中说："我把已经起草好的一篇总的导言压下了，因为仔细想来，我觉得预先说出正要证明的结论总是有妨害的，读者如果真想跟着我走，就要下定决心，从个别上升到一般。"要研究政治经济学，就要先研究政治经济学中的个别事物、个别问题，从中达到一般。所以马克思不愿意在一开始就把他所已经达到的一般结论拿出来。

恩格斯在《论马克思的〈政治经济学批判〉》一文中说："即使只是在一个单独的历史实例上发展唯物主义的观点，也是一项要求多年冷静钻研的科学工作，因为很明显，在这里只说空话是无济于事的，只有靠大量的、批判地审查过的、充分地掌握了的历史资料，才能解决这样的任务。”

列宁说：“要真正地认识事物，就必须把握、研究它的一切方面、一切联系和‘中介’。我们决不会完全地做到这一点，但是，全面性的要求可以使我们防止错误和防止僵化。”列宁的这个观点曾经在别的地方再三地重复过，就是说，我们绝不可能完全地达到对于真理的认识，只能不断地接近它。列宁的这个观点在毛主席的《实践论》中曾经作了很透彻、很详细的说明。列宁在俄国革命胜利以后曾经多次讲过反对共产党人的夸大狂，反对妄自尊大。不能因为自己是共产党人，是领导人，是高级干部，有权力，因此就可以不用科学态度来对待工作中的问题。如果认为权力可以决定一切、改变一切，如果采取这种态度，那是很可笑的。那就使得伟大变成为可笑。列宁说：“我们所进行的事业是具有全世界历史意义的伟大的事业。然而，只要稍微一夸大，就是印证了一条真理：从伟大到可笑只有一步之差。”

斯大林在《苏联社会主义经济问题》里也讲到，社会主义的经济规律，它是不以人们的意志为转移的一种客观规律。这种规律不是可以创造出来的，不是可以改变的，可以消灭的。党的领导机关、国家的领导机关只能使自己的工作符合于这种规律。社会主义的制度使得领导机关有可能去正确地计划社会生产，但是，不能把可能与现实混为一谈。不能说我们的年度计划和五年计划完全反映了这个经济规律的要求。我们的工作、我们的政策、我们的计划，虽然要求它符合于客观规律，但是，这并不是很容易做到的，并不一定就能符合。这两者之间是有距离的，有的时候还会有很大的距离。

毛主席说:"任何英雄豪杰,他们的思想、意见、计划、办法,只能是客观世界的反映,其原料或者半成品只能来自人民群众的实践中,或者自己的科学实验中,他们的头脑只能作为一个加工厂而起制成完成品的作用,否则是一点用处也没有的。人脑制成的这种完成品,究竟合用不合用,正确不正确,还得交由人民群众去考验。"还说:"我们对于客观世界的认识,要有一个过程。先是不认识或者不完全认识,经过反复的实践,在实践里面得到成绩,有了胜利,又翻过筋斗,碰了钉子,有了成功和失败的比较,然后才有可能逐步地发展成为完全的认识或者比较完全的认识。"

前面引的这些革命导师的论述,都告诉我们,要坚持科学态度、按照科学态度进行工作,是很不容易的。一个从事实际斗争的党要求自己的工作都正确是很困难的,只能做到大部分正确或基本正确。所以毛主席认为,任何党任何个人都不可能不犯错误,都必须一分为二。如果承认一个人是不可以分析的,那就是形而上学。但是,我们要求错误犯得少一些,小一些,改正得早一些。所以,一个党为了要使自己的工作沿着正确的轨道前进,一定要有正确的工作方法和工作作风,并且要有大量的科学研究工作作为自己制定政策制订计划的依据。

以上是就一般的工作来说的,不是说的写文章。我们不能要求每一篇文章都发现科学真理,都是一篇科学著作。但是,总得要求写文章要有同样的科学态度。毛主席在全国宣传工作会议上讲过,人们处理问题,发表意见,有时候难免带上一些片面性。要求所有的人都不带一点片面性是困难的。

但是，可不可以要求人们逐步地克服片面性，要求看问题比较全面一些？如果不是这样，那么我们就停止了，我们就是肯定片面性了。所以我们还是要求努力做到看问题比较全面。不管长文也好，短文也好，包括杂文在内，要努力做到不是片面性的。也就是说，要求努力做到符合于科学态度。

有了科学态度，我们才谈得到革命的文风。如果没有科学态度，就谈不到革命的文风。科学态度是革命文风的基础。什么样的文章是有科学态度的文章；什么样的文章相反，是反科学的文章，这个问题当然也可以采取一种分析的方法，拿出一些文章来进行抽象，提出一些标准。但是，这是一个很复杂的工作，而且，如果做了，是否就能对同志们学习写作有帮助，还是一个疑问。我想今天就拿马克思、恩格斯、列宁、斯大林、毛主席的一些文章的片断，和一些反科学的文章来作个对照。通过这个对照，可以认识什么样的文章有科学态度，有革命文风，而另外一些文章就没有科学态度，因此谈不到什么革命文风。

现在我就来念一念马克思、恩格斯、列宁、斯大林、毛主席的文章的一些片断。

第一个例子。马克思的《哥达纲领批判》第一节，是评论"劳动是一切财富和一切文化的源泉"的。这个话，是我们常常听到的。有的同志就曾宣传过"劳动创造世界"这个口号。"劳动创造世界"是"劳动是一切财富和一切文化的源泉"的同义语。这个话如果不认真进行分析，好像也没有什么错。马克思认真作了分析，指出："劳动**不是**一切财富的**源泉**。**自然界**和劳动一样也是使用价值（而物质财富本来就是由使用价值构成的!)的源泉"。就是说,自然界也是源泉。劳动如果没有客观的世界,这个劳动本身就不能存在。针对"劳动创造世界"这个口号,毛主席说这是彻头彻尾的唯心论。劳动怎么能创造世界呢?是世界创造劳动,没有世界就没有劳动。没有世界就没有人,没有人还能有劳动?劳动创造世界,这是把头倒立了,劳动变成上帝,有点像上帝创造世界了。劳动能不能创造太阳,创造地球呢?很明显,虽然人在地球上劳动,但是,地球并不是人创造出来的。相反,人是在地球上生长起来的。所以,马克思说:"**自然界**和劳动一样也是使用价值(而物质财富本来就是由使用价值构成的!)的源泉,劳动本身不过是一种自然力的表现,即人的劳动力的表现。上面那句话在一切儿童识字课本里都可以找到,但是这句话只是在它**包含着**劳动具备了相应的对象和资料这层意思的时候才是正确的。然而,一个社会主义的纲领不应当容许这种资产阶级的说法,对那些唯一使这种说法具有意义的**条件**避而不谈。"刚才说培根讲的"种族的幻象",就是把人当成世界的中心,看做是高于一切的。劳动创造世界的说法同这种幻象差不多。正是因为一般人常常不能用科学的态度对待客观事物,所以这种违反科学的话可以长期流行,而习以为常,好像这就是真理。马克思主义的科学态度主张用批判态度来审查各种材料。《哥达纲领》也是一种材料。一审查就不能不引出对这样一种非常错误的可是长期流行的说法进行分析批评。

第二个例子。恩格斯在《社会主义从空想到科学的发展》德文第一版中写了一个序言。后来在一八八三年对这个序言加了一个小注。这个序言里原来有这样的话:科学社会主义本质上是德国的产物，"即产生于德国"。以后恩格斯对这个说法加了一个注说，"于德国"是笔误，应当说"于德国人中间"，因为科学社会主义的产生，一方面必须有德国的辩证法，但是同时也必须有英国和法国的发展了的经济关系和政治关系。初看起来，"产生于德国"和"产生于德国人中间"，好像没有多大的区别。但是，这两者的含义是有原则区别的。如果说产生于德国，好像科学社会主义只是与德国这个国家有不可分离的关系。事实上，它不是专属德国的产物，而是国际的产物。因为德国人同时接受了英国的政治经济学和法国的从民主革命到空想社会主义的政治传统。恩格斯这样一改，就把这句话的含义改变了。我们看后来列宁写《马克思主义的三个来源和三个组成部分》一文中，就是把恩格斯的这个思想发展了。怎么样在写文章的时候准确地表达客观事物，从恩格斯这个例子可以看到，对于一个字，因为原来表达不准确，而这种表达包含重要的原则意义，所以必须进行修改。可以看到，马克思主义经典作家在写作过程中抱着一种多么严谨的科学态度！无论对别人的著作或对自己的著作，都不是采取敷衍了事的态度，都要认真进行批判的审查。

第三个例子。列宁在《共产主义运动中的"左派"幼稚病》的第一章中讲俄国革命具有国际意义。为了使这个问题尽可能有一种科学上的严格性和准确性，列宁特别说明究竟是在什么意义上说俄国革命具有国际意义。他说："我在这里所说的国际意义不是按广义来说的，不是说：不仅我国革命的某些基本特点，而且所有基本特点和许多次要特点，就我国革命对所有国家的影响来讲，都具有国际意义。不，是按最狭义来说的，也就是，把国际意义理解为我国所发生过的事情在国际上具有重要性，或者说，具有在国际范围内重演的历史必然性，因此必须承认，我国革命的某些基本特点具有国际意义。"要是夸大这个真理，说它的国际意义不仅限于俄国革命的某些基本特点，而是包括所有的基本特点和许多次要特点，那当然是极大的错误。

我们中国共产党人对列宁这段话是有特别深切的感受的。大家知道，对于俄国革命的国际意义究竟应该怎么了解，在这个问题上我们党确实在历史上犯过错误，以致使中国革命遇到极大的挫折，几乎陷于失败。

第四个例子。斯大林在《无政府主义还是社会主义？》一文中，对无政府主义者攻击马克思的唯物主义的反驳。无政府主义者诬指马克思的唯物主义理论是"填胃的理论"。斯大林加以驳斥说："请诸位先生告诉我们吧：究竟何时、何地、在哪个国家，有哪个马克思说过'吃饭决定思想体系'呢？为什么你们没有从马克思著作中引出一句话或一个字来证实你们的这种责难呢？难道经济生活和吃饭是同一种东西吗？要是有某个贵族女学生把这些完全不同的概念混为一谈，那还情有可原，但是你们这些'社会民主党的摧毁者'和'科学的复活者'，怎么会如此漫不经心地重复着贵族女学生的错误呢？而且吃饭又怎能决定社会思想体系呢？请考虑一下你们自己所说的话吧：吃饭和吃饭的形式是不变的，人们吃饭、咀嚼和消化食物古今都是一样的，而思想体系始终在变化和发展。例如古代的思想体系、封建的思想体系、资产阶级的思想体系以及无产阶级的思想体系，——这也就是思想体系的几种形式。

一般说来,难道不变的东西能决定经常变化的东西吗? 经济生活决定着思想体系,马克思确实这样说过,而这是容易了解的,但是,难道吃饭和经济生活是同一种的东西吗? 为什么你们一定要把自己的糊涂观念加在马克思头上呢?"

这段话同前面引的马克思在《哥达纲领批判》里的话有相像的地方,都是对于一种错误观点进行的驳斥。在驳斥的时候,把对方说得含糊不清的话拿来进行分析,就揭露了他们的错误。

第五个例子。毛主席在《中国革命战争的战略问题》第一章第一节中讲如何研究战争。

"战争的规律——这是任何指导战争的人不能不研究和不能不解决的问题。

"革命战争的规律——这是任何指导革命战争的人不能不研究和不能不解决的问题。

"中国革命战争的规律——这是任何指导中国革命战争的人不能不研究和不能不解决的问题。

"我们现在是从事战争,我们的战争是革命战争,我们的革命战争是在中国这个半殖民地的半封建的国度里进行的。因此,我们不但要研究一般战争的规律,还要研究特殊的革命战争的规律,还要研究更加特殊的中国革命战争的规律。

"大家明白,不论做什么事,不懂得那件事的情形,它的性质,它和它以外的事情的关联,就不知道那件事的规律,就不知道如何去做,就不能做好那件事。

"战争——从有私有财产和有阶级以来就开始了的、用以解决阶级和阶级、民族和民族、国家和国家、政治集团和政治集团之间、在一定发展阶段上的矛盾的一种最高的斗争形式。不懂得它的情形，它的性质，它和它以外事情的关联，就不知道战争的规律，就不知道如何指导战争，就不能打胜仗。

"革命战争——革命的阶级战争和革命的民族战争，在一般战争的情形和性质之外，有它的特殊的情形和性质。因此，在一般的战争规律之外，有它的一些特殊的规律。不懂得这些特殊的情形和性质，不懂得它的特殊的规律，就不能指导革命战争，就不能在革命战争中打胜仗。

"中国革命战争——不论是国内战争或民族战争，是在中国的特殊环境之内进行的，比较一般的战争，一般的革命战争，又有它的特殊的情形和特殊的性质。因此，在一般战争和一般革命战争的规律之外，又有它的一些特殊的规律。如果不懂得这些，就不能在中国革命战争中打胜仗。

"所以，我们应该研究一般战争的规律；也应该研究革命战争的规律；最后，我们还应该研究中国革命战争的规律。"下面还逐点批判了那种只要研究一般战争规律等错误观点。毛主席在这里，也是把问题提到十分确切的地位，一层一层地展开分析，从正面到反面来反复论证，使问题得到透彻的解决。这是我们都很熟悉的。

从以上随手挑出来的一些例子可以看到，马克思主义经典作家是怎样用科学态度来对待他们所要论述的问题的。无论是表达自己的思想或者是批判别人的观点，都是采取怎样严谨的科学的态度。他们总是经过严密的分析、严格的推理来展开他们的思想。我们要学习这种科学态度和革命文风。我们说话、写文章、处理问题，都要注意准确、有分寸。要不然就会把真理变成谬误，使伟大变成可笑。

现在来看看跟科学态度相反的一些文章是怎么写的。下面是一些反面的例子。

我们现在常常谈到党八股、帮八股。但是，大家恐怕很难看到原来那种老八股文。真的拿出一篇八股文来，大家也不容易看懂了。八股文不仅要求文章的格式是固定的，并且要求文章里面的词句一定是要有来源的，又要切题，又不能用题目上的字，用的材料又要都是经书上的一些话。如果对经书不熟悉，就不知道它说的究竟是些什么。清人梁章钜写过一本《制义丛话》，引了一段拿八股文来开玩笑写的八股文。我们从这里可以看到八股文是个什么样子的东西。八股文要讲对股、成对的。那段对股文字是这样的："天地乃宇宙之乾坤，吾心实中怀之在抱。久矣乎，千百年来已非一日矣。溯往事以追维，曷勿考记载而诵诗书之典要。"这是一股。下面一股要跟这一股完全对起来。那一股是："元后即帝王之天子，苍生乃百姓之黎元。庶矣哉，亿兆民中已非一人矣。思入时而用世，曷弗瞻黼座而登廊庙之朝廷。""吾心"、"中怀"、"在抱"，说来说去都是说的"我的心"。"久矣乎"、"千百年来"、"已非一日矣"，都是说的时间很久了。讲来讲去，每一句话都是没有什么意思的，都是一些概念的重复。什么道理也讲不出来，什么问题也不解决。这里举的例子虽然是讲的笑话，但八股文就是这样一种内容空洞的东西。它要有一定的格式，还要有很多讲究。但是，这种文章无论写得怎样好，反正是说了等于不说。无非从"四书"上面找这句话搭上那句话，那句话搭上这句话，转来转去，就凑成一篇文章。"四人帮"和他们的御用工具的一些文章，就其文章的千篇一律和空洞无物来说，可以说是八股文。但是，严格说来，"四人帮"的帮八股并不仅仅是空洞。如果像老八股文那样是纯粹的空洞，什么问题也不解决，那倒还好一些。那些帮八股还是按照"四人帮"的反革命要求解决了他们要解决的问题的，所以比老八股文还坏。

关于诡辩，我建议大家看一看鲁迅《华盖集》里题目叫《论辩的魂灵》的文章。这篇文章都是引别人的话。这些话并不是真有人那么说，是鲁迅用一种夸张的手法把那些诡辩方法集中起来写出的。如果不是这样集中起来，我们也许不会那么明显地感觉到，对诡辩的认识不会那么清楚。这篇文章说：

"洋奴会说洋话。你主张读洋书，就是洋奴，人格破产了！受人格破产的洋奴崇拜的洋书，其价值从可知矣！但我读洋文是学校的课程，是政府的功令，反对者，即反对政府也。无父无君之无政府党，人人得而诛之。"

"你说中国不好。你是外国人么？为什么不到外国去？可惜外国人看你不起……"

"你说甲生疮。甲是中国人，你就是说中国人生疮了。既然中国人生疮，你是中国人，就是你也生疮了。你既然也生疮，你就和甲一样。而你只说甲生疮，则竟无自知之明，你的话还有什么价值？倘你没有生疮，是说诳也。卖国贼是说诳的，所以你是卖国贼。我骂卖国贼，所以我是爱国者。爱国者的话是最有价值的，所以我的话是不错的，我的话既然不错，你就是卖国贼无疑了！"

"自由结婚未免太过激了。其实，我也并非老顽固，中国提倡女学的还是我第一个。但他们却太趋极端了，太趋极端，即有亡国之祸，所以气得我偏要说'男女授受不亲'。况且，凡事不可过激；过激派都主张共妻主义的。乙赞成自由结婚，不就是主张共妻主义么？他既然主张共妻主义，就应该先将他的妻拿出来给我们'共'。"

"丙讲革命是为的要图利：不为图利，为什么要讲革命？我亲眼看见他三千七百九十一箱半的现金抬进门。你说不然，反对我么？那么，你就是他的同党。呜呼，党同伐异之风，于今为烈，提倡欧化者不得辞其咎矣！"

"丁牺牲了性命，乃是闹得一塌糊涂，活不下去了的缘故。现在妄称志士，诸君且勿为其所愚。况且，中国不是更坏了么？"

"戊能算什么英雄呢？听说，一声爆竹，他也会吃惊。还怕爆竹，能听枪炮声么？怕听枪炮声，打起仗来不要逃跑么？打起仗来就逃跑的反称英雄，所以中国糟透了。"

"你自以为是'人'，我却以为非也。我是畜类，现在我就叫你爹爹。你既然是畜类的爹爹，当然也就是畜类了。"

诡辩派是古时候希腊哲学里的一个流派，曾经在相当长的时期在欧洲流行，产生过影响。现在，像我刚才引用的这种诡辩，我们一看就觉得是毫无道理的。通过对这种诡辩手法的认识，我们再看一看"四人帮"写的东西，也可以看出，他们是怎样运用这种诡辩手法的。

比方说，张春桥的《论对资产阶级的全面专政》。他要证明中国的社会主义社会里国营企业实际上是资产阶级所有的。他怎样来论证这一点呢？可以找出一段来看看：

"……所有制问题，如同其他问题一样，不能只看它的形式,还要看它的实际内容。人们重视所有制在生产关系中起决定作用,这是完全对的。但是,如果不重视所有制是形式上还是实际上解决了,不重视生产关系的另外两个方面,即人们的相互关系和分配形式又反作用于所有制,上层建筑也反作用于经济基础,而且它们在一定条件下起决定作用,则是不对的。政治是经济的集中表现。思想上政治上的路线是否正确,领导权掌握在哪个阶级手里,决定了这些工厂实际上归哪个阶级所有。"

我现在不来详细地分析这段话,它的推理的每一步都是利用了诡辩的方法。同志们可以研究一下他是怎样通过一系列错误的推理得到了"这些工厂实际上归哪个阶级所有"的结论的。这段谬论在过去好几年里曾经起了很大的破坏作用。大家可以当做一个练习,怎样用马克思主义的科学方法来剖析这段谬论。

另一篇文章是程越批判《论总纲》的,题目叫《一个复辟资本主义的总纲》。文章说《论总纲》提出三项指示是实现今后二十五年宏伟目标的整个奋斗过程中的工作总纲,就是对抗阶级斗争为纲,否定党的基本纲领和基本路线。

关于这个"三项指示为纲"的问题,华主席、叶副主席在军委扩大会议的报告里,已经详细地讲清楚了。现在就是要看看程越怎么论证这个"三项指示为纲"变成了复辟资本主义的纲领。

"《总纲》全文从所谓实现'四个现代化'开头,又以实现'四个现代化'为结束,这绝不是偶然的。这里提出的是一个十分重大的问题,即中国今后的历史路程包括今后二十五年应该如何走? 我们认为,我国现在正处在一个重要的历史发展时期:是坚持毛主席的无产阶级革命路线,把社会主义革命进行到底,建设起更加繁荣昌盛的伟大社会主义国家,逐步迈向共产主义;还是搞修正主义,复辟倒退,走苏联社会帝国主义的老路? 今后几十年必然是这样两条道路、两种前途进行激烈斗争的时期。为了中国人民和世界人民的根本利益,我们必须为实现第一种前途、反对第二种前途而斗争。而党的基本路线就是实现这个目标的唯一正确的路线,是无产阶级和革命人民的生命线。所以,毛主席一再指出:'千万不要忘记阶级和阶级斗争',对党的基本路线'必须年年讲,月月讲,天天讲。'党内那个不肯改悔的走资派既然要以'三项指示为纲'来取代党的基本路线,否定以阶级斗争为纲,那他就是要走第二种前途,反对第一种前途,他的所谓实现'四个现代化',其实只是他全面复辟资本主义的一张蓝图。对于这条修正主义路线,我们全党全军和全国人民当然是要进行针锋相对的斗争的。"

这个论证的方法同刚才向大家介绍的《论辩的魂灵》里面的论证的方法是一样的。可以拿两个对照一下。究竟怎么是一样的,这里不多讲了,留给大家研究好了。

下面再念两段话。一段出自一篇题目叫《革命的新生事物是不可战胜的》的文章。它说:"文化大革命前,由于刘少奇一伙把持着教育部门的领导权,毛主席的教育路线基本上没有得到贯彻执行,执行的是反革命的修正主义路线,资产阶级专了无产阶级的政。从这些学校出来的学生,有些人由于各种原因(这些原因大概是:或本人比较好,或教师比较好,或受了家庭、亲戚、朋友的影响，而主要是受社会的影响），能同工农兵结合，为工农兵服务。但是，在修正主义教育路线的毒害下许多学生不关心祖国的前途和人类的命运，一心向往成名成家。有的在床头上贴上：'青霄有路终须上，宇宙无名死不休'，很典型地反映了当时许多学生的思想状况。当个人名利得不到时，有的学生年纪轻轻就为自己写了墓志铭，说什么'求名不成，郁郁而死'。少数问题严重的，堕落成为反党反社会主义的右派分子和其他反革命分子。有些原来阶级出身和思想状况比较好的学生，在这样的学校里也变得'一年土，二年洋，三年不认爹和娘'，思想资产阶级化了。那时候培养出来的学生，学哲学的搞不了哲学，学历史的搞不了历史，要搞就是帝王将相。学锅炉的，有的站在锅炉上还问锅炉在哪里。学水利的，有的折腾好几年，修了个水库还不能蓄水。这种修正主义的教育制度，真是害人不浅。"

按照这篇文章的论断，在"四人帮"统治教育阵地的时候，学哲学的搞得了哲学，学历史的搞得了历史，学锅炉的懂得锅炉，学水利的修了许多好水库了。可是，大家知道，实际情况怎么样？建国十七年来学生的学习质量和"四人帮"统治下学生的学习质量如何，这是全中国所有老百姓都非常清楚的。可是在这篇文章里却作了这么一个完全相反的论断。

另外一段话出自一九七五年八月二十五日《解放日报》的一篇文章，题目叫做《把转变学生的思想放在学校工作首位》。它说："怎样做好转变学生思想的工作？这里首先有一个标准的问题。有些同志不是严格按照毛主席提出的培养无产阶级革命事业接班人的目标去教育学生，而是满足于学生'上课安静，下课太平'。当然，社会主义学校是要讲必要的课堂纪律的，但决不能离开反修防修斗争去片面追求所谓的'安静'和'太平'。我们的学校所培养出来的人，应该是胸怀共产主义远大目标、坚定不移地走社会主义道路、为巩固无产阶级专政而斗争的坚强战士。如果以'上课安静，下课太平'作为做学生思想工作的标准，那就会走到'五分加绵羊'的旧轨道上去。只要有阶级斗争存在，上课时，下课后就不可能'安静''太平'。列宁曾指出，一切学校'都必须贯彻无产阶级阶级斗争的精神'。我们应该培养学生具有革命的斗争精神。因此，以什么标准培养学生，实质上是把学校办成哪个阶级的工具的大问题"。

　　为了帮助大家了解这种反科学态度的文章在我们舆论阵地占统治地位的时候造成什么样的结果，我这里再向大家介绍一个材料。这是人民文学出版社韦君宜同志在全国文联扩大会议上的一个发言。她说："我们在一九七四年出版了湘剧《园丁之歌》的剧本。这个剧本在一九七五年春被迫停售报废，这还不算，当时的出版局还下令要编辑根据姚文元的黑指示自己写一篇文章来批判，硬说这个剧本是提倡了'智育第一'，并在社内召开了批判会。到后来又不准把毛主席肯定《园丁之歌》的消息向编辑透露。我们还出了一本北大师生编的《中国小说史稿》，书还未出售，就由'四人帮'控制的北大党委决定把它全部报废，理由据说是这里面没有贯穿尊法反儒的精神，是提倡了儒家，违反'四人帮'规定的历史以儒法斗争为主线的'原则'。单这一书的经济损失就是三十万元。《鲁迅书信集》刚刚印出，我们那位前局长石西民就提出：这本书犯了严重政治错误，理由是前言里提到反革命修正主义路线时没有加上刘少奇三个字。这样做就是舍不得刘少奇。于是硬要出版社把已经装箱准备发往车站的书全部拆开，撕掉重排重印，一页一页地用手工重新粘上去。还有一个剧本《两张图纸》，已经排好付印了。因写了父亲正确儿子不正确，遭到姚文元的指斥，说是抬高了老头子，贬低了青年一代，违反了中央重视青年干部的精神。我们听后只得抽掉不印；光不印还不行，还得赶快检查其他已发的稿子有没有这个毛病。有的同志没法，就对已发稿件中犯错误人物的年龄进行了检查，凡属青年人，一律把他提升为中年，以资保险。至于《开滦歌谣》这本不大为人所知的书，其中的处理情节更为荒唐。这本书是开滦工人群众写的歌谣，早在一九七五年夏已经定稿，因印刷迟缓，延至一九七六年'反击右倾翻案风'运动开始后才出书。我们出版社的前临时党委书记提出，一定要在序言中加上'批邓'的字样。当时编辑部同志和他争辩：发稿时'批邓'运动还没有开始，工人作歌谣时邓小平同志还未出来工作哩，怎能未卜先知？书中完全没有这方面的内容，序言不能强加这种字样。最多添上个发稿日期以表明与'批邓'运动无涉就可以了。可是这位书记依然固执己见，又得到出版局前局长的支持，于是硬把已印成的书撕了一页，重印一页加上'批邓'字句的往上贴。因贴工费时太长，到贴完时'四人帮'已经垮台，不得不重撕一次又贴一次。"

"从以上举的例子，乍听起来好像是笑话，是儿戏，实际上当时这一点把人搞得晕头转向，哭笑不得的事还有的是。何其芳为《红楼梦》写的《序》据说不行了，指定要改其他的人。

《〈三国演义〉序》里由于没有把曹操作为法家来歌颂,也不行。一本写大寨的报告文学,由于违反了江青的指示,写了真人真事,也不能发稿。""结果,这几年除直接由'四人帮'指挥搞的大毒草如《革命样板戏论文集》、《十二级台风刮不倒》之外,还有许多有各种各样错误提法的稿件。在粉碎'四人帮'之后不能不予报废的共达七十二种,加上正在付印中间中途撤回的二十三种,一共九十五种。就是这个数字,也还是在把报废范围卡得很紧的情况下来统计的。"

"'四人帮'对于创作定下的种种紧箍咒,全部直接体现到我们的出版工作上。首先,写'走资派'。在他们正式提出这个口号之前,早就有人试探在写,因为'文化大革命'一开头就是要反对'走资派'嘛。到于会泳一召开'十八棵青松会议',事情就有了恶性的发展。当时与我社有联系的作者曾应召出席。于会泳在会上叫嚷:要写部一级省一级的'走资派',并指定到会人员把他们正在写作或列入计划的作品,一律添上这种高规格的'走资派'。作者回到社里叫苦道:'这怎么办?我从来没接触过这样级别高的领导干部呀!'可是,叫苦也得改!接着,这股妖风就吹遍全国。此外还有什么不许写真人真事呀,每篇小说里一定要有阶级斗争、路线斗争呀(对阶级斗争、路线斗争又下了死定义,即必须是地主特务加'走资派'搞现行破坏),还有众所周知的'三突出'、'三陪衬'呀,次要人物不许夺主要人物的戏,反面人物必须灰溜溜呀,等等,等等。要知道这不是一般所说创作上的清规戒律或教条,而是法律。违反了就可能有大祸临头。"

"流风所被,写小说形成了十分严格的套子。到后来也不必传授了，大家都照此办理。关于这些套子，群众有种种顺口溜，什么'小的好小的好，无师自通觉悟高；老的坏老的坏，老的都是走资派'，什么'队长犯错误，支书来帮助；老贫农诉苦，揪出老地主。'这些顺口溜，都是'四人帮'造成的严重破坏这个实际情况的生动写照。"

我们刚才着重说的是诡辩和八股。当然，反科学的态度，不能仅仅归结为诡辩和八股。诡辩和八股可以说是反科学态度的一种极端表现。革命的文风必须自觉地扫荡八股和诡辩。革命的文风要求有正确的分析，按照辩证法进行正确的分析，有正确的推理，有正确的表达，要求有革命的立场、革命的信念、革命的感情，要求准确性、鲜明性、生动性。这几个方面的根据必须是客观的真实。

这几个方面的要求，每一个方面都不是容易做到的。为了实现这些要求，需要我们在每个方面下很大的苦功，没有捷径可走。我们从前面介绍的马克思、恩格斯、列宁、斯大林、毛主席的几篇文章的片断中可以看到这种革命的文风。可是，革命文风究竟是怎么样的，我现在还没有能力规定出几个条条。因为不同内容、不同体裁、不同对象的文章，就会有不同的具体要求，很难作一种统一的规定。

革命文风不能从写作过程本身来解决。它只能从对于客观事物和人民群众要求的深入观察，革命斗争的锻炼，革命理论的掌握，以及对写作主题的认识来解决。假如一个人成天写文章，只是从书本上学，要从这里面来解决科学态度和革命文风的问题，我想是不可能的。一篇写得好的文章、作品是作者对他所要写的东西作了长时期深入观察的结果。鲁迅也常常讲这个道理。他要求学文学的人不要只懂得文学,不要只是读文学书,一定要了解社会,要有多方面的知识。有的文章是需要很快写出来的,而且可以写好,但那并不是作者在一个晚上就把写作的本领都准备好了,而是长时期锻炼培养出来的。

此外,对逻辑修辞也要有必要的学习。比如刚才说了许多诡辩的例子。诡辩无非是利用错误的推理来得出错误的结论。推理会有一些什么样的错误,这是逻辑的问题。理论班的同志为了学好这一段课程,如果能请一位逻辑学家来讲一讲推理、证明的错误,我想会对大家有很多好处。

对修辞(不论是积极的修辞或消极的修辞),也需要有些知识。特别是对消极的修辞要注意。一篇文章即使每句话、每个概念都是准确的,如果整篇文章写得没有中心,使人看不出主导思想,看不出究竟要解决什么问题,这样的文章就不是好文章,就不能完成它的任务。

文章要写得生动,它的反面是枯燥、沉闷。怎样避免枯燥、沉闷,也是要注意解决的一个问题。

如果不能在这些方面做好,写出的文章就不能满足党和人民群众的要求。因此,在所有这些方面都要下工夫,要经常留心。多找一些书来参考,还要多方面的学习,在生活中多观察,多学习。理论知识、实际生活的知识,写作本身的知识都要学习,这样才能写成有科学态度的有革命文风的好文章。我这里讲的恐怕要使大家失望,我没有能够开出一个简单的秘方,我想也没有什么秘方,只能在实践中努力地学习。注意到哪些方面,哪些问题,进行多方面的学习,我们的进步会更快一些。如果只是学，不练习，这样的学习也是不完全的。毛主席说读书是学习，使用也是学习，而且是更重要的学习。所以，一定要自己实践，一定要经常练习，才能达到目的。

按照经济规律办事，加快实现四个现代化

（一九七八年十月六日《人民日报》）

一、经济规律的客观性

马克思、恩格斯、列宁、斯大林和毛泽东同志都曾多次谈到经济规律的客观性。马克思在谈到按比例分配社会劳动的必要性时指出：这个规律如同自然规律一样，"自然规律是根本不能取消的。在不同的历史条件下能够发生变化的，只是这些规律借以实现的**形式**。"①列宁指出：社会经济形态决不是"可按长官的意志（或者说按社会意志和政府意志，都是一样）随便改变的"，它的发展是"自然历史过程"，它的发展规律"不仅不以人们的意志、意识和愿望为转移，反而决定人们的意志、意识和愿望"②。毛泽东同志说："社会主义经济，对于

---

① 《马克思致路·库格曼》，《马克思恩格斯选集》第 4 卷，人民出版社 1972 年版，第 368 页。

② 列宁：《什么是"人民之友"以及他们如何攻击社会民主主义者?》，《列宁选集》第 1 卷，人民出版社 1972 年版，第 10、33 页。

我们来说，还有许多未被认识的必然王国。"①"我们要在今后
实践中继续调查它，从中找出它固有的规律，以便利用这些规
律为社会主义服务。"②

　　由于我们对这些指示认识和宣传不够，特别是由于林彪、
"四人帮"的流毒，现在还有相当多的领导工农业经济工作的
干部不承认或者实际上不承认经济规律的客观性，不承认经
济规律，以为社会意志、政府意志、长官意志就是经济规律，以
为经济规律可以按照政治需要而改变，以为这就是政治统帅
经济。这些同志忘记了，"政治是经济的最集中的表现"③，政
治不能在客观存在的经济规律以外，自己创造出另外的什么
规律来强加于经济。事实上，单就经济发展的规律性来说，党
的正确的政治领导的任务，正在于尽最大的努力来使我们的
社会主义经济工作按照客观规律进行（实践证明，这是一个很
复杂、很困难的任务），因为只有这样，才能保证经济工作的成
功，也才能保证经济工作的政治目的的实现，也才能保证政治
领导和人民利益的一致。

　　肯定了经济规律的客观性，还要解决下面两个问题：一，
社会主义社会制度是否保证我们的经济可以自动地有计划地
和高速度地发展；二，为什么资本主义国家的经济管理方法有
值得我们学习的地方。

　　关于一。马克思、恩格斯曾多次指出，资本主义社会"对

---

①　毛泽东：《在扩大的中央工作会议上的讲话》（1962年1月30日）。
②　毛泽东：《十年总结》（1966年6月18日）。
③　列宁：《论工会、目前局势及托洛茨基的错误》，《列宁全集》第32卷，人民
出版社1958年版，第15页。

生产自始就不存在有意识的社会调节"①,资产阶级社会的全部生产"不是由共同制定的计划,而是由盲目的规律来调节,这些盲目的规律,以自发的力量,在周期性商业危机的风暴中起着自己的作用"②。社会主义社会的生产是由国家的计划来实现有意识的社会调节的。由此可以推论:社会主义社会的经济一定会比资本主义发展的速度高,并且一定会创造出比资本主义高得多的劳动生产率。总的说来,社会主义经济已经证明比资本主义经济发展速度高,并且还可以更高,也完全可以创造出更高得多的劳动生产率。但是在实际上,社会主义经济在有些时候、有些方面却比资本主义经济发展得慢些,并且还没有创造出比资本主义更高的劳动生产率。这是为什么呢? 这是因为,第一,已经进行社会主义革命的国家,原来的经济和文化发展比发达的资本主义国家落后。在这些国家,小生产的势力和封建主义的影响比较强大,虽然进行了社会主义革命,小生产和封建主义的种种落后习惯的势力还是长久地多方面地存在着,严重地妨碍着社会主义经济的正常的迅速的发展。第二,社会主义社会作为一个新生的制度,还不巩固,不得不分出相当大的力量去对付国内和国外的敌对势力。第三,社会主义国家的国民经济计划,是一种对生产的有意识的社会调节,这在历史上是没有先例的,人们要熟练地运用客观经济规律正确地制定和执行计划是一个十分艰巨

---

① 《马克思致路·库格曼》,《马克思恩格斯选集》第 4 卷,人民出版社 1972 年版,第 369 页。

② 恩格斯:《家庭、私有制和国家的起源》,《马克思恩格斯选集》第 4 卷,人民出版社 1972 年版,第 171 页。

的任务，需要有相当长时间的认识和实践的过程。毛泽东同志说：社会主义生产关系"是和生产力的发展相适应的；但是，它又还很不完善，这些不完善的方面和生产力的发展又是相矛盾的"。① 此外，还有上层建筑和经济基础的又相适应又相矛盾的情况。大家知道，恩格斯早已一再指出，国家权力可以帮助经济发展得比较快，但也可以沿着相反的方向起作用，这样，政治权力就会给经济发展造成巨大的损害，并能引起大量人力物力的浪费。恩格斯说的虽然是过去的历史，但是实践已经证明，社会主义国家也不能保证它的政治权力始终不发生给经济发展造成巨大损害的问题。斯大林说："不能把我们的年度计划和五年计划跟国民经济有计划、按比例发展的客观经济规律混为一谈。"②他指出：社会主义的生产关系常常落后于生产力的发展，搞得不好，仍然可能变成生产力进一步发展的极严重的阻碍物，以至发生冲突。实际上，冲突不止由于生产关系和生产力进一步发展的矛盾，还由于国家机关在经济组织工作中的错误。斯大林一九二五年在联共十四次大会的报告中曾指出："在资本主义国家里，任何一种较为重大的错误，任何一次较为严重的生产过剩或生产和需求总量之间的严重脱节现象，都不可避免地要由某种危机来纠正。……在资本主义国家那里所发生的经济危机、商业危机和财政危机，都只是触及个别资本家集团（斯大林这时还不能预见到一九二九年大危机的情况——引者）。而在我们这里

---

① 毛泽东：《关于正确处理人民内部矛盾的问题》。

② 斯大林：《苏联社会主义经济问题》，人民出版社 1961 年版第 5 页。

却是另一种情况。商业和生产中的每次严重停滞，我国经济中的每个严重失算，都不会只以某种个别危机来结束，而一定会打击到整个国民经济。每次危机，不论是商业危机、财政危机或工业危机，在我们这里都可能变成打击全国的总危机。"①斯大林说的这种情况，在苏联无论在他这样说以前和以后都出现过，在我们中国也出现过。由此可见，社会主义社会制度本身并不能自动地保证我们按照客观经济规律办事，因而也并不能自动地保证我们的经济始终有计划地高速度地发展。社会主义社会制度给了我们按照客观经济规律办事的可能性，这是社会主义制度的优越性，是资本主义制度在整个国民经济发展历史范围内所不可能有的；但是要把可能性变为现实性，还要作很大的努力，还免不了有曲折，也就是毛泽东同志常说的要付学费。为了减少发展中的曲折，社会主义经济制度就必须同社会主义政治制度即人民民主制度密切结合，就必须同经济科学、管理科学、自然科学密切结合。总之，社会主义经济是在公有制基础上的高度社会化的大生产，如果我们正确地运用社会主义制度的优越性按照客观规律办事，就会以人类历史上前所未有的巨大力量来加速经济发展；相反，如果我们不研究不遵守客观规律，靠长官意志想当然瞎指挥，那就会造成某些单位甚至整个国民经济停滞倒退，使千百万以至几亿人民遭受苦难。因此，社会主义制度不但给了我们按照客观经济规律办事的巨大可能性，而且给了我们按照客观经济规律办事的绝对必要性和严重的历史责任。我们

---

① 《斯大林全集》第 7 卷，人民出版社 1958 年版，第 248 页。

建国已经快三十年了，不能只是用缺乏经验来解释自己的错误了；为了加快实现四个现代化，现在特别有必要认真地总结正反两方面的经验，努力自觉地按照客观经济规律办事，积极地发挥社会主义制度的优越性。

关于二。毛泽东同志说："工业发达国家的企业，用人少，效率高，会做生意，这些都应当有原则地好好学过来，以利于改进我们的工作。"①资本主义社会的生产不是由共同制定的计划而是由盲目的规律来调节的，为什么它的经济管理方法还有应当学习的方面呢？资本主义经济就全体来说是无计划的，但是在一个企业内部一般却是有计划的。马克思说："在工场内部的分工中预先地、有计划地起作用的规则，在社会内部的分工中只是在事后作为一种内在的、无声的自然必然性起着作用"②。可见，整个资本主义社会生产的无计划性并不排除资本主义企业内部的有计划性。马克思早就着重指出资本主义企业管理的二重性，即一方面是"一种由社会劳动过程的性质产生并属于社会劳动过程的特殊职能"，另一方面它又是"剥削社会劳动过程的职能"。这里前一种职能是一切制度下一切种类的社会劳动都不可缺少的。"一切规模较大的直接社会劳动或共同劳动，都或多或少地需要指挥，以协调个人的活动，并执行生产总体的运动——不同于这一总体的独立

---

① 毛泽东：《论十大关系》。

② 马克思：《资本论》第一卷，《马克思恩格斯全集》第 23 卷，人民出版社 1972 年版，第 394 页。

器官的运动——所产生的各种一般职能"①,其中当然也包括计划的职能。资本主义早期工场内部的计划管理和其他管理,在今天已经发展成为大公司的现代化的高效率的计划管理和其他管理,甚至在一个国家的一定经济部门内(例如美国农业的生产和经营)也有某种程度某种性质的计划管理和其他管理。在这些范围内,资产阶级有意识地按照客观经济规律办事(这当然丝毫也不改变他们经济的资本主义性质,也不能使他们避免危机),并且由于历史悠久,他们运用这些规律已经积累了相当丰富的经验,达到了熟练的程度。正是在马克思所说的资本主义企业管理的第一种职能的意义上,无产阶级可以而且必须向资产阶级学习。列宁说:"只有那些懂得**不**向托拉斯的组织者**学习就不能**创造或实行社会主义的人,才配称为共产主义者。因为社会主义并不是一种空想,而是要已经夺得政权的无产阶级先锋队去掌握和采用托拉斯所造成的东西。我们无产阶级政党,如果不去向资本主义的第一流专家学习组织托拉斯大生产的本领,那么这种本领便**无从**获得了。"②"有人……说,不向资产阶级学习也可以建成社会主义,我认为,这是中非洲居民的心理。我们不能设想,除了以庞大的资本主义文化所获得的一切经验为基础的社会主义以外,还有别的什么社会主义。"③无产阶级政权"单靠专政、

① 马克思:《资本论》第一卷,第368、367页。

② 列宁:《论"左派"幼稚病和小资产阶级性》,《列宁选集》第3卷,人民出版社1972年版,第555页。

③ 列宁:《全俄中央执行委员会会议》,《列宁全集》第27卷,人民出版社1958年版,第285页。

暴力、强制是保持不住的；唯有掌握了文明的、技术先进的、进步的资本主义的全部经验，使用一切有这种经验的人，才能保持得住。"[1]列宁的话是在半个多世纪以前说的，但是现在原则上还是适用。我们向资产阶级学习是有分析有选择的，是站在无产阶级和社会主义的立场上学习，而不是站在资产阶级和资本主义的立场上学习，所以毛泽东同志说要有原则地学过来。我们在学习的过程中当然要防止和纠正那种认为外国一切都好、中国可以依靠外国而不是依靠自力更生实现四个现代化的倾向。但是现在的主要危险不是这个，而是骄傲自满，故步自封，夜郎自大，是"四人帮"所散布的把自力更生和学习外国先进事物对立起来的流毒。坚持自力更生不但不排斥学习外国先进事物，而且如上所说，必须以学习外国先进事物为条件，否则就要陷入爬行主义，就不可能建成社会主义，或者在建成以前就要被敌人所击败。只有把社会主义制度的优越性同发达的资本主义国家的先进科学技术和先进管理经验结合起来，把外国经验中一切有用的东西和我们自己的具体情况、成功经验结合起来，我们才能够迅速提高按照客观经济规律办事的能力，才能够加快实现四个现代化的步伐。

　　打倒了"四人帮"，经济形势起了根本的变化，生产速度上升，生产秩序有了很大好转。但是我们的管理水平还是很低，也就是说，我们按经济规律办事的水平还是很低。我们现在

---

　　① 　列宁：《在全俄水运工人第三次代表大会上的演说》，《列宁全集》第 30 卷，人民出版社 1957 年版，第 395 页。

的工农业还不能完全地按国家的需要、群众的需要和出口的需要组织生产,产品的品种、规格、质量、数量还不能充分计划化,以致有些需要的能够生产的东西生产得不够,而有些生产出来的东西却不合需要,造成积压和浪费。我们的动力、原材料的供应能力和生产、基建的需要还不能完全按比例,以至常常发生停工、窝工。我们还没有认真发展专业化和协作,很多企业是按照大而全、小而全的办法建设起来的,因此技术进步很慢,劳动生产率很低,成本很高。一般企业很少注意经济效果,广泛存在着劳动无定员、生产无定额、质量无检验、成本无核算的现象,在人力、物力、财力上造成很多浪费。由于我们在经济管理工作中不善于把国家、企业和职工的利益很好地统一起来,我们在促使企业的领导者和广大职工主动地关心企业的经营状况和改革方面,还没有充分发挥经济动力的作用。所有这些,都是我们按经济规律办事的水平还很低的表现,都是我们目前必须着重解决的问题。

二、按照经济规律办事

为了加快实现四个现代化,我们必须按经济规律办事,大大提高我们的经济管理水平。经济规律很多,现在只就有计划按比例的规律,价值规律,国家、企业、个人利益的统一,三个问题讲一点意见。

首先是要遵守有计划按比例的规律。

马克思说,"时间节约以及有计划地分配劳动时间于不同的生产部门,仍然是以集体为基础的社会首要的经济规律。

甚至可以说这是程度极高的规律。"①时间节约属于价值规律的范围，后面再说，这里先说有计划地分配劳动时间的问题。过去的阶级社会客观上也要按比例分配社会劳动，但是不可能自觉地有计划地做到这一点。我们的社会主义经济能够也必须自觉地有计划按比例地发展。这是社会主义经济的基本特点。真正做到有计划按比例地发展，我们的国民经济就能够实现长期的、稳定的、高速度的增长，而避免无政府状态、半无政府状态以及作为其后果的发展速度大幅度波动的现象，为不断扩大社会主义再生产、不断提高人民的物质文化生活水平创造可靠的物质基础。由于林彪、"四人帮"的长期破坏，目前，我们的国民经济基本上还处在"半计划"状态。要改善我们的经济管理工作，首先要把半计划化变为充分计划化。我们的计划要遵守、反映、运用有计划按比例的规律，兼顾长远利益和当前利益，兼顾国家利益（包括中央利益和地方利益）、工农业企业的集体利益和劳动者的个人利益。要考虑各方面的需要和可能，经过反复计算，综合平衡，然后制定出来。国家计划不应当留缺口，地方计划不应当层层加码。计划外的生产和基建，要分别纳入各级计划。应当有直接的计划和间接的计划，两者结合，形成国家的统一计划。国家下达的指标要同企业的订货合同衔接起来，有效地解决目前存在的一定程度的产需脱节、供求失调的矛盾。

加强计划管理，可能遇到中央和地方、部门和部门、国家和企业之间的矛盾，在目前计划体制受到林彪、"四人帮"长期

---

① 马克思：《政治经济学批判大纲》第一分册，人民出版社1975年版，第112页。

干扰破坏的情况下更可能遇到这种情况。但是这些矛盾在统筹兼顾的原则下是可以解决的，而且必须解决。我们的计划工作一定要充分发挥地方的积极性，否则我们的计划就不能反映全国人民的需要，也不能充分生效。但是地方的积极性又必须服从于国家的整体利益。各省要求工业化，这是正确的，合理的，各省一定要因地制宜地把本省的工业发展到一个高水平，也一定要能生产最必要的日用工业品和支农产品。但是这并不是说各省都要建立一个独立的完整的工业体系。这在目前固然不可能，即使从长远说也不一定需要，因为各省的资源状况有很大不同，不因地制宜而要万事不求人，结果必然造成人力物力的巨大浪费，延缓全国实现四个现代化的时间。在发达的资本主义国家，美国各州的工农业发展就是各有重点，西欧各国也是有无相通，这并没有妨碍反而加速了它们的现代化。我们应当遵照毛泽东同志的教导，实行统筹兼顾，一切从八亿人口出发。如果不解决好中央和地方的矛盾，国家计划有缺口，地方层层加码，造成计划本身的脱节，计划外生产、计划外基建大量存在，那就不但不能加快实现四个现代化，不能提高经济管理水平和生产技术水平，而且必然使生产不能正常进行、基建长期不能完工投产、物资既短缺又积压、采购人员满天飞等等混乱浪费现象无法解决，必然给新生资产阶级分子造成冒险家的乐园。

有计划按比例地发展国民经济，要求切实搞好专业化和协作。这是现代化大生产发展的必然规律，是提高生产技术、提高劳动生产率、提高产品质量、节约动力和原材料消耗、降低成本的一个极为重要的途径。马克思说："一个民族的生产力发展的水平，最明显地表现在该民族分工的发展程度上。"①列宁说："技术进步必然引起生产的各部分的专业化"，"要把制造整个产品的某一部分的人类劳动的生产率提高，就必须使这部分的生产专业化"②。最近二三十年来，世界的科学技术日新月异地发展，专业化的分工更细，协作的规模更大。我们的经济要获得充分的发展，就要在国家统一计划下，真正搞好专业化分工和部门之间的、地区之间的、企业之间的协作。哪些适于专业化生产，哪些适于综合经营，某种专业化生产究竟是适于在省市范围内、大区范围内还是全国范围内进行，各个企业的原料、材料、燃料、动力以及备品、配件由谁供应比较经济，这些都需要经过反复平衡计算，并且在有计划按比例发展的条件下，才能得到合理的解决。例如，目前企业普遍存在的大而全、小而全的问题，在某种意义上说，也可以说是迫不得已的。如果不是在整个社会的范围内搞好专业化分工和广泛协作，就很难解决，甚至还会继续发展。只有按行业、按地区组织好各种备品、配件的专业化生产，确保供应；又组织好维修设备的专业公司，服务上门；同时，销售、运输、职工生活服务等等，也由社会的各种专业服务行业承担，才能解决。

其次是要遵守价值规律

价值规律是商品经济的普遍规律。它的基本点是每一商

---

① 马克思、恩格斯：《德意志意识形态》，《马克思恩格斯全集》第 3 卷，人民出版社 1960 年版，第 24 页。

② 列宁：《论所谓市场问题》，《列宁全集》第 1 卷，人民出版社 1955 年版，第 85、84 页。

品的价值都决定于生产它的社会必要劳动时间,商品的价格以价值为基础,商品按等价的原则进行交换。在社会主义条件下,商品生产和商品流通将继续长期存在,在我国还需要大大发展,价值规律在经济生活中仍然起不可缺少的作用。我们在制定和执行计划的过程中,一定要利用价值规律,反映价值规律的要求,一定要要求所有企业(包括国防工业)严格实行时间节约,不断争取劳动耗费、物资耗费(即所谓"物化劳动"的耗费)和经济效果的最优比例,严格进行经济核算,努力降低单位产品的成本,努力提高劳动生产率和资金利润率,否则就会给社会主义事业造成很大的损失和混乱。对于每一个企业和它的每一个劳动者,每一分钟都不允许浪费,否则就必须承担由此而产生的损失。不遵守客观存在的价值规律,也就不可能严格遵守有计划按比例规律(马克思说,"商品的价值规律决定社会在它所支配的全部劳动时间中能够用多少时间去生产每一种特殊商品"[①]。可见,有计划按比例规律和价值规律是不可分离的),而违反这些规律就不可避免地要遭到惩罚。

斯大林说:有商品生产的社会主义社会不能没有价值规律,这并不坏,"因为这种情况教导我们的经济工作人员不断地改进生产方法,降低生产成本,实行经济核算,并使企业能够赢利。这是很好的实践的学校,它促使我们的经济工作干部迅速成长,迅速变成现今发展阶段上社会主义生产的真正

---

① 马克思:《资本论》第一卷,《马克思恩格斯全集》第 23 卷,人民出版社1972 年版,第 394 页。

领导者"①。算账才能实行那个客观存在的价值法则。毛泽东同志说："这个法则是一个伟大的学校，只有利用它，才有可能教会我们的几千万干部和几万万人民，才有可能建设我们的社会主义和共产主义。否则一切都不可能。"②建国以来的将近三十年中，我们的广大干部和群众，坚持在这个伟大的学校里学习，确实是学到了相当的本领，做出了相当的贡献，这才保证了我国国民经济的发展。但是，林彪、"四人帮"的干扰破坏，使革命导师的指示无法执行，使我们的计划经济遭受严重损失。为了扭转林彪、"四人帮"给我们的经济造成的某些混乱状态，我们必须运用价值规律进行经济核算，通过记账、算账对创造出来的价值（生产部门）或实现的价值（流通部门）的计算，对生产或流通中物化劳动和活劳动消耗的计算，对经营成果的考核，来不断改善我们的社会主义经济管理。为了运用价值规律进行经济核算，我们必须使价格正确地反映价值。我们应当运用价值规律来制定我们的价格政策，使计划价格有利于合理调整国家、集体、个人三者利益间的关系，合理调整工人和农民之间的关系，使计划价格对社会生产起积极的调节作用。

　　计划第一，价格第二，这是说我们首先要根据社会的需要来制定计划，其次要为各种产品规定合理的价格，让这些价格为计划服务，而不是把两者割裂开来。价格是以价值为基础的，但又不会绝对和价值相等。价格定得比较好些，生产这种产品的单位的利润就会多些，反之就会少些，因而价格是我们

---

① 　斯大林：《苏联社会主义经济问题》，人民出版社1961年版，第15页。
② 　毛泽东：《对"关于五级干部会议情况的报告"的批语》（1959年3月30日）。

计划经济的一个重要工具。我们要善于运用这个工具。"四人帮"不让人讲利润，谁讲就对谁打棍子，当然谈不到运用价值规律把价格当作实现计划的工具。于是就出现这样的情况：社会上迫切需要的产品如生活上日用的陶瓷、铁锅一类东西，有关单位不那么愿意生产，因为收购价格低，不如工业陶瓷和铁管，这样就受到"利润挂帅"的责备。现在，"四人帮"打倒了，所谓"利润挂帅"的帽子没有人乱扣了，我们就应当把日用陶瓷、铁锅的价格适当提高一些，使价值规律发生作用的结果有利于计划的实现。斯大林说价值规律在社会主义制度下对生产不起调节作用，至多只能说有些影响，是说得过分了。马克思说，"在资本主义生产方式消灭以后，但社会生产依然存在的情况下，价值决定仍会在下述意义上起支配作用：劳动时间的调节和社会劳动在各类不同生产之间的分配，最后，与此有关的簿记（指会计核算等工作——引者），将比以前任何时候都更重要。"[1]这是马克思反复说明过的观点。可见价值规律对于社会主义制度下的生产并非没有调节作用。我们经济建设的实践也证明了这一点。在制定国家计划的同时，我们可以而且应当通过价格政策使价值规律起一定的调节生产的作用。

　　经济核算的制度在"四人帮"横行的那段时间里被破坏得很厉害。工人上班不上班一个样，干多干少一个样，干轻干重一个样，干好干坏一个样，这就是说对活劳动的消耗根本不计算、不监督。有些单位工人常年不劳动，照样拿工资；有些单

---

　　①　马克思：《资本论》第三卷，《马克思恩格斯全集》第 25 卷，人民出版社 1972 年版，第 963 页。

位临时工做工，正式工不做工、干私活或者游荡。这种状况现在已经有了相当大的改变，但是改变得还很不彻底。例如某一建设工程现场的几千名工人，长期间实际每天只工作五至五个半小时，每天少干一万个小时以上。这种不计算劳动的状况，不止是一个经济问题，而且是一个危害我国工人阶级劳动态度和革命品格的严重政治问题。难道我们还能够视若无睹，而不赶快大力解决吗？很多企业长期以来对物化劳动也不计算、不监督，原材料任意浪费，固定资金、流动资金占用不计多少。至于创造了多少价值，创造了多少利润，更是不讲。这种不计算、不监督的状态，是我们企业管理被搞乱了的一个根本原因。现在我们拨乱反正，就要运用价值规律，健全经济核算制度，通过各种实物指标和价值指标，通过严格实行按劳分配和把企业经营的好坏同每个职工的物质利益结合起来的办法，来改善经营管理，来为实现管理现代化创造一个必要的前提。没有这样的计算和监督，其他改善管理的一切措施都无从说起。在实行经济核算中要尽可能使实际生产出来的价值、消耗的活劳动和物化劳动的多少，准确地表现出来。说"尽可能"，是因为实际上不可能做到很准确，在这方面有许多难以克服的困难；但是尽可能还是应当做到的。

　　第三，保证国家、企业和个人利益的统一。

　　毛泽东同志说："国家和工厂，国家和工人，工厂和工人，国家和合作社，国家和农民，合作社和农民，都必须兼顾，不能只顾一头。"[1]国家、生产单位和生产者个人这种利益上的统

---

① 　毛泽东：《论十大关系》。

一,是社会主义制度所决定的,必须反映这种利益上的统一,是社会主义经济管理体制的根本规律之一。过去,在考虑管理体制问题时,往往是从国家内部的条块关系或中央和地方关系上考虑得多些,也就是在集权和分散的问题上考虑得多些。这种考虑当然是必要的,这是执行毛泽东同志关于正确处理好中央和地方关系的指示。但是从经济关系上保证国家、企业、个人的利益统一问题上考虑得比较少,这就没有充分执行毛泽东同志关于这个问题的全部指示。事实上,无论条块怎样分工,无论企业由谁管,都不能不首先从国家、企业、个人的经济关系去考虑问题。因为第一,社会主义经济的根本目的就是要提高人民(当然包括职工)的物质文化生活水平,不考虑职工的利益就违背了社会主义经济的根本目的;第二,职工和职工所属的企业是直接的生产者和生产的组织者,不首先考虑他们的利益就不可能保证生产的迅速发展;第三,无论中央国家机关或是地方国家机关,由于本身是不直接承担经济利害的行政机关,往往对企业的经济活动的迫切需要比较隔膜,因此,无论不适当地集权于中央或是不适当地分权于地方,结果常是同样地不利于经济建设的发展,所谓“一统就死,一分就乱”。关于这个问题,后面还要进一步讨论。

把国家和企业的关系处理好,对于加速实现四个现代化关系十分重大。国家和企业的关系处理得是否妥善,不仅关系到国家和企业的利益,而且直接关系到每个职工个人的利益。因为社会主义全民所有制的企业,是社会主义经济的基本单位,职工个人和国家的关系,同企业和国家的关系是密切联系在一起的。

　　处理国家和企业的关系，应当把执行国家统一计划作为基本前提。在这个前提之下，还必须考虑价值规律的要求。要在国家统一计划下，在经济上明确国家和企业双方面的经济责任。当前，应当考虑适当扩大企业的权限，以促进企业的领导和群众主动地关心企业经济活动的成果。过去在工业七十条中曾经规定，国家对企业要实行"五定"，企业对国家要实行"五保"。在工业三十条中，又重新提出了"五定"和考核企业的八项经济技术指标。这是一个十分重要的问题，应当进一步调查研究，把有关的规定完善起来。现在的八项指标中，没有固定资产占用指标，这不利于促进企业管好、用好投资，为国家创造更多的财富。在研究改进管理的时候，看来需要解决这个问题。[①]

　　"定"和"保"，体现了国家和企业双方的责任。一方面，企业进行正常生产所需的条件，要定下来，给以保证。如果保证

──────────

　　①　《工业七十条》指一九六一年九月十六日中共中央发布的《国营工业企业工作条例（草案）》。

　　"五定"和"五保"都是"工业七十条"中的规定。"五定"是国家对企业规定的生产要求和提供的生产条件，即〈1〉定产品方案和生产规模，〈2〉定人员和机构，〈3〉定主要的原料、材料、燃料、动力、工具的消耗定额和供应来源，〈4〉定固定资产和流动资金，〈5〉定协作关系。"五保"是企业对国家必须承担的责任，即〈1〉保证产品的品种、质量、数量，〈2〉保证不超过工资总额，〈3〉保证完成成本计划，并且力求降低成本，〈4〉保证完成上缴利润，〈5〉保证主要设备的使用期限。

　　"工业三十条"指一九七八年四月中共中央发表的《关于加快工业发展若干问题的决定（草案）》。

　　八项经济技术指标是"工业三十条"中规定的全面考核企业生产经营情况的指标，即〈1〉产量，〈2〉品种，〈3〉质量，〈4〉消耗，〈5〉劳动生产率，〈6〉成本，〈7〉利润，〈8〉流动资金占用。

不了,妨碍了企业生产的正常进行,国家和有关协作单位应负经济责任。另一方面,对企业应完成的任务也要有严格的规定。全面完成了任务,应当给企业一定的奖励,例如留给企业一部分基金,用于奖励先进的集体和个人、改善职工集体福利和进行扩大再生产。完不成任务,企业和个人也应承担一定的经济责任。列宁说:"各个托拉斯和企业建立在经济核算制基础上,正是为了要他们自己负责,而且是完全负责,使自己的企业不亏本。如果他们做不到这一点,我认为他们就应当受到审判,全体理事都应当受到长期剥夺自由(也许在相当时期后实行假释)和没收全部财产等等的惩罚。"①我们应当遵照列宁指示的原则,对企业的办好办坏、挣钱赔钱实行有奖有罚,赏罚分明。企业管理严重混乱,违法乱纪,造成大量亏损的,对负责的企业领导人应当实行法办,处刑罚款,另外组织新的领导班子去接管,不能让极端失职渎职的人逍遥法外。总之,要使企业经营得好,不但对国家有利,而且对全体职工和企业领导人也有利;企业经营得不好,对企业职工特别是企业领导人也不利。要把国家、集体、个人的利益直接地结合起来,使企业中的每个人都能从物质利益上关心国家计划的完成,关心企业经营的成果。

"四人帮"反对把个人利益和集体利益结合起来,根本否定个人利益。这是一种完全违反马克思列宁主义的假左真右的反动思潮。一切共产党人的根本宗旨,就是为大多数人谋

---

① 列宁:《给财政人民委员部》,《列宁全集》第35卷,人民出版社1959年版,第549页。

利益。如果共产党不能为大多数人谋利益，群众为什么需要共产党，为什么需要拥护共产党呢？大多数人的利益，当然既是集体利益，也是个人利益。列宁说："我们说，必须把国民经济的一切大部门建立在个人利益的关心上面。共同讨论，专人负责。由于不会实行这个原则，我们每一步都吃到苦头。"①事实上，我们不也是每一步都吃到苦头吗？所以毛泽东同志说得对："一切空话都是无用的，必须给人民以看得见的物质福利。"②

　　要处理好有关个人物质利益的问题，就要坚决贯彻各尽所能、按劳分配的原则。长时期的千百万群众的实践证明，在社会主义这个历史阶段，贯彻按劳分配，国民经济就上去，社会主义制度就进一步得到巩固和发展；不实行按劳分配，国民经济就上不去，社会主义制度就会受到损害。这是一条不以人们意志为转移的经济规律。如果按照这条规律办事，人们就得到它的奖励，如果违背这条规律办事，人们就会受到它的惩罚。根据劳动总局的统计，第一个五年计划期间，工业总产值每年平均递增百分之十八，全员劳动生产率每年平均递增百分之八点七，职工工资平均每年递增百分之七点四。在这期间，工业的增长百分之五十九是靠提高劳动生产率。相反，一九五八年以后，工资不能按时正常增长，劳动生产率也不能正常增长，结果工业的增长全部或大部是靠增加职工。如果

---

① 列宁：《新经济政策和政治教育局的任务》，《列宁全集》第33卷，人民出版社1957年版，第51页。

② 毛泽东：《经济问题与财政问题》，《毛泽东选集》，东北书店版，第876页。

维持劳动生产率每年增长百分之八点七的速度不变，一九七七年工业、基建、交通运输三方面工人的劳动生产率就应当是目前的三倍，就是说，职工总数可以减少三分之二。这个教训还不深刻吗？现在我们正在重新按这条规律办事，一定可以收到良好的效果，而且有些地方已经收到效果。李先念同志曾经指出，以前每当提高工资，做财政工作的同志常常顾虑财政收支会发生不平衡，而到年底结算的结果，国营企业利润的收入有增无减，"发财"的还是财政部。这是对我们二十多年实践经验的一个很好的总结。

无论如何，按经济规律办事，必须坚持政治挂帅的前提。按经济规律办事，决不是可以把政治放在次要地位，相反，必须坚持党的领导，坚持群众路线，才能正确解决执行过程中的种种问题，克服种种阻力。"四人帮"散布的种种流毒需要肃清；新生资产阶级分子的进攻需要粉碎；我们同志中间存在的某些习惯势力和各种错误倾向需要克服。例如，可能有人借口按照经济规律办事，搞经济主义，放松政治思想工作，或者借口实行政治挂帅，不关心群众疾苦，强迫命令，或者无论在什么借口下为非作歹，等等。所有这一切，都需要从加强党的领导，实现真正的无产阶级政治挂帅来解决，从长远利益、根本利益上统一大家的认识来解决。总之，无产阶级的政治挂帅和按照客观规律办事是统一的，不实行无产阶级政治挂帅，就不能坚持社会主义方向，坚定地执行党的路线、方针、政策，坚定地实现新时期的总任务；而马克思主义的政治挂帅，必须是符合经济规律的，否认和违背经济规律的主观主义的蛮干，必然造成经济损失和政治损失，也彻底违反无产阶级政治挂帅的根本原则。

三、扩大经济组织和经济手段的作用

社会主义制度要求全国的生产都能够有计划地进行，这就使社会主义国家比资本主义国家增加了计划机关和许多工业管理机关。这些机关是需要的，但是这些机关在全国各级的总和是否太大？把它们的许多经济行政工作交给一些经济组织用经济手段去处理是否更有效？这是必须认真考虑的问题。列宁在《国家与革命》一书中曾经设想无产阶级专政的国家机器可以非常简单，因为它在管理经济方面的工作"已经被资本主义简化到了极点"。现在我们发现，工作并没有简单到列宁所设想的那种程度。尽管如此，我们依靠纯粹行政方法进行工作的范围还是太大了，而且不必要地建立了许多臃肿而缺乏效率的机构，以至妨碍我们利用资本主义所已经给我们简化了的现成遗产，妨碍我们按照经济规律管理经济。

行政方法永远是需要的，一个经济组织的科学管理也表现为科学的行政。社会主义国家的经济管理部门完全能够掌握科学的管理方法，按照经济规律办事，并且使自己达到精简、统一、效能、节约、反对官僚主义的目的。但是经济管理主要地究竟不能依靠纯粹行政的方法。这是因为：第一，纯粹行政的方法往往把普通行政机关（它们既不承担经济责任，也不实行经济核算）的办事方法照样地搬用到经济生活中去，容易考虑行政的方便，要求经济活动机械地适应行政的系统、层次、区划，而不是努力去研究、适应、运用经济规律去管理经济工作。这就助长了企业中的大而全、小而全的结构，无偿调拨、无偿供应、无偿支付、不讲经济责任和经济核算的供给制管理，经济活动衙门化、官工化、官商化的经营方法，以及相信社会意志、政府意志、长官意志的万能，因而犯主观主义的瞎指挥的错误。第二，按照这种办法，行政机构有多少层次，涉及多少方面，经济管理也就有多少层次，涉及多少方面，很容易造成机构重叠，周转层次多，公文旅行周期长，问题长期拖延不决，极大地妨碍经济工作的效率，丧失经济活动的时机。第三，行政的结构，无论属于条条或块块，往往同产品供产销的结构和其他经济活动的客观需要不相适应。以行政区划代替经济区划，不但造成商品和物资流向混乱，库存太多，有时甚至荒谬地阻断合理的经济联系，造成人为的经济分割和经济封锁，阻碍商品流通和产品调拨，妨害经济的正常发展。第四，纯粹行政方法往往不能正确地及时地反映国家、企业、职工、用户四者的物质利益及其相互关系，也往往不能正确地及时地反映中央和地方、地方和地方之间的物质利益关系，这种状况要反映到行政领导方面并得到纠正，往往需要很长的时间。由于行政领导对于企业的盈亏不承担直接的经济责任，对于企业经营的是非好坏不敏感，没有强烈的关心，判断和决定难于迅速、正确、有效，因而容易对国家、企业、职工、用户造成损失。第五，依靠纯粹行政的方法，不利于发挥下级地方、企业和广大职工的积极性、主动性、创造性，使企业缺少应有的权限，使有事业心、进取心、革命干劲的企业领导人和广大职工往往感到有劲无处使，至少是不能充分有效地使出来，只能一切等待上级的安排和批示。这要产生多少有形的尤其是无形的损失！因此，这种依靠纯粹行政方法的管理应当缩小到十分必要的范围，而最大量的经济工作应当由政府行政的范围转入企业经营的范围。企业本身也要尽量缩小纯粹行政方法的管理，扩大依靠经济手段的管理。

为了扩大经济组织和经济手段的作用，需要进行一系列的经济改组和经济改革，解决一系列具体问题。这里只提出以下四个方面的建议。

1. 推广合同制

在我国的经济工作中曾经在许多范围内实行合同制，实践证明，这是一种比较有效的形式，应当大力推广。合同制通常是两个企业直接订立的合同，他们对经济利益的考虑比较周到，向对方提出的要求比较仔细切实，并且双方自愿，互相制约，一般不存在强迫命令，有缺点容易弥补，不用经过层层审批。在基层企业和基层企业之间，产供销之间，大公司和专业公司之间，大公司相互间，专业公司相互间，地方公司相互间，各种公司和基层企业之间，都可以实行合同办法，从而提高经济工作效率，保证经济活动的计划性，减少各级行政机关的负担。不但如此，我们还认为，在国家和企业（包括工业和农业企业，全民所有制和集体所有制企业）之间，以至在中央和地方、地方和地方、地方各级之间，企业和职工之间，都可以实行合同制。实行国家和企业之间的合同制，对于明确国家和企业双方的责任，提高企业的主动性、积极性，改变目前经济管理中的许多混乱状态，尤其能够发挥重要的作用。合同制要充分地和正确地发挥作用，仍然首先需要无产阶级政治挂帅，同时还需要许多其他经济条件的配合和保证，并非实行了合同制就可以什么问题自然解决,什么都顺利。但是采取这种形式,有利于加强国民经济的计划化,加快国民经济的发展;有利于发展生产的专业化和协作;有利于全面完成经济技术指标,首先是质量、品种指标和节约动力、燃料、原材料消耗指标;有利于发挥价值规律的作用,加强经济核算,提高劳动生产率和资金利润率;有利于大大克服官僚主义和浪费,大大发扬群众路线,大大提高经济管理水平,培养经济管理人才。这一切是确定无疑的。

2. 发展专业公司

中央《关于加快工业发展若干问题的决定》(草案)中提出:"组织专业化生产,是现代工业发展的必然趋势。大而全、小而全的万能厂,既造成很大的浪费,又严重阻碍生产技术的进步,阻碍劳动生产率的提高。"列宁说过:"在分散的企业联合为一个辛迪加时,就能大大节省,这是经济学告诉我们的,也是一切辛迪加、卡特尔、托拉斯的例子说明了的。"[1]发达资本主义国家的经验,说明了按行业、按地区组织专业化和协作,用专业公司这种组织形式(包括全国性的,地方性的,同一行业联合的,各有关行业联合的)把各个分散的企业组织起来,不仅是现代工业发展的必然趋势,也是高速度、高水平地发展工业的客观要求。在这方面,我们在六十年代初期已做过一些尝试,在中央工业、交通部门试办过十三个专业公司,在一些省、市也组织了一些,如上海的各种专业公司、浙江的

---

① 列宁:《大难临头,出路何在?》,《列宁选集》第3卷,人民出版社1972年版,第150页。

丝绸公司等。除了上海的以外，其他专业公司成立的时间较短，虽然由于经验不足，工作中有过这样那样的缺点、错误，对生产力的发展还是起了一定的促进作用。如一九六四年十月国务院批准冶金部成立的铝业公司，由于把原料、半成品、辅助原料的生产都统一组织到一个专业公司里，密切了上下工序的协作和联系；公司内部集中统一领导，又接近生产单位而减少层次，调度灵活，使生产有了很快的发展。铝业公司停办以后，一九六六年到一九七六年十年的产量增加很少，这十年国家投资却是一九六五、一九六六两年的五倍。其他专业公司成立前后也有类似的情况。过去有些专业公司工作中的缺点是没有照顾地方的利益，像烟草公司，曾把地方有关烟草的利润税收全部集中到烟草公司，对非传统产烟区的农民利益也很少考虑。这些问题在今后工作中不难解决。今后中央各部办的专业公司，要照顾到地方的利益；而各地办的专业公司，中央有关部门也要能管得着。

从小而全、大而全这种落后的生产组织形式，转移到按照专业化和协作组织起来的社会主义专业公司的轨道上来，是一场从经济基础到上层建筑领域的深刻变革，是一项政策性很强、牵涉面很广、繁重而又复杂的工作，要在调查研究的基础上，统一规划，认真试点，采取积极而又慎重的方针，有计划、有步骤地进行。

3. 加强银行的作用

列宁说："没有大银行，社会主义是不能实现的。大银行是我们实现社会主义**所必需的'国家机构'，我们可以……使它成为更巨大**、更民主、更包罗万象的机构。那时候量就会转化为质。统一而规模巨大无比的国家银行，连同它在各乡、各工厂中的办事处……这是全国性的**簿记机关**，全国性的产品的生产和分配的**计算机关**，这可以说是社会主义社会的**一种骨干**。"①解放以来，银行进行了多方面的工作，积累了丰富的经验。银行是全国的结算中心、信贷中心和出纳中心。在全国都有它的分支机构，国家的很多经济管理工作都可以通过银行来做，而且可以比用行政办法做得更灵活，更有效。企业的一切经营活动，银行都可以加以促进和监督。在文化大革命前，我们的国家银行，通过信贷和拨款对企业的活动进行了有效的促进和监督。那时银行向企业贷款有三个基本要求：（1）企业要有物质保证；（2）要有经上级批准而起法律作用的计划；（3）要保证按期偿还。这几条在当时执行得是比较好的。但是，近十几年来，在林彪、"四人帮"的干扰破坏下，这些好的做法被否定了。现在除了工资基金和一部分基建投资以外，其他对企业的作用还发挥得很少，这也是只依靠行政手段（例如由首长批条子）不依靠经济手段所造成的一种不良后果。为了迅速提高经济管理水平，克服很多工商业企业和基本建设单位的混乱状态，应当积极恢复和大力加强银行的作用。

4. 发展经济立法和经济司法

以上所说的实行合同制、发展专业公司、加强银行的作用，以及其他类似的办法，在执行过程中间都会遇到各种复杂

---

① 列宁：《布尔什维克能保持国家政权吗？》，《列宁选集》第 3 卷，人民出版社1972 年版，第 311 页。

的争论问题。要使这些问题得到迅速、公正、准确的解决，必须加强经济立法和经济司法工作，把国家、企业、职工的利益和各种利益关系，用法律形式体现出来，并且由司法机关按照法律办法处理。否则，这一切就不容易生效，还会退回到依靠单纯行政办法的老路。我们现在形式上虽有订货合同制度，但有不少合同不能履行或不能严格履行。即使被处罚款，不是列入成本，就是冲抵利润，对企业负责人和职工没有直接利害关系。我们发布了许多很好的条例、规定，但是它们往往不具备严格的法律形式，没有明确的法律效力。要使它们变成法律并且具有明确的法律效力，不仅需要进行郑重的经济立法，并在全国人民中间进行深入的宣传，还要有认真的严格的经济司法机关，对一切违反这些法律的企业和个人进行严肃的法律处理。

四、认真实行以农业为基础

国民经济的发展一定要以农业为基础，这是经济史上的一条根本经验。马克思继重农学派之后进一步论证了这个规律，毛泽东同志把它规定为我国社会主义建设的一项基本方针。实践证明，这个方针是完全正确的。我们国家的经济能否持久地稳定地高速度发展，根本上决定于农业能否高速度发展。十年规划规定一九八五年粮食产量要达到八千亿斤，这是一个关系全局的指标。现在中央决定加快实现四个现代化，保证加快农业的发展就有了更大迫切性。

粉碎"四人帮"以后，党中央和许多省的领导机关对农业提出了和采取了许多重要措施,使农业的形势逐步好转,得到了全国农民的热烈拥护。

当然,由于林彪特别是"四人帮"的干扰破坏,也由于我们工作中的缺点,农业的情况还是严重的。一九七七年全国平均每人占有的粮食,只相当于一九五五年的水平,就是说,粮食生产的增长只相当于人口的增长和工业等方面用粮的增长。为了改变农业的这种长期发展缓慢的状况,还必须作出一系列重大的决策,包括大力发展牧业和林业,大力发展社队工业和农工联合企业。这里只根据毛泽东同志和党中央的一些指示,提出两个关于调动农民积极性的原则问题。

第一,缩小工农业产品交换价格的剪刀差。

要在社会主义经济中运用价值规律,就必然要求工农业产品等价交换,消灭两者之间的剪刀差。毛泽东同志二十多年前就明确指示:"工农业品的交换,我们是采取缩小剪刀差,等价交换或者近乎等价交换的政策。"①李先念同志在农田基本建设会议上重申了中央这一早已确定了的方针,指出现在的任务就是要在深入调查研究的基础上提出实施方案。因此,缩小剪刀差是党的一项既定政策,问题只在于研究制定适当方案加以具体执行。

应当指出,建国二十几年来,农产品收购价格提高了一倍,而工业品零售价格只上升了百分之二十八。两者的差价是在逐步缩小,但是目前仍然偏大。剪刀差偏大,剪刀差缩小偏慢,当然要很大地挫伤农民发展生产的积极性。除了情况

---

① 毛泽东:《论十大关系》。

较好的地区以外，许多地区的农民辛苦一年，增产少增收，增产不增收，少数地区甚至还有增产反减收的情况。这有多方面的原因，但是剪刀差的存在是一个带普遍性的重要原因。这种状况不改变，就会妨碍农业迅速发展，妨碍农业现代化，妨碍落实农村政策的充分收效，不利于巩固工农联盟，不利于缩小工农、城乡差别，不利于以农业为基础。调整工农业产品比价，牵涉的方面很广很复杂，当然需要解决许多具体问题和政策问题，但是困难是可以克服的。绝大多数农民大幅度地减轻了负担，增加了收入，这就能够真正做到以农业为基础，就会对加速农业发展、农村发展和加速农业现代化发挥不可估量的作用，现在围绕着农村的很多似乎无法解决的困难都可为之一扫。否则，农业就很难摆脱二十多年来发展缓慢的局面，就会拖住加快四个现代化的后腿。很明显，一个现代化的富强的社会主义中国，是不可能在贫困落后的农村的基础上建设起来的。

第二，真正承认农民的集体所有制，承认生产队的自主权。

毛泽东同志在一九五九年三月第二次郑州会议上曾尖锐地批判无偿占有农民和生产队劳动成果的错误。毛泽东同志一九六一年亲自主持制定的农村人民公社工作条例修正草案（六十条）中，再一次强调要保障生产队的经营自主权。当时的草案是以生产大队为基本核算单位，后来改为以生产队为基本核算单位，生产队的自主权当然就应当更加扩大了。但是由于林彪、"四人帮"的干扰破坏，这个问题在近十多年来仍然没有解决，就是说，相当一部分地方，农民的集体所有制实际上没有得到保障和承认，至于没有得到完全保障和承认的地方就更多。哪里不实行民主办社，民主种田，那里就是实际上不承认农民的集体所有制，就是实际上不承认涉及七亿集体农民的社会主义经济制度和社会主义政治制度。为什么在全国广大地区会发生像湘乡县那样任意增加生产队负担的情况呢？为什么在旬邑县和其他许多县会发生侵犯农民人身权利的情况呢？为什么某些领导机关可以随便下命令把农民种的作物一概拔掉、铲掉，改种其他作物，而不承担由此造成的损失的法律和经济责任呢？为什么某些领导机关可以不经过农民群众的讨论决定就下命令要一个县或一个县以上的人民公社基本核算单位实行过渡，取消社员的这种权利、那种权利呢？这说明，在不少同志心目中，实际上并不存在什么农民的集体所有制，并不存在生产队、生产大队和人民公社的自主权，并不存在人民公社的各项基本制度。社队各级的集体经济权益，以至社员的个体财产、人身权利，都可以由上面、由某一个或几个领导者包括社队干部个人自由处置，而人民公社的各级机构和社员代表大会、社员大会一概可以置之不理。党中央坚决纠正了这种错误，这完全反映了广大农民的心愿。但是为了彻底解决这个问题，不但需要党的政策，而且需要国家的明确无误、坚定不移的制度。宪法已经规定了国家保障社会主义劳动群众集体所有制经济的巩固和发展，规定了社会主义公共财产不可侵犯，人民公社社员可以经营少量的自留地和家庭副业，这都很好，但是还不够，因而还是有人可以泰然自若地加以破坏。这就表明，为了彻底解决这个问题，还需要专门的法律和法院，需要对任何敢于违犯这一法律的人严格依法惩处。

为了保障人民公社的集体所有制，国家（除了法律规定的范围以外）、一切企业、机关、部队对于社队的经济关系，社队和社队，公社、大队和生产队，社队和社员之间的经济关系，都应当实行合同制，合同都应当按照一定的程序民主通过。在合同规定的范围以外的要求，社队和社员有权拒绝，违反合同而使社队和社员遭受损失，社队和社员有权取得赔偿。这样才能有真正的集体所有制。在这样的基础上，农民才会感觉到自己是自己命运的主人，是生产队、生产大队、公社和国家的主人，才会真正积极地大胆地发展农业生产，建设社会主义的现代化农村。这样决不会削弱而只会加强党和国家对农民的领导，决不会妨碍而只会保证条件确实成熟的过渡。

为了加快农业生产的发展，加快实现农业现代化，还需要在农村发展各项农业专业化的技术和生产，在农村按照国家计划发展农作物加工工业和其他工业，发展林牧渔业，发展农村教育文化，大大提高全体农民特别是青年农民的科学技术水平。这一切，在提高农民收入、保障社队自主权和民主管理的前提下，都不难逐步实现。

为了调动农民生产积极性，当然还要充分实现按劳分配、多劳多得的社会主义原则，实行民主办社、经济公开的原则，还要充分执行中央有关农村工作的各项政策和指示。这里暂不一一论列。

五、加强经济学的普及和提高

恩格斯说:无产阶级政党的"全部理论内容是从研究政治经济学产生的"[①]。经济学是研究经济规律的科学,为了按照客观经济规律办事,不能不大力加强经济学的普及和提高。我们正在用中国历史上空前的规模和速度来发展社会主义经济建设,实现社会主义的四个现代化。这就需要大大扩大我国经济学研究的队伍,因为要研究的经济问题实在是很多很多,而且很多都要做细致的定量的研究,除了各单位正在进行的大量工作外,还需要有许多专业的经济学研究机构(包括大学里的研究力量)来做国家机关的助手。目前经济研究队伍的力量实在太薄弱了。

我们的经济研究工作要研究许多重大的理论问题,也要研究许多重大的实际问题。要研究总结中国的建设经验,也要研究外国的经验。经济科学同其他科学一样,现在正在发展许多新的学科;我们现在面临的许多重大复杂问题,例如编制计划和计划管理体制问题,调整工资问题,调整价格问题,扩大对外贸易和引进项目的技术和财政问题,要得到准确的定量的答案,就需要利用这些新的学科。但是我们现在还没有或很少这方面的人才。为了在各部门按经济规律管理经济,在各个企业进行经济核算,各个大的企业和经济领导机关

---

① 恩格斯:《卡尔·马克思的〈政治经济学批判〉》(1859年8月),《马克思恩格斯选集》第2卷,人民出版社1972年版,第116页。

有必要逐步普遍设立经济师或经济工程师，在县，公社，大的农场，也应当逐步设立，专职兼职都可以。没有人才，要培训。只有在提高和普及相结合的情况下，经济学才能迅速发展，才能帮助我们在党中央领导下，把我们的经济管理水平大大提高一步，赶超世界先进水平。

关于社会主义时期
阶级斗争的一些提法问题

（一九七九年一月三日在中共中央
宣传部的一次碰头会上的讲话摘要）

现在，思想理论工作正处在一个重要的历史时期。由于林彪、"四人帮"的长期干扰，有些旧的说法需要继续清理。我们应当有足够的理论上的勇气，敢于提出问题，解决问题。要有远见，能够看到我们所处的历史条件将向着什么方向发展，使我们的思想理论工作，适合于历史发展的需要。对有些重大的理论问题的提法，要继续进行讨论和研究，弄清楚它们的客观意义和科学涵义。

比如，"无产阶级专政下继续革命"这个口号，究竟是什么含义，它的科学根据是什么，继续使用好不好，就值得重新研究。这不仅是一个理论问题，而且是一个现实问题。这个口号本来不是毛主席提出的，而是"四人帮"一伙提出的。它公开见之于文字，最早是在一九六七年两报一刊编辑部写的《沿着十月社会主义革命开辟的道路前进》一文中。后来康生把它写到了"九大"政治报告中，他在向中直机关干部传达"九大"精神时，又作了发挥。这个口号提出以来，报刊上发表过不少文章，但始终没有严格推敲，把它的科学含义和根据讲清楚。列宁指出："一切革命的根本问题是国家政权问题。"通常讲的政治革命，总是指推翻一个统治阶级，夺取政权。这个口号是在"文化大革命"高潮中提出来的，它是同当时的实践即"夺走资派的权"的实践联系在一起的，与后来的"老干部＝民主派＝走资派"的反动公式也有重要关系。林彪、"四人帮"一伙，利用这个口号，竭力混淆革命和反革命的界限，制造了一整套向无产阶级全面夺权的理论。粉碎"四人帮"以后，对这个口号还作过一些宣传。但是究竟它的含义是什么仍然是一个问题。它与如何估计目前和今后的阶级斗争有关，也与如何解释正确处理人民内部矛盾的理论有关。按照正确处理人民内部矛盾的理论，阶级斗争（无论是否属于人民内部矛盾）是完全可以正确处理的，这种正确处理是否要叫做"继续革命"？今后，这种含义不清的口号，在现实生活中仍然可能成为不安定的因素。讲清楚这个问题，对党的理论和实践，对中国革命和国际共产主义运动，都有重要的意义。至于采取什么形式讲清楚，那需要考虑，至少在一段时间内不要在报刊上讲。

对于社会主义时期阶级斗争的形式和作用的认识，也是很迫切需要解决的重要理论问题。毛主席在八届十中全会说："在社会主义这个历史阶段中，还存在着阶级、阶级矛盾和阶级斗争，存在着社会主义同资本主义两条道路的斗争，存在着资本主义复辟的危险性。"这个提法后来被林彪、"四人帮"一伙歪曲和篡改了。康生主持修改的"九大"党章总纲也采用了这个说法，说，在社会主义社会"这个历史阶段中，始终存在着阶级、阶级矛盾和阶级斗争"。毛主席没有说过"始终"这两个字,这两个字是康生加的。加上这两个字,就把毛主席的话搞得面目全非,在逻辑上也讲不通。列宁说:"社会主义就是消灭阶级"。如果说在社会主义社会,阶级和阶级斗争始终存在,那怎么消灭阶级,怎么进入共产主义?那岂不等于说,社会主义永远不是社会主义,或永远不能实现消灭阶级的社会主义?这种"始终存在"的错误提法,迫切需要纠正,也很容易纠正。但是也要经过中央正式决定,采取一定的手续才好把它正式纠正过来。

在社会主义社会,阶级斗争在什么范围、什么条件下存在?它是不是社会主义社会发展的动力,或者能不能始终作为动力?它对社会前进究竟起什么作用?生产斗争、科学实验是不是也推动社会前进?生产斗争与阶级斗争的关系如何?这些问题,都需要重新进行认真的实事求是的科学探讨。

又比如,"以阶级斗争为纲",应当怎样理解?这个提法,要看在什么意义上、在什么范围内讲才有意义。不讲清楚就会引起思想上和实际工作中的混乱。人们会认为,只要还有残余形态的阶级斗争,这种斗争就还是社会前进的动力。这样势必造成阶级斗争的人为的扩大化。而且,照这样推论,社会一旦消灭了阶级,失掉了以阶级斗争为纲的根据,社会发展就似乎没有纲、没有动力,或者忽然有别的矛盾起而代之,成为纲和动力了。这是牵涉到历史唯物主义的根本问题,一定要给予科学的解释。

毛主席在七届二中全会提出,无产阶级和资产阶级的矛盾,已经成为国内的主要矛盾。但是在社会主义改造基本完成以后,这一矛盾是否仍然是主要矛盾?《关于正确处理人民内部矛盾的问题》并没有这样说,而是以生产力和生产关系的矛盾为社会主义社会的基本矛盾。一九六六年以后,林彪、"四人帮"借口抓主要矛盾、抓纲,来反对社会主义建设,反对把党的工作重心转移到实现四个现代化上面来。在这个问题上的混乱,现在不能再继续下去了。

　　与阶级斗争相联系的一个问题,是党的发展问题,党的历史问题。党内斗争,是否都是社会阶级斗争的反映,都是路线斗争? 党的历史是否只是路线斗争的历史?《人民日报》已经发表了这方面的文章,这个问题提得很重要。党内存在路线斗争,这是事实。但是,党的历史不等于就是路线斗争的历史。如果任何斗争都是路线斗争,那么,党内就几乎天天存在路线斗争。党内斗争的情况很复杂,是否一定要把某几次斗争指定为路线斗争,并且一定要一次一次地排列起来? 这样是不是把复杂的现象简单化,并且会不会产生许多牵强附会的说法? 很长时间以来在一些同志中间形成这么一种心理,似乎党内的任何斗争不提到路线斗争的高度上来,就没有重要意义,就像吃饭没有吃饱似的,总不过瘾。这种考虑问题的习惯是一定历史阶段形成的,对党内生活的影响是严重的,因为大家认为,谁犯了路线错误,这个人就一切都错了,就宣布了政治上的死刑,在相当时间内同反革命差不多,因而造成党内生活的紧张状态和不正常状态。这种简单化的提法对党的发展究竟有没有必要,究竟是否有利,究竟是否合乎实际,当然也要根据实践是检验真理的唯一标准的原则,加以科学的探讨,否则会搞得不能自圆其说。马克思、恩格斯、列宁一生都进行过不少的党内斗争，但是他们并没有说进行过多少次路线斗争，别人也没有这样说过，因为没有必要这样来归类和计数。把党内一切复杂的斗争都简单化成为一定的刻板的模式，我们以后有没有必要继续这样做？

总之，需要重新研究和探讨的问题还有许多。我们一定要把马列主义、毛泽东思想搞准确，维护它的严整的科学思想体系。这对我们实现新时期的总任务，是十分必要的。

以上只是我个人的一些看法，提出来仅供同志们参考，不对的地方请大家批评指正。

坚持社会主义道路

（一九八一年四月十六日同中共中央
书记处研究室部分同志的谈话）

坚持四项基本原则，是我们一向的主张。在粉碎"四人帮"以后、三中全会以后重新提出这个问题，有很大的意义。这同时给我们党的理论工作者、宣传工作者带来一个很大的任务。我们要理直气壮地、有说服力地宣传坚持四项基本原则。这虽然是老问题，但是由于历史的情况发生了很大的变化，大家的思想跟着发生变化。四项基本原则的每一项都包含很多争论的问题，或者可以争论的问题，或者需要联系实际加以澄清的问题。要解决或澄清这些问题，需要作一些科学的研究，有些问题还需要作艰苦的研究。

对于那些违反四项基本原则的错误思想，应该批判，但这仅是工作的一个方面。我们的主要任务还是要把四项基本原则所涉及到的一些新的具体的问题，在研究的基础上来进行宣传。这方面的工作做得太少，批评也就难于收效。今天书记处研究室召开这样的座谈会，还有其他一些单位参加。这个问题需要大家共同研究解决，我也有责任来参加。

中国共产党在中华人民共和国成立以后的历史，总的说来，是我们党在马克思列宁主义、毛泽东思想指导下，领导全国各族人民进行社会主义革命和社会主义建设并取得巨大成就的历史。坚持社会主义道路，是四项原则中的一项，也是《关于建国以来党的若干历史问题的决议》贯穿始终的基本思想。我今天主要谈谈这个问题。我不是宣读什么论文，只是提出一些问题和题目，附加了一些想法，希望和在座的同志共同研究。

　　什么是社会主义？从一些方面来说我们是清楚的，从另外一些方面来说，由于社会主义本身是发展的，有些问题需要随着历史的前进不断探索。社会主义包括好几方面的意思。一方面，今天世界上有各种社会主义的流派，或者是学术上的流派，或者是实践上的不同的模式、样式。再一方面，社会主义这个词的含义，在历史上本来就有各种不同的理解，同一个人在不同的地方也有不同的说法。

　　从最简单的理解说起，社会主义是共产主义的第一阶段。那就发生一个问题，这个所谓第一阶段，是不是就是马克思的《哥达纲领批判》、列宁的《国家与革命》中的解释？马克思只说共产主义的第一阶段，并没有用社会主义这个名词。《哥达纲领批判》提出，实现共产主义要经过两个阶段，一个是按劳分配，一个是按需分配。这是非常伟大的思想。按劳分配，已经在实践中得到了证实。但是不能把马克思在《哥达纲领批判》中根据对未来社会的设想所作的描写当作定义。本来，马克思也没有把它当作定义来叙述。按照《哥达纲领批判》所说的，就应该在共产主义第一阶段即社会主义社会消灭商品生产、消灭货币。这时虽然实行按劳分配，但不采取货币的形式,劳动者生产出来的产品也不是商品。马克思和恩格斯在他们一生的各个时期,关于社会主义或者共产主义的开端,有过各种各样的设想。把这些设想排列一下,就可以发现说法是不相同的。《哥达纲领批判》写得晚一些,也不是为了解决关于共产主义的发展问题而专门写的著作。

马克思、恩格斯多次表示,他们对于共产主义究竟应该怎样实现这种具体的问题,不愿意去更多地预言。这个问题要通过实践来解决。应该说,实践修改了他们的一些设想。苏联十月革命以后,曾经试图在某种程度上实行这些设想,但都没有成功。列宁的一些著作谈到过这种情况。后来还有一些党曾经试图进行这种试验,也失败了。所以就发生一个问题,要作出一个选择。有人认为没有达到《哥达纲领批判》所提出的设想的社会,就不是社会主义社会,只能说是一种过渡时期。按照这种看法,这个过渡时期会很长,长到现在我们还不能说到底有多长。这就使社会主义在群众中变成一种遥遥无期、难以预料的理想。这里还有其他经济学上的问题,就不去详细说它了。如果仅仅因为马克思在《哥达纲领批判》里讲过的什么话,就作这种选择,而把国际范围内不是一个国家而是许多国家的工人运动和社会主义实践忽略了,显然是不妥当的。这不是马克思主义的方法。马克思主义的方法就是要从实际出发。《哥达纲领批判》虽然涉及到社会主义问题,但并没有作进一步的详尽的论述。马克思当时认为社会主义是在资本主义有了充分发展的条件下实现的,所以他假定这个时候不需要商品生产,不需要货币,并且假定阶级已经消灭。马克思并不认为无产阶级革命在某个国家或某些国家胜利以后，马上可以做到这一步。马克思、恩格斯从来没有作过这样的设想，因为除了一些特殊的例外，多数欧洲国家存在农民，恩格斯曾明确宣布要等待农民的觉悟，不能对他们实行剥夺。因此，马克思和恩格斯在《哥达纲领批判》中和其他一些场合谈到社会主义问题时，并不都是进行严格科学的讨论，而是进行一种推测和设想。其中当然包括伟大的真理。后来的实践表明，社会主义社会还是需要商品、货币，工人阶级、农民阶级，至少这两个阶级，至少在绝大多数国家，在相当长的时期里是存在的。这样一种社会基本上消灭了生产资料私有制，基本上实行按劳分配的制度，当然还有其他条件，我们承认不承认是社会主义？自从苏联放弃军事共产主义以来，到现在已经有了六十年左右的历史。这不只是某一个国家而是所有实行社会主义制度的国家都存在的一种国际现象，是一种有长期历史的、国际范围的实践活动。如果认为这些国家都还处在逐步过渡到社会主义的过渡时期，甚至还在这个过渡时期的开始阶段，或者如个别人所说还不能开始这个过渡，就很难得到已经建立社会主义制度的国家的劳动人民的理解。如果不能把它们叫做社会主义，就意味着我们只能照搬马克思、恩格斯的某些著作的某些词句，而可以不顾社会实践的发展，这样一来，马克思主义就不能发展了。这种思想方法也根本不能称为马克思主义。

国务院研究室一九七八年写过一篇题为《贯彻执行按劳分配的社会主义原则》的文章，里边说过，马克思在《哥达纲领批判》中设想的共产主义第一阶段即社会主义阶段，虽然已经消灭阶级、商品、货币，可是还要实行按劳分配。这是为了论证按劳分配的社会主义性质,并没有认为只有符合马克思设想的各种条件才能叫社会主义。马克思和恩格斯在《德意志意识形态》一书中还曾经设想:"共产主义只有作为占统治地位的各民族'立即'同时发生的行动才可能是经验的"。这种设想他们曾经保持一个时期。事实上,社会主义运动的实践不仅在这些问题上,而且在其他一些问题上,同马克思、恩格斯无论是早期的或晚期的设想,在不少方面都不一样或者不完全一样。这是历史和认识的必然发展。

社会主义运动和马克思主义思想的发展,是互相联系的。科学社会主义运动,不能离开马克思主义基本原则。可是科学社会主义决不能一字不差地按照马克思主义经典著作的论述去实现。否则,就不是实践中的社会主义,而仍然只是一种设想了。马克思本人从来不赞成这样做,也坚决反对这种态度。马克思主义不是教条而是行动的指南。马克思很早就说过,我们不是以空论家的姿态,手中拿了一套现成的新原理向世界喝道:真理在这里,向它跪拜吧!我们是从世界本身的原理中为世界开发新原理。我们给世界一个真正的斗争口号。如果马克思主义不随着社会主义运动的发展而发展的话,那么马克思主义的理论就有脱离实际的危险,僵化的危险。所以科学社会主义的实践离不开马克思主义,马克思主义离不开科学社会主义的实践。马克思主义理论需要不断地总结科学社会主义运动的经验,不断补充、修改,个别原理要修改,更不要说具体提法了。如果不根据实践作这样的修改,就不能成为一个忠实的马克思主义者。

基本原理与对基本原理的表述是有区别的。基本原理的表述,在马克思、恩格斯著作中常常会有互相不统一、不一致的情况。现在在社会上相当范围里流行的一种说法,就是认为革命只能在生产力发展到某种程度必须要冲破生产关系的外壳时,才能发生,尤其是社会主义革命,更要具备这个条件。当然,社会主义革命,如果没有工人阶级,没有资本主义的工业,是难以想象的。但是,马克思、恩格斯从事共产主义运动的时候,并没有把他们的斗争用这样一个公式限制起来。比如恩格斯在《共产主义原理》中回答能不能一下子就把私有制废除这个问题的时候就说:"不,不能,正像不能一下子就把现有的生产力扩大到为建立公有经济所必要的程度一样。因此,征象显著即将来临的无产阶级革命,只能逐步改造现社会,并且只有在废除私有制所必需的大量生产资料创造出来之后才能废除私有制。"关于革命的进程,恩格斯说:"首先无产阶级革命将建立民主制度,从而直接或间接地建立无产阶级的政治统治。在英国可以直接建立这种统治,因为那里的无产者现在已占人民的大多数,在法国和德国可以间接建立这种统治,因为这两个国家的大多数人民不仅是无产者而且还有小农和城市小资产者,小农和小资产者正处在分化为无产阶级的过渡阶段,他们的一切政治利益的实现都愈来愈依赖无产阶级,因而他们一定很快就会同意无产阶级的要求。为此可能还需要新的斗争,但是,这次斗争必定以无产阶级的胜利而告终。"他又说:"假如无产阶级不能立即利用民主来实行直接侵犯私有制和保证无产阶级生存的各种措施,那么,这种民主对于无产阶级就会毫无用处。"恩格斯列举了十二条最主要的措施以后接着写道:"自然,所有这一切措施不能一下子都实行起来，但是它们将一个跟着一个实行。只要向私有制一发起猛烈的进攻，无产阶级就要被迫继续向前迈进，把全部资本、全部农业、全部工业、全部运输业和整个交换都愈来愈多地集中到国家手里。上述一切措施都是为了这一个目的。无产阶级的劳动将使国内生产力日益增长，随着这种增长，这些措施实现的可能性和由此而来的集中化程度也将相应地增长。最后，当全部资本、全部生产和全部交换都集中在人民手里的时候，私有制将自行灭亡，金钱将变成无用之物，生产增加了，人也改变了，那时，旧社会的各种关系的最后形式也才会消失。"

马克思、恩格斯都没有设想过一种纯粹的无产阶级革命、纯粹的社会主义社会，像我们现在有些人说的那样。革命是个实践的过程，它不是主观愿望的产物。这个问题也是马克思、恩格斯多次说过的。就在巴黎公社产生的年代，巴黎公社的积极分子，真正的工业无产者也并不多。卢利耶的《巴黎公社活动家传略》收了十二个人的传略，其中有八个法国人。八个人中，有硕士、学士、中学教师、文书、会计，只有三个工人，还是手工作坊的工人。这也不表明法国资本主义的发展在欧洲高于其他的国家，比如高于英国。革命是由各种历史条件促成的。马克思在《资本论》里这样说过：随着生产力的发展，"生产资料的集中和劳动的社会化，达到了同它们的资本主义外壳不能相容的地步。这个外壳就要炸毁了。资本主义私有制的丧钟就要响了。剥夺者就要被剥夺了"。这是把革命过程抽象化来加以论述的。如果说资本主义只有发展到那么成熟才能有无产阶级革命的话，那么《共产党宣言》就不大能解释了。《共产党宣言》出世的时候，资本主义还在发展，甚至还不是发展的后期。《共产党宣言》说，共产党把自己的主要注意力集中在德国，因为德国正处在资产阶级革命的前夜。革命在哪个国家爆发，历史证明并没有像《共产党宣言》说的那样。不能把革命过程设想成为一种纯粹的经济过程。经济发展到生产关系和生产力的矛盾不能解决，因此就发生了革命，历史唯物主义是这样观察历史上的革命的。但是，革命不仅仅是这么一回事情。如果仅仅是这样，那么历史上有很多事情就很难以解释。革命还包含着，各种政治势力发展到一种条件，这种条件使要夺取政权的力量处于一种有利的地位，然后，他们就行动起来。列宁就这样解释过俄国革命。俄国革命实际上也是这样发生的，这样胜利的。马克思那样热烈地赞扬过巴黎公社，但是巴黎公社并没有能够成功。它的失败，除了政治原因以外，当然还可以指出，当时法国资本主义还没有达到不能存在下去的程度。可是马克思并没有说巴黎公社根本是错误的，只能破坏生产力，象现在有些文章引用马克思的几句话，对比欧洲历史上发生的革命伟大得多的中国革命肆意加以诋毁一样。中国是不是没有工业无产阶级？有，比巴黎公社时候的法国无产阶级成熟得多。关于中国工业无产阶级在中国革命中的地位，我们党很早就给予了高度的注意，毛泽东同志很早就有过精辟的论述。领导中国革命的共产党，是马克思主义的政党。而在巴黎公社的领导人中间，差不多没有马克思主义者。

　　对马克思主义革命理论的这种片面的了解，实在是离开马克思主义立场太远了。中国共产党是在中国革命运动已经开始,工人阶级已经产生并且登上政治舞台的条件下成立的。中国共产党从成立开始,就用很大的力量投入工人运动,以后才在一部分地区进行了农民运动,在北伐战争中农民运动才得到很大的发展。大革命失败以后,中国共产党把注意的中心、斗争的中心由城市转到农村,这是被迫的。不是因为党中央由上海迁到江西这种情况造成的,而是被国民党逼迫,不得不采取这条道路。如果说不这样做,请问还有什么别的道路呢?为什么过去革命历史上发生了所谓托陈取消派的理论呢?托洛茨基派今天还在活动,在世界上别的地方活动,还企图在中国重新恢复活动。所以这个问题,我们不能不弄清楚:在大革命失败以后,是中国共产党正确,还是托洛茨基派正确?托派就认为,资产阶级已经胜利了,现在应该努力实现资产阶级共和国,等到遥远将来的什么时机再重新革命。中国共产党彻底批判了这种"理论",并且把他们开除出党。托洛茨基分子,陈独秀分子,统称为取消派分子。所谓取消派,就是说革命应该取消,不能革命,革命已经失败,应该转入改良,只进行合法斗争。中国共产党被迫地退到农村,领导了不但在中国历史上而且是世界历史上没有前例的革命的农民运动,革命的农民战争。这同中国历史上的农民战争绝对不能相提并论。历史上的农民战争,从我们现在接触到的资料来看,究竟有没有哪一次真正实现了把地主的土地分配给农民呢?当然也有些零星地分配土地的,但很难作出一个准确的推论,说实行过这种运动。只有无产阶级政党才领导进行过这种土地革命,才建立起有铁的纪律和大无畏的牺牲精神的人民军队。这种纪律的严明程度不但为历史上农民起义的队伍不能比拟，而且远远超过了世界上的任何军队。中国的人民军队与农民建立起了亲密无间的关系，所以能够取得那么辉煌的胜利，即使在失败的情况下也避免了完全失败，最后还是转败为胜。像这样一种情况，是历代农民战争中所不可能出现的。这使我们能够战胜外部和内部的那么强大的敌人，那么严重的困难。如果不是无产阶级政党，马克思主义政党，这是能够做到的吗？是能够想象的吗？我们建国以后所遇到的情况与恩格斯《共产主义原理》的设想，基本上是相符的。我们的想法和做法，也同列宁在十月革命以前、特别是革命以后多次说过的道理很接近。最近，我看到毛泽东同志一九五六年一月在最高国务会议第六次会议上的讲话，其中说："公私合营走得很快，这是没有预料到的，谁预料得到？现在又没有孔明，意料不到那么快。去年李烛老在怀仁堂讲高潮，我那个时候还泼了一点冷水。我说，你那样搞太厉害，你要求太急了。又对他讲，要瓜熟蒂落、水到渠成，要有秩序、有步骤地来，不要搞乱了。"我们确实很需要写出一部很好的、很详细的一九四九年到一九五六年的历史。现在有些文章散布一种议论，好像对资本主义工商业的改造是一两个人搞的，就是毛泽东同志脑子发热，原来说十五年，不到五年，一下子就把国家资本主义这个阶段抛弃了。这些人把国家资本主义或者说他们脑子里的国家资本主义，想象得那么美好，甚至于得出这样的结论，认为把资本主义改造成为社会主义，不但不是一个非常大的进步，反而是一个非常大的倒退。

周而复同志的长篇小说《上海的早晨》，我只看了前两卷。小说反映的是事实，那不是他自己造出来的。他当时做组织工作,有条件写这种内容的小说。大家可以看一看,究竟当时资本家的工厂,是怎么样一种情况,怎么样依赖国家的援助,又对国家的利益进行破坏,工厂设备怎么样陈旧,对工人的剥削怎么样残酷。这些私人工厂工人的生活,跟国营工厂工人是完全两样的。所以资本主义工商业的改造发展得那么快,我认为不能说成是毛泽东同志的急躁冒进。它比提出总路线时设想的十五年是快了,可是它为什么快? 这个问题需要具体研究,不能够无根据地说毛泽东同志冲昏头脑,把好端端的一个国家资本主义阶段跨越过去了。这样提出问题的同志,我想,他们并没有研究这段历史。农业合作化及对手工业和个体商业的改造,一九五五年夏季以后确实有搞得快了一些、粗了一些、形式也过于简单划一的毛病。至于资本主义工商业的改造进行得那样快,有多方面的原因,我们不能不作具体分析,就武断地宣布这是什么错误。国家资本主义,列宁曾经给予很高的评价,那么,在俄国,国家资本主义为什么没有能够得到发展? 这也是需要研究的。这是一种设想。并不是一种设想一经提出就一定能够实现。一种设想提出以后没有能够实现,并不一定因此就可以断定,这是主观指导上面的错误。可以有各种各样的设想。设想是一件事,把设想变成现实,而且变成一个长时间的现实,又是一件事,后者比前者要复杂得多。如果不进行科学的历史的研究,就根据那个时候曾经怎么说的,后来没有那么做,去作这样那样的推论,这是很危险的。这当然不是一种马克思主义的思想方法。就是说,不能认为建国以后的社会主义改造是无中生有,是人为的,把社会主义工业、社会主义农业在发展过程当中出现的各种各样的缺点、错误,统统归结到本来不该搞社会主义改造。孟子说过先学养子而后嫁的话。我们现在当然可以也应该先学养子(包括妊娠知识、孕期卫生、产前检查、产科知识、育儿知识、计划生育、优生学等等)而后嫁,这对新婚夫妇和儿童都有好处。但不能要求在结婚之前先设想把生孩子的时间安排得完全准确,生出来的孩子各方面都是健康的,合乎理想的,并且生下来以后对待孩子的各种措施都是完满无缺的,这样才能结婚。我看这样的夫妇,可以作为一种理想。这种理想如果能实现我也拥护,但究竟能不能实现,却不能由主观愿望来决定。我们不应该因为中国社会主义事业遇到了一些困难和挫折,就不去冷静地根据事实来分析它的原因,而竟想来一个荒谬的、反历史的、反动的武断:这个社会主义改造根本就是错误的,改造的结果也不是社会主义。历史已经把这么一个人口多、国土大、情况复杂、又比较落后的国家,推到社会主义的道路上来。推到这个轨道上以后,不可避免地要遇到各种各样的困难。我们应该使得挫折少一些,小一些,时间短一些。我们绝不能走到这样一条路上去,就是诅骂这个革命,像现在极个别的文学艺术作品所表现的那样。有些作者程度不同地流露出这么一种情绪,这是很错误、很危险的。我们马克思主义者应该如实地承认,我国社会主义制度的建立是合乎历史需要和历史发展规律的。马克思和恩格斯没有想象过,社会主义在西欧还没有实现的时候,就在东方实现了,在远东的人口最多的大国里实现了。但这是人类的已经发生的客观的历史。这个历史不能取消,也不能修改。我们应该从这个历史里面得到教训,来发展马克思主义的理论,而不能削足适履地来对待历史。社会主义运动的历史，它的发展，跟它的创始人的设想有很大的不同。按照他们的设想，应该至少是先是英国、法国、德国这些国家一起开始社会主义革命，然后再扩大到其他地方。现在的事实不是这样。这种不一样，在目前来看是一个很特殊的现象，但是假如从人类历史的长过程比方说一万年的历史来看，这不过是对历史发展的科学预见中的很小的误差，这种误差在任何历史预见中都是难于避免的。重要的是中国十亿人口在建设社会主义这样一个事实。我们应该正确地来解释、来理解这个事实。

在讨论实践是检验真理的唯一标准问题的时候，有同志曾经提出这样一个问题，就是共产主义还没有实现，那么实践又怎么去检验它？怎么知道共产主义是真理？这个问题直到现在还有人在继续提出，其中有些人竟由此而认定共产主义是渺茫的。因此，这是一个必须答复的问题。共产主义有两方面的意义。一方面是作为一种以"各尽所能，各取所需"为基本标志的社会制度，这是社会主义社会制度发展的最高级阶段，我们现在没有实现，全世界也没有任何地方实现，什么时候实现我们现在还不能预测。就这个意义上说，现在当然还不能够检验，还有待于将来检验。但是实现共产主义，仍然是我们坚定不移的一个信念。这个信念是建立在什么基础上的？应该说是建立在已经经过历史检验的实践基础上的。为什么？因为共产主义还有另外一方面的含义。共产主义是一种运动。马克思、恩格斯还在《德意志意识形态》一书中就指出："我们所称为共产主义的是那种消灭现存状况的现实的运动。"以后，恩格斯又说过："共产主义不是学说，而是运动。"共产主义既是一种革命运动，又是这种革命运动最后要实现的社会制度。所以叫共产主义运动，所以我们的党叫中国共产党。共产主义运动，是经过了实践检验的。这个检验还没有结束，但是它已经经过了一百几十年的实践的检验，所以不能说共产主义没有经过检验。在共产主义运动中，形成了共产党这样一种政治组织，这是过去历史上所没有的。这个共产党，也是经过了历史检验的。共产党所进行的斗争不能够单用民主主义或者是社会主义来衡量。比方说，我们主张现在实行各尽所能、按劳分配的社会主义原则，但是我们从来没有认为共产党员可以局限在这个原则之内，我们还要求共产党员具有共产主义的劳动态度。如同在民主革命时期我们从来没有把自己仅仅规定成为民主主义者一样。我们一直按照共产主义的准则来建立我们的组织，要求我们每个党员。这种共产主义，跟将来在全世界实现的共产主义的社会制度，是有区别的，同时又是互相联系的。列宁在《伟大的创举》中说，苏联工人阶级"从事不领任何报酬的额外工作"，是"共产主义的实际开端"。我认为这并不是将来的共产主义社会的一种定义，不能够适用到那个时候。可是列宁这种说法还是非常正确的。有两种共产主义。一种是我们要在将来实现的，我们现在还不能详细去描写它，也不需要详细去描写。当然有的同志有时间，愿意去详细描写也有好处。就像过去的空想社会主义者写了许多著作对于我们还是有很大的好处一样。一种是在实践当中我们不断地按照它的准则去行动的共产主义。如果不承认社会主义运动、共产主义运动开始以来到现在的这个实践叫做共产主义，那么叫做什么东西呢？在全世界很多国家、很多民族中,很多先进分子为它流血牺牲,奋不顾身,你说这是什么主义?我们的斗争在不同的时期有不同的纲领。我们的斗争还有一些根本的原则,无论在哪个阶段,都是适用的。

社会主义是共产主义的一个阶段,从这个意义上说,社会主义的实践,也就是共产主义的实践。科学社会主义不能够离开共产主义而完全独立起来。我们建设社会主义的实践,作为共产主义的开端,不管这个开端将来还要经历多长的时间、哪些阶段,总归是共产主义运动的一部分。这是马克思主义从来没有怀疑过的。这是非常值得提出来弄清楚的一个问题,虽然说不上是什么发明、什么发现,因为马克思主义早就讲了的。

在今天的社会主义社会里面,并不是只有社会主义,而是同时有共产主义。它是共产主义的一个阶段,这就规定了它不能不有共产主义的一定的成分,否则它就不可能成为共产主义的一个阶段。我想,共产党的存在,共产党对于社会主义事业的领导,共产党坚持和发展共产主义的理论,并为之而奋斗,这就表明了这个社会主义里面存在着共产主义的成分。这是说,社会主义是共产党人按照共产主义的理论实现、建设的,而不是按照什么反共产主义或者什么其他的主义来实现的。这也就使得社会主义跟共产党形成了不可分割的关系。在中国,没有共产党,就不可能有社会主义。如果中国社会主义事业的生命完了,中国共产党的生命也就完结了。共产党跟社会主义是血肉相连的。共产党为社会主义奋斗,实现了社会主义,还要再发展、完善这个社会主义,并且还要为将来实现共产主义而奋斗。所以，在社会主义社会里面，就要求、而且不能不存在共产主义的思想、共产主义的道德。有的同志提出，现在是社会主义社会，根本谈不到共产主义道德。我们也许可以研究，把今天社会上的道德分成社会主义道德和共产主义道德。这个问题我没有详细研究过，但是我坚决地相信，没有共产主义道德就不能够建设社会主义，没有共产主义的思想就不能够建设社会主义，就同没有共产党的领导就不能建设社会主义一样。共产党的领导不可能不表现在这些方面。如果不表现在这些方面，也就无所谓共产党的领导了。固然共产党的领导还要表现在其他的方面，但是在这些方面如果不能够表现出来，那么，这样的领导是不完全和不完善的。没有共产主义思想的共产党，没有共产主义道德的共产党，能够设想吗？社会主义社会中的违反共产主义思想、违反共产主义道德的领导，能够设想吗？当然不是说，所谓共产主义思想的领导，就是要在现在建成共产主义。这当然是不现实的。

我们共产党人所建设的社会主义，不能仅仅归结为一种经济制度。虽然经济制度是基础，但是这不是社会主义社会的唯一的东西。社会主义社会不能仅仅有个基础。我们建设的社会主义社会，要在各个方面表现出社会主义的要求。不论是我们的经济基础，还是跟它相适应的上层建筑，都要表现出社会主义的要求，符合于社会主义的原则。当然，这种原则都需要发展，社会主义的经济原则要发展，其他的原则象政治的、哲学的、文化的、道德的、艺术的、社会生活的各方面的原则，都不会是一开始就成熟的。

　　在讨论社会主义制度的优越性的时候，也不能把问题仅仅归结到和限制在经济方面。人民的感觉、人民的判断也是这样。经济当然是主要的，其他各方面也是非常重要的、不可缺少的。过去的革命战争时期，可以说说不上有多少社会主义的成分，但也有一点国营经济，也有银行。可是，人民对于共产党领导的政府、共产党领导的军队，对于共产党制定和执行的各项政策，所做的各种工作的感受，并不单是经济。可以说，有些时候，在战争年代的困难时候，不大能够讲经济有多大的改善，可是，人民还是坚决地跟着共产党。社会主义社会里应该还是这样。不能否认，我们现在社会里面还存在许多消极现象。这种消极现象需要详细地分析。就在革命战争年代，也不是没有消极现象。我们不能把事情描写得这样简单，好像从前是好的，进城以后全都变坏了，所谓"在山泉水清，出山泉水浊"。我的经历不是很丰富，不过也有一些直接的观察、直接的经验。在社会主义社会里，是不是我们的共产主义的东西就大大减少了呢？这个问题，我觉得需要详细地研究一下。解放以后不久，陈云同志在一次会上讲到共产党领导下面的新中国同旧中国的区别的时候，讲起一件事。那一年黄河流域发生了很大的灾害，如果在国民党时候，这样的灾害根本没人管，可是，在共产党的领导下面，就成立了中央人民政府领导的抗灾救灾指挥部。谁来作指挥呢？就是董必武同志。解放以后，我们曾经遇到多次自然灾害，像武汉、天津、哈尔滨遇到多次洪水的威胁，去年长江流域有很大的水灾。凡是这种时候，党的领导干部、共产党员、人民解放军无不和人民战斗在一起，从白天到黑夜。在第二线，我们动员全国的力量来支援这种抗灾斗争。不能说在资本主义国家政府对于这样的灾害都是完全不管。有一些国家也管,有一些工作也做得有成效。但是,整个来说,它们的情况不能和社会主义国家相比。我们在工作中确实犯了很多错误甚至严重错误,我们的队伍里也确实有一些蜕化堕落分子,但是我认为,这些情况并没有改变我们党的性质、共产主义的性质,没有改变我们党对于建设社会主义的决定的作用。不能把缺点错误夸大到不适当的程度。我们说社会主义制度的优越性,首先就不能离开:我们把劳动人民提到统治的地位,我们建立了为劳动人民利益服务、代表着劳动人民的政权,我们以劳动人民利益为中心组织一切社会活动,集中全社会的力量有计划地发展生产。在这中间当然错误很多,浪费很多,但是不能因此就否认这样一个根本的事实。我们发展生产,不是只为了某一个什么阶层的利益,而是为最广大人民的利益。我们也发展了人民所需要的各种文化和卫生事业,如果拿中国医院的设备跟比方说美国的医院比较的话,差得不少,尽管也有美国医生到中国来,认为中国医院的设备还不错,大大地出于他们的预料之外。就算是相差好多吧,可是许多中国人或者外国人都知道,如果生病,要到中国去,不能到美国去。这不是说我们的卫生事业就都好了,但是也毕竟显示出了我们的成就。我们要建设一个新的社会,各种各样的困难、错误,尤其在我们这个落后的国家,是永远少不了的。什么时候都要同这些困难斗争,同这些错误斗争。但是,为什么我们能够斗争呢?为什么我们的斗争有结果呢?因为我们建立了社会主义制度,我们依靠了这个制度。人民遇到的最大的困难、危险,我们党、政府都能够用各种力量去解决。我们要把人民的力量组织起来，团结起来，教育自己，教育自己的下一代，并且同各种各样的敌对分子和危害人民利益的活动进行斗争。我们每个城市的街道委员会、居民委员会每天做了大量的工作。这在旧社会能够想象吗？我们努力妥善解决人民中存在的各种矛盾，调解人民中间的各种纠纷。这种矛盾在历史上早已存在，有很多矛盾到现在还没有消灭，还要继续存在。比方说用水，上游跟下游的矛盾，历来很难解决。在旧社会只能双方动武，现在也不是说已经完全把这种矛盾解决得很好了，有时候还有发生严重冲突的情况，但是整个地说起来，这个在旧社会不能解决的矛盾，我们还是解决得比较好。我们的政府站在全体人民的利益的立场上。有很多问题我们还没有解决或没有完全解决，但是我们的确解决了大量的问题。小而至于家庭纠纷的调解，婚姻纠纷的调解。我看到一些材料，说美国法学家组织的代表团研究中国司法界的状况，对我们为调解纠纷所作的努力，非常羡慕，非常赞赏。在美国就没有人做这些事，或者说基本上没有人做这些事。我们不断地提高人民的政治觉悟、精神状态，虽然在这方面的努力中间有曲折、有起伏，但是，当着共产主义原则，当着我们党的工作的基本方针，能够被坚持下来的时候，我们在这方面的努力始终是有成效的。

社会主义精神文明包括发展科学、教育、文化这些方面的事业。从道德来说，我们要建立的精神文明，当然不可能在全社会都是共产主义的，但如果离开了共产主义的思想、共产主义的道德，那么我们怎么来建设社会主义的精神文明呢？我们能不能用按劳付酬、等价交换来建设我们的精神文明？决不能够。我们要依靠共产党员、共青团员,还有工人阶级和全体人民中许许多多有不同程度的共产主义觉悟的先进分子,依靠这支庞大的队伍。他们用自己的行动来建设这样一种精神文明的制度,而他们自己就成为这种精神文明的骨干。如果离开了这种制度、骨干,就很难设想我们的社会是社会主义社会。这是非常清楚的。从古到今,都有自我牺牲的人,不能说只有在社会主义社会、只有在共产党领导下面才有自我牺牲精神。但是,一方面,在不同的社会,自我牺牲的目的不一样。除掉历史上我们认为完全不可取的、应该反对的自我牺牲之外,还有许多有崇高的自我牺牲精神的人物。我们应该肯定他们这种自我牺牲的精神。尽管它的整个政治观点我们不能够接受,但在这方面的精神,还是值得我们学习的。我们社会主义社会的道德风尚,跟历史上任何一个时期的道德风尚,是不能相比的。我们今天能够把这种道德风尚在很大的范围内加以普及,尽管不能做到完全普及,因为要使我们社会主义社会里面的坏人统统都变成好人,这是一种幻想。但是,我们有这样一个庞大的队伍,他们在我们党和国家的领导和支持下,努力提高自己的觉悟,从各方面表现出自己高尚的道德,这是在历史上所没有过的。

关于坚持社会主义道路的问题,将在《决议》中占很重的分量。但是应该承认,在这个题目下面,确实存在许多应该在理论上进行专门研究和充分说明的问题。至于我上面提出的一些看法是不是正确,是不是有帮助,这是另外一回事。我仅仅是提出一些问题,希望帮助大家思考,希望经过大家共同努力,把坚持社会主义道路这个问题搞清楚。

当前思想战线的若干问题

（一九八一年八月八日在中共中央宣传部
召集的思想战线问题座谈会上的讲话）

同志们：

这次会议今天就要结束了。我现在就同志们在讨论中提到的五个问题作一些说明。

第一个问题，六中全会以后，为什么要开这样一次会呢？跟六中全会决议的传达、讨论、贯彻是不是协调，会不会分散全党的注意力？党对思想文化工作的政策有没有变化？应该明确地答复：这次会议，是六中全会在一个重要方面的贯彻执行，或者说是它的必然的、必要的继续。党对思想文化工作的政策没有变化。

小平同志的谈话，耀邦同志的讲话，都很重要，我完全拥护。他们的谈话、讲话的内容，既不限于一个电影剧本，也不限于文艺工作和思想工作，而是涉及我们党目前在很大范围内存在的一种精神状态，即不敢坚持批评自我批评传统这样一个重大原则问题。无论思想工作，经济工作，政府工作，部队工作，都面对这样一个问题，就是：对于在党内外、军内外不同程度地存在着的一些有重要影响的错误思想和错误行为，要采取什么态度？当然应该根据具体的情况，分别进行教育、批评以至必要的斗争。问题是，究竟实行不实行？坚决实行还是不坚决实行？

小平同志和耀邦同志都着重说到了当前社会上存在（在某种程度上也在党内存在）的违反四项基本原则的资产阶级自由化倾向，并且指出很多同志和很多组织对这种错误倾向斗争不力，存在着涣散软弱的状态，必须坚决纠正。

这里我想简略地说一说资产阶级自由化的含义问题。为什么我们把目前社会上存在的违反四项基本原则的社会思潮叫做资产阶级自由化思潮？大家知道，在资本主义制度下，那里的首要的自由，就是资本家进行雇佣剥削的自由，维护资产阶级私有制的自由。这是资产阶级自由的最本质的东西，资产阶级的其他各种自由包括言论、出版、集会、结社自由，竞选自由，两党或多党轮流执政的自由等等，归根到底都是由这种自由派生出来，并为它服务的。而当前我们社会上出现的这种思潮，它的特征正是极力宣扬、鼓吹和追求资产阶级的自由，想把资产阶级的议会制、两党制、竞选制，资产阶级的言论、出版、集会、结社自由，资产阶级的个人主义和一定范围内的无政府主义，资产阶级的金钱崇拜、唯利是图的思想和行为，资产阶级的生活方式、低级趣味，资产阶级的道德标准和艺术标准，对于资本主义制度和资本主义世界的崇拜，等等，"引进"到或渗入到我国的政治、经济、社会、文化生活中来，而从原则上否认、反对和破坏中国的社会主义事业，否认、反对和破坏中国共产党对于中国社会主义事业的领导。这种思潮的社会实质，就是自觉不自觉地要求在政治、经济、社会、文化领域内摆脱社会主义的轨道和实行资产阶级的所谓自由制度。所以,我们把它称之为资产阶级自由化思潮。弄清和掌握这种思潮的意义和特征,有助于我们在使用这个概念时防止滥用,注意划清一些重要的界限。例如,一个党员或公民对于某一党组织的某一决定、某一工作或它的某一负责人提出批评意见,是属于正当的民主权利,而不能把它说成是否认和反对党的领导,说成是资产阶级自由化。又如,我们国家的宪法和法律所保障的学术自由和文艺创作自由,是科学艺术的发展所必需的,同这里所说的资产阶级自由化,完全是两回事。至于在科学研究机构和艺术事业机构内,集体计划和个人活动自由之间的关系,无疑需要妥善解决,但一般说来,也不涉及这里所说的资产阶级自由化问题。反之,谁要是确实否认、反对和破坏中国的社会主义事业,否认、反对和破坏中国共产党对于中国社会主义事业的领导,要求和实行用资产阶级的自由制度来代替社会主义民主和整个社会主义制度,那么,无论他怎样狡赖,我们都必须同他进行坚决的斗争。

我们对电影剧本《苦恋》和根据这个剧本摄制的影片《太阳和人》进行批评,就是因为它们歪曲地反映了我国社会现实生活的历史发展,实际上否定了社会主义的中国,否定了党的领导,而宣扬了资本主义世界的"自由"。无论是在《苦恋》还是在《太阳和人》中,作者和编导都采用对比的手法,极力向人们宣扬这样一种观点:似乎"四人帮"就是中国共产党,十年内乱就是社会主义;似乎在社会主义中国的人民并没有得到解放和幸福,而只有愚昧和迷信;似乎党和人民并没有对"四人帮"进行斗争和取得历史性的胜利,因而在中国看不见一点光明,一点自由,知识分子的命运只是惨遭迫害和屈辱;似乎光明、自由只存在于美国,存在于资本主义世界,那里的知识分子自由生活的命运才是令人羡慕的。这种观点,正是资产阶级自由化思想的一种重要的典型表现。显然,不对《苦恋》和《太阳和人》进行批评,并通过这种批评使我们的文艺界、思想界和全党受到教育,增强同资产阶级自由化倾向作斗争的能力,我们的文艺事业和其他事业就很难保证自己的社会主义发展方向。

有些同志问:反对资产阶级自由化的社会思潮,同三中全会以来直至六中全会一贯提出的反对党内的"左"的指导思想有没有矛盾? 确实,从三中全会到六中全会,党中央都着重纠正"左"的指导思想。六中全会公报指出,这次会议在党的指导思想上完成了拨乱反正的历史任务,也就是说,已经从党的指导思想上完成了纠正"左"倾错误的任务。但是从各方面各地区的具体工作(也包括思想工作)上说,纠正"左"倾错误还有大量的任务没有完成,这在耀邦同志庆祝党的六十周年大会的讲话里已经讲清楚了。因此,批评、纠正和防止"左"的错误,在今后仍然不能放松。但是无论六中全会决议,或是三中全会以来中央的指导方针,都没有把纠正"左"的指导思想和反对资产阶级自由化的社会思潮对立起来。这两者都是客观存在,都危害着我们的社会主义事业,必须进行两条战线的斗争,对哪一方面采取不承认主义或不干涉政策都不行。而且,这两条战线的斗争是相辅相成的。不反对资产阶级自由化思潮,等于给那些顽固地坚持"左"的指导思想的人们输送弹药。"你看,什么东西都出来了,这都是三中全会干的好事!"他们就会以此来煽动人们反对三中全会以后的党中央。这种煽动的作用不能估计过高，也不能估计过低。因为社会上甚至党内确实存在着资产阶级自由化的思潮，而这种思潮在"文化大革命"期间并没有在广泛范围内公开出现过；你若不能同这种思潮作切实有效的斗争，岂不是证明还是他们的"左"倾那一套"有办法"？岂不是证明"文化大革命"还是有"正确的一面"？这当然是诡辩。没有科学理论根据的"文化大革命"，根本不能解决任何思想问题，而只是制造了一系列的思想混乱。"文化大革命"使极端个人主义和无政府主义得到了恶性的发展，给现在的资产阶级自由化思潮提供了基地；"文化大革命"在一些缺乏历史经验的青年和党内的一些不坚定分子中造成的对党和社会主义的怀疑和失望的情绪，在同外国资产阶级思想的影响相结合情况下，产生了资产阶级自由化思潮的泛滥。在另一方面，不继续纠正"左"的指导思想，也会为资产阶级自由化思潮制造借口。"这还有什么民主，还有什么双百方针？还不是棍子帽子辫子的老一套？"极少数人还会煽动说："这不是封建官僚特权阶级的专政？除了实行两党制，实行言论、出版、集会、结社的绝对自由，除了再来一次革命，中国怎么能现代化？"对于这些不同性质的谬论都必须坚决彻底批驳，但是"左"的指导思想根本不可能给以正确的批驳，而只能使许多人民内部的矛盾激化。我们有些好心的同志对资产阶级自由化思潮怀有完全正确的革命义愤，但没有认真仔细地研究新情况，这样就缺少解决新问题的新方法，不自觉地沿用了过去习惯了的某些简单化的方法，也产生了一些事与愿违的结果。由此可见，当前的两条战线斗争确是任何一方面都不能忽略。

这种两条战线斗争不但是一种理论上、政治上的需要,而且是一种客观存在的现实。这个现实在一定程度上有力地表明,剥削阶级作为一个阶级在我国大陆虽然已经不存在,但是阶级斗争并没有结束,它还在一定范围内继续存在,并且会在某些条件下有所发展。我们既不能夸大这个事实,以致重犯阶级斗争扩大化的错误,又不能忽视这个事实,真正犯阶级斗争熄灭论的错误,听任那些反对和破坏社会主义的阶级敌人在政治、经济、社会、文化领域内肆无忌惮地腐蚀我们的国家和人民。一切坚持社会主义事业的同志,如果过去还没有看到这个事实,或者还没有看到这个事实的严重性,请赶快清醒过来,振作起你们的精神来反对资产阶级思想对于我们的社会主义社会的腐蚀,并且首先防止我们的某些党员在这种腐蚀的影响下腐化变质吧!

现在来说这次会议和六中全会决议的关系。六中全会的决议有很多部分的内容,跟小平同志的谈话、耀邦同志的讲话有密切的联系。比方说,六中全会决议的(34)段说:没有中国共产党就没有新中国,同样,没有中国共产党也就不会有现代化的社会主义中国。如果没有中国共产党这样统一的坚强的领导,我们的国家就必然要四分五裂,我们民族和人民的前途就只能被断送。党的领导曾经犯过错误,但是,任何人都不能够用这个作为理由来削弱、摆脱和破坏党的领导,那只会招致严重的灾难。中国共产党总结了过去的历史经验,不断改善自己的领导,加强同广大群众的联系,一定能够更好地担负起历史所赋予的巨大的责任。这是属于决议基本内容的非常重要的一个方面。我们能不能在这一点上动摇？作为共产主义初级阶段的社会主义的建设和发展，同以实现共产主义为最终奋斗目标的共产党的领导是不可分离的，因此，坚持党的领导就成为坚持社会主义道路、坚持四项基本原则的核心，而资产阶级自由化思潮，正是以否认和反对党的领导为核心。那么，我们要不要跟这种思潮作斗争？如果不跟这种思潮进行坚决的和正确的斗争，我们怎么能贯彻执行六中全会的决议？怎么能建设社会主义和实现四个现代化？

决议的第（35）段第四条讲："对敌视社会主义的分子在政治上、经济上、思想文化上、社会生活上进行的各种破坏活动，必须保持高度警惕和进行有效的斗争。必须正确认识我国社会内部大量存在的不属于阶级斗争范围的各种社会矛盾，采取不同于阶级斗争的方法来正确地加以解决，否则也会危害社会的安定团结。"这就是说，无论对于敌对分子的活动，或是其他各种社会矛盾，包括还不属于敌我矛盾的人民内部的阶级斗争，其中当然就有各种不同情况的资产阶级自由化的思潮（站在这种思潮方面的任何人，无论是否党员，如果坚持宣传一种违背社会主义、否认党的领导的纲领性主张，坚持奉行资本主义的唯利是图、损人利己的原则而实行对于社会主义的政治、经济、社会、文化制度的破坏，拒绝改正，他就是资产阶级思想的代表），都必须采取坚决的措施加以解决，否则就会危害社会的安定团结；其次，又必须按照情节轻重和自觉程度正确地加以解决，否则也会不利于社会的安定团结。

第（35）段第五条讲："决不能让类似'文化大革命'的混乱局面在任何范围内重演。"第（35）段第六条讲："要加强和改善思想政治工作,用马克思主义世界观和共产主义道德教育人民和青年","抵制腐朽的资产阶级思想和封建残余思想的影响,克服小资产阶级思想的影响,发扬祖国利益高于一切的爱国主义精神和为现代化建设贡献一切的艰苦创业精神。"同一段第十条讲:"根据'文化大革命'的教训和党的现状,必须把我们党建设成为具有健全的民主集中制的党。"要"在高度民主的基础上实行高度的集中","必须正确运用批评和自我批评的武器,克服离开党的正确原则的各种错误思想,根除派性,反对无政府主义和极端个人主义,纠正特殊化等不正之风"。

第(36)段特别说明,我们否定"无产阶级专政下继续革命"这个有特定含义的口号,否定在社会主义条件下继续进行所谓一个阶级推翻一个阶级的理论,因为这是完全错误的,它已经造成了众所周知的国家的灾难,人民的灾难,党的灾难,但是,这决不是说革命的任务已经完成了,我们不要继续进行革命斗争了。我们的革命的任务还远没有完成。建设社会主义社会的这种和平发展时期的革命事业,比过去的革命事业更深刻、更艰巨,需要许多代人坚持不懈、严守纪律的艰苦奋斗,而且需要十分注意提高警惕,随时准备挺身而出,捍卫革命利益。这就是说,我们既要跟各种各样的公开的、暗藏的敌对分子的破坏活动进行斗争,也要跟虽不属于敌对分子破坏活动、但反对社会主义或反对党的领导的各种资产阶级自由化的思想和行为进行斗争。

总之,六中全会决议不但严肃地批评了党在历史上特别是在"文化大革命"中的"左"倾指导思想,而且严肃地批评了那种否认和反对党的领导的资产阶级自由化的思想和行为，并且要求为此而在党内展开批评和自我批评。耀邦同志在"七一"讲话中说："那种不讲原则，'你好我好，一团和气'的腐朽庸俗作风，是同我们党的无产阶级性质不相容的。""过去我们主要的错误是过火斗争，结果走向反面，导致人们既不愿自我批评，也不敢开展批评。我们要把这种不健康的风气纠正过来。"这次小平同志的谈话和耀邦同志的讲话，又着重讲了这个方面。这就是要求全党在传达、讨论、贯彻执行六中全会决议的时候，务必不要放松这个方面。

　　还需要着重指出，反对资产阶级自由化思潮，反对一些组织、一些同志在这个问题上的涣散软弱状态，这是三中全会以来党中央的一贯方针。我们只要回想一下小平同志一九七九年三月三十日在党的理论工作务虚会上的讲话，小平同志一九七九年十月三十日在第四次全国文代会上的祝辞中关于要求文艺界反对"左"的和右的倾向的段落，中共中央一九八〇年一月三十一日《关于认真学习贯彻第四次全国文代会精神的通知》中的有关段落，一九八〇年二月五中全会通过的《关于党内政治生活的若干准则》中的有关规定，耀邦同志一九八〇年二月在中国剧协、中国作协、中国影协联合召开的剧本创作座谈会上的讲话，小平同志一九八〇年八月在中央政治局扩大会议上的讲话和一九八〇年十二月在中央工作会议上的讲话中的有关段落，以及中共中央一九八一年一月《关于当前报刊新闻广播宣传方针的决定》，就可以证明这一点。我想我们有必要把中央在这一问题上的指示集中地温习一下，因为显然很多同志已经对它们记不清楚，至少在实际上没有完全按文件的规定去做。

总之，现在大家可以了解，召集这次会议决不会对贯彻执行三中全会以来的方针有什么不利，决不会对讨论、执行六中全会的决议有什么不利。有的同志似乎认为，反对资产阶级自由化思潮是一个新提出来的问题，并由此认为中央政策多变，这是没有根据的。

既然过去已经提出多次，现在还特意召集一次会议，这就表明，在过去两年半的时间中，中央的这个方针收到的效果不大。效果为什么不大？因为许多同志在这个问题上思想和行动还很涣散软弱，有极少数人至今还看不清或者不承认存在这种自由化的思潮，甚至想方设法加以掩护。这确实是摆在全党面前的一个非解决不可的严重问题。这个问题的存在，除了其他原因以外，也说明这样一个事实：许多同志看问题至今还容易有片面性的缺点。某个时候需要着重纠正一种倾向，似乎另一种倾向就可以放任了。这又一次提醒我们一定要注意这个重要的历史教训。任何时候都必须全面地看问题，不要让一种倾向掩盖另一种倾向。

小平同志的谈话，谈到了《苦恋》和《太阳和人》的问题。《苦恋》的剧本是在六中全会以前的一九七九年写的，《太阳和人》的影片也是在六中全会以前拍的。在六中全会以后，会不会还出现这样的剧本和影片呢？如果我们全党不加强对思想战线的领导，也还是可以出现。因为实践已经证明，同资产阶级自由化思潮作斗争，不是一个轻而易举的小问题。固然，这种思潮在目前时期的出现，有它的客观社会历史原因；但是这样说并不能减轻党的领导的责任，而只能加重它，就是说，必须认真严肃地、团结一致地去加强对这种思潮的斗争。而为了加强这一斗争，首先必须克服小平同志所说的党对思想战线工作的指导上的涣散软弱的现象。否则，再过两年半，思想战线的形势恐怕也不会有多大变化。

　　要改变这种状况，首先要在党内加强批评和自我批评。六中全会决议本身不但包含这个内容，而且也是一个进行批评自我批评或思想斗争的榜样。六中全会的决议不就是我们整个党的自我批评吗？我们党把三十二年来的工作作一个彻头彻尾的公开的勇敢的自我批评，没有回避任何思想斗争，没有顾虑把这种自我批评和思想斗争公布出去会引起的种种猜疑。我们要学习、讨论、执行六中全会决议，我们各个单位、各条战线，能够不进行同样勇敢的自我批评和思想斗争吗？只有把六中全会这种批评自我批评的精神发扬到各条战线上去，这才叫贯彻六中全会的精神，这才叫恢复了党的优良传统。事实上，在我们社会主义经济建设的战线上，不是每天都在进行着思想斗争，并且采取着必要的组织措施和法律措施吗？每天都在从上而下地（党中央、国务院和各级有关组织下达的指示命令等等）或者从下而上地（人民来信来访，向党的纪律检查机构和国家司法机构提出检举等等）批评和纠正我们工作中的错误，并且通过司法途径打击各种破坏社会主义经济的严重犯罪活动。在党的组织工作中也在经常地进行着同样的斗争。我们认为这是应该的，而且认为还很不够。比较起来，思想战线上的这种斗争确是相形见绌了。诚然，思想战线的斗争和经济战线等等的斗争有某些不同。例如，精神产品多数是脑力劳动者个人进行创造性劳动的结果，它们的优劣不像物质产品的优劣那样容易得到精确的测定和由此而来的一致的评价。也因为这样,对于纯属思想范围内的问题,要尽可能少用行政措施,尤其要极少采取法律措施。思想战线也在进行着批评自我批评,不少同志在这方面作了有效的工作,这决不能抹杀。但是无论如何,思想战线上批评自我批评比较落后,却是难以否认的。像对于《苦恋》这样显然存在着严重政治错误的作品,我们的文艺批评界的许多同志竟然长时间内没有给以应有的批评,直至让它拍成电影。在《解放军报》发表批评以后,一些同志除了指责这些评论文章的缺点以外,仍然不表示什么鲜明的态度。这不但是软弱,而且是失职。在社会科学和其他思想工作领域内,也有一些类似的情况。我们再不能容忍这种状态继续存在下去了。

有同志提出,开展批评自我批评或思想斗争,会不会危害三中全会以来的安定团结、生动活泼、思想解放、文化繁荣的局面,而把它变成一潭死水? 正确地开展思想斗争不会危害这种局面,不开展思想斗争倒一定会危害它。大家知道,在一般情况下,流水不腐,死水必腐。正常的批评自我批评或思想斗争,如同水的正常流动一样,正是社会主义社会的安定团结、生动活泼、思想解放、文化繁荣所必需的健康状态。没有批评和自我批评,这才真正会变成一潭腐败的死水,在那里我们将可能找不到社会主义社会的安定团结、生动活泼,而很可能找到各种反社会主义微生物的"解放"和"繁荣"。从三中全会到六中全会就是一场批评自我批评的过程,或者说一场思想斗争的过程,它究竟是巩固了安定团结、生动活泼的局面还是相反? 大家的思想是解放了还是相反? 文化是繁荣了还是相反？它使我们全党对于过去、现在和将来有了统一的认识，这就是安定团结、生动活泼、思想解放、文化繁荣的最大保证。有些同志很怕听到批评特别是思想斗争，但是过去三四年的历史却丝毫没有什么叫人害怕的地方。由此可见，除非某种思想斗争毫无道理，方向错误，方法也是武断专横，那确实会危害安定团结等等，否则就不会。

正确地开展批评自我批评以及必要的思想斗争，正是发展社会主义民主，走向高度民主的条件和表现，而不是压制社会主义民主，妨碍走向高度民主。因为，宣传和实行大多数人的正确意见，纠正少数人的错误意见（在我们这样一个大国中，坚持"左"倾错误的人和向往资产阶级自由化的人加在一起尽管也有相当数目，在人民总数中却是很少很少），是实现社会主义民主所必然要求的。当然，这决不是说，多数人就可以违反法律的规定，对少数人实行什么"专政"。"四人帮"动不动就说什么对思想文化领域实行"全面专政"，但是对于我们社会主义者说来，这是决不许可和不能想象的。在人民内部进行思想争论的过程中，无疑要坚定不移地坚持"双百"方针，也就是坚持学术领域、艺术领域内的社会主义民主，不但允许批评，而且允许反批评，允许发表不同意见，要给被批评的同志以进行申辩的条件，同时给他们以认识错误和改正错误的条件。这是《关于党内政治生活的若干准则》所规定了的，是必须执行的。我们决不能重复过去曾经流行过的那种武断的、以势压人的所谓批评的方式。一九六二年，毛泽东同志在扩大的中央工作会议的讲话中，在谈到应该怎样对待犯了错误的同志的问题时，曾经这样说："要采取善意帮助的态度。不要有这样的空气：似乎犯不得错误，一犯错误就不得了，一犯错误，从此不得翻身。一个人犯了错误，只要他真心愿意改正，只要他确实有了自我批评，我们就要表示欢迎。头一二次自我批评，我们不要要求过高，检讨得还不彻底，不彻底也可以，让他再想一想，善意地帮助他。"邓小平同志在第四次全国文代会上的祝辞中谈到文艺批评时也说："虚心倾听各方面的批评，接受有益的意见，常常是艺术家不断进步、不断提高的动力。在文艺队伍内部，在各种类、各流派的文艺工作者之间，在从事创作与从事文艺批评的同志之间，在文艺家与广大读者之间，都要提倡同志式的、友好的讨论，提倡摆事实、讲道理。允许批评，允许反批评；要坚持真理，修正错误。""文艺这种复杂的精神劳动，非常需要文艺家发挥个人的创造精神。写什么和怎样写，只能由文艺家在艺术实践中去探索和逐步求得解决。在这方面，不要横加干涉。"毛泽东同志和邓小平同志的这些话，是我们党长期以来领导思想工作和文艺工作经验的科学总结。我们今后开展批评和自我批评，必须坚持这些原则。只要我们认真地全面地按照三中全会以来所规定的方针去做，就一定既能纠正自由化倾向和领导涣散软弱的状态，又能避免重犯过去那种"左"的错误或防止其他形式的新的"左"的错误。中央这次提出对《苦恋》的批评，这是由于文艺批评界的涣散软弱而不得不出面过问，但是仍然要文艺界自己去解决这个问题，既允许申辩和辩护，也允许反批评或发表不同意见，这就不是横加干涉。不要横加干涉当然不等于不要坚持真理、修正错误，不要正确的合理的批评，一切听之任之。否则就是放弃党的领导，实行资产阶级自由化了。

我可以代表中央负责声明：一九七九年邓小平同志向第四次全国文代会的祝辞，一九八〇年中共中央关于认真贯彻第四次全国文代会精神的通知（这个通知关于文艺批评和艺术领域中的民主有比较详细的说明），仍然完全有效。三中全会以来，党的指导方针是一贯的，党对文艺、文化、学术、知识分子的方针也是一贯的，没有、不会有、也不允许有什么反复。

第二个问题，资产阶级自由化的思潮，怎样影响着党内，形成党内思想战线的涣散软弱状态，以及怎样来扭转这种状态。小平同志的谈话里指出，资产阶级自由化思潮一方面是由于对"文化大革命"的反动，另一方面也是由于外来资产阶级思想的侵蚀。这正确地分析了资产阶级自由化思潮的客观的社会历史原因。我想从党的思想工作本身的状况补充一点主观方面的原因。三中全会前后直到现在，思想界（主要是党的思想界）流行着一些错误观点，这些错误观点主要表现在以下几个问题上。

在"双百"方针问题上，一些同志不承认这一方针的基本点就是在学术上实行民主讨论，在艺术上实行自由竞赛，通过批评和自我批评，来发展正确和先进的东西，纠正错误和落后的东西，用真、善、美来克服假、恶、丑，来求得社会主义科学文化事业的健康前进。毛泽东同志对这一点的论述很详细，大家都知道，这里不需要再引用了。但是一些同志却把这个方针曲解为脱离任何原则，想写什么就写什么，想说什么就说什么，想宣传什么就宣传什么，想发表什么就发表什么，谁也不能批评或干涉。这就势必抹杀真理和谬误、无产阶级和资产阶级、社会主义和资本主义的原则界限。这就导致否认党对思想工作的正确领导的必要性，认为党的领导就是限制和束缚，因而力图加以抵制和摆脱。有些同志认为，共产党员在一些根本性、原则性的政治理论问题上，可以冲破任何所谓"禁区"，可以离开马克思列宁主义、毛泽东思想的基本原理，离开社会主义的基本原理，离开党和人民几十年来的成功的革命实践，离开党的根本方针、党的纪律和国家的宪法的根本原则，随心所欲地散布他们的任何观点。这样，他们就似乎成了社会主义社会的特种公民，在党内就似乎成了特种党员。

为了保护自己发表错误言论的自由，一些同志把"百花齐放，百家争鸣"这八个字（只讲字面而不讲实质）看成是党的思想工作的唯一方针。毫无疑问，"双百"方针是我们党发展社会主义科学文化事业的长期的、基本的方针，但没有任何根据说它是党在思想工作方面的唯一方针。这个方针只规定了发展社会主义科学文化事业必须采取民主讨论和自由竞赛的方法，而没有规定方法的其他方面，更没有规定科学文化事业的内容。因此，我们党在思想工作方面还提出和执行了其他一系列方针，例如：一切思想工作都要为人民服务、为社会主义服务的方针，实事求是、一切从实际出发、理论联系实际的方针，推陈出新、古为今用、洋为中用的方针，在一切社会政治思想领域中都要确立马克思主义的领导地位的方针，在一切工作中都要坚持和加强党的政治思想工作的方针，批评和自我批评的方针，在人民内部实行团结、批评、团结的方针，等等。事情很清楚，不纠正上述对"双百"方针的错误看法，就必然把"双百"方针曲解成为违反四项基本原则的资产阶级自由化的方针。

在中国社会主义革命问题上，一些同志在长时间内抱着怀疑的态度。他们不顾中国革命发展的历史必然性和胜利实践，不顾列宁在俄国十月革命前后的一系列论述和二十世纪以来国际社会主义运动的新的发展，教条式地宣传社会主义必须建立在高度发达的社会化大生产的基础上，并且必须消灭商品生产，认为中国经济落后，不应该也不可能实现社会主义。他们不愿意承认我国在实现了社会主义改造之后，已经消灭了剥削制度，建立了生产资料的社会主义公有制，建立了社会主义的基本政治、经济、文化制度。尽管这些刚建立起来的制度还需要完善，但毫无疑义，它们已经在我国扎下了根，并且经受住了严峻的考验，显示了强大的生命力。这些同志既然不愿意承认我们的社会是社会主义社会，也就不愿意看到二十多年来我国社会主义建设的伟大成就，不愿意看到我国社会主义制度的连一些外国资产阶级公正人士也不能不称道的优越性。极少数人甚至荒谬地宣称中国应该回过头去发展新民主主义，发展国家资本主义。这种极端错误的观点的宣传，不但本身就是资产阶级自由化思潮的一种表现，而且还给这种思潮以一种“理论”的依据。

一些同志对于中国社会主义革命的怀疑，表现了他们对于结合中国革命的长期实践，研究马克思主义基本原理在中国的胜利和发展，研究毛泽东思想的科学理论，几乎毫无兴趣。他们由于毛泽东同志晚年犯了错误（对于这个错误他们也作了错误的非历史的解释），就对经过了历史考验的整个毛泽东思想的科学理论表示怀疑。事实上，他们所怀疑的不仅是毛泽东思想，而且是中国共产党和中国人民几十年间的伟大革命实践，而且是马克思主义的基本原理和它在实际生活中的发展。

在社会主义民主问题上，一些同志把社会主义民主和党的领导对立起来。毫无疑问，作为无产阶级阶级斗争高度发展和科学社会主义理论相结合的产物共产党，只是人民的一部分，是人类社会一定历史阶段的特殊产物，党只是阶级和人民的工具，它的唯一任务就是为人民服务，为最大多数人的最大利益服务。但是一些同志似乎不了解：只有作为最先进的政治力量的共产党才能代表最广大人民的利益和意志；各部分人民之间在根本利益一致基础上的不同利益关系的正确协调，整体利益和局部利益、长远利益和眼前利益的正确结合，以及由此而产生的全国各族人民的团结统一，只有在共产党的领导下才能实现；社会主义民主制度的建立、发展、巩固和完善，都不能离开共产党的领导。当然，党的领导必须坚决维护人民的权利和利益，充分发挥群众的积极性创造性，经常深入群众，虚心倾听群众的意见和建议，集中群众的经验和智慧，并且努力使自己的工作建立在社会科学和自然科学的客观基础上。只有这样的领导，才是正确的领导。但是决不能由此得出结论，似乎人民的当家作主和党的领导是互相排斥的，似乎群众在任何情况下都能够自然而然地正确认识自己的长远利益，似乎党不是阶级和人民群众的先进部队，而是相反，似乎群众的觉悟总是高于和先于党的觉悟。那样，马克思主义的科学理论就被降低到群众自发性的水平甚至这个水平以下，党就不成为马克思主义和工人运动相结合的产物，而党的一切思想政治工作也就成为毫无意义的了。一些同志忽视革命人民对反革命势力的专政、社会主义法制、民主集中制、革命纪律和劳动纪律的重要意义，不认识在社会主义社会中，如果离开了这些而只讲抽象的民主，那就会走向无政府主义和极端个人主义。他们也往往抹杀社会主义民主和资产阶级民主的本质区别，很少去认真地研究和批评资产阶级民主的阶级本质，它的虚伪性、局限性和其他种种弊病。少数人甚至背弃马克思主义的基本原理，宣扬对资产阶级民主的偏见和幻想，鼓吹资产阶级思想家的所谓"天赋人权"等等。这是资产阶级自由化思潮的另一种"理论"依据。

　　一些同志由于党曾经犯过错误特别是犯过"文化大革命"这样的全局性、长期性的错误，对于党能否继续领导人民建设繁荣富强的国家缺少信心，并且向群众散布他们的这种缺少信心的情绪。他们对于党内存在的某些不正之风和某些特殊化、官僚化现象，既看不到这主要是旧社会遗留下来的影响和"文化大革命"遗留下来的影响的产物，一部分是党和国家在政策转变过程中相应的制度和管理工作还没有完善起来的情况下的产物，又看不到我们党和政府为了纠正和消除这些现象已经进行和正在继续进行的巨大而有效的努力，任意夸大党的工作中的这些消极方面，硬把它们说成是党的主流。有个别人简直走到肆意诋毁党的地步，并为此而编造或散布这样那样的"理论"。

　　党内抱有以上这类错误观点的同志，当然难于遵守党的纪律，难于在政治上与中央保持一致。难，但还不是不可能。这就要求党向这些同志坚决地开展批评，坚定地进行教育，以便尽可能地把他们从错误的或危险的道路上挽救过来。

以上所说的思想界的这些错误观点，当然要不同程度地反映到文艺评论、文艺创作和其他思想文化工作部门。有的文艺刊物引人注目地大谈政治问题，例如对四项基本原则的所谓"突破"和"修正"问题。《苦恋》的作者和《太阳和人》的编导当然也竭力表现自己的错误政治观点，以致这两部作品与其说是企图真实地反映现实生活，还不如说是他们的政治观点的寓言化和漫画化。此外，文艺领域还有一些比较专门的思想问题。例如，有些同志否认社会生活是文艺的唯一源泉，不赞成深入生活，研究社会；有些同志把文艺看作是纯粹个人的事业，把作品看成是作家、艺术家个人的自我表现，同社会政治没有任何关联；认为作家可以不顾社会责任，作品可以不问社会效果；认为社会主义社会的作家、艺术家可以脱离当代先进思想和前进运动的指导和影响，脱离党在文艺发展方向上的正确领导。有些同志认为文艺应该离开人的社会性，离开社会主义社会中的生产关系、社会关系、文化伦理关系等等的制约，而宣传所谓抽象的人性，个别的人竟然污蔑社会主义制度是压抑、扼杀人性的。有些同志在创作活动中一味模仿西方和海外的时尚，包括模仿那些庸俗的、腐朽的东西，或者追逐一部分群众的落后的低级的趣味。他们无视我们民族的优秀的美学传统，抛弃我国文艺的革命传统，否认革命的、健康的思想内容和尽可能完美的艺术形式相统一的原则。

在社会主义社会，精神产品同物质产品一样，多数是要作为商品进行流通的。但是无论物质产品的生产和精神产品的生产，都必须以满足全体人民的物质需要和精神需要为根本目的。为了实现这个根本目的,我们的精神生产部门不仅要努力增加精神产品的数量,而且要努力提高精神产品的质量,就是说,要力求每一件精神产品都具有爱国的、革命的、健康的思想内容,能够真正给人民精神上以美的享受和奋发向上的鼓舞力量。同时,尽管多数精神产品要作为商品流通,但任何精神产品决不能脱离自己的精神目的而盲目地商品化,它们的生产者决不能商人化。总之,决不能"一切向钱看"。如果背离了满足人民需要这个根本目的,如果追求商品化,那就背离了社会主义的根本原则,那样我们社会的精神生产就会同资本主义社会的精神生产没有什么本质的区别了。在资本主义社会,物质产品的生产和精神产品的生产,都高度商品化了,这些产品的经营者一般都是以追求利润为唯一目的。为了赚钱,一切都可以出卖,连人的良知、人格、人身等等也可以成为商品"自由"地出卖。为了赚钱,那里的许多精神生产部门可以不择手段地并且基本上不受阻挠地生产各种低级、庸俗、腐朽、反动的精神产品,去毒化、腐蚀人们的精神世界。这种精神产品生产的商品化、自由化,是资本主义社会产生精神危机并无法摆脱的原因之一。当前,我们有些精神生产部门,如有些报刊、出版社的编辑部门,有些文化艺术的事业单位,由于管理制度的缺陷和指导思想的错误,不同程度地存在着追求精神产品的商品化的错误倾向,它们不是根据正在从事现代化建设的人民的需要,按照社会主义的原则,对出版物和艺术活动的思想内容提出更高的要求,而是"一切向钱看",致使某些明显地对人们的思想具有消极影响和腐蚀作用的东西,也得以或多或少地流行起来。甚至有人公开提出,我们的出版事业、文化事业不能只由国家和社会经营，而应该允许私人自由经营。文化领域内的这种资产阶级自由化倾向，对于各种错误观点的传播，对于助长资产阶级自由化思潮的泛滥起着不可忽视的作用。这是应该引起我们的严重注意并切实加以纠正的。

必须着重声明：这里所说的这些资产阶级自由化倾向，只是思想战线上的局部现象，只是发生在很少数同志身上，这很少数同志也不是具有所有的上述观点，并且其中大多数人受过党的长期培养教育，为党进行过长期工作，他们在工作中往往是既有缺点，也有优点，既有错误，也有成绩，所以除了个别的例外，他们的错误倾向经过批评教育是可以改正的。这些情况决不是思想战线的主流。必须指出，大多数思想工作者和文艺工作者是严肃认真地、卓有成效地为人民和社会主义而积极工作的。他们的工作的某些方面，已经超出了"文化大革命"以前所曾达到的水平。他们在不同程度上抵制了资产阶级自由化思潮的各种表现，为社会主义事业作出了贡献，受到了人民的欢迎。我们决不能因为批评资产阶级自由化倾向，而神经过敏起来，觉得几乎到处都是资产阶级自由化，多数理论工作者、文艺工作者几乎多少都犯了错误。事实决不是这样。我们必须肯定三中全会以来我们的理论界、文艺界确实取得了很大成绩，如同我们虽然必须批评许多企业经济效益不高，有些企业甚至搞各种歪门邪道，违法乱纪，仍然必须肯定当前全国经济战线确实取得了很大成绩一样。否定成绩，夸大错误，散布失望情绪，是危险的和决不许可的。但是，必须对思想界文化界存在的一些错误观点、错误现象进行严肃的批评和自我批评,否则,这些错误的影响就会扩大,就会对我们的事业,对我们党和国家的整个工作造成严重的损害。

这里需要引起大家注意的是,上述自由化的观点,不少是在以执行三中全会的方针,解放思想的名义下出现的。大家知道,三中全会提出的解放思想、开动脑筋、实事求是、团结一致向前看的方针,是完全正确的。它对于拨乱反正,纠正指导思想上的"左"的错误,起了决定性的作用,这是实践已经充分证明了的。但是,究竟什么叫解放思想呢?党中央认为,解放思想,首先和主要是使我们的干部和群众从"文化大革命"及其以前一段时间内的"左"倾错误的束缚中解放出来,从两个"凡是"的束缚中解放出来,重新回到马克思列宁主义、毛泽东思想的科学轨道上来,回到从实际出发、实事求是的优良传统上来,了解新情况,解决新问题。党中央认为,今后仍然继续需要这样的解放思想。但是有一些同志对解放思想却不是这样理解的。在他们看来,解放思想,可以离开党和人民的经过实践检验的长期革命斗争经验的轨道,可以离开马克思列宁主义、毛泽东思想的轨道,可以离开四项基本原则。极少数同志认为提出坚持四项基本原则是无的放矢,甚至有人把四项基本原则看成是四根棍子。在这极少数人看来,别说党内,就在社会上也根本不存在什么资产阶级自由化的思潮,就连非法组织非法刊物也应该听其自由发展;党内只存在反对"左"倾错误的问题,就连党所领导的社会主义改造也可以包括在"左"倾错误之内。既然党的思想界的一些同志,对于"文化大革命",对于"文化大革命"前十七年的历史,以及"文化大革命"后五年的问题,对于毛泽东同志和毛泽东思想,对于四项基本原则本身，在认识上存在着不同于中央观点的种种分歧，加上一些同志特别是年纪比较轻的同志，对于近代中国的历史，中国革命和中国共产党的历史缺少了解，对于资本主义国家和资产阶级社会存在着种种幻想和糊涂观念，这两种情况互相呼应，互相助长，就形成了资产阶级自由化在一定范围内的发展。

还必须指出，资产阶级自由化思潮的影响在一定范围内的发展，组织上的原因也是很重要的。尽管党中央在一九七九年三月就已经尖锐地提出了这个问题，以后又多次重申，某些同志仍然是我行我素。一些出版物（包括一些所谓内部出版物），一些学会、研究会、讨论会、座谈会、讲演会，一些重要的宣传教育阵地，在近几年中认真加以过问的人不是很多。一些负责宣传、教育、报刊、出版、文化、社会科学研究的机构，也不都是组织得很好，管理得很好。有些部门，一些同志和另一些同志长期不团结，使许多工作不能顺利进行。极少数相当负责的干部本人就对自由化的倾向表示同情和支持。这种组织涣散、工作软弱、纪律废弛的状态，当然不会有利于反对资产阶级自由化思潮的斗争。如果不坚决整顿这种组织状态，就不能有效地改变前面所说的思想状态。当然，组织上也还有其他方面的问题，例如某些"四人帮"残余分子还没有清除，或者某些同志的工作不称职，作风简单粗暴，思想僵化，不研究和尊重科学、艺术的客观规律，把干预学术界、文艺界许多不应该干预的事情当作"加强领导"，等等。这类问题也必须解决。

应该承认，对于思想工作中存在的问题，中央书记处虽然讨论过好些次，但是采取的切实有效的步骤还很不够。我自己作为担负思想工作的一员，没有充分地和始终一贯地负起自己的责任，提出的意见也往往不够周到严密，首先应该进行自我批评并接受中央和同志们的批评。

这里还得答复几个问题。

有同志说，不能把思想文化战线的作用估计过高。生活本身起的作用更大。不能雷公打豆腐，拣软的欺，一有不合，就拿思想工作，首先是电影和文艺开刀。为什么自然科学进行一次失败的实验，经济工作犯一次重要错误，都可以原谅，而思想工作一犯错误就要这样兴师动众呢？建国以来，我们在思想文化界进行的斗争太多也太过火了，总的来说效果很不好，现在应该接受这个教训，不能再走老路。这个教训，在三中全会以来中央的历次有关文件中都提到了，六中全会决议和这次小平同志的谈话，耀邦同志的讲话，也都提到了。我不敢说，以后党就永远不会在这类问题上在某一程度上重犯过去的错误。这需要宪法、法律、社会活动的各种规则、党章、党的领导水平、全党同志和全国人民的觉悟水平、全党同志和全国人民的舆论力量来共同保证避免。但是无论如何，我们首先要分清正确的批评和错误的批评，不能一次被蛇咬，三年怕井绳。生活影响着人们的思想，人们的思想（尤其是有系统的先进思想）也影响着生活。革命不就是这样起来的吗？党不就是这样成立的吗？思想工作者决不能妄自菲薄。有不同的生活，有不同的思想，这就必然会发生相互间的批评。批评的性质有不同，方法也有不同。我们能否把对于《苦恋》的批评同对于《刘志丹》、《怒潮》、《李慧娘》、《谢瑶环》、《林家铺子》、《早春二月》、《北国江南》、《舞台姐妹》、《兵临城下》、《抓壮丁》、《海瑞罢官》等等作品的批评等量齐观呢？前面已经说过,党的批评并不是专门指向文艺工作,更多的还是指向经济工作和组织工作,所以不能说是"雷公打豆腐"。再说思想工作中的错误倾向,党内外的错误思潮,并不是豆腐所能比较,也不是自然科学家在实验室里一次或几百次失败所能比较。实验错了,除非发生了严重的爆炸,扩散了有毒物质,究竟损失有限,只是少数人的事。经济政策和经济工作犯了严重错误,甚至走上破坏社会主义经济的犯罪道路,对国家和人民要造成严重的损失和灾难,必须雷厉风行地坚决纠正,严肃处理,决不允许"原谅"。但是一般说来,经济工作中确实由于缺乏经验而产生的非自觉的和非原则性的错误,当然也要坚决纠正,还不致影响到社会政治制度的性质和发展方向。一种发生广泛社会影响的错误思潮,不同于个别性质、枝节性质的错误,如果不加批评控制,却可能像某种传染病一样,危害整个社会的精神健康和安定团结,甚至产生像"文化大革命"那样的灾难。我们对于资产阶级自由化思潮的批评,是一种对于早已确实存在的重要政治倾向的批评,而不是吹毛求疵,小题大作。况且中央已经再三声明不进行围攻,不搞运动,一切按照《关于党内政治生活的若干准则》办事,就是说,不按照雷公的方式办事。兴师动众,是为了唤起全党加强对思想工作的正确领导,振奋批评和自我批评的革命精神,而不是要整倒任何一个同志。任何一个愿意认识错误、改正错误的同志,失掉的只是自己的错误观点,得到的却是全党和全国人民的谅解和欢迎。

还有同志说,思想战线的问题,总归是第二位的问题,把经济搞好了,思想战线的问题也就不难解决了,我们不应该颠倒主次。就我们国家的整个工作来说,最基本的是要把经济搞好，这是不能动摇的。经济的发展也可以对思想的进步发生一定的作用（加强人们对社会主义的信念，加强人们的团结奋斗的意志，减少某种范围内的经济犯罪等），这也不能怀疑。但是，我们不能抱着这么一种观点，经济搞好了，人们的各方面思想都会自动地跟着好起来。许多经济很发达的国家，人们（当然不是所有的人）却缺少理想和信念，精神很空虚，而且犯罪现象严重发展。人，当然要有最起码的吃、喝、住、行、用，然后才顾得上其他。但是，并不是有了吃、喝、住、行、用，就会有正确的思想。而且吃、喝、住、行、用本身，也有一个来源和用法是否正当的问题，这就属于思想性质的问题。否则，为什么人类从古代以来就有富贵不能淫，贫贱不能移，临财毋苟得，临难毋苟免，先天下之忧而忧，后天下之乐而乐，杀身成仁，宁死不屈的道德规范呢？我们奋斗的目标是现在建设社会主义和将来实现共产主义，这都包括物质文明和精神文明两个方面。有些同志认为物质文明就是经济基础，而精神文明则是上层建筑，这完全是一种误解。经济基础即生产关系正是物质生产过程中的人与人的关系，而决不是人与物的关系或物与物的关系，更不是物本身。同样，也不能认为物质文明和精神文明的关系是物质和精神的关系，因为这两种文明尽管包括的范围很不相同，却都是物质和精神相互间复杂关系的产物。精神文明不能够离开一定的物质条件，但它并不是物质文明的派生物或附属品，它只能由思想战线全体同志、全党和全国各族人民在思想政治文化方面进行长期奋斗而产生和发展。在今天中国的条件下，如果我们只是建设社会主义物质文明，而不同时努力建设社会主义精神文明，人们还是自私自利,唯利是图,不但不能统筹兼顾,团结互助,而且还要不择手段地互相敲诈、谋害,相互之间没有一种同志爱、邻人爱、同胞爱,没有舍我为人,舍己为群、舍私为公的精神,没有高尚的理想,高尚的情操,没有对于革命前途的坚定信念,没有为革命斗争所必需的组织性纪律性,那么,我们还能说这种社会的精神状态比资本主义社会的精神状态有什么优越性吗?我们的革命难道就是为着建设这样一种社会吗?而且,如果没有一定的社会主义精神文明,社会主义的物质文明就不可能建设,建设起来的也必然要受到破坏。这是大家都清楚的,不用多说。所以,我们要发展社会主义的经济,同时要发展社会主义的政治,社会主义的伦理,社会主义的教育,社会主义的科学,社会主义的文化,等等。所有这些,都需要进行大量的、艰巨的思想工作和思想斗争。经济战线和组织战线的领导不能够涣散,不能够软弱,政治、思想、文化战线和其他战线的领导也不能涣散、软弱,都要统一,都要坚强。

　　在涉及现实政治的根本问题上实现思想的一致(在许多不影响人民共同行动的问题上并不要求这种一致),当然不是一件容易的事。社会生活是极其复杂的,反映社会生活的人们的认识也是极其复杂的。粉碎"四人帮"以后,在批评两个"凡是"的问题上,党内思想界大多数同志的认识还比较一致,随着时间的推移,出现了许多新情况、新问题,原来认识比较一致的同志,在一些问题上的认识又不那么一致了,产生了一些分歧。这在《关于建国以来党的若干历史问题的决议》草案讨论过程中也有反映。现在六中全会已经开过了,决议已经通过了,解决意见分歧的条件已经成熟了。我们的同志在思想上、言论上、行动上都应该在决议的基础上一致起来，统一起来。每一个共产党员都要无条件地服从党的纪律，服从中央的决议，照决议的说法去说，照决议的说法去做。我们不能在涉及现实政治的根本问题上争论不休，使我们的党和人民共和国变成一个每天进行政治争论的俱乐部，似乎那样才是春天。不，我们需要的是社会主义的春天，它不但有在一定范围内进行争论的自由，而且有全党、全军、全国各族人民团结一致、建设社会主义新生活的自由。只要我们能够通过批评特别是自我批评，消除过去的分歧，在决议的基础上团结起来，团结得像一个和睦的家庭一样（和睦的家庭也有争论，但争论可以归于一致，至少不妨碍和睦），那么，思想战线上涣散软弱状态的问题，就可以解决一大半。我们党是全国人民团结的核心，是建设社会主义物质文明和精神文明的领导力量，因此，我们不但必须、而且一定能够达到这个目的。

总之，中央召集这次会议，就是表示中央决心尽一切努力来着手切实解决目前党在思想战线上的涣散软弱状态的问题。既要从思想上解决，也要从组织上解决，要彻底改变政出多门、莫衷一是的局面，并且首先要从中央各部门做起。

第三个问题，怎样开展正确的批评。正确的批评当然首先要坚持四项基本原则，这是任何领域的批评的共同基础。不同领域、不同问题上的批评，又要有各自的专门性要求。但是无论什么范围的批评，为了真正有效地达到坚持四项基本原则的目的，都必须在理论上和事实上正确，并且要有经常性，要力求保持前后一贯。前面说过，社会主义民主，是在批评和自我批评中前进的，是一种辩证的运动。正确的批评不是靠地位，而是靠科学和艺术，就是说靠真理，靠正确的方法。

文艺批评是一门专门的科学，我对这门科学的知识有限，不能多说。这里只说一般的政治性质的批评。我想，正确的批评至少要具备三个条件。第一，对需要批评的对象，需要批评的人或事，或观点，要有全面、深入的了解。这不是我的发明。孔子说："知之为知之，不知为不知，是知也。"毛泽东同志说："没有调查就没有发言权。"这是永远打不倒的真理。对任何人的批评都只能根据客观的事实，都必须保持严格的科学态度。对批评的对象如果缺乏全面、深入的了解，就需要认真地调查研究，而不能强不知以为知。因为批评要经过一个全面、深入的了解过程，是认识的深化，所以，批评本身在不同程度上也应该是一种科学研究，是一种创造性的劳动。

第二，人民内部的批评，一定要有团结的愿望。这也不是我的发明，而是毛泽东同志曾经多次强调过的。"因为如果在主观上没有团结的愿望，一斗势必把事情斗乱，不可收拾，那还不是'残酷斗争，无情打击'？那还有什么党的团结？"只要批评的对象不是有真凭实据的敌对分子或者其他不可救药的坏人，我们都要有满腔的热情，要有团结的愿望。从团结的愿望出发，达到在新的基础上团结的目的，这是我们的要求，是我们必须坚持的原则。但是这种要求在实践中也不一定都容易做到。这至少有两方面的原因：一是批评的人本身没有或者很少团结的愿望，或者只有口头上的愿望，或者方法不适当，使第三者也望而生畏；一是被批评的人，根本不接受批评，什么苦口婆心，和风细雨，什么满腔热忱的团结愿望，什么允许犯错误，允许改正错误，什么可以等待，他就是不接受。这两种情况都会增加我们工作的困难。

　　第三，从以上两个前提出发，我们的批评就要既入理，又入情。这仍然不是我的发明。在中共中央《关于认真学习贯彻第四次全国文代会精神的通知》中就说："对于有错误的作品和言论，可以也应当讨论，可以也应当进行批评。这种讨论和批评应当力求是真正同志式的，入情入理、恰如其分、令人信服的，并且要允许反批评。只要做到这些，那么这就是正确的批评，而不是违反'三不主义'的错误批评，即吹毛求疵、罗织人罪、无限上纲、剥夺民主权利、置人于死地的所谓'批评'。"这段话说得很好，做起来却不容易，经常记住它，想着它也不容易。但是我们一定要努力经常记住，想着，照做。为了保证批评的科学性，体现批评的同志式态度和团结愿望，我们的批评就要入理入情。我把入情入理的说法改变了一下次序，这样多少跟它的原义有了些出入，因为原话的入情是指切合事情的情况，现在的说法就比较着重了同志间的感情，也可以包括所谓人之常情。入理是说切合事理，充分说理，持之有故，言之成理；入情是说保持同志态度，准确理解和分析被批评者的心理状态，动之以情，而不要不近人情。这种对同志的入理入情的批评，才是真正的马克思列宁主义、毛泽东思想的表现。

　　以上所说的三个条件，实际上只是毛泽东同志所说的正确的学风、党风、文风在批评上的应用。无论是《苦恋》也好，《太阳和人》也好，如果哪位同志看了以后无动于衷，觉得不必批评，那就可以不客气地问他，他的党性到哪里去了？我在这里对批评提出一些要求，是为了拥护批评，是为了使批评能够真正充分有效，使被批评者和广大群众都能够因而受到教育，提高觉悟。这也是三中全会以后尤其是六中全会以后我们党和我们国家应有的社会主义民主的新气象。

我得赶紧声明，我虽然提出关于正确批评的三个要求，丝毫不是说我自己已经做到了这一点。相反，我对同志们的批评往往不那么准确，批评的方法和态度也往往不够谨慎。不过我还是认为，正确的批评应该符合这三个要求；自己"虽不能至，然心向往之"，希望今后能力求进步。

大家在讨论中谈到动机和效果，任务和方法的问题。毛泽东同志在《关心群众生活，注意工作方法》一文中谈到了任务和方法的关系问题，这一点大家没有什么争论，不必说了。他在《在延安文艺座谈会上的讲话》中谈到了动机和效果的统一问题，不过谈得比较简单，因而一直有并且在这次讨论中也有不同的理解。看人不能只看他的宣言，主要是看他的行动，这无疑是一个真理。把这个真理引申到动机和效果的关系上来，情况就比较复杂，因为宣言并不等于动机，行动并不等于效果。这是两种不同性质的关系。毛泽东同志提出动机和效果的统一，这是对我们的一个非常重要的要求，我们的文艺工作者以及我们每个同志都必须时时记着这个要求，用一切努力来实现这个要求。但这并不是一个规律。毛泽东同志经常要我们注意区分好人犯错误和坏人做坏事、耍阴谋、下毒手的两种情况，就是因为这个区分是复杂的，又是绝对必要的。一个人被杀死了，公安和检察机关一定要从各个方面用各种方法审慎地鉴别这究竟是自杀还是他杀；如果已经确定是他杀，还要鉴别这究竟是出于蓄意谋杀，过失误杀或正当防卫，还是凶手借刀杀人，甚至伪造现场，嫁祸于人。大家知道，这种鉴别往往是很不容易的。毛泽东同志晚年犯了错误，他的动机不是一直也有种种说法，直到六中全会才作出正确的结论吗？剧本《苦恋》和影片《太阳和人》的严重错误之一，不正是极端片面地解释了或暗示了"文化大革命"的动机，并尽情加以渲染吗？这样的错误作品之所以也有它们的市场，正反映了一些人对于"文化大革命"也有类似的解释，当然也有一些人是对于"双百"方针有所误解，对于一些评论的方法和提法有所不满，等等。总之，动机和效果的统一是一个复杂的问题。我们对共产党员，对马克思主义者，对任何一个善良的有责任心的公民，都要求他们努力做到动机和效果相统一。但是实际上不能完全做到的情况很不少，而原因是各种各样的。要做到这个统一，首先要求主观和客观的一致，认识和实践的一致，完全做到这一步已经很不容易；而做到这一步以后，还得打破许多意外因素的干扰。因此，在比较复杂的活动中实现这种一致，常常需要经历一个长期的、曲折的过程，甚至最后也仍然不能实现或不能完全实现。如耀邦同志所说，就是毛泽东同志本人，虽然提出过许多很正确的、很好的、我们今后永远要认真执行的原则，但是非常令人惋惜的是他自己往往也没有始终做到。所以，对于动机和效果不相统一的情况，我们不要在认真分析以前就对有关的同志责备求全，尤其不能轻易地用效果来逆推动机，这是很危险的。效果当然可以作为推测动机的一种可能的依据，但是这仅仅是一种可能性，一定要想到还有其他种种可能性。作出结论，一定要经过周密的论证，排除其他各种可能，并且提出充分的、确切可靠的论据。因此，无论是对待文艺创作，文艺批评，或是对待其他人的其他行为，我们都不能用动机和效果的统一当作一个规律来推论，来苛求。动机和效果没有达到统一的时候，我们要具体地分析具体情况，说明它在什么地方没有统一，为什么没有统一，怎么样才能够统一。要是这样做了，批评的价值就会提高，就会令人信服。

批评需要提倡、鼓励，也需要提出要求。小平同志的整个谈话既提倡、鼓励批评，又提出对批评的质量、方法、分寸的要求。当前，批评很少，自我批评更少。对于批评，特别是对于自我批评，要大力地提倡。我们希望有很好的、质量很高的批评。但是，质量如果一时没有那么高，我们大家也不要过于责备，就如同对于有某些缺点的作品，我们大家也不能够过分责备一样。我们相信批评界一定能够逐步地提高批评的质量，就如同创作界一定能够逐步地提高创作的质量一样。我们不能幻想大家什么都不写，等着有一天，伟大的不朽的著作会从天上掉下来。无论批评或创作，都只能在实践中不断地进步，不断地提高。对于有原则错误的创作或批评，那当然要指出它的错误，这种批评也正是对作者或批评者的爱护。至于互相捧场的有害无益，大家已经说了很多，不必再重复了。

以上所说的，大概也可以适用于社会科学著作的评论。

第四个问题，怎样认识毛泽东同志的文艺思想，这是一个文艺理论的专门问题，我现在只能主要就政治方面说一点个人意见。

六中全会最重要的任务之一，就是要科学地阐明毛泽东同志的历史地位和毛泽东思想。这个任务，经过很多同志很长时间的集体努力，已经由六中全会完成了。说到毛泽东同志的文艺思想，我认为，这个题目的内容很丰富，很需要我们认真研究，而这项工作我们现在还做得很少很少。我们的工作决不能限于研究一篇《在延安文艺座谈会上的讲话》，或者加上一篇《同音乐工作者的谈话》；它要包括研究毛泽东同志所创作的优美诗词和大量的优美散文，研究这些作品的美学观点和美学价值，以及他对历史上和现代一些作家和作品的评论、评价、鉴赏。我们必须尽快地把这些方面的资料收集起来，进行整理。所以，为了研究毛泽东同志的文艺思想，我们现在所依据的资料是很不完全的。关于《在延安文艺座谈会上的讲话》，我认为，这个讲话的根本精神，不但在历史上起了重大的作用，指导了抗日战争后期的解放区文学创作和建国以后的文学创作的发展，而且是我们在今后任何时候都必须坚持的。它的要点是：文学艺术是人类社会生活的反映，生活是文学艺术的唯一的源泉。生活可以从不同的立场反映，无产阶级和人民的作家必须从无产阶级和人民的立场反映。必须在实际上而不是口头上解决立场问题。在人民当家作主的地方，必须深入到人民的生活中间去，首先是占人民绝大多数的工农兵的生活中间去，这才能够写出反映他们的生活、符合他们的需要的作品。这不但是作家、艺术家的义务，也是他们过去常常求之不得的权利。作家要站在无产阶级和人民的立场上，创造文学艺术的作品，来团结和教育人民，惊醒和鼓舞人民，推动人民为反对敌人、改造旧社会旧思想、建设新社会新生活而斗争。这些都是完全正确的。在今天的社会主义社会时代，党中央提出文艺要为人民服务，为社会主义服务，这是毛泽东同志的文艺思想在社会主义条件下的运用和发展。

为人民服务,决不可以跟为工农兵服务对立起来。虽然工农兵不能够代替全体人民,但是他们究竟是人民的最大多数。社会主义社会的知识分子,也是劳动人民的一部分。为人民服务和为社会主义服务,这也就是《在延安文艺座谈会上的讲话》所说的"群众的政治"。为社会主义服务,跟为政治服务的提法比较起来,前一个提法更加准确,更加清楚。这首先是因为,我们的一切政治归根结底都是为大多数人谋利益的手段,政治本身并不是目的(保证每个不反对社会主义的个人应有的自由权利和人格尊严这一点也许可以作为例外),我们不能为政治而政治,所以也不能为政治而文艺等等。即令有时我们这样说了,实质上还是等于说为人民而文艺等等。其次,这也是因为,为政治服务可以并且曾经被理解为当前的某一项政策,某一项临时性的政治任务、政治事件,甚至为某一个政治领导者的"瞎指挥"服务。应该承认,为狭义的政治服务,在某种范围内也是需要的(只要这种政治确是代表人民当时的利益),但是决不能用它来概括文学艺术的全部作用,就如同宣传画和讽刺画是需要的,但是毕竟不能用来包括整个的绘画。社会主义是一个非常伟大的事业,我们的文学艺术为这个伟大的事业服务,这是社会历史发展所必然产生的任务,是每一个社会主义文艺家的光荣职责。当然,艺术的门类品种不同(例如文学、戏剧、电影、美术、音乐、舞蹈、建筑艺术等等以及各自的进一步分类),它们服务于社会主义的方法、方面和性质不可一概而论,我们对它们的要求也不能"一刀切"。为社会主义服务是一个广泛的概念。只要有益于培养社会主义新人的世界观、理想、道德、品格、信念、意志、智慧、勇气、情操和整个精神境界，都是为社会主义服务。在今天的中国，为社会主义服务就是为人民服务。人民正在建设社会主义，正在把社会主义推向前进，如果我们的文艺离开了社会主义的崇高目标，不去为它服务，反而损害它的利益，那么人民为什么需要这种文艺呢？因此，毛泽东同志的文艺思想要求作家深入到生活里面去，深入到群众里面去，坚定不移地站在人民的立场上，为人民服务，首先是为工农兵服务，这是我们必须坚持而不能动摇的。

同时，对毛泽东同志的文艺思想也要采取科学的分析态度。我们不能用"句句是真理"或者"够用一辈子"那样的态度来对待《在延安文艺座谈会上的讲话》，那种态度根本不是马克思主义的，而是完全违反马克思主义的。长期的实践证明，《讲话》中关于文艺从属于政治的提法，关于把文艺作品的思想内容简单地归结为作品的政治观点、政治倾向性，并把政治标准作为衡量文艺作品的第一标准的提法①，关于把具有社

---

① 对于一部作品，应该从思想内容和艺术形式两个方面去评价。从总体上来说，文艺作品的思想内容涉及的方面很多，包括政治观点、社会观点、哲学观点、历史观点、道德观点、艺术观点等等，而且这些观点在文艺作品中都不是抽象的，而是同艺术的形象、题材、构思，艺术所反映的生活真实相结合的。这就要求我们在衡量、评价一部作品的思想内容时，除了分析它所包含的政治观点、政治倾向性以外，还必须分析它所包含的其他方面的思想内容，它对生活的认识价值，这样才能全面地评价作品的思想意义。否则，就不可能做到这一点，而且势必硬把作品变成某种政治观点的图解物。即使是政治倾向十分强烈的文艺作品，它的思想内容也不可能只限于政治倾向，除非它不具备一般文艺作品的特征。因此，不能把文艺作品的思想内容仅仅归结为政治观点、政治倾向性（毫无疑问，革命的政治观点、政治倾向性对革命作家是绝对重要和绝对必要的），不能孤立地把政治标准作为衡量文艺作品的第一标准。硬要那样做，就必然导致实践上的简单粗暴，妨碍文艺创作、文艺批评的健康发展。

会性的人性完全归结为人的阶级性的提法（这同他给雷经天同志的信中的提法直接矛盾），关于把反对国民党统治而来到延安、但还带有许多小资产阶级习气的作家同国民党相比较、同大地主大资产阶级相提并论的提法，这些互相关联的提法，虽然有它们产生的一定的历史原因，但究竟是不确切的，并且对于建国以来的文艺的发展产生了不利的影响。这种不利的影响，集中表现在他对于文艺工作者经常发动一种急风暴雨式的群众性批判上，以及一九六三年、一九六四年关于文艺工作的两个批示上（这两个批示中央已经正式宣布加以否定）。这两个事实，也是后来他发动"文化大革命"的远因和近因之一。应该承认，毛泽东同志对当代的作家、艺术家以及一般知识分子缺少充分的理解和应有的信任，以至在长时间内对他们采取了不正确的态度和政策，错误地把他们看成是资产阶级的一部分，后来甚至看成是"黑线人物"或"牛鬼蛇神"，使林彪、江青反革命集团得以利用这种观点对他们进行了残酷的迫害。这个沉痛的教训我们必须永远牢记。

因此，在讲到毛泽东同志的文艺思想的时候，我希望同志们对于它的正确的核心要坚决加以维护和发展，对于它的某些不正确方面不要重蹈覆辙。党中央决定，在进行批评的时候，一律不要围攻，不要压服，不要无限上纲，就是接受了历史的教训。对于各个人，各个作品，各个观点，要具体问题具体分析。一搞围攻，一搞运动，就必然离开说理的态度，离开从团结的愿望出发、达到在新的基础上的团结这个正确的方针。在另一方面，我们也要看到，毛泽东同志即使在晚年，对文艺问题也发表过一些好的思想。比方说，"古为今用，洋为中用"，这不就是六十年代上半期提出来的口号吗？我们现在大家都赞成嘛。戏曲改革，从原则上来说，也是正确的，不然还有什么推陈出新呢？对于美术，对于人体画，他也发表过正确的意见，这个意见现在许多比较保守的同志和群众还不容易接受。一九七五年，也还是毛泽东同志批准了电影《创业》和《南海长城》的放映，姚雪垠同志的长篇历史小说《李自成》第二卷的出版，鲁迅全集的重新出版和鲁迅纪念馆的扩建，聂耳冼星海音乐会的举行等等，并且重新提出了"百花齐放"的口号，暂时打击了江青一伙独霸文艺阵地的疯狂气焰。总之，我希望同志们能够在这个问题上多花一些功夫，把毛泽东同志的文艺思想认真地全面地研究一下，不要用简单的不明确的概念作为大前提来作这样那样的推论。那样会使得人们不容易了解你这个概念的含义究竟是什么，它包含哪些方面，不包含哪些方面。解放军的各位领导同志对于小平同志说的对"三支两军"要说两句话，不要说一句话，非常拥护。我们对待毛泽东同志的文艺思想也需要采取这样的分析态度。只有这样，才合乎唯物主义，合乎辩证法，也才能把毛泽东同志的文艺思想同马克思列宁主义的文艺思想科学地结合起来。

第五个问题，文艺作品应该怎么样来对待"文化大革命"一类历史问题，以及怎样对待现实生活中的阴暗面。这个问题，本来应该由作家、艺术家来答复，他们会讲得更好，而且很多作家、艺术家已经通过他们的各有特色的优秀作品，作出了具体的生动的答案。但是，参加这次会议的有些作家、艺术家，希望我能就这个为文艺界和社会舆论所共同关心的题目说几句话，我想不妨同大家交换一些意见。我也只是从政治方面说这个问题,因为这同我们现在对《苦恋》、《太阳和人》的批评有直接的关系。

中央在今年一月的《关于当前报刊新闻广播宣传方针的决定》中曾经说,报刊的文艺作品,一定要坚持为人民服务,为社会主义服务的方向,促进全党、全军和全国各族人民同心同德地努力实现四个现代化的伟大事业,要热情歌颂社会主义新人,现代化的创业者。揭露和批判阴暗面,目的是为了纠正,要有正确的立场和观点,使人们增强信心和力量,防止消极影响。关于反右派、"反右倾"和十年动乱的揭露性作品,几年来已经发表不少。过去几年这类题材的作品的大量出现是必然的。绝大多数作家写这些作品也是出于对历史、对人民的责任感,出于革命的热情。这些作品总的说来,是有益的,对于认识过去的历史,批判"左"倾错误,揭露林彪、江青反革命集团的罪行,表现站在正确立场上的党员和群众的英勇斗争,产生了积极的作用。应该向文艺界的同志指出,这些题材,今后当然还可以写,但是希望少写一些。因为这类题材的作品如果出得太多,就会产生消极作用。我认为,中央的这个指示很重要、很全面也很及时。它适合于艺术的各个部门,尤其适合于电影这种最有群众性的艺术。银幕上假如长期大量出现"文化大革命"中的一些打砸抢、残酷、阴险、恐怖、野蛮、绝望的场面,不但同当前正在为建设社会主义新生活而英勇奋斗的人民的需要难以协调,而且会使许多青少年观众觉得不可理解,甚至会使一部分观众加以模仿,或者加以错误的接受,认为人和人的关系,社会主义的制度和党的原则,社会主义中国的前途,就是这么一回事。反正是坏人成群,好人孤立,坏人得势,好人遭殃。电影艺术有它的特长,也有它的限制,它很难对复杂的历史事件的发生作出解释,也很难像文学作品那样能给读者以反复阅读、充分思索、长期评论的条件。影片的创作者们是为了批判"文化大革命"而进行创作的,在上述情况下,却会同他们的本意相反,产生扩大和延长"文化大革命"阴影的结果。我们党从打倒"四人帮"以来,经过差不多五年的时间,才给"文化大革命"和建国以来历史上的一些其他问题作了科学的总结,目的就是为了和过去的错误告别,以便全党和全国人民从此同心同德地建设现代化的社会主义国家。我们也希望全国的作家、艺术家能把创作活动的重点转到当前的建设新生活的斗争中来。当然,历史不能忘记和割断,更不能隐瞒和篡改。正确地揭露过去历史上的阴暗面,把它们同以前、当时、以后的光明面加以对比,在给人以深刻的教训的同时,给人以全面的认识和坚定的信念,这样的作品无疑是今后的观众和读者所仍然需要的。但是,究竟不能说多数作品都必须着重于十年内乱的这一段历史,着重于这一段历史中最令人憎恶的事物。一个人(除非是历史学家或历史文学作家)如果过多地回顾就难于前进,一个民族更是如此。我们没有权利阻止作家们写他们所熟悉的历史上的不幸事件,但是我们有义务向作家们表示这样一种愿望,希望他们在描绘这些历史事件的时候,能使读者、听众和观众获得信心、希望和力量,有义务希望报刊、出版社的编辑部和电影制片厂、剧团等单位在选用这些作品的时候采取比较高的标准。话说回来,就我有限的见闻所及,我想应该公正地说,写"文化大革命"的短篇、中篇、长篇小说,以及表现同一题材的影片,是比较好的居多，也有少数情调低沉些，但极少像《苦恋》或《太阳和人》那样地硬给人们以恐怖和绝望的感觉，甚至在"文化大革命"结束以后，作品的主人翁或者在雪地上死去，只留下他爬过的痕迹所形成的问号，或者在影片上出现一个太阳，加上一串虚点，暗示人崇拜神，神愚弄和迫害人的历史并没有结束。不！历史不是像白桦、彭宁同志所想象的那样发展的。我们党不但粉碎了"四人帮"，而且坚决否定了"文化大革命"的理论和实践，取得了从三中全会到六中全会的一系列胜利。作家、艺术家和我们大家一样对过去的历史有痛苦的经历和感受，这是事实。但是鲁迅在一开始写小说的时候，就抱定宗旨："为达到这希望（治疗旧社会的病根）计，是必须与前驱者取同一的步调的，我于是删削些黑暗，装点些欢容，使作品比较的显出若干亮色"。他在《北京通信》一文中甚至说："我自己，是什么也不怕的，……然而向青年说话可就难了，如果盲人瞎马，引入危途，我就该得谋杀许多人命的罪孽。"即使在黑暗的旧中国，尽管当时还不是共产主义者，鲁迅是多么郑重地注意自己作品的社会效果，特别是对于青年一代可能发生的影响啊！今天的中国，已经根本不同于黑暗的旧中国，我们的有革命觉悟的作家艺术家更应该学习鲁迅的这种对社会负责、对青年负责的榜样，不要使我们的下一代的心灵受到出于我们意料的和不容易医治的创伤。

我们解决了怎样正确地对待建国以来历史上的阴暗面的问题，也就不难正确地对待现实生活中的阴暗面。我们希望作家更多地着重表现当前人民建设新生活的斗争，这决不是提倡什么歌舞升平，更说不上什么鼓励风花雪月。建设新生活的道路,过去、现在、将来都不是平坦的,它是一场波澜壮阔、时间久远,涉及全国每个人的生活全过程的非常复杂、非常艰巨的斗争,只有战胜人世间的以及自然界的各种艰难险阻才能前进。真、善、美是同假、恶、丑相比较而存在,相斗争而发展的,因而在比较复杂的叙事作品中,歌颂和揭露常常不可避免地要结合在一起(这是说两者的相互关系,不是说文艺的作用只限于歌颂和揭露)。耀邦同志在剧本创作座谈会的讲话中,在指出"反映当前全国各族人民如何同心同德搞'四化',这是最值得大写特写的题材"的时候,就曾郑重宣布:"我赞成你们在写向'四化'进军的时候,狠狠揭露那些阻碍向'四化'进军的错误行为,错误思想。"现实生活中有欢乐,也有痛苦,有理想,也有污秽,我们不能睁一只眼,闭一只眼。但是,无论如何,一定要看清全局,看清主流,看清前途。我们的作家、艺术家,尤其是其中的共产党员,无论在什么时候,都应该对党和人民的前途、社会主义中国的前途抱着积极的态度。人民不需要丧失信心、悲观厌世的作品。着重于历史和现实的消极方面,站在正确的立场上,作出深刻的描写,也可以给人民教育,甚至也可能产生伟大的作品。但是我想,它们究竟不能比表现为建设新生活而斗争的作品给人民以更大的教育,也不会比后者产生更多的伟大作品。

中国"文化大革命"已经结束快五年了,三中全会以后我们的事业有了很大进步,但是我们的国家现在在不少方面还很落后。这并不妨碍产生伟大的艺术。十九世纪的俄罗斯以及北欧和东欧的一些国家,也是当时世界上落后的国家,但仍然产生了伟大的作家,伟大的艺术家。今天的中国比十九世纪的俄罗斯要先进得多，我们产生伟大作品的条件要充分得多。现在党的文化政策，不但同"文化大革命"时期不能相比，甚至同"文化大革命"以前十七年的文化政策也不能相比。我们认真实行了"百花齐放、百家争鸣"的方针；我们为作家、艺术家深入人民、表现现实和发表作品提供了各种条件，如果还不够，我们就继续创造；如果我们的工作有错误，我们就努力改正。短短几年，一大批有才能并继续努力前进的中青年作家、艺术家出现了，老作家、老艺术家们也重新积极工作起来。这在中国几千年历史上是少有的令人欢欣鼓舞的时代。我们希望这次会议能够促进文学艺术事业的繁荣，促进新的、优秀的、伟大的作品的产生。我们对《苦恋》这一类错误作品的批评，对于腐朽的资产阶级自由化思潮的批评，也正是为着迎接我们有信心取得的这个伟大的胜利。

　　谢谢大家费了三个多小时听我的讲话。因为情况了解和研究不够，一定有说得不妥当的地方，请大家指正。

对宪法修改草案（讨论稿）的说明

（一九八二年二月二十七日在
宪法修改委员会第二次全体会议上的讲话）

各位委员：

我受彭真副主任委员的委托，对宪法修改草案的讨论稿作一些说明。关于这次宪法修改的经过和修改条文的内容已经发了一篇比较详细的说明，不再重复了。现在就这次修改草案里面的五个重要问题，作些解释。

第一个问题，这次宪法修改草案，加强了人民民主，也就加强了以人民民主为基础的人民民主专政、民主集中制。

在党的六中全会决议里面，对于过去三十年的基本经验的总结中，专门一条讲到，建设高度民主的社会主义政治制度是"社会主义革命根本任务之一"。同时"必须根据民主集中制的原则，加强各级国家机关的建设"。"在基层政权和基层社会生活中逐步实现人民的直接民主，特别要着重努力发展各个城乡企业中劳动群众对于企业事务的民主管理。必须巩固人民民主专政，完善国家的宪法和法律并使之成为任何人都必须严格遵守的不可侵犯的力量。使社会主义法制成为维护人民权利，保障生产秩序、工作秩序、生活秩序，制裁犯罪行为,打击阶级敌人破坏活动的强大武器。绝不能让类似'文化大革命'的混乱局面在任何范围内重演。"这次宪法的修改,就是按照这样一个精神来进行的。彭真同志说,修改宪法的时候,一定要理直气壮地坚持四项基本原则,坚持人民民主专政,坚持民主集中制,坚持民族自治、民族区域自治制度,也是跟六中全会这个决议的精神完全一致的。这就是这次宪法修改工作的基本指导思想。关于加强人民民主的方面,在宪法修改草案里面有很多的表述。在宪法序言的末了一部分,特别说明宪法"具有最高的法律效力,全国各族人民、各政党、各社会团体、一切国家机关都以宪法作为自己的行为的根本准则,并负有维护宪法的尊严、保证宪法的实施的崇高职责"。这是一。

第二,在总纲的第一条规定:"国家保障全体公民的合法利益和权利,领导和组织经济、文化、国防的社会主义建设。"这一方面说明了人民民主,另外方面说明了人民民主专政的任务和对象。接下来,第二条又说:国家的任务之一就是"保障全体公民的合法利益和权利"。第三条规定:"中华人民共和国的一切权力属于人民。"人民有权参加"管理和监督国家工作,管理和监督经济文化事业,管理和监督社会事务"。第四条第二款特别规定:"全国人大和地方各级人民代表大会都由民主选举产生,对人民负责,受人民监督。"以上这些规定,都是着重说明了人民的权利必须受到充分的尊重和保障。

第三,在宪法修改草案总纲的第六条第三款规定:"一切国家机关、政党、社会团体、企业和事业机构都必须遵守宪法和法律。任何国家工作人员不得滥用国家权力。任何公民不得有超越宪法和法律的特权。"

第四，在第十四条规定："国家保护公民的合法收入、储蓄、房屋和其他生活资料的所有权。"第十五条规定："国家依照法律的规定保护公民的私有财产的继承权。"

第五，第十九条里规定："国营企业，按照法律规定，在国家统一领导下，具有经济活动的自主权。""集体经济组织，在服从国家计划，遵守有关法律的前提下，自主地进行经济活动。"

第六，在第二十一条第二款规定："中华人民共和国公民应当以平等的态度对待不同性别、不同年龄、不同职业、不同职务、不同信仰、不同民族、不同国籍的人。对于任何人采取不平等态度的行为是道德和法律所不允许的。"

第七，在第二十五条："一切国家机关必须依靠人民的支持，经常保持同群众的密切联系，倾听他们的意见和建议，接受他们的监督。"第二十六条规定："一切国家工作人员必须忠于社会主义制度，模范地遵守宪法和法律，努力为人民服务，作人民的表率。"

第八，在第二十七条规定："中华人民共和国保卫社会主义制度，维护社会主义秩序，镇压和打击反革命活动，打击和制裁破坏社会经济的活动和其他一切违法乱纪的行为，惩办和改造刑事犯罪分子。"第二十八条"中华人民共和国的武装力量属于人民。它的根本任务是巩固国防，抵抗侵略，保卫人民，保卫人民的革命和建设的成果。"下面新加上"它积极参与国家的建设事业，随时随地为人民的利益服务。"

上面说的总纲的这几点，大部分都是以前历次宪法所没有规定，或规定得不充分的。在这次修改的草案里面，作了新的规定。

第九，把关于人民的权利和义务的次序由过去的第三章提前到第二章，这也是加强人民民主，尊重人民权利的一个表现。

第十，在人民的权利和义务这一章里面，第三十条规定："中华人民共和国公民在法律面前一律平等。""公民的权利和义务不可分离。任何公民享有宪法和法律规定的权利，同时有遵守宪法和法律的义务。"关于权利和义务不可分离是马克思在第一国际的章程里面提出来的观点，就是没有无权利的义务，也没有无义务的权利，权利和义务是不可分的。在整个这一章里面，都贯穿了这个思想。关于公民享有什么权利，同时承担什么义务，这在第四十九条里面又作了专门的规定。公民在享受各种各样的自由权利的时候，不能"损害国家的、社会的、集体的利益和其他公民的合法的自由权利"。在第三十二条里面规定，除了在本届第三次会议上已经取消了一九七八年宪法里面关于实行大鸣、大放、大字报、大辩论的自由以外，在这次修改的时候，考虑到，原来规定的关于"罢工的自由"这样的提法不符合于社会主义发展的利益。我们的工业是属于全体人民的，罢工就是对全体人民利益的一种破坏。所以在这个条文里，把"罢工自由"删掉了。

第十一，在第三十三条作了这样的规定："中华人民共和国公民有在安定的社会秩序中享受安全生活的权利，任何破坏社会安定和社会安全的行为必须受到法律的追究。"这一条是新加的。而且这是完全反映了社会主义制度区别于任何剥削制度的根本不同点。在社会主义制度下面，人民有在安定的社会秩序中享受安全生活的权利。很多从香港或者从外国到中国来的人，很快就会感觉到，中国这个社会主义国家的一个很大的特点，就是有安定的社会秩序，能够享受安全的生活。这不是说在我们现在社会生活里面，已经做到了完全的安全，但是在宪法上规定，每个公民都有这样的权利，而且任何破坏社会的安定和社会安全的行为都要受到法律的追究。这就从宪法上保证了我们国家的根本的社会安定。

第十二，关于宗教信仰的问题，第三十四条第一款恢复了一九五四年宪法的规定，把一九七五年、一九七八年条文的写法改变了，同时加上"国家保护正常的宗教活动和宗教仪式。宗教不干预政治和教育，不受外国的支配"。"禁止一切不属于宗教范围的迷信活动。"宪法修改草案是经过党中央政治局作过详细的讨论，基本上通过，作为草案通过的，在讨论过程中间，有同志提出，这样的规定，还有需要补充的地方，就是一方面，非教徒不能干涉教徒，另外一方面，教徒也不能干涉非教徒。这一点现在的条文规定得还不够明确，这个问题提出来，请大家考虑。因为在目前，从这两方面来的干预的现象都存在。

第十三，从第三十五条到第三十八条，关于中华人民共和国公民的人身自由不受侵犯，条文作了比较详细的规定。增加了中华人民共和国公民的人格尊严不受侵犯，禁止用任何方法对公民进行侮辱和诽谤。第三十七条规定了"中华人民共和国公民的住宅不受侵犯。禁止非法搜查或者非法侵入公民的住宅。"第三十八条："中华人民共和国公民的通信秘密受法律的保护。除因国家安全或者追查刑事犯罪的需要,由公安机关和检察机关依照法律规定的程序对通信进行检查外,"就是除了这种非常特殊的情况,国家指定的工作人员在特殊范围里面进行检查以外,"任何个人和组织不得以任何理由妨碍公民的通信自由。"这些都是不仅仅恢复一九五四年宪法的规定,而且比一九五四年宪法规定得更加完善,更加准确、清楚了,内容也丰富了。

第十四,第三十九条,"中华人民共和国公民有权在基层社会生活中实行广泛的自治,自治的办法由法律规定。"这是在社会主义的中国早已存在的事实,不过过去在宪法上没有把它表现出来。现在把它用宪法的条文肯定下来。

第十五,第四十条规定:"公民对于任何国家机关和国家工作人员,都有提出批评和建议的权利;对于任何国家机关和国家工作人员的违法失职行为,都有提出控告、检举或者申诉的权利,但是不得诬陷和诽谤。"这个条文的内容在一九五四年宪法有,但是没有现在说得清楚。"对于公民的批评、控告、检举或者申诉,任何人不得打击报复。""由于国家机关和国家工作人员侵犯公民权利而受到损失的人有依照法律规定取得赔偿的权利。"这就给予按照宪法规定的权利向国家机关和国家工作人员提出批评、控告、检举、申诉的人一个根本的法律上的保障。

第十六,关于劳动的权利和义务,过去的几次宪法里面,都是规定公民有劳动的权利,现在把这个劳动不仅仅说成是权利而且规定成为义务。这就是说,任何一个有劳动能力的人,都有劳动的义务,第四十一条规定:"国家通过国民经济有计划的发展，依靠国营经济、城乡集体经济和个体经济等各种经济形式，创造劳动就业条件，并在发展生产的基础上，逐步改善劳动条件，提高劳动报酬。""国家提倡和鼓励公民从事不妨碍本职工作的义务劳动和半义务劳动。""国家对就业前的公民进行各种必要的劳动就业训练，并对他们的劳动给予适当的劳动报酬。"关于这一条，作这些规定能不能做到？有没有根据？劳动就业问题在目前时期还是一个没有完全解决的问题。但是，第一，宪法是国家的根本制度，不受暂时的因素所支配。在我们社会主义国家，必须规定公民有劳动的权利，同时也有劳动的义务。在有些情况下暂时不能完全做到，但是这不是说不能规定公民在这方面的权利和义务。其次，去年十月十七日中共中央、国务院曾经作过关于广开门路，搞活经济，解决城镇就业问题的若干规定。这个决定里面，曾经讲到：建立和健全劳动服务公司的机构，充实人员，更好地发挥它的作用。服务公司既担负着组织社会劳动力进行经济活动的任务，又担负着劳动部门的部分行政职能。它可以直接推动待业人员自力更生因陋就简地发展各种行业的集体经济事业，以至自谋职业；可以组织就业训练，对待业青年传授职业技能和管理教育；可以按照企业需要介绍职工。应当使之逐步发展成组织经济事业，统筹劳动就业，输送和管理企业临时用工，开展就业训练的一种综合性机构。为了加强这方面的工作，应即着手筹组中国劳动服务总公司、市县区一级的劳动服务公司，可以是事业单位，也可以是企业单位。在一个城镇范围内可以通过劳动服务公司，逐步把待业青年组织起来，进行就业训练和从事临时性的劳动。劳动服务公司可以逐步做到发挥劳动力蓄水池的作用。从中共中央、国务院的这个决定的有关规定可以看出，就是广泛以至最后全面的对就业前的青年进行就业训练，这是可以逐步做到的。采取这种方式，就可以通过一面学习技术、一面进行各种需要和可能的劳动为帮助他们逐步就业开辟了一种可能性。因此做这样的规定，从长远来说，是需要的。从近期来说，也是可以逐步做到的。

第十七，第四十二条规定了关于企业民主管理的条文："国营企业的职工有权依照法律的规定，通过职工代表大会和其他形式，参加企业的管理，并选举和罢免企业的适当范围的行政管理人员。"对末了的这句话，还有不同的看法。各地方的经验与意见不完全一致。有的认为这样做法很好；也有的认为不一定适宜。现在这个条文是讲依照法律的规定选举和罢免适当范围的行政管理人员。究竟是什么样的范围呢？要由法律来规定，宪法并没有规定。事实上，比方说，大部分工厂的班、组长，完全可以选举并且也已经实行选举。因此，适当范围是看工厂和工人的各种具体条件怎么样。这里只作了原则的规定。这样的规定是否妥当，请大家进一步考虑。"城乡集体经济组织中劳动者民主管理本单位的权利受到国家的保护。"集体经济本来就是实行民主管理的，这是说国家保护这种民主管理的权利。因为有些集体经济组织没有做到这一步，那就违反了宪法的要求。这一条的第三款对于国营企业和城乡集体经济组织中的全体劳动者提出了一种要求，"都是国家的主人翁，都要以国家主人翁的积极态度、高度责任心和创造精神对待自己的劳动，遵守纪律，团结互助，提高劳动效率和劳动生产率"。在这里应该加上"提高产品质量"。光说劳动效率和劳动生产率，很容易发生一种片面的追求数量、忽视质量的缺点。这是原来修改时考虑不周到的地方，应该补上。接着还规定要"节约原材料、能源和资金的消耗，爱护国家和集体的财产，认识国家、集体、个人三者利益的一致性，并且使自己的利益服从于国家和集体的利益。"在这一条里面，一方面规定了劳动者的民主管理的权利，同时也规定作为国家主人翁应该担负的义务。

　　第十八，第四十五条规定了"中华人民共和国公民有受教育的权利和义务。"受教育是一种权利，也是一种义务。照这个条文的规定，不仅仅限于儿童，而且成人都有受教育的权利和义务。所以在第三款规定："国家教育机构、社会团体和城乡企业对城乡劳动者进行政治、文化、科学、技术、业务教育。城乡劳动者都有权利和义务接受他们的劳动所必需的教育、进修和训练。"这个条文跟上面说的劳动权利和义务存在着同样的问题，就是是否能够实现。作这种规定也是考虑到，第一，这是国家的根本规定，如果我们暂时在有些地方没有能够做到，那么我们应该努力去做。不能因为这样，宪法就不作这种规定。只要国家认真负起这方面的责任来，那么是应该做到而且能够做到。有极少数地区实行这一条是会有困难的，但不妨碍宪法作这样的规定。世界上文化普及教育普及的国家，百分之百地消灭文盲的是很少很少的。也许像瑞士这样国家，情况可能好一些。像美国、日本这样的国家，他们普及教育的程度很高，但是仍然存在着文盲，普及教育的程度远远达不到百分之百。所以不能因为事实上存在着的一些在短期间不容易克服的困难，而动摇国家在全国范围里面对公民提出这种要求，以及给予公民这种权利。宪法里面规定不但是这一条，其他许多条文都需要有一个实施的过程。国家法律作的规定，就是必须依照法律这样做，并不等于事实上就完全能够做到。为了进行这些工作，首先需要确定原则。宪法就是规定这些基本原则。这些原则在宪法上规定下来，就是表示这是不可动摇的，什么时候能够百分之百地做到，这要依靠全国人民的努力。

第十九，第四十七条关于保护妇女的权利，做了比历次宪法更完备的规定"中华人民共和国妇女在政治的、经济的、文化的、社会的和家庭的生活各方面享有同男子平等的权利。男女同工同酬。""婚姻、家庭、母亲和儿童受国家的保护，破坏婚姻自由、虐待老人、妇女和儿童的行为，都要受到法律的追究。"

最后，在人民的权利和义务里面，还特别规定了公民对于国家所必须遵守的一些规定，其中包括：第五十条"中华人民共和国公民必须维护国家的统一和全国各民族的团结。"第五十一条"中华人民共和国公民必须爱护公共财产，遵守劳动纪律，遵守公共秩序，保守国家机密，尊重社会公德和优良风俗。"第五十二条"中华人民共和国公民必须维护祖国的安全、荣誉和利益，并且同危害祖国的安全、荣誉和利益的任何人进行斗争。"有同志提出，第五十一条也需作跟五十二条相仿的规定，就是说，很多正面的规定，都需要有反面的规定加以保证，就是说如果违反，那么就要受到法律的追究，或者说每个公民都有同这种错误的行为做斗争的权利和义务。下面其他规定,是过去宪法里都有的,就不再说了。

上面一共说了二十点,这二十点都是加强了人民民主,加强了人民民主专政,也加强了民主集中制。这是我说的第一个问题。就是宪法在保障人民民主,保障人民民主专政方面,比之过去的宪法,作了很大的修正和补充,使这个制度用最高的权力加以实现,全国人民和全体国家机关都要为这些原则来奋斗,任何人不能违反。在这些方面做了比较充分的规定。这是第一个问题。

第二个问题,宪法修改草案扩大了人大常委的权力,也扩大了国务院的职权。

我国人民代表大会的制度,已经有了二十八年的历史,在我国民主化事业上起了巨大的作用。我国有十亿人口,二千多个县,代表的人数不可能很少,少了就不便于反映群众的意见,不便于跟群众的联系。但是代表的人数太多,也带来了许多不便。在国家需要大量立法的时候,这个矛盾更加显得突出。为了解决这个矛盾,宪法修改过程中,曾经收到过各方面提出的建议,秘书处也曾经考虑过许多解决这种矛盾的方案。但是这些方案大都免不了顾此失彼。比方说,要把人民代表大会代表的人数缩小,因为在我们国家已有这样长期的传统,要把它缩小确实是有很多困难。代表怎么样产生?代表跟他所代表的选举单位、选举区怎样发生联系?在这些方面就遇到很多难以解决的问题、障碍。因此就考虑在全国人民代表大会传统的、现有的基础上,使得人民代表大会所产生的常务委员会能够作更多一些工作,来弥补人民代表大会人数多,开会时间短,不可能有充分的时间来考虑立法以及其他许多问题的困难。现在的修改方案有这样几个特点：

　　第一，规定全国人民代表大会和全国人民代表大会常务委员会都是行使国家立法权的最高权力机关。人大常委会不仅仅是立法机关，这是宪法条文已经明确规定，我们从来也都是这样认识的。即全国人大是最高权力机关。最高权力机关表现它的权力的一个重要方面就是立法。那么在行使立法权这个方面，现在把人大和人大常委会放在基本上是同等的地位。这样就使得按照原来的规定要由人大来完成的大量的立法工作改由人大常委会来进行。人大和人大常委会都能够制定法律和法令。"法律"和"法令"这两个词过去一直在用，但是问了很多法学家，对法律和法令怎样区别，没有解释过。究竟什么叫法律？什么叫法令？法律和法令有什么区别？因此，在这次修改草案里，作了这样的解释。就是：凡是全国人大、全国人大常委会通过的，在一定限期内有效的命令、决议和其他文件，统称法令。法令具有同法律同等的约束力。法律是长时期的。法令，比方说，通过一九八二年度的计划或者通过一九八二年的预算的决议，就是一种法令，它有法律效力，但是这种法律效力是有一定限期的。这样，一方面把法律和法令的相互关系说明了，另外一方面，就使全国人大和人大常委会通过决议时，就考虑到通过的决议就是法令。因此人大跟人大常委会不作一般的、没有法律意义的决定，如果作了决定，那么就是法令。因为过去没有明确这一点，有时人大通过一些决议，对于人民来说，对于国家来说，对国家有关机关来说，它没有特定的法律效力。它的含义往往是不清楚的。这个决议变得不能受到应有的重视，不能发挥应有的作用。

所以在这次宪法修改草案里面作出这样的规定。

　　第二，就是划分人大和人大常委会的职权范围。人大常委会的职权范围，从历史上几次宪法规定作个比较，就可以看出来。一九五四年关于人大常委会权力和权限的规定有十九项，一九七五年的宪法只有一项，一九七八年的宪法有十三项。现在的修正草案有二十项。从这一点也可以看出来，一九七五年的宪法，是在那种很不正常的条件下制定出来的。这个宪法对于很多需要认真规定的东西，都过于草率。人大和人大常委会都是行使国家立法权的最高权力机关。究竟怎么分工呢？现在修改草案里规定，人大的立法权限于通过宪法，修改宪法，通过刑法、刑事诉讼法、民法、民事诉讼法和国家机关的各项组织法、国家机构的基本法。六十二条的第一款和第二款里面规定的这些权力是全国人大的。除此以外的立法权，都属于人大常委。这样，大量的立法就可以由人大常委来承担。人大常委会按照这样的宪法——如果宪法按照这个原则通过了——就要担负起非常繁重的立法的任务。我们国家当然不能够、也不应该规定太多的法律。有些国家像美国、日本，法律多的成了灾难，我们不能走那条路。可是，现在我们国家是处在一个相反的情况，法律太少，我们不要求规定的太多，但是必须的法律要赶快制定。将来人大常委会就要把原来人大担负的责任担负起来。当然，除了立法以外，人大的职权还有选举主席、副主席，规定特别行政区，提名总理以及国务院的主要行政人员，主要的负责人员。这些权限是属于人大的。但是原来规定由人大行使的权力，像监督宪法的实施，这一条就由人大改归到人大常委会，因为，人大不能够经常开会。因此要监督宪法的实施，此外，人大常委会还有权任命人民解放军的总参谋长、总政治部主任、总后勤部部长，决定关于军队的和其他方面的专门的衔级。在这方面，黄华同志提出应该加上外交官的衔级，这是完全需要的，因为外交官的衔级是国家的大事，这是拟订条文时的疏忽。另外，人大常委会还有权决定全国总动员，或者局部动员；有权决定全国或者省、自治区、直辖市的戒严。这样，人大常委会就享有仅次于人大的很广泛的权力。因为人大常委会可以比较经常的开会。这样，它就起了一个国会的作用，跟一个经常工作的国会差不多的作用。当然不是能够完全比较的，因为我们国家和别的国家不同嘛。

第三，在修改草案里，还规定了人大常委会的委员长有权召集委员长会议；同时在人大和人大常委会下面设立若干个专门委员会，在这里列举了民族委员会、法律委员会、财政经济委员会、科学教育委员会、外事委员会。这些委员会规定得是否适当，是否多了，或者是少了，请大家研究。我们宪法修改委员会秘书处在起草草案的时候，考虑到委员会最好不要设得太多。设得太多，跟我们要求精简国家机构的方针不相符合。这些委员会确实应该是经常的工作机构，有工作需要做；而不是有了这样的机构，才找出事来做；或者说设了一个机构，没有事可做。大体上应该做些什么事？我们设想，应该主要的是进行调查研究，征求各方面的意见，便于人大和人大常委会制定法律或者其他的决议。这是它的主要的作用。这些专门委员会不是任何形式的权力机关，它只是人大和人大常委会的助手。

　　第四，关于提案和质询这两个问题也做了一些新的规定。第七十二条"全国人民代表大会代表在全国人民代表大会开会期间，全国人民代表大会常务委员会委员在常务委员会开会期间，有权依照法律规定的程序提出立法性的议案。"做这样规定的意义就是：第一，人大代表和人大常委会委员都有权提出立法性的议案；第二，这种议案的提出是应该按照法律规定的程序，这个法律当然要在人大和人大常委会组织法里规定；第三，这个提案是立法性的提案。因为从人民代表大会制度开始以来，每次会议都收到大批提案，都要印成几大本，并且每次开会要报告对这些提案的审查处理结果。事实上，这些提案绝大多数都不是立法性的提案。因为不是立法性的提案，就不适宜于向人大或者向人大常委会提出来。这些提案绝大部分应该向国务院或者国务院的各部，或者地方的行政机关提出来。提到人大不能成为一个议案，人大无权处理，也没有办法处理，只能成为转信机关。这样，使人大的工作一方面搞得非常繁琐，另外一方面又显得非常形式主义，还引起许多代表不满意。人民代表大会是最高权力机关，但是它不是一个无所不包的权力机关，任何事情它都能处理。不可能有这样一个国家机关，一切大小的事情，全国十亿人口里面的任何问题都可以拿来讨论，都可以拿来作决定，这是不可能的。所以要做出这样的规定来加以限制。其次质询，第七十三条"全国人民代表大会代表在全国人民代表大会开会期间，全国人民代表大会常务委员会委员在常务委员会开会期间，有权依照法律规定的程序，向国务院、最高人民法院、最高人民检察院和国务院各部、各委员会提出质询案。受质询的机关必须负责答复。"这一条规定跟上面一条规定有类似的地方,就是第一,有权质询;第二,这个质询要依照法律规定的程序;第三,对这个质询,受质询的机关必须负责答复。因为过去没有作出这样明确的规定,以至于在人民代表大会开会期间,代表大会的一个小组会,就可以把国务院的这个部的部长,那个部的部长,或者副总理,找到小组会去质询,这样使人民代表大会的工作变得不严肃了。代表大会是个权力机关,可是代表大会的小组会不是权力机关,不能由小组会来向国务院或者国务院的其他各部或者其他国家机构提出质询。这个质询应该经过一定的法律程序,这样才好由被质询的机关来作负责任的答复。为着使这个答复是负责任的,被质询的机构对于被质询的问题必须作出正式的答复。但是这个答复,可以是口头的,也可以是书面的,可以是当场,也可以在隔几天以后。这是第四。

第五,关于"全国人民代表大会代表,非经全国人民代表大会会议主席团许可,在全国人民代表大会闭会期间,非经全国人民代表大会常务委员会许可,不受逮捕或者刑事审判。"有同志说,这条规定是否违反了在法律面前人人平等。这和在法律面前人人平等不相矛盾。这是为了保证人大代表能够有充分的自由行使全国的最高权力机关的权力。这本身就是法律。人大代表受这个法律的保护,就是为了保证他们不至于因为在会议上发言,或者行使他们的职权的时候,触犯了某一个行政机构而受到打击报复。作这样的规定,也是世界各国的通例。这个规定是完全必要的。这不是在法律面前不人人平等,还是人人平等。他如果犯罪,那么他还是要受到逮捕、审判。但是必须要经过人大主席团，或者人大常委会的审查，确认他有罪。在这里，假如说，有一个人大代表在某一个地方发生现行犯罪行为，对于公安机关执行任务是不是会有什么妨害？也不会有什么妨害。假如确实遇到这样的情况。公安机关可以先进行拘留，但是不能逮捕。得等到人大主席团或人大常委会认可他确实有犯罪实证以后，才能够实行逮捕。在今天中国的交通条件下如果遇到这样的事情，不会发生什么解决不了的困难。

人大常委会的权限，一共规定了二十条，不过这里面还漏了一条，"人民代表大会授权人大常务委员会行使的其它职权"。这条应该补上。因为由人大授权的内容，以上二十条是不能够充分列举出来、不能够完全包括的。

其次，也扩大了国务院职权的规定。国务院的职权，在一九五四年的宪法有十七条，到了一九七五年的宪法只有一条，一九七八年的宪法有九条，现在有十九条。这里不必详细列举了。就是它可以制定行政法规；规定各部和各委员会的任务和职责；以及处理不属于部，或者跨越几个部的全国性的事务；规定中央和地方权限的划分；规定几个地方、规定几个省、自治区、直辖市的工作；它任免、培训、考核、奖惩国务院的行政人员；制定、审核国务院所属的，以及地方各级的行政机构和企业、事业机构的制度、纪律的基本原则，并且检查执行的情况，保证宪法所规定的关于国家工作人员必须遵守的这些条文的实行。条文中还规定了人大常委会和国务院之间的关系，国务院的哪些方面必须向人大、人大常委会报告，并且提出议案。规定了国务院各部也有权在管辖的范围以内发布命令、指示，以及制定相当的法规。同时，在这次宪法修订草案里面，规定了设立审计机关，这是建国以来没有正式成立的一个机构。审计机关是专门对国家财政开支进行监督的一个机关。他不仅仅对国家的财政开支，而且对于地方、对国营的企业，都有权进行财政财务的监督。这个审计机关，依照法律规定独立行使财政监督权，不受行政机关、团体和个人的干涉。这种机构，世界上大多数国家都早已设立。在中国历史上也曾经设立过。就在国内革命战争时代，根据地也曾经设立过。现在在财政部以及各地方的财政厅、财政局也行使一部分这样的权力。经过国务院会议的讨论，认为设立审计机关，在今天中国是必要的。要使审计人员一直到会计人员的工作得到法律保障是必要的。可是因为经验不够，决定先设在财政部，过几年以后，再移到国务院，成为国务院的直属机关。这里有一个问题，无论是设在国务院，或者是设在财政部，他怎么样不受行政机关的干涉？这个审计机关只服从法律，无论是国务院领导也好，还是财政部领导也好，凡是依照法律规定的开支，这个审计机关就同意；如果没有得到法律的许可，没有经过法定的手续，那么，这样的开支，审计机构就有权加以否决。行政机关决定的开支，如果没有列入国家预算或者地方的预算需要临时追加的，要经过一定的法律程序，然后才能够开支。按照现在修改草案的规定，审计机关是设在国务院，他独立行使财政监督权，不受行政机关的干涉，同作为国务院的一个机构不发生矛盾。

第三个问题，宪法里关于国家主席的恢复。

从一九五四年的宪法规定中华人民共和国设立国家主

席，一直到一九六六年都是这样做的。以后是在一种不正常的情况下面，取消、剥夺了国家主席的权力。而且在以后修改宪法的时候，又取消了国家主席的职务。现在我国各方面都恢复了正常，因此，从恢复国家多年的惯例着想，还是在修订宪法草案时考虑恢复比较适宜。这是表明国家的正常化，国家的稳定。国家的主席有一些特别需要的地方。一种是对内，国家主席是中华人民共和国武装力量的统帅，还是国家的一个象征。很多国家的宪法有这样的规定，就是实行内阁制的国家，特别规定了国家元首是代表国家或者说是代表国家的团结统一，或者说国家的象征。从这个方面有一种需要。对于武装力量的统帅，这样规定，也有比较适当的地方。对于国外，很多国家是有国家元首。在中国，对其他国家的元首以及元首派来的特命全权大使的接待，没有国家主席，就有一些不方便。此外，在对外活动方面，有了国家主席，就可以减轻国务院总理的负担。因为我们现在没有国家主席，所以对外国来的总理固然是要由总理来接待，元首也是要由总理来接待，这样总理负担太重。而且外国元首来访，中国也需要相当的回访。没有国家主席在这方面也不适当。但是，现在规定的国家主席跟一九五四年的规定有不同的地方，就是他是个象征性的职位，宪法上特别规定他不干涉政府工作，不承担行政责任，他也不召集最高国务会议和国防委员会。关于由国家主席统帅武装力量，是考虑到中国人民解放军是由中国共产党创立、缔造和直接领导的，但是在宪法上要有个适当的地位，虽然在国务院的职权里面有建设国防力量的条文，但是关于武装力量的统帅没有适当的规定，究竟是一种欠缺。有一些国家的宪法可以作为参考。比如意大利，它是内阁制国家，总统是没有权的，但意大利宪法第八十七条规定总统是武装力量的总司令，为依法成立的国防委员会的主席。像印度，也是内阁制的国家，总统也是没有行政权力，可是印度宪法第五十三条第二款规定，联邦国防之最高统帅权归总统。所以，作这样的规定可能是一种适当的方法，但是这是否就是一个最适当的方法？请各位考虑。

末了，宪法关于地方制度和民族自治制度也作了一些新的规定。

一个就是增加了乡这一级的机构，这是一九五四年宪法的恢复，但是增加了民族乡。规定成立乡政府，表示人民公社就只是作为一个经济组织存在。

第二，就是规定了基层自治组织的作用地位。

第三，由于中央一级的全国人民代表大会的代表以及由全国人民代表大会选举出来的领导人员任期都是规定了五年。相应的就把县级以下的人民代表以及人民代表所产生的机构的任期，规定为两年半。这样就避免每年要选举。

此外，还规定了各级地方政府，可以颁布地方性的法规、自治条例，等等。

在民族自治地区，规定它有财政方面的自治权，有一定的经济上的权力。规定国家在开发资源，建立企业各方面要照顾到民族自治地方的利益。规定民族自治地方可以设立公安部队。同时规定民族自治地方首要职责是维护各民族的团结、平等。第一一四条规定"一切民族自治机关都必须把维护全国各民族的团结、平等，互助和共同繁荣作为自己的首要职责。"

　　以上就是我所要作的一些说明。讨论稿除了刚才说明中提到的一些问题以外，还有很多规定的条文有些不确切的地方、不完善的地方，还需要继续修改。以上说明如有不适当的地方，请大家批评指正。

关于新闻工作的
党性和“人民性”问题

（一九八二年三月十一日给一位同志的信）

××同志：

你的文章，我读过已经好久了，也考虑过好久。我能够理解，你写这篇文章，是为了把党报办得更好。文中的很多意见，或者说大部分意见，我觉得是很好的，有益于改进我们的报纸工作。但是你用党性来源于人民性，又高于人民性作为全文的基本命题，而又未对人民和人民性两词作历史的和阶级的考察（只在个别地方提到党是无产阶级先锋队）。人民这个概念，在各个历史时期有各种不同的含义。列宁在《社会民主党在民主革命中的两种策略》一书中曾经指出：“马克思一向都是无情地反对那些认为‘人民’是一致的、认为人民内部没有阶级斗争的小资产阶级幻想。马克思在使用‘人民’一语时，并没有用它来抹煞各个阶级之间的差别，而是用它来把那些能够把革命进行到底的确定的成分联为一体。”（《列宁全集》第9卷第118页）这个情况在无产阶级取得革命胜利以后虽有一定的变化，但仍然不能在使用人民这个概念时离开阶级分析的方法。你的文章对人民的概念未进行分析，对人民性的概念更未进行分析,这就导致理论上的严重混乱。文中虽一面说党性和人民性根本上是一致的,同时在论述中又认为当党报出现某些错误倾向的时候,是由于过于强调党性,或是相反。诸如此类的一些缺陷,使全文缺乏逻辑上和理论上的一贯性。这样,这篇文章的主要骨干就难以在马克思主义的基础上站住脚。

关于党性和人民性问题,我想还应作更多的研究,但有几点是比较清楚的:

(一)马克思 1842 年在《第六届莱茵省议会的辩论(第一篇论文)》中,曾使用过"人民性"一词。他说:"自由出版物的人民性(大家知道,画家也不是用水彩来画巨大的历史画的),它的历史个性以及那种赋予它以独特性质并使它表现一定的人民精神的东西——这一切对诸侯等级的辩论人说来都是不合心意的。他甚至要求各民族的出版物成为表现他的观点的出版物,成为 haute volée〔上流社会〕的出版物,还要求它们围绕个别人物旋转,而不要围绕精神上的天体——民族旋转。"(《马克思恩格斯全集》第 1 卷第 49 页)顺便说一下,上述"自由出版物"一词,在社会科学院新闻研究所编印的《关于党报的党性和人民性的资料》中译作"自由报刊"。当时马克思说的这些话,是针对当时德国的诸侯代表要求所有出版物成为反映他们的观点的上流社会出版物这一情况而说的。而他所说的"自由出版物"是指民主主义的出版物而言。这里的"人民性",在德文里是由两个词组成的:volkstümilch(这个词可译为:1. 民间的,民族的,有民族风格的;2. 大众的,通俗的,为群众所喜闻乐见的。)与 Charakter(这个词可译为:1. 性格,品性;2. 特性,性质；3. 书写的笔法，字体）。在德文中"人民性"作为名词是Volkstümlichkeit，这个词除了"人民性"外，还可译为"民族性"、"大众化"、"通俗"。但在马恩著作中，没有用过这个词，也再未用过上述"人民性"的概念。

（二）据查，英语中没有"人民性"这个词。俄语中有народность一词，是多义词，有"人民性"、"民族性"等含义。这个词的使用，有一个发展过程。据高尔基的《俄国文学史》第二章叙述，十九世纪初叶，俄国十二月党人起义被镇压后，沙皇政府曾把"人民性"连同东正教和专制制度一起，作为官方思想体系的三个原则（见该书中译本 1979 年版第 62 页）。《俄国文学史》译者注中称官方的"人民性"为"反动的'人民性'"，是"十八世纪末十九世纪初……反动的统治阶级和反动的浪漫主义者，从他们自己的阶级观点来看人民，诬蔑人民，歪曲人民的品质，故意抹煞人民的进步因素，而以保守、迷信、服从、乐天安命、忍受压迫等等落后的因素硬加在人民身上，说这些就是'人民性'……这种歪曲的反动的'人民性'曾做了反动的沙皇专政的支柱。"（见同书第 63 页）

马克思主义以前的俄国民主主义思想家别林斯基、车尔尼雪夫斯基、杜勃罗留波夫等人，对官方的"人民性"作了批判，并且研究了文学艺术中的"人民性"问题，给"人民性"以新的解释。开始的时候，他们（还有果戈理）对"人民性"的解释，大体相当于"民族性"和"人民的精神"。四十年代后，文学艺术中的"人民性"一词的含义逐步明确起来。杜勃罗留波夫一八五八年在《俄国文学发展中人民性渗透的程度》一文中指出："要真正成为人民的诗人，还需要更多的东西：必须渗透着人民的精神，体验他们的生活，跟他们站在同一的水平，丢弃阶级的一切偏见，丢弃脱离实际的学识等等，去感受人民所拥有的一切质朴的感情……"至此，"人民性"一词有了新的和比较明确的含义。后来，苏联大百科全书对别林斯基等人关于文学艺术中"人民性"问题的研究作了这样的评价：在马克思主义美学之前，他们"特别深刻而充分地制定了艺术的人民性的学说。他们力言艺术应该为人民的利益而斗争，捍卫自己时代最先进的思想。"（译文见 1956 年 4 月 8 日《光明日报》，《文学遗产》第99 期）

　　据现有材料，苏联迄今仍使用"人民性"这个概念，但一般限于文学艺术范围之内（有时扩大到社会科学领域）。苏联大百科全书在"人民性"一词的条目中说："艺术上的人民性是艺术和人民的联系，人民大众的生活在艺术上的反映，劳动者的思想、感情、愿望和利益在艺术上的表现。""当艺术家不仅同情被压迫群众，反映人民生活并敏锐地了解民间艺术创作的丰富性，而且在自己作品中成为劳动阶级思想体系的直接表现者——在这种情况下，人民性便表现得最为明显。"这个大百科全书也讲到人民性与党性的关系，但是仍然没有超出文学艺术的范围。它说："苏维埃艺术的人民性和它的党性是不可分的"，苏联共产党"最充分最深刻地表现了苏维埃人民的利益，无微不至地关怀着苏联的艺术，使它能够自由地为最广大劳动群众服务。""同艺术中各种反人民的有害倾向进行斗争，引导苏维埃作家去创造无愧于伟大人民的艺术作品。"（同上）

　　（三）一九四七年一月十一日《新华日报》编辑部文章《检

讨与勉励》在政治意义上使用了"人民性"一词。这篇文章写道:"新华日报的立场,就是全民族全人民的立场。用一句话来说,就是'为人民服务'。……今天,中国人民主要的要求和希望,是争取实现独立和平民主,坚决反对卖国内战独裁。我们认为,团结全民族全人民进行这种反对卖国内战独裁、争取独立和平民主的斗争,就是对全民族全人民最大至高的服务。正是因为这样,新华日报的党性和它的人民性是一致的。固然,新华日报是中国共产党的机关报,它的言论主张和新闻报道,是不能违反中共的整个路线、纲领和政策的。但是,由于中国共产党是一个人民的政党,它代表的是中国最广大人民的利益,它的一切政策是完全从人民的利益出发的,因此,新华日报也是完全站在人民的立场,从人民的利益出发。这就是说,新华日报是一张党报,也就是一张人民的报,新华日报的党性,也就是它的人民性。新华日报的最高度的党性,就是它应该最大限度地反映人民的生活和斗争,最大限度地反映人民的呼吸和感情、思想和行动。有的读者说:新华日报的'党报色彩太浓厚',这其实正是党性发挥得不够,也就是人民性发挥得不够的表现。简单说来,就是为人民服务做得还不够。"

这一段话并没有从科学上和历史上严格阐明"人民性"的意义,因而决不能作为今天提出这一问题的理论根据。但在这里还是说得很清楚,新华日报的"人民性",就是为人民服务,为最广大的人民谋利益,就是它的党性。在这里,编辑部文章作者并没有企图认为,"人民性"除了"党性"之外,究竟还有什么独特的内容。

据我所知,我们党的一些领导同志,偶尔也在讲话中沿用了"人民性"这个词,也涉及党性和人民性的关系,但它的含义,大体上同上述《新华日报》这段话相同。

建国以后,主要是五十年代,我国学术界和文学艺术界,曾比较广泛地使用"人民性"一词,它的含义,大抵相当于"民主性"或"民主性的精华"。一九六四年作家出版社出版的叶以群主编的《文学的基本原理》(上)中说:古典作家"同情人民、接近人民乃至代表部分人民群众的思想感情在作品中得到了反映,我们就承认它们具有某种程度的民主性或人民性。文学上的人民性,主要的是指过去时代并非来自人民的作家在作品中反映了被统治的人民大众的某些要求或愿望"。这个时期学术界使用"人民性"一词,其含义大致也是如此。但无论如何,从来没有人把"人民性"作为马克思主义理论体系中的一个基本概念。

人民是一个历史的范畴。远的不说,仅就十年内战时期,抗日战争时期,解放初期,社会主义改造完成以后这几个时期来说,人民包括哪些阶级和阶层都是不相同的。现在我国人民主要包括工人、农民和知识分子三部分(但在各个场合用法不一,范围也有广狭之分,不可也不必一概而论)。如果我们一定要使用"人民性"这个提法,那比起历史上的各个时期都比较简单一些了。但是就在今天,人民仍然是分为阶级的,并且实际上仍然存在着阶级斗争(这个问题暂不论证,好在事实已经很明显了)。如果离开了阶级斗争来讨论人民性,就会使我们迷失方向。

但是党性(这里不说党性的另一含义即文学、哲学、经济学等的社会倾向性）就不同了。共产党是阶级斗争高度发展并与科学社会主义相结合的历史产物。人类在很长的历史时期中都有人民，但在过去的历史上，却没有在人民中产生近代式的政党，尤其没有共产党。共产党将来可以不存在，人民将仍然继续存在，并不因此而继续产生党和党性。列宁说："严格的党性是高度发展的阶级斗争的随行者和结果。反过来说，为了公开地和广泛地进行阶级斗争，必需发展严格的党性。因此，觉悟的无产阶级政党——社会民主党，完全应该随时同非党性作斗争，坚持不懈地为建立一个坚持原则的、紧密团结的社会主义工人政党而努力。"（《列宁选集》第1卷第656页）很明显，这里所说的党性和前面所说的历史上的人民性概念是完全不同的两回事。虽然有时（在普通的政治鼓动中）可以放在一起谈，在严格的科学意义上硬把这两个概念牵合在一起就不能不造成混乱。

从以上这些有限的材料来看，我认为，党性来源于人民性又高于人民性的说法难以成立。共产党的党性，只能来源于无产阶级的阶级性，来源于科学社会主义思想。无产阶级是现代先进生产力和生产关系的代表，科学社会主义是无产阶级进行革命斗争的理论依据和指路明灯，这就产生了它们的先进性。党性概括和集中表现了这种先进性。因为共产党具有这种先进性，所以它在每一个不同的历史时期，都能够代表最广大人民的利益。如同不能把近代无产阶级和科学社会主义的先进性说成是来源于"人民性"一样，也不能把党性说成是来源于"人民性"。如你在文章中曾说到的，党是无产阶级的先锋队，如果承认党性来源于人民性，那么，共产党的党性是无产阶级阶级性的集中表现,共产党是马克思主义和工人运动相结合的产物等论点,也就不能成立了。而党性似乎只能从工人、农民、知识分子(在特定历史时期中甚至还包括民族资产阶级和开明绅士)这三部分人的共性中产生出来。这样一来,党的思想工作和思想斗争,在历史上并且直至今天仍然需要在各条战线上进行的阶级斗争,也就难以得到完满的解释了。总之,我的意见是这个问题需要继续作认真深入的研究。党报必须加强与群众的联系,既代表党也代表人民的利益,遇有某些复杂的情况需要分别采取适当措施,而不要笼统引用"人民性"这个含混不清的概念来作为包治百病的药方。因此,我建议,目前最好不要再用这个提法。如何请酌。

　　敬礼。

胡　乔　木

一九八二年三月十一日

关于文艺与政治关系的
几点意见

（一九八二年六月二十五日在中国文联
四届二次全委会招待会上的讲话）

本来，我决定不参加这个会了，后来看到几期会议的简报，看到有几位同志对文艺与政治的关系问题还有一些很强烈的意见。我感到这个问题提出来跟我有点关系，我觉得有一种政治上的责任，把这个问题谈一下。这也可以说是政治为文艺服务吧！

中央考虑不再用"文艺为政治服务"、"文艺从属于政治"这些提法，而改用"文艺为人民服务，为社会主义服务"，究竟出于什么原因？是一种暂时的考虑，还是从根本的理论和实际上的考虑？我想谈一谈个人的看法。当然，文艺与政治的关系问题很复杂，我在这里不可能全面地讨论这个问题，只能就当前争论中的几个主要之点谈一谈。

在这次中国文联全委会上，我听说已经把列宁的《党的组织和党的出版物》这篇文章的新译文印发给大家了。我相信，如果我们是一个诚实的马克思主义者，如果我们是公正的，不带偏见的，有历史眼光的，那么我们读了中共中央编译局列宁斯大林著作编译室所写的《〈党的组织和党的出版物〉的中译文为什么需要修改?》,一定会同意他们的意见。因为这个说明理由充足,是无法辩驳的。过去译成《党的组织和党的文学》,本来就是翻译错了。可是现在在有些同志看来,好像Litteratura(俄文是 ЛИТЕРАТУРА)这个词不译成"文学",党的 Litteratura 不译成"党的文学",就是不能容许的事情。为了解除疑虑,我要给大家介绍两件材料。第一件,是《共产党宣言》第三章,小标题叫"社会主义的和共产主义的文献",这里的"文献"这个词原文就是 Litteratura。"社会主义的和共产主义的文献"这一章里说的是什么呢? 第一节是"反动的社会主义",第二节是"保守的或资产阶级的社会主义",第三节是"批判的空想的社会主义和共产主义"。大家想想,假如把这一章的题目译成"社会主义的和共产主义的文学",我们的文学家和文学理论家们会不会认为译得很准确,感到很光彩? 可见,Litteratura 虽然在许多时候可以翻译成"文学",而在许多时候就不能翻译成"文学"。另外一件材料,在《马恩选集》第二卷里面,也是一篇很重要的文章,叫《流亡者文献》。这里的"文献",原文也是 Litteratura。假如我们硬要把Litteratura 翻译成"文学",这篇文章题目就得译成《流亡者文学》。其实,从内容看《流亡者文献》还不如译成《流亡者的出版物》。因为《共产党宣言》中所说的"社会主义的和共产主义的文献",指的是历史的文献,而《流亡者文献》中的"文献",指的不过是巴黎公社失败以后的流亡者在外国出的刊物、报纸这些东西。我举以上两件材料,可以具备足够的权威,使大家相信,Litteratura 这个词并不是在任何时候都应该译成"文学"。要打破这一层成见。这样，我们才能比较客观地来考虑，列宁的这篇文章，究竟是翻译成《党的组织和党的文学》好，还是翻译成《党的组织和党的出版物》好。这完全是一个科学的问题，是一个语言学的问题，也是个历史学的问题，完全应该采取一种冷静的、科学的态度来对待。列宁所讲的，实实在在就是"党的出版物"，编译局的同志已经做了详细的说明。有的同志说，"党的文学"这个译法已经流行这样久了，现在忽然要改成"党的出版物"，会引起很大的混乱，甚至担心资产阶级自由化思想会借此进攻。这就发生一个问题，究竟是科学服从于政治，还是政治服从于科学？科学的研究和探讨，固然有时要考虑到政治，考虑到革命的利益和人民的利益，但是，归根到底，我们的政治是服从于科学的。因为我们是科学的社会主义者，而不是别的种类的社会主义者。因为我们的政治的根基牢牢地建立在科学上面，而不是建立在任何别的东西上面。因为马克思主义的科学符合客观的历史规律，因而符合革命的和人民的根本利益。现在遇到这样一个小小的问题，难道就不能尊重科学、服从科学了？何况这里面根本没有什么政治问题，纯粹是个语义问题、翻译问题。该翻译成什么就翻译成什么。过去翻译错了，这个错译造成了消极影响。我们不能迁就这个错译的既成事实。主张照旧不改，当然也是一种思想方法。持这种思想方法的同志，看来忠实于科学的精神不那么充分。我们要忠实于政治，我们更要忠实于科学。我们不能让科学来服从政治，那样，科学就不成其为科学，政治也就不成其为科学的政治了。我们的政治要服从于科学。我们党犯了错误，就要做实事求是的自我批评，虽然这种自我批评有时也会带来种种争论，甚至会带来一些消极的副作用，可是我们党有这种勇气，我们党忠实于科学，忠实于历史。而对科学，对历史，是不能不忠实的。勇敢的、科学的、恰如其分的自我批评，正是推动我们事业前进的巨大的积极力量。至于我们这里所谈的这个翻译错误，在马克思主义著作的翻译者中间，据我所知，基本上是没有争论的，都认为确实是翻译错了。而且在《列宁全集》里面，这个词在类似的情况下也是译成"书刊"，并没有都译成"文学"。仅仅这篇文章，沿用旧译，译成《党的组织和党的文学》。因为过去在延安《解放日报》上面这样译过，（在这之前，在上海也这样译过，不过影响没有那么大）后来又被毛泽东同志《在延安文艺座谈会上的讲话》引用了，这就似乎成为不可更改的了。现在好像我们的文艺政策不是建筑在科学上面而是建筑在误解上面。哪有这样的事情呢？历史上有过许多误解。这个误解毛泽东同志不能承担责任，文章是博古同志翻译的。改正一个错误，这根本不应当成为一个问题。

　　有的同志说，文学怎么能够不是党的文学？怎么能够不是党的工作、党的事业的一部分呢？这是提到了问题的比较重要的方面。我们党领导人民建设社会主义。对于社会主义事业，我们党要承担领导责任，要领导到底，一直领导到共产主义。但是，我们要知道，社会主义事业，它是人民的事业，是我们十亿人口、各民族男女老少共同进行的事业，它属于整个社会、整个国家和人民。不能因为它要有党的领导，就把它说成是属于党的。文学艺术是一种社会文化现象，党需要对这种社会文化现象的发展方向进行正确的领导，但是，文学艺术方面的许多事情，不是在党的直接指挥下，经过党的组织就能够完成的，而是要通过国家和社会的有关组织、党和党外群众的合作才能进行的。而且，有许多与文学艺术发展方向关系不大的事情，党没有必要也没有可能去干预。因此，不能把文学艺术这种广泛的社会文化现象纳入党所独占的范围，把它说成是党的附属物，是党的"齿轮和螺丝钉"。正如同对其他社会经济文化现象不能这样做一样。比方说，我们党领导教育工作，但是不能说，整个国民教育是党的教育。我们党领导经济工作，但是不能说，整个国民经济是党的经济。或者说党的大学、中学、小学，党的工业、农业、商业。这样称呼显然是不妥当的。如果用党的教育的说法，那是专指在党内所进行的教育，有关党的章程、党的知识的教育，这与整个国民教育不能等同。如果叫党的经济，那是专指有关党的活动经费，党的财政收支，也与整个社会的国民经济不能等同。由此可以看出，党的文学这种说法的含义是不清楚的。把文学这种社会生活现象完全纳入党的范围是不合适的。

在这个问题上，斯大林讲过一段很好的话，他说，文学艺术是一种广大的社会事业，不能够用党的概念去衡量。所以，他反对在文学艺术领域中使用"左倾"、"右倾"这样的字眼。他说，这是党的工作里面的术语。一篇文学作品，可以说它是爱国主义的，是社会主义的；或者是反爱国主义、反社会主义的。但是，不要去说，哪个作品是"左倾"的或是"右倾"的。这是斯大林给比尔—别洛采尔科夫斯基的一封信里的话。我认为斯大林对这个问题说得很好。对于人民生活里面的问题，不要用党的概念去硬套。

　　前面我们说了列宁文章翻译的错误，又说了"党的文学"概念的不妥，再回过头来说文学的党性问题，就比较容易说清楚了。一个是文学的党性，一个是文学家、艺术家中的共产党员的党性。这是两个不同性质的问题。共产党员文学家，首先是共产党员，同任何共产党员一样，他必须坚持党的政治立场，在政治上同党保持一致，遵守党的章程和决议，服从党的组织和纪律，执行党所授予的任务，一句话，必须有坚强的党性。共产党员文学家决不可以把他所从事的文学艺术工作当作与党无关的个人事业，而应该把它看作是党的事业的一部分，决不可以因为是文学家就自视特殊，而应该把自己看作是党的组织的守纪律的成员。这个问题比较简单，这些原则是不能含糊，不能有丝毫疑义的。至于文学的党性，这个问题不那么简单，文学的党性是一个特定的概念，不是可以随便使用或广泛使用的。与此相联系，我们通常还使用文学的倾向性这个概念。对于文学的倾向性，有一些不同的看法和争论。是不是凡作品都有倾向性？或者说凡伟大的作品都有倾向性？没有倾向性的作品是不是不可能存在或者必定毫无价值？讨论这个问题要从文学的实际出发，从文学这种社会生活现象的特点和规律出发。从世界文学史和中国文学史的客观事实看来，有许多有价值的作品是有倾向性的，是或隐或显地表现了作者的政治观点和社会观点的。但是，也有许多有价值的作品并不带有倾向性。文学艺术的一些形式，如长篇叙事的诗歌、小说、戏剧、电影，可以带有倾向性，而另外一些形式，如建筑艺术、音乐艺术（不是指歌词），虽然离不开一定的社会历史背景和色彩，却一般很难直接说出它的社会政治倾向性来，某些绘画、诗歌和散文也有这种情况。在过去时代，对文学艺术作品的倾向性的要求，并没有提到过分的绝对化的地步。在今天，在社会主义时代，情况当然与过去有很大的不同。因此，对我们时代的作家的要求，应该既不同于对过去时代的别的阶级的作家，也不同于过去时代的无产阶级早期作家。我们时代、我们社会生活的主流，就是社会主义的。文学艺术既然是社会生活的反映，它就不能不反映我们社会生活的社会主义的内容。文学艺术的读者既然是广大人民群众，就不能不要求它用反映人民的利益和意志的社会主义思想来团结人民、鼓舞人民、教育人民。因此，在社会主义社会，文学艺术为人民服务、为社会主义服务的要求是必然的，是历史地不可避免的。即使如此，某些没有倾向性或者没有明显的政治倾向性的文学艺术作品也仍然要存在和发展。只要是合乎美学标准的，也能够在一个方面起为人民服务、为社会主义服务的作用。我们也要让这一类作品充分发挥它们的积极作用。

文学的党性，我认为它同文学的倾向性是一个性质，但是它比倾向性更自觉，更鲜明，更强烈。可以说，它就是文学作品的思想内容、思想倾向中所集中表现的阶级立场、政治立场、党派立场，这并不是一般文学作品所普遍具有的。我们党要求党员文学家、也希望所有革命的文学家，努力在作品中表现出革命的思想内容，表现出无产阶级的阶级立场和政治立场，使它们成为在政治上和思想上教育人民、鼓舞人民的武器。我们党对于某些文艺作品中表现出来的不健康、不正确的政治倾向和思想倾向，对于资产阶级和封建阶级的腐朽的思想政治影响，不能熟视无睹，任其腐蚀人民的思想，而要根据情况，进行有分析的、有说服力的批评和教育，以克服这些倾向和影响。这是今天党对于文学的党性的正反两个方面的要求。但是，当我们说，党要求在作品中努力表现无产阶级的阶级立场和政治立场的时候，我们必须记住，这是对党员的有倾向性的文艺创作而言的，不必要也不应该成为对所有的文艺作品的要求；如果那样要求，我们就把问题简单化了，我们的文学观就太狭窄了。我们还必须记住，这种倾向性，如恩格斯所指出的，"要从场面和情节中自然而然地流露出来"，就是说，要通过深刻反映社会生活本身的规律，通过严格遵循艺术创作本身的规律来表现，而不应该违背生活、违背艺术的规律，从外面加进来，硬塞给读者。对于共产党员文学家，党也是这样要求，因为艺术规律是客观的，违背艺术规律，不从生活出发而从政治概念出发去创作必定不会是成功的，不管你是不是共产党员。正如党性（这里当然是说的正确理解和正确要求的党性）并不要求做经济工作的共产党员不顾经济规律办事一样，它也并不要求做文艺工作的共产党员不顾文艺规律去创作。

　　有的同志这样问：现在党中央讲"文艺为人民服务，为社会主义服务"，"为人民服务，为社会主义服务"不就是"为政治服务"吗？为什么要变换一个说法？有什么好处？有什么必要？我认为，提出这个新口号，来代替"为政治服务"的旧口号，有很大的必要。两个口号有很大的不同。当然，我说这个话的时候，要声明，这两个口号不是截然不同的两回事，他们有很多共同的方面。但是也有很不同的方面。根本的不同在于新口号比旧口号在表达我们的文艺服务的目的方面，来得更加直接，给我们的文艺开辟的服务途径，更加宽广。因为人民，这是我们一切工作的目的，这是我们一切工作所努力服务的对象，此外没有第二个目的、第二个对象。共产党的宗旨就是为人民服务。毛泽东同志在《为人民服务》这篇文章里讲："我们的共产党和共产党所领导的八路军、新四军是革命的队伍，我们这个队伍是完全为着解放人民的，是彻底地为人民的利益工作的。"在《论联合政府》里讲："全心全意地为人民服务，一刻也不脱离群众；一切从人民的利益出发，而不是从个人或小集团的利益出发；向人民负责和向党的领导机关负责的一致性；这些就是我们的出发点。""共产党人的一切言论行动，必须以合乎最广大人民群众的最大利益，为最广大人民群众所拥护为最高标准。"毛泽东同志在他的全部著作中，反复地讲了这个意思。这是毛泽东思想的一个基本点。"为人民服务，为社会主义服务"的提法比"为政治服务"的提法更本质，它的范围比"为政治服务"广阔得多。"为政治服务"，政治本身不是目的，政治是达到我们的目的的一种手段，固然是一种重要的手段，非常重要的手段，但它终究只是手段。政治的目的是为人民的利益。人民的利益，这才是目的。政治要从属于人民，从属于社会主义，这样的政治才是正确的；如果政治不从属于人民，不从属于社会主义，这样的政治就是错误的。所以，我们提出文艺"为人民服务，为社会主义服务"，这就把直接的、根本的目标摆到了我们面前，而不需要经过一个间接的目标。这个间接的目标——政治，它的范围是有限的，是比较狭窄的。而人民、社会主义，这是根本的目标，是非常广阔的概念。它们把政治包含在内，但不单单归结为政治。它们是政治的目的，政治的正确性归根到底要用人民的利益、社会主义的利益来衡量和保证。如果说我们"为人民服务，为社会主义服务"，也就是"为政治服务"，那么，这正好说明我们的政治跟人民的利益、社会主义的利益完全一致，以人民的利益、社会主义的利益为归依。那么，提"为人民服务、为社会主义服务"有什么不好呢？还需要有什么争论呢？为什么在有些同志看来，说"为政治服务"，就似乎光彩、革命一些，而说"为人民服务"，反而显得好像有些犯了错误，好像对毛泽东思想有些动摇，好像有点资产阶级自由化了呢？这是什么逻辑呢？"为人民服务"的口号不正是毛泽东同志自己提出来的吗？我们党不就是为人民服务，为社会主义服务的吗？我们的政治不就是为人民服务，为社会主义服务吗？所以，在这个问题上的争论我认为不必再进行下去了。在这个问题上，争论的时间已经够长了，我们非常希望大家的力量不要消耗在这些方面，不要为了这些问题而形成隔阂。我尊重这些提出异议的同志，我认为他们是革命家，可是我希望这些同志能够接受这个观点。

　　有人问，如果我们继续用"文艺为政治服务"的口号有什么不可以呢？有一些文学艺术，比如说政治宣传画、政治讽刺画，当然还有其他许多形式或者作品，可以而且需要"为政治服务"，即使是狭义理解的"为政治服务"，这是很明显的。但是这远不能代表文学艺术的全体。我们不能把人类历史上的文学艺术——除掉我们所要剔除的那一部分糟粕以外——都贴上"为政治服务"的标签，那是做不到的。中国文学作品最早的集子是《诗经》,《诗经》的第一首是《关雎》,按照古人的说法这首诗是歌颂"后妃之德"的。那么,这大概可以说是"为政治服务"了吧? 但是我们不能承认。我们不能说"关关雎鸠,在河之洲"是为什么政治服务的。如果这样讲,我们就不是在做严肃的马克思主义的文艺理论研究,而是在讲笑话、说相声了。孔夫子对于诗的观点是比较开明的。他说:"小子何莫学夫诗? 诗,可以兴,可以观,可以群,可以怨。迩之事父,远之事君;多识于鸟兽草木之名。"前面那四句话说得很好。"兴"有各种各样的解释,我们可以说是兴起一种意念,兴起一种愿望,兴起一种感情。"观",按照古人的解释是观风俗之兴衰,我们也可以解释为观察,或者按照时髦的说法,也就是文艺作品的认识价值。"群",就是把群众联系起来,文学艺术是可以有这个作用的。前些日子北京组织合唱团,举行合唱节,大家都来唱,这不也是"可以群"吗? "怨",就是有不满、不平、不快要表现出来。这也有好处,因为既然有怨,就应该知道是什么怨,为什么怨,然后才能知道怎样去平息这种怨(如果可以平息)。孔夫子并没有把歌颂和暴露绝对地对立起来。他认为,诗可以歌颂,也可以暴露;可以抒情,也可以叙事。他是一个眼光、胸怀比较广阔的人,我们要在这些方面学习孔夫子。当然,孔子说"远之事君",这也可以说是孔子提倡文艺为政治服务。可是他这样的话,并没有在文学史上起多大作用。我们中国流传的小说、戏曲、诗歌,究竟有几本是"远之事君"的呢? 我看,是很少的。在我们的戏曲中的皇帝,没有几个是正面人物。就是皇帝不是正面人物的戏,慈禧太后她也是看的。我们的胸怀难道比孔夫子或者慈禧太后还要狭隘吗?

　　我们是为人民服务的，我们的作品是反映人民的生活的。我们站在人民的立场上，不是分裂人民、污辱人民，而是团结人民，鼓舞和教育人民，这样的文艺作品，我们都欢迎。有一部分艺术作品（文学也有，姑且不说），是很难指出它的政治内容，很难说它是为哪个政治服务的。我们看看这里墙壁上挂的几幅画。《武汉长江大桥》，我们说它是为政治服务，说它是为人民服务、为社会主义服务的，也一样嘛！另外三幅画，《松》、《竹》、《梅》，很难说是为哪个政治服务的。当然，它们可以表现人的品质，但是要看什么人、在什么具体历史环境下去看。难道能够说《松》、《竹》、《梅》这类作品只会得到拥护社会主义的人赏识，不会得到不拥护社会主义的人赏识吗？只有无产阶级有这种品质，资产阶级、地主阶级就不能有这种品质吗？事实上，用松竹梅来表现人的品质，正开始于地主阶级。音乐作品更加是这样（我不是指唱的某些歌词，而是说乐曲）。无论中外历史上的乐曲，其中只有很少数是有政治倾向的，大多数是没有的。比方说广东音乐《步步高》、《雨打芭蕉》，或者江南丝竹《春江花月夜》，能够说它们是为政治服务的吗？能够因为这些东西不是为政治服务，或者说，不是为我们今天的政治服务的，就不让这些节目演出吗？能够把这些作品从音乐史上勾销吗？我们不是这样胸怀狭窄的人。我们要领导全社会，要组织十亿人口的社会生活，要满足全体人民各种各样的物质和文化需要。我们的文艺作品，毫无疑问，它的思想内容的主要倾向（如果有倾向）是要拥护人民，拥护社会主义，拥护党，表现某些强烈的政治主题，这是我们提倡的。但是，我们并不认为，这是文学艺术的唯一主题。鲁迅在关于"国防文学”问题的论战中,在答徐懋庸的信里说过这样的话:"'国防文学'不能包括一切文学,因为在'国防文学'与'汉奸文学'之外,确有既非前者也非后者的文学,除非他们有本领也证明了《红楼梦》、《子夜》、《阿Q正传》是'国防文学'或'汉奸文学'。"能够因为当时要提倡"国防文学",或者说,要提倡抗战文学,民族革命战争的大众文学,就把《红楼梦》、《子夜》、《阿Q正传》排除在外吗?鲁迅早就看到了这一点。鲁迅的一生,都是为政治奋斗,为正义奋斗,为社会进步奋斗的,但是鲁迅的文艺观点是宽广的。

我今天讲的话,很不适合于茶会的调子,这是因为我没有学好文学艺术。我这个人,说实在的,只会为政治服务,我一辈子就是为政治服务。但是我知道,我为政治服务,就是要为人民服务。而且,愈是为政治服务,我就愈感觉到政治不是目的,政治如果离开了人民的利益,离开了为社会主义、共产主义的目的,就要犯错误。今天我们最重要的政治,就是要集中力量建设高度的物质文明,建设高度的社会主义精神文明,改善人民的物质生活和文化生活。为政治服务,就不得不为人民生活的各种需要服务。政治也不得不为经济服务,不得不为教育服务,不得不为文化服务,其中也包括为文学艺术服务,还要为很多很多的东西服务。各种各样的人民利益,各种各样的人民需要,都要去服务。我希望今天我讲的话,也能够为人民的需要服务。

谢谢大家。

关于共产主义思想的实践

（一九八二年九月二十四日《人民日报》）

关于共产主义的实践问题，一九七八年讨论实践是检验真理的唯一标准的时候，有些同志提出这么一个论点：共产主义是真理，共产主义还没有经过实践的检验，可见真理不一定都要经过实践检验，实践不是检验真理的唯一标准。这个话是不对的，但到现在为止，我还没有看到有同志写文章反驳。这里想要答复一下这个重要问题。

十二大报告当然不是为了答复这个问题的，可是它在关于社会主义精神文明部分的论述中，已经说明了一个基本的观点，就是共产主义的思想和运动，无论过去、现在和将来，都是在实践中前进的。共产主义运动既然已经有了一个半世纪的实践，当然不能说它还没有经过实践的检验。

共产主义是指什么呢？它有两方面的含义：一方面是指将来要实现的一种社会制度，一方面是指关于为什么要和怎样才能实现这种社会制度的思想（通常也称为科学共产主义理论或科学社会主义理论，也就是马克思主义理论；因为马克思对社会主义和共产主义并未像列宁后来那样地加以区别，只在晚年才提出共产主义社会的初级阶段和高级阶段的论点，所以科学共产主义理论和科学社会主义理论的名称的区别并没有什么意义），以及为实现这种思想而进行的实践，即共产主义运动。有人问，这样说来，共产主义不是有了制度、思想、运动的三种含义吗？这样分也不是完全没有理由。不过我们认为，思想和实践或运动是不可分的，没有思想就没有相应的实践或运动，没有实践或运动也无从表现一种群众性的思想，所以这里还是说它有两种含义。严格说来，这两种含义也不能完全分开。运动和运动的目的怎能完全分开呢？但在实际应用上为了防避某些混淆，还是需要有一定的区别。总之，自有共产主义运动以来，共产主义一直在实践中前进，并且得到了巨大的发展和胜利。由此可见，那些认为共产主义还没有经过实践检验，以及与此相关的认为共产主义是"渺茫的空想"一类思想，是完全错误的。

共产主义运动的发展从来不是靠空谈，而是靠实践。自有科学社会主义以来，指导我们运动的是什么？是共产主义。我们为什么叫共产党？因为我们奋斗的最终目标是实现共产主义社会，干的就是共产主义运动。共产主义运动是一个很长的历史过程，它包括从世界上有共产党成立到全世界最后实现共产主义的整个历史过程。有人说，我说共产主义渺茫不是说共产主义运动渺茫，是说共产主义的最终目标渺茫。这种说法仍然是完全错误的。因为共产主义运动的着着前进，就证明了马克思主义关于社会发展的规律是正确的，证明了我们达到最后目标的理论和方法是正确的，证明了这最后目标是能够达到的。比方登泰山顶吧，既然我们已经走到上泰山的中途，当然可以证明这泰山是确实存在的，因而泰山顶也可以预料是确实存在的;尽管没有到泰山顶,还不能预先测定它的具体形状,但是绝不能说它是虚无缥缈的,因为人们爬山的实践已经证明凡山都有山顶,而我们登上泰山中途的实际经验,又已经使我们有相当根据对泰山顶的情况作某种粗略的想象,虽然这些想象究竟是否符合泰山顶的实际,仍然有待于将来的实践的检验。无论如何,我们已经根据科学共产主义理论胜利地建立了社会主义社会,即共产主义的初级阶段,这就是共产主义理论的正确性的一个最有力的客观证明。

既然共产主义运动是指从有共产党到共产主义最后实现的整个过程,那么,不仅我们在今天社会主义社会阶段所做的一切工作是共产主义运动的一部分;就是在没有建立社会主义社会以前,在党成立以后,在新民主主义革命阶段,我们所有的共产党员、共青团员,团结在党周围的革命群众所进行的斗争和工作,也都是共产主义运动的一部分。尽管当时和现在的运动的任务都不是实现共产主义社会制度,而是打倒帝国主义和封建军阀的统治,土地革命,抗日,推翻蒋介石的反动政府,建立人民共和国,进行社会主义改造和社会主义建设,但是,这些斗争都是共产党按照共产主义理论领导的。敌人也都把这些叫做共产主义运动(当然他们是故意用共产主义来吓唬那些不了解共产主义真相的群众的),不管我们在每个时期实际上执行的任务性质上同实现共产主义制度有多大的不同。我们没有取得国家政权而建立了革命根据地,他们就说这是"共产党地区",我们取得了国家政权,他们就说这是"共产党国家",根本不管我们实行的是新民主主义还是社会主义。我们的军队从来都被他们称为"共军"。说"共军",我认为这也没有大错,我们的军队就是共产党用共产主义思想缔造发展起来的革命军队。如果不是共产主义的思想领导我们的斗争,怎么能有八一南昌起义、建立井冈山和其他许多革命根据地,粉碎敌人的多次"围剿"、实行二万五千里长征、进行抗日战争和解放战争这一系列的伟大胜利?所有这些斗争的直接目的并不是实现共产主义,但这些都是共产党领导取得胜利的,都是我们共产党员在那里带头干的,所以也都是共产主义的实践。所有的忠诚的共产党员,他们每一天的革命实践,都是共产主义的实践,革命的一举一动,都是共产主义运动的一部分。我们今天在这里开会,也是共产主义运动的一部分。共产党在今天的任务,当然决不是要实现共产主义的社会制度,而是继续完善和巩固社会主义的社会制度,对于这个界限必须完全划清,不允许有任何混淆。但是无论如何,这也就是共产主义运动在今天的任务。

宣传和实践共产主义的思想,这并不是什么新鲜事,而是从我们党一成立就开始这样做的。这同我们党成立以来在各个时期的具体任务是既相区别又相联系的。还在抗日战争时期,毛泽东同志在《新民主主义论》中就说:"中国的民主革命,没有共产主义去指导是决不能成功的,更不必说革命的后一阶段了。"马克思、恩格斯从来没有把共产主义仅仅看成是一种社会制度。马克思、恩格斯在开始从事共产主义活动时,就成立一个组织——共产主义者同盟,并为它写了著名的《共产党宣言》,但是他们从没有认为,他们当时的任务是实现共产主义的社会制度。恩格斯写的《共产主义原理》,马克思、恩格斯合写的《共产党宣言》,对共产党执政以后,都没有设想过可以立即把生产资料全部收归公有,相反,他们明确地说,"不能一下子就把私有制废除",而只能"逐步改造现社会"。被马克思、恩格斯高度重视的世界上第一个无产阶级专政的政权,被列宁在《国家与革命》一书中称为"无产阶级社会主义共和国"的巴黎公社,也没有实现社会主义。所以,共产党夺取了政权,并不等于实现共产主义制度。一九一七年俄国社会主义革命以来的国际社会主义经验,无一例外地证明了这一真理。这些都表明,共产主义运动并不等于共产主义的社会制度,后者只是前者的终极目标。但是共产党人领导的任何性质的斗争,都不能离开共产主义思想的指导,因而都是共产主义运动的一个步骤,正如登泰山所走的每一步,包括在各种迂回道路上所走的每一步,都是登泰山这个整个运动过程中的一步一样。

　　既然世界上自有共产党起,就有共产主义运动,就有共产主义的实践,所以,说什么共产主义没有经过实践的检验,完全是无稽之谈。如果没有经过实践,我们每次开会总结经验干什么?我们总结经验,就是总结我们实践共产主义运动的经验,无论这个经验是为了推翻反动统治,还是为了完善社会主义农业的生产责任制和社会主义工业中的经济责任制。我们的实践已经非常丰富。从共产主义小组到成立现在拥有十亿人口的社会主义的中华人民共和国,这还不是人类历史上的最伟大的实践之一吗?如果这种实践还不是共产主义思想的实践,那它是什么实践?这种实践如果没有共产主义思想和共产主义政党的领导,就是根本不可思议的了。

　　所以,我们对共产主义抱有坚强的信心,因为我们不仅从理论上，而且从实践上都已经证明共产主义运动是正确的。要不然，共产主义小组怎么能够发展，取得胜利，建立中华人民共和国？虽然共产党人的革命事业经历了那么多的曲折，那么多的艰险，我们不但坚持下来了，而且继续胜利发展。至于将来的共产主义社会制度，我们还没有实践，我们现在不可能也不必要来讨论将来的共产主义社会制度究竟会是怎么样的。马克思、恩格斯从来不愿意对将来的共产主义社会作详细的描绘，像过去的许多空想社会主义者所曾做过的那样，这正表明他们是多么严格的科学家。他们把自己的任务限于发现人类社会必将发展为共产主义社会的历史必然性。他们有时也作过一些很简单的设想，这些设想正确到什么程度，将来能否照所预料的那样实现，这当然需要实践的检验，如同任何科学假说都需要实验来证明或修改一样。就连我们现在已经着手建设的社会主义制度怎样一步一步地向前发展，也要经过实践的不断检验。可是，我们党从事的全部革命运动，一直是共产主义思想的实践，是向共产主义的终极目标的前进，这一点是不能怀疑的。

在这里有一个问题一定要彻底弄清楚。我们现在大力提倡共产主义思想的宣传和实践，决不是说我们现在又要刮什么"共产风"，不让发展集体所有制以至个体所有制，不让彻底实现真正的按劳分配。我们现在是在建设社会主义社会，完善社会主义的各项生产关系和它们的各项"上层建筑"，我们决不允许采取任何超越社会发展阶段所允许的主观主义的、空想主义的和冒险主义的政策，如果那样做，那就只能破坏我们的社会主义制度，也就是破坏我们的共产主义事业，从而必然招致失败。那种失败的苦头我们已经尝够了,我们已经学习得聪明多了,决不会再去干过去曾经干过的那些蠢事。但是,同样必须弄清楚的是,我们不能因为这一切就忘记了自己是共产主义者,就忘记了只有科学共产主义的思想才能指导我们建设好社会主义社会。我们决不能放松共产主义思想的宣传和教育,尤其决不能忘记我们每个共产党员的天职就是为共产主义的终极目标而奋斗终身,是全心全意地为最大多数人民的最大利益而献出自己的一切。这就是说,无论何时何地,我们都必须永远保持共产主义思想、共产主义精神、共产主义道德、共产主义的劳动态度。我们决不是为了拿薪水来革命,为了按劳分配来革命的。自有共产党起,没有哪一个真诚的共产党员,是为了取得报酬甚至为了升官发财来革命的(如果有这样的人,我们就要把他清除出党)。这还不是共产主义精神?无论担任什么革命工作,我们都不是为了报酬(这不是说社会主义社会不应该给予我们以适当的报酬以维持我们的生活,那是另一个问题),完全是为了实现我们的共产主义的远大理想;这个理想绝对不是空想,相反,它已经成为一个一步一步胜利前进的伟大的群众运动。在这个问题上,我们需要在全党统一认识。我们要坚决地反对任何把共产主义说成是“没有经过实践检验”的“渺茫的空想”的误解和谬论。在我们每天的生活里面都有共产主义的因素,不然怎么会有那么多的忘我劳动的英雄模范,有那么多为了共产主义理想而奋不顾身、牺牲一切的人?这些人难道是空想家?不是的,他们是脚踏实地的共产主义的实干家。我们决不是空想家,我们的思想是经过实践检验的,所以,我们对共产主义的信念是坚定的，而且越来越坚定。为什么越来越坚定？因为实践证明，我们所做的一切正确的工作推动了社会物质生活和精神生活的进步，合乎人民的利益而得到人民的拥护，而且正在一步一步接近未来的共产主义理想。

　　这个问题，十二大报告里虽不可能详细说，但是主要之点已经说了。我们希望通过十二大，全党在这个问题上要认识一致，行动一致。所有的党员在坚持共产主义思想、共产主义精神、共产主义道德、共产主义劳动态度这个根本问题上丝毫都不能含糊。如果有一点含糊，我们就会在群众里造成思想混乱，就会在群众里歪曲我们党的形象，削弱我们党的威信。要抵抗资本主义思想的侵蚀，单靠社会主义的按劳分配原则是不够的，因为我们的国家大而穷，人口多，就在工农业总产值翻两番、居于世界前列以后，每人的平均收入还是要比发达的资本主义国家的人均收入低。主要要靠共产主义思想才能抵抗资本主义思想的侵蚀，因为共产主义所一定能够实现的人人都享有高度的物质幸福和精神文明的伟大理想，是同任何剥削制度水火不相容的，任何剥削阶级永远不会这样想，也永远不能这样做。为共产主义的事业，其中包括为社会主义事业而奋斗牺牲的所有的共产党员、青年团员，从刘胡兰、黄继光、雷锋、焦裕禄、栾茀、赵春娥到无数同样奋斗牺牲的老年人、中年人、青年人、男人、女人、非党员、非团员，他们能够这样做，是为了什么？是为了共产主义。在法卡山扣林山牺牲的人，在抗洪抢险斗争中牺牲的人，在社会主义事业的一切工作岗位上"生命不息，战斗不止"的人，他们是为了什么？是为了共产主义。没有共产主义精神，哪来的这种革命行动？我们在座的同志成天从早忙到晚究竟为了什么？假如只是为了自己的儿子、房子，那么我们的党和全国人民的社会主义事业早就完了。我们就是为了共产主义，不但为将来的共产主义社会，而且首先是为我们现在干的共产主义事业。共产主义的事业不等于共产主义的社会制度。（陆定一：有各种各样的"社会主义"。光有社会主义不行，一定要有共产主义。）我们的社会主义社会制度只是共产主义社会制度的第一步，离开了共产主义思想就没有社会主义。十二大报告提出要整党，这就必须要靠共产主义思想。没有共产主义思想，我们就没有力量说服党里面那些一味"按酬付劳"甚至"多酬少劳"的人；对那些严重违法乱纪的人，也就不好说你们背叛了共产主义，你们不配做共产党员（当然他们也背叛了社会主义，也不配做进步的公民）。我们为什么要在新党章里给共产党员提出那样高的标准？我在前面已经反复说过，我们共产党员不是将来才为共产主义奋斗，过去就早已为共产主义奋斗了，何况现在！自有共产党起，我们就是靠共产主义思想同各种敌人斗争的，但在实现社会主义改造以前，还不能讲建设社会主义精神文明。我们现在已经建立了社会主义社会，正在把社会主义事业推向前进，因此就必须在共产主义思想指导之下，在全社会建设社会主义的精神文明。

　　〔作者附记：这原是我八月二日在十一届七中全会的一次小组会上讨论胡耀邦同志十二大报告稿时的一个发言。这个发言的内容，有一部分已被一些报刊发表了。但是发言对有些问题说得不够清楚，有些必须解释的方面（特别是关于宣传共产主义思想和坚持现行政策之间的关系）没有说到。因为《人民日报》要发表这个发言的全文，所以现在作了一些补充和删改，请读者注意。〕

关于教育的本质及其他

（一九八三年五月二十八日与何东昌的谈话）

看了中央教育科学研究所送来的材料，同志们提出的问题很多，我也答不上。说一些看法，供大家参考。

第一，关于教育本质问题

有些同志在研究问题的时候，有时往往把马克思主义的经典论述绝对化了，把问题看死了，这样就容易争论不休。教育本质的讨论就有这个问题。在这方面要解放思想。

马克思主义关于生产力与生产关系、经济基础与上层建筑的区分并不包罗万象，并不是任何的社会现象都可以划分到这里面去的。假定把任何一个社会现象都要按这个分类划分，就要碰钉子。马克思也没有这样讲过，只是说某些社会现象属于什么。马恩著作中前后的说法并不完全相同。政治、法律属于上层建筑，这是经常讲的，是确定的。有的学者认为马克思有时是把意识形态与上层建筑分开来讲的。有的同志不同意这种说法，引经据典加以反驳，争论的双方都可以从原著中为自己的观点找到根据。

有的社会现象，如语言，不好说是上层建筑或经济基础，这斯大林已经讲过了。就是法律，也不能说每种法律都是上层建筑。阶级社会消灭以后，还是要有法律的。广义地讲，像交通规则，还是需要的。假定那个时候没有杀人、盗窃现象发生，其他的纠纷还是会有。不能设想到了共产主义社会，整个社会就会平安无事了。因此，还需要有一定的强制性的东西。这些强制性的东西是社会所共同必需的。毛主席讲过，将来空中也要有交通警察，因为飞机可能相撞，现在就有飞机相撞的事。海里的轮船也会相撞，也会要有警察的。因此，需要有些强制性的规定。可见，不能把法律说死了，说法律全是适应阶级斗争的需要。也不能把文学艺术仅仅看作是阶级斗争的工具。阶级消灭了，文化并不会消失，而且会更加发展。事实上有许多社会现象并不是随着阶级斗争的消灭而消失的。因此，不要以为用基础和上层建筑这两个范畴，就可以把各种社会现象划分完了。实际上，有不少争论不休的问题，都是由于把问题看死了。

教育现象很复杂，说它是生产力，又是上层建筑，我看还不能肯定。教育还包括既不是生产力、也不是上层建筑的成分。例如体育，简单说它是上层建筑，眼界就太狭小了。好像运动员的体育活动完全是为阶级斗争服务似的。道德在阶级社会中，毫无疑问是有阶级性的。我们培养的人首先要有坚定的阶级立场，对敌人作斗争的坚强意志，有警惕性。但这并不能包括道德的全部内容。家庭生活中也有道德问题，除了特殊的例外，不能认为家庭生活中的道德问题都属于阶级斗争。学校中的师生关系，同学关系，一般地也不能都说是阶级关系。电台广播了一个德国工程师丢了几万马克，有人拣到了送还给他，他感动得好久说不出话来。过一会儿他说：我今天才知道什么是中国。像这样的道德，是任何社会都需要的。不过在剥削阶级统治的社会中，虽然需要，但不容易实现。在我们社会主义社会中，能够得到发扬。可见，这种拾金不昧的品德就不是随着阶级的消亡而消亡的。所以，在我们讨论教育本质的时候，思想要开阔一些，不要把自己限制在狭小的圈子内。争论的双方也不要只是从书本上引经据典，寻找论据，这样并不一定能得到正确的结论。

教育在一定意义上可以说是生产力，但是，不能以此为理由，说教师从事的工作也是生产劳动。不必拘泥于这种说法。如果这样说，艺术家的工作也是生产劳动了，演员演戏也是生产劳动了。如果说是生产劳动，也是另外一个意义上的生产劳动。在我们现在的社会里，人的需要，不能简单地用生产的需要来概括。例如学历史，讲秦始皇、唐太宗，与生产的需要有什么关系？

教育的任务是非常广泛的，差不多与生活一样广阔。生活的全部经验都要靠教育传递下去。一个人的成长从童年到老年，需要不断地掌握各种知识，接受各种训练，培养各种品格，这种品格甚至不是德育所能完全包括的。例如，要求工厂的工人按操作规程操作，不好说是德育，当然，这里有教育的任务。因此，只能从主要方面来说教育是什么。但是，作为一个科学定义，教育的定义比历史唯物主义的某些公式包含的内容要广泛得多。不能简单地按马克思恩格斯的历史唯物主义的现成公式来解释教育。马恩的历史唯物主义当时主要是着眼于社会生活中的最根本的东西，而社会生活要比根本的东西宽广得多。恩格斯在通信中有好几处讲到了这一点。

关于教育本质的几种说法，还提到教育是传递人类社会经验的工具，与语言十分相似。我看不好这么说。教育的任务比语言宽广。语言是交流思想的工具，各种社会活动都离不开使用语言，但是它没有什么定向。要说有定向，是使对方了解你说了什么。而教育就不同了，教育是使比较缺乏知识和经验的人，获得更多的知识和经验，不断地去发展它。语言跟教育很难比较。语言是一种使用的工具，而不是一种过程。教育是一种发展的过程，是一种社会的、心理的、多方面的发展过程。这种发展是有方向的。如果把一个有知识的人变成无知的人，这就不能叫做教育了。历史上有过宗教教育，那是特殊的教育。宗教教育也免不了要传授知识。今天的宗教，已经完成不了传授知识的任务了。

有人说教育是一种独立的社会实践活动。应该说教育有它独立的方面，学生在课堂里上课是独立的。但是教育与社会生活有广泛的联系。学生要参观，要实习，是不可能关在学校大门内进行的。教育不断地为社会输送人才，社会又对教育施加种种影响。

还有人说教育是促使个体社会化的过程，这是一个有见解的观点，但也不能完全这样来概括。这个观点还不完全。因为一个人从幼稚到成熟，这个过程是多方面的。比方说学音乐，小孩开始只会哼哼，后来有了音乐感觉，然后会唱歌、会作曲，这可以说是社会化的方面，但不能把人的发展包罗无遗。一个人跑到山顶上去唱歌也是社会现象，但这并不直接与社会有什么联系，它不需要别人听。

教育是发展的，是受不同的社会形态、社会不同发展程度的影响的。不能设想我们今天的教育与孔子时代一样。把教育抽象化，找一个适用于任何时代的说法，这是不可能的。这是一方面。另一方面，我们应当看到社会主义社会的教育与资本主义社会的教育是有明显的不同的。但是这种不同并没有消除它们的共同点。如果没有任何共同点，我们到外国考察，派留学生，就不能解释了。

《教育研究》上讨论教育本质的问题，可以打破一些僵硬的狭隘的观点，这是有利于大家研究问题的。

第二，关于教育方针的问题

教育为无产阶级政治服务，这个口号提出时有一定的历史条件，现在看来是不全面的。提出这个口号以后，确实产生了一种偏向，这也跟对教育的认识仅仅强调它是上层建筑有关。有的说教育为无产阶级政治服务，也就是为社会主义经济服务，如果是这样，这个口号就可以作多种解释了。这样，就把政治、经济合二而一了。我们通常是不作这样解释的。历史唯物主义主要是考察政治跟经济的关系。教育为无产阶级政治服务，这个口号加上为经济服务也不行，因为教育不仅仅是为政治、经济服务的，它还有一些不属于政治、经济范畴的东西。例如数学是可以为经济服务的，但不能说数学的全部领域都要为经济服务，物理学也是如此，天文学更是如此。因此，这种提法有局限性，只说到一面，而没有说全。哲学、美学也不好简单地说是为政治、经济服务的。哲学上提出的问题，有的是从古到今以至永远都要研究的。不能因为有了辩证唯物主义和历史唯物主义，哲学就没有新的发展了。甚至进化论，也不能说只是为农牧业服务，它是跟人的生活有密切关系的。有的科学可以从纯理论变成应用的，立即转化为生产力；有的科学本身，并不是满足人的吃穿和生产需要的。教育问题十分复杂，对象十分丰富，想用一个有局限性的口号来限制它是不行的。如果把教育为无产阶级政治服务，教育与生产劳动相结合绝对化了，那就太狭窄了。关于教育与生产劳动相结合，马克思讲了很多，但不可能把教育的对象、内容完全同生产劳动结合起来。例如，建筑包含美学问题，但美学绝不仅限于建筑、造型、服装设计、工艺美术。这中间不能画等号。假如画等号，就无法解释整个美术现象和美术历史了。

教育与生产劳动相结合是跟大工业生产还是手工劳动相结合的问题，马克思所说的教育与生产劳动相结合是指人的发展要跟生产劳动的知识联系起来，并没有讨论生产的规模问题。例如，小学生练习扫地、擦黑板，这是手工劳动。小孩子从小练习穿衣服、收拾衣服，这也是一种劳动，这当然不是生产劳动。如果不养成这种劳动习惯，教育就偏颇了。这是不必争论的。

第三，关于全面发展的问题

马克思提出人的全面发展，是跟批判资本主义的分工有密切联系的。事实上不会有什么绝对的全面发展，就是恩格斯讲的早晨几点钟干什么，然后又干什么，将来实现的可能性也是很小的。这种设想并不是马恩提出的，而是空想社会主义者提出的。从社会发展的需要来看，要求一个人有多方面的才能是可以的，但不可能做到绝对的全面发展，不可能掌握一切专业。一个医生不可能是眼科专家，又是精通内科、外科的专家。培养这样的医生，时间要拉得很长，是很难培养出来的。因此,只能从相对的意义上去理解全面发展,不能说得太绝对了。

马克思对分工的批判,跟社会主义早期思潮的影响有关系。资本主义的分工有许多坏处,因此,他认为一个理想的社会,要把分工所产生的毛病统统去掉。如果这样理解,我们今天做不到,将来能否做得到,我也怀疑。外科医生动手术,复杂的需要七八个小时。假定手术需要四小时,然后他去钓鱼、画画,这样就太浪费时间了,社会要增加多少医生才行。在一种职业中轮班是可能的,不同职业的轮换是要受限制的。社会向前发展,分工越来越细了。将来无论高等教育普及到什么程度,恐怕也不可能人人都去操纵电子计算机。如果普及到这种程度,许多学问就没有人去做了。

在我们的社会主义社会里,从事任何一种职业的人都需要德智体全面发展。不需要德智体全面发展的职业,是想象不出来的。例如张海迪,她虽有残疾,也需要德智体全面发展,需要保护她的健康。

全面发展不局限于知识、技能,还包括人的生活情趣、道德情操。狭隘的分工使人的生活极端单调,这是我们所反对的。现在清华大学要开文学课,不但清华要开,所有理工农医大学,除了专业知识以外,都需要心理的各方面的发展。外语学院有个成绩很好的学生成了杀人犯,这说明我们的教育要坚持德智体全面发展才行。教育不能使人的心理发展走向畸形,片面了就会造成恶果。马克思提出的全面发展,也包括德智体全面发展。他要求人要有社会的伦理情操。从这个意义上讲,马克思所讲的全面发展与我们讲的德智体全面发展,实质上是一致的。我们今天提倡德智体全面发展,但不要把它绝对化。你想要绝对化,也做不到。

"人占有自己的全面本质"(见马克思 1844 年《哲学政治经济学手稿》),这句话是可以理解为德智体全面发展的,如果有偏废,就谈不上全面的本质了。

五十年代提倡过多面手,这是正确的。我们承认有些技能要想掌握它是比较困难的。但是我们还是希望青年能多掌握一些技能。爱因斯坦会弹钢琴,列宁也会弹钢琴。

六中全会决议,对教育方针没有专门研究过,是沿用了过去的提法。不要以六中全会的提法为界限,在这个圈圈里,不敢越雷池一步。

第四,关于毛泽东思想的问题

关于毛泽东思想,打倒"四人帮"以后,小平同志出来工作时,曾讲过毛泽东思想有一个思想体系。但是各个领域都要搞一个思想体系,对坚持、发展毛泽东思想不仅无利,反而会造成一些困难。毛泽东同志在某些方面是有独特的研究的,例如军事思想、哲学思想,但是恐怕也不能说在各个方面都有一套系统的完整的思想。

关于毛泽东教育思想、其他什么什么思想的提法,都跟"文革"有不可分割的关联。"文革"中把毛泽东思想强调到不合理的程度,造成了许多不可思议的后果。毛泽东同志在教育方面确实有很多很好的思想,但是后来片面性越来越大,讲过课程要砍掉一半,阶级斗争是主课,书读得越多越蠢,刘邦、朱元璋都未进过大学;大学还是要办的,主要是理工科。这些观点都是与教育学不相容的。刘邦、朱元璋未进大学不是他们的优点。今天的刘邦、朱元璋就应该进大学。过去历史上很长时期没有大学，但是人类历史进步了，不仅有了初等教育、中等教育，也有了高等教育。

对毛泽东思想，如果要以时间划分界限的话，很难划分。前期也有薄弱的方面，后期也不是每句话都不对。我们不要先确定一门学科，这门学科叫做毛泽东教育思想。这样就是把车子放到马前面去了。还是提研究马列主义教育思想，把毛泽东的教育思想中有价值的东西放进去。每个学科都要搞毛泽东什么什么思想，这是自寻烦恼。不要随意地用毛泽东什么什么思想的提法，这种宣传没有好处。列宁的著作比毛泽东的丰富得多，也没有把每门学科都安上列宁什么什么思想的题目。马克思研究过数学，假如我们的大学要开马克思数学思想课，就是自寻烦恼。研究马克思在数学上的贡献是可以的，这是少数专家做的事情。马克思在数学上有研究，但他毕竟不是数学家，不能说有什么马克思数学思想。

我谈的一些问题，仅供你们参考。科学是靠大家来研究的，世界上没有全知全能的人。你们要相信自己，自力更生，进行研究，不要把问题看得太死，看得太狭隘。不要受经典著作某些论述的限制，更不要简单化、绝对化。

学习《邓小平文选
（一九七五——一九八二）》

（一九八三年七月十三日在
全国宣传工作会议上的讲话）

　　邓小平同志的《文选》，大家都看了。报上发表了许多很好的文章。这部书在出版前我曾看过几遍，但出版后还没有详细看。现在说点意见，只供大家参考。

　　今天报纸上发表了中央的通知，要求全党学习《邓小平文选》，作为整党的重要准备。整党首先要有思想整顿，要求思想上的统一。整党中遇到的一些思想性政治性问题，《文选》差不多都涉及了。所以，学习《邓小平文选》，对整党是思想上最好的准备。

　　先说这么一个问题，有些外国报纸说，学习《邓小平文选》是恢复个人崇拜。这个问题，在我们党内绝大多数干部、党员大概不会这样想。可是作为一个问题，是需要答复的。我们党的力量所在，是思想上的统一。《文选》代表了从一九七五年到一九八二年这个时期党中央对一些最重要问题的见解。这些见解不仅是代表整个党中央的，而且大部分是经过实践证明是正确的（一部分关于将来的见解还需要继续经过实践的检验,但这些见解也是从已经验证的客观真理推论出来的),因此,按照全党服从中央的纪律,这些见解本来就是应该成为全党统一思想的标准。不能说学习《邓小平文选》或学习其他同志的文选,就是对那一个同志的个人崇拜,不能把这两件事混为一谈。对毛泽东同志曾经存在过的个人崇拜,也不能说成是学习《毛泽东选集》的结果,而是违反了《毛泽东选集》中所反复宣传的一系列基本原则的结果。我们学习无论谁的著作,都要采取马克思主义的实事求是的态度,就是说,不能采取"两个凡是"那种反马克思主义的态度,这就使我们的学习同个人崇拜毫不相干。中央的通知特别谈到,《邓小平文选》一方面表现了他对重大问题的个人首创性,另一方面也表现了他集思广益、坚持民主集中制、坚持群众路线、反对个人崇拜和个人专断的作风。《邓小平文选》中有一篇在一九八〇年八月政治局扩大会议上的重要报告,它的主要内容之一就是反对权力过分集中于个人的。在我们党的历史上正式提出这个问题,这恐怕还是第一次。小平同志曾经在一次会议上说过,有些即席发言,事先没有准备稿子,不可能每句话都对,哪有金口玉言?他反对"两个凡是",当然也反对对他实行"两个凡是"。这本书出版之前,他的一些讲话在党内讨论的过程中间,有些同志有不同意的地方,他就删改了。此外,他讲话中许多重要意见是听了好些同志的建议提出来的。比方个人过分集权这个问题,与党内存在封建主义的残余影响有关。这个问题在党内长期没有解决过,陈独秀时期没有解决,毛泽东同志时期也没有解决,以致造成严重的后果,现在需要解决了。这个问题是李维汉同志提出的。李维汉同志同小平同志谈话提出这个问题，他非常赞成，觉得是很重要的问题。那次政治局扩大会议虽然不是仅仅由此而开的，但这是很重要的因素。再如要重视精神文明问题，是李昌同志写信给他提出的建议。在为叶剑英同志准备建国三十周年讲话的过程中，李昌同志曾向我们起草讲话稿的同志谈过，所以在剑英同志的讲话里就提出了建设社会主义精神文明的问题。但是当时提得不充分。后来李昌同志给小平同志写信，再次提出这个问题。李昌同志曾说过这样的意思（只是大意）：当时延安没有多么高的物质文明，物质文明比不上上海、重庆，当然更比不上美国，可是当时全国广大人民、广大青年向往延安，许多青年愿意到延安去过苦日子。抗战后期重庆的党外人士以及不少美国记者到延安参观，也为延安的生活方式所吸引。至于斯诺、艾黎、马海德、史沫特莱、夏庇若、卡尔曼、斯特朗等国际友人，就更不必说了。这靠什么？不是靠我们的物质文明，而是靠我们的精神文明。我们现在要在物质文明方面赶上美国不容易，需要很长的时间，短时间内是不可能的。就是要比上台湾、香港，大陆这么大，短时间也不容易。我们要建设高度的物质文明，这是不成问题的。但是建设精神文明，根据过去的经验，见效要快些。所以李昌建议中央一定要十分重视精神文明的建设。小平同志对这个建议非常赞赏，他在讲话中多次谈到建设精神文明，直到十二大把它与建设物质文明并举，作为实现现代化的四项保证之一。至于小平同志同政治局各位常委协商以后提出的意见，这方面例子就更多了。这些例子说明小平同志确实是集思广益的。可见，说学习《邓小平文选》是对他实行个人崇拜，是完全不合事实的。

一方面，我们要学习小平同志坚持民主作风，坚持群众路线；另一方面，我们也不能因为坚持集体领导、坚持民主，就否认党的领导人物的权威的意义。五四新文化运动提出民主与科学两个口号是很有道理的。我们非常需要民主，但是大家都承认，我们决不能用少数服从多数的方法来解决科学问题。少数服从多数是我们政治生活的一个原则，但仅仅有这个原则是不行的。人类是不断从比较落后、愚昧逐渐聪明起来，从摆脱许多偏见和谬误中逐步前进的。提高人们的觉悟，靠什么？靠科学以及普及科学知识的教育。科学也是逐步前进的，但无论如何都不是少数服从多数的产物。比如科学家现在都承认相对论是真理，但不能把相对论拿到全世界或哪一个国家去进行公民投票。因为大多数人不懂相对论，会投反对票和弃权票。就像进化论这样比较容易理解的科学理论，也是与大多数人的偏见相违背的。甚至地球绕着太阳转这样一个科学常识，在中国以及许多国家可能就还有大多数人不承认。这些是自然科学方面的问题。在社会科学方面也一样。多数人常常并不了解自己的长远利益，为了了解多数人的长远的利益（这是一种不以个人意志为转移的客观存在）并为它奋斗，这就需要社会科学。凡是有觉悟的人都懂得要反对买卖婚姻包办婚姻，要实行计划生育，要造林育林、保持水土，要保护国家和集体的财产，要实行普及教育，扫除文盲，维护公共秩序、公共卫生等等。这些都上了宪法或法律，但是要全国大多数人自觉地接受，就还需要一段时间。所以不能说多数人就不犯错误。在信仰宗教的国家，绝大多数人信仰宗教，宗教对他们来说就是真理和法律。谁要是反对宗教，反对宗教所宣传的说法，就会受到各种各样的刑罚，甚至被处以死刑，这是大家知道的。现在多数人相信宗教的国家还很多，不但在资本主义国家，就是在社会主义国家也是一个不容易解决的问题。比如像波兰、匈牙利，人口的绝大多数都是天主教徒。南斯拉夫多数人也是教徒，不过不是信一个宗教，是信几个宗教。中国也有好些民族多数人相信宗教。所以人类社会要前进，不能够专门讲少数服从多数。我们主张少数服从多数，因为我们相信人类的前途，相信大多数人要求进步，并且一定会进步。我们还认为多数人即使犯错误，也不能对他们实行强迫，只能用教育的方法帮助他们觉悟。但是不能把这个观点孤立起来，推论说在任何条件下大多数人的意见都是对的，都是只能无条件服从的。马克思主义也是科学，但是正如列宁所说，工人并不能自发地成为社会主义者，这需要向工人灌输社会主义思想，灌输马克思主义思想。人类社会进步之所以需要革命，就是因为关于社会制度的变革不是可以依靠投票解决的，尽管过去和现在都有人这样想，却至今还没有实现过。我们主张要用科学（当然包括马克思主义）武装大多数人，要使大多数人接受科学，但这是一个很长的历史过程。在这个过程中，坚持党的科学的领导是十分重要的。有些人因为过分强调民主，以至不赞成同时提出坚持党的领导，他们是把多数人看成是静止的或永远正确的了。中国历史上人口就多，现在人口更多，但是如果没有党的领导，人口再多也不会产生新中国。旧中国没有十亿人口，就算四亿人口吧，尽管有帝国主义、军阀官僚的压迫，却不能把他们压成一块水泥，而是压成公认的一盘散沙。一盘散沙，不能说没有一点自由，但是谁也不会把它说成是民主。把一盘散沙团结成一块水泥（这个比喻当然不确切，这里姑不讨论），没有党的领导是可能的吗？旧中国变成新中国，并不是靠投票和选举，而是靠党所领导的人民革命，这个党和这个革命都不能离开纪律，离开权威，当然这少数人必须掌握科学，并且同大多数人紧密联系。所以民主与科学是不能分开、不能对立起来，而只能结合起来的。党的领导也可能犯错误，但从原则上说应该是科学的领导，马克思主义的领导。马克思主义同大多数群众结合起来，我们的事业就能够蓬勃发展。不同大多数人结合，不实行群众路线，脱离群众，这本身就违反了马克思主义，革命事业当然就要失败。以上说的这些都不是什么新观点，在座的各位同志，都是全国思想工作的领导人物和骨干人才，对于这些观点是早已熟悉了，只是因为有些外国报纸一说再说，所以我在这里多说了几句，希望大家在答复这个问题时多一些准备。总之，我们应该对这个问题有一个坚定的认识，无论如何不能动摇。

我们提倡民主的权威，这是不错的，但这是不完全的。完全些应该说民主加科学的权威。关于这个问题，恩格斯在《论权威》这篇文章里讲了很多道理，举了很多事实作为论据。他举的一个例子是船长。船长是全船乘客的"公仆"，但全船的主人——乘客，在必要的时候都必须服从这个公仆的个人指挥。恩格斯说过要防止人民的公仆变为人民的主人，但是所说人民的公仆并不是可以没有必要的权威，包括个人的权威，主人也不是可以不受必要的约束。恩格斯在研究巴黎公社的经验时是讲过，要防止人民的公仆变成人民的主人。同时他也讲过,巴黎公社的错误之一,就是它没有充分地使用它应有的权威。这个权威,就是说的领导者的权威。这个领导一般是集体的,在一定的情况下也包括个人的。因此,我们在使用这些概念的时候,需要比较谨慎,不能随便地引起思想上的混乱。除了有确实的真凭实据,即确有少数人骑在人民的头上屙屎屙尿(在十年内乱时期这成了广泛的现象,但究竟还不能说已经达到了百分之百;在今天这样的人是我们打击清洗的对象),不能随便地说人民的公仆变成了人民的主人。因为那样一来,社会主义就与封建主义、资本主义没有什么区别了。同样,对于个人崇拜这个问题,也要有个分析,它在不同的发展阶段性质是不同的,否则我们的历史就无法解释了。不过这是题外的话,这里不多说了。

现在回到《邓小平文选》这个问题上来。我想就六个问题说一点意见,供大家参考。

(一)《文选》是毛泽东思想的坚持和发展的结果。坚持就要发展,发展才能坚持。有同志说,将来中国党的一代一代的领导人,是不是都要有这个思想,有那个思想。我想不会发生这样的问题。比方现在我们就不说邓小平思想,而只说毛泽东思想的发展。这就如同苏联,列宁死了很久了,始终讲列宁主义和它的发展,而不讲另外一个主义一样。

坚持毛泽东思想,是《文选》中最重要的主题之一。这不是一个很简单的问题。建国以来,中国的情况发生了很多的变化,世界的情况也发生了很多的变化。毛泽东同志在他的晚年犯了那么严重的错误。正因为这样的情况,使得我们需要在批判这些错误的同时,更加坚决地继续坚持毛泽东思想。

只有这样，我们才能更有力地从思想上清除林彪、四人帮以及"两个凡是"等等这些错误思想的毒害。曾经有一段时间，恐怕现在也还有这样的同志，说我们何必再讲毛泽东思想，就讲马克思主义可以了。事实上，这道防线我们是不能退却的。如果从这道防线退却，那么马克思主义这道防线也就不能坚持，中国共产党领导的中国革命史和中国革命也就不能坚持。现在就有一些人，大家都知道，在反对马克思主义，说什么马克思主义已经失去生命力。他们当然也反对中国共产党，要讲什么天赋人权，或者实行第二次"文化大革命"等等。如果我们不坚持毛泽东思想，这些思潮就会更加泛滥了。为什么呢？因为毛泽东思想就是马克思主义在中国的运用和发展。我们在作这样的说明的时候，我们把毛泽东同志在晚年所犯的错误抛弃了。抛弃了他的错误的东西不等于连他的正确的东西也要抛弃。如果没有毛泽东思想，很难设想中国革命能够胜利。中国革命曾经经历了那么多的艰难，那么多的曲折，那么多的牺牲，并不是因为中国共产党不相信马克思主义，而是因为把马克思主义同中国革命的实际结合起来很不容易，这不是一件很简单的事情。中国是占世界人口差不多四分之一这样大的国家。意大利那样的一个小国，意共都要宣扬葛兰西的思想。南斯拉夫要宣传铁托的思想，这是大家都知道的。中国这样一个大国，有几亿人口，九百六十万平方公里，有五十多个民族，要团结成为一个力量，单是依靠马克思主义的一般真理，不仅在实践上要发生困难，就是从民族的心理上来说，也要发生困难。现在一方面有人主张全盘西化，另一方面也有人说，共产党想要把外国的思想、欧洲的思想搬到中国来，这就是全盘西化，这在中国历史上从来没有成功过。毛泽东思想既不是什么闭关自守，也不是什么全盘西化，它的胜利已经是历史的事实。特别是对于我们党，特别是对于我们这样一个经历了"文化大革命"这个十年动乱、几乎被搞得四分五裂的党来说，如果我们放下毛泽东思想的旗帜，那么只能够引起党的分裂。这是一个非常现实的问题。要引起党的分裂和人民的分裂，要引起党在人民群众中的威信进一步降低。有些同志说（当然这些同志也是好意），毛泽东同志已经犯了那么多的错误，还要讲毛泽东思想，群众怎么能够接受呢？他们没有想到，如果我们把这面旗帜丢掉，就会使更广大的群众对于中国共产党本身发生怀疑，对马克思主义也发生怀疑，中国的前途就不堪设想。我们大家都要仔细想一想，小平同志，他的经历大家都是知道的，他在"文化大革命"里受了那样多的迫害、打击，他为什么坚决地提出来要坚持毛泽东思想呢？在一九七九年理论务虚会的时候，在一九八一年、一九八二年讨论若干历史问题的决议的时候，都曾有一些同志，其中也包括个别高级干部，用这样那样的理由，这样那样的方式来表示反对这个提法。可是小平同志以及整个党中央非常坚决地坚持这个立场不动摇，最后这些同志也同意了。在理论务虚会的时候，在座的很多同志可能是参加了的，小平同志的讲话讲过以后，不少的同志是有过抵触情绪的。我们现在可以想想，如果当时沿着这些同志的情绪发展下去，那么我们党会走到什么地方去？这并不是因为小平同志拥护"文化大革命"，没有在"文化大革命"中受到一次、再次的迫害。还在理论务虚会以前，在开展实践是检验真理的唯一标准的讨论之前，小平同志就提出了反对"两个凡是"，他一个人反对！这不是说没有别人反对了，而是他表示反对的时候，他就是一个人，并没有跟别人商量过。由此可见，小平同志早就不迷信毛泽东同志的一切，把毛泽东同志的错误也当作真理。但是他也不把毛泽东同志的真理也当作错误，或者认为不值一提，他仍然坚决主张坚持毛泽东思想。由此也可见，对任何问题，特别是像这样的关系我们国家民族的生死存亡的重大的历史问题，要能够在任何情况下都不感情用事，不走向极端，而采取坚决的、清醒的分析态度，是不容易的。

坚持毛泽东思想，同时批判"两个凡是"，这样就使我们党在理论上、政治上、思想上保持了必不可少的连续性、稳定性。这是党的生命所在。这样就不单使得全党得到一个团结一致的支柱，思想理论上的支柱，在全国人民中间也得到这样一个支柱，而且使得中国共产党在世界上继续保持它应有的地位。就是这样，还有一些人说，中国共产党抛弃了马克思主义，变质了，这当然是少数人了。可是如果我们不坚持毛泽东思想，那么我们就可以想到，在国内，在国外，会要发生什么样的后果。这不是少数人纸上谈兵的问题。而且，小平同志坚持毛泽东思想并不是单纯从党的利害出发，从民族和国家的利害出发。小平同志确实是毛泽东思想的忠实的继承人，《关于建国以来党的若干历史问题的决议》里面说到毛泽东思想的三个活的灵魂的忠实的继承人。小平同志一出来就提出，要恢复实事求是、群众路线，以后还多次地一有机会就提出来。他这样讲了，也这样做了。同时他在国际问题上，始终坚持独立自主的方针。中国这样一个大国，如果在政治上不能独立自主,而是俯仰由人,这个国家怎么能够生存下去？怎么能够把全国人民团结起来？无论我们的人口是六亿、八亿,还是十亿的时候,我们哪一天丢了独立自主的旗帜、原则、方针,我们的国家就很难生存下去。

小平同志出来工作以前就提出反对"两个凡是",这是党的历史上一个重大的转折的开端。提出反对"两个凡是",比把"四人帮"几个头头抓起来要困难得多。我们回想一下当时的政治空气。陈云同志要发表一篇文章,大概是为了纪念毛泽东同志逝世一周年,那时宣传部一位同志,也是好同志,他把陈云同志文章中凡是跟华国锋同志的提法或当时中央文件的提法有一点不同的地方统统改成一样,表示要跟那时的文件、讲话的提法完全一致,哪怕两个词是同义词,只是字面上不同也不行。后来陈云同志说,他们要这样搞,我的文章就不发表了。(邓力群:陈云同志当时说,用不着他写文章了,你们把那些文件天天照登就行了。)我们想一想,当时党内的情况是这么一种空气。这还是中央,地方更可想而知了。小平同志提出反对"两个凡是"的时候,他指出"两个凡是"是讲不通的,毛泽东同志从来没这样讲过,马恩列也从来没这样讲过,如果这样讲,那么我就不能出来工作,因为毛泽东同志已经宣布我犯了什么什么滔天大罪了,我怎么能出来工作呢？而且对"天安门事件",在当时一个文件里讲,这样的悼念活动是可以理解的,这样的话也不能讲,因为事件发生后党中央作的决议,毛泽东同志圈阅了的,说天安门事件是反革命事件。所以,提出反对"两个凡是"是我们党的历史上的一个重大转折的开端,是三中全会的思想上的开端。我们党的历史上不止这一次重大转折,以前还有遵义会议。这是这一次重大转折开端的标志,正因为还没有发展到三中全会,所以更加困难,更可宝贵。当时小平同志还处在一种半合法的地位,等着别人来解放,他并不能自己解放自己。在那样一种情况下面提出这样的口号,实际上,就是否定了"文化大革命"。尽管当时还没有条件讲否定"文化大革命"这样的话。

(二)我们还可以想一想,理论务虚会上提出了坚持四项基本原则。这四项基本原则的范围比坚持毛泽东思想要大得多了。提出坚持四项基本原则也曾经遇到相当一部分同志的异议。这种反对的言论现在是不是完全没有了呢?现在也还是有,因此我们不能认为宣传四项原则的任务早已完成了。如果在那个时候不提出四项基本原则,那么我们党的发展会是什么样子?我常感到奇怪,一个共产党员怎么连坚持马克思列宁主义或者坚持党的领导都不愿意讲。所以,小平同志确实是在党内进行两条战线斗争的一个模范。这不是歌功颂德,这是客观的历史的事实。有些同志会说,这四项原则算什么,这是老话。可是当时就没有多少人愿意说这四句老话,或者因为自己就不赞成,或者因为说出来以后也要受到一些人的反对。我想大家确实很值得回顾一下当时的历史,回顾一下自己当时的思想状态(当然各人的思想状态很不一样)。当时所以产生这些思想状态,是有原因的。这是对于"文化大革命"的一种反动。这种反动是合乎规律的,但是它是不正确的。而且可以说,如果沿着那么一条路走下去,那是很危险的。这种两条战线的斗争,既反对"两个凡是",又要坚持四项原则,这个斗争到现在也没有结束。现在还有这样的人,有的是在党内，有的是在党外，用这种形式那种形式来表现不同意四项原则的思想。所以学习《邓小平文选》并不只是为着温习历史，而是有重大的现实意义。

（三）把党的工作重点由清查转到经济建设，这看来是很简单的事情，但在当时，就是三中全会以前中央工作会议，一九七八年年底，就很不容易。实际上，从一九四九年到一九七九年，我们党始终没有认真地、系统地和一贯地实行这个转变，这就是这三十年中的最大错误。小平同志这时坚决提出要转到以发展社会主义经济建设为党的中心任务，这是对于党的八大提出的任务的真正继承，也可以说真正的开端，意义非常重大。我们不能说华国锋同志反对搞经济建设，但是他是不同意在那个时候实行这样一个转变的，他认为太早了，要继续清查。清查固然在许多地方还需要继续，但已经不能再成为全党工作的重点了。华国锋同志对清查也并不是那样彻底，留下的问题很多，但是如果老是把清查作为全党工作的重点，那就是"以阶级斗争为纲"的继续，所以华国锋同志提的口号叫做"抓纲治国"。小平同志在提出必须实行这个转变以后，又围绕着发展社会主义建设提出一系列的方针，包括国内的和国外的方针。这方面大家都清楚，我就不说了。

华国锋同志曾经长期有这么一个论点，说为什么三中全会叫做"路线"，十一大就不叫做"路线"？三中全会所决定的东西是全面的，因为要扭转"文化大革命"的"左"倾错误，不能限制在孤立地解决经济问题。不下决心全面地清理"左"倾错误，经济建设也是无法进行的。三中全会是从根本上扭转"文化大革命"的错误方向，这同十一大可以说正好相反，两者怎么能相提并论呢？不但要结束"文化大革命"遗留下来的东西，而且要加以清除。除了把重点转向经济建设，并且对经济政策特别是农业政策作了一系列重要的大转变以外，还为大批冤假错案平反，使许多德才兼备的同志出来担任重要工作。不经过三中全会，要解决这些问题，简直是难于上青天。

经济建设离不了政法建设的保卫。在政法工作方面，若不是小平同志的坚持，不说别的，很可能《刑法》和《刑事诉讼法》到现在还没有。我们立国将近三十年的时候，连《刑法》、《刑事诉讼法》都没有，提出了好多次，都不能决定，就是说决定不立《刑法》。没有《刑法》、《刑事诉讼法》这样基本的法律，所谓社会主义法制就是句空话。现行的《刑法》虽然还有缺点，还需要修改，但是比没有总是好得太多了。现在我们已经修改了《宪法》，还立了不少法，但是还有很多法没有，还要大大加紧立法，以免遇事无法可依。但是有了《宪法》和《刑法》，我们国家就有了社会主义法制的最根本的骨干。

再如科学和教育，这是经济建设的智力基础。在一九七五年，小平同志就很重视科学教育工作。在一九七七年小平同志出来工作以后，他又自报奋勇说，我来管这两件事。《文选》里有好几篇文章是讲这个问题的，还是在一九七五年和三中全会以前。我们回想一下，直到一九七七年，要整顿教育还是怎样困难。首先就有所谓"两个估计"的问题。所谓"两个估计"，就是，第一，建国以来的教育，十七年，是黑线统治；第二，知识分子的大多数、还是绝大多数，是资产阶级知识分子。这两个基本估计不能推翻。后来怎么推翻了呢？是查出来一九七一年在开教育工作座谈会的时候一个笔记本，说毛泽东同志讲过教师也不是都是坏的,也有很多好的,十七年教育也不能说都是错的,有很多的事也都是照我所讲的办的。这样,才能在政治局会议上把那两个估计推翻。如果没有这样一个记录,就不能推翻这样的估计。就在这次政治局会议上,华国锋同志还讲了一大篇话,目的是批评邓小平同志,还居然把这篇讲话发到全国。整个的事情是多么可笑可气,但是当时的中央政治局就是这样。无论如何,总算推翻了这"两个估计",然后才能进一步恢复高等学校招考制度。当时小平同志召开了一个科学座谈会,科技大学有位同志慷慨陈词,说恢复招考制度再不能延迟了,迟一年要有多大的损失。小平同志决心接受这个意见,并提到中央政治局通过了。从这些事例可以看出,那个时候的工作,每前进一步需要有多大的毅力来扫除多少荒谬的障碍。

小平同志还提出了知识分子是工人阶级的一部分,科学是生产力(这是一九七五年就已提出过,后来再次提出的)。这些都起了很大作用,并将继续起作用。

(四)从一九七八年到一九八一年,小平同志有过许多重要讲话和谈话,特别重要的如一九七八年十二月的讲话,一九七九年三月的讲话,一九八〇年八月的讲话,一九八〇年十二月的讲话,一九八一年七月的一次讲话和一次谈话,一九八二年一月和四月的讲话,这些都是指导这几年政治生活发展方向的重要文件,也是《文选》的主要部分,不过要一一解释,就得费很多时间,我想大家都会注意精读的,所以我就不多讲了。现在我只讲小平同志在去年十二大所提出的坚持社会主义道路的四项保证。这是不久以前的事。四项保证,每一项都需要反复宣传，因为这对于我们太重要了。现在我想只讲一下提倡精神文明的重要。刚才说了，他接受了李昌同志的建议，并且把它提到坚持社会主义道路的四项保证之一这样的高度。毛泽东思想在这几年里有没有发展呢？确实有很多发展。精神文明问题就是对于毛泽东思想和马克思主义的重要的发展。毛泽东同志就没有讲过社会主义精神文明。毛泽东同志的确讲过，人在改造客观世界的同时也改造自己的主观世界，人是要有一点精神的，这一类的话，但是也就是讲到这里。提出社会主义的精神文明和物质文明，要建设两个文明，这样重大的纲领性的口号，在全世界现在还只有中国，只有中国共产党。苏联也讲精神文明，但没有这样的提法。提出来建设社会主义精神文明，与物质文明并列，对全国人民、特别是青年，在思想上是指出了一个终身奋斗的高尚的目标。当然这个运动还仅仅是在开始，我们绝不能满足于现有的成就。但是，我们也要充分地估计现有的成就。在"文化大革命"以前，学雷锋的运动，也有很大的成就。但是现在提出建设精神文明的口号，是把这个运动提到一种纲领性的地步。所有四项保证和这个开幕词的全文，对于中国革命、对于中国社会主义事业的前途可以说是有非常伟大的意义。我在这里顺便说一下，我认为，全国宣传战线在四项保证的宣传上是非常不够的，现在在报纸上几乎很难找到这样一个词，关于三大任务倒是提得多些。我利用这个机会向大家呼吁，四项保证是长时期的，是整个社会主义建设时期的根本的政治保证。对于这样一个重要的问题，我们宣传得太少。我首先在这里作自我批评。希望在座的同志，大家一起努力，从各方面加强对这个问题的宣传。

（五）四项保证里还涉及一个问题，就是关于阶级斗争的问题。小平同志在理论务虚会的讲话中就提出，剥削阶级作为阶级已经消灭了，但是阶级斗争仍然存在这样一个命题。这个命题提出来以后，就像那个讲话中提出的其他命题一样，也曾受到一些同志的怀疑。阶级都已经不存在了，怎么还有阶级斗争呢？这个问题，不需要在这里多说，因为我们已经在一些文章、文件里面比较详细地答复了。这是一个长期的问题。我想所有的社会主义国家都存在，不过别国不愿意这样说就是了。社会主义在它发展的相当长的一段时间里，阶级斗争是不能够消灭的。原因很简单，首先从国际上来说，敌对的阶级要采取一系列方法破坏社会主义制度；从国内来说，剥削制度的历史遗留的影响不但会与国外的敌对势力结合，会与台湾、香港的反动资产阶级相结合，因而难于在短时间内消灭，而且由于社会主义在它的初期，它还不能够完全解决生活资料分配制度里面的不合理或者不平等或者还不能满足某些人的欲望的现象，这就造成一种条件，使得一些人要用各种不正当的手段、以至于用犯罪的手段来捞一把，来破坏社会主义制度。我们在经济上和政治上的管理工作中的种种漏洞也给他们的这种破坏活动以条件，我们要不断努力堵塞这些漏洞，但是完全堵塞究竟不是容易的事。我们要不断加强对人民特别是青少年的思想政治文化教育，但是教育工作也很难做到令人充分满意的地步，而破坏性的教育也难于完全消灭。所以说这不是一个短时间能够解决的问题。小平同志提出，坚持社会主义必须坚持两手的方针。这个两手的方针，不仅仅是就对外开放政策来讲是这样,对国内搞活经济政策来讲也是这样。一方面,是要搞活经济;另外一方面,是要防止、打击各种利用搞活经济来进行剥削、进行各种各样犯罪活动的人。这种情况也是要长期存在的。因此,提高对于阶级斗争的觉悟和警惕,不能不是一项长期的任务。

(六)关于整党,这是小平同志多年以前就提出来的。党要整顿,要使党员成为合格的党员,这是他在提出要修改党章时就提出来的一个基本的观点。对于不合格的党员,要想各种办法加以挽救、教育。不行,就要除名。这个思想提出来很久,但是当时条件不成熟。一直到现在,中央才决定,从今年十月开始进行整党。《文选》中涉及党的建设和整顿的地方很多,特别是由于小平同志提出的问题大部分还继续存在,有待于全党同志首先是全党干部努力去解决,因此,在这个时候学习《邓小平文选》,对于整党是有直接的意义的。

关于《文选》需要说的问题很多,以上说的很简单,也很不完全。例如,关于军队建设的十篇讲话,体现了小平同志关于新的历史时期军队建设的重要思想,在整个《文选》中占有显著的地位。除此以外,关于机构改革,经济体制改革,关于干部的四化,关于台湾、香港的问题,这都是小平同志首先提出来的和着重提出来的。在对外关系方面,随着形势的变化,及时对我国的外交政策作了某些调整。这些我都不说了。

把前面说的以及还没有说到的总起来说,都是为着一个目的,建设有中国特色的社会主义。这并不是什么标新立异,故意要提出这样一个口号。中国这样大的一个国家,它有它的历史条件、地理条件,经济、文化、民族的条件,都和世界上许多国家不一样。如果要建设一种没有中国特色的社会主义，那才是不能想象的，也只能以失败告终。建设有中国特色的社会主义，这是我们的奋斗目标，同时也是我们的出发点。因为是出发点，在前进的道路上，已经开始表现出许多特点。现在我们还没有一个有中国特色的社会主义这样一种现成的、完备的形态，这还需要我们建设。在建设的过程中会遇到许多问题，同志们在开会讨论中间也提出来了好些复杂的、繁难的问题，这些问题不仅仅是宣传工作的问题，也是全党面临的实际问题。宣传工作的部门碰到这样的问题，其他的部门当然也碰到这样的问题。无论哪一个工作部门，都有责任对于这些问题进行研究，提出意见。

末了，我看到这个会议的简报，许多同志对于宣传部的工作提了许多问题，包括对于中央宣传部的批评。我想，许多批评都是正确的，我也应该做自我批评，因为中宣部的好些文件是经我看过的。关于学习问题，同志们认为布置的内容太多，下边根本没有办法学。现在就以《邓小平文选》作为学习的主要内容。就是《邓小平文选》的学习，也不能够作千篇一律的要求。中央的通知是说全党都要学习。但是，假如说，一个文盲或半文盲，在农村里面，能不能也要他学这本书呢？那就得用其他的办法。究竟用什么样的办法，请各省回去研究。中宣部也要做部署。中央的通知里说，重点是县级以上的干部。县级以上的干部要不要办半脱产的轮训班学？城市里面县级以下的干部和党员也要学，用什么方法来学？这些问题都要具体解决。中宣部原来规定要学习的文件，有条件学的同志也还是要自学。

提得很多的一个问题，就是宣传部的战线太长。我也认为宣传部的战线太长。中央将来是不是会把宣传部的工作作一些什么样的改变，这些，我不能随便许愿。宣传部的战线就是长，因为，所有的人都是我们宣传的对象，而且对每个人的宣传都有许多方面，我们的战线怎么能不长呢？我们不能够规定一个范围，说对这一部分人的宣传归宣传部，其他的人归别的部门。确实，我们应该把其他的组织，像青年团、工会、妇联，还有科协、文联，等等，联合起来，分工合作来进行宣传。在这个方面，我们做得不够。宣传部挑头多。假如是妇女问题，由妇联挑头是可以的。但是，属于全局性的宣传工作，不用宣传部来挑头由谁来挑头呢？我不挂帅谁挂帅呢！问题是我们挑了头，也要使得所有的人，所有的组织都动起来，都能够充分发挥它们的作用。

刚才我讲到，像四项保证，我们宣传得不够。事实上，我们党的方针里有好些基本性的宣传都有这种现象，不仅仅是四项保证。这里有两个问题讲一下。一个是宣传跟科学研究之间的关系。宣传是不是一种科学研究？我想，应该是这样。按照列宁的定义，鼓动，就是对一个简单的题目的鼓动，这不能够要求做科学的研究。宣传，就应该是讲清楚道理，就应该有科学的论证。所以，宣传工作不能够跟科学研究工作对立起来。我们现在的宣传工作的弱点之一，正是它的科学论证比较少。比方说，我们的有些文艺批评就有这个缺点。我们看外国的文艺批评，外国的批评家也有写短文章的，但是，很多的批评家文章都写得很长。大家看过别林斯基、杜勃罗留勃夫、车尔尼雪夫斯基的书，以及许多西欧历史上著名批评家的书,都可以看到,他们不仅仅写很长的文章,而且写成专门的著作。梅林、拉法格、普列汉诺夫、卢那卡尔斯基、卢卡契的文学批评也是如此。我们现在缺少这样的批评家,这就使得一些作家不服气,因为从我们批评的文章里面得不到多少学问,得不到多少营养。文艺批评是这样,其他方面的情况也差不多。并不是说文章愈长愈好,而是说许多问题要把道理讲清楚,不是很容易的事情,三言两语的座谈是解决不了问题的。这要有充分的研究。

另外一个问题,就是在政治上跟中央保持一致同双百方针之间的关系。我们说的跟中央保持一致,这是说在一些基本的重大的政治问题上,一定要跟中央保持一致。并不是说,任何一句话都要跟中央保持一致,或者,任何问题都不能讨论。不是这样。在一些根本方针的问题上,在一些基本原则问题上,我们应该同中央保持一致,这是我们宣传的纪律。至于大量的具体的问题,我们有充分讨论的自由。根本的方针不能够百家争鸣,但是根本方针不但比较少,而且当我们需要把这些根本的方针具体化,那就要遇到很多的具体问题,这些问题都是需要讨论的。在这个范围里面,双百方针就有充分发挥作用的地盘。所以,这两者之间没有矛盾。如果对于党的根本方针有意见,是不是也可以提出来? 可以。党章上规定了,但是要经过一定的程序,向党中央提出来。不能超越这个程序,直接在报纸、刊物上提出来。如果那样,就是违犯了党的纪律。

末了一个问题,就是宣传干部的专业化问题,这是差不多每次会议都提到的问题。有同志说科技干部是南瓜,越老越甜。宣传干部是丝瓜，越老越空。有没有这种现象？有！原因在什么地方？原因是在我们对宣传干部的要求太低，把宣传干部当做一种办事员。当然办事员也是需要的，但是宣传干部仅仅是办事员是不够的。宣传干部应该是具有专门知识的人才、专家。有些同志说，本来讲宣传干部要评业务职称，后来说是要试点，这样一来，大家非常泄气。这件事我不了解原委，不好随便说。但是，我想，第一位的问题不是评定职称，而是要精通我们所担负的工作，成为某一门工作的专业人才。干部要实行四化，其中有一化是专业化。宣传干部是不是要专业化呢？也要专业化。所以说宣传干部也可以而且也应该一样地越老越甜。这得看我们的工作怎么做法。做得不好，就会越老越空。有一些科学家，也是越老越空。技术人员如果不是努力学习与自己的专业有关的一切新知识，而被提拔去担任领导行政工作，如果工作不对口或者在工作中不努力钻研，也可以越老越空。所以说，事在人为，看我们的工作怎么做法。在这个方面，我希望中央宣传部同各省委的宣传部能够做出榜样，大家都要努力学习，不能够满足于做办事员。我们要使得宣传部所有的干部（也可能这里面会有些例外）尽可能地努力学习。时乎时乎不再来，少壮不努力，老大徒伤悲。现在还有学习条件的同志，希望大家努力学习，成为专家。这样，就不会发生越老越空的问题。

我的话完了。说得不对的地方请批评。谢谢大家。

关于人道主义和异化问题

（一九八四年一月三日在中共中央党校的讲话）

　　　　　谨以这篇讲话式的论文

　　献给一切探讨马克思主义、社会主义、人道主义的理论界、文艺界同志，和探讨人生意义、人生目的的青年；

　　献给参加本文的起草和修改的同志们，在本文起草和修改过程中提出种种宝贵意见的同志们和前辈学者们，没有他们的帮助，本文就不可能以现在的面貌出现；

　　也献给一切曾经抱有或继续抱有不同观点的同志们，他们的观点使作者获得了写作本文的动机和展开论证的条件，如果本文对他们提出了某些批评意见，这也完全属于正常的同志态度。

　　近几年来，我国理论界围绕人道主义和异化问题，展开了一场争论。这方面的文章已经发表了好几百篇，专门的讨论会也开过好多次。这场争论是有意义的。争论中提出了许多重要的问题，广泛地推进了对这些问题的研究。回答和解决争论中的所有重要问题，是需要广大理论工作者来共同进行的一项巨大工程。我今天的讲话不可能涉及争论中的很多问题,只准备就几个主要问题讲一些意见,跟大家一起讨论。说得不对的,请大家批评、指正。

关于人道主义,我想首先应该指出,它有两个方面的含义:一个是作为世界观和历史观;一个是作为伦理原则和道德规范。这两个方面有联系,又有区别。我们现在讨论人道主义问题,尤其需要注意两者的区别,以免造成意义上的混淆。关于作为伦理原则的人道主义问题,我在讲话的第三部分将专门谈到。当前的争论,首先在于作为世界观和历史观的人道主义。因为已经发表的宣传人道主义的文章,大都没有区别人道主义的这两种含义,而且大都把人道主义作为解释历史、指导现实的世界观和历史观来理解和宣传。当然,宣传人道主义的文章意见不尽一致,不赞成或不完全赞成这种宣传的文章也不少,不能一概而论。但是,应该看到,现在确实出现了一股思潮,要用作为世界观和历史观的人道主义来"补充"马克思主义,甚至要把马克思主义归结为或部分归结为人道主义。有的同志提出了"人是马克思主义的出发点"这样的根本性的理论命题;有的同志宣传"人——非人——人"(即人异化为非人,再克服异化复归于人)这样的历史公式;一些同志认为不但资本主义社会有异化,社会主义社会也有异化;一些同志热衷于抽象地宣传"人的价值"、"人是目的"这类人道主义口号,认为可以靠它们去克服这种"异化"。如此等等的说法,提出了这样一些根本问题:究竟应该怎样来看待人类历史的发展,怎样来看待社会主义社会的发展?究竟应该用怎样的世界观和历史观,是马克思主义的历史唯物主义还是人道主义的历史唯心主义,作为我们观察这些问题和指导自己行动的思想武器？我认为，现在这场争论的核心和实质就在这里。因此，我的讲话也就围绕这场争论的核心和实质，而不以某几位作者的某几篇论文的具体内容为对象。

下面，我讲四个问题：一、究竟什么是人类社会进步的动力？二、依靠什么思想指导我们的社会主义社会继续前进？三、为什么要宣传和实行社会主义的人道主义？四、能否用"异化"论的说法来解释社会主义社会中的消极现象？因为是讨论马克思主义的一些根本问题，马克思本人的话不免引用得多一点；这也有好处，可以帮助大家弄清楚马克思主义究竟是什么和不是什么。

一、究竟什么是人类社会进步的动力？

对于这个问题，历史上有种种答案。从根本上说，是两种答案：历史唯心主义和历史唯物主义。近代西方思想史上的种种人道主义，从资产阶级人道主义到空想社会主义，它们的历史观都是唯心主义的，它们对人类历史发展和社会进步动力问题，都不能作出科学的解释。只有马克思建立的历史唯物主义，才找到了对这个问题的科学的答案，并在它的基础上建立了科学社会主义理论。

资产阶级人道主义产生于十四——十六世纪欧洲文艺复兴时期，它的最初形式是人文主义。针对中世纪神学以神为中心，贬低人的地位，蔑视世俗（即非宗教的）生活，提倡禁欲主义等观点，作为新兴资产阶级思想代表的人文主义者提出了以人为中心的思想。他们要求尊重"人性"、"人的尊严"、人的"自由意志",主张"顺从你的意欲而行"。他们重视人的世俗生活和世俗享受的意义,提倡世俗教育和科学知识。人文主义坚决反对作为封建制度精神支柱的中世纪神学,在历史上起过巨大的进步作用。在十七、十八世纪资产阶级革命中,人道主义的思潮跃居历史的前台,成为资产阶级启蒙思想家反对封建专制和等级制度的一面旗帜。"天赋人权"和"自由、平等、博爱"等口号,在法国革命进程中起了重要的作用,并产生了深远的影响。文艺复兴时期的人文主义,启蒙运动和资产阶级革命时期的人道主义,尽管都有重大的进步意义,但是作为历史观来说,都是唯心主义的。人文主义者也好,启蒙思想家和其他资产阶级人道主义思想家也好,他们所说的人和人性都是抽象的人、抽象的人性。[①] 他们认为历史发展和社会进步的动力,在于人类的善良天性或者人类的理性。启蒙思想家主张以理性作为审判台,一切都拿到理性面前接受审判,认为只要诉诸理性或通过教育,人类的一切"迷误"都能克服。人道主义者提出"人道"、"正义"、"自由"、"平等"、"博爱"

---

　　① 人性本来是一个抽象概念,即人类的共性,可以跟神性、兽性、非人性、反人性等概念相对待。但是历史地考察起来,人性又是具体的,在不同的历史发展时期和不同的社会集团,以及由于不同的生活环境、文化教养、心理特征等等,人性有它的纷繁的演变和分化。尽管并不是没有人类的共性可言,但是要用这种共性(无论关于它的解说可以怎样丰富)去解释人类社会的历史发展,却不免显得太贫乏了。这里和下文所说的关于抽象的人性的主张,就是指不认识或不承认人性的历史的演变和分化,而只承认一种所谓为全人类所共有并有永恒标准的人性。这是一种非科学的抽象,它跟人性作为一个科学概念的抽象是两回事。至于人类学、社会学(包括民俗学)、心理学、教育学等具体科学部门和文学艺术,从各自的角度研究和表现历史的、现实的人和人性,当然是必要的。历史唯物主义不能代替这些研究和表现,当然也不应该指责它们是历史唯心主义的抽象的人性论。

这样一些口号,并不能科学地说明历史。恩格斯说过:这是一些"或多或少属于道德范畴的字眼","这些字眼固然很好听,但在历史和政治问题上却**什么也证明不了**"①。

十九世纪的空想社会主义对资本主义进行了猛烈的抨击,提出了种种改革社会的方案和关于未来合理社会的设想。但是,空想社会主义者和资产阶级的人道主义者一样,用抽象的人性、人的本质来解释历史,来设计他们的改革方案,来构想他们的合理社会。俄国著名的马克思主义者普列汉诺夫在上世纪末说得很中肯:"本世纪上半期所有的无数的乌托邦不过是以**人的天性**为最高准绳而设想完美立法的企图。"②空想社会主义者认为,资本主义的黑暗和罪恶不过是人性或者说人类理性的迷误;消除这些黑暗和罪恶是思维着的理性的任务;社会主义正是理性、真理和正义的表现,只要把它发现出来,它就能用自身的力量创造出新的世界。由于离开具体的历史条件,离开特定的社会关系谈论人性、人的本质,并把它们当作人类社会历史发展的决定力量,他们在历史观上依旧停留于唯心主义。他们在考虑怎样实现自己的主张的时候,必然忽视社会历史的现实基础,脱离已经出现的无产阶级和其他劳动人民的现实斗争,而去指靠抽象的概念、笼统的全人类和唤起人性、改善人性的人道主义说教,并且往往还把希望寄托在少数杰出的统治者身上。这样的社会主义学说只能流

①　恩格斯:《民主的泛斯拉夫主义》,《马克思恩格斯全集》第6卷,人民出版社1961年版,第325页。

②　普列汉诺夫:《论一元论历史观之发展》,三联书店1961年版,第27—28页。

于空想。空想社会主义学说虽然提出了许多卓越的思想,包括各尽所能、按需分配的共产主义思想,成为马克思主义的三大来源之一,在人类思想进步史上具有不容忽视的地位,但是,作为革命斗争中的思想武器,它只能是幻想的武器。用幻想的武器去进行战斗,当然不可能解决改造社会、推进历史的现实任务。空想社会主义始终没有为人类解放找到现实的道路,也没有改变资本主义世界的发展进程,不就是历史的证明吗?

要丢掉幻想的武器而掌握现实的武器,就必须同空想社会主义的抽象人性论、同它的唯心主义历史观彻底决裂。这种决裂是社会主义从空想发展成为科学的关键。正如列宁所指出的,"社会主义学说正是在它抛弃关于合乎人类天性的社会条件的议论,而着手唯物地分析现代社会关系并说明现今剥削制度的必然性的时候盛行起来的"①。

跟历史唯心主义相反,历史唯物主义不是以抽象的人、人性、人的本质等等的概念为出发点,而是以具体的社会物质生活条件为出发点来解释历史。马克思、恩格斯在《德意志意识形态》中说:"我们首先应该确定一切人类生存的第一个前提也就是一切历史的第一个前提,这个前提就是:人们为了能够'创造历史',必须能够生活。但是为了生活,首先就需要衣、食、住以及其他东西。因此第一个历史活动就是生产满足这

---

① 列宁:《什么是"人民之友"以及他们如何攻击社会民主主义者?(回答〈俄国财富〉杂志反对马克思主义者的论文)》,《列宁选集》第 1 卷,人民出版社 1972 年版,第 51 页。

些需要的资料,即生产物质生活本身。同时这也是人们仅仅为了能够生活就必须每日每时都要进行(现在也和几千年前一样)的一种历史活动,即一切历史的一种基本条件。"①历来的思想家在解释历史的时候,都忽略了这个基本的、简单的事实。马克思正是抓住了这个基本事实和它的全部意义,从这里出发,发展和形成了历史唯物主义关于人类社会的生产力和生产关系,经济基础和上层建筑,社会存在和社会意识,阶级和阶级斗争,国家和革命,无产阶级解放和全人类解放的完整学说。历史唯物主义指出,生产力的发展,生产力同生产关系的矛盾,以及在阶级社会中表现这一矛盾的阶级斗争,才是历史发展的动力。

马克思在《〈政治经济学批判〉序言》中对历史唯物主义的基本思想作过这样的经典表述:"人们在自己生活的社会生产中发生一定的、必然的、不以他们的意志为转移的关系,即同他们的物质生产力的一定发展阶段相适合的生产关系。这些生产关系的总和构成社会的经济结构,即有法律的和政治的上层建筑竖立其上并有一定的社会意识形态与之相适应的现实基础。物质生活的生产方式制约着整个社会生活、政治生活和精神生活的过程。不是人们的意识决定人们的存在,相反,是人们的社会存在决定人们的意识。社会的物质生产力发展到一定阶段,便同它们一直在其中活动的现存生产关系或财产关系(这只是生产关系的法律用语)发生矛盾。于是这

---

① 马克思、恩格斯:《德意志意识形态》,《马克思恩格斯全集》第3卷,人民出版社1960年版,第31—32页。

些关系便由生产力的发展形式变成生产力的桎梏。那时社会革命的时代就到来了。随着经济基础的变更，全部庞大的上层建筑也或慢或快地发生变革。"①

因为找到了对人类社会进步动力问题的科学的回答，无产阶级和人民群众的改造社会、推进历史的革命斗争才得到科学的指导，并因而取得伟大的胜利，开创了人类社会发展的崭新时代——社会主义时代，使广大劳动人民得到解放。这不同样是历史已经充分证明了的吗？

有些同志指责历史唯物主义只讲"物"，不讲"人"，"见物不见人"。这是没有根据的（当然，某些编得不好的教科书之类是另外一回事）。历史唯物主义在展开它的全部学说时并没有抛开人，相反，正是历史唯物主义科学地说明了人的历史，说明了人如何创造历史，并且指明了所有的人都得到全面自由发展即全人类得到最后解放的科学道路。历史唯物主义讲"物"，恰恰是讲人们为满足自己的生活需要而进行的物质生产活动，是讲人们和物质即自然界相互作用而形成的生产力，是讲通过对物的占有而形成的人们之间的物质的生产关系。历史唯物主义认为历史是人创造的，但是跟历史唯心主义不同，它认识到人首先是通过物质生产活动，通过在这个基础上的社会斗争（在阶级社会首先是阶级斗争）来创造历史，因此，归根到底，从事物质生产的人民才是历史的主要创造力量。历史唯物主义只是抛开历史唯心主义的人道主义关于

---

① 马克思：《〈政治经济学批判〉序言》，《马克思恩格斯选集》第 2 卷，人民出版社 1972 年版，第 82—83 页。

人、人性、人的本质的抽象谈论,而把这一切放到一定的社会关系(首先是生产关系)中去考察。因为只有这样,社会的人的问题才能得到正确的解释和解决。列宁在比较马克思的经济学和资产阶级经济学的时候说:"凡是资产阶级经济学家看到物与物之间的关系的地方(商品交换商品),马克思都揭示了**人与人之间的关系**。"①因此,批评马克思主义"见物不见人"的说法是不能成立和不能接受的。历史唯物主义观察和解决人的问题的基本方法论原则,就是从一定的社会关系出发来说明人、人性、人的本质等等,而不是相反,从抽象的人、人性、人的本质等等出发来说明社会。这是马克思主义的历史唯物主义同资产阶级人道主义的历史唯心主义的一个根本分歧,也是我们现在这场争论中的一个根本分歧。

"人是马克思主义的出发点"——这是一个典型的混淆马克思主义同资产阶级人道主义、历史唯物主义同历史唯心主义的界限的命题。马克思主义的历史唯物主义从分析人们的物质生产活动和人们之间的物质的生产关系出发,正是为了具体地理解人;离开人们的物质生产活动和人们之间的社会关系来谈人,就只能是抽象的人。把抽象的人作为出发点,这完全不是马克思主义。马克思之所以能够创立马克思主义,就是因为他越过了以抽象的人作为出发点的资产阶级人道主义的历史哲学,找到了自己的新出发点。马克思一八四五年写的《关于费尔巴哈的提纲》,恩格斯称它为包含新世界观的

---

① 列宁:《马克思主义的三个来源和三个组成部分》,《列宁选集》第 2 卷,人民出版社 1972 年版,第 444 页。

天才萌芽的第一个文件,在这个文件里,马克思指出:"人的本质并不是单个人所固有的抽象物。在其现实性上,它是一切社会关系的总和"①。人类社会,人们的社会关系(首先是生产关系),这就是马克思主义的新出发点。正是从分析社会关系出发,马克思才批判了已有几百年历史、经历了各种形态、但都是以抽象的人和人性为出发点的人道主义的唯心主义历史观,包括批判了马克思曾深受其影响的费尔巴哈人本主义及其关于人的本质的异化的观点,如他自己所说,"实际上是把我们从前的哲学信仰清算一下"②。同时,马克思还为此而同当时社会主义运动中仍然停留在人道主义历史观基础上的各种流派坚决划清界限。例如马克思指出,德国小资产阶级的"真正的社会主义者"忘记了,"不管是人们的'内在本性',或者是人们的对这种本性的'意识','即'他们的'理性',向来都是历史的产物";他们"只是把关于人的本质的思想悄悄塞给每个人,并且把社会主义的各种阶段变为人的本质的各种哲学概念"③。出发点的变化,新的出发点的发现,是人类思想史上划分时代的根本变革和伟大发现的开端。有了新的出发点,才能产生唯物主义的历史观,建立"工人阶级政治经济学",形成科学的社会主义学说,就是说,才能有马克思主义。

---

①　马克思:《关于费尔巴哈的提纲》,《马克思恩格斯选集》第1卷,人民出版社1972年版,第18页。

②　马克思:《〈政治经济学批判〉序言》,《马克思恩格斯选集》第2卷,人民出版社1972年版,第84页。

③　马克思、恩格斯:《德意志意识形态》,《马克思恩格斯全集》第3卷,人民出版社1960年版,第567、606页。

如果停留在旧的出发点上，无论怎样变换形式，也不可能跳出资产阶级人道主义历史观的窠臼，不可能有马克思主义。

可是，我们的一些同志，一方面把"人是马克思主义的出发点"当作一个极重要、极新颖的命题提出来宣传，一方面又极力模糊以"人"为出发点同以人类社会和人们的社会关系为出发点这新旧两种出发点之间的原则区别，试图把它们说成是差不多的东西。有的同志声称，这个命题中所说的"人"，并不是抽象的人，而是马克思所说的"现实的人"，"从事实际活动的人"。似乎有了这个申明或其他类似的申明，他们就离开了抽象的人道主义，坚持了马克思主义。但是，这样的简单申明，并不能改变他们的观点的实质，而且不可避免地包含着一个逻辑矛盾：要说明人是"从事实际活动"的"现实"的人，就不能把人看成是笼统的、没有分化和没有差别的，就需要说明人在其中活动的具体的社会关系，这就必须从具体的社会关系出发，而不能从"人"出发。既然舍弃了具体的社会关系和具体的社会发展状况来谈"人"，并由此来谈论"人性"、"人的本质"、"人的价值"、"人的尊严"、"人的自由"、"人的需要"、"人的自然欲望"等等，那么，这种以人为出发点和归宿点的命题，就只能是抽象的人道主义实际上也就是资产阶级人道主义的命题。马克思自从找到了他的历史观的新出发点，在研究人类历史的时候从来不从抽象的、笼统的意义上来谈人，他所说的人都是作为社会关系的不同承担者的人，也就是不同的社会关系的人格化。马克思在《政治经济学批判（1857—1858年草稿）》和《经济学手稿（1861—1863年）》中，两次在批评蒲鲁东的时候，都驳斥过所谓"从社会的角度来看，并不存在奴隶和公民;两者都是人"的说法。马克思指出:"其实正相反,**在社会之外**他们才是人。是奴隶或是公民,这是 A 这个人和 B 这个人的一定的社会存在方式。"①马克思在研究资本主义社会的时候,也从来不是从资本家和工人"两者都是人"的角度来讨论问题。当然,资本家和工人都是人,有人的共性,但是强调这种共性,作这样一种抽象,对于认识资本家和工人以及他们之间的关系,没有实质上的意义。有实质意义的是,资本主义生产方式的主要当事人,资本家和雇佣工人,"本身不过是资本和雇佣劳动的体现者,人格化,是由社会生产过程加在个人身上的一定的社会性质,是这些一定的社会生产关系的产物"②。如果不是这样从分析人们的现实的社会关系出发,而是从笼统的"人"和"共同人性"出发,就根本不可能指明资本主义的灭亡和社会主义的兴起都是历史的必然,也就不可能提出无产阶级的历史使命。

宣传"人是马克思主义的出发点"的同志,还引用了不少马克思的话,来为他们这个命题作论证。这些同志无视了一个基本情况,即马克思、恩格斯对于他们的新的世界观和历史观究竟以什么为出发点,早就作出了十分明确的回答。

马克思、恩格斯在《德意志意识形态》中表述唯物史观的时候说过:"这种历史观就在于:从直接生活的物质生产出发

---

①　马克思:《政治经济学批判(1857—1858 年草稿)》,《马克思恩格斯全集》第 46 卷上,人民出版社 1979 年版,第 220 页;马克思《经济学手稿(1861—1863年)》,《马克思恩格斯全集》第 47 卷,人民出版社 1979 年版,第 173 页。

②　马克思:《资本论》,《马克思恩格斯全集》第 25 卷,人民出版社 1974 年版,第 995 页。

来考察现实的生产过程,并把与该生产方式相联系的、它所产生的交往形式,即各个不同阶段上的市民社会,理解为整个历史的基础;……同时从市民社会出发来阐明各种不同的理论产物和意识形式,如宗教、哲学、道德等等,并在这个基础上追溯它们产生的过程"。①

恩格斯在《社会主义从空想到科学的发展》中指出:"唯物主义历史观从下述原理出发:生产以及随生产而来的产品交换是一切社会制度的基础;在每个历史地出现的社会中,产品分配以及和它相伴随的社会之划分为阶级或等级,是由生产什么、怎样生产以及怎样交换产品来决定的。所以,一切社会变迁和政治变革的终极原因,不应该在人们的头脑中,在人们对永恒的真理和正义的日益增进的认识中去寻找,而应该在生产方式和交换方式的变更中去寻找;不应该在有关的时代的**哲学**中去寻找,而应该在有关的时代的**经济学**中去寻找。"②

马克思一八七九——一八八〇年写的《评阿·瓦格纳的〈政治经济学教科书〉》中,驳斥了这个德国庸俗经济学家、讲坛社会主义者以抽象的人的需要来确定商品价值的论点,指出:"'**人**'?如果这里指的是'一般的人'这个范畴,那么他根本没有'任何'需要;如果指的是孤立的站在自然面前的人,那

---

① 马克思、恩格斯:《德意志意识形态》,《马克思恩格斯全集》第3卷,人民出版社1960年版,第42—43页。

② 恩格斯:《社会主义从空想到科学的发展》,《马克思恩格斯选集》第3卷,人民出版社1972年版,第424—425页。

么他应该被看作是一种非群居的动物；如果这是一个生活在不论哪种社会形式中的人……那么出发点是，应该具有社会人的一定性质，即他所生活的那个社会的一定性质，因为在这里，生产，即他**获取生活资料的过程**，已经具有这样或那样的社会性质。"跟从人出发的方法相反，马克思申明：我的分析方法"不是从**人**出发，而是从一定的社会经济时期出发"①。

　　我们应该相信谁呢？是相信马克思和恩格斯本人，还是相信宣传"人是马克思主义的出发点"的同志们呢？

　　不顾作为马克思主义者的马克思和恩格斯的这些清清楚楚的说法，反复摘引还没有完全脱离费尔巴哈影响的马克思早期著作中从人本主义那里沿袭下来的一些说法，如"人的根本就是人本身"、"人本身是人的最高本质"以及"共产主义是现实的人道主义"等等；或者引用马克思后来的成熟的著作中的论述，而不理会这些论述的精神实质，不理会这些论述同摘引者自己立论的矛盾，怎能不把问题越说越糊涂呢？如前所说，马克思主义之所以成为马克思主义，首先就在于它有了新的出发点，并由此出发而建立了新的科学体系。在这个根本问题上，是不容回避和含糊的。提出"人是马克思主义的出发点"这样的命题，这就离开了马克思主义的根本思想，抛弃了马克思主义之所以成为马克思主义的东西，抹煞了马克思主义之所以区别于非马克思主义的实质。这样，马克思主义在历史观上所完成的革命变革实际上就被一笔勾销了。

---

　　①　马克思：《评阿·瓦格纳的〈政治经济学教科书〉》，《马克思恩格斯全集》第19卷，人民出版社 1963 年版，第 404、415 页。

　　至于"人——非人——人"这样的历史公式,把人类历史概括为人性的异化和复归的历史,这是一种典型的人道主义的唯心主义历史观。各种人道主义学说对人性有不同的理解,有的并不使用人性异化的概念,它们提出的历史公式却是类似的,如"理性——理性的迷误——理性",或"公平——不公平——公平",等等。按照这类公式,似乎存在着某种抽象的、固有的、完美的、真正的人性或人的本质;在人类社会的某一个发展阶段,这种人性、人的本质发生了异化,从原来的人异化成为非人(或假人);而在人类社会的未来阶段,这种人性、人的本质又得到了复归,从非人(或假人)复归成为真人。难怪现代西方竟有神学家把这类玄学的历史公式同"乐园——失乐园——复乐园"这种神学的历史公式相比拟,并把它归之于马克思主义,企图把宗教、人道主义、马克思主义调和到一起。这很难说不是对马克思主义开玩笑。

　　马克思主义认为,人类的历史首先是生产方式发展的历史。随着生产方式的发展,人类本身也在发展,虽然有历史的曲折和歧途,但总的趋势是向前,是进步。衡量历史进步的尺度只能是生产和生产方式的发展,以及与之相应的社会、政治、文化、科学、教育的发展,而不能是抽象的人性、人的本质。没有任何理由把远古幻想为乐园。从原始社会到奴隶制社会,怎么能够一般地把它看作是人性的倒退呢?这是人类社会的一个巨大的进步,是生产力有一个很大的发展的结果,它标志着人类摆脱了蒙昧和野蛮的阶段,而步入了文明的大门,从此才开始了人类的文明史。同样,从奴隶制社会到封建社会到资本主义社会,也是人类的生产力和社会关系的巨大进步，虽然这些进步都是在阶级对立的状态下发生的，因而伴随着许多的罪恶、苦难和堕落。马克思和恩格斯是资本主义制度罪恶的最彻底的批判者，但是他们在《共产党宣言》中仍然明确地指出："资产阶级在历史上曾经起过非常革命的作用。"①至于共产主义之代替资本主义，更是意味着人类的生产力和社会关系的伟大进步，而不是什么抽象的、固有的人性的复归。马克思、恩格斯把共产主义以前的人类历史称作"人类社会的史前时期"，是为了说明只有在共产主义下人们才能完全自觉地创造自己的历史，而不是要把这以前人类社会发展的全部文明史当作"非人"的历史加以抹煞。相反，马克思主义认为，如果没有过去时代的人类物质文明和精神文明的发展，就不可能有共产主义。

总之，作为世界观和历史观的人道主义，同马克思主义的历史唯物主义是根本对立的。我们的宣传人道主义世界观和历史观的同志，却企图抹煞这种对立，而把两种不同的世界观和历史观混合起来。他们或者要把马克思主义纳入人道主义而成为人道主义世界观和历史观的一个派别（尽管被誉为"真正"的、"最高"的、"最科学"的人道主义派别），或者要把作为世界观和历史观的人道主义纳入马克思主义而成为马克思主义世界观和历史观的一个部分（据认为，前者是后者的核心和实质，是出发点和归宿）。这两种含义实际上是一样的，都是要把马克思主义人道主义化。他们认为马克思主义忽视了

---

　　① 马克思、恩格斯：《共产党宣言》，《马克思恩格斯选集》第1卷，人民出版社1972年版，第253页。

人,要用人道主义来"重新说明"马克思主义,要用抽象地谈论人性、人的价值,确立"人是马克思主义的出发点",来"补充"、"纠正"或"发展"马克思主义;或者认为只有用人道主义来"重新说明"了的马克思主义,才是本来面目的、完整无缺的马克思主义,否则就是被歪曲和有缺陷的马克思主义。这样的观点是马克思主义者所不能接受的。作为世界观和历史观,马克思主义和人道主义,历史唯物主义和历史唯心主义,根本不能互相混合、互相纳入、互相包括或互相归结。完全归结不能,部分归结也不能。人道主义并不能说明马克思主义,不能补充、纠正或发展马克思主义,相反,只有马克思主义才能说明人道主义的历史根源和历史作用,指出它的历史局限,结束它所代表的人类历史观发展史上一个过去了的时代。马克思主义的历史唯物主义代表人类历史观发展史上一个新时代。历史唯物主义认为不能离开具体的社会关系去谈人、人性、人的本质,不能离开社会生产力的发展和对社会关系的改造去谋求人的问题的解决。它拒绝"人类天性"这一类的抽象议论,而着手分析现实的社会关系,寻找无产阶级解放和全人类解放的具体道路。由此得出的实际结论,就不是各种人道主义的说教和各种合理社会的空想,不是抽象人性的神秘"复归",而是无产阶级和劳动人民按照社会发展规律对社会进行革命的改造。这样,马克思主义就对解决人的问题提供了一个科学的答案,这是过去的一切志士仁人都没有找到的。社会主义从空想到科学的发展当然没有也不会丢开人,而正是为争取绝大多数人的利益找到了现实的革命的道路。只有通过无产阶级的解放才能达到全人类的解放,这就是科学的结论。随着历史的发展，马克思主义（包括历史唯物主义）当然需要并且实际上是在继续发展；但是现在笼统地宣传人道主义的许多同志们的主张，同科学发展的要求正好相反，是要使我们的历史观从唯物主义倒回到唯心主义，从而使我们的社会主义学说从科学倒回到空想。

二、依靠什么思想指导我们的 社会主义社会继续前进？

或者有同志会问："人是马克思主义的出发点"这个命题对于资本主义社会或其他剥削制度社会是不正确的，现在我们是在建设社会主义社会了，这个命题是不是有它的意义呢？这实际上是问：马克思主义的历史唯物主义在社会主义社会是不是继续有效？让我们来考察一下吧。

社会主义制度建立以后，生产资料私有制已经基本消灭，阶级斗争已经不是社会的主要矛盾，社会主义社会面临着新的条件和新的任务。毫无疑问，社会主义制度的一切活动的目的都是为了劳动人民和他们的利益。① 但是，社会主义将

---

① 按照宪法规定，所有公民都有劳动的权利和义务，从理论上说，这里把"劳动人民"换成"人"也无不可。而在实际上，大家都看到，即使在社会主义社会，特别是它的初级阶段，尽管绝大多数人都是善良守法的劳动者，人还是各种各样的。社会虽然在许多方面努力为所有的人服务，例如向他们提供各种消费手段、教育手段、就业机会等等，却并不是所有的人都在为社会服务，甚至还有这样那样的反革命分子和从事贪污盗窃投机诈骗抢劫杀人等活动的破坏分子。因此，不能认为简单地变换提法就有多么了不得的意义。

怎样来实现这一切呢？我们应该怎样来看待社会主义社会的发展呢？依靠什么思想指导我们的社会主义社会继续前进呢？有一些宣传人道主义世界观和历史观的同志，实际上是认为，历史唯物主义只在革命和革命以前的时期适用，现在已不适用，而要代之以人道主义了。他们说社会主义就是要实现"人是目的"，"人本身就是人的最高目的"，社会主义就是要实现"人的价值"，"人的价值就在于他自身"，还说"人的价值和人的解放程度是考察社会主义优越性的综合指示器"，"我们要努力为消除异化现象，提高人的价值而斗争"。他们似乎认为社会主义还没有达到理想中那么美好的境界，就是因为还缺乏这些观念，如果在全社会普及了这些观念，就能保证实现最美好的境界。究竟这些说法是不是正确，能不能够指导我们前进呢？

如同争取社会主义制度的斗争一样，在新制度建立以后，社会主义社会的继续前进仍然必须以历史唯物主义的科学为指导，反对种种历史唯心主义的空想。这并不是因为我国社会主义发展的现阶段还没有最终消灭阶级划分，世界上还存在着资本主义制度，因而阶级斗争在我国还将在一定范围内存在，而是因为历史唯物主义并不只是说明阶级社会历史的科学，它是说明整个人类社会历史的科学。历史唯物主义关于社会进步动力的原理，不仅为人类社会发展的历史所证实，而且在今天和今后仍然是促进我国社会主义建设的强大的武器。社会主义社会的发展，同以往人类社会历史的发展一样，仍然离不开社会生产力的发展，离不开生产力和生产关系、经济基础和上层建筑在一定条件下的矛盾，仍然需要在科学地认识和正确地解决这些矛盾中前进。作为社会主义社会主人的人民,比革命以前获得了远为广大的自由。但是人们的自由只有在对必然的认识和根据这种认识而进行的对世界的改造中才能实现,这个客观规律的有效性同以前一样,是不以任何人的意志为转移的,也是不因社会制度的变化而变化的。社会主义制度的建立,为社会生产力的发展和广大人民物质文化生活需要的满足开辟了广阔的可能性和远大的前景。但是社会主义是科学而不是魔术,不可能使人们的各种要求一下子都得到实现。正如毛泽东同志所说:"社会主义制度的建立给我们开辟了一条到达理想境界的道路,而理想境界的实现还要靠我们的辛勤劳动。"①无论在物质方面还是在精神方面,我们都需要从实际出发,遵循事物的规律,依靠人民的努力,在既定的现实基础上一步一步地前进。我们所创造和继续加以完善的新的生产关系和整个社会政治制度,使我们能够比旧社会远为迅速地前进。但是,我们的经济文化基础的落后却是长期的历史所造成的,我们不应该也不可能视而不见,实行不承认主义。"人们自己创造自己的历史,但是他们并不是随心所欲地创造,并不是在他们自己选定的条件下创造,而是在直接碰到的、既定的、从过去承继下来的条件下创造。"②经常记住马克思的这句话,会帮助我们的头脑保持清醒。

---

① 毛泽东:《关于正确处理人民内部矛盾的问题》,人民出版社 1975 年版,第 33 页。

② 马克思:《路易·波拿巴的雾月十八日》,《马克思恩格斯选集》第 1 卷,人民出版社 1972 年版,第 603 页。

集中力量发展社会生产力，是由历史唯物主义的科学所揭示的我国社会主义时期历史发展规律的客观要求，这在我们这样经济比较落后的国家显得特别迫切，因而它很自然地成为全国人民的首要愿望。人民知道，只有努力进行社会主义现代化建设，切实地尽快地发展社会生产力，才能逐步满足人们关于吃、穿、住、学习、研究、劳动、创造、交往、旅行、娱乐、休息等等的需要。我们的各项工作，我们在上层建筑和意识形态各个领域的活动，我们改革和调整生产关系的各种活动，都要围绕着并且服务于促进社会生产力的发展这个有决定意义的目标。我们的党和国家从开国初期就很注意经济建设，努力发展生产力。中间犯过在经济建设上急于求成、夸大主观意志作用的错误，也犯过忽视发展生产力（反对所谓"唯生产力论"）、实行平均主义的错误。这些错误从指导思想来说，都是由于背离了历史唯物主义的科学，背离了经济科学和自然科学。十一届三中全会以来，党中央总结了过去的经验教训，力求忠实地遵循各种科学的规律，因而正确地确定了全党全国工作重点必须坚定不移地转移到社会主义现代化的经济建设上来，并且同这一战略转移相适应，决定了和实行了一系列正确的政策措施，开始获得了公认的显著的成绩。当然，这些成绩离开党在十二大提出的建设高度文明、高度民主的社会主义现代化强国的宏伟目标还很远，工作中也还不能避免缺点和错误（我们当然应该竭力避免这些，但即使借助于计算机，究竟也不能完全避免，这或者就是人性不同于所谓神性的所在之一吧）。如果不去具体地、历史地分析现实的经济文化条件，不从这些条件出发，按照客观规律，切实地进行各种建设，解决现实存在的种种实际问题，或者对解决这些问题提出积极的切实的建议，那么，任何关于"人是目的"、"人的价值"、"人的尊严"的抽象讨论，无论讨论者怎样真诚，动机怎样善良，都不能使我们在实现这些目的、价值、尊严方面前进一步。正如马克思说过的，凭借关于"人"的解放的抽象议论，"'人'的'解放'并没有前进一步；只有在现实的世界中并使用现实的手段才能实现真正的解放"；"'解放'是一种历史活动，而不是思想活动，'解放'是由历史的关系，是由工业状况、商业状况、农业状况、交往关系的状况促成的"①。

由此可见，不仅历史上存在过空想社会主义，在社会主义条件下，人们只要离开历史唯物主义的科学，离开社会主义建设的实践，而热衷于人道主义的抽象议论，仍然会陷入某种空想社会主义。这种历史唯心主义的空想，不同于从前的曾经起过进步作用的空想社会主义，在今天只能起消极作用。因为它散布一种幻想，以为不需要进行长期的艰苦的物质文明和精神文明建设，就可以或者就应该无条件地完全实现人的目的、需要等等。而当社会主义由于种种历史限制还不能完全实现这些要求时，它就有可能影响一部分缺乏马克思主义基本常识的人去怀疑社会主义的实践，干扰社会主义建设的正常进程。历史唯物主义者应该理解，人们的需要等等都是历史地发展着的。具体地研究人们的需要，具体地研究如何发展和改进我们的各项建设以更好地满足这些需要，是我们

① 马克思、恩格斯：《〈德意志意识形态〉第一卷手稿片断》，《马克思恩格斯全集》第42卷，人民出版社1979年版，第368页。

必须积极进行的科学工作(应该承认,这一工作还没有引起全党的普遍注意);倘若只是抽象地提出来,那就没有什么意义,而且任何时候都不可能完全实现。

　　拿"人的价值"来说。这在现在是一个很时髦而又被弄得很混乱的概念。不管人们给予它的含义如何多样,历史唯物主义认为,不能离开社会发展的具体情况,离开人在社会中的劳动,离开个人同他人、同集体、同阶级、同社会的关系,来抽象地、孤立地谈论"人的价值"。荒岛上的鲁滨孙和土人"星期五"在互相发现以前,无所谓人的价值和尊严;只在互相发现以后,他俩之间才有可能发生这些问题。历史上从来也不存在什么抽象的"人的价值";不同的时代、不同的阶级、不同的人们有不同的价值观。实际上,抽象的"人的价值"观念,只是随着资本主义商品交换出现才产生的。资产阶级思想家的价值观,一般地是以个人为中心的,是个人主义的,这是资产阶级专门追逐个人利益(所谓"商品拜物教"、一切向钱看的"拜金主义"等等)的阶级意识的表现。资产阶级思想家还宣称"人的价值就在人自身",似乎每个人生来都具有平等的价值。资本主义私有制度和剥削制度的现实,恰恰是对这种虚幻口号的讽刺。无产阶级的、社会主义的"人的价值"观,是集体主义的。马克思、恩格斯在《德意志意识形态》中说过:"只有在集体中,个人才能获得全面发展其才能的手段,也就是说,只有在集体中才可能有个人自由。"①固然,没有任何个人也就

---

　　① 马克思、恩格斯:《德意志意识形态》,《马克思恩格斯全集》第 3 卷,人民出版社 1960 年版,第 84 页。

无所谓集体或社会,但是没有集体或社会,任何个人首先无从存在(荒岛上的鲁滨孙也是依靠社会所给予他的使用和制造工具的能力,依靠社会所留给他的一些工具,才能独立生存了一大段时间),更谈不到他的价值和自由。社会和个人的关系,可以比做树根和树叶的关系;树没有叶子不行,但是没有根更不行,所以说根深才能叶茂。正是由于这个简单的真理,社会主义首先强调人民的价值,只有在人民的价值中才谈得到每个个人的价值。由于社会主义实现了生产资料公有制,消灭了剥削制度,才使全体劳动人民从而使它的每一个份子获得前所未有的社会地位(或社会价值),才为在物质上和精神上更充分地实现全体劳动人民和他们中间的每个个人的价值创造了前提。

在社会主义社会中,在个人和社会的关系上,人的价值包括两个方面,即:社会对个人的尊重和满足;个人对社会的责任和贡献。从社会对个人这方面来说,在社会主义条件下,限制我们实现更高的人的价值的,已经不是根本社会制度的不合理,而主要是经济文化发展的不充分,某些体制的不完善,以及我们的工作中的缺点错误等等。例如,尽管我们党和政府这几年来为改善人民的物质文化生活,并为此而改进党和政府本身的工作,做了巨大的努力,并且收到了显著的成效,但是现在不少群众的生活水平还不高,有的地方还很低,城市住房还比较紧张,一部分青年的上学、就业问题还没有解决;党和政府的某些机构中还程度不同地存在着官僚主义、以权谋私等不良作风;社会上还有各种为非作歹的坏分子,还有贪污、盗窃、浪费、破坏生态平衡、男女不平等、虐待妇女儿童、早婚多育、迷信、不卫生、不文明等落后现象。我们的党和政府正在动员人民努力发展经济文化，提高政治觉悟，为消灭种种落后的和消极的现象而斗争。这需要全体人民在党和政府的领导下同心同德地进行社会主义物质文明和精神文明建设，包括有计划地发展生产、盖房子、办学校、发展医疗卫生事业、扩大就业门路、进行共产主义思想道德教育、整顿党风、打击犯罪活动，促进社会风气的根本好转等等。谁也不应该脱离这些建设和斗争，在尊重"人的价值"的口号下提出各种各样不切实际的关于个人享受、个人自由的要求，似乎社会主义制度一经建立就应该无条件地保证实现这些要求，否则就表明社会主义制度"不合乎人性"。那样做，除了鼓励个人主义、涣散人心以外，能解决任何一个实际的问题吗？

　　尤其必须着重指出的是，我们决不能只从社会给予个人这方面来谈"人的价值"。因为社会要能够提供实现其每个成员的"人的价值"的条件，首先就需要把它们创造出来。所以，评价一个人的价值，不仅在于他的存在和需要是否从社会、从他人那里得到承认和满足，更重要的是在于他为社会、为他人尽了什么责任，作了什么贡献。社会主义的各尽所能、按劳分配原则，共产主义的各尽所能、按需分配原则，都是从这两个方面的结合来规定个人和社会的关系的，而且都把为社会、为他人尽其所能放在首位。马克思主义所理解的人的价值，应该从伦理角度反映这种关系。所以，从共产主义的世界观、人生观看来，人的价值首先在于为共产主义事业、为无产阶级和全人类的解放作出贡献；在我国，在今天，首先就是为建设社会主义物质文明和精神文明作出贡献。共产主义者是唯物主义者，不是苦行僧。我们承认和重视个人的需要、享受等等的重要意义，而且正是为此才强调个人对社会的贡献，因为有所贡献才能有所享受。只有人人都为社会作贡献，社会才能根据这种贡献的总和，扣除必须扣除的部分，来满足每个人对享受的需要。享受和劳动不可分，一如权利和义务不可分，自由和纪律不可分。这是极明白的道理。实际上，不仅马克思主义者这样理解，人类历史上的许多先进分子，也是更强调从个人贡献于社会这方面来谈"人的价值"。例如宋朝的范仲淹所说的"先天下之忧而忧，后天下之乐而乐"①，就包含着这种意思。著名的正直的伟大科学家爱因斯坦说得更明确："一个人的价值，应该看他贡献什么，而不应该看他取得什么。"又说："一个人对社会的价值首先取决于他的感情、思想和行动对增进人类利益有多大作用。"②并非马克思主义者的爱因斯坦所能深刻理解的道理，在社会主义社会中应该成为常识的道理，我们的一些同志竟然不加考虑，而一味片面地从个人需要的角度提出人的价值问题，这是很奇怪的。他们以为这是针对过去"左"的错误而提出的救世药方。过去发生过的忽视人民群众权益的"左"的错误确实需要纠正，我们的党和政府已经作了巨大的努力来纠正，但是这样抽象地片面地提出问题，非但不能解决问题，而只能增加解决问题的困难。

　　至于"人是目的"，这原是十八世纪康德的伦理学口号，是

---

　　①　范仲淹：《岳阳楼记》。

　　②　爱因斯坦：《论教育》、《个人和社会》，《纪念爱因斯坦译文集》，上海科学技术出版社 1979 年版，第 68—69、51 页。

针对人没有成为目的、仅仅是手段的社会提出来的。历史上的剥削阶级在剥削、压迫劳动人民的时候，只把他们当作手段；社会主义当然要根本改变和永远结束这种状况。但是，我们一些同志强调"人是目的，不是手段"，并把这样的口号当作深刻的哲理，这就走入了歧途。在"人是目的"的问题上，如同在"人的价值"的问题上一样，社会主义首先强调人民是目的，只有实现人民是目的，才谈得到实现人民中的各个个人是目的。社会主义铲除了剥削制度，使人民有了真正当家作主的权利。这是不是意味着人从此就只是目的，不再是手段呢？不是。把目的和手段割裂开来、对立起来的观点，根本不是唯物辩证法的观点。社会主义社会的一切劳动都是为了人民及其每一个份子的利益，从这个意义上讲人是目的。但是人的利益并不会自动实现，无论人可以怎样广泛地利用机器和其他工具，归根到底，仍然不能离开人本身的劳动。就是说，为了达到人是目的这个目的，人还是免不了要充当手段。当然，这跟历史上剥削阶级把人当作手段截然不同。首先，这里目的和手段不是分属于剥削者和被剥削的劳动者，而是统一在人民自己身上；其次，由于这种一致性，人不是被迫作别人的手段，而是自觉地充当人民（包括他人和自己）的手段，起码共产党人和人民中间的其他先进分子首先要自觉地这样做。

充当手段本身并不能决定是否丧失人的尊严和荣誉。这除了是否自愿以外，还决定于为什么目的而充当手段。我们提倡全心全意为人民服务，也就是说用自己的劳动为大多数人谋福利，把自己的力量以至于生命贡献给祖国，贡献给人民。人在这个意义上作为手段，正是人的尊严和荣誉所在。

中国共产党人一贯地自觉地把自己当作工人阶级和人民群众实现其历史使命的手段，并且以此为无上的光荣。党也号召和组织人民群众为实现他们自己的目的和利益而奋斗，亦即自觉地充当自己的手段。充当手段也不一定就是痛苦或牺牲，因为从本质上说，人的基本实践活动即人的劳动，在消除了剥削之后，在自觉进行的条件下，既是谋生的手段，又日益成为生命本身的需要。对于人类的先进分子说来，即使在剥削制度存在的时候，目的和手段也不是对立的。马克思在艰苦条件下为工人阶级的利益奋斗了一生，为人类的解放事业和科学事业奋斗了一生，难道他在奋斗中就不感到愉快吗？鲁迅在黑暗的旧社会里俯首而为孺子牛，不是仍然自以为甘吗？中国红军在克服无数艰难险阻、付出巨大牺牲而胜利完成长征的时候，不是像毛泽东同志的著名诗篇所描写的那样，"更喜岷山千里雪，三军过后尽开颜"吗？我们一切忠贞的共产党人，无论在革命成功以前和以后，无不以能为人民的利益奋斗为乐事，而以不能为人民的利益奋斗为痛苦。社会主义的原则应该是目的和手段的统一，社会利益和个人利益的统一，享受和劳动的统一，权利和义务的统一，自由和纪律的统一。离开人民的、社会的需要去宣传"人是目的"，去追求什么"自我设计"、"自我表现"、"自我满足"等等，势必导致同社会主义格格不入的极端个人主义。就在那样的情况下，人也仍然摆脱不了做自己个人不高尚目的的手段。

无论如何，我们不能脱离历史发展，把人的价值、目的、自由等等抽象化，看成是非历史的东西。不能从概念出发，向社会主义的一定阶段提出实际上无法实现的要求，而只要个人愿望未能得到满足,就抱怨"人的价值"被贬低了,"人是目的"被忽视了,"不把人当人看"了;因为被要求为国家的、人民的利益服务,就嚷嚷"人被当作手段"了,人"异化"了。这种观察问题的观点和方法是违背马克思主义的历史唯物主义的,也是违背社会主义社会的根本原则的。我国目前生产力水平还不高,很多问题的解决当然不能尽如人意。但我们的事业每天都在向前发展,社会主义制度的优越性正在一天比一天更多地发挥出来。为此,同革命年代一样,需要人们做出踏踏实实的努力,需要人们艰苦奋斗,甚至需要个人做出必要的牺牲。不但为了守卫广西、云南边疆的安全,不但为了修筑新疆、青海、西藏的公路和铁路,不但为了抗御洪水,不但为了同刑事犯罪分子作斗争,就是为了让天津的人民喝上滦河水,不也有十七位解放军指战员和四位民工付出了宝贵的生命的代价吗? 为了保证拥挤在华山危险的狭路上的游客的安全,抢救其中已经坠崖重伤的人,以第四军医大学学生为主的英雄群体挺身而出、舍己为群所表现的崇高精神,哪一个当代热血青年能不为之激动和引以自豪呢? 难道他们的牺牲和奋斗不正是以人民的利益、价值等等为目的的吗? 有的人道主义宣传者把社会主义建设事业的发展和个人价值对立起来,甚至说什么"人的世界不断贬值,物的世界(包括权力)不断增值",模仿马克思揭露资本主义制度时使用的词句来批评社会主义制度,似乎我们实现四个现代化的伟大事业不是为了增进人民群众的利益,而是为了损害他们的利益。这样的宣传会把人们引到哪里去,还不值得大家深思猛醒吗?

三、为什么要宣传和实行
社会主义人道主义？

我们反对人道主义的抽象宣传，反对人道主义的唯心史观，但是，我们并不笼统地反对任何意义上的人道主义。我们要求对人道主义进行马克思主义的分析，批评资产阶级的人道主义，宣传和实行社会主义的人道主义。

前面已经说过，人道主义有两个方面的含义。作为世界观和历史观的人道主义，是唯心主义的，它不能对人类社会历史作出科学的解释。至于人道主义在历史上和现实中的具体作用，则要作具体的分析。欧洲文艺复兴时期兴起的人道主义思潮，尽管它总是抽象地谈论人、人性、人的本质，总是以全人类的普遍性形式出现，但就其实际的历史内容来说，它是资本主义发展的要求在人们思想上的反映，它是新兴资产阶级的思潮。这种人道主义思潮在反对神权统治和封建专制的斗争中，在为资产阶级革命作思想准备的过程中，起了重要的历史进步作用。资产阶级成为统治阶级以后，资产阶级人道主义的伪善性质随着资产阶级反动倾向的发展和无产阶级革命斗争的兴起而日益增长。这时的资产阶级人道主义，常常成了资产阶级暴力镇压无产阶级和劳动人民的甜蜜补充，而在无产阶级和劳动人民的队伍中，它的影响常常成为革命斗争的销蚀剂。当然，在这个时期，一些空想社会主义者和批判现实主义作家，为揭露资本主义社会的黑暗，还在使用人道主义的武器。就在现代的资本主义社会中，仍然不乏真诚的人道主义者,他们反对霸权主义所制造的战争危险,反对核竞赛,反对法西斯主义和其他恐怖主义,反对种族歧视,要求维护妇女和儿童的权利,要求保护人类生存的环境,等等。在这些方面,社会主义者无疑仍然应该支持他们所进行的斗争。只要他们坚持反对帝国主义的反动政策,坚持揭露资本主义制度造成的阻碍人类进步的罪恶现象,他们就可能转变成为社会主义者或社会主义的同情者。例如法国作家法朗士、罗曼·罗兰和阿拉贡,科学家郎之万和约里奥·居里,西班牙画家毕加索(这里只说各人的原籍),英国作家萧伯纳和科学家贝尔纳、李约瑟,德国作家亨利希·曼、托玛斯·曼兄弟和布莱希特,科学家爱因斯坦,美国作家德莱塞、电影艺术家卓别林和新闻记者斯诺,加拿大外科医生白求恩,智利诗人聂鲁达,印度作家泰戈尔,日本作家有岛武郎、宫本百合子和经济学家河上肇,就是其中的杰出代表。但是,不容讳言,人道主义者中的许多人由于资产阶级立场和世界观的局限,又远离甚至反对劳动人民的革命斗争,这样,他们反对资产阶级的反人道暴行的斗争就难免软弱无力。至于资产阶级政客和论客们口中的所谓人道主义,完全用来粉饰帝国主义,攻击人民革命和社会主义,那就是彻头彻尾的虚伪和反动了。因此,我们在批判资产阶级人道主义的时候,要肯定它的历史作用;对于现实生活中的资产阶级人道主义者和资产阶级人道主义宣传,要区别其不同的政治和社会倾向,采取不同的态度和政策。

我们所要宣传和实行的人道主义,是社会主义的人道主义。什么是社会主义的人道主义呢? 在我们为建设社会主义而斗争的前进过程中,为什么必须宣传和实行社会主义的人道主义呢？社会主义的人道主义同资产阶级的人道主义区别在哪里呢？

　　社会主义的人道主义，是作为伦理原则和道德规范的人道主义，它立足在社会主义的经济基础之上，同社会主义的政治制度相适应，属于社会主义的伦理道德这种意识形态；作为一项伦理原则，它是以马克思主义世界观和历史观为基础的。

　　有了马克思主义的历史唯物主义，为什么还要有社会主义的人道主义呢？历史唯物主义从来没有忽视也不应该忽视伦理道德这种意识形态的重要作用。它一方面对不同时代、不同阶级伦理道德的历史变化给以科学的说明，找出它同它所依附的经济基础的相互关系，以及它同依附在同一经济基础上的上层建筑和其他意识形态的相互关系；另一方面要求新社会的建设者们在建立新的经济基础的同时，努力建设同它相适应的伦理道德，如同建设上层建筑、意识形态的其他部门一样。历史唯物主义指出，伦理道德是经济基础的反映并为经济基础服务；不同的社会，经济基础不同，为经济基础所决定、所要求的伦理道德，当然有本质的不同。历史唯物主义又指出，社会生活是复杂的，并不是一切社会现象都可以分类归入生产力、生产关系、上层建筑和意识形态（语言、理论数学和理论自然科学、体育竞技活动，都是这种社会现象的例子），此外，不同社会制度的社会生活中也不是没有任何共同的东西，因此，社会制度的改变从不曾也决不会引起社会生活的整个中断和整个重建。从意识形态的历史发展方面看，新的社会总是要从旧的社会批判地继承和发展改造许多属于人类文明的精神财富的东西，伦理道德也是这样。所以，社会主义人道主义本质上不同于作为伦理原则的资产阶级人道主义，又同它有一定的批判继承的关系。

人类社会发展进程中，提出过许多伦理道德理想。资产阶级人道主义的伦理道德理想，是无产阶级的社会主义运动以前的时代里提出过的最高的伦理道德理想。然而，在资本主义制度下，这些伦理道德理想的某些超出资产阶级利益界限的积极内容就无法真正实现。尽管一些真诚的人道主义者个人可以在实践人道主义伦理原则方面表现出令人敬佩的品格，尽管在不触及资本主义根本制度的改良范围内资本主义社会也可以使这种原则的某些要求得到一定程度的实现，但是从根本上说，资本主义的阶级剥削制度使人道主义的伦理原则在很大范围内只能流于空谈。在社会主义制度下，消灭了资本主义的阶级剥削制度，建立了生产资料的公有制。新的经济基础，保证社会主义人道主义这种新的、更高水平的人道主义伦理原则有充分的可能真正实现和逐步更完满地实现。因为社会主义人道主义批判地继承和改造了资产阶级人道主义伦理原则中的合理的东西，所以也可以说，历史上一些真诚的人道主义者所幻想而无法在全社会范围内实现的某些人道主义伦理原则，只有在社会主义制度下才能变为现实。空想社会主义所提出的解放全人类、人的自由而全面的发展这样一些社会理想，也只有在马克思主义世界观和历史观的基础上加以改造，才能为科学社会主义所继承，并在无产阶级的解放斗争中找到逐步实现的现实道路。

当我们强调社会主义的人道主义依附于社会主义的经济基础的时候，还要着重指出，在无产阶级领导人民为在将来建立社会主义制度而斗争的革命实践中,在无产阶级政党领导的革命队伍中,已经形成和发展了作为对待人的伦理原则的革命的人道主义。这里所说的对待人,首先是指绝大多数人;下面将要说到,人民对待已经投降或已经不能为害的敌人,也实行特定的人道主义伦理原则。

社会主义的人道主义是革命的人道主义的发展,革命的人道主义是社会主义的人道主义的前身。两者的本质是一致的。

革命的人道主义,是我们在革命年代提出的口号。中国共产党和毛泽东同志,在领导中国革命的过程中,对革命人道主义的发展作出了很大的贡献。当然,指导中国革命的思想,是马克思主义而不是作为世界观和历史观的人道主义。那种人道主义不可能帮助我们确定反帝反封建的斗争纲领,更不可能帮助我们找到开展武装斗争、实行土地革命、用农村革命根据地来包围和夺取城市等革命道路。但是,在我们的以马克思主义为指导的人民革命过程中,作为革命伦理原则的革命人道主义同我们的革命斗争联系在一起,却得到了很大发展。拿我们的军队来说,由于它的性质是革命的,是为人民服务的,差不多从红军创建的时候开始,就实行"三大纪律、八项注意"(三大纪律中的一、三两项纯粹是军队内部的纪律,并不涉及军民关系,这里作为一个整体说,所以未加分析),实行官兵平等和"三大民主"。我们的人民军队的军民关系、官兵关系的人道性,在中国历史上从未有过,在世界历史上也是罕见的。在旧中国的反动军队里,官长不把士兵当人,军队不把百姓当人,更不把俘虏当人。而在我们的人民军队里,官兵是同志关系，军民是鱼水关系，所以官长不打骂士兵，同士兵共甘苦；尊重老百姓，爱护老百姓，不拿老百姓一针一线，说话和气，买卖公平，不打人骂人，不调戏妇女；对俘虏也不虐待，不搜腰包，愿意留的欢迎，愿意回家的发放路费（俘虏一般也是阶级兄弟，只是由于反动军队的压迫和欺骗才进攻红军，而在成为俘虏以后，他们就获得了自由，有了觉悟的可能）。这一切都是由人民军队的革命本质和政治宗旨所决定的；同时，也体现了它的革命人道主义的伦理原则。毛泽东同志提出的"救死扶伤，实行革命的人道主义"，不仅仅是医疗工作方面的口号，在一定意义上也可以说它从伦理方面反映了我们的革命的性质。这种革命人道主义精神在全国解放以后得到了进一步的发展。剿匪反霸，救济失业，消灭娼妓乞丐，禁止贩毒吸毒，使全国的社会面貌焕然一新。建国初期，在国家财政还非常困难的情况下，党和毛泽东同志提出实行劳动保护和公费医疗。对于旧中国几千年束手无策的水旱灾害和鼠疫、霍乱、血吸虫病等病害，人民政府依靠人民进行了大规模的水利建设、抗灾斗争和除病灭害斗争。像这样解除人民群众疾苦的事情不胜枚举。这些都是我们的制度和政权的政治职责和经济职责；同时，也体现了人民国家的革命人道主义的伦理原则。在坚决推翻剥削制度，消灭剥削阶级的时候，对于剥削阶级的人们，除了其中极少数罪大恶极、血债累累的分子以外，我们仍然努力帮助他们在劳动中转变为自食其力的人，参加到劳动者的行列中来。我们坚决镇压反革命分子和严重犯罪分子，这是为了保护人民；同时，只要有可能，对于一切不需要判处死刑立即执行的罪犯，包括伪满洲国"皇帝"溥仪、国民党的军政党特要人、日本侵略军的重要军官,我们都给予人道的待遇,并且分别给予改造自新、重新做人的机会,或者遣送回国。这些也是革命人道主义的一种表现。所以,尽管敌人骂我们反人道,而事实恰恰证明,正是无产阶级革命运动才真正实现了先进人类所长期追求的基本的人道精神。

比起革命的人道主义,社会主义的人道主义在新的基础上又扩大了范围和丰富了内容。社会主义社会的建立和社会主义建设的发展,理所当然地要求社会主义的人道主义的发展。社会主义的公有制使个人和社会的基本利益归于一致。这样,社会就应该和能够真正做到对每个劳动者及其劳动和劳动成果的尊重,就应该和能够真正把满足社会成员日益增长的物质和文化需要作为社会生产的目的,就应该和能够为劳动者的才能的发挥和发展逐步创造必要的社会条件。社会主义社会的劳动者之间,就应该和能够真正建立起团结、互助、友爱的关系,排除旧社会那种损人利己、尔虞我诈的关系。因此,在社会主义制度的基础上,就应该和能够在全体社会主义劳动者的广大范围内形成社会主义的伦理关系,而社会主义的人道主义就是它的重要内容之一。这种社会主义的人道主义,从伦理方面体现出社会主义国家、社会主义社会对绝大多数人民的权利、利益、人格的尊重和关心,体现出绝大多数人民对共同利益的共同关心以及人民之间的相互尊重和关心。

社会主义的人道主义并不是自发地、自然而然地形成的,而是在共产主义思想教育下,在先进分子的模范行动的带动下,逐步形成的。无论在革命过程中,还是在社会主义建设过程中，中国共产党都非常重视共产主义思想和革命伦理道德的教育，提倡全心全意为人民服务，提倡冲锋在前、退却在后，吃苦在前、享受在后，提倡一事当前，先为别人、为人民着想，提倡在必要的时候为了别人的利益而牺牲自己的利益，为了祖国和大多数人的利益而牺牲个人和少数人的利益。毛泽东同志在《纪念白求恩》一文中批评一些共产党员对同志对人民不是满腔热忱，而是冷冷清清，漠不关心，麻木不仁，号召大家学习白求恩同志毫不利己专门利人的精神和他对同志对人民的极端的热忱，指出一个人"只要有这点精神，就是一个高尚的人，一个纯粹的人，一个有道德的人，一个脱离了低级趣味的人，一个有益于人民的人"①。这些都是崇高的共产主义的精神，是真正的共产党人和真正的革命者的政治本色和革命品德；同时，从对待人的伦理原则这个方面说，也体现了革命的、社会主义的人道主义精神。中国共产党人总是用共产主义思想和包括社会主义人道主义在内的革命的伦理道德准则约束自己，教育我们组织起来的队伍，教育在我们领导下的广大群众。宣传和实行社会主义的人道主义，是我们的伦理道德教育的一项重要内容，是以共产主义思想为核心的社会主义精神文明建设的一项重要任务。

　　以上的这些说明，是不是把革命的、社会主义的人道主义说得太宽了呢？提倡共产主义的道德，同提倡社会主义的人道主义，是什么关系呢？我们从革命军队的政治纪律、民主精

---

① 毛泽东：《纪念白求恩》，《毛泽东选集》第 2 卷，人民出版社 1952 年版，第 630 页。

神到人民政府的经济和社会措施以至于法制等等，在这样广阔的背景上来说明作为伦理原则的社会主义人道主义，并不是要把这些政治、经济、社会的政策和措施，都归入人道主义，而是说这些政策和措施都必然具有它们的社会主义伦理的意义，就这一侧面而言，它们也都是社会主义人道主义的表现。人们之间的很多伦理关系，不能不联系到人们之间的政治、经济、社会关系而成为它们的一个侧面。社会主义人道主义的伦理原则的实现，是同经济、政治、社会的社会主义改造和社会主义建设不可分的，并且只能以这种改造和建设为前提和基础。这正是历史唯物主义的科学原理所教导我们的。因此，我们必须联系而不是离开政治、经济、社会的改造和建设来说明、宣传和实行社会主义的人道主义。至于共产主义道德和社会主义人道主义的关系，应该看到，在社会主义社会生活的伦理道德要求的总体中，它们居于不同的层次。共产主义道德是现时代人类的最高道德，属于这个总体中的最高层次、最高要求，是对先进分子的要求。社会主义人道主义属于这个总体中的较低或较基本的层次，作为道德要求，它具有大得多的广泛性，就是说，它能够也应该为绝大多数人所接受。这个总体还包括其他程度不同的较低层次。所有这些层次，以及它们的许多方面，又互相联系和渗透。共产主义道德不能脱离开其他层次、其他方面的伦理道德要求，而应该同这些要求密切联系，在许多情况下还要通过这些要求而体现出来并赋予这些要求以更高的意义。例如，一个共产党员医务工作者的共产主义道德，就必须联系和通过模范地遵守医务工作者的职业道德（其中就包括对待病人的社会主义人道主义原则)来体现,而同共产主义的革命事业联系起来的医务道德就把传统的医务道德提到更高的境界。

社会主义的人道主义,可不可以说就是马克思主义的人道主义? 如果说,马克思主义的人道主义的含义,不是作为世界观和历史观,而是作为从属于马克思主义世界观和历史观、从属于社会主义经济制度和政治制度的社会主义伦理道德原则,那么,使用马克思主义的人道主义的提法并无不可。不过,如果没有必要的说明,这个提法有可能被解释为马克思主义和人道主义这两种不同的世界观、历史观的互相混合、互相纳入或互相归结,从而引起概念的混淆。事实说明,作为社会主义伦理道德的一项重要内容的社会主义人道主义这个提法,如同社会主义民主、社会主义法制、社会主义精神文明、社会主义文艺、社会主义现实主义等提法一样,表示它们是从属于一定社会制度(经济基础)的上层建筑和意识形态,含义更为明确。

在今天,宣传和实行社会主义的人道主义,具有重要的迫切的现实意义。由于长期的封建思想的影响,由于资产阶级腐朽思想的侵蚀,由于文化的落后和经济的落后,在我国的现实社会生活中,违反人道原则的犯罪现象仍然不同程度地存在着,对人(首先是对于普通劳动者、普通知识分子、普通服务人员和普通顾客,尤其是对于普通妇女、普通儿童、普通老人和有残疾的人)缺乏关心、尊重、同情、爱护的冷漠现象也仍然不同程度地存在着。这些现象的存在,是同人民的利益、同社会主义的利益相冲突的。为了发展社会主义的物质文明和精神文明建设,我们必须同这些现象进行坚持不懈的斗争,并且必须尽一切可能减少人们的痛苦和不幸，满足人们在日常生活和日常工作中的迫切需要，反对漠视群众的基本权利和切身利益的官僚主义恶习，尽一切可能改善劳动条件，加强劳动的安全保护工作，防止和避免一切不必要的牺牲。我们必须对共产党员、对干部、对群众、对青少年进行以共产主义思想为核心的、包括社会主义人道主义伦理原则在内的思想道德教育。这种社会主义人道主义的道德教育，完全不同于抽象人性、抽象的人的价值、个人主义和人道主义世界观、历史观的宣传。五十年代后期以来，在我国多次批判过人道主义。这些批判的错误之一，是没有区别人道主义作为世界观、历史观和作为伦理原则这两个方面，把批判人道主义的历史唯心主义变成反对任何意义上的人道主义，以至连革命的人道主义、社会主义的人道主义也不宣传了。这种错误应该坚决纠正，不允许重复。在各项工作中，都应该注意宣传和实行社会主义的人道主义。文学艺术作品尤其要作这种宣传。我们反对的只是在文学艺术作品或文学艺术评论中宣传人道主义的世界观、历史观，反对歪曲革命历史和革命现实而宣传超历史、超社会的人性论，但是决不反对也不允许反对文学艺术作品表现我们的革命、我们的社会主义社会、我们的革命者和劳动者对人的关心、尊重、同情、友爱，决不反对也不允许反对文学艺术工作者站在革命的、社会主义的立场对真实的人性、人情、爱国心、正义感和普通公民人格的尊严作具体的生动的描写。如果那样去反对，那就不但是愚蠢，而且是反对社会主义文学艺术本身，是摧残它们的生命，剥夺它们的感染力和教育意义。我们要从各方面努力，使社会主义的人道主义，随着社会主义的经济建设、政治建设和文化建设的发展，像社会主义制度所要求的那样，得到最充分的实现。

总之，我们要宣传和实行社会主义的人道主义，同时要同那种抽象地宣传人道主义实际上是宣传资产阶级人道主义的倾向划清界限。我们宣传和实行社会主义人道主义，不是把它当作我们的世界观和历史观，而是把它当作社会主义社会生活中对待人的一项伦理原则。社会主义人道主义是建立在马克思主义和它的历史唯物主义的思想基础之上的；而资产阶级人道主义的思想基础，则是抽象人性论的历史唯心主义。因为世界观、历史观的基础完全不同，引来了一系列的根本对立。资产阶级人道主义从抽象的人、人性、人的价值出发；社会主义人道主义则相反，从社会主义的社会关系出发，从社会主义建设现实发展的需要和可能出发。资产阶级人道主义一般以不触犯资本主义根本制度为界限；社会主义人道主义则相反，它的实现以消灭剥削制度、建立社会主义公有制度为前提。资产阶级人道主义诉诸人性、人的理性，诉诸全人类，诉诸剥削者和压迫者的善心，鼓吹"勿抗恶"，反对为反抗反动势力所不能不采取的革命暴力；社会主义人道主义则相反，它的实现以无产阶级和劳动人民反对反动统治和剥削的阶级斗争，以人民革命和人民民主专政为条件。在社会主义社会中，剥削阶级作为阶级虽已消灭，阶级斗争在一定范围内仍然存在，在这种情况下，宣传和实行社会主义人道主义，仍然必须同打击和反对各种反社会主义的敌人的阶级斗争联系在一起。资产阶级人道主义一般地以个人主义为核心；社会主义人道主义则相反，以集体主义为核心，认为个人离不开集体，主张个人利益和集体利益的统一，个人要为集体服务，集体也要为个人服务，即所谓我为人人，人人为我。表面上看，抽象人道主义具有普遍性的形式，其实它是狭隘的，因而有不可避免的虚伪性；社会主义人道主义则相反，它是具体的、有条件的，却符合绝大多数人的利益，因此，它是真诚的、现实的，具有资产阶级人道主义所不可比拟的巨大力量和进步性。可以预期，随着我国的社会主义实践的进展，随着建设高度文明、高度民主的社会主义现代化国家的进展，社会主义的人道主义在我国一定能够得到进一步的发扬光大。

四、能否用"异化"论的说法来解释社会主义社会中的消极现象？

社会主义制度是迄今为止的人类历史上最进步的社会制度。但是，同任何新生事物一样，它的发展道路不可能是平坦的、笔直的；它的各个方面也不可能都是完美无缺的。我国在发展过程中发生过不少错误和挫折；就在现在，在纠正了过去的严重错误以后，也仍然存在不少的缺点和弊病。毫无疑问，工作中的各种不同性质的问题和社会上的各种消极现象，都需要我们正视和克服。问题是在于，应该用什么指导思想来看待这些消极现象，怎样才能正确地解释和克服它们。

我们认为，只有根据历史唯物主义的理论和方法，对过去的错误、挫折和现存的消极现象进行具体的历史的分析，才能针对不同情况制定出解决问题的正确方针和办法。有一些同志却不是这样认识问题。同抽象地宣扬人道主义相联系，他们把马克思用于描写资本主义制度下雇佣劳动和资本的对抗关系的概念——异化，引伸运用到社会主义社会，把我国在社会主义时期曾经发生过而已经解决的和现在仍然存在或新发生的各种各样的困难、曲折、缺点、弊病，甚至实际上并不存在而只是某些同志在夸张中虚拟出来的所谓缺点和弊病，统统说成社会主义社会的异化。似乎只要盖上异化的印记，问题就得到了深刻的说明，弊病就找到了有效的药方。"异化"论真有这般法力吗？

为了回答这个问题，让我们首先对异化这个词做一点历史的回溯和考察。

这是一个外来词，原词含有转让、疏远、脱离等义，并不能都译为异化。异化一词在近代西方逐渐进入哲学、社会学著作，但不同的著作家赋予它的含义并不一样。黑格尔用异化说明主体和客体（包括劳动者和产品）的分裂、对立，说明所谓"绝对理念"的"外化"为自然。费尔巴哈用异化说明和批判宗教，认为宗教由人所创造而又主宰了人，上帝无非是人的本质的异化；他在批评唯心主义时也认为它是人的理性的异化。其他使用异化概念的资产阶级哲学家，各有各的用法。渗透到现代日常生活和文艺评论中的异化一词，意义更加含混，大致表示疏远、孤独、陌生、无能为力、没有目的、没有准则、没有意义等等。异化论在现代资本主义世界流行一时，正是资本主义社会矛盾重重，使资产阶级或小资产阶级思想家对生活感觉迷惘、荒诞和绝望的表现。

关于马克思使用异化概念的情况，在他创立马克思主义以前和以后是很不相同的。

马克思是从黑格尔出发,经过费尔巴哈,而创立马克思主义的。正如列宁所说:"马克思在一八四四至一八四七年离开黑格尔走向费尔巴哈,又进一步从费尔巴哈走向历史(和辩证)唯物主义。"①马克思一八四五年写的《关于费尔巴哈的提纲》,是这个思想发展历程中的重大飞跃。在写这个《提纲》以前,特别是在《1844年经济学哲学手稿》中,马克思受费尔巴哈用异化来说明宗教的方法的影响(这里也有黑格尔对劳动的分析的影响),提出劳动异化的思想,把"异化"作为基本范畴,来说明历史,批判资本主义,论证资本主义灭亡和共产主义实现的历史必然性。这是马克思走向创立马克思主义的重要一步。书中有许多很有价值的见解,但还不是成熟的马克思主义著作。马克思在对他的经济分析和实际结论作哲学论证的时候,还没有完全摆脱思辨哲学的方法,也就是从某种抽象概念或抽象公式出发,把对象纳入这个概念或公式的方法。在写这个《提纲》以后,马克思迅速地完全摆脱了这种方法。他同恩格斯在一八四五——一八四六年合写的《德意志意识形态》中,只是把"异化"作为当时"哲学家易懂的话"来使用,并且申明只是"暂时还用一下"②。而在一八四八年发表的《共产党宣言》中,马克思和恩格斯不仅没有使用异化概念,而且批评了德国"真正的社会主义者"在法国社会主义文献下面

---

① 列宁:《拉萨尔〈爱非斯的晦涩哲人赫拉克利特的哲学〉一书摘要》,《列宁全集》第38卷,人民出版社1959年版,第386—387页。

② 马克思、恩格斯:《德意志意识形态》,《马克思恩格斯全集》第3卷,人民出版社1960年版,第39、316页。

写上"人的本质的外化"之类的"哲学胡说",使它们变为"关于实现人的本质的无谓思辨"①。马克思在《共产党宣言》以前所写的《哲学的贫困》(一八四七年),和在这以后所写的《法兰西阶级斗争》(一八五〇年)、《路易·波拿巴的雾月十八日》(一八五一——一八五二年)、《法兰西内战》(一八七一年)、《哥达纲领批判》(一八七五年)以及《雇佣劳动与资本》(一八四九年)、《国际工人协会成立宣言》(一八六四年)、《工资、价格与利润》(一八六五年)等一系列重要著作中,在马克思全部读过并参加了部分写作的恩格斯的主要著作《反杜林论》(一八七六——一八七八年)中,都没有使用异化概念。

这些情况当然不是偶然的。它说明,成熟时期的马克思认识到异化作为理论和方法是不能揭露事物本质的,他已经超越了这种理论和方法,而创造了辩证唯物主义和历史唯物主义的科学。他不再用异化理论说明历史,而是用历史唯物主义科学地说明历史;他也不再用异化理论说明资本主义和资本主义制度下的劳动,而是用剩余价值学说来科学地说明它们。他对法国路易·波拿巴政变这一重大政治事件的分析,为具体运用历史唯物主义提供了光辉的范例,却没有加上异化之类的"无谓思辨"。从一定意义上说,马克思正是超越了异化的理论和方法,才建立和发展了科学的马克思主义的理论和方法。的确,如果异化理论已经能够科学地说明历史,那就不需要历史唯物主义了;如果异化理论已经能够科学地

---

① 马克思、恩格斯:《共产党宣言》,《马克思恩格斯选集》第1卷,人民出版社1972年版,第277页。

说明资本主义,那就不需要剩余价值学说,以及对整个资本运动的科学研究了。那样,马克思的两大发现都不需要,马克思主义也就不会产生了。

热衷于异化理论的同志们喜欢引证马克思在《资本论》和准备写作《资本论》的手稿中使用过异化概念。这也帮不了他们的忙。只要用客观态度考察一下就可以看出,马克思在这些著作中使用异化概念,并没有把异化看作具有普遍性、永久性的基本规律。他明确指出:"很明显,这种颠倒的过程不过是**历史的**必然性,不过是从一定的历史出发点或基础出发的生产力发展的必然性,但决不是生产的某种**绝对**必然性,倒是一种暂时的必然性"①。同时,在他用异化概念来表述资本主义制度下的雇佣劳动和资本主义生产关系中的其他现象的时候,他并不认为异化概念已经能够说明这些现象的本质;在他看来,这些异化现象的本质是有待说明的,是要用他的剩余价值学说和他对资本运动的整个科学研究来说明的。而且,作为表述的概念,他也并不认为它是不可代替的。马克思未及最后整理的传世遗稿中,异化一词使用得比较多些;但在他一八六七年完成了的《资本论》第一卷中,只有四处使用了异化②;而在他一八七二——一八七五年亲自作了大量校改的法文版《资本论》第一卷(他在一八七八年还曾写信给《资本

---

① 马克思:《经济学手稿(1857—1858年)》,《马克思恩格斯全集》第46卷下,人民出版社1980年版,第361页。

② 马克思:《资本论》,《马克思恩格斯全集》第23卷,人民出版社1972年版,第473、626、668、708页。现在这个中译本中有五处使用了异化,经译者查明,第626页另有一处不应该译为异化。

论》的俄译者丹尼尔逊，要求他"应始终细心地把德文第二版同法文版对照，因为后一种版本中有许多重要的修改和补充"①）中，只有一处保留了异化，其他三处都改换了表述方式，就是明证。

总之，对异化概念，要区别两种情况。一种是把异化作为基本范畴和基本规律，作为理论和方法，一种是把异化作为表述特定的历史时期中某些特定现象（包括某些规律性现象）的概念。马克思主义拒绝前一种异化概念，而只在后一种意义上使用这一概念，并且把它严格限制在阶级对抗的社会，特别是资本主义社会。

由此可见，那种把异化说成是被马克思改造成为"辩证唯物主义和历史唯物主义的基本范畴之一"，因而成为说明历史、说明资本主义的一般方法的观点，同马克思使用异化概念的实际情况是多么不相容，更不用说那种认为异化是一般规律，也应该成为分析社会主义社会的一般方法的观点了。

当然，马克思主义不是教条主义，它要随着工人运动和社会主义实践的发展而发展。不能认为马克思没说过的话我们现在就不能说，马克思说过的话就句句都是不可变易的真理。但是，我们要求的是在实践中推进马克思主义的科学社会主义理论，而不是把它引向后退。推进和发展科学社会主义理论，包括对某些概念作出新的解释，或者引进、创造某些新的概念，都必须依据历史唯物主义的基本理论和方法，都必须从

---

① 马克思：《致尼·弗·丹尼尔逊（1878 年 11 月 15 日）》，《马克思恩格斯全集》第 34 卷，人民出版社 1972 年版，第 332 页。

实际出发,接受实践的检验。有些同志说,异化就是主体在发展的过程中,由于自己的活动而产生出自己的对立面,然后这个对立面又作为一种外在的、异己的力量而转过来反对或支配主体本身。他们脱离开具体的历史条件,把异化这种反映资本主义特定社会关系的历史的暂时的形式,变成了永恒的、可以无所不包的抽象公式。然后,又把它运用于分析社会主义,从而提出社会主义的异化问题。他们就是用这种方法把社会主义社会同资本主义社会混为一谈。社会主义制度是一个崭新的社会制度,它是在消灭了资本主义私有制、消灭了资本对雇佣劳动的剥削的基础上建立起来的。资本主义转变为社会主义,是历史发展中的一次根本性的飞跃。这是一条极其重要的历史分界线。如果不承认这条历史分界线,把马克思用以表述资本主义对抗社会关系时使用过的异化概念,搬来分析社会主义的社会关系,必然导致严重歪曲我们的社会主义现实。马克思所说的资本主义条件下雇佣工人的劳动,异化为反对和支配自己的异己力量,这是由资本主义制度的本质决定的。社会主义的异化的说法,或者是把社会主义社会中许多旧社会的遗留以及由此产生的种种现象叫做异化,这同他们自己的异化定义相矛盾;或者是认为社会主义在发展中由于自己的活动必然要产生出反对和支配自己的异己力量,这倒是符合他们的异化定义,但等于说社会主义社会同资本主义社会是一样的。从异化的抽象公式出发,把社会主义社会中的种种消极现象统统纳入异化公式之中,势必把这些都看成是规律性的和对抗性的,是由社会主义社会中主体自己的活动造成的。这决不可能帮助我们解释和克服社会主义社会中存在的任何消极现象，只能对这些问题的解决以至对社会主义制度本身带来破坏性的影响。

现在，我们来具体分析一下这些同志从他们对异化的定义出发所罗列的社会主义的几种所谓异化现象。

一是所谓"思想异化"，用异化来说明个人崇拜现象。

"文化大革命"是我国社会主义发展过程中的一个严重挫折。它的发生有复杂的原因，首先是由于毛泽东同志对我国的阶级斗争形势和党内状况作了错误估计，因而脱离了党的领导集体，实际上依靠了一批阴险毒辣的投机分子。他的错误估计和错误领导所以能够支配全党，当然同当时已经形成的毛泽东同志的极大权威和对于他的个人崇拜有关。对于个人崇拜这样一个特定的历史现象，决不能抄袭费尔巴哈说明宗教的方法，简单地用异化来说明，而必须根据历史唯物主义的方法，从客观的社会历史背景和革命实践的发展来进行具体分析。马克思、恩格斯、列宁都曾反对和斥责个人崇拜，但他们都没有把它说成什么异化或异化的萌芽。它所涉及的如何正确评价杰出领袖人物的个人作用问题，只有历史唯物主义能够给以正确的说明。我们党和中国人民在长期革命过程中形成的对毛泽东同志的信赖和敬仰，是由于他长期正确的领导作用和对中国革命的卓越贡献。这种敬仰的形成是很自然很正常的，即令有人表达这种感情使用了不准确的措词，但说不上是什么个人崇拜。中国革命由一九三五年到一九五六年间的胜利发展，正是一个最有力的说明。后来正常的敬仰逐渐变成了个人崇拜，一方面是因为毛泽东同志本人由于成功变得不谨慎，脱离实际和脱离群众，直至破坏了党的民主集中制,把权力过分集中于个人;另一方面,它又同过去毛泽东同志常常处于正确地位,而全党对社会主义时期各种问题(特别是阶级斗争问题)的认识还不成熟这种情况有关。个人崇拜现象当然是错误的,它的恶性发展所带来的后果是极其严重的。"文化大革命"期间,林彪、江青等反革命野心家别有用心地制造和利用个人崇拜,对社会主义事业大肆破坏,并且制造了很多反人道的野蛮罪行,使很多党员(包括党的各级领导人)、知识分子、工人、农民和爱国民主人士遭到极大的不幸。林彪、江青两个反革命集团的首恶已经依法受到严惩。我们党坚决谴责"文化大革命"和个人崇拜。同时,我们也看到,即使在"文化大革命"中,人们对毛泽东同志的态度,情况仍然很复杂,前后也有很多变化,决不能把它同宗教信仰相提并论。十一届三中全会以来,党中央集中全党的智慧,已经对于"文化大革命"的历史和个人崇拜等现象进行了科学的总结,并从中引出必要的教训和避免重犯类似错误的办法。这种总结所依据的完全是历史唯物主义的观点和方法,而不是什么异化理论。企图以"思想异化"来说明个人崇拜现象,除了给人一幅简单化的漫画以外,丝毫不能说明事件的原因,更不能说明党为什么能够这样顺利地拨乱反正。

二是所谓"政治异化"或"权力异化"。

在我们的社会里,社会主义的民主和法制有不健全的地方,党和国家的各级领导体制有不合理的地方,某些干部中存在官僚主义等不正之风,甚至存在以权谋私、欺压群众等等腐败现象;同时,某些不觉悟的群众也有一些违反国家法律,破坏国家利益和公共利益,以及危害其他公民的生命、财产、权利的行为。这两种不同方面的消极现象，都是长期剥削制度社会影响的遗留，而不是新生的社会主义社会在成长过程中发生的什么异化。对于这些旧的残余，多年来我们党和政府不断地加以揭露和纠正，现在正在进行更坚决的和更有系统的努力，从思想作风上加以整顿，从组织上加以清理，从体制上加以改革，并且对于一切严重违反刑法的罪犯（无论是官是民），依法实行严厉的打击。所有这些措施都得到了人民的大力支持。用所谓"政治异化"或"权力异化"来说明上述各种消极现象，完全违背了马克思主义的政治学说、国家学说，歪曲了客观事实，同党、政府和人民的共同努力背道而驰。

我们知道，在政治权力和国家的问题上，正是马克思主义抛弃了关于天赋人权、社会契约的天真童话，从经济关系和阶级斗争来解释国家的产生和发展，才使这些现象得到科学的说明。恩格斯就是从具体的、历史的经济政治分析，而不是简单地用异化来说明私有财产和国家的起源的。同样，马克思主义指出，只有无产阶级专政，才在历史上第一次使国家权力成为人民的权力，从而也就为最终消灭作为阶级统治工具的国家创造了前提。但是马克思主义者并不是空想家。一方面，无产阶级专政（我们叫它作人民民主专政，这同法西斯式的恐怖统治毫无共同之点）是向无阶级社会过渡的必要条件，在国际国内存在阶级斗争的情况下，没有它，胜利了的无产阶级和劳动人民一天也不能维持自己的统治。不承认这一点就不是马克思主义者。另一方面，任何革命政党和革命政权都不仅要民主，而且要集中，要有完成各自任务所必须具有的集中的权力。即使作为阶级统治的政治权力消亡以后，在国家和政党消亡以后，在民主已经成为习惯以后，在民主基础上的集中和权威在有组织的社会生活中仍然是完全必要的。否则，不但有计划的生产和分配难以进行，连交通的秩序都无法维持，对于巨大的自然灾害更无法进行有领导的和有效的抵抗。这是人们的常识。片面地崇拜民主、自治而否定集中、权威，认为民主本身就是集中，因而从根本上反对民主集中制，这大概是假定任何大小问题都可以通过群众投票，以便根据表决中多数人的意见来解决吧。那么，群众将每日每时都生活在投票之中，并且群众必须人人是百科全书，对需要表决的任何问题都具有正确的理解和判断的能力。这种荒唐的"民主"不但在今天不可能想象，就在遥远的将来也是难以想象的。总之，认为凡有权力的地方就要发生"权力异化"，这只是无政府主义的观点，根本不是马克思主义的观点。

在宣传所谓"政治异化"、"权力异化"的同志中，许多人对"文化大革命"是深恶痛绝的。痛恨"文化大革命"，这完全正当。因此，要提醒这些同志注意，谈论所谓"政治异化"、"权力异化"，把社会的公仆变为社会的老爷说成是一种带规律性的现象，岂不是同"无产阶级专政下的继续革命"、"党内走资本主义道路的当权派"、"资产阶级就在共产党内"一类的提法过于近似了吗？而那些提法不正是"文化大革命"的"理论根据"吗？以那种"理论"为指导的"文化大革命"，究竟是否有助于克服我们社会中的消极现象，对干部队伍中的不正之风等等到底起了什么作用，难道还不清楚吗？

我们还愿意提醒这些同志，即令他们是站在正确的方面，他们也应该记得，无论马克思、恩格斯和列宁，在毕生为工人阶级的解放而奋斗的同时,对工人运动中的种种错误倾向、错误思潮以至形形色色的机会主义派别,从未放弃过思想斗争和政治斗争。这种斗争曾经严重到导致第一国际和第二国际的分裂。他们在这些斗争中都具体地分析了这些倾向、思潮和派别的思想政治错误和它们的社会历史背景,从而大大丰富和发展了马克思主义。他们为什么竟一次也没有把这些倾向、思潮和派别说成是工人运动的异化呢?这里没有别的原因,只是因为他们严格地运用马克思主义的理论和方法。今天鼓吹"政治异化"论的同志们,何不学习一下马克思、恩格斯、列宁的榜样呢?那样,他们或许会发现,在严肃的问题上轻率地玩弄异化的标签,离开马克思主义有多么远。

至于有些同志把经济工作中由于缺乏经验、由于对客观规律没有认识而犯了错误、干了蠢事,说成是经济领域的异化,更是把异化概念滥用到无边无际的程度。任何错误、挫折、事与愿违,都是异化,这是多么廉价而又万能的科学!人们将永远离不开异化,就像在太阳底下离不开自己的影子一样!这些同志对异化的滥用,至少说明如下两点:第一,他们为了把异化说成是普遍性的,是无所不包的,就不惜牵强附会,硬造出这种所谓"经济异化"的说法来。第二,他们是以脱离实际的轻浮态度和思辨哲学的高谈阔论来对待非常严肃、非常实际的社会主义经济建设问题。必须指出,由于经济建设成为我们工作的重心,这方面我们面临大量的新情况、新问题,其中也包括经济体制改革的问题。所有这些问题,都要求我们深入调查研究,了解实际情况,按照实事求是的科学方法切切实实地加以解决。耀邦同志曾经多次号召理论工作者一定要密切联系实际，而不要沉溺于空洞的概念的推演。我们的高谈"经济异化"和其他"异化"的同志们，能否把自己的思想方法改变一下呢？

　　归结起来说，社会主义社会里的各种问题、各种消极现象的产生和存在，有多方面的复杂的原因。社会主义制度建立的时间还不长。旧社会留给我们的基础比较薄弱，经济文化比较落后，历史上缺乏民主传统。资产阶级和其他剥削阶级思想以及旧社会的传统影响即列宁所说的"千百万人的习惯势力"的影响还比较广泛地存在；在实行对外开放政策的条件下，国外资产阶级的影响又通过各种渠道渗透进来。新的制度、新的事物是人们创造的，不是天生的，在从不成熟到成熟的过程中，必然存在许多不完善的地方。建设新社会的人们也要在改造客观世界同时改造自己的主观世界。许多事情没有经验，难免犯错误。有些过去错误留下的后果今天还需要我们努力去消除。有些适合过去情况的制度和办法，随着情况的变化，在今天变成不适合或不完全适合，阻碍我们前进了。诸如此类的情形，今后还会不断发生。我们今天社会中种种消极现象以及它们的多方面的原因，具有不同的性质和不同的层次。不同性质、不同层次的矛盾，需要用不同的方法去解决。我们只有掌握辩证唯物主义和历史唯物主义，掌握马克思主义的经济理论和科学社会主义理论，并且认真从实际出发，在建设社会主义的实践中灵活运用这些理论，才能逐步地找出解决各种问题、克服各种消极现象的办法。抛开对具体问题作具体分析的方法，把如此复杂的问题简单化为一个社会主义的异化，似乎有很深刻的内容，实际上思想极为贫乏。它在认识上不能推进任何对真理的接近，在实践上不能提供任何解决的办法。相反，由于它具有模糊的但是又相当固定的反现实的倾向，又具有可以到处乱套的抽象形式，可以把社会上的一切消极现象都归罪于社会主义制度或者社会主义社会的领导力量，把反对的目标集中于党和政府的领导，因而不可避免地会在社会上散布对社会主义、共产主义和党的领导的不信任情绪和悲观心理。

在谈论社会主义异化的文章中，有的实际上已经根据这个概念的逻辑，引出了结论，说社会主义的政治、经济、思想领域处处都在异化，说产生这些异化的根本原因不在别处，恰恰就在社会主义制度本身。有些同志没有得出这样的结论，并且申明，他们认为社会主义的异化是可以克服的，这正是社会主义的优越性。尽管没有提出论证，这种申明的意图总是比较好的。但是，这同他们把异化看作在社会主义社会仍然有效的规律，却很难不自相矛盾。因为一切规律都不是人可以"克服"的，人可以克服的就不是规律。或者他们会说，人们只要发现了异化的规律，就可以根据对这种规律的认识来控制它的作用，这就是他们所说的"克服"的本意。就算是这样吧。但是异化并不像水和火那样既可为害又可为利，它对于社会主义也不是什么普通的缺点和不合理现象，而是一种足以毁灭社会主义制度的"灾变"。因此，社会主义的"优越性"就只在于能够控制这种灾变的产生和发展。这就不能不成为一种讽刺了。我们还希望一些具有某种善良愿望而主张异化论的同志注意到，有些人已经从异化论出发直接要求取消一切社会政治权力，一切社会经济组织，一切思想权威，一切集中和纪律,公开宣传无政府主义、绝对自由主义和极端个人主义。这当然不是那些比较善意地谈论社会主义异化的同志们始料所及的。但是一个思潮有它自己发展的必然的逻辑。如果我们的理论在根本方向上不正确,就难免引起很不好的社会效果。这种后果纵然难以完全预料,却是每一个有责任心的共产党员不能不在事先加以认真考虑的。

从以上几个方面的说明可以看到,宣传人道主义世界观、历史观和社会主义异化论的思潮,不是一般的学术理论问题,而是关系到是否坚持马克思主义的基本原理和能否正确认识社会主义实践的有重大现实政治意义的学术理论问题。在这个问题上的带有根本性质的错误观点,不仅会引起思想理论的混乱,而且会产生消极的政治后果。

这种错误思潮的出现不是偶然的,有一定的国内和国际的历史背景。了解这种思潮产生的背景,对于我们充分认识开展这场思想争论的意义,是必要的。

这股错误思潮的产生,就国内的背景说,是对"文化大革命"十年内乱的一种反动。本来我们党经过这几年的努力奋斗,已经对十年内乱的历史作出了科学的总结,基本上完成了拨乱反正的任务,实现了伟大的历史转折。我们的认识和我们的事业都有了很大的进步。但是,那段历史灾难在一部分人的思想上仍然留下很深的阴影。有些同志从斥责林彪、江青反革命集团对马克思主义和社会主义的严重歪曲,从批评我们党和毛泽东同志在一段时间里所犯的"左"的错误,走到怀疑马克思列宁主义、毛泽东思想,怀疑社会主义和党的领导的地步。对于我们党已经作出的历史总结,有些同志不是在同党保持一致认识的基础上继续前进,而是仍然把它作为一个悬而未决的问题去争论,企图离开马克思主义方向,从别的方向,例如人道主义的方向和异化的方向,去对"文化大革命"的经验教训寻找更"深刻"的答案。这就难免成为缘木求鱼了。

这股思潮的产生,还有国际的背景。随着对外开放和对外文化交流这一正确政策的实施,各种西方学术文化思想大量涌入,其中就包括关于人道主义和异化理论的一些哲学流派。西方资产阶级思想界(包括西方的"马克思学"的学者和所谓的"马克思主义者")有不少人利用马克思的《1844年经济学哲学手稿》,混淆马克思早期思想和成熟的马克思主义的区别,甚至加以颠倒,认为一八四四年的马克思才是成熟的,后来是倒退了,这种倒退又为恩格斯和列宁所加剧。我国思想界有的同志接受了这类思潮的影响,以为发现了可以使马克思主义"柳暗花明又一村"的"新大陆"而加以宣传。另一些同志在这些错误思潮袭来的时候,虽不随声附和,也感到难以鉴别和批判,或者认为无关大体,因而采取观望态度。这样,虽然一开始就有一部分理论工作者从马克思主义立场对这些错误思潮进行了严肃的批评,仍然没有阻止它们的蔓延,以致党中央不能不出来讲话。

这种哲学思潮的消极影响也波及其他一些方面,例如文艺界和一部分青年知识分子。如果我们不起来批评这种错误思潮,维护马克思主义的健康发展,那么不难想象,若干年后,将会产生怎样的恶果。

　　我们的思想战线的同志，一定要深入学习小平同志在二中全会上关于思想战线不能搞精神污染的讲话，提高认识，改变过去那种软弱涣散的状态，积极参加这场维护马克思主义思想阵地的争论。关于开展这场思想争论的方针、政策和办法，中央已经在一些文件、报刊评论、负责人的讲话中反复阐明了，不需要在这里重复。如同党中央所已经指出的那样，我们的思想战线的绝大多数同志是按照党和人民的要求积极工作的，取得的成绩是明显的，主要的。无论是理论界或文艺界，宣传人道主义世界观、历史观和社会主义异化论的人，以及在其他问题上散布资产阶级思想的人，都是很少数。当然要看到这些错误思想的腐蚀性和蛊惑性，不能低估它们的消极影响。既然问题牵涉到离开马克思主义的方向，诱发对社会主义的不信任情绪，党的、马克思主义的理论工作者就有责任更积极地出来争论，批评这种错误思想，消除它们的影响，同时在争论中结合社会主义的实践，重新学习马克思主义，进一步发展马克思主义。至于在这些问题上发表过不正确观点的同志，总的来说，都属于思想认识问题。对于这类问题，只能通过学习和研究马克思主义，开展认真的讨论以及恰如其分的批评和自我批评，才能达到既分清是非又团结同志的目的。我今天的讲话，在开头已经说过，只是参加讨论，并且只涉及人道主义和异化的一部分问题。对这一部分问题，在一次讲话中也不能说得很透彻，其中一定还有不周到和不准确的地方，再一次恳切地希望大家指正。不赞成我的讲话的基本观点的同志，我也恳切地欢迎他们参加争论。真理愈辩愈明。对于这样一些复杂的理论问题，唯有进行客观的深入的细致的研究和讨论，才能得到正确的结论。通过这场讨论和争论，我们的马克思主义的思想工作和社会主义科学文化事业将走上更加健康发展的道路，这是毫无疑问的。

坚持四项基本原则和
加强精神文明建设 [*]

（一九八六年九月二十八日在
中共十二届六中全会上的发言）

我赞成这次中央全会通过《关于精神文明建设的指导方针的决议》。这对于保证我国社会主义现代化建设的正确方向有深远的意义。具体的修改意见在前几个稿子的讨论中我都提出过，今天的发言就不打算提具体的修改意见了。

十一届三中全会以来，党中央一直很重视社会主义精神文明建设。一九八一年六月，十一届六中全会通过的《关于建国以来党的若干历史问题的决议》，就把精神文明建设作为建国以来的一项基本经验提出来了，明确指出："社会主义必须有高度的精神文明。"一九八二年九月召开的第十二次代表大会，对于社会主义精神文明建设的重大意义、基本任务和指导方针都作了比较完整的论述。代表大会一致通过的政治报告明确指出："我们在建设高度的物质文明的同时，一定要努力建设高度的社会主义精神文明。这是建设社会主义的一个战略方针问题。社会主义的历史经验和我国当前的现实情况都告诉我们，是否坚持这样的方针，将关系到社会主义的兴衰和成败。"几年来,小平、耀邦、陈云和其他中央领导同志都多次论述了社会主义精神文明建设的重要性,要全党高度重视这个问题。这方面的言论很多,我不一一摘引了。总之,从十二大以来,我们党就一直把物质文明建设和精神文明建设一起抓确定为我国社会主义建设的一项根本性的指导方针。

建设高度的社会主义精神文明,既是建设有中国特色的社会主义的一个重要的内容和根本的特征,也是对马克思主义理论的重要发展。对于社会主义精神文明建设,我们党从方针到政策都有比较系统的论述。但是,这并不是说在我们党内所有的同志对社会主义精神文明建设都有了深刻的认识。比如在我们党内就有这样一种观点,认为只要经济搞好了,人们的思想和社会主义精神文明就会自动地跟着好起来。持这种观点的同志在理论上有一种误解,就是把物质文明和精神文明的关系错误地理解为物质和精神的关系,因而把精神文明看作是物质文明的派生物和附属品。这种看法是不正确的。人类文明的发展,从总体上说,物质文明和精神文明有着密不可分的关系,甚至是互相渗透、互相促进的。但是,精神文明并不是由物质文明所决定的,并不是物质文明的派生物和附属品。二者的关系,既不同于精神和物质的关系,也不同于社会意识和社会存在、上层建筑和经济基础的关系。二者都有其独立的意义和自身的发展目的。我赞成决议稿中的一个提法:"在社会主义时期,物质文明为精神文明的发展提供物质条件和实践经验,精神文明又为物质文明的发展提供精神动力和智力支持,为它的正确发展方向提供有力的思想保证。"这个提法,正确地表述了两者的关系。二者可以互为目的，又互为条件。我们讲两个文明一起抓，就是基于这样一种观点提出来的。正因为物质文明和精神文明既有密切关系又是相互独立的，所以二者的发展并不都是同步的。这种现象在历史上是屡见不鲜的。发达的资本主义国家，尽管物质文明很发达，生产力水平很高，科学教育文化也很发达，可是大多数人的精神却很空虚，整个社会的风气有许多很腐朽的东西。表面上的彬彬有礼，骨子里的冷酷无情，成了发达的资本主义国家的普遍现象。我们从延安到新中国，物质条件很差，但人们的精神状况却很好，充满了革命精神。毛泽东在《论联合政府》（七大报告）中作过一个比较，他说："艰苦奋斗，以身作则，工作之外，还要生产，奖励廉洁，禁绝贪污，这是中国解放区的特色之一"。另一方面，"利用抗战发国难财，官吏即商人，贪污成风，廉耻扫地，这是国民党区域的特色之一。"很明显，解放区的精神文明对全国人民产生了巨大的吸引力，这也是我们取得全国胜利的一个重要条件。这些事实说明，我们在抓好物质文明建设的同时，完全能够建设高度的社会主义精神文明。我们要有这样的雄心壮志和自信心。

在去年九月召开的党的代表会议上和同时召开的中纪委第六次全会上，小平同志和陈云同志都着重指出了由于对社会主义精神文明建设的重要性和迫切性缺乏认识，比较普遍地存在着忽视精神文明建设的现象。至今这种局面还不能说已经从根本上得到了扭转，这也是当前社会风气不好的一个重要原因。针对这种情况，同时也是为了总结精神文明建设的新经验，进一步明确社会主义精神文明建设的指导方针，由中央全会通过一项足以统一认识、动员全党全国全军全民一致积极行动起来加强精神文明建设的决议，无疑是具有重大的现实意义的。

谈到当前比较普遍存在着忽视精神文明建设的问题时，我想着重谈谈近年来在对待四项基本原则的问题上，特别是在对待马克思主义理论和共产主义思想教育的问题上的一些混乱情况。

十一届三中全会以来，我们党大力倡导解放思想，拨乱反正，纠正多年来的"左"的思想，取得了很大的成效。这是有目共睹的，是任何人都不能否定的。但是，在"四人帮"被粉碎以后，在纠正"左"的思想的过程中，却出现了反对四项基本原则的资产阶级自由化思潮。什么是资产阶级自由化呢？小平同志说："在我们的国家，搞资产阶级自由化，就是走资本主义道路"。最近有人公开发表文章，极力主张取消"反对资产阶级自由化"的提法。我认为，这种看法是很错误的，因为资产阶级自由化思潮确实存在着。如果容忍资产阶级自由化，对它也讲"宽松"，任其泛滥，这岂不是等于取消了四项基本原则吗？对此，我们即将通过的这个决议严肃指出："搞资产阶级自由化，即否定社会主义制度、主张资本主义制度，是根本违背人民利益和历史潮流，为广大人民所坚决反对。"所以，必须对资产阶级自由化坚决进行斗争。在进行这种斗争的时候，当然要注意防止"左"的错误，凡属于思想性质的问题要采取教育和疏导的方法，决不能重复过去那种简单片面、粗暴过火的处理方法。

有人在公开出版的刊物上发表文章，说中国的马克思主义是"孤立于其他文化现象的畸形儿"，"不过是一种被阉割了的、孤立无援的西方文化"，它只能"深深地扎根于那些虔诚的、质朴的却是愚昧的头脑之中"，"各种权力斗争的需要以及流氓无产者、小生产者的心理和意识都会自觉地或不自觉地渗透到马克思主义理论中去"。在社会主义中国的公开刊物上，竟发表了如此放肆地攻击马克思主义的言论，实在令人气愤！这种言论的荒谬性是一目了然的，是对中国新民主主义革命、社会主义革命和社会主义建设全部历史的根本歪曲！像这样露骨地攻击马克思主义的文章，当然还是个别的。但是，从这种言论中，确使我们看到，在本世纪初出现的那种马克思主义不适合中国国情的反马克思主义思潮又复活起来了。这是值得我们严重注意的。我们老一辈的许多同志，当年都对这种反马克思主义思潮进行过坚决的斗争。只是在打败了这种思潮之后，马克思主义才在中国得到了广泛传播，因而产生了中国共产党，中国革命才进入了新的历史时期。现在中国的社会主义建设又进入了一个新的发展时期，要全面地进行经济体制改革、政治体制改革和其他方面的改革。无论是建设方面，还是改革方面，都最需要马克思主义的指导。在这种关键时刻，不打败这种反马克思主义思潮，我们的社会主义现代化建设和各项改革就会受到严重的损害。

还有一种很流行的说法，就是借口在马克思恩格斯的著作中找不到建设社会主义现代化事业的"现成答案"，而企图否定马克思主义仍然是我们的指导思想。应当指出，要到马克思恩格斯的著作中去找"现成答案"，这本身就是十足的教条主义的说法。无论马克思还是恩格斯，从来就没有向任何人许诺过这种"现成答案"。恩格斯曾针对美国一些人把马克思主义教条化的倾向说过："我们的理论是发展的理论，而不是必须背得烂熟的教条。"（1887 年 11 月 27 日致弗·凯利——威士涅茨基夫人的信）马克思主义者历来认为，马克思主义不是教条，而是行动的指南，坚持马克思主义的普遍真理同各国革命和建设的具体实践相结合的原则，不断研究、解决革命建设中的新问题，因而把马克思主义理论推向前进。正因为如此，马克思主义始终保持着伟大的生命力。马克思列宁主义、毛泽东思想作为指导思想，已写进了党章和宪法，这个原则是不能动摇的，也是不容讨论的。

还有一些同志在坚持和发展马克思主义理论的问题上，把坚持和发展对立起来，把坚持马克思主义说成是僵化、保守、教条主义，这也是很错误的。马克思主义要发展，这本来是不成为问题的，因为马克思主义的本质是革命的、批判的，是不断向前发展的。马克思主义者历来反对把马克思主义看作是封闭的不再需要发展的终极真理。有一些同志天天讲发展，但究竟什么是马克思主义的发展，似乎并没有搞得很清楚。在他们看来，似乎发展可以不要马克思主义的指导，也不需要沿着马克思主义的轨道前进，而只要提出一种不同于马克思主义已有的论断的新观点，就认为是对马克思主义的发展。这是一种严重的误解，也是一种很可笑的幼稚病。所谓新观点，并不都是正确的，因而并不都是马克思主义的，怎么能把所有的新观点、新提法都说成是对马克思主义的突破和发展呢？判定一种观点是否是真理，不是靠主观上觉得如何而定，最终只能依社会实践的结果如何而定。坚持和发展是统一的。我们运用马克思主义的基本原则和基本方法来不断地探索和解决新的政治、经济、社会、文化等方面的新问题,从而把革命和建设一步一步地推向前进,这既是坚持了马克思主义,也是对马克思主义的发展。离开认真学习和研究马克思主义的理论,离开革命和建设的社会实践,空谈什么坚持和发展,都只能是超等的废话。

还有一种很奇怪的现象,一些同志在公开的报刊发表文章,反对宣传共产主义思想,甚至把宣传共产主义思想说成是"左"的表现。我们的党是共产主义的政党,以实现共产主义为最终目的;我们现阶段的任务就是建设社会主义,为将来实现共产主义创造条件;我们不宣传共产主义思想,难道要宣传资本主义思想吗? 早在民主革命阶段,毛泽东就明确讲过:"在现时,毫无疑义,应该扩大共产主义思想的宣传,加紧马克思主义的学习,没有这种宣传和学习,不但不能引导中国革命到将来的社会主义阶段上去,而且也不能指导现时的民主革命达到胜利。"在民主革命阶段尚且需要扩大共产主义宣传,到了社会主义阶段,反而不要宣传共产主义,哪有这样的道理? 在当前宣传共产主义思想,并不仅仅是因为我们的最高理想是共产主义,而更重要的是在社会主义社会的现阶段,要处理社会生活中的各种矛盾,都需要共产主义思想教育。比如我们强调几千万共产党员要有党性,要各级干部全心全意为人民服务,要几百万人民解放军指战员把青春献给保卫祖国的神圣事业,要广大劳动者把国家利益、全局利益、长远利益放在第一位,等等,不都是以共产主义思想来教育他们,要求他们的吗? 当然,我们还要更广泛地进行爱国主义教育、社会主义教育和革命传统教育。但是,仅仅这些是不够的。还是小平同志讲得好，他在一九八〇年十月召开的中央工作会议上讲："没有精神文明，没有共产主义思想，没有共产主义道德，怎么能建设社会主义？党和政府愈是实行各种经济改革和对外开放的政策，党员尤其是党的高级负责干部，就愈要高度重视、愈要身体力行共产主义思想和共产主义道德。否则，我们在精神上解除了武装，还怎么能教育青年，还怎么能领导国家和人民建设社会主义！我们在新民主主义革命时期，就已经坚持用共产主义的思想体系指导整个工作；用共产主义道德约束共产党员和先进分子的言行；提倡和表彰全心全意地为人民服务，'个人服从组织'，'大公无私'，'毫不利己、专门利人'，'一不怕苦、二不怕死'。现在已经进入社会主义时期，有人居然对这些庄严的革命口号进行'批判'，而这种荒唐的'批判'不仅没有受到有效的抵制，居然还得到我们队伍中一些人的同情和支持。每一个有党性、有革命性的共产党员，难道能够容忍这种状况继续下去吗？"在现阶段宣传共产主义思想有两条界限要掌握好：一是不要把宣传共产主义思想同执行现行政策混淆起来；二是不要把对共产党员和先进分子的要求同对广大群众的爱国主义教育、社会主义教育和其他思想教育的要求混淆起来。只要把住了这两条界限，正确地宣传共产主义思想，只会使社会主义物质文明建设和精神文明建设日益兴旺发达。

还值得注意的是，在这种诋毁马克思主义、妄图取消共产主义思想教育的叫嚷声中，有人竟然在一家公开的大报上发表文章，声称"资本主义，作为人类社会发展中的一种社会形态，才是不可逾越的。"公然提出："关于种种强加于资本主义头上的'污蔑不实之词',现在是需要我们理论工作者大力给以'平反'的了。"他要求："要参照现代资本主义的经验和模式来改造自己国家的社会——政治体制。"这不是赤裸裸地主张走资本主义道路吗?! 党中央一再讲,无论是经济体制改革还是政治体制改革和其他方面的改革,都是社会主义制度的自我完善和发展,绝不是要改变我们的社会主义社会和人民民主专政的性质。资本主义国家的科学技术、管理经验和一切先进的东西,我们都是要学习的,这是我们既定的国策。但是,正如我们正在讨论的这个决议草案中所说的："我们坚决摒弃维护剥削和压迫的资本主义思想体系和社会制度,摒弃资本主义的一切丑恶腐朽的东西"。这同样也是我们既定的坚定不移的国策。

最近一个时期,思想战线上的情况,总起来看,一方面是活跃了;但是,另一方面,也比过去更混乱了,这也是客观存在着的。存在着这种混乱状况并不可怕。可怕的是,在重大的政治和理论的是非问题上,模棱两可,是非不辨,不敢开展积极的思想斗争,倡导不讲前提、不讲界限的"宽松、宽容、宽厚",把"双百"方针歪曲为资产阶级自由化的方针。这才是最危险的。我希望在这次中央全会以后,大家都要以这次全会通过的决议为武器,分辨是非,澄清混乱思想,提高认识,把我们的社会主义物质文明建设和精神文明建设搞得更好,为我国社会主义现代化和各项改革开创新的局面。

加强爱国主义思想教育

（一九八六年九月在全国中小学教材
审定委员会成立大会上的讲话摘要）

我们要实现社会主义现代化，各级各类学校教材建设的指导思想，都要服从于社会主义现代化的要求。不适合于社会主义现代化要求的某些东西要淘汰，这是完全正确的。为了对中小学的同学或其他学校的同学进行社会主义现代化教育，首先要培养他们对于积极投入社会主义现代化事业的动机。如果学习者缺少这种动机，那么，教材编得再好，教师在课堂上讲得再好，也难以达到预期的效果。学习者为什么学习？应该是为中国的社会主义现代化事业的需要而学习。要使学生有这样一种精神或精神准备，并且不是短时间的而是长时间的，不但在学习期间，而且在毕业以后，这确实需要用很大的努力培养他们的一个能持久的，如心理学上所说的"内在驱动力"。学生如果没有这样一种"驱动力"，就不容易勤奋刻苦地学习，或者也有一部分学生确实是在勤奋刻苦地学习，但是他们的驱动力却是另外一种性质，他们追求着别样的与社会主义现代化事业无关的目的。这样，即使他们走上了社会主义现代化建设的岗位，也未必能认真地完成本职工作，一部分人可能时时想着找机会出国或者更换一个待遇好而费力少的岗位。这是当前一个很值得注意的问题。为了培养学生献身于社会主义现代化的动机和责任感，我想，首先就要培养学生的爱国主义情操，培养学生对社会主义建设事业的"天下兴亡，匹夫有责"的精神。在"文化大革命"以前，中国大学毕业生、中学毕业生，在走上工作岗位的时候，抱"这山望着那山高"态度的人当然也不能说完全没有，但是极少，在解放以前就多一些，但还是比现在少得多。至于出国以后就不打算回国的现在也很少，以前（除了在国民党政府统治末期）就更少了。过去不同时期的毕业生的多数为什么有不同程度的报效祖国的愿望？我想，他们在学校中所受的长期的爱国主义教育，确是重要原因之一。

现在的确有一部分学生缺乏爱国主义的热情，甚至缺乏民族自信心、民族自尊心。这种情况，不但引起中国的中年以上知识分子的关注，甚至使许多资本主义国家的普通人也感到难以理解。为了坚决改变这种情况，不能不把加强各级各类学校首先是中小学的爱国主义教育，看作当前教育工作中的一项重要任务。很明显，一个人如果缺少爱国热情，对我们国家的光荣历史和当前的伟大时代任务几乎无动于衷，那么，他也就很难具有自觉地参加社会主义现代化建设事业的积极性。

我也和其他许多年龄相近的人差不多，常常回想我们在小学和中学里受到的教育。这些教育本身的确并没有把我们引导到革命道路上来，但是这些教育确实给我们中的大多数人一种对于国家、民族、社会前途的责任感，而这种责任感也就成为其中一部分人自觉参加革命斗争的前提。没有这样一种前提，是不可能献身于革命的。当然，对于"天下兴亡，匹夫有责"的精神，青年们现在会作出各种不同的解释，这不足为怪。无论如何，究竟什么是"天下兴亡"，不能靠某些未经深入考察的见闻作出判断，而只能靠客观地科学地分析当代社会和进行社会实践来寻求答案。党、国家和社会都应该同青年特别是知识青年进行认真的热忱的对话，以便在充分理解的基础上帮助青年正确地认识现实，找到真正实现"匹夫有责"的道路。

我们是马克思主义者，在进行社会主义现代化建设的时候，必须坚决反对封建主义。但是中国的历史和文化不能简单地同封建主义画等号。《中共中央关于社会主义精神文明建设指导方针的决议》里提出"复兴中国文明"的口号，这是完全正确的，这也就说明，中国曾经有过光辉的文明，我们现在的任务就是在新条件下复兴中国文明。我们的改革、开放正是服务于这个伟大目的的。当然，复兴中国文明决不是为了复兴中国封建主义或是复兴有些人所说的"酱缸文化"。我们尤其要坚决反对有一部分人把当代中国说成是所谓封建官僚专制这样一种污蔑中国共产党、污蔑中国人民政府、污蔑社会主义的煽动性宣传。我们承认当代政治生活和社会生活中还有许多消极性的东西，为此，我们正在采取坚定的措施来加以消除，并且努力使全国人民积极有效地参加这一进程，而上述煽动言论只能为这一进程制造障碍和混乱。我们欢迎并广泛地接受世界所有发达国家具有普遍适用意义的那些经验和知识，那些有益的文化，但我们决不接受所谓全盘西化论。主张全盘西化，就是全盘否定社会主义，全盘否定中国的一切，就是不相信中国人民和中国革命，就是缺乏爱国主义思想，缺乏民族自信心和自尊心的表现。当世界上很多国家的很多人民、很多知识分子，把人类进步的希望寄托在中国的时候，这些人却把希望寄托在矛盾重重、前途渺茫的西方，这本身就是另一种形式的愚昧。

中小学的课程很多，建议在许多有关的教材里有计划地在爱国主义、爱社会主义祖国这方面增加一些选材，或者使教材增加这方面的色彩。教师备课时也可以增加一些这方面的内容。当然，这里所说的增加是自然而然的符合教材本身需要、符合客观事实分寸的增加，而不是硬塞，更不是片面地夸大。比方说语文教材，从古到今有大量可以利用的材料。小学和初中可以选少量简易的文言材料，或者把文言的原材料译为白话。这些材料必须是中华民族历史上的真正精华，使人读了终身难忘。公民课也可以广泛地利用这方面的材料，对小学生进行思想品德教育。不但小学生、中学生和有关的文科大学生，其他大学生同样需要了解我们民族的历史，了解我们民族有什么值得骄傲的东西，我们民族出过一些怎样的英雄人物，保存了一些什么优秀的科学哲学文化道德传统，留下一些什么文艺珍宝，为什么能够长期形成统一的多民族的大国，历代的爱国志士曾经进行过怎样可歌可泣的奋斗，其中某些史实和文献，直到当代的史实和文献，曾经怎样为世界各国所称道艳羡，现在我们民族面临着什么情况，为什么需要我们来献身于祖国的社会主义现代化建设和改革事业。这些问题单靠政治课和时事政策报告是不能完全解决的。

　　爱国主义教育决不是狭隘的民族主义教育，它和整个人类历史文化的教育不能互相排斥。各国历史上都有著名的爱国人物，他们在紧急关头表现出来的智慧、勇敢和献身精神，各国在科学文化方面有些什么重大贡献，对于这些，我们也同样应该进行教育。各国人民的爱国心、上进心同样可以激发我们自己的爱国心、上进心。但是主要应该取材于中国的历史。中国的历史很悠久，最早有系统的文字记录而且始终没有间断。这些历史终究是我们自己的历史。

　　音乐和美术教育也是培养爱国主义情操和其他道德情操、培养审美趣味和启迪智慧的重要途径，建议教委能统一规定一些普遍必要的教材，再由各省、自治区、直辖市在此基础上加以增减。音乐方面除了近代中国著名爱国歌曲、乐曲和其他歌曲、乐曲以外，还可以选入中国历史上的一些表现高尚情操的传统的著名歌曲和著名戏曲唱段，和在世界音乐史上享有盛誉的歌曲（当然包括革命歌曲）和乐曲。美术课在掌握了起码的基本功的基础上，要让学生练习写生，同时欣赏近代现代中国画、版画、民间美术作品、古代中国名画、汉字书法作品和外国著名的美术作品（以上都是指各种形式的印刷品或复制品）。

　　培养学生高尚的审美情操，这是中小学道德教育里面不可缺少的一个环节。希望在中小学教育战线工作的同志重视这一点。青年学生如果没有好的审美观念，就会欣赏一些趣味很低的东西，这就有可能影响了他们的人生观和一生的命运。所以审美教育和思想品德教育是不可分的。

　　这里我想特别提出一个建议，就是在中学阶段（小学高年级在条件适当时也可以试行)规定一系列长篇小说,作为各年级指定的课外读物。根据各年级学生的不同接受能力,指定一批文学作品,这些文学作品要使学生能够接受和欣赏,还需要老师的积极指导。我们都知道,有很多共产党员在青年时期的革命觉悟是从读革命的文学作品主要是长篇小说开始的。读长篇小说和看电影、电视或看演出节目等相比,作用是很不一样的。长篇小说可以比较详细地展示人生的复杂画面和主人公思想感情怎样成长、怎样受锻炼和考验、怎样走向成熟的过程。《钢铁是怎样炼成的》、《青年近卫军》、《母亲》以及其他类似的小说,至少在二十年左右的时间内培养了大批的革命者。我们应该把这些小说和中国作家写的适合于中学生阅读的有革命内容的长篇小说,例如《阿 Q 正传》、《子夜》、《家》、《保卫延安》、《红旗谱》、《红岩》、《红日》、《一代风流》、《东方》、《青春万岁》、《母与子》以及比较浅近的《高玉宝》、《把一切献给党》、《我的一家》等等,按照学生的年龄大小和课余时间多少介绍给他们阅读,并且要求他们写出读书笔记。这里举的例子不一定适当,中学生阅读长篇小说也不能以这些为限,但是打好一定的基础是必要的。

另外,希望教育行政部门和教育出版部门,为中小学进行爱国主义教学设置一些专门的教具。组织学生的课外活动也要考虑怎样帮助学生受到爱国主义教育。这里可以包括劳动、参观、访问、实习、服务以及学生们自己组织的讨论会、讲演会、表演活动等等。

思想领域里
一项重要的基本建设

（一九八七年二月十七日在
首都新闻界座谈会上的讲话）

前两次会没有参加，听忍之同志和李彦同志谈了一次，看了会议的简报，包括朱穆之同志讲话的主要内容。

很久没有和新闻界同志接触了。这次要讲什么，也没有和启立、力群同志交换过意见，说得不对的地方一定会很多。只是供大家参考。一些重要的问题，还要由中央宣传部向中央书记处报告以后才能决定。

这一次反对资产阶级自由化的斗争，有不少同志有一些这样那样的担心。在中央四号文件下达以后，怕以"左"反右的人仍然不少，但是负责宣传和新闻工作的同志，主要是怕又像一九八三年反对精神污染那样走过场。我认为，这两种担心是不必要的，没有根据的。我们大家要坚决相信党中央这一次的决策。为了实施这次决策，中央做了重大的人事更动，这就表明中央的决心很大。中央四号文件要求这次斗争能够稳定地、健康地、持久地进行下去，并且以正面教育为主。文件已经讲清楚了，但是除了有部分人采取置身事外的态度以外，也有些人确实还有这样那样的担心。一个明显的表现，就是勇于站出来反对资产阶级自由化的积极分子至今还很少，以个人真名实姓发表的文章还很少，已经发表的不多的文章，大都是用编辑部的名义，或者用假名发表。这种情况不能不引人注目。看来许多能写文章的同志还在观望，他们或者不愿意赶现在的时机"出风头"，或者顾虑弄得不好，将来的日子不好过。最后说的这些同志是另一种"心有余悸"或"心有预悸"。我们的确需要用实际行动来打消他们的担心，使大家认识到正面教育，人人有责。无论是正面教育，或者对个别人物的批评，对新闻界来说，难度都很大。这是我们面临的客观现实。新闻界有一批同志这几年受资产阶级自由化的影响比较深，有些部门，要原班人马思想真正转变，在短时间内显然是不可能的。但是无论如何，新闻界要一面认真学习，整顿队伍，一面进行工作。思想上通得多些或者少些，总不能不工作，也只有在学习和工作中才能逐步提高觉悟。目前出现了一种情况，就是一篇文章发表了，各报转载。这样不但读者会感到厌烦，而且使报纸的编辑工作本身处在一种袖手旁观的地位，有什么文章转载就是了，新闻工作队伍反对资产阶级自由化的斗争就不可能深入下去。所以，目前这种状态要改变。我们得做大量的艰苦细致的工作。

忍之同志希望我谈谈究竟要发一些什么样的文章。同志们提出要发两批文章，一批是尽可能从中国实际出发，就坚持四项基本原则、反对资产阶级自由化的斗争进行理论上的论述，也就是进行正面教育；另外一批是针对已经开除党籍的三个人，刘宾雁、方励之、王若望，针对他们各自的错误观点进行有系统的批评。两批文章都重要，困难的是谁来写这些文章，一下子还不能落实。国家教委邀集北京几个大学的负责人座谈，拟定了一批题目和撰稿人，这个计划很好，希望中央宣传部能抓紧实现。这一系列题目里大多数是属于第一批，也有些是针对三个人所提出的政治观点的。写专门批评刘宾雁错误观点的文章就得找另外的同志。刘宾雁的报告文学作品数量很多，不可能每篇去核实，主要是批评他写这些作品所采取的态度、方法和目的。至于王若望，这得要由上海的同志写。总之，关于第二批文章，一定要赶快落实。

从长远来说，第一批文章更重要，题目也多得多。在这方面，我们大家都可以列出很多题目。举例说，关于目前的社会经济政治的实际情况，三中全会以来到现在发生了和正在发生哪些变化，跟国外怎样作全面的历史的科学比较，这是一组应该首先着重组织和发表的题目。关于四项基本原则，可以有四组题目。关于反对资产阶级自由化，反对全盘西化，社会主义民主和社会主义条件下的个人自由，社会主义法制，理想、道德、文化、纪律，共产党员的标准，为什么要整党和党风的前景，怎样反对以权谋私和其他不正之风，这些也都可以各自成为一组题目。以上是临时举例，只是参考性的，大家一定会想得更周到。所有的题目都必须围绕建设有中国特色的社会主义这个总题目。一方面坚持四项基本原则，反对资产阶级自由化，一方面坚持改革、开放、搞活，无论讲什么道理，都必须从中国的实际情况出发。这些不需要多说了。

我个人认为，目前需要确定的是，写这些文章一定要有长远打算。反对资产阶级自由化的斗争是长期的，整个现代化建设过程都存在一个反对资产阶级自由化的任务。小平同志讲了至少要二十年。（注：小平同志最近讲，今后整个五十年至七十年，都要反对资产阶级自由化倾向。）我们现在讨论写文章，至少可以先考虑到一九九〇年，就是说，从一九八七年到一九九〇年这四年里，每年都得定一批文章的题目，准备在全年陆续发表。如果不算刊物，光算主要的日报，假定每月发表一篇到两篇比较有分量的文章，一家报纸就是十二篇到二十四篇，加上其他全国性的主要报纸合在一起算，一年就至少超过一百篇。接连四年，至少将是四百篇。再加上一些刊物同步进行，这样，反对资产阶级自由化的大局就可以打好一个基础。当然，与此同时，还得要用同样的力量组织同样规模的关于改革、开放、搞活的文章，以及各种临时性的重要文章。因此，每月一两篇的任务是够重的了。现在只是姑且提出来作为奋斗目标。

从实际出发，并不排除联系到中国近代现代史，因为当前的实际，就是近代特别是现代历史演变出来的（注：在这一方面，胡绳同志最近已发表了一篇很好的论文，这是一个很好的开端。近代现代史包括中国的和世界的，这里只就中国说）。现在很多青年读者不愿意读讲四项基本原则和反对资产阶级自由化的文章，一个重要的原因就是他们既不了解中国目前的实际，也不了解产生中国目前的实际的历史背景。只要把这些方面确实说出个道理来，说得引人入胜，那么，青年读者的兴趣是可以逐渐培养起来的。例如中国近代史上，帝国主义、封建主义、资本主义究竟在中国发生了什么样的作用，对中国引起了什么样的变化，这个问题好像教科书上早就讲过，但实际上对当代青年仍然非常生疏。我前些天跟科大的一位学生谈话，他说，北大的"九·一八"游行很好，不然我们还不知道"九·一八"是怎么回事。这是他的真心话。学校里虽然从小学到高等学校进行了多次这方面的教育，但是效果很有限，非常表面。像中国革命史或中共党史，以及其他的政治理论课，在许多高等学校，很多学生都是到考试时才看一下，实际上并不理解。这有种种原因，现在不来分析。帝国主义是怎么回事，在中国统治了多少年，是怎么统治的，这要让青年人弄懂很不容易，他们没有经历过。中国的封建主义在近代发生了一些什么变化，什么叫半封建社会，青年也一直不太清楚。从清朝"鸦片战争"以后，中国怎样发生农民战争，随后怎样一方面发生改良运动和革命运动，一方面发生"买办"阶层和当时一批官僚所主持的"洋务运动"。清朝灭亡了，又怎样出现军阀统治，究竟什么叫军阀，怎样在军阀统治下发生"五四运动"，怎样成立了中国共产党，共产党成立以后进行了一些什么样的斗争，国民党的统治是怎么回事，资本主义在中国究竟有没有发展过，为什么发展不起来，日本侵略和抗日战争的经过是怎样的，抗日战争结束后不久怎样又发生新的内战，为什么共产党的斗争能够经过各种艰难险阻而取得胜利，红军、八路军、新四军、解放军和革命根据地是什么情景。建国以后不久为什么走上社会主义的道路，建国直至三中全会中国有些什么发展，三中全会以前为什么没有实行改革开放搞活的政策，以上这些问题都与当前的现实有各种程度的联系。

现实需要不断地往前改变，但并不是可以随心所欲地改变的。中国无论怎样改革，都只能在党的领导之下，在社会主义制度之下，这是非常实际的问题，也是中国人民的长时期历史性选择的结果。毛泽东同志的《新民主主义论》、《论联合政府》、《目前形势和我们的任务》、《在七届二中全会上的报告》，从来都讲要保护民族资本主义工商业，也从来都讲大银行、大工业、大商业（这些在国民党统治时期属于官僚资本所有）归共和国所有。七届二中全会明确地批评了那种认为在发展工业的方向上主要地不是帮助国营企业的发展，而是帮助私营企业的发展的糊涂思想。在这里，问题不在于某个人讲过什么话，而在于这些话是否反映了社会历史的客观实际。建国以后，资本主义工商业确实在政府和国营企业的支持下得到了恢复和一定的发展，但是这毕竟是依赖于政府和国营企业的特殊形态的资本主义，到了最后，不能不通过全行业公私合营而走到社会主义。资本主义并不是像一些人所幻想的那样在真空中发展，人们愿意它发展多久就可以发展多久，而中国经济就可以通过资本主义阶段的充分发展繁荣昌盛起来。因此，认为中国走上社会主义道路，是"超前"了，或者根本就是走错了路，不合乎历史规律和马克思主义理论，这些观点都是脱离现代中国历史和中国革命历史实际的空谈。对于一九四九年到一九五六年这一段历史，只能根据当时已经形成的各种社会力量在特定的经济基础上的实际活动和经济基础具有历史必然性的变化来评价，而不能任意进行逻辑的推演。对于这一段历史，党中央在一九八一年通过的《关于建国以来党的若干历史问题的决议》曾经作过简要的论断。但是这并不能使人们不继续思考。有些人可以脱离中国的实际，依靠西方的实际，甚至把他们所称为的"古典马克思主义"的某种推论教条化，以便于"自由"地进行"思考"。这种"思考"在一定的气候的保护下，也就形成了近若干年内日益泛滥的资产阶级自由化思潮。对于党的领导，对于人民民主专政，对于马克思列宁主义毛泽东思想，以及其他的理论问题，资产阶级自由化思潮都按照同样的方式去"思考"。批评这种"思考"方法和它的种种结果，这就是我们当前在思想战线上的迫切任务。

在进行中国现实的历史探讨的同时，也必须进行横向的科学的比较。任何国外的现实也都是各自的历史发展的产物。认为到了资本主义时代，就只有世界历史而没有各个国家或地区自己的历史，显然是一种极端片面的观点。人们在对中国进行横向比较时，往往提到远东的几个地区和独立的小国，即中国的台湾省、南朝鲜、香港、新加坡。中国大陆和它们之间有些什么样的历史差别，究竟有哪些方面可比，哪些方面根本不可比，这很需要有专门的论述。至于中国同西方的资本主义国家，包括日本的比较，也必须首先分清可比的和不可比的方面。同西方发达资本主义国家进行全面的比较，需要好几篇以至更多的文章才能说清。

中国共产党在中国大陆所确立的领导地位，为什么不能动摇、不能逆转，还有许多问题需要展开讲。究竟什么是有中国特色的社会主义，什么是社会主义初级阶段的特征，这些问题都需要讲清楚。马克思列宁主义、毛泽东思想怎样坚持，怎样发展（或者说怎样已经得到了和正在得到新的发展），它究竟有没有"过时"，和双百方针究竟是什么关系；人民民主专政在中国经历了怎样的发展过程，为什么现在还需要解决和怎样解决完善社会主义民主和社会主义法制的问题，专政为什么还是必要的,这些问题也都需要专门研究,分别写出有吸引力和说服力的文章。这样,关于坚持四项基本原则的宣传,才能有丰富的内容。至于改革、开放、搞活中的理论和政策问题,前面已经说到,要另行组织和发表一大批的文章,也需要有比较全面的概论性的文章,并且必须与坚持四项基本原则、反对资产阶级自由化的文章在数量上和质量上相称,这首先是我们思想战线必须同时完成的重大任务,而且如果考虑不周,就会引起党内外国内外对我们的政策是否稳定的疑虑和误解,所以要更加注意。这方面的问题不在今天的讨论范围之内,现在不多讲。过去一段时期内,除了直接涉及四项基本原则的问题以外,理论界、评论界还有不少人提出过另外一些有广泛影响的问题现在需要从原则上来进行适当的答复。例如中国文化与西方文化的关系,有些人提出"全盘西化",这实际上是否定社会主义、否定中国革命、否定中国文化、否定中华民族的口号,尽管实际上行不通,但是接受这个口号的人还不少。许多人认为既然要现代化,就得要西方化,他们不赞成现代化上面加上"社会主义的"这个定语。这个问题需要详细说清楚。关于民主和法制、自由和纪律、经济和道德、物质文明和精神文明的相互关系的问题,同样是如此。关于文艺理论、当代文艺创作和文艺思潮的评价,这些问题的影响面比较广,需要经过深入的研究,才能作出较为科学的论断。关于经济学、哲学等方面需要讨论的理论问题都很多,也都是当代思想界和当代青年所密切关心的,现在不可能多谈了。

　　总之,如果把有关的问题详细地开列出来,加以精选,也必然要远远超出一百个题目。不可能设想在一年的时间里写出来。只能每年定一次组稿的基本计划。这样写出来的每一组文章，甚至某些重要的长篇论文，都可以成为单独的一本小册子，这些小册子要经得起历史的检验。同时要考虑到，有许多文章在发表以后势必引出其他需要讨论的问题，有兴趣的读者也需要一定时间才能消化。所以说，一家报纸一个月发表一两篇比较有系统的论文，工作已经不轻了。这只是我个人的一个想法，提出来请启立、力群同志考虑，同时也请中央宣传部和首都各新闻单位考虑，究竟有无可行性。如果能定出一个时间比较长的规划，不是一次定，而是今后几年内每年定，那么，时间本身是有说服力的。党中央的方针不会变，只要我们的工作能紧跟上去，坚持不懈，我们的思想阵地也就可以逐渐稳住了。建议中央宣传部在听取今天到会的同志的意见，特别是启立、力群同志的意见以后，认真研究一下，写一个报告，送请中央书记处讨论决定。只要中央同意，立下这样一个长远的目标，就会给大家一个坚定的信心，也有助于转变许多同志的观望态度。今年十三大以后，一定会提出新的任务，但是在近三四年内坚持每年写一批比较有系统的论文，我想总是必要的。文章的深度和写作水平要一年胜似一年，要一年比一年更切合实际。在中央决定以后，中央宣传部就值得为此召开一次全国性的会议，包括新闻界、出版界、理论界，在会上讨论确定一个眉目。但在这样的会议之前，从现在开始，就得有若干篇文章开始组织，开始发表。

如果执行上面所说的计划，还要不要坚持"双百"方针？当然要。这不是口头说说原则的问题，而是要实际上执行。我想，这个问题可以从两个方面来考虑。第一，对于很多同资产阶级自由化没有关系，但是有争论，或者需要竞赛的问题，毫无疑问，人们有权利进行继续争论和竞赛，这是宪法的规定。第二，四项基本原则本身，不能成为讨论的对象。这是宪法的内容和序言所表达的精神，也是立国治国之本。但是关于四项基本原则的解释，是可以讨论的，原因很简单，四项基本原则的内容是在不断发展着，不断完善着。只是不能借讨论之名来反对它们的实质，那就是资产阶级自由化了。至于前面所说的一系列论文，那就更可以讨论。只要这样做，我们对"双百"方针的继续贯彻执行就成为实际的存在。

中央决定在反对资产阶级自由化思潮的同时，必须认真改进工作。这一点同样适用于新闻工作。对新闻报道的方法，不少同志在这个会上发表了意见，我赞成这些意见。新闻不能不讲及时。新闻要真实，同时也要及时。有一部分问题，不宜于在没有看清楚之前就制造舆论。这是一类的问题。一般的新闻报道，必须是新闻，不能是旧闻。这一点早在胡耀邦同志一九八五年二月八日关于党的新闻工作的讲话中就说过了，但是实际上并没有解决问题，因此新闻界的同志们在这次会上一致呼吁要作出明确的决定。耀邦同志的讲话在政治上是正确的。但作为整个新闻工作的指导方针，现在回过来看并不是很完善的，这也是自然的。本来，这是一篇即席讲话，事先没有同新闻界的同志详细地研究过，所以不应该求全责备。我自己看过他的讲话稿，还和别的同志一起建议他发表这个讲话，我当然应负一切应负的责任，更没有资格来事后指责。现在只是总结经验罢了。同样，我今天的讲话也是即席发言，也没有同新闻界的同志详细地研究过，更说不上完善。

现在回到大家所提出的时间性问题。实践证明，有很多情况必须抢时间，及时地说明真相。否则各种谣言蜂起，在国内外到处流传，后来再说明就抵消不了这些错误说法所已经产生的广泛影响。我们是处在对内对外都开放的形势之下，闭关封锁新闻不但做不到，本身也不可取。中国的事情中国人自己不报道，这就必然扩大了"美国之音"一类电台的市场。为了有效地利用新闻工具，有关的问题本来早就应该解决，现在更是到了非解决不可的时候了。希望新闻界能对这个问题进行充分的研究，提出周到的建议，报告中央书记处讨论决定。说新闻要及时，决不是说可以出错；万一出错，必须及时认真更正，这样才能使新闻机构获得人们的信任。另外，也决不允许泄密。新闻工作者不但要遵守纪律，还要遵守国家的法律。我们的法律现在很不完备，关于新闻和出版现在还无法可依，希望有关部门能早日准备好，经法定程序通过。

有同志问，哪些新闻可以发，哪些不该发，这个界限如何掌握？据我理解，提出问题的同志说的主要不是法律性质或纪律性质的问题，而是编辑人员的素质问题。举例说，有一篇文章反对"为人民服务"的提法，随后又成了一则新闻，这就是有关编辑人员的素质问题。《第三产业报》刊载的《圣母玛丽亚显现之谜》，也属于同样性质。现在确有一些报纸，特别是大报所办的小报和一些地区性的报刊，往往以发表一些耸人听闻的无稽之谈来招徕读者，对社会完全不负责任，这是新闻事业中的腐败现象，只有严格整顿有关的编辑班子才能解决。我们的电视新闻节目一般是严肃的，偶然也有些失误，例如报道菲律宾女郎出嫁到西欧国家，这既不是什么新闻，也根本不应该报道，这是对菲律宾人民很不礼貌的行为。又如说香港手表产量占全世界首位，超过了瑞士和日本。实际上香港手表在世界市场上没有什么地位，因为质量与瑞士、日本的完全不可比。《人民日报》发表过一篇介绍全世界出现汉语热的文章，把日本从有文字就开始借用汉字的事实也说进去了。这后面两个例子都是偶然的疏忽，与政治完全无关，只是常识范围内的事，这种疏忽出现在其他场合不必大惊小怪，但是出现在国家电视台和党中央的报纸上，就得认为是完全不应发生的问题了。解决这些问题的关键，是努力提高首都各新闻单位编辑人员的政治素质和文化素质，而解决这些问题的前提，是各新闻单位领导同志要通过学习，认真对待，提出可行的持久而有效的措施。

总的说来，近几年各新闻单位对新闻工作的要求、对新闻质量的要求似乎有些放松，我们要改进工作，首先得扭转这种趋势。

改进我们的工作，不但是我们团结、教育、帮助新闻队伍的重要方法，也是加强对读者联系的重要方法。对于前一段关于学潮的报道和评论，总的是好的，许多大学生和其他一部分人一时想不通，这是长时间形成的大气候的必然结果，我们得承认这个基本事实。但是我们的工作中确也有一些可以避免的失误。有同志说，在这场大的斗争中，工作中有些缺点是难免的。这话很对。可是我们也不能只用这样的话来安慰自己。任何有代表性的新闻单位，一方面必须在党的领导下工作，在一定范围内作党和政府的喉舌，另一方面，它毕竟不是党政领导机关本身，而只是传播新闻、发表评论、和读者群众保持密切联系的工具，因而它所持的态度，报道中的措词，不能混同于政府，不能对人民下命令。新闻报道，包括言论，要采用社会所能接受和承认的口吻。这是我们长期没有解决的问题，也是我们要改进工作的一个方面。

对于新闻工作队伍，按中央四号文件的精神，要团结大多数。要求编辑、记者首先遵守纪律。但是编辑部、采访部以及其他专业部的同志，如果只是组织上服从，工作上就不会有积极性。为了转变目前的状态，我想真正重要的环节还是在于提倡广大新闻工作者认真学习联系实际的理论，首先是学习邓小平同志的著作和三中全会以来党的重要文件。只有通过这样的学习，才能逐步提高新闻队伍的思想政治认识，使大家认识到坚持四项基本原则、反对资产阶级自由化思潮是一个多么迫切的不容置身事外的任务。如果有的人思想老是不通，他就不能在新闻单位工作。关于各种新闻教育机构，包括大学的新闻系、新闻专业以及各新闻单位的培训班，怎样才能培养出合格的、合乎实际工作需要的人才，这个问题很需要专门的审慎的研究。其他需要研究的有关问题还很多。因此，我们要改进工作的范围相当广，不是一个轻松的任务。

再说一遍，我只是提出一些问题供到会的同志参考。我的话完了。

对社会主义的新认识[*]

（一九九〇年四月十一日给两位同志的信）

××、××同志：

前次所谈的关于学习纲要的一些想法，没有明确指出自马克思主义产生以来，关于社会主义本身的概念在一百多年时间特别是近十多年间已经发生了重大的变化。科学社会主义理论，或者说社会主义基本原理决不是也不可能是一次完成的，现在也没有完成，只是已有很大进步。这里主要是关于共产主义的目标由近变远，作为共产主义第一阶段（后来被列宁称为社会主义）不仅由短变长，认识到社会主义时期是一个很长的历史时期，其成熟阶段现在还不能预见，而且由高变低，即由不承认商品经济到只在狭小范围内承认商品经济（限于全民所有制和集体所有制之间的交换，而集体所有制是按照某种经典人为地造成的），到承认整个社会主义经济是有计划的商品经济。同时，按劳分配由《哥达纲领批判》中的设想其实质再三改变，承认个体所有制（农民为主）和其他所有制的重要意义，即承认非按劳分配仍有存在的需要。而在斯大林、毛泽东、赫鲁晓夫及其后很长一段时间内都认为，向共产主义过渡是当前必须解决至少必须和可能立即准备解决的任务。对世界形势则多着重资本主义总危机和资本主义国家的革命斗争，而没有或很少想到相反的情况。革命（包括亚非拉的民族解放运动）由高潮转入长时期的低潮，而资本主义则转入强大的攻势，这些是马克思主义历史上所始料不及的。现在必须面对现实。所以改革开放对于社会主义国家来说确是从理论到实践上的一场深刻的革命。社会主义商品经济从生产的内容（经济研究今年第三期的第一篇文章值得重视）、生产的方式（承认企业是独立经营的实体）、交换、分配（积累的随意性，个人劳动所得曾经被认为只是物质刺激）、消费的各个领域都与过去的历史有很大不同。而且为了充分实现有计划的商品经济还需要经历很长时间。这从形式上说可以看成后退，因为过去的想法离不了共产主义的初级阶段，而实质上却是真正的前进，使经济活力和人民生活大大前进了。这正是中国能够在政治风波中站得住的物质基础，今后需要长期努力发展和完善这个基础，提纲需要着重使全党有此清醒认识。东欧和苏联正是缺少这个基础。这是一个严重的教训。建议学习提纲在关于社会主义、马克思主义、改革开放的段落中大大强化这个观点。昨天和力群同志谈话中这样说了，他有同感，说四项基本原则的内容也有其发展的历史。同你们两位谈话时想得没有后来的清晰。马克思主义在历史上就是发展的，现在发展得更快，今后必须继续发展。原稿重点是在反驳马克思主义过时论，这必不可少，但只说到具体体制中的弊端，未能从理论上说明这种具体体制是从哪一种社会主义设想或理想中产生出来的，这样就对改革开放难以作出理论的概括，亦且难以在党内形成理论上的共识，会使人感到改革今后没有什么可说和可作的了，这就很不利。现在想到的匆匆写出，以供修改时参考，无暇在文字上斟酌了。

胡乔木

一九九〇年四月十一日

祝贺列宁全集第二版出版发行，努力学习列宁著作

（一九九一年四月二十六日在《列宁全集》
中文第二版六十卷出版座谈会上的讲话）

列宁全集第二版六十卷已经全部出版发行。这对于我们全体有阅读能力的共产党员和一切有志于学习、研究、宣传马克思主义理论的同志们，都是一件值得热烈庆祝的大事。与此同时，全国读者盼望已久的毛泽东选集一至四卷第二版，也将于今年七一出版发行。这两件大事表明，马克思列宁主义毛泽东思想的学习和宣传，在目前的中国即将进入一个高潮。这对于我们坚持建设有中国特色的社会主义，提高发展社会主义建设的自觉性和信心，努力实现发展国民经济的第二步战略目标，都将是一个强有力的促进和保证。

列宁全集中文第二版是一九八二年五月中共中央书记处决定出版的。这是我国自行编辑的当今世界上内容最丰富完备的列宁全集，全书收载列宁文献近万件，同中文第一版三十九卷本相比，卷数增加二十一卷，多收文献六千余件，总字数增加一倍以上。第一版原有的译文，在第二版中都作了认真的修订和校补。全集各卷都增加了新编的各项参考资料。全

集第二版的编译出版工作连准备工作在内，前后历时十五年。中央编译局近百人参加了编译工作，十二个高等院校和科研机构的近五十名教授专家参加了译校工作。出版和印刷工作者为全集第二版的按时出齐做了大量的紧张的努力。从一九八四年开始出版，每年平均出版八至九卷，到一九九〇年全部出齐，每卷印数两万册，六十卷共一百二十万册，已经或正在陆续送到征订者和读者的手中。大家看到，新版全集纸张的质量、印刷的质量和装帧的质量，都是第一流的。可以毫不夸大地说，这是完成了一项足以与国家重点基建工程相媲美的宏大工程。很明显，所有参加这项工程的同志们都抱着庄严的责任感和巨大的热情始终如一地工作的。在这里，我们不能不向参与这项伟大工程的全体编辑工作者、译校工作者、出版印刷发行工作者表示由衷的谢意和崇高的敬意。

我们热烈祝贺列宁全集第二版的出版，这是因为我们由此获得了一项武装我们头脑的更为完善的武器。列宁著作的单行本曾经武装了我国老一辈革命家；五十——六十年代出版的列宁全集第一版和以它为基础编选的列宁选集，曾经武装了当时的一代到两代的共产党员和马克思主义理论工作者；现在出版的全集第二版，以及不久以后将会出版的新编的列宁选集，将武装新的几代共产党员和马克思主义理论工作者。

我们要从新版的列宁全集主要学习些什么呢？

首先，我们要从列宁的著作中学习他怎样坚持、捍卫和发展马克思主义。列宁是马克思、恩格斯逝世以后最伟大的马克思主义者，他顶住第二国际修正和背叛马克思主义的世界性的狂流,坚持在哲学、政治经济学、科学社会主义等各个领域捍卫和发展了马克思主义的基本原理,建立了人类历史上第一个社会主义国家,并且在世界范围内复兴了共产主义运动。列宁的名字已经不可分离地同马克思结合在一起,他把马克思主义发展成为马克思列宁主义。当马克思主义面临新的严重挑战的今天,我们学习列宁的著作,一定会使我们从中获得无限的信心和勇气。

其次,我们要从列宁的著作中学习他关于帝国主义的理论。列宁主义是帝国主义时代的马克思主义。列宁是对帝国主义作出马克思主义科学分析的第一人。列宁在他的《帝国主义是资本主义的最高阶段》一书中对帝国主义五个特征和帝国主义的寄生性腐朽性的基本论断,至今仍然适用。列宁一生对帝国主义势力及其辩护士们始终进行了坚决而又灵活的斗争,对我们也充满教益和启示。尽管帝国主义组织了对俄国革命的大规模武装干涉,但是当战争结束以后,列宁及时地推行了和平外交政策。我们今天特别需要向列宁学习关于帝国主义的理论和对付帝国主义斗争的策略,因为帝国主义今天还十分猖狂,它不容许我们有一天忘记或忽略它和它对社会主义国家的和平演变政策的存在。

第三,我们要从列宁的著作中学习中国革命的指导思想。中国共产党的产生和中国革命的发展,是同列宁和十月革命的影响分不开的。列宁早在欧洲大战以前就把目光注视到东方,指出在亚洲,“数万万人民正在觉醒起来,追求生活,追求光明和自由”,而在欧洲的工人运动当时正处在低落状态,因而提出了“落后的欧洲和先进的亚洲”的著名警句。在十月革命和共产国际成立以后，列宁更以无限的热情为东方被压迫的殖民地半殖民地人民反帝国主义运动和早期工人运动指示斗争的方向。直到列宁的最后一篇著作中，他仍然认为，"俄国、印度、中国等等构成了世界人的绝大多数，正是这个人口的大多数最近几年来非常迅速地卷入了争取自身解放的斗争，所以在这个意义上说，世界斗争的最终解决将会如何，是不可能有丝毫怀疑的"。大家知道，列宁的《两个策略》和《共产主义运动中的左派幼稚病》两部著作，对于中国共产党人开展党内反右倾和反"左"倾的斗争起过多么重大的作用。毫无疑问，学习列宁的这一系列著作，不但会帮助我们深入理解中国新民主主义革命时期的历史，而且会大大提高我们在争取社会主义事业斗争中的觉悟性。

第四，我们要从列宁的著作中学习建立和巩固社会主义国家的理论。列宁对马克思主义的最重要贡献之一是他捍卫和发展了马克思主义的无产阶级专政学说。列宁透彻地阐述了马克思、恩格斯关于国家是阶级矛盾不可调和的产物、国家是阶级统治的工具以及无产阶级在革命中必须摧毁旧的国家机器而建立起自己的专政的原理，明确地宣布：只有承认阶级斗争、同时也承认无产阶级专政的人，才是马克思主义者。列宁创建和保卫了世界上第一个无产阶级专政的国家，建立了民主集中制的政权，并为使新的国家机器能够确实代表最广大人民群众的利益和意志而奋斗到最后一息。我们在一九四九年已经根据马克思列宁主义的基本原理和中国革命的具体实践，建立了人民民主专政的国家，我们现在的任务就是要坚持不懈地保卫它、巩固它和完善它，完善我们的人民代表大会制度,完善社会主义民主和社会主义法制。在这一过程中,学习列宁的有关国家问题的著作,将使我们得到很多教益。

第五,我们要从列宁的著作中学习建设社会主义经济的理论。列宁在俄国转入经济建设和实行新经济政策以后工作的时间不长,但是留下的文献却不少,而列宁全集第二版所增收的文献大部分正是属于这个时期的。当然,当时俄国的情况跟我国现时的情况有很多不同,但是在一个原本是小农经济的国家中建设社会主义,这一点却是相同的,因此俄国的许多经验就很值得我们研究、参考、回顾和反思。列宁在粮食税、商品流通和商业工作、劳动竞赛和工会工作、电气化计划和计划工作、新经济政策、国家资本主义、租让制、对外贸易垄断、合作制以及革命和改良、文化建设、掌握人类积累起来的全部知识等方面提出的见解,对我们执行改革开放的方针仍然有重要的理论意义,需要我们进行深入的研究。

第六,我们要从列宁的著作中学习党的建设的理论。建立和建设无产阶级先进分子的党的论题,始终在列宁的著作中居于重要地位。列宁对于党的领导机构和领导工作的关心,在他重病期间仍然没有停止,这在全集第二版所增收的文献中表现得很清楚。列宁关于建立一个民主集中制的、有严密组织和纪律、密切联系群众、有自我批评精神的党的学说,无疑是列宁对于马克思主义理论的重大贡献,因为没有这样一个党,就不可能有革命的胜利,不可能有革命的政权和武装力量,不可能有社会主义经济文化的建设。那么,马克思主义至今就还不过是一种学说而已。也正因为这样,马克思列宁主义的一切敌人,首先集中力量来反对列宁关于党的理论。

我们从中国革命和建设的实践中深知，党的领导是我们一切胜利的源泉和保障。我们要不断努力加强我们的党，也就要努力学习列宁关于党的建设的理论。

最后，我们要从列宁的著作中学习辩证唯物主义和历史唯物主义的方法。列宁不仅写了许多关于历史唯物主义、唯物主义和辩证法的专著和笔记，而且在他的全部著作中都贯串着辩证唯物主义和历史唯物主义的精神。列宁讨论问题总是从客观实际出发，特别注意从经济事实的分析和阶级力量对比的分析出发。列宁认为真理都是具体的，所以提出的问题都考虑到一定的历史条件，着重分析具体事物的内部矛盾和相互联系。列宁的论辩性著作中不但充满辩证法，还多次正式提出辩证法的论点来反驳形而上学观点。我们学习哲学的目的是要运用哲学，在这方面列宁的著作向我们提供了一个极好的榜样。

列宁的思想非常丰富，在这里很难作出完整的概括，以上只是说一些我想是最需要注意的几点罢了。

我们学习列宁的著作，当然必须掌握列宁思想的精神实质，而不是拘守他的这样那样的个别论断；当然必须同学习马克思、恩格斯的著作，学习毛泽东、邓小平的著作相结合；当然必须同研究当代的世界和中国的实际情况相结合，为解决现实问题服务。

马克思主义发展的历史命运，同人类社会发展本身的历史命运一样，从来不是平坦的。列宁在说到欧洲可能后退几十年的时候这样说过："这是难以令人相信的，但这并不是不可能的，因为把世界历史设想成一帆风顺的向前发展，不会有时间向后作巨大的跳跃,那是不辩证的、不科学的,在理论上也是不正确的。"马克思主义在十月革命以前曾经经历过巨大的困难时期,现在又面临新的巨大困难时期。资产阶级政客正在大声叫嚷:马克思主义已经死亡了,社会主义已经死亡了。让他们叫嚷去吧!让他们在梦想中去吹嘘胜利和寻求安慰吧!在我们这个十一亿人口的大国,正在努力坚持马克思主义,正在更加高举列宁主义的旗帜,正在胜利地发展社会主义事业,并且为此目的,我们正在努力普及马克思主义理论的宣传和学习,出版列宁全集第二版就是这一努力中的最新成就之一。我们将使马克思主义理论和社会主义事业一天比一天繁荣昌盛。我们的行动就是我们对于资产阶级政客们的响亮回答。

后　　记

　　《胡乔木文集》第二卷交付排印时，乔木同志已经辞世，看不到本卷的出版了。在编辑过程中他原想为本卷写一篇序言，因病情加重而未能实现。这都是很令人痛惜的。

　　与第一卷全都是报刊上公开发表过的社论、文章的结集不同，第二卷有半数以上的文章是在党的会议上的讲话，现在经过整理后第一次公开发表。乔木同志生前对这一卷文稿的编辑工作很重视，认为这是他三卷文集中最有思想分量的一卷。这一卷文章的选目、分类和整理修订，是在他的直接指导下进行并经过他最后审定的，只有少数几篇标题的拟定和文字的修饰没有来得及送他过目（这些标题都用＊号标出）。遵照他的意见，这一卷按文章内容分编为两辑：前一辑（与第一卷的第一辑相衔接称为第二辑）属于党的历史部分，后一辑（称为第三辑）属于理论和政策部分。这些文章大多是乔木同志作为中央思想宣传战线的领导人，在负责中央重要文件的起草和对思想宣传工作的指导时所作的讲话和发表的文章，其中大部分是一九七八年党实现伟大历史转折的时刻和这以后的作品。对于党的历史发展中重要的经验教训和理论政策问题的是非得失,这些文章作了许多精辟的说明和论述,特别是对"文化大革命"及其以前党所犯的"左"倾错误,有非常尖锐和深刻的分析。许多内容在很大程度上反映了党中央的认识(如《关于社会主义时期阶级斗争的一些提法问题》和《当前思想战线的若干问题》已收入《三中全会以来》党的重要文献选编)。读者在阅读时将会看到,这些文章中的许多睿智的思想,不仅对研究党史、国史和毛泽东思想有重要的指导作用,而且为理解建设有中国特色社会主义的理论和路线的形成、发展,提供了有益的启示。应当说,全部《胡乔木文集》都是这位杰出的马克思主义理论家给中国人民留下的一份珍贵的精神遗产,值得我们认真地学习和继承。当然,也许有的文章的某些观点现在看来不尽适当,那是可以留待读者、专家们研究讨论的。至于我们在编辑工作中可能有的失误和不当之处,更希望读者给予批评指正。

　　　　　　　　　　　　　《胡乔木文集》编辑小组
　　　　　　　　　　　　　　一九九三年一月

责任编辑:张伟珍
封面设计:王春峥
责任校对:阎　宓

图书在版编目(CIP)数据

胡乔木文集(第二卷)/胡乔木 著. —北京：
　人民出版社,2012.5(2020.4 重印)
(胡乔木文集)
ISBN 978 - 7 - 01 - 010919 - 0

Ⅰ.①胡…　Ⅱ.①胡…　Ⅲ.①胡乔木(1912～1992)-文集
　Ⅳ.①C52

中国版本图书馆 CIP 数据核字(2012)第 101782 号

胡乔木文集

HUQIAOMU WENJI

(第二卷)

胡乔木　著

人民出版社 出版发行
(100706　北京市东城区隆福寺街 99 号)

北京新华印刷有限公司印刷　新华书店经销

2012 年 5 月第 2 版　2020 年 4 月北京第 3 次印刷
开本:635 毫米×927 毫米 1/16　印张:44.5　插页:1
字数:456 千字　印数:7,001—9,000 册

ISBN 978 - 7 - 01 - 010919 - 0　定价:136.00 元

邮购地址 100706　北京市东城区隆福寺街 99 号
人民东方图书销售中心　电话 (010)65250042　65289539